FEUER

Anaïs Nin

FEUER

*Die unzensierten
Pariser Tagebücher*

*Aus dem Englischen
von Monika Curths*

Scherz

Die Originalausgabe erschien unter dem Titel
«Fire. From ‹A Journal of Love›» bei
Harcourt Brace & Company, New York, San Diego, London.
Erste Auflage 1997
Copyright © 1995, 1994, 1987 by Rupert Pole, as Trustee under the
Last Will and Testament of Anaïs Nin,
by Arrangement with Gunther Stuhlmann, Author's Representative.
Copyright © 1995 by Gunther Stuhlmann.
Copyright © 1995 by Rupert Pole.
Alle deutschsprachigen Rechte beim Scherz Verlag, Bern, München, Wien.
Alle Rechte der Verbreitung, auch durch Funk, Fernsehen,
fotomechanische Wiedergabe, Tonträger aller Art
und auszugsweisen Nachdruck, sind vorbehalten.

Einleitung

Feuer ist nach *Henry, June und ich* und *Trunken vor Liebe* der dritte Band der Reihe «Tagebücher der Liebe».

Anaïs Nin suchte seit ihrer ersten Liebesbeziehung mit Henry Miller im Jahr 1931 bis an ihr Lebensende nach der vollkommenen Liebe und vertraute diese Suche ihrem Tagebuch an. (Schon seit 1914 schrieb sie regelmäßig Tagebuch und hatte inzwischen eine schlafwandlerische Sicherheit im Ausdruck ihrer tiefsten Gefühle erreicht, die sie unmittelbar nach einem Ereignis mit «heißem Herzen» niederschrieb.) Sie führte ihr Tagebuch – stets handschriftlich – bis zu ihrem Tod im Jahr 1977. Diese 35 000 Seiten befinden sich jetzt im Special Collections Department of UCLA, wo sie Wissenschaftlern zur Verfügung stehen.

In den zwanziger Jahren, nachdem John Erskine und andere fanden, die Tagebücher von Anaïs enthielten das Beste, was sie je geschrieben habe, suchte sie nach Möglichkeiten, die Tagebücher zu veröffentlichen, ohne anderen zu schaden. Später riet ihr Henry Miller, «das Ganze» zu veröffentlichen und «kein Blatt vor den Mund zu nehmen». Anaïs erwog mehrere Möglichkeiten, in welcher Form sie die Tagebücher bringen könnte – als Roman, als Tagebücher mit ausschließlich fiktiven Namen oder als Tagebücher mit sowohl richtigen als auch fiktiven Namen. Weil jedoch keine dieser Lösungen ihren Mann und andere ausreichend schützte, begann sie Romane zu schreiben. Mitte der fünfziger Jahre, nachdem sie es leid war, nur in bestimmten Kreisen Anerkennung zu finden, entschloß sie sich, die Tagebücher mit den richtigen Namen zu veröffentlichen; doch sie nahm alles über ihr Privatleben, ihren Mann und ihre Liebhaber heraus. Der Band des ersten, 1966 veröffentlichten gekürzten Tagebuchs ist nicht numeriert; auf der Titelseite heißt es schlicht *The Diary of Anaïs Nin*, weil niemand, nicht einmal die Autorin, glaubte, daß es einen zweiten Band geben würde. Aber nach dem überwältigenden Erfolg veröffentlichte Anaïs bis zu ihrem Tod sechs weitere bearbeitete Bände.

Zu Beginn unserer Bekanntschaft viele Jahre zuvor sagte Anaïs zu mir, sie wünsche nicht, daß ich die ungekürzten Tagebücher lese. Ich respektierte ihren Wunsch. Als wir dann Anfang der siebziger Jahre die Tagebücher für die Übergabe an UCLA ordneten, meinte sie, jetzt sei es Zeit für mich, sie zu lesen. «Ich möchte, daß du sie alle liest.»

Ich saß fünf Tage lang und las 35 000 Seiten.

«Verurteilst du mich?» fragte mich Anaïs.

«Nein. Du hattest den Mut, deine Träume zu leben und darüber zu schreiben. Irgendwann muß das veröffentlicht werden.»

«Gut, das ist dann deine Aufgabe. Ich möchte, daß du die Tagebücher genau so herausgibst, wie ich sie geschrieben habe.»

Die Veröffentlichung der «Tagebücher der Liebe», der ungekürzten Tagebücher von Anaïs Nin, begann 1986 mit *Henry, June und ich*, und es wurde nichts weggelassen, das von Bedeutung hätte sein können. Die chronologische Anordnung entspricht genau der Reihenfolge von Anaïs' Einträgen. Grammatik und Zeichensetzung sind typisch für ihre Art, mit «heißem Herzen» zu schreiben.

In dem vorliegenden Band *Feuer* wechseln die Schauplätze zwischen Europa und Amerika. Anaïs setzt ihre Dreierbeziehung mit ihrem Mann Hugh sowie mit Henry Miller und Dr. Otto Rank fort. Der Bruch mit Rank ist jedoch unvermeidlich wie vielleicht auch die Suche nach dem «Mann, der mich von ihnen allen erlösen würde». Und so erscheint Gonzalo Moré: «Der Tiger, der träumt. Ein Tiger ohne Krallen.» Anaïs bleibt ihrer Liebesphilosophie treu. «Ich kam nach Frankreich zurück, um mein eigenes Leben zu leben – um mich zu finden, aber das ist ein gräßliches Bedürfnis verglichen mit dem, zu lieben... lieben ist das Wichtigste... lieben, verlieren, hingeben.»

Anaïs' Wirklichkeit läßt sich, wie sie selbst sagt, nicht mit Fakten schildern. «Ich lebe gewissermaßen in einem Schmelzofen von Zuneigungen und Träumereien. Ich kann mein Leben nicht mit Fakten beschreiben, weil das Aufregende nicht die Fakten sind, nicht das, was geschieht oder was ich tue, sondern was durch sie in mir geweckt wird und was daraus entsteht... Ich lebe in einer sehr sinnlichen und zugleich übersinnlichen Wirklichkeit...»

«Es ist wahr, daß ich wegen meiner Zweifel und Ängste *nur an Feuer glaube*. Es ist wahr, daß ich nicht wußte, was ich heute weiß, als ich das Wort *Feuer* auf diesen Band schrieb; daß alles, was ich über June geschrieben habe, die nur an das Feuer glaubte, auf mich zutrifft; daß dies die Geschichte meiner Feuerneurose ist! *Ich glaube nur an Feuer.*»

«Leben. Feuer. Solange ich brenne, entfache ich andere. Niemals Tod. Feuer und Leben. *Le jeu.*»

Wie ich bereits in meiner Einleitung zu *Trunken vor Liebe* schrieb, wird uns eines Tages mit der vollständigen Serie der ungekürzten Tagebücher von Anaïs Nin ein außergewöhnlicher Lebensbericht über die emotionale Entwicklung einer Künstlerin vorliegen, einer Schriftstellerin, die es versteht, ihre tiefsten Gefühle zu beschreiben, und die den Mut hat, diese Aufzeichnungen der Welt zu zeigen.

Los Angeles   Rupert Pole
Januar 1995   The Anaïs Nin Trust

Anmerkung: Die Texte dieses Bandes sind den von Anaïs Nin numerierten Tagebüchern Nr. 48 bis 52 entnommen. Tagebuch Nr. 48 trägt keinen Titel; die Titel der anderen vier lauten *Révolte, Drifting, Vive la Dynamite and Nanankepichu* und *Fire.*

DAS
TAGEBUCH

Dezember 1934

Mein Schiff brach den Geschwindigkeitsrekord auf der Fahrt nach New York. Es war noch Nacht und nicht Vormittag, als ich ankam – und das paßt, denn jetzt ist die Nacht der Anfang für mich und der Ursprung aller Tage. Die Kapelle spielte; die Wolkenkratzer, die auf schwarzer Luft zu stehen schienen, zwinkerten mit einer Million Augen, und ein Mann flüsterte: «Hörst du, *honey*, ich liebe dich. Ich liebe dich. *Honey*, du bist wundervoll. Ist es nicht phantastisch, *honey*? Wir kommen nach New York, und ich liebe dich. Ich bin verrückt nach dir, *honey*. Du wirst mich nicht betrügen, nicht wahr? Du wirst mich nicht vergessen? Ich liebe dein Haar, *honey*. Hör zu . . .»

«Die Musik ist zu laut», sagte ich. «Ich kann nur die Musik hören.» Aber ich suchte Otto Rank, den *anderen*, als ich die Lichter sah, die babylonische Stadt, die Werften, die Menschen und nicht «honey», sondern «darling» und Augen wie glänzendes Lackleder und eine Liebe, die höher reicht als die Wolkenkratzer, eine Liebe mit Millionen Augen und Fenstern und Zungen.

Seine Augen. *«Oh, darling!»*

Aber es war ein Traum. Wir waren in Watte gehüllt, in Seidenfäden, Spinnweben, Moos, Nebel, das Meer – ein Hauch von Ferne, die zu überwinden war.

Mein Zimmer. Das, wie er sagte, der Wartesaal gewesen war. Lachen klingt auf und klimpert wie eine volle Sparbüchse. Wir haben für den heutigen Tag gespart, Münze für Münze. Humor und ein lang aufgespartes Lachen sollten der Stoff, der Duft und die Farbe unseres Bundes sein.

Sehr langsam, mit Händen, Zungen, Mündern, legten wir unsere Hüllen ab, befreiten uns, packten Geschenke aus. Schenkten uns wieder neues Leben, als selbständige Menschen, die den Gegensatz genießen. Nicht die Liebenden von Paris, deren Liebkosungen sich nicht grenzenlos ins All, den Alltag, die täglichen Verrichtungen verlängern ließen.

Ich habe den einen gefunden, mit dem ich spielen kann, wirklich spielen, die Frau spielen, alles in meinem Kopf oder Körper nach meinem ureigenen Rhythmus. Nicht die Ideenspiele, bei denen sich der Instinkt gegen die Verwirklichung wehrt. Er sagt: «Ich habe eine Idee.» Und er erfindet, erschafft auf phantastische und zauberische Weise – Leben. Jedes Lebensdetail.

Ich muß nicht allein für die Ausschmückung sorgen. Er springt ein, lenkt, begreift. Er begreift schneller, ist geschickter bei den Details; er kann der Verbrecher und der Detektiv sein, Huckleberry Finn und Tom Sawyer, Don Quichotte, June, Louise oder Dr. Rank, analysiert dabei auf seine merkwürdige Weise, die, geboren in unserer Liebe, sein eigenes Ich hervorbringt.

Neue Liebende. Und ganz New York verheißt Aufstieg, Jubel, Höhepunkt, Steigerung. New York, das glitzernde Spielzeug mit gut geölten Scharnieren. In unseren Händen, in seinen kräftigen, flinken Händen. Ich habe eine Idee, und wir glitten in einen neuen und jähen Rhythmus: Erwiderungen, Antworten, Echo, Wechselspiel... meine Welt, mit mir geteilt.

Ich wußte, daß es möglich ist, gleich zu empfinden, aber nicht, daß man auch gleich denken kann. Die Liebe zur Ausschmückung, zur Komplexität, aus Liebe zum Entwirren.

Er las mir aus *Huckleberry Finn* vor. Die Befreiung des Schwarzen, mit der Betonung auf das Abenteuer. Die Effekthascherei der Literatur. Das Beiwerk, die Komplikationen, die Umwege. Wir fanden darin unser «Wappen», den kühnen Geist, das Schöpferische und Erfinderische.

Eines der ersten Dinge, die er mir zeigte, war die «magic door» [in der Pennsylvania Station]. Sie ist ganz aus Metall und öffnet sich, wenn man sie nur mit seinem Schatten berührt. Es machte ihm Spaß, mich zu ihr hinaufgleiten zu sehen.

Ich habe noch nie eine solche Freude erlebt. Ich lebe ständig in der Phantasie, aber auch in der menschlichen Wirklichkeit. Meine Instinkte sind friedlich. Weder Kontrolle noch Auflehnung, kein Widerwille, kein Konflikt. Und meine Phantasie ist frei. Ich bin ich selbst. Sein Glaube an mich verleiht mir Flügel.

Am klarsten, sonnigsten Tag fuhr er mit mir auf das Empire State Building.

Um New York gewahr zu werden, weil es unsere Stadt ist und zu unserer Stimmung paßt, auch, um es ganz in Besitz zu nehmen. Uneingeschüchtert. Ganz frech machen wir New York zu unserer Verbündeten, unserer Komplizin, die unsere Gelüste und Freuden begünstigt. Gute Akustik für Gelächter.

Das Theater. Es war schwach, und so begann er, alles mögliche hineinzulesen. Ich sagte: «Schreib es auf.» Wir schrieben die Stücke neu. Wir erfanden das Stück. Und ich erwähnte meine Bewunderung für Ferdinand Bruckner. Zufall. In einer Wiener Zeitung hatte jemand «Bruckner» für das Pseudonym von Rank gehalten. Deshalb taufte ich Rank «den Dramatiker».

Wir sitzen, beide gleich atemlos, vor dem sich hebenden Vorhang. Nur, die magische Welt liegt jetzt nicht hinter dem Vorhang. Sie hat sich zu einer einzigen gewaltigen Symphonie geweitet: unsere Gespräche, unsere Ideen, unsere Liebe, seine Arbeit, auf allen Ebenen gleichzeitig – so, wie ich immer leben wollte. Lebendig sein in jeder Körperzelle. Tausend neue Ichs entfaltend.

Broadway. Überflutet von Elektrizität. Die Zellophansymphonie. Der durchsichtige Glanz auf allem. Dieses Unechte.

Frühstück im halbdunklen Hotelrestaurant. Ich stelle für ihn das Wesentliche aus der Zeitung zusammen. Das heißt, ich schneide Schlagzeilen und Redewendungen aus, kombiniere sie auf unvermutete Weise und schiebe ihm das Ergebnis unter der Tür durch, während er einen Patienten analysiert. Sobald der Patient geht, liest er es. Er kommt lachend in mein Zimmer.

Mit ihm bin ich durch den Schock der Reise auf das Spielfeld Humor gestoßen. Eine Reise ist wie ein Würfelspiel. Die Tage hier sind hell und strahlend. Jeden Tag fühlt man sich wie neu. Die Poesie der reibungslosen Bewegung; alle deine Bedürfnisse und Wünsche werden erahnt und prompt erfüllt.

Die Menschen wage ich nicht allzu genau anzusehen. Ihnen scheint etwas zu fehlen. Auch sie sind Zellophan, eine Art ständiger Weihnachtsmorgen. Ich weiß nicht. Ich bin wirklich verliebt in Ihn und in Gebäude, Granit, Elektrizität, 6400 Fenster, Hochspannung, Hektik, Straßen und Menschenmassen. Ich höre Amerikanern nicht zu. Ich spiele mit Ihm in der Stadt von morgen. Eine gute Akustik für Gelächter!

In einem Brief an Rank hatte ich geschrieben, ich wollte nicht tanzen; das sei Schauspielerei vor den Leuten. Ich wollte lieber alle Rollen für ihn spielen.

Wir begannen spielerisch mit «der Sekretärin». Anfangs war sie nicht so gut, weil der Fluch des gestrengen Vaters und sein *«Tu n'as pas l'esprit scientifique»* auf ihr lasteten. Deshalb zitterte und bebte sie und machte aus Angst Fehler. Aber als er sah, daß sie einen Brief statt mit dem aktuellen Datum mit dem Datum ihres Reiseantritts nach Amerika versehen hatte, war er nur amüsiert und sogar erfreut. Meine Gedanken waren offensichtlich bei unserer eigenen Geschichte. Die Sekretärin war von seinem Lachen, seiner Toleranz und Zärtlichkeit überrascht, gerührt und bezaubert. Das heißt, sie wurde eine gute Sekretärin. Am nächsten Tag war sie ruhig und bewies unter seiner geschickten Anleitung eine gewisse Gabe für Ordnung und rasches Handeln.

Die Sekretärin verließ ihren Arbeitsplatz um sechs. Eine Stunde später saßen wir im Restaurant und führten die schlagfertigsten Dialoge. Es ist wie bei den wundervollen Selbstgesprächen, bei denen man bedauert, daß man die gleiche Brillanz nie in der Öffentlichkeit erreicht.

Ein Hin und Her von Humor und Ironie.

Das Theater.

Der Broadway. Creamsoda. Harlem.

Schummrige Beleuchtung und entfesselte Schwarze.

Ich kam nie auf die Idee, daß er nicht tanzen kann. Stellte mir nie vor, daß Dr. Rank ein so ernsthaftes Leben geführt haben könnte, daß er nie tanzte. Aber er ist nicht Dr. Rank. Er ist ein kleiner Mann, dessen Blut irrsinnig in Wallung geraten kann.

«Tanz mit mir.»

Ich lasse ihn seine Angst und Unbeholfenheit vergessen. Ich tanze einfach. Anfangs ist er steif, er stolpert, ist völlig verwirrt und verloren. Aber am Schluß jenes ersten Tanzes begann er zu tanzen. Zauberhaft. Und wie es ihn freute. «Eine neue Welt – *oh, my darling*, du hast mich in eine völlig neue Welt versetzt.»

Seine Freude war meine Freude. Seine ersten Tanzschritte mit allem, was mir das Tanzen bedeutet. Rings um uns wild tanzende schwarze Gestalten. Und er linkisch umhertappend, als würde er gehen lernen.

Ich sagte ihm nicht, was er machen sollte. Ich tanzte, und er tanzte mit mir. Er staunte über meine Fröhlichkeit. Insgeheim wünschte ich mir, mit den Schwarzen zu tanzen, frei und ausgelassen. Aber dies hier war so merkwürdig – daß ich ihn zu einer traumähnlichen Bewegungsfreiheit bringen konnte, nachdem er mir die Bewegungsfreiheit zu leben gegeben hatte. Freude erwi-

14

dern, Musik und Selbstvergessenheit, alles, was er mir gab. Nicht mehr denken. Nicht mehr denken. Ich machte ihn betrunken.

Die Fahrt nach Hause. Radio im Taxi. Wieder Musik. Lachen in seinen Augen. Gardenien in seinem Knopfloch und auf meinem Pelzkragen. Gardenien, wilde Orchideen, weiße Georgiaveilchen, Silberpapier und Haarnadeln mit falschen Perlen.

Eine orgiastische Nacht. «Wir tanzen noch immer», sagte er. «Liebe als Tanz.» Hemmungslose Hingabe.

Er wacht um fünf Uhr morgens auf, hellwach. Er kann vor Staunen nicht schlafen und ist so aufgeregt, wie ich bei Henry [Miller] war. Er erwacht voller Leidenschaft und übersprudelnd von Ideen. Ich bin eher schläfrig, entspannter. Eine gewisse äußerste Schärfe ist milder geworden. Ich genieße es, einfach dazuliegen, zu schweben, still vor Glück. Mir scheint, daß er mir die große, enthusiastische neue Liebe gibt, die ich Henry gab, die *aktive* Liebe, die lodernde, rastlose, hellwache Liebe, in der ich ruhe, wie Henry in meiner Liebe ruhte. Ich träume, ich schlafe, ich empfange. Er ist wach, bewußt, voller Tatendrang, Verlockung, Inspiration.

Harlem. Er konnte es nicht vergessen. Er wollte unbedingt wieder hin. Er träumte davon. Konnte kaum das Ende seines anstrengenden Arbeitstags abwarten.

Er arbeitet in Zimmer 905 [im Adams Hotel], das aus einem Salon und einem Schlafraum besteht. Mein Zimmer liegt nebenan und ist wie ein Wohnzimmer eingerichtet.

Wir sprachen bald davon, daß ich eine andere Adresse brauchen würde. Ich war nicht dafür, weil ich mich nicht wieder zersplittern wollte. Nein. Aber es gab keine andere praktikable Möglichkeit. Ich scherzte wieder über die zwei Zahnbürsten. Ich sträubte mich. Aber gleichzeitig dachte ich: Wenn ich schon ein anderes Zimmer haben muß, dann im Barbizon Plaza Hotel. Ich wollte den alten Ort mit neuen Augen sehen, mich an John [Erskine] erinnern, mich vergewissern, daß ich ihn vergessen hatte. Rank half mir bei der Entscheidung, zunächst durch die ihm eigene Entschlossenheit, dann, weil ihm die Idee gefiel, daß ich hin und wieder an einem Ort sein würde, der für ihn neu wäre, und nicht in seinem Büro und bei Dr. Rank. Er versucht, dieser Rolle ebenso zu entkommen, wie ich versuche, nicht Mrs. Hugh Guiler zu sein.

Wir gingen gemeinsam hin und nahmen das kleinste Zimmer, das so breit ist wie das Bett lang, mit einem winzigen Schreibtisch und einer Kommode, alles in Rotbraun, fast so wie die Innenseite eines Koffers oder einer Schmuckschatulle.

Am Montag nach meiner Ankunft zog ich teilweise bei Rank aus. Wir beschlossen, daß er mir bei den Einzelheiten meiner Täuschungsmanöver helfen wird, weil er genauer und realistischer sein kann und weil er sagt, die Frau in mir wird immer einen Wink geben; sie möchte, daß sie entdeckt, besiegt wird, daß sie verliert.

In diesem Zimmer bin ich jetzt, am Abend, allein. Ich hätte zu einem Essen gehen sollen, wollte aber nicht mit jemand anderem ausgehen. Ich wollte mein Tagebuch, denn zum ersten Mal ist aus meinem schönsten Spiel eine Tragödie geworden. Einen Brief an Hugh habe ich aus Versehen an Henry geschickt und einen für Henry an Hugh.* («Weil du den Wunsch hegtest, sie aufzuklären, um zu entkommen», sagte Rank später.) Zur gleichen Stunde, als ich Henrys Telegramm erhielt – «Anaïs sei vorsichtig Hugh erhielt ersten Brief mit Scheck Umschläge vertauscht ignoriere Bremen Brief jetzt OK» –, hatte Rank zwischen zwei Analysen die folgende Notiz gemacht: «Sagt es allen, will es alle wissen lassen. Geheimhaltung unmöglich.»

All die Tage zuvor hatten wir in unserer schönen Welt verbracht. Stücke von Gilbert und Sullivan, das American Ballet, ein Tag im Hotel in Hartford. Seine Briefe am frühen Morgen (ich schlafe nur an Sonn- und Feiertagen in seinem Bett) unter der Tür durchgeschoben mit einem kleinen Frosch.

Briefe, die eine Fülle erschreckender Erkenntnisse über mich enthalten. Ich schließe sie in meinem Schreibtisch ein, in eine Art Nische, die eine kleine Tür hat. Das ist das Verlies. Später fügt er einen winzigen Pinguin hinzu und einen kleinen Kerzenleuchter, den er aus dem Puppenhaus im Child Guidance Institute gestohlen

---

* Der Brief an Henry Miller vom 26. November 1934 war, wie er später reklamierte, «kein Liebesbrief», sondern ein kurzer und etwas nüchterner Bericht über Anaïs Nins Tätigkeiten. Er enthielt zwei Schecks über je hundert Francs, einen für Miller und einen für den ungarischen Fotografen Brassaï, der in Paris vor ihrer Abreise einige Aufnahmen von ihr gemacht hatte. Der Brief trug übrigens dazu bei, ihren Mann, Hugh Guiler, hinsichtlich der Art ihrer Beziehung zu Miller zu beruhigen. *Briefe der Leidenschaft*, Scherz Verlag, Bern, München, Wien, 1987.

hat. (Er wollte mir das ganze Haus bringen. Er bat die verblüffte Direktion sogar darum!)

In dem Stück von Gilbert und Sullivan bekommt der Soldat einen Krampf, als er versucht, einen Dichter zu spielen. Mir wird das nie passieren, solange ich bei ihm bin.

Ich ging aus und schickte ihm einen japanischen Miniaturgarten mit Häuschen und Brücke – unser Garten – als Vorschau auf den *Mikado*, den wir uns ansehen werden. Und eine Einladung von «Anita Aguilera»*, nach seinem Vortrag um elf Uhr in das Zimmer 703 des Barbizon Plaza zu kommen. Er schickt eine wunderschöne rote Pflanze, die heute abend ihre Blätter abwirft, während das Radio Blues spielt.

Er kam und versetzte sich mit seiner merkwürdigen, intuitiv erkennenden Liebe in Spiellaune. Kam und erzählte mir wie immer von der Zauberei, die tagsüber sein Geschäft war.

Heute abend sah ich die Vorstellung des American Ballet: wieder eine Kapitulation, wieder eine Abdankung. Immer steht ein Mann meiner Bühnenlaufbahn im Weg. Ich wollte einzeln auftreten, nicht in einer Truppe! Ich verfolgte den Tanz mit Entzücken und Anspannung und Verzweiflung. Alles – Kunst, Tanz, Phantasie – der Liebe geopfert, alles hingegeben, um zu lieben, zu lieben. Sie drehte und drehte sich wie eine Scheibe in der Mitte der Bühne, als könnte sie nie mehr aufhören. Andere Frauen berührten sie, umarmten sie; sie drehte sich weiter. Rad und Erde, rotierende Sterne und Himmelskreise, Beobachterin und Kreise kreisen. Ein Mann umarmte sie, und sie stand still. Ich wurde unsäglich traurig. Rank spürte es, ohne mich anzusehen.

Am nächsten Tag fragte ich ihn nach seiner Kindheit. Ganz plötzlich kamen endlose Geschichten zum Vorschein. Am Schluß weinte er. «Noch nie hat mich jemand danach gefragt. Ich muß immer nur anderen zuhören...» Ich erfuhr von dem mutwilligen und verträumten Jungen, Huckleberry Finn. Seine Frau verstand es nur, auf den *kranken* Jungen zu achten, wie Hugh sich des kranken Kindes in mir annahm. Aber wir waren einsam. Wir hatten niemand

---

* Ein Künstlername, den Anaïs Nin bei einigen ihrer Tanzvorstellungen in Paris benützte.

zum Spielen. Das fröhliche, das erfinderische, das lebhafte und wilde Kind war einsam.

In der Nacht im Hotelzimmer in Hartford entdeckten wir endgültig, daß wir Zwillinge sind. Er sagt, ich denke wie er. Ich errate, was er sagen wird. Ich erfasse es so schnell – die Gefühle, Emotionen, alles gleich, der Sinnestaumel, das Übermaß, die scharfe Beobachtung, die Einstellung zur Liebe, das Wählerische, Phantastische, die erfundenen Rollen.

Je phantasievoller wir spielen, um so realer wird die Liebe. Und er errät alles mit dem Zauberstab Sinn. Er erlahmt nicht bei der Sinnfindung wie andere, sondern verbindet alles, was mit uns geschieht, mit seiner Analyse; er synthetisiert, kreiert, spricht mit mir darüber, gibt. Im Zug schreibt er seine Vorträge. Im Hotelzimmer schrieb er Anmerkungen zu «Life and Play». Dazu verkleideten wir uns, er in meinem samtenen Morgenrock, ich mit Zigarre und seinem Hut (den Hut hatten wir eines Abends auf dem Broadway entdeckt, ein Huckleberry-Finn-Hut, den wir sofort kauften), damit er in weibliche Psychologie und Gefühle eintauchen konnte. Ich saß an der Schreibmaschine und tippte mit rotem Farbband meine eigenen Gedanken dazwischen.

---

3. Januar 1935

Die unheimliche Sensibilität und Intuition. Ich kann nichts vor ihm verbergen. Er erkennt jede Nuance in meinen Stimmungen. Er weint leicht, lacht. Oh, so lebendig zu sein, lebendig zu sein. Ich weine und lache. Es ist wundervoll.

Leben ist ein schwindelerregendes Wirbeln. Rank umwirbt mich mit Intelligenz; mit seiner Phantasie, die unendlich ist; mit seinem raffinierten und glänzenden Verstand; mit Huck, jenem Huck, der sich in Dr. Rank verirrt hat – sommersprossig, unreif, abgerissen, herumalbernd, ungehobelt. Dann Henry, der mir wegen der vertauschten Briefe langsam auf die Schliche kommt und sich seiner leidenschaftlichen Liebe zu mir bewußt wird; er leidet, schreibt wie verrückt, telegrafiert und behandelt mich, wie er June behandelt hat. Ich werde June, und dann wird seine Liebe zu mir wie seine Liebe zu June – Passion. Also kommen lange, verrückte Briefe und Telegramme. Und Huck, Huck beginnt genauso zu leiden wie ich, als ich mich in Henry verliebte, als Henry noch ganz von June besessen war und ich versuchte, ihn zu verschonen, weil er mich nicht verschonte; ihm die Vertraulichkeiten etc. ersparen wollte. Aber Rank läßt sich nicht täuschen. Wir redeten und redeten. Er weiß alles, nur nicht, daß meine Liebe zu Henry nicht ganz tot ist, nicht sterben wird. Er weiß alles, ausgenommen, daß mich Henrys Liebesbriefe rühren. Ein verrücktes Leben.

Er wacht früh auf, um sechs Uhr morgens. Er kann vor Neugier nicht schlafen, während mich die Neugier immer menschlicher macht, hungriger, schläfriger, natürlicher. Er wacht um sechs auf und kommt in mein Zimmer. Ich liebe diesen Augenblick, wenn er in meine Arme kommt; dann ist er Huck, nicht Dr. Rank, ein natürlicher, spontaner, impulsiver Huck mit strahlenden Augen und seinem ständigen «Ich habe eine Idee». Die Munterkeit, die Schlaflosigkeit, die ich bei Henry an den Tag legte, der eine Schlafmütze war. Nun bin ich schwer vom Schlaf. Ich lache über Hucks neue Possen, seine Ideen, aber ich schlafe wieder ein. Er ist ruhelos und hellwach. Er nimmt ein Bad. Es geht ihm wie mir, als ich darauf wartete, daß Henry aufwacht. Er hat auch den Schlaf illustriert: «Kind der Natur. Du gehörst der Nacht. Ich muß dich der Nacht überlassen.» Ein Universum, das ständig vertieft und ausgeschmückt wird. Ich dachte wirklich, sein Schnarchen hätte mich wachgehalten und daß ich, um schlafen zu können, weglaufen und einen anderen Grund erfinden müßte. Ich sagte, ich sei seiner so bewußt gewesen, daß ich nicht schlafen konnte. Er fürchtete, es sei sein Übermaß an Liebe gewesen, seine zwanghaften Aufmerksamkeiten, seine erdrückende Verehrung. Wir hatten einen richtig trübseligen Abend. Er meinte, ich würde mich zurückziehen, weil er mich zu sehr mit Zärtlichkeiten überschüttet. Es stimmt schon, ich war es nicht gewohnt und fand es sogar beängstigend, nie allein zu sein, und das, nachdem ich mich über Einsamkeit beklagt hatte. Nie allein sein und immer gewärtig dieser aufmerksamen, scharfen, unheimlichen Intelligenz, überall Fühler und Hellseherei.

Telegramme: «Ewige Liebe, Henry.» *Briefe:* «Anaïs, telegrafiere sofort, daß Du meine Frau bist, daß Du mich nicht betrügst, daß Du mit mir leben willst, daß wir zusammen sein werden... Ich bin verzweifelt. Sag etwas, das mich beruhigt...» *Telegramm an Henry:* «Ich bin immer Deine Frau, Henry. Wir werden bald beisammen sein. Ich arbeite für unsere Freiheit. Vertrau mir.»

Huck und ich legen ein Sammelalbum an, ein wahnsinnig komisches. Huck schenkt mir ein kleines Blockhaus. An die Tür schreibe ich: Huck und Puck. Bitte nicht stören. Ich schenke Huck neue Pantoffeln, und von dem, was er für eine neue Schreibmaschine für mich ausgeben wollte, kaufe ich ihm eine Musiktruhe. Das meiste, was wir uns schenken, sind Spielereien, die mit einer Spielerei beantwortet werden. Zeitungsausschnitte, Ausschnitte aus dem *New Yorker*, Postkarten aus dem Aquarium. Wir erfinden, ergänzen, machen Wortspiele und Witze. Ohne Ende. Und plötzlich werden wir vernünftig und tiefernst. Dann ist er dankbar; stammelnd dankt er mir für das Leben, das ich ihm gebe, das menschliche Leben, das Tanzen, das Vergnügen, die Materialisierung, Konkretisierung, Sensualisierung. Vom Zuschauer und Analytiker zum Akteur, zur handelnden Person.

7. Januar 1935

Henry auf See. Er kommt mit Worten von großer und ewiger Liebe. Ich schicke ihm ein Funktelegramm: «Du bist wieder an Bord des Zauberschiffs.»

Einem spontanen Einfall folgend, tanzte ich für Huck in meinem spanischen Kostüm, und er war gerührt, weil ich, wie er sagte, sein Kunstwerk sei und daß auch er in mir tanze.

Telefonanrufe. Blumen. Rote Rosen. Ich werde umworben, umschmeichelt, in höchsten Tönen gelobt. Nelken. Henry leidet, aber er ist real geworden. Unsere Liebe ist für ihn real geworden. Ich kaufe Zigaretten, Zeitschriften, Kleinigkeiten, Garderobe, für sein

Zimmer, *Room 703* [im Barbizon Plaza]. Ich richte das Zimmer für ihn her. Ich bin bereit, ihn einzuhüllen. In seinem letzten Brief bittet er mich: «Sei zärtlich zu mir, sei liebevoll. Ich brauche Dich so sehr. Ich habe mich Dir verschrieben.» Diese neue Liebe zu mir, zu dem Ich, das weglief, das ihn vergaß, das grausam war: Ich will sie. Ich bin June geworden. Er verwendet die gleichen Ausdrücke, aber sie klingen aufrichtiger. Leidend. Wirklich leidend. Echte Tränen.

Auch Hugh läuft dem Irrlicht nach, dem Phantom. Besessen, werbend, lockend.

Das Innerste meines Lebens ist eine tragische und verwickelte Situation, gegen die ich nichts machen kann. Ich kann Hugh nicht verlassen. Ich kann Henry nicht weh tun. Ich kann Hugh nicht weh tun. Ich gehöre ihnen allen. Also denke ich an Orchideen. Ich schicke [meinem Bruder] Joaquin ein Telegramm, weil er heute abend in Havanna ein Konzert gibt. Ich schreibe an Mutter, die in Mallorca ist.

Erskine rief an, eine Stunde nachdem er Joaquin gesehen und erfahren hat, daß ich hier bin. Ich rief nicht zurück, sondern schrieb ihm, daß ich fortgehen würde. Ich ließ ihn abblitzen.

Mein Innerstes: Henry, mein Henry. Verrückt, wie Knut Hamsun, unwahr, und voller Literatur, und zu wenig Intellekt. Henry.

Huck, Huck, so aufrichtig, so tief in seinen Gefühlen, so tief in seinen Gedanken, lachend und weinend.

Keine Tragödie. Wir wollen keine Tragödie. Wenn ich nur mit meinen Lügen weitermachen kann, den Illusionen, oh, die Lügen gegenüber Hugh, und doch ist nicht alles gelogen. Als ich an Silvester seine roten Rosen erhielt, haßte ich sie, und trotzdem war ich so gerührt. Bewegt. Ich behielt eine unter meinem Kopfkissen. Unveränderliche Bindungen. Unlösbare Fesseln. Ich kann nur hinzufügen, ausdehnen. Ich kann nicht verletzen, trennen, verstoßen.

Orchideen. Meine Patientin Miss X, die Tänzerin. Das Neurotische überlisten. Wie ein Schachspiel. Huck kommt zwischen seinen Patientenbesuchen herein, immer in Eile. Unser Einkaufstag. Schwarze Tüllunterwäsche und Tanzschuhe. Unsere Gespräche. Unser Märchen. Unsere Kreationen. Zu schön, zu zerbrechlich, sagt er. Zu subtil. Die Zwillinge. Impulsivität, Emotion. Hemmungslose Hingabe, voll und ganz. Wir geben, geben. Von Huck bekomme ich alles zurück, was ich je gegeben habe. Alles. Beschenkt, umhüllt, vergöttert. «Ich bete dich an.» Aber wir sind Menschen füreinander. Er ist Huck, und ich bin Puck – keine Götter.

Er sagt, ich sei so ehrlich in meinen Gefühlen. Die Lügen sind nur im Kopf. Die Gefühle sind im Tagebuch. Nicht einmal im Tagebuch ging ich besonders auf die Lügen ein. Was ich *fühlte*, war wichtig für mich. Dort lüge ich nie. Ich lüge nur für andere.

Henry auf dem Atlantik. Ich mußte sein Zimmer herrichten. Ich mußte ihn wieder in die Arme nehmen. Ich weiß nicht, warum.

Als ich mit Huck nach New Haven ging, wurde ich krank. So krank wie damals, als ich meinen Vater verließ, um Henry in Avignon zu treffen.

---

26. Januar 1935

Henrys Ankunft – das Schiff hatte wegen des Nebels Verspätung – vollzieht sich langsam. Er kommt langsam an, ein veränderter Mensch, ein zitternder Mensch, aber heil, entschlossen, wach. Er hatte geschrieben: «Angst, Angst, wie hat mich die Angst verfolgt. Die große Sorge, Dich zu verlieren. Die Angst, daß ich Deinem Bild von mir nicht gerecht würde. Das hat mich beinah umgebracht. Ich war so am Ende, daß ich Angst hatte, ich würde verrückt werden.»

Sobald ich ihn küsse, weiß ich, daß ich ihn trotz all seiner Fehler aus blindem Instinkt und jenseits aller Vernunft liebe. Doch er wirkt neu, stark, anders. Ja. Und Rank, der Analytiker, erklärt das so: «Verändert, weil er dich verloren hat, nur verändert, weil er dich verlor, aber an eurer Beziehung kann sich nichts ändern. Es ist zu spät.»

Zu spät, daß sich etwas ändert, zu spät vielleicht für Erklärungen und ideologische Gespinste; aber die Liebe geht weiter, blind für Gesetze und Warnsignale, blind und taub für Vernunft und Ängste.

Aber selbst wenn diese Liebe vielleicht nur die Illusion einer neuen Liebe ist, ich will sie. Ich kann ihr nicht widerstehen. Mein ganzes Wesen schmilzt in einem einzigen Kuß, mein Wissen, meine Ängste. Mein Blut tanzt, meine Beine öffnen sich. Henry. Sein Mund. Seine Hände. Seine Ganzheit, sein Bewußtsein. Jetzt ist er erfüllt von mir, nur von mir, bewußt. Ich bringe ihn zu dem kleinen Zimmer, das Rank und ich zum Tanzen benutzen wollten. Das Radio spielte. Blumen waren da, kleine Geschenke, Bücher, Zeitschriften. Es war klein, warm, hell. Henry war benommen und doch ganz lebendig, lebendig vor Schmerz und Eifersucht, stellte Fragen, küßte mich. Wir gingen ins Bett. Alles wie früher und doch neu. Wie er durch alle Poren und Zellen in mein Wesen dringt, mit seiner Stimme, seinen blauen Augen, seiner Haut, allem. Eine Invasion. Ich las den Brief, den er mir auf dem Schiff schrieb. Er redete wirres Zeug: daß ich nicht mehr arbeiten sollte, daß er mich beschützen, mich heiraten, mich endgültig jedem wegnehmen wollte. Wir weinten vor Freude. «O Anis, Anis, Anis*, ich brauche dich mehr, als ich je einen Menschen gebraucht habe. Ich brauche dich wie das Leben selbst.»

Ich weinte, leugnete jeden Verrat und weinte über ein Leben, das ich nicht verstehen konnte; denn jetzt, nachdem ich Henry verletzt hatte, von ihm weggelaufen war, ihn gequält hatte, liebte er mich um so mehr, liebte mich wahnsinnig, und ich erhielt mehr von ihm als June – seinen Körper, seine Seele, seine Arbeit. Seine Schriftstellerei haßte er jetzt; er haßte die Opfer, die er dafür gebracht hatte, und daß er mich wie June zu seiner Hure machte.

Aber trotz allem hatte ich den Mut zu gehen, zu sagen, ich wohne bei Hughs Familie, um Hughs Zweifel zu entkräften und zu verhindern, daß er kommt. Ich ging um Mitternacht und fragte mich, wie mir bei Huck zumute sein würde und ob ich mich wie früher hin- und hergerissen fühlen würde.

Ich muß mich an doppelte Gefühle gewöhnt haben, an doppelte Lieben, ein Doppelleben, denn als ich Huck sah, hatte sich nichts verändert. Ich wußte bereits, daß ich Huck viel weniger liebte. Aber ich konnte mir seine Liebkosungen gefallen lassen, ich konnte in seinem Bett schlafen, ich konnte ein bißchen weinen aus Mitleid

---

* Henry Miller sprach ihren Namen gewöhnlich falsch aus.

für Henry, ich konnte so tun, als wäre es nichts als Mitleid, konnte zärtlich und ruhig sein; aber ich spielte, ich mimte, ich wollte bei Henry sein.

Als ich Henry am nächsten Tag aufsuchte, war er immer noch geknickt, sprach leise, wirkte verletzt, glücklich, aufgewühlt. Er hatte sich notiert, daß er beim Aufwachen weinte, weil er sich so danach sehnte, sich mit mir irgendwo gemütlich einzugraben. Er war gekränkt, weil ich ihn die Nacht über allein gelassen hatte. Trotzdem wußte er, daß er – daß wir gerettet waren, weil er die Kraft hatte zu kommen. Auf dem Bett liegend, schwärmten wir von Mythen und Legenden, von Tristan und Isolde, von seinem Kampf, zu mir zu kommen, seinem Kampf durch den Nebel. In Paris hatte er Todesqualen gelitten. Seit den vertauschten Briefen hatte er nicht mehr richtig geschlafen; das Geld, das er zum Essen gebraucht hätte, gab er für Telegramme aus. Alles war ihm gleichgültig, er war einsam, entsetzlich eifersüchtig, erkannte plötzlich all die Lügen, die ich erzählt hatte, erkannte die Lügen, die ich ihm zuliebe erfand, und die unnötigen wie die, Hugh hätte gesagt, er würde mich an Bord schleppen, selbst wenn ich krank wäre, obwohl ich die ganze Zeit wußte, daß ich allein reisen würde. Aber ich wollte Henry damit zu verstehen geben, wie schwer es mir fiel, ihn zu verlassen, wie ich mich wehrte, fortzugehen, indem ich krank wurde. Er analysierte mein Gesicht, mein Mienenspiel, meine scheinbar tiefe Aufrichtigkeit. Henry hat eine Veränderung erfahren; er will nicht mehr, daß ich für ihn Opfer bringe, daß ich für ihn betteln gehe. Er kämpft um mich. Das Zimmer war so klein und warm, und er hatte den spanischen Schal, den orangefarbenen samtenen Bettüberwurf, die orangen Kaffeetassen, Symbole von Louveciennes und dem Atelier, mitgebracht. Seine Tränen, seine Sensibilität, seine noch spürbare Erschütterung nach dem heftigen Schlag, den ich ihm versetzt hatte, sein Zittern nach der gewaltsamen Wiedergeburt. Hatte ich Henry Miller endlich zum Mann gemacht?

Ich hatte gesagt, ich würde bei den Guilers wohnen, um Henry zu beruhigen. Am nächsten Morgen war er wieder völlig verzweifelt. Er hielt fünf oder sechs telefonisch hinterlassene Nachrichten in der Hand. Das Telefon hatte unaufhörlich geklingelt. Männer, Männerstimmen, die wiederholt anriefen. Henry stellt Fragen, quillt über vor Haß auf Rank. Seine Stimme umhüllt mich, strömt in mich, sein Mund so köstlich, seine Augen so voller Gefühl, seine Haut so zart. Nur meine Liebe zu ihm ist keine Lüge; sie ist so rückhaltlos, so selbstvergessen, daß ich riskiere, das Glück, das Huck mir gab, zu verlieren, alles zu verlieren und herzuschenken, auch Huck, für Henry, für blinde Liebe . . .

Eifersucht und Zärtlichkeiten, tiefere Zärtlichkeiten, größeres und schärferes Begehren. Dunkelheit, Schmerz, Perversion, Tragödie und mehr und mehr menschliche Liebe.

Adieu Klugheit, Heroismus, Heimlichkeit. Es ist die menschliche Liebe. Ich werde realer für ihn, während ich immer weniger gut, immer mehr Frau werde, unzulänglicher, schlechter, weiblicher, mehr liebe, begehre, leide und genieße.

Zurück zu Huck. Huck, den ich nicht anlügen kann, weil er mir so ähnlich ist und mich durchschaut. Er weiß alles, was geschieht. Er weiß, daß Huck verlieren wird, weil er zu gut ist. Ich weiß es, weil Huck so anständig ist, wie ich es war, als sich Henry mit seiner Liebe zu June quälte. Edelmütig, heldenhaft, wahrheitsliebend – auf Kosten seines Glücks –, verständnisvoll und versöhnlich.

Ich stelle alles mögliche an, um Henry zu sehen. Kleine Mogeleien. Ich analysiere meinen ersten Patienten, schreibe Briefe für Huck, mache Besorgungen, besuche Lucrezia Bori mit Joaquin, sehe [Theodore] Dreiser zweimal und weigere mich, mit ihm zu schlafen, lege mich mit [George] Turner hin, weil Huck nebenan arbeitet und ich ihn auf der Couch des Zimmers, das er eigens für mich gemietet hat, betrügen will; mache alles Heilige nieder, entweihe, entwürdige, nur weil Huck hereinkommen und es sehen könnte, weil es in Hucks Zimmer stattfindet und weil ich, wenn Huck hereinkommt, wieder schauspielern, die Unschuldige und Verärgerte, die von Turner Belästigte spielen muß. Alles sofort vergessend, eile ich zu Dreiser, dann um Mitternacht zu Henry; komme zu spät zu Huck, der weint. Erfinde Wochenendausflüge aufs Land, weil Huck seinen Samstag und Sonntag haben will, dann gehe ich tatsächlich für ein Wochenende zu den Perkins', dann erfinde ich für Huck eine Nacht auf dem Land, um eine ganze Nacht mit Henry zu verbringen, komme mit einem Koffer zurück, in dem sich das Nachthemd befindet, das Hugh mir geschenkt hat, um es nur für ihn zu tragen, das ich aber für Henry trug, sowie das rote Russenkleid, das Huck mir für seine Wochenenden schenkte, über das Henry seinen Portwein goß, als wir auf einem Atelierfest waren, wo wir Emil [Schnellocks] Freunde trafen. Ich fing meine letzten Briefe an Henry ab, die von Paris zurückgeschickt wurden, weil ich ihm darin sage, daß Hugh kommen würde, und damit erklären wollte, daß ich nachts nicht frei sein würde; dann beschließe ich, Huck zu sagen, daß Hugh herüberkommt, damit Huck auf seine Kalifornienreise geht und ich drei Wochen bei Henry sein kann. Ich schlage vor, Huck in New Orleans zu treffen, um ihm zu helfen, wissend, daß ich es nicht tun werde. Täuschen, verstellen. Jeden Tag entdeckt Henry eine neue Lüge, und seine Zweifel erwachen wieder, doch unsere Zärtlichkeiten sind so vollkommen, daß ich ihn frage, wie er überhaupt an mir zweifeln kann; wie kann er sich vorstellen, ich würde ihn verlassen und zu einem anderen gehen nach solchen Stunden, nach einer solchen Vermischung von Blut und Atem? – Und doch ist es genau das, was ich tue. Mein Gesicht verrät nie, daß ich lüge, weil es meine Gefühle zeigt, und meine Gefühle sind eine tiefe, für alles Irdische blinde Liebe zu Henry.

An dem Abend, als Henry und ich zusammen ausgingen, bestand er darauf, mich nach Hause zu bringen, was er sonst nie tut. Ich zeigte wohl zu deutlich, daß ich nicht zu den Guilers nach Hause gebracht werden wollte. Aber weil er so erpicht darauf war, hatte ich ihm eine falsche Adresse in der East 89th Street gegeben. Während ich nun versuchte, seine Aufmerksamkeit auf etwas anderes zu lenken, als mich nach Hause zu bringen, mußte ich gestehen, daß ich wegen der Hausnummer gelogen hatte aus Furcht, er würde in einer seiner verrückten Launen in die Wohnung mit hinaufkommen und mit den Guilers sprechen wollen oder sie beleidigen. «God damn you», sagte Henry. «Du bist unverbesserlich.» Und dann verlor er wieder jedes Vertrauen, obwohl wir zwei Stunden zuvor in seinem Bett lagen und uns wie wahnsinnig liebten.

Schließlich, nachdem wir unweit der 57th Street ausgestiegen waren und ich ihn beschwatzte, ein Soda zu trinken, mit dem Hintergedanken, er würde mich allein heimgehen lassen, nahm ich ihn zur Bushaltestelle an der Fifth Avenue mit. Aber als ich die Qual und die Zweifel in seinem Gesicht sah, sagte ich: «Also gut, komm mit. Ich möchte es, damit du beruhigt bist.» Wir stiegen in den Bus, und während wir uns unterhielten, überlegte ich mir, daß ich ein Haus mit zwei Eingängen finden mußte. Doch nachdem ich noch nie in der East 89th Street gewesen bin, fragte ich mich, was ich an der Ecke dort vorfinden würde. Einen Club oder ein Privathaus, eine hochherrschaftliche Vanderbilt-Bleibe? Etwas Ähnliches war es dann auch. Rechts nur ein großes leeres Grundstück und links Privathäuser. Zu Fuß gingen wir in der eiskalten Nacht den verschneiten Bürgersteig entlang und redeten munter über andere Dinge – Henrys Stimme klang so verletzlich –, bis ich an der Ecke 89th Street Madison Avenue ein Wohnhaus entdeckte, in dem die Guilers durchaus hätten wohnen können. Henry gab mir vor dem Haus einen Gutenachtkuß, einen innigen, nachhaltigen Kuß, der mich tief berührte. Und dann, es ist kaum zu glauben, komplizierte ich dieses ohnehin schon schwierige Spiel noch mehr. Ich sagte: «Damit du siehst, daß ich die Wahrheit sage. Die Guilers wohnen im sechsten Stock. Wenn ich oben bin, werde ich das Licht anmachen, an und aus, einmal, zum Zeichen, daß ich da bin. Ich kann vielleicht nicht ans Fenster kommen, weil [ihre Tochter] Ethel dort schläft, aber das Licht wirst du sehen.» Und ich ließ Henry dort vor der Haustür stehen. Zunächst einmal war die Haustür abgesperrt, und ich mußte den Pförtner herausklingeln, mit dem ich nicht gerechnet hatte. Dann, als ich ihn fragte: «Es gibt hier doch einen Ausgang zur Madison Avenue, nicht wahr?» – nur um etwas zu sagen, weil er mich ziemlich barsch gefragt hatte: «Wo wollen Sie hin?» –, lautete seine wiederum barsche Antwort: «Zu wem wollen Sie?» Darauf sagte ich: «Zu niemandem. Ich kam nur herein, weil mir ein Mann folgt und mich belästigt. Ich dachte, ich könnte hier durchgehen zur anderen Straßenseite, ein Taxi rufen und nach Hause fahren.»

«Der andere Eingang ist nachts abgeschlossen. Dort können Sie nicht hinaus.»

«Na gut, dann bleibe ich eine Weile hier, bis der Mann geht.» Ich setzte mich in der dunklen, mit einem roten Teppich ausgelegten Eingangshalle in einen roten Plüschsessel, während der Pförtner auf und ab ging, und dachte an Henry, der draußen auf das Lichtzeichen wartete, und an Huck, der seit Mitternacht auf mich wartete, und das besonders ungeduldig, weil ich die Nacht zuvor überhaupt nicht nach Hause gekommen war, sondern mit Henry

verbracht hatte (ich rief Huck «aus New Canaan» an und sagte, der
Wagen sei im Schnee steckengeblieben, was nicht stimmte und was
Huck auch nicht glaubte, so daß er für den Rest der Nacht kein
Auge zutat und ich ihn am Morgen gelb vor Gram und Ärger
vorfand). Da saß ich nun, mit klopfendem Herzen, trommelnden
Schläfen, wirbelnden Gedanken. Ich stand auf und ging vorsichtig
zur Tür. Henry wartete noch in der Kälte und schaute zum Fenster
hinauf. Schmerz und Lust zu lachen, ein körperlicher Schmerz aus
Liebe zu Henry, ein kaum zu unterdrückendes Lachen aus einer
verborgenen teuflischen Quelle.

Ich sagte zum Pförtner: «Der Mann ist immer noch da. Hören
Sie, ich muß irgendwie hier weg. Sie müssen mir helfen.» Er rief den
Liftboy, der mich in den Keller und durch ein Labyrinth von grauen
Gängen führte. Ein zweiter Liftboy kam dazu. Ich erklärte ihnen,
daß mich ein Mann verfolgte. Einige Treppen nach oben, und sie
schlossen die Tür zum Hinterhof auf. Mülltonnen lagen herum.
Einer der Jungen ging hinaus, um ein Taxi zu rufen. Ich dankte
ihnen. Sie sagten, es sei ihnen ein Vergnügen gewesen und New
York sei verdammt gefährlich für Damen. Ich stieg ins Taxi und
legte mich auf den Rücksitz, so daß mich Henry nicht sehen konnte,
als wir durch die Madison Avenue fuhren.

Huck schluchzte. Ich konnte nur an Henry denken, Henry, der
wartend in der Kälte stand. Sein Kuß. Sein Mund. Huck schluchzte.
Ein Bild des Jammers, aber ich fühlte nur Henry, Henry, der fror
und sich quälte. Ich weinte. Ich sagte alles mögliche zu Huck,
beschwichtigende Dinge, schreckliche Dinge und Wahres. «Nicht
du solltest weinen. Zu dir bin ich doch gekommen. Es ist mir nicht
leichtgefallen. Aber hier bin ich. Und Henry steht draußen in der
Kälte und wartet. Warum weinst du?»

Ich denke und denke, während mir die Tränen die Wimperntusche verschmieren: Wie kann ich Henry erreichen? Was wird er
denken? Ist er zurück in seinem Zimmer?

«Hör zu, Huck, ich will vor allem nicht, daß Henry das mit dir
erfährt. Ich will, daß er es einfach für einen normalen Abbruch
einer Beziehung hält. Ich will nicht, daß er sich quält. Wenn ich
dazu gezwungen werde, wird es so sein wie damals, als ich bei dir
Hilfe suchte.»

Im Handumdrehen errege ich sein Mitleid, besonders mit meiner
Anspielung auf die Vergangenheit, als ich zu ihm kam, weil ich

zwischen meinem Vater und Henry gefangen war; besonders, als ich drohe, sowohl ihn als auch Henry zu verlassen.

So verschaffte ich mir eine Atempause und die Erlaubnis, Henry anzurufen. Ich ging in mein Zimmer. Henry war zurück; er hatte zwanzig Minuten gewartet. Während der Szene mit Huck hatte ich mir überlegt, wie ich Henry erklären würde, daß das Licht nicht anging. «Das mit den Fenstern war ein Fehler. Als ich heimkam, brannte überall Licht. Hughs Mutter und Ethel waren auf. Es war Besuch da. Ich konnte nicht einmal ans Fenster gehen, ohne Aufsehen zu erregen.»

Aber Henry kümmerte kein Wie und Warum. Er war voller Dankbarkeit, daß ich ihn zu trösten versuchte, ihn anrief, daß ich mich *bemüht* hatte, mit dem Licht ein Zeichen zu geben, dankbar und gerührt wegen Ich-weiß-nicht-Was, mehr wegen der Liebe, die er empfand. Jedenfalls war ich sofort beruhigt, als ich seine Stimme hörte. Keine Tragödie. Keine Entdeckung. Nun konnte ich Huck trösten. Ich heiterte ihn auf, brachte ihn mit der Geschichte von dem vornehmen Wohnhaus sogar zum Lachen. Ich stand in meinem schwarzen Spitzennachthemd in der Mitte meines Zimmers, erzählte die Geschichte und lachte, und Huck staunte und wunderte sich und lächelte.

Aber seine Liebkosungen konnte ich nicht ertragen. Ich erstickte sein Verlangen. Wir waren beide erschöpft. Restlos erschöpft.

Lügen, um Tragödien zu vermeiden. Ich kann nicht ich selbst sein, ohne Tragödien heraufzubeschwören. Aber Tragödie ist Leben. Huck sagte letzte Nacht: «Ich habe nie so intensiv gelebt, nie.» Lachen, Weinen; Ekstase, Delirium, Frieden, Erschöpfung, Leidenschaft, Schmerz, Freude, Frieden, Erleuchtungen, Schmerz, menschliches Leben. Um sechs Uhr an jenem Morgen, nach der Nacht, die ich mit Henry verbrachte – was Huck wußte –, machte er sich eine Notiz, in der es unter anderem hieß, nur seinen Instinkten zu folgen sei menschlich, Treue in der Liebe sei unnatürlich, Moral eine von Menschen erfundene Ideologie, Selbstverleugnung, die notwendig ist, um gut zu sein, sei das Leugnen des schlechten natürlichen Ichs aus Selbstschutz und deshalb das Selbstsüchtigste überhaupt.

Es war ein Teil seines die ganze Nacht währenden Kampfes gegen Zorn und Eifersucht. Er wollte fortgehen, er wollte verzeihen, er täuschte vor und fühlte alles, was ich vortäuschte und wegen Henrys Schwächen empfand.

Für Huck bin ich jetzt June und Henry in einem. Ich mime, tue, beunruhige, empöre, schaffe Tragödie. Ich bin natürlich, täusche, betrüge, bin faul, strapaziere seine Bereitschaft zu verzeihen. Doch er liebt mich, weil ich bin, wie ich bin. Nun bin ich sowohl June als auch Henry. Und Huck ist, was ich einmal war, als ich Henry gegenüber heroisch, weise, übermenschlich handelte. Heute bin ich hervorragend menschlich. Ich weine, lache, mache Szenen. Ich streite. Ich lüge. Ich verteidige mich. Ich versuche nicht, gut zu sein. Ich gebe meiner Liebe zu Henry nach. Ich belüge Huck, sage ihm, daß ich nicht nach Kalifornien mitkommen kann, weil Hugh kommt, obwohl ich weiß, daß Hugh nicht kommt und daß ich mich darauf einrichte, mit Henry zu leben, bis Hugh kommt. Ich borge mir den Ring, den ich Huck schenkte, um einen ähnlichen für Henry machen zu lassen, unter dem Vorwand, ich ließe ein Siegel anfertigen. Jederzeit kann ich auffliegen – durch einen Telefonanruf, die Post, die Henry im Barbizon bekommt; indem ich bei Henry meinen BH vergesse, den ich von Huck bekam und den er kennt und vermissen würde; durch einen unbewußten Versprecher, indem ich erwähne, daß Huck meine kaputte Haarbürste gesehen und mir deshalb eine schwarze Lackgarnitur in einem schönen Köfferchen geschenkt hat. Jeder zweite Satz eine Lüge. Um Huck zu beruhigen, wenn ich mit Henry ausgehe; um Henry zu beruhigen.

---

1. Februar 1935

Die Dinge mit Huck werden so undurchschaubar, so hintersinnig, so übersinnlich, daß sie unmöglich zu beschreiben sind. Er ist mit einer unheimlichen Intuition begabt, fühlt alles, und ich habe große Mühe, ihm etwas vorzumachen. Manchmal kann ich seinen Interpretationen entkommen. Weil er die Wahrheit nicht kennt, verirrt er sich bei der Suche nach Erklärungen. Jetzt trifft er zum Beispiel Vorbereitungen für Kalifornien. Er möchte, daß ich ihn in New

Orleans treffe. Bevor Henry kam, planten wir, dort ein paar Tage Urlaub zu machen. Jetzt will ich nicht mehr. Huck kauft mir einen schönen Kosmetikkoffer für New Orleans. Er ließ «N. O.» darauf prägen. Wir spielen damit; er füllt eigenhändig die schwarzen Lackdosen mit Puder, Creme etc. Die ganze Zeit weiß ich, daß ich für Henry packe, um zu Henry zu gehen. Aber ich sage zu Huck: «Du siehst, ich packe für New Orleans. Ich spiele mit dem Gedanken, daß ich mit dir abreise.» Das macht ihn glücklich. Ich sage ihm auch, daß ich hier in Zimmer 906 bleiben werde, bis Hugh kommt – aber noch am Tag seiner Abreise ziehe ich mit Henry irgendwo in ein Doppelzimmer. Der Koffer liegt auf dem Sessel, und Huck bringt mir Unterwäsche, Dinge, die ich nur für ihn tragen soll, die ich aber für Henry tragen werde.

Gestern ließen wir uns fotografieren. Meine Bilder waren für Henry, weil ich in Paris alle Fotos, die Henry von mir besaß, Huck gegeben hatte.

Die Zeit seit meiner Ankunft ist so riesig gewesen, so phantastisch, so übervoll, daß ich sie nie wieder einfangen werde. Verfolgung. Wie nie zuvor bin ich als Frau verfolgt worden, ständig, von jedem Mann, den ich ansehe. Anfangs machte es Spaß. Jetzt macht es müde. Nirgends Ruhe. Henrys Eifersucht. Huck so besitzergreifend, eindringlich, absorbierend. Zuviel Liebe, zuviel Liebe! Ich werde erstickt. Ich greife zu meinem Tagebuch, weil mich die Liebe verschlingt, zerstückelt. Ich liebe es und fürchte es. Kein Ich – keine Freiheit; alles – und wirklich alles von mir nach außen gekehrt, verwirrt, verschenkt.

Notizen: Besuch bei Dreiser. Schaukelstuhl in seinem Schlafzimmer. Gespräche über meine «Stangensellerie»-Hände. Philosophie des Materialismus. Keine Seele, kein Glaube. «Bleib über Nacht. Mich reizt deine schöne Gestalt. So eigenartig, aber unaufdringlich.» Broadwaylicht im großen Fenster. «Die Menschen kommen, um zu nehmen.» Er glaubt, ich kam, um zu geben, verstand aber meine Art von Geschenk falsch.

Nach Szene mit George Turner bekam ich Verfolgungsangst. Turner und dann Dreiser. Habe es satt, eine Frau zu sein. Vielleicht eine unbestimmte Angst davor, was einem als aufregende Frau passiert, die dann verhindert, daß man eine wird. An dem Tag fühlte ich mich zur Strecke gebracht.

Wundervoll, Henrys Liebe. «Es ist erst zehn Uhr morgens, und ich bin wahnsinnig verliebt.» June ist abgemeldet. Er liebt mich auf die gleiche wahnsinnige Art. Wild und verrückt vor Eifersucht. Vier Wochen Folter in Paris, kein Schlaf, kein Essen. Telegramm von Hugh, adressiert an das Barbizon, und das, nachdem ich gesagt hatte, Hugh habe mich gezwungen, bei seiner Familie zu wohnen. Schwer zu erklären. Henry sagt: «Ich brauche dich mehr als jeden Menschen auf der Welt. Wie das Leben selbst. Sag mir, sag mir, was passiert ist.» Er bettelt um die Wahrheit. Genau der Henry, der Junes Henry war. Die Liebe wurde durch Leid zur Passion. Und ich fühlte die Gefahr, die Perversion, die darin liegt. Schiffsankunft im Nebel, Wiedersehen im Hafen. Das Gefühl, egal wie sehr ich andere liebe – wenn Henry kommt, spüre ich eine Sehnsucht und Erregung im Leib wie bei keinem anderen. Er hat Hindernisse überwunden, um zu mir zu kommen. Weil ich seine Passivität und Hilflosigkeit kenne, war sein Aufwand an Mühe, zu kommen, um mich nicht zu verlieren, ein großer Liebesbeweis. Zimmer im Barbizon vorbereitet mit eingeschaltetem Radio. Der Luxus eine neue Erfahrung für Henry. Dem Hausdiener seinen zerrissenen Mantel zu zeigen. Nicht zu wissen, wie er sich verhalten soll. Wie dies durch den Kontrast zu der Nacht paßte, in der wir die «Straße des frühen Leids» aufsuchten, wo er als Junge gespielt hat. Nacht in Brooklyn. Schnee. Rote Ziegelhäuser. Holländerdorf. Kleine Häuser und Gassen. Seine Schule. Sein Fenster. Seine Jugendfreunde. Die Konservenfabrik. Hintergrund von *Schwarzer Frühling*. Alles auf den Anfangsseiten, die in Louveciennes entstanden. Eine so deutlich erlebte Nacht – und doch ein Traum. Die Straße, die zur Fähre hinunterführt, auf der er ging, «mit den Händen im Muff seiner Mutter». Ich weinte darüber, weinte und lachte hysterisch.

An jenem Abend hatte ich Huck angelogen, um die Nacht bei Henry zu bleiben. Die ganze Zeit verbanden wir dies mit Louveciennes, wo die Kindheit, angeregt durch mein leidenschaftliches Interesse, wieder lebendig wurde in der Erzählung *Schwarzer Frühling*.

Brief an Vetter Eduardo: über mein Leben. Willst Du darüber etwas erfahren? *Surrealismus* ist gar kein Ausdruck. Es ist schwindelerregend und wundervoll, wenn auch manchmal sehr anstrengend, aber, lieber Gott – welch ein Überfluß in allem. Liebe, Blumen, Geschenke, weiße Veilchen, Löcher in meinen Strümpfen, offene Brieftaschen, Patienten, Telegramme, volle Briefkästen, Verfolgungen, Lügen, mit knapper Not davonkommen, Drama, Tränen, Blumen, Anrufe, Drama, Gelächter, Radio im Taxi, Fieber und Ekstase und Leberbeschwerden, Sonnenbäder, früh aufstehen, hart arbeiten, Briefe, Briefe beantworten, Diktat. «Ja, hier spricht die Assistentin von Dr. Rank. Ja, er wird Ende März wieder in New York sein. Er ist auf Vortragsreise. Ja. Wer spricht dort, bitte?» Ich brauche einen Ehemann, einen Beschützer, eine Abschirmung. Zu viele Menschen. Ich liebe das Leben zu sehr. Hunderte von Menschen. Am gesellschaftlichen Himmel leuchtet ein Stern über mir. Leute beim Frühstück, Lunch, Dinner und zur Schlafenszeit. Nie allein. Aber glücklich. Nun muß ich los und Vichy-Mineralwasser bestellen. Alles *Liebe*.

Am 2. Februar Umzug mit Henry nach 28 E. 31st Street, Zimmer 1202, als «Mrs. Miller». Emil rief an, fragte nach Mrs. Miller und schrieb Mrs. Miller einen Brief: «Sehr geehrte Mrs. Miller – fühlen Sie sich rundum wohl in Ihrem neuen Zuhause? Wir stehen Ihnen mit unserem Service jederzeit zur Verfügung. Nehmen Sie einfach den Hörer auf und sagen Sie ‹Ehemann›. Der Mann, der Sie vergöttert. Raten Sie mal!»

Spaziergang mit Henry in die Henry Street in Brooklyn, den Keller, wo er mit June und Jean hauste.* Es ist jetzt ein Chop-Suey-Lokal. Wir gingen über die Brooklyn Bridge, wo er saß. Grausig und erschreckend. Weiter durch Chinatown. Abend mit Henrys Freunden. Henry spielt verrückt, sobald ein Mann in meine Nähe kommt und sich für mich interessiert. Schwadroniert und spielt sich auf, während er mich bewacht. Besessen von mir.

Langes Gespräch eines Nachts nach einem Varietébesuch.

---

* Die Geschichte von Henry Millers *ménage à trois* mit June und deren Freundin «Jean Kronski», wie sie sich nannte, kommt in mehreren Werken Millers vor, auch in dem von Miller verworfenen Roman *Crazy Cock*, der ursprünglich *Lovely Lesbians* hieß.

Thema: Alle seine Wünsche zielen auf mich. Er will nur mich. Will wissen, ob ich ebenso ausschließlich empfinde. Leidenschaftliche Nacht, die in einer Orgie endet. Ich sage, ich habe keine anderen Wünsche. Aber: «Du warst es, der mich ins Leben gedrängt hat. Und jetzt, nachdem ich ganz drin bin, bist du beleidigt, weil ich es liebe. Früher wollte ich nichts anderes als dich. In Clichy war ich unglücklich, wenn ich nicht mit dir allein sein konnte.» Alles ist umgekehrt. Jetzt sehne ich mich nach Menschen, und Henry allein ist nicht genug. Henry ist wahnsinnig leidenschaftlich. Erektion jede Nacht. Erschöpft mich. Auch meine Orgasmen sind stark wie nie zuvor, vergleichbar nur mit den Nächten in Clichy, wo ich dachte, ich würde vor Freude verrückt.

Huck vermisse ich überhaupt nicht. Aber Huck weiß Bescheid und schreibt mir, er weiß, ich wäre auch dann nicht mit ihm gefahren, wenn Hugh nicht kommen würde. Ich mache ihm weis, daß Hugh am Donnerstag eintrifft. Wenn Huck am 21. Februar (zu meinem Geburtstag) zurückkommt, wird es Krach geben, weil er herausfinden wird, daß Hugh nicht kam.

Am Sonntag morgen rufe ich bei 2 East 86th Street von Henrys Zimmer aus an, um festzustellen, ob Telegramme von Huck eingegangen sind, die ich beantworten muß, weil ich nicht vor Montag vormittag in Zimmer 906 zurück sein werde. Das Mädchen antwortet: Nein. Ich sage zu Henry: «Keine Telegramme (angeblich geschäftliche Dinge betreffend). Wenn eines dagewesen wäre, hätte ich es mir vorlesen lassen und mir einen Weg erspart.»

Henry: «Vorlesen lassen? Dann könnte unmöglich etwas von Liebe drinstehen! Oder es ist wieder eine jener besonders raffinierten Lügen, damit ich glaube, daß nichts von Liebe drinsteht.» (Richtig!)

Gespräch im Dunkeln mit Huck, das damit begann, daß ich mich gegen die Ansicht sträube, daß «die notorische Unzulänglichkeit der Frau, Ideen, Abstraktionen zu begreifen, nur scheinbar besteht. Es ist nur eine Frage des Niveaus.» Ich behaupte, unser Denksystem ist im Prinzip das gleiche, nur das der Frau bewegt sich im kleinen, ist eine personifizierte, unmittelbar auf das Symbol (Mann) ausgerichtete Ideologie.

Huck hatte das gleiche Problem wie ich: nicht menschlich zu sein; i. e. zu gut zu sein. Ich war nicht menschlich mit Henry. Für seine Arbeit habe ich mich geopfert, wie Huck sich für seine Analyse aufopfert. Wenn er Menschen rettete, waren sie seine Schöpfungen. Er durfte nicht menschlich sein, sie nicht einmal lieben. Wer schreibt das tragische Leben eines Analytikers?!

Abende in 906. Abendessen auf dem Zimmer mit Huck. Radio. Schwarzes Spitzennachthemd. Ich tanzte für ihn. Ich las ihm aus meiner Vatergeschichte vor.* Ihn interessiert nur die Bedeutung. Ein Philosoph, kein Künstler. Sprach über seine Kindheit. Liebe zum Theater. Hungerte, um in Wien eine Vorstellung zu sehen. Stets gerührt, weil ich ihn ermuntere, über seine Kindheit zu sprechen. Über sich. Dankbar. Sagt, er habe nie jemand kennengelernt mit so viel Interesse für Menschen – so einem Gefühl für sie. Nie jemand, mit dem er sprechen konnte. Ich entfeßle eine Flut. Lasse eine ganze Persönlichkeit wiederaufleben, indem ich sowohl Erinnerungen als auch latente Kräfte wachrufe.

Nach Henry folgten Alpträume von einem in Stücke gerissenen Hugh. Ein häufiger Traum. Ich bin es, die in Stücke gerissen ist. Hoffnungslose Dualität. Ich muß damit leben.

Hucks Traum, mich loszueisen und für sich zu haben. Erinnert sich mit Vergnügen an die Fahrt durch Connecticut. Aber mir ging es schlecht. Ich wollte nicht allein mit ihm sein – wieder in ein Gefängnis gesperrt wie bei Hugh. Aber von Henry wollte ich eingesperrt werden. Ist wahre Liebe besitzergreifend? In Louveciennes wollte ich Henry nur für mich. Für ihn versuchte ich, alles zu sein. Litt unter seinem Interesse für [Walter] Lowenfels und so viele andere Leute. Nun tue ich Huck das gleiche an. Nun liebe ich weniger besitzergreifend. Keinen von beiden. Was bedeutet das?

---

* Anaïs Nins Vatergeschichte, vielfach überarbeitet unter verschiedenen Manuskripttiteln einschließlich «The Double», wurde schließlich die Titelgeschichte in *The Winter of Artifice* (drei Novellen), Hrsg. The Obelisk Press, Paris, 1939.

13. Februar 1935

Je mehr ich entdecke, wieviel mir verziehen wird (meine Stärke), um so unabhängiger fühle ich mich. Zur Zeit ist mein sehnlichster Wunsch, mit Henry durchzubrennen. Ich weiß, daß mir beide, Huck und Hugh, verzeihen würden. Aber mir graut vor dem damit verbundenen Trauerspiel. Das ist mein Ich-Sein, Zwei-Sein. Und doppelt existieren kann man nicht, ohne daß es tragisch wird. Ich lebe auf hundert Ebenen zugleich. Schuf eine subtile, neue Welt mit Henry, dann mit Huck. Bereichere beide, kann beide lieben und beiden neues Leben und Kraft geben. Sehne mich nach Einheit, bin aber nicht dazu fähig. Tausendfaches Rollenspiel. Was ich für George Turner bin. Was ich als Sekretärin bin. Liebe Luxus, Blumen, alles, was verschwenderisch ist, überschwenglich, frei, farbenfreudig, schön.

Ich trage ein Schlüsseltäschchen mit Schlüssel 703 (Barbizon Plaza, nicht mehr); Schlüssel 905 für Hucks Zimmer; Schlüssel 906 für mein Zimmer im Adams; und jetzt 1202, wo ich mit Henry wohne.

Ziehe bei Henry ein. Verabschiede Huck am 2. Februar um ein Uhr. Weine. Frühlingshafter Tag. Packe eine halbe Stunde, nachdem Huck ging. Um die Miete für Henrys Zimmer zu bezahlen, muß ich mir etwas von dem Geld leihen, das Huck mir daließ, um zu ihm nach New Orleans zu kommen, obwohl er weiß, daß ich nicht nach New Orleans fahren werde.

Henrys Zimmer ist freundlich, in dem Geschäftsviertel, wo sein Vater früher einen Schneiderladen hatte und wo ich früher bei jüdischen Großhändlern als Mannequin arbeitete. Henry fing an zu singen – zum ersten Mal, sagte er, seit ich ihn verließ. Wachte auf und sang. War schrecklich zärtlich und leidenschaftlich. Ich würde ihn lieber singen hören. «Du hast eine unglaubliche Kraft in den Händen, Anis.» Ich kann ihn genauso leiden lassen, wie June es konnte. Er sagt, mehr als June; daß er in Paris mehr gelitten habe als bei June und näher an den Rand des Wahnsinns geriet. Hatte

Halluzinationen und Zwangsvorstellungen. Fieber. Delirium. So
sehr liebt er mich. Aber nach dem Leid, das ihm June zugefügt
hatte, flüchtete er sich in schöpferische Arbeit. Zu mir kam er erst
jetzt. Es ging nicht eher. Er war ein gebrochener Mann. Nun weiß
ich, daß er mir gehört, mit Leib und Seele. Staune über seine
Fixierung auf mich. Tiefschlaf. Frieden. Mrs. Miller. Bis Montag
keine Bürostunden im «psychological center» (in meinem Zimmer
906 im Adams). Lackiere in aller Ruhe meine Fingernägel, erledige
Kleinigkeiten. Kein Ziehen und Zerren mehr. Henry schreibt unterdessen eine Geschichte über einen Mord in der *banlieue*. Denke
zärtlich und ohne Sehnsucht an Huck. Hucks ganze Seele lag in
seinen dunklen Augen, als der Zug abfuhr. Rückhaltlos. Aber ich
fühlte mich befreit und glücklich, weil ich bei Henry sein konnte.
Sah am letzten Abend mit Huck den Film *The Good Fairy*. Er sieht
mich überall und in alles hinein. Bat mich, während seiner Abwe-
senheit meine spanischen Tänze wiederaufzunehmen, aber ich
kann nicht.

Drei Tage lang starke Gallenkoliken, die Hugh als ein Zurückziehen aus dem Leben interpretierte, weil Hugh kommen und Huck
gehen würde, aber ich wußte, schuld an der Krankheit war der
seelische Konflikt. Schwierig, aus Henrys Armen zu Huck zurückzukehren. Erbrechen in Henrys Zimmer. Er wollte sich um mich
kümmern. Wie komme ich von dort weg? «Warum rufst du nicht die
Guilers an?» sagte Henry. «Sag ihnen, daß du krank bist.» Das
einzige, was mir zu sagen einfällt, ist, daß Rank die einzige Medizin
hat, die den Brechreiz beruhigt. Bitte Henry, mich gehen zu lassen.
Er bringt mich zum Adams. Ich tue, als ob Rank nicht da wäre und
ich auf ihn warten muß. Brauche Medizin.
    Aber Huck kennt sich aus. Er sagt, Henry ist meine Neurose; daß
ich ihn wahrscheinlich immer noch liebe. Rückkehr zu ihm bedeute
Rückkehr in die Neurose, was einfacher sei als Gesundheit und
Glück. Aber während er spricht, weiß ich nur, daß ich Henry liebe,
ganz und gar, Körper und Seele, und andere Menschen nur teilweise. Huck ist mir körperlich zuwider – ich muß die Augen schließen. Die erste blinde Liebe ist vorbei. Aber weil Huck mich jetzt so
braucht, vergesse ich meine Wünsche. Ich bin die Spenderin von
Leben und Illusion.
    Henry sagte, er konnte mir nicht untreu sein, als ich ihn leiden

ließ – brachte es nicht über sich, es aus Rache zu tun. In der Nacht mit Blaise Cendrars [in Paris] verfolgten ihn Gedanken an mich. Henry ist genauso wahnsinnig, wenn er verliebt ist, wie ich. Und wie Huck. Gefühlsduselig, aus dem Gleichgewicht geworfen vor Liebe. Brauchen schöpferische Arbeit, um uns zu fangen. Eifersucht bei uns dreien, wie Proust. Huck gesteht sie sich noch nicht ein, so wie ich meine Eifersucht früher nicht wahrhaben wollte. Henry sagt eben: «Es ist zehn Uhr morgens, und ich bin wahnsinnig verliebt.» Später: «Ich bin liebeskrank.»

Ein weiterer Tag. Gingen auf eine Party bei Sylvia Salmi – Henry trank wie ein Säufer. Alle trinken sie, weil sie dumm sind und hohl. Ich wollte Henry dortlassen und mich verdrücken, aber keine Chance. Er drehte sich torkelnd um und folgte mir. Wir standen an der Straßenecke, und ich schrie: «Geh zu ihnen zurück, bleib dort, trink soviel du willst, sei, was du willst, aber laß mich da raus. Ich will das nicht. Ich kann das nicht. Es ödet mich an. Es ist idiotisch. Ich will einfach nicht dabeisein. Ich will dich nicht besoffen sehen.»
Henry total betrunken. Und ich konnte es nicht ertragen – diese Häßlichkeit. Taumelt. Kann das Schlüsselloch nicht finden. Sagt dauernd, daß es ihm leid tut. Schrecklich leid. Er wolle nicht zurück auf die Party. Er wolle nur mich. Im Bad fiel er in die Wanne. Sein Atem roch widerlich. Ich war schrecklich traurig wie damals, als June so ekelhaft betrunken war. Henry bittet mich, mit ihm zu sprechen, nicht böse zu sein. «Tut mir so leid, Anis, tut mir so leid. Es ist entwürdigend. Ich hasse mich.»
Ich wollte nicht. Ich wandte mich ab, war verwirrt und wußte nicht, was ich tun – was ich fühlen sollte. Trauer und Mitleid, aber nicht Zorn. Ich wußte nur, daß ich es nicht tun kann. Kein Vergnügen. Ich hasse sie alle. Idioten. Und so leer. So leer. Düstere Stimmung und Einsamkeit. Sehnsucht nach Hugh und Huck, brauche sie, ihre Güte.

19. Februar 1935

Henry erwachte in ernster Stimmung. Als ich am Abend heimkam, hatte er unser erstes Abendessen zu Hause vorbereitet. Er hatte auch zu schreiben begonnen. Und gestern war er wieder schönster Poetenlaune, völlig in seinem Element, schrieb hintereinander mehrere Seiten *Schwarzer Frühling* über das Traumthema – floß über von Ideen.

Mittlerweile, am Nachmittag nach Henrys Besäufnis, rief mich Erskine wieder an und besuchte mich. Ein sanfter John, ernster, nachdenklicher, aber immer noch jene täuschende Brillanz und Sinnlichkeit. Sinnliche Stimme.

Sein Besuch warf mich unverhofft aus dem Gleichgewicht – hochgradig nervös, weiche Knie, eiskalte Hände, Herzklopfen. Wütend über mich selbst. Aber ich redete fieberhaft. Er sagte, als er mich neulich abend in der Oper gesehen habe, sei er tief betroffen gewesen über die Traurigkeit in meinen Augen. Er glaubte, ich sei traurig, unglücklich. Er bestand darauf. Dachte, ich mache mir etwas vor. Er sprach von Verwirrung und Chaos, was ich Leben nenne, das dem Gefühl gehorcht statt dem Verstand. Wie betrunken redete ich über meine Periode und Verbluten. Beim Abschied sagte er, er mache sich große Sorgen um mich. Ich hätte am liebsten gelacht.

Ich war richtig boshaft. Ich erschreckte ihn, erzählte ihm rundweg die Liebesaffäre mit meinem Vater, verblüffte und schockierte ihn wirklich.

«Jeder, der in deine Nähe kommt, spürt deine Vitalität und die sexuelle Kraft in dir.»

Immer noch so groß und stark. Ich hatte das Bedürfnis, mich anzulehnen. Als ich hörte, daß er für einige Tage auf Konzertreise gehen würde, kam ich mir verlassen vor. Er schaffte es, daß ich mich schwach fühlte. Aber das ist nur eine weibliche List, eine weibliche Stimmung.

In Wahrheit erfüllt mich Ekstase, eine ständige Berauschtheit der Seele. Die Geigerin, die bei mir Hilfe sucht, rührt und interessiert mich. Ich bin voller Ideen für die «Alraune»-Geschichten*, voller Obsessionen (Leidenschaft für Feuerwehrautos), Emotionen, einem Gefühl von Wunder und Abenteuer. Henry macht mich ebenso glücklich wie unglücklich. Wenn wir beide allein sind und er schreibt und wir unterhalten uns, lebe ich nur im Heute. Die Dualität bekümmert mich nicht. Ich schreibe wunderbare Lügen an Hugh und Huck. Ich will weder die körperliche Anwesenheit von Huck noch von Hugh. Wenn ich bei Henry bin, bin ich ruhig. Er überschüttet mich mit Liebe. Einer unaufhörlichen Liebe. Er wird weiser und verständnisvoller. Er geht feinfühlig auf meine Arbeit ein, meine Ideen, meine Stimmungen. Ich lebe in einem körperlichen Klima. Huck ist wieder das Reich des Verstandes. Ich weiß nicht. Ich weiß nicht. Es ist mir egal.

Der heutige Nachmittag, an dem mich John besuchte (der einmal mehr sagte: «Wenn du nur nicht Hughs Frau gewesen wärst»), versetzte mich wieder in übermütige Laune. Nicht Liebe. Teufelei. Als ich Johns Frau, Pauline, in der Oper sah – eine einsame, grauhaarige, ernste Frau mit unergründlichen Augen –, war ich betroffen, wie furchtsam sie mich ansah. So fürchten Frauen die Prostituierte, die Hure, die Schauspielerin, eine Riesenangst vor der sexuellen Macht. Jetzt, nachdem ich John nicht will, weiß ich, daß ich ihn haben kann. So entziehe ich mich ihm. Nichts ist mit ihm passiert in den letzten paar Jahren – er verkommt in Komfort und amerikanischer Oberflächlichkeit. Er lebte nach Lilith vier Jahre mit Helen zusammen und verkniff sich andere Frauen, um nicht auseinandergerissen zu werden. Ich erkenne denselben alten Feigling. Ich fühlte, daß ihn unsere Begegnung verunsicherte und verwirrte; er fürchtete sich und spürte, daß ich die Stärkere war, weil es mir nichts ausmachte.

---

* Inspiriert von einem deutschen Film mit Brigitte Helm in der Rolle der unnatürlich erschaffenen, sexuell unersättlichen Gestalt der Alraune. Anaïs Nin fand bei ihren Bemühungen, die wesentlichen Eigenschaften von June Miller darzustellen, in dieser Figur ein Symbol. Ihr «Alraune»-Manuskript erschien schließlich in zwei unterschiedlichen Versionen, als die «poetische» Quintessenz in *Haus des Inzests* und als die realistische «menschliche» Novelle «Djuna», die nur einmal in der ersten Ausgabe von *The Winter of Artifice* erschien (Paris: The Obelisk Press, 1939) und in allen späteren Ausgaben weggelassen wurde. Ein Auszug, «Hans and Johanna», erschien in *Anaïs: An International Journal*, Band 7, Becket, Massachusetts, 1989.

Kann es Henry nicht erzählen, weil er eifersüchtig wäre.
Richard Maynard ruft täglich an. Die Geigerin spielt heute abend
in der Town Hall. Nach drei Gesprächen mit mir spielte sie, wie «ich
nie zuvor gespielt habe, weil ich an Sie wie an eine beschützende
Begleiterin dachte und Ihren grünen Ring vor mir funkeln sah».

---

28. Februar 1935

Armer Huck – verloren. Er verlor, weil man ihn nicht anlügen
kann. Er lebt zu schnell, viel zu verstandesmäßig. Er will den
Rhythmus von Irrtum und Lebensschmerz nicht zulassen.

Als er zurückkam, war ich am Bahnhof – sehr früh. Zweifel.
Würde ich ihn anlügen können? Seine Küsse ertragen? Aber die
alte Liebe machte alles möglich. Wir hatten einen so ausgefüllten
Tag, bis Mitternacht.

Zusammen im verschlossenen Zimmer – Unterhaltung, Liebkosungen, gemeinsame Mahlzeiten, lachen. Huck *wußte*, daß ich log –
nur nicht, wie. Ich erzählte ihm, daß ich ihn anlügen mußte, weil
Henry sehr krank gewesen sei, sogar operiert werden mußte. Ich
mußte bei Henry bleiben, mich um ihn kümmern. Aber ich konnte
ihm das nicht schreiben, sagte ich zu Huck, weil es ihn beunruhigt
und ihm die Reise verdorben hätte. Daß mein Mitleid für Henry
stärker war als Liebe oder Glück. Spielt es eine Rolle, was ich
sagte? Huck *fühlte* die ganze Wahrheit, wußte, daß er verloren
hatte, aber er zeigte es nicht – *wußte* es nicht, bis ich gegangen war.
Wir schienen glücklich zu sein. Wir planten, daß ich die halbe
Woche mit ihm in Philadelphia verbringen würde – die andere
Hälfte in New York –, wollten reiten, einen Tag ausspannen. Machten Pläne für seine Arbeit. Wir lagen im Dunkeln und redeten wie
früher – spitzfindig, scherzend. Ich gestand mir nicht ein, was ich
jetzt so deutlich im Tagebuch sehe – daß ich Huck nicht liebe.
Immer Henry. Keinen anderen als Henry. Ich dachte, ich könnte
Huck weiterhin glücklich machen. Aber ihm war auf seiner Reise
klargeworden, daß ich ihm gehören muß, daß es ihm unerträglich
war, von mir getrennt zu sein.

Alles war verändert. Ich wollte seine Küsse nicht. Die Ge-

41

schenke, mit denen er mich überschüttete, machten mich irgendwie nicht glücklich. Aber das Mitleid! Das Mitleid, das ich jetzt fühle, während ich schreibe – das Mitleid, das der Grund für meine Betrügereien ist. Niemand versteht das. Das Mitleid, aus dem ich ihm noch heute einen Liebesbrief schreibe.

Ich verließ ihn um Mitternacht. Er wußte, wenn er meine Geschichte von Henrys Krankheit nicht akzeptiert und daß Henry mich braucht, wäre alles vorbei, weil ich Henry niemals verlassen würde. Wie schrecklich sicher war ich meines Lebens mit Henry – daß es richtig war trotz allem, was ich bedaure, schrecklich bedaure, trotz allem, was Huck mir gab: vollkommenes Verständnis, eine leidenschaftliche Liebe, Kraft. Das alles opferte ich einem Vollkommenen – und den armen Huck auch – armer Huck. Doch er kann wie die anderen sagen, daß ich ihm in zwei Monaten mehr Liebe und mehr Glück geschenkt habe, als er in seinem ganzen Leben bekommen hat. Ich weiß, was ich ihm gab: Leben, Schmerz, Ekstase. Ich weiß, was ich ihm nahm: seinen Glauben, seinen Glauben an die Frau, die Liebe, seine Philosophie. Kann nicht kompensieren, niemals ausgleichen. Ich weiß es nicht. Er sagt jetzt, daß ich sehr grausam war, daß ich jeden verletze, indem ich versuche, *nicht* zu verletzen, daß ich ihn an seiner empfindlichsten Stelle verwundet habe. «Ich schrieb ein Buch über Wahrheit und Wirklichkeit; über das, was du in mir am meisten durcheinandergebracht hast. Ich weiß nicht mehr, was Wahrheit oder Wirklichkeit ist. Was bist du? Ein Chaos. Wie konntest du mir all diese Einzelheiten über Hughs Ankunft schreiben?»

«Um deine Reise möglich zu machen.»

Das alles, die bitteren Worte, die häßlichen Worte, kam am Schluß, als er Montagmorgen ging – Zimmer 906 ohne ein Wort verließ und alle seine Geschenke mitnahm. Ich wartete, überlegte, glaubte nicht, daß er wirklich gehen würde, schrieb. Dann telegrafierte er dem Adams (nicht mir), daß er zurückkommen würde. Am Mittwochmorgen, einem bitterkalten Morgen, stand ich um fünf Uhr auf und ging hinaus in Dunkelheit und Schnee. Ich wollte um sechs Uhr in seinem Zimmer sein – eine Zeit, die für uns bedeutungsvoll war (um sechs war er in Louveciennes aufgewacht und an mein Bett gekommen. Um sechs kam er gewöhnlich in 906 in mein Bett) –, wollte ihn einfach küssen, damit er mir wieder glaubte, so wie Henry mit Küssen und Lachen meine Zweifel vertrieb.

Aber Huck war verärgert und unerbittlich. Er bestand darauf, daß wir uns unsere Ringe zurückgaben, daß ich meinen Koffer behielt. Kein Gespräch, keine Erklärung. Er sagte, ich sei die ganze Zeit sehr grausam gewesen; er sei froh über die Trennung; er würde nichts bedauern. Natürlich ärgerte ich mich darüber, aber ich begriff nicht, was er wirklich empfand, bis er sagte: «Ich kann so nicht leben – nie zu wissen, was wahr ist, voll von Zweifeln und Ungewißheit, Unsicherheit.»

«Es ist dein Kopf, der dich zweifeln läßt. Wenn du bei mir bist, kannst du nicht zweifeln, du tust es auch nicht, weil du dann die Wahrheit *fühlst.*» (Ich lüge noch immer. Warum?)

«Das stimmt», sagte Huck. «Aber wirst du immer bei mir sein? Du hast gesehen, wie unerträglich die Reise für mich war.»

«Nein, ich kann nicht die ganze Zeit mit dir zusammenleben.»

Daraufhin schüttelte er verzweifelt den Kopf. Sprach von Selbsterhaltung. Glaubte, mit mir verrückt zu werden. Dann sagte ich, ich würde verstehen.

Ich war immer noch untröstlich und schluchzte, weil er seine Briefe an mich vernichtet hatte, seine Gedichte, den wirklich zärtlichen Huck, den verständnisvollen Huck. Ich hätte ihn schlagen können, als er es mir sagte, und dann brach ich in Tränen aus. Als er von Selbsterhaltung sprach, ging ich auf ihn zu und sagte: «Ich bin froh, daß *Du* gerettet bist.» Dann, schluchzend: «Was ich wissen möchte, was ich wissen will . . .»

«Was möchtest du wissen?» fragte Huck jetzt wieder liebevoller.

Aber dann lief ich weg. Ich weiß bis jetzt nicht, was ich wissen wollte. Ich weiß nicht, warum ich das gesagt habe.

Obwohl ich ihn nicht liebte, tat mir die Trennung schrecklich weh. Ich dachte ständig an seine Sensibilität, wie völlig er sich mir geschenkt hatte; erinnerte mich an alles, bedauerte ihn, versuchte meine Grausamkeit zu begreifen. Warum nur fühle ich mich immer unschuldig?

Mein armer Huck. Vergib mir.

Es gab Zeiten, da war es so schwer, ihn zu lieben. Warum nur will ich Liebe stets *erwidern*? Seine Häßlichkeit. Ich liebte ihn durch seine Häßlichkeit hindurch, wie man einen Panzer durchbohrt; liebte eine Seele und einen Verstand, diesen kleinen Mann – diesen einzigartigen kleinen Mann, den ich nicht täuschen konnte.

Manchmal denke ich nur an seine Einsamkeit.

Meine geistige Einsamkeit akzeptiere ich. Henry gibt mir die menschliche Nähe – die menschliche Wärme.

Ich lieferte Henry meine Version (die für Henry) der Trennung.

Aber ich werde nie wieder Liebe vortäuschen – nur, die Wahrheit ist, daß *ich mir selbst etwas vormache* und den anderen auch.

Ich wehrte mich gegen den Schmerz. Ich weiß, ich verdrängte ihn, weil ich nicht leiden wollte. Es gab keinen Sturm, nur die Finsternis. Es war noch immer dunkel und es schneite, als ich von jenem merkwürdigen Sechs-Uhr-morgens-Besuch durch ein Schneegestöber zu Henry zurückkehrte. Ich ging mit Henry ins Bett. Versuchte zu schlafen. Weigerte mich zu leiden. Nein. Nein. Ich habe jetzt genug über die andern geweint. Um neun stand ich auf. Um zehn war ich draußen in der bitteren Kälte auf der Suche nach einem Zimmer für meine Patienten, die nicht bezahlen können. Sie können nicht in das Haus kommen, wo ich unter dem Namen Mrs. Miller wohne, weil sie Mrs. Guiler kennen. Während ich durch die Straßen lief, fühlte ich mich trotz Henry, trotz seiner Liebe verloren. Der gleiche Vorwurf, den ich Allendy machte, tauchte wieder auf: Ich suchte Hilfe bei dir, aber ich fand keine Hilfe, keinen Frieden. Der einzige, der mich *verstand*, der mich verstehen konnte, war Huck, und auch er geriet völlig durcheinander, weil er mich liebte.

Es gibt keine Wahrheit, keine Wirklichkeit. Nur mit unseren Gefühlen können wir verstehen. Unser Kopf führt uns in die Irre. Ich weiß nur eines – daß ich Henry liebe.

An jenem Morgen konnte ich nur an den Schock denken, an meine Abhängigkeit von Hucks Klugheit, daß er mich im Stich ließ. Selbstsüchtig. Er sagte, ich habe ihn enttäuscht. Er habe sein Hab und Gut für mich riskiert.

Henry beobachtete mich beim Frühstück. «Mir war Othellos Antlitz sein Gemüt.»

«Nein», sagte ich, «das Antlitz, das die Analytiker narrte.»

Ich erzählte Henry, Rank habe mich fortgeschickt, weil er nicht länger unter einer unerwiderten Liebe leiden wollte. Wieder eine *Beinahe*-Wahrheit.

Um zwölf traf ich einen Entschluß. Ich würde mir für nur zwei Tage in der Woche ein Zimmer im Barbizon Plaza nehmen – an diesen zwei Tagen alle meine Patienten empfangen –, nur sechs Dollar ausgeben, weil ich weiterhin für Henry sorgen mußte, und das war ein ernstes Problem.

Die ganze Zeit schrieb ich im Geist an Huck: «Vergib mir.»

---

28. Februar 1935

Heute, Donnerstag, ging ich um halb zehn ins Barbizon. Sah Richard, der wunderbar scharfsinnige Dinge sagte: «Du konntest Hugh nicht lieben. Er ist nicht lebendig. Er kann weder leben noch träumen. Er versucht, dir durch Astrologie in deine Traumwelt zu folgen.»

«Ich denke nicht, daß Hugh mir nicht folgen konnte. In der Astrologie kam er ziemlich nah heran...»

Er sah sich Henrys Bild an, und es gefiel ihm. «Er hat einen gewissen Humor.»

Ich fragte ihn rundheraus: «Jetzt appelliere ich an deinen sechsten Sinn: Ist Rank der Mann für mich?»

«Nein.» Dann: «Rank ist der Mann, den du in deinem Roman beschrieben hast – nicht Henry. Ich meine das über das Bombenwerfen und die Verbitterung.»

Eine Stunde lang analysierte er die Analytikerin. Mich. Und dann kamen meine Patienten, hysterisch, weinend oder erfreut über die Aufmerksamkeit, die ich ihnen widmete. Ironie. Ich gab drei Menschen Kraft, die nicht ahnten, was ich durchmachte.

Den ganzen Tag Gedanken an Huck, an Henry, zärtlich, liebevoll, aufmerksam und gute Arbeit leistend.

Aber der Augenblick dort, allein im Barbizon Plaza, Zimmer 2107, als ich mich an Hucks Worte erinnere: *Der schöpferische Mensch sucht die Einsamkeit – er erschafft allein, weil Alleinsein gottähnlich ist.* Ich erschuf mein Leben und bestand auf meiner Einsamkeit.

Deshalb dulde ich nur zeitweiliges Beisammensein. Mit allen möglichen Ausreden: Der eine ist nicht adäquat, ein anderer versteht nicht, kann nicht folgen etc. Manchmal tue ich ihnen unrecht.

Weil mir Henrys Schlechtigkeit gefiel wie Henry Junes Schlechtigkeit gefiel und Huck die meine (wobei jeder die Schlechtigkeit des andern übertreibt, um zu leiden oder um menschlich zu werden!). Ich übertrieb sie auch in meinem Roman und übersah die Veränderung bei Henry. Drei Jahre lang habe ich erwartet, daß mich Henry tödlich verletzen würde, und er hat es nicht getan. Wundervolles Verhalten, menschlich, gütig, zartfühlend, aufopfernd, untadelig. Alleinsein. Kraft. Stolz. Ich verlor einen zweiten Vater. O diese Sehnsucht nach einem Vater, nach dem Vater, nach endlich wieder einem Gott, dem Gott, den ich nach meiner Operation sah und dann aus den Augen verlor.*

Ich denke, die ganze Ideologie des Menschen ist in der Fabel enthalten, mit der Huck mir in der Nacht, als ich nicht bei ihm schlafen konnte, nur weil er so laut schnarchte, erklärte, warum ich mich danach sehne, in die Nacht zurückzukehren, aus der ich kam.

---

4. März 1935

Soweit ich weiß, veranlaßte mich der Schock von Hucks grausamem Abschied – der Gedanke, daß er *zitterte*, so verletzt war (im nachhinein stellte sich heraus, daß er tatsächlich zitterte, daß er wie ein Rennpferd nicht aufhören konnte zu zittern), ihm einen fürsorglichen Brief zu schreiben (ich hatte das Bedürfnis, Huck vor dem *Willen* von Dr. Rank zu beschützen). Ich weiß nicht. Ich weiß nur, daß ich mich in jenen Tagen zwischen unserer Szene und unserer Versöhnung wie eine Ertrinkende fühlte. Neurosen, Ängste, Tränen, Obsessionen, Halluzinationen. Warum, warum genügte Henry mir nicht? Was brachte mich dazu, an Huck, das Kind, zu schreiben, in der Annahme, es brauche mich und daß Rank sein Glück zerstört? Warum konnte ich nicht einfach aufgeben? Warum dachte ich an das Ende unserer Beziehung mit Erleichterung: Keine Liebkosungen mehr – und mit Beklemmung: Keiner mehr, der

---

* Nach der traumatischen Abtreibung von Henry Millers Kind Ende August 1934 hatte Anaïs Nin eine mystische Erfahrung, bei der sie «mit Gott verschmolz». S. Anaïs Nin, *Trunken vor Liebe*, S. 446, Scherz Verlag, Bern, München, Wien, 1993.

mich versteht? Warum wollte ich nicht, daß er denkt, ich hätte unsere Liebe verraten? Warum versuchte ich, ihn wieder an eine Liebe glauben zu lassen, von der ich weiß, daß sie zu Ende ist?

Er antwortete: DU: Es geht mir wie Dir. Auch ich bin untröstlich, daß Du mich gezwungen hast, so zu handeln. Es war nicht mein Gehirn, es waren nicht meine Gedanken; nein, es war das menschliche Wesen, es war Huck. Das ist es, was Du noch immer nicht begreifst.

Ich kann Dir jetzt alles erklären, weil auch mein Stolz dahin ist und ich jetzt das Gefühl habe, Du würdest wieder wie am Anfang verstehen, bevor Du zu alten schlechten Gewohnheiten zurückgekehrt bist!

DU bist nicht schlecht und kannst es nie sein, Deine Gewohnheiten sind es; und ich hoffte, meine Liebe – die ich natürlich nicht töten kann – würde Dir helfen, sie zu überwinden. Die Tatsache, daß es ihr nicht gelungen ist, war schmerzlich genug. Aber daß Du auch noch grausam sein mußtest, war zuviel. Ich möchte mit Dir sprechen, Dir auf menschliche Weise erklären, was passiert ist, auch um Deinetwillen. Das ist die einzige Vergebung – gegenseitige Vergebung –, die ich mir vorstellen kann: Ein offenes und menschliches Gespräch und die häßliche Szene aus dem Gedächtnis tilgen . . .

Brief an Rank: Huck, mein liebster Huck, Du hast mich um die Wahrheit gebeten, Du hast mich gebeten, nie wieder zu lügen. Ich habe in den vergangenen Tagen einen schrecklichen Kampf mit mir ausgefochten. Etwas in unserer Liebe hat sich verändert. Deshalb weinte ich, als wir das Adams verließen. Es ist nicht mehr dieselbe Liebe. Etwas wurde an dem Tag, als ich Dich anlog, und an dem Tag, als Du mich wegen der Lüge verlassen hast, getötet. Ich tötete Deinen Glauben an mich, aber Du hast meinen Glauben an unsere Liebe – oder die typisch weibliche Liebe – getötet. Ich weiß nicht. Ich empfinde nicht mehr wie früher. Ich fühle kein Vertrauen mehr. Dein grausamer Abschied war ein Schock, den Du noch nicht ganz ermessen kannst, höchstens im Hinblick auf jenen anderen Schock, der einen Fluch über mein ganzes Leben gebracht hat. Ich glaube nicht mehr an Deine absolute Liebe – oder an Deine Vergebung. Ich glaube, Du bist zu stark (und ich bin zu stark auf eine indirekte, feige Weise), um zu ertragen, was ich bin – ich meine, daß ich nicht vollkommen bin. Ich habe den Eindruck, daß ich seit dem Schock verzweifelt versucht habe, mich zurückzuziehen, und daß es mir gelungen ist. Wir haben uns beide zurückgezogen, gedrückt vor dem *Schmerz* – nur, es gab viele kostbare Dinge, die wir nicht aufgeben konnten. Als Mann – Liebhaber, Ehemann – hast Du mich aufgegeben, als Du weggingst, weil Du ein Recht hattest, auf Deine vollkommene Liebe eine entsprechende Antwort zu erwarten. Ich ging fort, als Frau – Geliebte, Ehefrau –, weil es mich kränkte, daß Du mir nicht verzeihst; weil Du für mich jetzt unverbesserlich der strenge, unversöhnliche Vater geworden bist. Was wir nicht aufgeben konnten, mein Huck, war das Verständnis, das wir füreinander haben – der einzige Trost in unserem verflucht einsamen Leben –, und mein inniger Wunsch, Huck am Leben zu erhalten – so viele Dinge außerhalb der Mann-Frau-Liebe. Huck, ich empfinde nicht mehr wie eine Frau für Dich. Seit dem Schock, ich sagte es, starb die Frau, das Begehren, die Leidenschaft. Und in Dir starb der Mann, weil ich Deine Wahrheit, Deine Wirklichkeit, Deine zartesten Gefühle verletzt habe. Ich bitte Dich auf Knien, Huck, vergib mir. Bis auf dies eine Mal, als ich ehrlich sein mußte. Es war das Bedürfnis, Huck zu beschützen und die Schätze zu retten, was mich dazu trieb, mich noch einmal zu melden. Ich möchte die Dinge so sehen wie Du. Dein Glück ist mir schrecklich wichtig – unser Glück ist aneinandergekoppelt. Wir sind Zwillinge, und Du liebst mich auch, weil ich Dein Zwilling bin. Heute schreibst Du mir, daß Du mich liebst, weil ich Dich verstehe. O Huck! Verständnis, Sympathie, gemeinsame Arbeit – das alles ist möglich, nur nicht mehr die Mann-Frau-Liebe. Du sagtest an jenem Morgen um sechs, Du könntest nicht in jener Ungewißheit leben. Alles in mir ist tückisch, weil es nicht heil, nicht ganz ist. Ich will Dich vor mir gerettet wissen, wirklich. Ich will das wegen der Art meiner Liebe zu Dir. Ich denke unaufhörlich an Dich. Wenn Du mich dafür haßt – weil ich Dich als Frau im Stich gelassen habe –, dann schlag zurück, bestrafe mich, tu alles, was Dir hilft. Wenn es Dich weniger verletzt, unsere Liebe in Verständnis umzuwandeln, würde ich das gern mit Dir tun. Wir könnten nicht zusammen glücklich sein, mein Huck, weil Du absolut bist und einen starken Eigenwillen hast.

Du hast ein großes, brillantes, großzügiges Ich, um dafür zu leben. Du hast mehr als irgend jemand auf der Welt das Recht auf eine *absolute* Liebe. Ich bin in der Liebe nicht fähig dazu. Ich bin verkrüppelt. Ich kam zu Dir als ein Krüppel. Du hast versucht, ein ideales Leben mit einem Krüppel zu führen – den Defekt, die Krankheit zu übersehen. Vergib mir, daß ich Dich enttäuscht habe, daß ich nicht Dein Traum bin. Ich kenne niemand, der Glück mehr verdiente. Du bist großzügig, Du hast so tiefe Gefühle, einen so kostbaren Verstand, eine so wundervolle Menschlichkeit – alles. Ich will alles tun – worum Du mich auch bittest, um Dir zu helfen, mich ganz zu vergessen, und das kann, wenn es denn sein soll, ohne Bitterkeit geschehen. Vergessen durch reine Willenskraft, so wie Du es das letzte Mal versucht hast, würde Dir nur weh tun – ich könnte Dir auch nah bleiben, Deiner Arbeit, Deinem Leben, Dir all die Kraft geben, die Du mir gabst. Wenn Du das gelesen hast, ruf mich morgen früh an oder schreibe mir. Ich werde kommen und mit Dir sprechen. Ich laufe nicht davon. Wenn ich nichts von Dir höre, werde ich wissen, daß Du mich nicht mehr sehen willst. Ich werde es verstehen. Erinnere Dich, o Huck, erinnere Dich, daß Du einmal gesagt hast, das Glück jener ersten Wochen habe Dich für den Rest Deines Lebens entschädigt – das gilt auch für mich. Es war absolut. Es ist das Beste, was ich geben konnte – das Äußerste. Vergib mir, vergib mir, vergib mir. Erinnere Dich nur daran. Ich verfluche die Analyse, die alles auf eine falsche Basis stellt und die wahre menschliche Beziehung oder das akute Problem mit falschen Hoffnungen vernebelt. Bitte, bitte, versteh mich und verzeih mir, weil dies die Wahrheit ist und die Lüge Dich mehr verletzt hätte.

Deine untröstliche Puck

---

5. März 1935

Und jetzt, jetzt bin ich wieder schwanger! Eine Nacht der Qual. Alpträume. Huck wendet sich von mir ab. Ich schickte ihn fort. Niemand will mich operieren. Die schreckliche Angst vor der Narkose. Meine Mutter sagt, ich muß das Kind austragen. Ich brauche einen Kaiserschnitt.

Huck sagt am Telefon, daß er versteht und verzeiht. Ich soll morgen zu ihm kommen. Neurose. Erneute Pein. Immer wieder Tragödie. Anderen meine Kraft geben. Ich brauche einen Vater! Ich brauche einen Vater!

Bin ich noch das Kind? Oder ist eine Frau immer ein Kind?

Ich sage zu Henry: «Ich verlasse mich auf dich.» Er ist wunderbar zärtlich – übermenschlich zärtlich –, aber ich fühle da keine Kraft.

Und in mir ist auch keine Kraft. Meine Welt zerbröckelt zu leicht.

Die Versöhnung mit Huck, beruhte sie auf Mitleid? Gespräch im Dunkeln. Hysterie auf meiner Seite. Ich weinte. Er sagte: «Die Lüge ließ mich an der Liebe zweifeln.»

«Die Lüge war für die Liebe. Alle meine Lügen dienten der Liebe. Ich leide an Beschützerwahnsinn – will immer beschützen.»

«Du bist nicht schlecht – deine Gewohnheiten sind schlecht.»

Er sagte, es sei das Aufbegehren von Huck gewesen gegen den alles verstehenden, alles verzeihenden Analytiker.

Später sagten wir lachend, daß wir es nicht bedauerten.

Ich sagte: «Analyse ist ein künstlicher Vorgang. Er beschleunigt das Vernünftigwerden. Von deiner Vernunft können wir nicht leben. Aber biologisch entwickelt das Leben weiterhin seinen eigenen Rhythmus. Die Analyse ist nur eine andere Form von Idealisierung. Du hast mich analysiert – oder mich geschaffen –, dann wolltest du mich genau nach deinem Idealbild haben – das potentielle Ich, *dein* Geschöpf – und nach deinem Ebenbild (sein Bestehen auf unserer Zwillingsverwandtschaft).

Gestern abend sagte ich: «Die Analyse ermöglicht die Sicht in das potentielle Ich. Aber sie weckt auch falsche Hoffnungen.»

Ich schreibe an Eduardo: Wurde das Opfer einer weiteren analytischen Situation. Beim Test im wirklichen Leben platzt so eine Beziehung wie eine Seifenblase. Keine Leidenschaft mehr.

Merkwürdig. Als ich die Leidenschaft verlor, begann ich Huck von *außen* zu sehen. Seine Häßlichkeit, Plumpheit. Innerlich schöne Seele und Verstand. Aber äußerlich abstoßend.

Die Sonne scheint auf das, was ich schreibe. Aber ich fühle mich ein wenig sonderbar – ein bißchen komisch und schwach. Meine Brüste sind geschwollen und schmerzen.

Als Huck zu mir zurückkam, gab er mir nicht den Liebesring zurück, aber er schenkte mir einen winzigen Silberring mit zwei kleinen Türkisen, den er in New Mexico für mich kaufte und den er Zwillingsring nennt. Er paßt an meinen kleinen Finger – den Kindfinger. Er weiß immer Bescheid. Er wußte, ich war für ihn nicht länger eine Frau.

14. März 1935

Besuch in Philadelphia – nachdem Huck mich anrief und sagte, er verstehe alles. Ein trauriger, geläuterter, ernüchterter Huck. Ich mit dem starren Blick meiner neurotischen Tage, entschlossen zu sagen: «Ich liebe dich nicht mehr.» Er fragt mich, was ich will, und antwortet auf alle meine Ängste: «Ich werde mich um deine Mutter und Joaquin kümmern.» Aber ich erkläre ihm, daß ich nicht die ganze Zeit mit ihm leben will, daß ich Henry noch beschützerisch liebe und bei ihm bleiben und mein Versprechen, ihn zu heiraten, halten muß. Wir redeten bis zur Erschöpfung. Huck nahm alles hin. Ich sagte ihm, die Frau sei tot. Und die Frau *war* tot.

(Beschreibe Feuchtigkeit zwischen den Beinen wie sinnliches Begehren, das nach oder beim Weinen kommt – eine sexuelle Erregung, die reinem Masochismus, wie ich ihn erlebt habe, am nächsten kommt. Nach unserem Gespräch berührte mich Huck dort und sagte: «Oh, sieh an, sieh an, die Frau ist durchaus nicht tot!» Er hielt es irrigerweise für Verlangen, und ich war selbst so überrascht, daß ich erst heute, als ich diese Szene aus dem Tagebuch kopierte, die Bedeutung erkannt habe.)

Dann sublimierte ich die Situation, wie ich das bei anderen Gelegenheiten getan habe; ich hob die Grenzen auf, verwischte das Schwarzweiß. All die scharf umrissenen Konturen, Probleme, Entscheidungen, Alternativen verschmolzen zu einem viel ausgedehnteren Traum – zu einem Wunder. Ich bezauberte ihn mit einem

Meer von Geplauder, wir vergrößerten und erweiterten unser ganzes Leben, er lockerte den Griff, mit dem er mich festhielt, er wurde wieder kosmisch, sein Verständnis wurde größer, ausgreifender. Wir redeten uns in Illusion und Wunder, redeten uns aus der Realität hinaus. Wir sprachen im Dunkeln. Was ich nicht sagte, weil ich es erst später verstand, war: Ich will keine Wirklichkeit (kein Leben mit dir), weil ich keine Tragödie will. Ich will nur das Wunder.

Das Wort *Sublimierung* sagt hier nicht genug. Es ist ein Herausheben aus dem Gewöhnlichen, eine Erhöhung, Erweiterung, eine Flucht aus dem Unlösbaren und Häßlichen. Wir tauchten jedenfalls in ein neues Reich ein, schwangen uns sogar über seinen jüdischen Humor empor in die Schöpfung. Er gab zu, daß er als Schöpfer gewollt hatte, daß ich so sein würde, wie er sich das wünschte. Als ich nicht mit ihm in den Süden ging, kann das wegen meiner Liebe zu Henry gewesen sein, aber auch, weil ich das Gefühl hatte, ich müßte mich seiner Besitzgier entziehen. Ich hätte seine Intensität, seinen Klammergriff nicht länger ertragen. All das erkannte er. Wenn der Bruch unserer Beziehung mir bewußtmachte, daß ich ihn brauchte, so machte er mir auch klar, daß ich – wieder, um ehrlich zu mir zu sein – gelogen hatte; ich hatte gelogen, weil... Ich wußte nicht, warum, aber ich wollte nicht mit Huck auf diese Reise gehen. (Ich begreife jetzt, daß Ehrlichkeit mir gegenüber und meine treue Liebe zu Henry ein und dasselbe waren, aber daß ich zu Huck von Ehrlichkeit mir gegenüber sprechen konnte und daß ich ihn damit weniger verletzen würde, weil es ein tieferes kosmisches Bedürfnis ist!)

Immerhin respektiert er mich wegen meiner Integrität. Ich gehe verschlungene, krumme Wege, aber häufig, weil ich nach einem Instinkt handle, den ich dann nicht gleich erklären kann.

Inzwischen bin ich wieder in Philadelphia gewesen. Wenn ich, um meine Frauenrolle zu umgehen, unsere Liebe wieder in ein Phantasiereich transponierte, indem ich den Schöpfergeist in Huck weckte und die Künstlerin in mir darbot, steigerte ich nur seine Liebe. Huck schrieb bereits ein Vorwort für mein Kind-Tagebuch.* Ich gab ihm das Tagebuch zu lesen – nachdem er das Vorwort geschrie-

---

* Anaïs Nin begann ihr anfangs auf französisch geschriebenes Tagebuch 1914, nachdem ihr Vater, als sie elf war, die Familie verlassen hatte und sie ihr «Exil» in New York begann.

ben hatte! Ich sprach viel über meine Arbeit. Ich hatte an den verschiedenen «Alraune»-Seiten gearbeitet. Ich weckte sein Interesse an meiner Schriftstellerei.

In der ersten Nacht in Philadelphia empfand ich keine Leidenschaft, aber Huck war glücklich. Danach, im Zug, kam eine große Ruhe über mich. Ich fühlte, ich war der Wirklichkeit wieder entkommen, hatte die Beziehung in das von mir gewünschte Klima gebracht, und die Temperatur würde erhalten bleiben durch die Abwesenheiten dazwischen, so daß sich der Traum im Verhältnis zur Realität entwickeln konnte. Denn wenn wir voneinander getrennt sind, schmücken wir die Liebe mit unserer Erfindungsgabe aus. Im ständigen Beisammensein geht das richtige Verhältnis verloren. Huck wird ein gewöhnlicher Ehemann, den nur noch die Fakten meines Lebens beschäftigen und die Eifersucht. So aber keine Tragödie, keine Opfer, keine Verletzung der Gefühle. Das ist es, was ich will; das weiß ich jetzt. Huck verlor mich, als er versuchte, mich von Hugh und Henry zu trennen.

Der *Traum*. Ich dachte viel darüber nach, wie ich Henrys Leben zu einem Traum machte und warum nur das schöpferisch macht, nur das dem Künstler Nahrung gibt – daß ich den Traum getötet hätte, wenn ich Henry zum Ehemann gemacht hätte.

Der Schock machte alles wieder unwirklich trotz der merkwürdigen Tatsache, daß ich das letzte Mal, als ich Huck sah, sexuelle Erregung fühlte und auf ihn reagieren konnte – aber jetzt weiß ich, daß es eine Erwiderung auf seine Leidenschaftlichkeit war. Von mir aus besteht kein Bedürfnis nach ihm, keine Sehnsucht nach seinem Körper wie nach dem von Henry. Der Schock löste einen Sublimierungsprozeß aus, und durch das Ausweichen ins Schöpferische wurde der Traum wiederhergestellt.

Eines unserer Gepräche im Dunkeln an jenem Samstagnachmittag nach seiner Rückkehr aus dem Süden dreht sich um den Stolz des schöpferisch tätigen Menschen – seine freiwillige Isolation. Sein Bedürfnis, allein zu schaffen wie Gott. Deshalb braucht er die Lügen, die eine Schöpfung sind und zur Absonderung seiner Welt von der der anderen Menschen führt (das sagte ich). Meine Lügen sind eine Schöpfung. In «Alraune» habe ich geschrieben: «Das Schlimmste am Lügen ist, daß es Einsamkeit schafft.» Der Verzicht auf diesen dünkelhaften Stolz fällt schwer. Huck hat jetzt darauf verzichtet. Er sagt, was ich tue, sei immer gut für uns. Als sich unser Leben zu einem Eheleben einzupendeln begann, ging ich fort (während er unten im Süden war) und wieder auf mein eigenes Ich zu, weil ich begann, schöpferisch zu arbeiten, weil ich wieder zu schreiben begann.

Aber auch wenn Henry und ich zwischen einem Eheleben oder unserer Schriftstellerarbeit, unserem freien aufregenden Leben, wählen müssen, entscheiden wir uns für das traumähnliche Leben und nicht für das menschliche.

Vor einigen Tagen fühlte sich Henry vom amerikanischen Pragmatismus und den hiesigen Wertvorstellungen abgestoßen. Er rebellierte gegen Kompromisse, war niedergeschlagen und hatte panische Angst, unser Versuch, zu entkommen, könnte scheitern. Ich mußte ihn von der Angst befreien, und zwar zum ersten Mal nicht, indem ich opferte, was ich wollte, sondern weil ich ebenfalls als Künstler leben und keine Tragödien schaffen will, in denen ich erstickt werde. Ich würde genauso leiden, wenn ich, um mit Henry ein normales, ein alltägliches Leben zu führen, drei oder vier Menschen opfern und mit Henry in Freudlosigkeit versinken würde! In New York in einem Zimmer, beide mit irgendwelchen gewöhnlichen Jobs, kochen, keine Reisen. Keine Freiheit. In dieser Umgebung zu schreiben, inmitten von leeren Menschen, in einer riesigen, mechanisch funktionierenden Stadt. Mutter und Joaquin gekränkt, Hugh gekränkt, Huck gekränkt. Die andere Möglichkeit: Illusion, der Traum, das fruchtbare Leben als Künstler – das heißt: nicht das Leben, wie es andere sehen, sondern ein tieferes Leben. Henry und ich hätten nicht inniger zusammenleben können als in all diesen Jahren. Ich will den Traum. Und Henry will den Traum.

Im Bus steige ich an den Haltestellen auf andere Ringe um! Ich stecke den indianischen 50-Cent-Liebesring an, den mir Henry schenkte. Dann fahre ich mit dem Zwillingsring mit den Türkisen weiter, weil ich mich mit Huck im Barbizon treffen werde. Oder ich trage den Ring, den Rank von Freud geschenkt bekam. Oder den Siegelring meines Vaters!

Aber all diese Geschenke habe ich erwidert. Dieser Teil des Märchens wurde gestrichen. Es sind keine echten Geschenke mehr. Es sind Kostüme, die ich für eine Rolle trage, die ich anlege, wenn ich nach Philadelphia fahre. Weil Huck imstande war, sie zurückzunehmen, als er sich ärgerte, verlor ich den Glauben daran. Ich mache mir nichts mehr aus ihnen. Einst liebte ich sie: das rote bestickte Russenkleid, den Türkisring und Armband und Ohrringe, die Silberschatulle mit Türkisen, die Jadezigarettenspitze, den roten spanischen Schal, das Spitzennachthemd, das schwarze Samtnegligé, die persische Zigarettenschachtel, die Schreibmappe aus Leder, die Muschel, die Seeanemone, das Aquarium im Schüttelglas, die Tüllunterwäsche, die gold und silbernen Sandalen.

Notiere die Bedeutung der Tatsache, daß ich mir nichts aus guter Qualität mache, aus bleibenden Werten, echten Juwelen, echtem Silber, Gold, Mahagoni, massivem Holz, wertvoller Kleidung, edlen Stoffen – unwichtig. Alles nur für den Effekt, wie auf der Bühne. Bin zufrieden mit falschen Juwelen, lackiertem Holz, gestrichenen Wänden, Holzimitationen. Genau wie Bühnenkulissen. Oder Bühnenkostüme. Bei näherem Hinsehen war alles in Louveciennes Schund, aber herrlich. Interesse an Wirkung, an Illusion.

Als Huck alles an sich nahm und in Philadelphia behielt, wurde es unecht, wie ein Kostüm und Schmuck für eine Rolle.

An eine Patientin: Ich trage das Taschentuch, das Sie mir gaben, und denke an Sie. Wenn wir uns im wirklichen Leben begegnen, haben wir Schwierigkeiten, uns mitzuteilen. Ein Teil von Ihnen scheint auf Distanz zu bleiben, obwohl ich überzeugt bin, daß Sie es gar nicht wollen. Als ich jedoch Ihr Buch las, stellte ich verblüfft fest, daß ich Ihre Emotionen und Empfindungen verstand. Und dann versuchte ich, Sie zu erreichen, mit Ihnen zu sprechen mittels der Sprache Ihres Werks, die mir so vertraut ist. Wenn ich Ihre Gefühle, Kompliziertheiten und Feinheiten als Künstlerin verstand, so scheint es mir, daß wir uns auch als Menschen verstehen sollten. Aus demselben Grund wollte ich Ihnen meinen Roman zu lesen geben. Mir schien, daß ich Sie mit dem Roman ansprechen und mit Ihnen kommunizieren könnte. Sie werden in meinem Roman zwei Frauen finden, die Angst haben, miteinander zu sprechen, aus Furcht, einen falschen Eindruck zu erwecken, zu enttäuschen oder nicht ihr wahres Ich zu zeigen. Wir sind beide Schauspielerinnen, nicht im schlechten Sinn, als würden wir etwas vortäuschen, was wir nicht fühlen, sondern in dem Sinn, als wir so verschiedenartige Rollen und Charaktere annehmen können, daß wir manchmal nicht wissen, welche wir der Welt oder uns präsentieren sollen. Die geringste innere Unruhe oder Unsicherheit (Angst, mißverstanden oder kritisiert zu werden) läßt uns ein unnatürliches Benehmen annehmen. Sie wirken zurückhaltend, und doch fühle ich, daß Sie es nicht sind. Und ich schien neulich vielleicht auch etwas zu sein, was ich nicht bin.

Antwort auf einen Heiratsantrag an Bord: «Ich könnte keinem Mann auch nur sechs Tage lang treu sein.»
MacDonald fragte mich: «Bist du an Land auch immer so voller Leben wie hier auf dem Schiff?»
«An Land noch viel mehr», antwortete ich, «weil ich dort keinen Tag wegen Seekrankheit verpasse!»

---

19. März 1935

Mein nächstes Buch wird *Weiße Lügen* heißen.
Ich bin sehr glücklich. Ich stehe im Zentrum meiner selbsterschaffenen Welt, wo im Augenblick alles so ist, *wie ich es mir wünsche.* Ich habe mir Listen ausgedacht, habe gelogen, tyrannisiert, gekämpft, bis ich das wahre Ziel meiner Sehnsucht erreicht habe: mit Henry zu leben. Henry zu berühren, zu küssen, zu liebkosen, mit ihm zu schlafen – Henry und sein träges, sinnliches nichtintellektuelles Klima. Henry und sein Lachen, seine Fröhlichkeit und Lethargie. Mahlzeiten mit Henry. Sonntag mit Henry. Kino mit Henry. Henry, der schreibt, während ich lese, was er schreibt. Henry, der mich wieder zum Schreiben brachte.
Huck – weit weg, wo ich ihn nicht küssen oder berühren oder mit ihm schlafen muß. Huck, sein Verständnis, seine geistige Beweglichkeit, sein geistiges Klima. Huck, an den ich schreiben, mit dem ich aus der Entfernung sprechen kann!
Hugh – weit weg, hat Freude an der Arbeit, genießt sein neues

künstlerisches Ich (er malt) und denkt an mich, ist loyal, gibt mir das kostbarste Geschenk: meine Freiheit, immer auf dem Weg zu mir zurück, aber noch nicht hier.

Heute bin ich glücklich. Ich bin ein Tyrann. Huck will mich definitiv für immer und ist traurig, daß er das nicht bekommt; aber ich kann ihn auch glücklicher machen als jeder andere Mensch. Zufriedengestellt wird nur Henry.

Ich bin glücklich, auf egoistische, tyrannische Weise glücklich.

Ich liege eine Weile auf dem Bett im Barbizon, Zimmer 2107; auf einem rostroten Bettüberwurf; rostroter Teppich und Stuhl und Schreibtisch. Das Radio ist über meinem Kopf. Der japanische Garten auf der Frisierkommode. Das Zimmer ist klein, samtig, wie ein Mutterleib. In der verschlossenen Blechschatulle liegt mein «Inzest»-Tagebuch. Daneben auf dem Tisch das Manuskript von «Alraune» und zwei schriftliche Absagen vom Verlag Simon and Schuster für *Chaotical** und das Kind-Tagebuch mit Vorwort von Rank. Brief von meinem Vater: «Konnte Dir nicht schreiben, ohne zu moralisieren, und ich wollte nicht moralisieren.» Hughs Handspiegel, den er mir mit einem Gedicht schenkte.

Jedesmal, wenn mir etwas genommen wird, wenn ich etwas verliere, wenn ich mich von jemandem oder etwas trennen muß, ist meine Reaktion kreativ. Huck bemerkte, daß ich, als ich meinen Vater verloren hatte, mein Vater wurde; als mich Henry im Stich läßt, werde ich Schriftstellerin; als mich Rank verläßt, werde ich Analytikerin. Alles muß ersetzt und neu geschaffen werden. Alles muß aus mir kommen, muß ich sein und in mir. Ich erschaffe alles, was verderblich, vergänglich, trügerisch ist. Ich erschaffe meinen Eigendünkel, mein Selbstvertrauen, meine Selbstbefruchtung. Aber weil ich eine Frau bin, will ich nicht bedürfnislos sein. Und ich habe weiterhin große Bedürfnisse. Nichts ersetzt das Leben oder die Liebe. Ich brauchte einen Vater; ich brauchte Henry; ich brauchte Henrys Schutz, seine Loyalität, seinen Glauben; ich brauchte Ranks Verständnis; ich brauchte Henrys Schriftstellerei; ich brauchte die Ausgeglichenheit meines Vaters; ich brauchte Liebe. Schreckliche, ungeheure, gierige, enorme Bedürfnisse. Das

---

* Anscheinend eine frühe Version der Novelle «The Voice», die ein Teil von *The Winter of Artifice* wurde. Anaïs Nin hatte den Raum, wo sie ihre Patienten empfing, «Hotel Chaotica» getauft.

Leben zwingt mich, Nöten vorzubeugen und abzuhelfen, und dazu muß ich selbst ein Kosmos sein: Mann, Frau, Vater, Mutter, Geliebte, Kind. All die Rollen!

Sehr anstrengend!

Heute bin ich glücklich. Der einzige Traurige ist Huck – und sogar Huck ist sehr glücklich, weil er sagt, daß so viel mit ihm geschieht! So viele Veränderungen, Emotionen, Ekstasen, so viele Erfahrungen!

Er lebt. Zum Leben gehört Leid. Es ist unmöglich, ohne Leid zu leben.

Ich helfe Hugh, dem Bankfachmann – analysiere seine Chefs für ihn, um ihn von Befürchtungen und Schüchternheit und Schreckgespenstern zu befreien und ihm zu zeigen, daß auch Vizepräsidenten Menschen sind.

Als Henry einen Abend allein ist, bekommt er Angst, mich zu verlieren. Angenommen, nur angenommen, er würde wieder in Freudlosigkeit, enge Verhältnisse, Sklaverei zurückfallen. Seine selbstsüchtige Liebe zu mir, wie meine Liebe zu Hugh.

Mit der Magie des Wortes dränge ich Hucks Verlangen und Geschlechtsleben in den Hintergrund.

Farbensymbolismus, Jungmädchenfarben. Von Mutter übernommen, Blau für Spiritualität und Seele. Wählte Koralle und Türkis im Atelier von Boulevard Suchet – und Schwarz. Dann Orange und Grün und Schwarz in Louveciennes (von Korallenrot zu Orange – Erweiterung primitiver Gefühle).

Bei June und für June trug ich Purpur, aber nur für eine Weile. Farbe von Neurose und Tod.

Kam in Weiß und Schwarz nach New York. Trug Blau für Ranks ersten Kuß. Blau für Treue!

Nach Rank: Schock – sehnte mich wieder nach Violett: Tod. Und maskuline Kleidung: um Rank zu verdrängen und ihn nicht mehr zu brauchen.

Huck ungeheuer beeindruckt von meinem Tagebucheintrag über Lügen: «Märchen-Illusionen» (in einer Ansprache an Henry im

Garten eines Nachmittags in Louveciennes – im Sommer nach Vater-Episode).*

Am Samstag leistete ich mir einen fröhlichen Einkaufsbummel. Erstand ein türkisfarbenes Kleid, imitierten Türkisschmuck. Mietete ein Radio für Henry (als Ersatz für Hucks Geschenk, um mich von seinen Geschenken zu trennen).

Als Stoffwechsler funktioniert Henry zu langsam und ich zu schnell. Man versucht Humanalchimie als Ausgleich. Ich muß gebremst werden und Henry beschleunigt. Nun versuche ich (mit Medizin), mich physisch zu bremsen, ohne Henry in Anspruch zu nehmen!

Das Mittel, das ich gegen verzögerte Menstruation erhielt (sämtliche Schwangerschaftssymptome), sollte in einer Woche wirken, aber nach zweimaligem Einnehmen wirkte es wenige Minuten, bevor Huck aus Philadelphia eintraf (wie die Abtreibung, als er aus London zurückkam).

Im Gespräch mit Huck werde ich seiner ständigen Erklärungen überdrüssig. Er kann nichts in Ruhe oder sein lassen. Sein Leben besteht hauptsächlich aus Analysieren. Ich habe das Gefühl, daß ich seinem Erklärungseifer unbedingt entrinnen muß. Alles, was wir tun oder sagen, wird erklärt, auch wenn uns das glücklicherweise nicht davon abhält, es zu tun oder zu sagen. Es ist anregend und reizvoll, aber ich muß weg davon.

Als Huck am Freitag kam, zitterte er vor Erregung und Freude.

Kam bei einem Schnäppchenladen vorbei und kaufte ein hübsch gebundenes Tagebuch zu ermäßigtem Preis. Wiedergeborenes Tagebuch, dank Ranks großer Begeisterung, für den es ein menschliches Dokument darstellt.

---

* «Wenn ich eine Lüge erzählte, war es ein *mensonge vital*, eine Lüge, die Leben gab», erinnerte sich Anaïs Nin unter dem Datum vom 5. August 1933. «Niemand war mir dankbar für die Lügen. Jetzt werden sie die Wahrheit erfahren. Und glaubst du, Hugo [Hugh] wird das, was ich über ihn geschrieben habe, besser gefallen als das, was ich zu ihm gesagt oder durch mein Ausweichen angedeutet habe?» S. *Trunken vor Liebe*, S. 279 f., Scherz Verlag, Bern, München, Wien, 1993.

Entr'acte: Analyse der Geigerin, meiner Lieblingspatientin. (Ich liebe sie.)

An Richard (der mir schreibt: «Es ist, als tappe ich im dichten Nebel, wenn ich versuche, Dich zu finden.»): Daß Du verwirrt bist, liegt nicht an Dir, sondern an der Tatsache, daß ich, so vernünftig ich auch werde, keine Kontrolle über meine Stimmungen habe. Jeder Tag wird durch das Prisma einer Stimmung gesehen, die ein veränderliches und unzuverlässiges Element ist. Glücklicherweise ist die vorherrschende Stimmung in diesem Coney Island der Stimmungen ein Gefühl von Staunen, Schönheit, Zauber und Wunder. Wie ich schon sagte: Als Du versucht hast, mich durch meinen Roman zu finden, hatte ich mich bereits verändert. Das Problem ist, daß mir täglich Dinge passieren, tausenderlei Dinge. Und sie verändern mich. Stört es Dich sehr, einen Vulkan, Coney Island und die Niagarafälle als Gefährten zu haben? Wir stimmen im wesentlichen – oder im Kern – überein. Einzelheiten, die den Künstler interessieren – ich meine Farbe, dramatische Fakten, Erfahrungen, Ausdrucksweisen –, sind etwas anderes. Aber ich denke, das macht Spaß. Schließlich ergibt ein wenig Widerstand ein Wechselspiel. Anreize – nicht Spritzen (ich meine Beruhigungsmittel).

Heute bin ich glücklich. Heute ist es die Sonne. Hast Du etwas gegen Stimmungen, die wie Grashüpfer springen? Oder dagegen, Dinge immer wieder durch ein anderes Fenster zu sehen? Es ist alles ein mentales Puzzlespiel, oder nicht? Stört es Dich so sehr, nicht ganz sicher zu sein oder daß ich nicht genau festzulegen bin? Du weißt, daß es in der Poesie und im Leben die Ekstase ist, auf die es ankommt, und Ekstase ist manchmal ein bißchen diffus, wie ein Rauschzustand. Die Dinge geschehen lassen, ein bißchen laufen lassen, macht Spaß. Das Zusammenstellen, Ordnen, die kreative Synthese wird sich immer einstellen. Auch im Leben, in der Natur herrscht stets ein wenig Unordnung – und ein Schuß Kaprize. Stört Dich das? Es kommt daher, weil alles in solcher Überfülle vorhanden ist.

Das, worüber ich nicht schreiben konnte, wird eben nicht geschrieben sein. Ich kann jetzt unmöglich zurückgreifen. Mich interessiert nur die Gegenwart. Die gegenwärtige Stimmung bedeutet mir alles.

Die Ekstase des Augenblicks. Tag für Tag. Die Fülle eines jeden Tages ist erstaunlich. Gestern die Frau in dem Geschäft, die mir eine Schärpe borgt, weil mein einziges Abendkleid neulich nacht durch Henrys Liebeshunger fleckig wurde. Eifrige Annäherungsversuche durch William Hoffman am Abend. Meine Geschichten für ihn. Ich lasse ihn zappeln. Tanzen in Harlem. Mein Brief an Hugh über sein erstes Aquarell, das an der Wand vor mir hängt. Hucks unvollständige Eilbriefe. Er schmilzt, er vergeht, stammelt vor Liebe. Richard bringt mir jedesmal ein Päckchen Zigaretten mit. Henry schreibt auf der Maschine, als ich heimkomme, nachdem ich mich von Hoffmans Party losgerissen habe; hasse sogar Harlem, weil ich mit Hoffman und anderen Vizepräsidenten zusammen bin – weiße Handschuhe, Butler, Privathaus an der Fifth Avenue. Erhielt ganz besondere Blumen aus Savannah. Strümpfe repariert für 25 Cent das Stück. Brief an Vater: «Bitte, bewundere mich – Du bist der einzige, der nicht zufrieden mit mir ist. Bitte, sei ein nachsichtiger Vater.» Das Radio spielt. Zigaretten, Marke Old Gold. Mache Notizen zur Analyse der Geigerin. Sie gibt mir das erste Geld, das sie je verdient hat. Eines Tages werde ich sie ausführlich beschreiben. Sie wird zu meinen Freunden gehören. Ich mochte sie von Anfang an. Eduardos Badesalze sind alle. Meine Pariser Sandalen abgetragen. Meine Handschuhe aus Paris weggeworfen. Las Hemingway, und mir gefiel seine Aufrichtigkeit. Er wurde dafür scharf kritisiert. *Haus des Inzests* gedeiht prächtig. Jeden Tag entwickelt sich ein neuer Plan, der verwebt wird, das Werk verändert, formt und umgestaltet. Aber es enthält den Schlüssel zu all den Geheimnissen. Huck sagt, das Kind-Tagebuch war ein Brief an Vater, weil ich jedesmal unterschrieb. Ich schreibe mit einem Füllfederhalter, den ich Joaquin mit seinem eingravierten Namen schenkte und den er mir zurückgab. Gute Fotos von mir, die für und mit Huck gemacht wurden – an Hugh geschickt und Henry geschenkt. Frances Schiff ist eingeschlafen; [Richard] Osborn ist verrückt geworden und in einer Anstalt; Henrys Freunde sind lauter tote Männer. Hucks Briefe, sofern kein Liebesgestammel, sind abstrakte Algebra menschlicher Gefühle. Eduardo stottert in atemlosen Briefen, aber seine Zuneigung ist solide und fest verankert. Mutter hat [Señor] Soler auf Mallorca nicht geheiratet. Joaquin hat sich nicht von Mutter zurückgezogen, als er allein hierherkam, erkannte aber, daß er ohne ihren Mut nicht leben kann.

Ich will nicht ein Jahr meines Lebens damit zubringen, Ranks

Buch über Inzest umzuschreiben. Ich will meine eigenen Bücher schreiben. Ich bin die Schriftstellerin und Künstlerin für Rank – so wie Henry der Schriftsteller für mich und an Stelle von mir war. Aber nun will ich alles selbst sein. Ich will eine Welt ganz für mich allein sein, weil – nun, weil mir danach ist. Ich habe Lust, all diese Rollen zu spielen.

Wenn ich meine Tänzerin (Patientin) auffordere zu tanzen, habe ich das Gefühl, ich könnte es tun, und ich würde es gern tun. Wenn ich meine Schauspielerin auf die Bühne schicke, wäre ich gern Schauspielerin. Wenn die Geigerin spielt, atme ich ihre Musik ein, ich versetze mich in all dies hinein, so daß ich bei der Analyse mehr gebe als andere, meine eigene Kraft, meine eigene Kreativität.

Aber Konzentration. Ich konzentriere mich auf die poetische «Alraune».

Nur das Tagebuch – mein Tagebuch, ich bin so glücklich, dich wiederzuhaben. Manchmal, zwischen zwei Patienten, genügt eine flüchtige Notiz. Es ist meine Welt, mein Ego. Eingestanden, zugegeben, ehrlich. Ich werde mich nicht mehr dafür schämen, es weder verschleiern noch beschönigen.

Ich denke darüber nach, während Henry und ich das Geschirr spülen. Ich bin glücklich, weil Henry wieder Dichtung geschrieben hat, so gut wie die ersten Seiten von *Schwarzer Frühling* damals in Louveciennes, und ich schilderte ihm meine Gefühle wegen des wiederhergestellten Traums, der ein solches Schreiben ermöglichte. Ich bin glücklich und denke belustigt daran, was Katrine Perkins sagen würde, wenn sie mich hier mit Henry beim Abspülen sehen würde, und Bill Hoffman mit seinen weißbehandschuhten Butlern und livrierten Pförtnern, und Patrick, der Chauffeur der Wolfes, und all jene, die denken, ich sei wundervoll, zerbrechlich und einflußreich! Und diese romantische, diese beschützende Liebe zu Henry. Ich lächle, während ich die Töpfe scheure, und wundere mich. Niemand weiß, wo ich bin, wenn ich das Barbizon Plaza verlasse. Ich sage, ich bin in Forest Hills bei Hughs Familie. Hoffman lädt mich zum Golfspielen und Reiten ein. Huck wartet auf mich mit seinem goldenen Käfig. Ich kaufe 79-Cent-Handschuhe, und die Geigerin sagt: «Das ist das Wundervollste, was ich je erlebt habe. Es geht mir gut, aber ich will nicht, daß Sie mich wegschicken.» Sie hat eine religiöse Einstellung zur Analyse. Ich bin zu der Überzeugung gelangt: Wenn die Analyse ein Gewächshaus ist, in dem das Vernünftig- und Erwachsenwerden beschleunigt wird, muß die Lebenserfahrung dennoch wirklich gemacht und durchlebt werden; alles, was nur in der Vorstellung gelebt wird, ist Gift. Ich rate der Geigerin, nach Italien zu gehen und das Ende ihrer Liebe zu dem italienischen Geiger zu «erleben», auch wenn sie jetzt schon weiß, daß es keine wahre Liebe ist, daß sie bereits zu Ende geht. Ich bestreite allen Ernstes den Wert der Vernunft als eine Lebenskraft. Vernunft soll nur benutzt werden, um Tod, Zerstörung oder Tragödie zu besiegen, aber nicht als Ersatz für Leben. Ich rate zum vollen Ausleben von Fehlern und Irrtümern. Ich bin gegen künstliche Beschleunigung des Entwicklungsvorgangs. Nur Hilfe leisten, um eine Hürde zu nehmen, um Anlauf zu nehmen, wenn einer steckenbleibt.

Ich halte eloquente Reden, um zu ermuntern, anzuregen. Ich gebe mir große Mühe.

Ich bin keine Schriftstellerin oder Künstlerin, sondern eine Tagebuchschreiberin oder *documentaire*. Akzeptiert. Das Tagebuch ist mein Hauptwerk. Post mortem. Ein paar kleinere künstlerische Arbeiten: «Alraune» und *Chaotica*.

Ich glaube felsenfest an Henry, den Schriftsteller. All die anderen irren sich. Aber ich weiß auch, daß Henry ohne mich kein Schriftsteller geworden wäre. Die innere und poetische Beleuchtung seines Lebens kam von mir.

21. März 1935

Regen. Trödle beim Anziehen, verzögere alles, weil ich um ein Uhr in den Zug nach Philadelphia steigen muß und lieber bei Henry bliebe. Es ist, als müßte ich die Sonne, das Meer, Essen, Sex, träges Dahindösen, Wein, als müßte ich all das aufgeben für Geometrie. Obwohl Huck voll leidenschaftlicher Gefühle ist, will ich sie nicht von ihm. Ich sehne Hughs Ankunft herbei, um von Huck, von den *Nächten* mit Huck, erlöst zu werden.

Ich weiß, daß ich wie eine Schnapsdrossel durchs Leben gehe. Ich bin besoffen von Illusion. Aber ich kann noch so betrunken sein, es gibt Dinge, die ich nicht übersehen kann, grausam reale Dinge. Ich schließe die Augen, und alles dreht sich und dreht sich, ich glaube, ich lebe in Fieberrausch und Aufruhr, ich steigere mich in Ekstase, aber die ganze Zeit sehe ich das Antlitz der Wirklichkeit, das mir mit häßlichen Augen entgegenstarrt. Ich weiß, wenn ich die Augen öffne, wird mir die Häßlichkeit unerträglich sein.

Als Joaquin Rank kennenlernte, war er überwältigt und verzweifelt: «O diese Häßlichkeit, dieses Vulgäre.» Henry sagt: «Ein ziemlich unsympathischer Bursche.» Autorin schreibt: «Ich sah einen häßlichen kleinen Mann mit schlechten Zähnen.» Wie habe ich gelitten und mich vor seinem Mundgeruch und seiner ständigen Schweißnässe geekelt. Er ist Apoplektiker; ihm ist immer heiß. Er ißt gierig und doch ohne Genuß. Mir graut davor, einen Tag und eine Nacht mit ihm in einem Zimmer eingesperrt zu sein. Er läßt mich nicht schlafen. Er hetzt bei den Mahlzeiten.

Das intellektuelle Festmahl wird mich über Wasser halten. Eine Orgie von Gedanken. Der Champagner des Intellekts. Es ist seine Schöpfung, «Dr. Rank», die mich verführte – nicht der Mann. Manchmal ahnte er es: «Ich bin wie ein reicher Mann, der fürchtet, um seines Geldes willen geliebt zu werden» (dafür, daß er «Dr. Rank» ist), und damit traf er den Nagel auf den Kopf.

Schöpfung. Die Kraft einer menschlichen Schöpfung – aber, o weh, die menschliche Tragödie. Ich empfand Mitleid für Huck, das Kind; Mitleid für den Mann, der so einsam war in seiner selbstgeschaffenen Bücherwelt. Für alles, was ich auslebte (Double-Thema, Don Juan, Inzest, Truth & Reality), schrieb er ein Buch! In Büchern lebte er sein Double aus, seinen Don Juan und seinen Inzest. Er gehört Büchern und zwischen Bücher. Da ist er großartig. Nur im Leben ist er gewöhnlich, vulgär, häßlich, unmöglich.

Ich bin noch im stürmischen Alter: Coney Island und Niagarafälle. Ich möchte es sein. Ich will nicht stillsitzen. Schachspielen mit Erklärungen und einen Fahrplan aufstellen (Wohin gehst du? fragt Richard) und eine Reiseroute. *Voyage sans billet de retour.*

Sitze unter der Trockenhaube, Nägel frisch lackiert. Die Gegenwart. In einer Aktentasche «Alraune» – ich hoffe, im Zug arbeiten zu können –, *Truth and Reality* von Otto Rank, Schuhe und ein Hut, Lippenstift, Rouge und das Tagebuch.

---

25. März 1935

Der Mann, der mir das Tagebuch wegnahm, weil es eine Neurose war, gab es mir zurück, weil es ihn begeistert hat und er es für ein einzigartiges Werk hält. Er spornt mich zur Arbeit an und inspiriert mich. Er bewundert «Alraune» und möchte es veröffentlichen.

Wir beginnen ein weiteres Zwillingstagebuch, in das ich auf der einen Seite und er auf der anderen schreibt.

---

26. März 1935

Henrys Fürsorglichkeit: Er spült ab, damit ich meine Hände schone, die er liebt; er schneidet mir das Fleisch vor, wenn es zu zäh ist. Aber er ist nicht bereit, die obszönen Stellen in *Wendekreis des Krebses* zu streichen, damit es jemand [in den USA] veröffentlicht, und ich bitte ihn nicht darum, obwohl seine Unbestechlichkeit getrennt leben bedeutet – menschlich getrennt. Sehr launenhaft und stur bei seinen Bemühungen, seine Bücher unterzubringen. Gibt sie den falschen Leuten, schlägt all die Wege ein, die zu nichts führen, lehnt die sinnvollen ab. Frustration und Mißerfolg. Neulich abend sprach ich mit ihm mit geradezu engelhafter Sanftmut, taktvoll, nachsichtig. Er war gerührt. Ich führte ihm seine Widerspenstigkeit vor Augen, seinen Eigensinn, und dies so sanft und freundlich, daß er am nächsten Tag wieder eifrig und heiter an die Arbeit ging. Kein anderer könnte das bewirken. Jeder andere macht ihn streitsüchtig, widerborstig, unlogisch.

Henry hat in jeder Hinsicht ein feminines Wesen. Wenn eine Niederlage seinen Haß nährt, schreibt er emotional und schlecht. Die gleichen Emotionen können zu Poesie und Ekstase, Vorausschau, führen, wenn ich die nutzlosen pessimistischen Elemente darin besänftige. Bei Henry bin ich irgendwie in Höchstform. Ich bin sanft, nachsichtig; ich bin ein Wunder an Taktgefühl, was ich bei anderen nicht bin. Er ist gerührt, einsichtig, er schmilzt, findet wieder Harmonie.

Wir gleichen alle partiell Verrückten mit lichten Momenten. Wenn ich jemand vor mir habe, der nicht an mich glaubt, handle ich verrückt, gestört und all meiner Fähigkeiten beraubt. Anderen geht es genauso. Meine Mutter ist bei Joaquin in ihrem Element. Mein Vater bei Maruca. Henry bei mir. Huck bei mir. Zweifel schafft eine Art Wahnsinn. Angst verunsichert.

Hugh ist angeblich hier und auf Reisen, zur Zeit in Washington. Ich muß Wochenenden in Washington erfinden, mit Details. Ich spreche über Krieg, Politik, denn wenn Hugh hier wäre, wüßte ich über all dies Bescheid. Ich spreche über Ethel und Mutter Guiler und Golf, während ich noch vor einer Stunde bei Huck im Barbizon war, wo wir uns über die Frau, Psychologie, Wahrheit und Wirklichkeit unterhalten haben. Was ich von Rank gehört und mit ihm gesprochen habe, muß ich so erzählen, als käme ich von einem einstündigen Lunch mit ihm, weil Henry, als ich ihn auf die Probe stellte, nicht einmal wollte, daß ich mich bereit erklärte, mit Huck ins Kino zu gehen.

Lügen, um zu verhindern, daß Henry entdeckt, daß Hugh nicht hier ist (zum Beispiel: Henry trifft Mrs. Nixon hier, und sie weiß, daß Hugh in London war). Meine Freunde dürfen sich nicht begegnen, weil die Maynards wissen, daß Hugh nicht hier ist; Frances Schiff weiß, daß ich Rank besuche, wenn ich angeblich bei Hugh bin; Henry denkt, ich bin in Forest Hills, wenn ich nicht hier bin; und Hoffman wollte mich mit dem Auto in Forest Hills abholen, und ich kann niemand in Forest Hills anrufen lassen, weil ich den Guilers erzählt habe, ich sei in Philadelphia, damit ich sie nicht besuchen muß. Huck denkt, ich habe nicht mit Henry geschlafen, doch meine Schwangerschaft datiert aus der Zeit, in der er im Süden war, und weil ich kein Geld für eine Abtreibung habe, werde ich mir welches von Huck leihen müssen, und der Arzt könnte zufällig das Datum des Schwangerschaftsbeginns erwähnen. Lorraine [Maynard], die weiß, daß Hugh nicht hier ist, lädt mich zu Seaburys Vortrag ein, und weil ich nicht hingehen kann, will Henry zu dem Vortrag gehen und hätte neben Lorraine gesessen – nur ein Zufall verhinderte, daß er hinging. Wir könnten jederzeit einem der Guilers auf der Straße begegnen, und sie könnten vor Henry mit der Frage herausplatzen: «Wann kommt denn Hugh nun endlich?»

Das spanische Mädchen, das bei uns saubermacht, denkt, ich arbeite am Theater. Die Frau im Wäschegeschäft denkt, Huck ist mein «Daddy», und schwatzt ihm Unterwäsche für mich auf, um sich und mir einen Gefallen zu tun! Dabei zwinkert sie mir hinter seinem Rücken verschwörerisch zu. Ethel [Guiler] denkt, ich würde mich mit amerikanischen Sachen jugendlicher anziehen, damit ich wieder mädchenhaft aussehe und nicht mehr wie die bleiche *femme fatale*. Ich schicke *Chaotica* an [Jack] Kahane. Lorraine schreibt mir förmlich. Huck schreibt, ich habe ihn grundlegend verändert, und Vater sagt, ich brauche ihn nicht mehr. Ich schicke meine Schauspieler-Patientin zum Art Worker's Club, wo ich Modell stand, und wünsche, ich könnte das alles noch einmal erleben, weil ich damals noch nicht aufgewacht war. Ich trinke Whiskey mit Henry, was mich dazu bringt, über die Geigerin, meine Lieblingspatientin, zu sprechen. Ich schreibe Huck, daß ich sie gern habe, einfach weil sie voll Gefühl, voll Poesie, voll Ekstase ist. Ich hasse es, Menschen das Berauschtsein abzugewöhnen, weil diese Augenblicke die wundervollsten im Leben sind. Wenn man von einem Gefühl berauscht ist, egal was es ist (sie ist jetzt von einem eingebildeten Gefühl berauscht), sieht man die Wirklichkeit oder Häßlichkeit nicht mehr. Es ist zu schade, daß ich sie aufwecken muß. Ich mußte auch lachen, weil sie sagte, ich sollte die Leute vorwarnen, wie ich aussehe, denn andernfalls wären sie so überrascht, daß sie von vornherein im Nachteil sind und außerstande zu denken. Kommt immer wieder auf die Tatsache zurück, daß sie ein männliches, vielleicht prähistorisches Pferd erwartete. Der Gedanke, daß weibliche Frauen nicht das Werk des Mannes tun können.

29. März 1935

Katrine Perkins und ich nehmen den Lunch in meinem Zimmer. Sie ist wie eine Blume und wirklichkeitshungrig. Huck sagt, sie ist mein armes, blasses Ich als Ehefrau eines Bankkaufmanns, das nach Freiheit giert; und ich bedaure sie und mein altes Ich, und ich rede mit ihr wie jemand, der im Krieg sein Haus für Verwandte räumt.

Könnte *Chaotica* die Faksimiles von drei Pässen beilegen, um alle konkreten Fragen zu beantworten. Die Angabe von Augenfarbe, Gewicht, Haarfarbe, Größe, Adresse, Staatsangehörigkeit etc., was den Leuten angeblich fehlt – eine Ironie.

Henry schrieb – zur gleichen Zeit wie Rank – ein besseres Vorwort zu *Child Diary*. Viel menschlicher, kunstvoller und poetischer, intuitiv tiefsinnig. Rank kosmischer, philosophischer, ideologischer. Als Henry Ranks Vorwort las, sagte er: «Das meiste davon ist zuviel für mein langsames Hirn. Die Haarspalterei. Christenmensch kontra jüdischen Verstand.»

Huck hält mein Tagebuch für etwas von unschätzbarem Wert: der Standpunkt der Frau – das Biologische getrennt vom Ideologischen in mir. Enthüllung der weiblichen Psychologie (Fürsorglichkeit der Frau, aggressiv wie eine Tigerin nur, um ihre Kinder zu verteidigen. Keine Männlichkeit, aber alles Positive fälschlicherweise für männlich haltend).

Über Henrys Arbeit: Ich muß schlechten Geschmack, Phrasendrescherei, Auswüchse *épurer* (veredeln). Wie ich es für D. H. Lawrence hätte tun können. Mit *Schwarzer Frühling* (Kindheit, Schneiderei, Epilog) hat Henry jetzt ein Kunstwerk geschaffen. Aber er wird es verderben, weil er versucht, schwache frühere Texte hineinzunehmen, wie das Einstimmen eines Symphonieorchesters. Packt wieder die wilden Auswüchse seiner vor-künstlerischen Zeit hinein!

«Wenn ich, wie du sagst, ein Künstler bin», sagte Henry, «dann ist alles, was ich tue, richtig.»

«O nein!» Ich lachte. «Du bist nicht immer ein Künstler. Nur ab und zu.»

Es fällt mir schwer, so streng zu sein, weil mir einige der wirren, unstimmigen, ungenauen, sehr freien Texte gefallen. Henry hat, wie im Leben, kein Urteilsvermögen. Er schließt alles mit ein. Kann nicht bewerten, abstufen, vergleichen oder selektieren. Kein Geschmack. Aber wenn er intuitiv Vollkommenheit oder einzelne perfekte Passagen schafft, muß ich kämpfen, damit er sie nicht ruiniert. Keinerlei Urteilsvermögen bei Menschen oder bei seiner Arbeit; erst später. Später sieht er alles, was ich sehe.

Kind, das nach Afrika gehen wollte. Ein Sammelalbum mit Details und Plänen; Fahrpläne, Flugzeugbild etc. Der Weg zu seiner Schule war weit, das war Afrika für ihn; aber als er umzog in ein Haus neben der Schule, ging er nicht mehr hin, weil er den Weg, das Abenteuer, dorthin zu gelangen, wollte.

Habe meine Wirklichkeitswelt von Henry und June erworben – vulgär und geschmacklos –, weil andere Wirklichkeiten, Verfeinerung, mir nicht real erschienen.

Huck und ich schreiben ein Zwillingstagebuch unserer Ideen.

Wenn Mrs. Miller das grüne tschechoslowakische Tischtuch aus dem Fenster schüttelt, fürchtet sie stets, sie könnte kostbare und unsersetzliche Dinge, Schmuck, Manuskripte, Geschenke, hinauswerfen. Spüle das Geschirr, weil Henry in Wasserfarben schwelgt, die ihm Mrs. Miller auf dem Heimweg von Barbizon kaufte. Sie wurde George Buzby vorgestellt, einem attraktiven blonden Riesen der Sorte Idealtyp, ein Typ, wie er ausschließlich von den nördlichen Rassen hervorgebracht wird, kräftiger Körper und sicheres Auftreten, keinerlei irritierende Schatten, ein Gesicht ohne Erinnerungen, das Idealmodell, die Liebenswürdigkeit und das Gottgefühl eines Jupiter. Eine Majestät, so vollkommen wie ein Gebirge, ein Meer oder ein Himmel. Ich fühlte mich heftig angezogen – das heißt, Mrs. Miller trinkt unablässig Whiskey, löffelweise, um die Erbkrankheiten zu überwinden, leugnet jede organische Schwäche und ist ungehalten wegen ihrer psychischen Überempfindlichkeit. Mr. Miller schreibt *Schwarzer Frühling*, und George Buzby konsumiert alle zehn Minuten ein Glas Rye-Whiskey, ohne in seiner Gebirgsmasse zu wanken.

«Alraune» wird nicht angenommen, aber *Chaotica* und *Child Diary* befinden sich heute in den Händen von E. P. Dutton. Ich kaufte den schwarzen Anzug, der Taschen hat wie ein Herrenanzug – so ein Verlangen nach diesem 14-Dollar-Anzug –, eine neue Rolle, die perfekt gekleidete, selbstbewußte Amerikanerin, schlank und jugendlich.

Die Geigerin sagt, ich kann ihr ihre Gefühle für mich nicht nehmen, weil sie herzerwärmend und süß und lebensspendend sind und weil sie ihr gehören. Ich schreibe ihr eine Widmung in mein Buch über D. H. Lawrence: «Meiner Lieblingspatientin», und sie liest es im Aufzug und stolpert und fällt auf dem Weg aus dem Hotel auf der Straße hin – wie damals, als sie unbedingt auf der Straße vor Gott niederknien wollte und so tat, als müßte sie ihr Schuhband zubinden.

Eduardo schreibt mir so menschlich; auch daß Saturn durch meine Sonne und meinen Jupiter gegangen ist, so daß ich natürlich trübe Tage hatte. Dr. Finley sagt, ich sei nicht schwanger, und verschreibt mir ein Schilddrüsenmedikament, damit ich dicker werde und mich wohl fühle wie während der Schwangerschaft.

Huck wird einen Vortrag über die Psychologie der Frauen halten. Ich habe zu seinem Verständnis der Frau und des Lebens beigetragen und von ihm für mich und meine Arbeit gelernt. Daß er die Bedeutung von «Alraune» erkannte, wo ich blind und stolpernd umhertappe, war ein großes Geschenk.* Er sagt, er wünschte sich immer, poetisch, dramatisch zu schreiben und daß ich das Märchen der Neurose schreibe, indem ich ihre Sprache poetisiere. Erinnere mich an die Nacht, als ich nicht schlafen gehen konnte, ohne ihm vorher die Seite über Märchen und Lügen in meinem Tagebuch zu zeigen. Und jetzt, während ich «Alraune» schreibe, ist mir bewußt, daß er genau weiß, was ich meine, und empfänglich wird für die Schönheit, die ich mit der Erzählung erreiche.

Geigerin stellt einen Zusammenhang her zwischen dem, was ich

---

* «Alraune, die moderne Neuschöpfung dieses Symbols weiblicher Schlechtigkeit durch eine Frau, weckt in vielerlei Hinsicht unser Interesse und unsere Neugier», schrieb Otto Rank in einem Vorwort zu Anaïs Nins Geschichte. «Wird sie uns mehr von dem inneren Geheimnis der Frau enthüllen, oder wird sie nur bestätigen, daß die Frau – ob im Leben oder in der Literatur – nichts anderes ist als ein Spiegelbild dessen, wie sich der Mann die Frau wünscht und wozu er sie mit Erfolg gemacht hat?» S. *Anaïs: An International Journal*, Band 3, S. 49ff., Becket, Massachusetts.

ihr bei der Analyse über ihren Idealismus sagte, und dem, was ich über Lawrence und «tote Ideale» schrieb. Gibt mir drei weitere Bücher von Hemingway und sagt, sie will mich ihm vorstellen. Buzby sagt, er halte mein Buch über Lawrence für eines der zwei besten Bücher über Lawrence (das andere sei Aldous Huxleys Vorwort zu den *Letters*), könne aber nicht glauben, daß ich es geschrieben habe, nachdem er «eine so jugendliche, charmante, schöne Frau» gesehen hat.

Als mir Dr. Finley sagt, daß ich nicht schwanger bin, kann ich ihr nicht glauben – ich kann nicht an Glück glauben. O Gott, warum kann ich nicht an Glück glauben. O Gott, bitte, ich will an das Glück glauben, ich möchte glauben, daß ich Gutes verdient habe, daß meine Probleme ein Ende haben. Weil ich mich so wohl fühle und so gut aussehe, denke ich, ich muß schwanger sein und werde operiert werden müssen – wo wird das Geld herkommen, und vielleicht werde ich meinen Embryo wieder behalten, und es wird Komplikationen geben. Die Kirchenglocken läuten, während ich mit einer Maske auf dem Gesicht im Elizabeth Arden [Kosmetiksalon an der Fifth Avenue] sitze, und ich komme Gott beinahe wieder ganz nah wie damals im Krankenhaus, und alles, was ich zu Ihm sage, ist: Bitte, laß mich an Glück glauben. Henry kann auch nicht daran glauben, keiner von uns, die wir entweder sehr arm oder sehr krank oder sehr einsam gewesen sind, kann es. Es fällt mir schwer, an ein ununterbrochenes, dauerhaftes Glück zu glauben, so wie es mir schwerfällt, an Liebe zu glauben. Ich trinke Whiskey und denke: Ach, zum Teufel, es kann mir doch alles egal sein. Daß Huck sich nach mir sehnt, läßt mich kalt; es macht mich hart und gleichgültig. Daß Henry in seiner Überheblichkeit meint, alles, was er schreibt, sei interessant, seine Briefe sollten verlegt werden, daß er darauf besteht, sein Gestammel, sein Gestotter, seine Mißtöne seien von unschätzbarem Wert, macht mich zynisch.

Rank zieht es vor, mir Geschenke zu machen, für die ich dankbar zu sein habe, statt mir Patienten zu schicken, die mich unabhängig machen würden. Die Sonne scheint auf das, was ich schreibe; mein Haar wird gekräuselt – heute bin ich leichtsinnig, weil ich düster gestimmt, traurig und zynisch war. Weitere Gründe, um mehr und mehr unabhängig und selbständig zu werden.

Henry begann herumzufummeln, schrieb nebenbei allerlei Krimskrams und gelangte zum kristallklaren Kern von *Schwarzer Frühling*; dann wollte er immer noch die Didaktik, die Begründungen, die langweiligen Abhandlungen einfügen; und er sammelt sie liebevoll. Erkennt nicht den Unterschied, beinahe wie ein Farbenblinder! Schon bei meiner ersten leisen und überaus vorsichtig geäußerten Kritik brach er zusammen, obwohl ich nur sagte, dies würde nicht in *Schwarzer Frühling* gehören. Mittelmäßigkeit. [Emil] Conason warf ihm vor, sich nur mit mediokren Freunden zu umgeben. Es stimmt. Sie sind so mittelmäßig wie die Bankleute, und ich bin so desillusioniert durch ihre Leere, ihre Schwäche. Schlimmer als die Bankleute, weil sie Faulpelze sind. Ich habe meine luziden und realistischen Tage.

Huck ist überrascht, weil ich seine Zimmernummer im Hotel in Philadelphia angebe. Ich sehe das ganze Leben als Zweiheit, als Wirklichkeit und Traum. Ich sehe die Pessare, die Duschhaube, die wächsernen Ohrstöpsel, die auf dem Kopfkissen schmelzen, weil ich sonst bei Hucks und Henrys Schnarchen nicht schlafen kann. Ich weiß, daß mein Herz zu schnell schlägt, wenn ich Whiskey trinke, und daß die blaue Ader an meiner rechten Schläfe, die [meinem Freund] Enric in Richmond Hill [in den frühen zwanziger Jahren] immer besonders auffiel, jetzt anschwillt, wenn ich lache. Ich sehe alles, was Hemingway sieht, alles, was Dreiser sieht, was Henry sieht, aber ich hasse es, und ich betrinke mich mit anderen Sachen, und ich mag, was mich betrunken macht, damit ich vergessen kann. Ich sehe, daß ich großzügiger und einsichtiger bin als Huck, weil ich akzeptiere. Ich sehe, daß mit Henry schwer zu leben ist; daß er, wenn ich ihm zuliebe endlich gelernt habe, spät ins Bett zu gehen und spät aufzustehen, um acht Uhr morgens putzmunter ist und mich wegen meiner Faulheit neckt. Unvereinbarkeit. Genau wie meine Mutter, diese negative Art, den eigenen Willen zu behaupten. Meine Absicht, ein imaginäres Tagebuch meiner Unschuld zu schreiben, es Hugh zu hinterlassen und nach einem vorgetäuschten Selbstmord zu verschwinden, beweist, daß nicht die Furcht, verlassen zu werden oder jemanden zu verlieren, der Grund ist, warum ich lüge, sondern ein tiefer Beschützerinstinkt. *Lügen ist für mich die einzige Möglichkeit, mir gegenüber wahrhaftig zu sein, zu tun, was ich tun möchte, zu sein, was ich will, mit den geringstmöglichen Peinlichkeiten für an-*

dere. Um die Illusion aufrechtzuerhalten, muß ich lügen. Henry denkt, meine Locken sind echt. Hugh denkt, ich schlafe nicht mit Henry. Henry runzelt die Stirn über meinen kleinen Maßanzug, den ich mir so wünschte, und ich muß mir etwas ausdenken, um zu erklären, wie und warum ich ihn schließlich bekommen habe.

Ich, als eine Frau, die immer in Ich-Form schreibt, bin ehrlicher als Henry, der verallgemeinernd von seinem «Late City Man», dem modernen Mann spricht, wenn er nur sich selbst meint, und ihn kosmisch erscheinen läßt, obwohl er subjektiv ist. Ich akzeptiere, daß ich vollkommen subjektiv bin und kosmisch nur, weil ich weiblich bin, und weiblich ist kosmisch, wie Huck sagt. Huck ist weinerlich und sentimental und so besitzergreifend und fordernd in der Liebe. Er hat erkannt, daß der Grund für seine Krisen die Wechseljahre sind, daß ich die Hauptlast seiner chaotischen, emotionalen Verrücktheit trage. *Maladif.* Seine Liebe ist keine Liebe, sie ist eine Krankheit, absolut neurotisch, und ich habe das Gefühl, verschlungen zu werden.

---

1. April 1935

Ich traf mich mit Huck an der Pennsylvania Station gegen meinen Willen. Traurig ging ich von Henry weg. Ich war in mich gekehrt und geistesabwesend. Langsam gewann mich Huck wieder zurück mit seinem Verstand, seiner Großzügigkeit, seiner Leidenschaft.

Ich wollte nur reden. Mir graute vor dem Moment, wenn er mich küssen würde. Ich wich ihm aus, schlug vor, daß wir ausgehen (immer will er mich einsperren, genau wie Hugh). Wir besuchten das wundervolle Planetarium. Wir waren von Ehrfurcht ergriffen und lachten auch – unsere besondere Art von witziger Schlagfertigkeit. Und danach tranken wir Tee, und Huck sprach von seiner Rastlosigkeit in Philadelphia, seiner Langeweile. Langsam – es war, als ob ich mich an das Tier gewöhnte und alles vergessen konnte bis auf jenes Leuchten seines Verstandes und die Kraft seiner Leidenschaft –, langsam kann ich mich von ihm liebkosen lassen; trotzdem denke ich dabei verzweifelt an Henry.

Als würde mich Huck mit neuen Fühlern durchdringen, in neue Gebiete meines Inneren vorstoßen, und langsam, langsam wird Henry von einem leuchtenden Feuer, von Hucks lebhaft sprühendem Geist und seinem Positivismus in den Schatten gestellt, und Henry scheint schrecklich schwach und schwerfällig zu sein, der Henry, der direkt aus Paris kam, existiert nicht mehr, der natürliche Henry ist wieder da, der faule, träge, willenlose Henry. Und ich bin traurig, ich bin traurig, schrecklich traurig, daß es so viele Risse und Brüche in meinem Leben mit Henry gibt, durch die Hucks Stärke sickern und eindringen kann. Ich fühle mich eingesperrt. Es macht mir nur deshalb nichts aus, weil ich weiß, daß ich am Montag gehen kann. Ich kann mich an den neuen Schallplatten erfreuen, die Huck besorgte, ich ziehe das Russenkleid an, wir essen köstliche Mahlzeiten, draußen regnet es, und wir unterhalten uns ernst, aber auch mit Humor, dem prompten, blitzschnellen Witz. Einmal sagte Huck ganz verblüfft: «Du bist aber flink! Ich muß jede Sekunde hellwach sein.» Dieser Humor ist so schwer definierbar und stets aus dem Stegreif, daß man ihn nicht wiedergeben kann. Und dann die Höhlengänge, die Erforschungen: weibliche Psychologie.

Es ist wahr, bei ihm bin ich am meisten ich selbst, aber ich sagte ihm auch, daß ich neulich Wehmut empfand, weil ich erkannte, daß er das natürliche, vollkommene, selbstsüchtige *Ich* von mir bekam, nicht das ideale. Nicht die gute Mutter, die ich für Henry war, nicht die falsche Fröhlichkeit, die gespielte Tapferkeit, die erzwungene Liebenswürdigkeit, die Selbstverleugnungen. Er hat mein wirkliches Ich geschaffen, und er weiß, daß es immer so ist. Auch bei der Analyse, wenn er gezwungen ist, die großzügig geschenkte Liebe zurückzuweisen, entwickelt sich die Frau weiter, vom Geben zum *Sein* – sie wird sie selbst. Ich schämte mich auch, daß ich für Huck beinahe das bin, was Henry und June für mich waren, die Schwachen, die Skrupellosen, die Lügner, diejenigen, die mich und meine Gaben für andere benutzten. Als ich hierherkam (wegen mir, wegen meines Glücks, meiner eigenen egoistischen Ziele), erweiterte ich dieses Ich durch Huck, durch sein Verständnis, seine Ermutigung. Und weil es sinnlos war, ihm etwas vormachen zu wollen, weil er die Wahrheit kennt, gab ich alle Verstellung auf, alle Bemühungen, alle idealen Ziele. Und ich genieße es. Ich bedaure es wehmütig. Wir lachten auch diesmal darüber, bogen es ins Komische. Ich sagte zu ihm: «O Huck, du weißt nicht, wie heldenhaft ich sein

74

konnte, wie verständnisvoll, wie nachsichtig, wie selbstlos.» Wir sprachen darüber, was ich zu ertragen hatte, um Beichtvater für Henry und June zu sein, damit sie mit mir sprechen konnten, sie selbst sein konnten, egal, was sie mir damit antaten. Wie sehr hatte ich gekämpft, um Huck nicht genauso leiden zu lassen. Weil er so verständnisvoll ist, bin ich versucht, ihm alles zu erzählen, den Menschen in ihm zu vergessen. Wir kamen zu dem Schluß, daß ich *nicht zerstören könnte* – daß es nötig ist, zu zerstören, um zu erschaffen, daß ich mich beinahe selbst zerstörte (Lügen, Spaltung, Zwangshandlung), um schöpferisch zu sein, ohne zu zerstören. Die Frau kann generell nicht zerstören. Wir sagten, daß sie vielleicht deshalb keine große Künstlerin sei. Wir lasen sein Horoskop und fanden wundervolle Dinge darin. Wir sprachen über Zerfall und Willen – wie Huck sich, wenn er das Gefühl hat zu zerbrechen, durch einen Gewaltakt und Zerstörung rettet (so wie er versuchte, sich vor mir zu retten). Jetzt versucht er, edel und weniger menschlich zu sein. Er will mich beschützen. Er fragte mich, ob ich Henry gern heiraten würde. Dennoch glaubt er, daß ich nicht mit Henry schlafe; denn als wir über meine Sorge sprachen, daß ich vielleicht immer noch schwanger bin, rechnete er zurück bis vor seine Abreise in den Süden, so daß ich jetzt im zweiten Monat sein müßte. Er gibt zu, daß er nicht ohne mich leben kann. Und ich gefalle ihm, oder er liebt mich doch, wie ich bin, mit dem, was ich als meine Schwäche (unfähig zu zerstören) und meine Selbstsucht (mir selbst treu bleiben) bezeichne, was er mit anderen Namen benennt. Vielleicht muß man menschliche Schwächen hinnehmen, um ins Leben einzutreten. Ich war tolerant gegenüber Henry und June, und genauso verhält sich Huck, weil er dafür mit den Wundern des eigentlichen Lebens belohnt wird, dem menschlichen Leben, das ich ihm bringe. Er ist Sanftmut und Verständnis in Person. Eines Tages macht er sich vielleicht einmal Luft (wie ich mehrmals im Jahr unter der Tortur von Henrys übersteigertem Selbstgefühl explodiert bin), aber das kann ich ertragen, weil ich keine Angst habe, ihn zu verlieren, und deshalb bin ich stark und glücklich. Wir sprachen über seine Mutterrolle bei der Analyse. Er war für seine Patienten die Mutter, wie ich für Henry der Vater war (der aktive, mutige, führende Vater). «Damit haben wir Vater oder Mutter hinter uns gelassen. Wir brauchen sie nicht mehr», sagte Huck. Ich war mir nicht so sicher. Vielleicht bin ich auf dem Weg dorthin. Huck fehlt die Mutter mit Sicherheit manchmal. Ich will sie nicht für ihn sein, ich lasse ihn hängen, mich kümmert weder sein menschliches Schicksal noch seine Einsamkeit. Ich bin für ihn nur Frau und Hure; ich nehme seine Leidenschaft, ohne sie zu erwidern, aus Dankbarkeit für seine große Liebe.

Bei meiner Ankunft hier im Hotel finde ich zwei Briefe von Hugh, in denen er mir dankt, daß ich seine Leidenschaft noch heißer brennen lasse, und mir verspricht, zu mir zurückzukehren mit all den Eigenschaften, die ich bei Erskine, Henry Miller und Rank bewundere. Er ist berauscht von seinem neuentdeckten materiellen Einfluß, und inzwischen versage ich es mir, Henry etwas zu geben, der sich weigert, einen Job anzunehmen, und ich schaffe mir finanzielle Schwierigkeiten.

Huck bittet mich, *Haus des Inzests* fertigzuschreiben. Ich denke über die Blumen nach, die ich einflechten möchte, und darüber, was Huck am 20. März über mich schrieb: «Du bist großartig. Du bist großartig im Leben, wie ich es im Schaffen (Schreiben) bin. Du hast meine Schöpfung gelebt (zuvor – ich schuf Dich nur als Frau). Und in diesem Sinn bist Du größer, und Deine Philosophie von *Leben* (nicht *des Lebens* – das ist abstrakt) ist *wahr* – sie ist es, zu der ich in *Truth and Reality* gelangt bin – auf dem Papier! Als Analytiker versuchte ich noch die andere. Als Mensch will ich sie jetzt leben, wie Du sie gelebt hast, mit Dir.
Und weil Du großartig im Leben bist, ist das, was Du schreibst, nicht nur ein seltenes – ein einzigartiges – menschliches Dokument, sondern auch ein großartiges – wenn es auf eine Weise präsentiert wird, die es den Leuten ermöglicht, seine Großartigkeit zu erkennen. Das werden wir tun.»

Im Bus schrieb ich: «Derselbe Mann, der mir das Tagebuch als Neurose nahm, hat es mir jetzt zurückgegeben mit der Aufforderung, es fortzuführen.» Ein Tag in Philadelphia, Zimmer 1205. Ich hatte ihm das «Inzest»-Tagebuch zu lesen gegeben und bat ihn dann doch, es nicht zu lesen, weil ich dachte, daß ihn die Einzelheiten meiner Vergangenheit vielleicht als Mensch verletzen würden. Andererseits wollte ich, daß er den Inhalt kannte. Im Zug, auf dem Weg zu ihm, war mir sehr deutlich bewußt geworden, daß die ganze

Zeit ich diejenige war, die Ranks Philosophie realisiert und gelebt hatte. Der psychologische Einblick in mein Leben und die Interpretation meines Lebens bildeten den Kern seines Werks. Ich war die Schauspielerin gewesen. Ich hatte all die Rollen ausprobiert (auch ihren schriftlichen poetischen Ausdruck, wie Rank hinzufügte). Dies war die erste Seite eines grün eingebundenen Tagebuchs, zu dem ich später einen Zwilling in rotem Leder bekam. Wir benützten beide als Zwillings-Tagebücher, die wir jede Woche tauschten.

Immer kehre ich mit der Angst zurück, ich könnte Henry verloren haben, daß er irgendwohin gegangen ist, sich betrunken hat und bei einer Frau geblieben ist. Ein herzbeklemmendes Gefühl, Schmerz und vielleicht die Sorge, daß ich eine solche Strafe verdient habe. Rufe ihn an mit versagender Stimme.

Er kam, um bei mir zu Mittag zu essen; wir konnten nicht bis zum Abend warten. Wir gingen zusammen ins Bett. Henry sagte: «Du denkst, ich war auf Sauftour, nicht wahr? Also, ich habe eine Überraschung für dich. Ich bin zu Hause geblieben und habe gearbeitet, und ich habe mit Emil aquarelliert.»

Ich war sofort so glücklich, so glücklich, daß er noch mir gehört, mir noch ganz nah ist. Als wir nach Hause kommen, ruhen wir uns aus, und während er schläft, betrachte ich ihn mit einer so ungewohnten, uneingeschränkten Freude, einfach weil er da ist, gleichgültig, was er ist oder ob er mich enttäuschte; ich liebe ihn so sehr, auf eine blinde, bedingungslose Weise. Ich sehe ihn schlafen, und mir scheint, das ist alles, was ich mir wünsche, Henry, nur Henry, der bei mir liegt. Nichts anderes, nichts anderes. Sofort vergesse ich die Höhenflüge mit Huck – für eine Liebkosung, eine Berührung von Henrys Körper, für Henrys Hand auf meinem Bein, um neben ihm zu liegen, seinen Atem auf meinem Gesicht, seinen vollen Mund an meinem Mund zu haben, würde ich alles geben, für den Ton seiner Stimme, sein Lachen, das Haar in seinem Nacken, seine morgenblauen Augen, sein grüblerisches Chinesengesicht, seinen schrägen Hut.

Obgleich es Huck ist, der mir die Kraft gibt, mit Henry glücklich zu sein, und das bin ich vielleicht, könnte ich nur mit Huck allein nicht glücklich sein. Es ist wahr, ich weiß nicht, welcher von beiden mich glücklich macht.

2. April 1935

Untersuchung ergibt, daß ich *nicht* schwanger bin. Huck wußte es.

15. April 1935

Wie ich Huck aus seinen Schwierigkeiten heraushelfe und wie gut es ihm tut, daß für einmal ihm geholfen wird. Nach einer sexuellen Orgie im Atlantic City am Nachmittag nach unserer Ankunft begehrte er mich nachts wieder, als ich nicht wollte. Er spürte es, konnte es sich jedoch nicht versagen und nahm mich, während ich passiv dalag. Während ich stillhielt und ihn gewähren ließ, fühlte ich mich weit weg, wie damals, als ich mich Hugh hingeben mußte; nur Hugh fühlte nicht alles und jedes wie Huck – nicht so bewußt. Danach war er traurig, und ich ließ ihn traurig sein – es gab nichts, was ich hätte sagen können. Meine Passivität war so natürlich wie sein Begehren. Keine Möglichkeit, beides in Einklang zu bringen. Und ich hatte das Gefühl, wenn ich etwas sagte, würde ich mir vielleicht die Schuld für meine Teilnahmslosigkeit geben und dabei die Tatsache verraten, daß mir Huck sexuell sowieso gleichgültig ist. Ich lasse ihn einschlafen und komme mir hartherzig und rücksichtslos vor. Erst am Nachmittag des nächsten Tages, nach einer sehr liebevollen, blinden Vereinigung, die ihn getröstet hatte, fühlte ich mich sicher genug, um seine Traurigkeit vom Abend zuvor zu erwähnen, und sagte: «Warst du traurig, weil ich gestern nacht passiv war? Wie kann dir das etwas ausmachen – ich gab so viel am Nachmittag, es war so vollkommen. Ich fühlte mich gestern nacht einfach ruhig und friedvoll.»

«Ja», sagte Huck. «Wenn es nur Sex ist, wenn es nicht der Ausdruck unserer Zusammengehörigkeit ist, dann macht es mich traurig. Denn Sex allein ist etwas Trennendes, nicht etwas, das eint. Ich weiß, ich hätte dich gestern nacht in Ruhe lassen sollen. Du warst müde. Ich wußte, daß es nicht richtig war, weil ich es nicht genießen kann, wenn du passiv bist. Ich kann es einfach nicht.»

Ich sprach über seine anhängliche, seine klammernde Liebe: «Du hast mich gelehrt, zu glauben und nicht krampfhaft festzuhalten, und nun möchte ich dir diese Furchtlosigkeit geben, die du mir gegeben hast.» Er sagte, es sei nicht Furcht, sondern sein Alter, weil er dem Ende seines Lebens näher ist; es sei die Furcht vor dem herannahenden Ende des Lebens. Immer, wenn er über sein Alter spricht, sage ich wundervolle Dinge. Jetzt: «Organisch bist du so jung, weil du nicht gelebt hast, weil du nicht ausgebrannt bist.»

«Aber es heißt auch, daß der Organismus schrumpft, wenn er nicht beansprucht wird.»

«Das glaube ich nicht. Und wer könnte deine organische Jugendlichkeit besser beurteilen als ich?»

Die Wahrheit ist, daß er unersättlich ist. Er verlangt mehr als Henry.

16. April 1935

Brief an Huck: Du hast mich sowohl von Schmerz als auch von Unwirklichkeit erlöst, und ich will das gleiche für Dich tun. Du hast Dornröschen geweckt (um sechs!) und den ganzen Lebensschmerz von mir genommen. Ich will das gleiche für Dich tun. Das hoffe ich wenigstens. Ich hoffe, daß das, was ich an unserem letzten Vormittag zu Dir gesagt habe, stimmt. Erinnerst Du Dich noch an jene Nacht, als ich einschlief, nachdem Du mit mir gesprochen hast und ich Dich falsch verstanden habe? Ich glaube nicht, daß ich Dich allzu falsch verstanden habe, denn ich wußte, daß ich nichts tun konnte, weil Du unter dem Schmerz, zu leben, gelitten hast, einem Gefühl, vielleicht etwas zu verlieren, dem Gefühl von einem gefährlichen Zuviel, und unter dem Schmerz des Zurücksteckens, aber ich finde nicht, daß es notwendig ist, zurückzustecken und wieder einen Deckel auf Dein Ich zu setzen. Es gibt für mich kein Zuviel von Dir. Ich mag Deine Explosivität, ich liebe Siphons, ich liebe Deinen Reichtum und Deine Fülle.

Hab keine Bedenken. Zögere nicht, halte nicht zurück. Ich weiß, was Du empfunden hast. Mir ging es ebenso, nachdem ich gebeichtet hatte, nachdem ich meine Geheimnisse – oder einige davon! – preisgegeben hatte. Ich war besorgt. Ich fühlte merkwürdigerweise genau, daß ich nur eines für Dich tun konnte: einschlafen, meine Fröhlichkeit und Unbekümmertheit bewahren, weil es das war, was mir dadurch, daß ich lebte, zuteil geworden war; und daß ich Dir helfen konnte, das Leben weiterzuleben, was Mut erfordert, einfach weiterhin *unbekümmert* zu bleiben; aber ich liebe Dich so sehr, daß mich Deine Stimmung am Morgen doch betroffen machte, ohne daß sie die meine änderte, meine Zuversicht, Unkompliziertheit, Furchtlosigkeit, Heiterkeit. Dank Deiner Klugheit und allem, was ich bereits durchgemacht habe. Es ist nur das Neue, das einen erschauern läßt, das so empfindlich und traurig macht. Danach ist es die Traurigkeit, die sich verliert, und nur das Gute, das Stabile, bleibt. Die Traurigkeit gehört dennoch zum *kreativen* Leben. Es ist dieser Hunger nach Vollkommenheit. Ich werde Dich mehr und mehr glücklich machen. Ich weiß auch, wie. Mir wurde klar, wie ich es gelernt habe, indem ich weiter und weiter lebte, indem ich durch viel Traurigkeit ging und unterwegs eine Traurigkeit nach der anderen abwarf.

Erinnerte mich, wie einsam ich mich einmal fühlte, während Henry weiterschlief. Es war, bildlich gesprochen, als hätte er immer nur geschlafen und fröhlich gesessen, ungerührt von meinen Stimmungen, ohne Verständnis für sie.

Brief an Vater:* Du schreibst mir nicht. Es gibt nichts, was ich für uns beide tun kann. Ich schreibe Dir weiterhin, damit wir Kontakt halten. Ich analysiere, ich spreche mit Dir auf der Suche nach einer Verständigung. Ist es sinnlos? Gibt es keine Möglichkeit, unsere Gedanken in Übereinstimmung zu bringen?
In Deinem letzten Brief schreibst Du mir, einer der Gründe, warum Du nicht geschrieben hast, sei, daß ich Dich nicht brauche. Aber vergiß nicht, als ich begriff, daß ich in Deinem Leben keine Rolle zu spielen hatte, oder zumindest keine, die meiner

---

* Im Original auf französisch

Energie und den Reichtümern, die ich angesammelt hatte, angemessen gewesen wäre, weil ich zu überströmend und zu lebendig
bin, um «zwischen Anführungsstrichen», wie Du es einmal aus-
drücktest, zu leben und auf die jährlichen Besuche in Valescure
zu warten – als ich das begriff, habe ich Dich *nicht* verlassen. Ich
tobte vor Wut, und ich weinte; dann kehrte ich zu einer Aufgabe,
einer Rolle, einem Platz für mich zurück, wo alles, was ich zu
geben habe, gebraucht wird. Nicht ich habe Dich zuerst verlassen, sondern Du warst es, der, nachdem er einen Vulkan entdeckt
hatte, dachte, er könnte ihn ins Fenster stellen wie einen Blumen-
topf, während Du Deiner Arbeit nachgingst.
Du siehst, heute kann ich über all das lachen. Aber Du solltest
froh sein, daß Du den Vulkan jetzt los bist, froh, daß ich andere
um das bitte, was Du mir nicht geben konntest.
Jeder von uns war dazu geschaffen, eine Hauptrolle zu spielen.
Letzten Winter, als Du dachtest, ich sollte zufrieden sein, an
meiner Schreibmaschine zu sitzen und einmal die Woche einen
Nachmittag lang mit Dir zu plaudern, fühlte ich mich unter-
drückt. Jetzt bin ich glücklich. Ich habe ein reiches Leben – ein
Leben, das weit ist, frei, wundervoll und aufregend. Du kannst
Dir vorstellen, daß ich zwischen Henry und meinem Analytiker
auf Hochtouren laufe. Ich bin Ehefrau, Geliebte, Kritikerin,
Mutter, Muse, Schwester, Gefährtin, Ratgeberin, Mätresse etc.
Ja, ich habe viel zu tun.
Du sollst nichts bereuen, liebster Papa. Sei glücklich. Schreib mir
so, wie wir uns früher im Dunkeln zu unterhalten pflegten, uns
alle unsere Geheimnisse sagten. Ich bin Dir gegenüber jetzt so
natürlich. Wir sind beide so leidenschaftliche Perfektionisten,
daß es schwer, ja beinahe unmöglich für uns ist, eine Niederlage
zu akzeptieren. Uns zu fügen. Deshalb spreche ich so oft von
unserer Enttäuschung. Niemand ist daran schuld, nur das Leben.
Ich versuche stets, das, was geschieht, durch Verstehen zu mil-
dern. Glaubst Du nicht auch, daß wir, wenn wir erst einmal
verstehen, uns nur noch an die guten Zeiten erinnern und die
Enttäuschung vergessen werden? Uns geschlagen zu geben ist so
schmerzlich für uns. Es gibt Tage, an denen ich nicht glauben
kann, daß *Du und ich* einander nicht verstanden haben. Andere
Menschen verstehen wir so gut. Es ist schon merkwürdig, aber
wenn sich zwei Menschen nicht verstehen, wird daraus eine qual-

volle, zerstörerische Freundschaft. Zu verstehen und sich auch gegenseitig zu verstehen, ist positiv und konstruktiv. Etwas aufzubauen, zu schaffen gibt Kraft. Unverständnis verletzt und zerstört. Briefe sind ein Versuch zu verstehen. Ohne es zu wollen, kränken wir uns. Aber meinst Du nicht, wir könnten es fertigbringen, uns gegenseitig Gutes zu tun?

Ich möchte nicht, daß Du denkst, ich bräuchte Deine Bewunderung, wie ich in einem anderen Brief aus Spaß sagte, weil ich eitel bin; es ist eher so, daß ich nicht genug Selbstvertrauen habe und von der Liebe anderer Menschen und ihrem Glauben an mich lebe. Ich brauche das, wie sie meinen Glauben an sie, mein Vertrauen und meine Bewunderung brauchen. Es ist eine Schwäche, aber nicht Eitelkeit. Du dachtest, *maman* habe meinen Glauben an Dich zerstört, aber sobald ich Dich diesmal sah, war dieser Glaube wieder da, und er war so wie in meiner Kindheit, als ich Dich so sehr liebte, daß ihn Dein Abschied von uns beinahe getötet hätte. Ich bewundere Dich wirklich.

Also, wo bleibt mein lustiger Papa, der Harmonie liebt? Wie kommt er auf die Idee, ich könnte ständig ganz allein solche Briefe schreiben, hm? Schick mir ein Küßchen. Ich trage Dich in Amerika wie ein geweihtes Medaillon herum, wie ein Idol, mein stummer Sonnenkönig. Hallo Du, scheine ein bißchen!

17. April 1935

Wie ich mein Problem, Huck nicht zu begehren, gelöst habe, ist sehr merkwürdig. Ich verhalte mich beim Geschlechtsverkehr, wie ich das noch nie getan habe. Zur Vorbereitung auf seine Umarmung denke ich an Sex – nur an Sex als Selbstzweck. Es ist genau das Gegenteil von dem, was ich bei Henry fühle, dessen Nähe ich mir wünsche. Ich errege mich, indem ich mich als geile, hurenhafte Frau denke und auch so fühle. Ich schließe die Augen und versuche, mich nach einem Mann zu sehnen – nach irgendeinem Mann, einer Hand einem Mund, einem Penis –, indem ich zu mir sage: Irgendeinen Mann, ich will nur einen Mann. Ich schließe die Augen und versuche zu vergessen, daß es Huck ist, versuche mein Bild von Huck zu vergessen; nur einen sehr leidenschaftlichen Mann. Selbst dann kann ich seinen Mund nicht ertragen (wie ich Hughs Mund nicht ertragen konnte). Erst neulich erfuhr ich aus einem Gespräch mit Henry, daß Huren stets versuchen, nicht geküßt zu werden, unter verschiedenen Vorwänden (weil es nichts mit Liebe zu tun hat, denn Liebe begehrt den Mund). Henrys Mund zieht mich an wie ein Magnet. Also bin ich bei Huck eine Hure. Ich errege mich sogar mit Dankbarkeit, indem ich an all das denke, was er mir gegeben hat; oder ich errege mich durch besondere Nüchternheit: Bitte schön, er hat dir so viel gegeben, jetzt zahl dafür, zahl es zurück! Bezahle! Ich fühle kein Begehren. Ich muß den Geschlechtsakt spielen. Und Huck ist ganz Begehren und Liebe.

Das Leben ist voll von tiefen Ungerechtigkeiten. Einige davon versuche ich wiedergutzumachen. Zum Beispiel habe ich Henry eigensüchtig gemacht, indem ich ihn für sich selbst leben ließ, ihn verwöhnte und vergötterte, ihm alle Wünsche erfüllte; und nun hat Huck mich egoistisch gemacht, indem er mir durch die Analyse und meine Reise [zu ihm nach New York] half, mehr ich selbst zu werden, indem er mich verwöhnte und mich liebte, ungeachtet, was ich tue oder sage. Ich kann ihm nur helfen, ebenfalls für sich und sein Vergnügen zu leben. Ich frage ihn tatsächlich: Was willst du? Aber ich kann kein Gleichgewicht herstellen. Er ist der Gebende! Unsere Wochenenden in Atlantic City sind wundervoll, obwohl wir uns aus unterschiedlichen Gründen und auf unterschiedliche Weise lieben. Er trieb mich an, das «Alraune»-Manuskript fertigzustellen. Er half mir, die darin liegende Bedeutung zu erkennen, so daß ich zu einer Synthese gelangen konnte. Er ist es, der sagt: «Wieso, es endet hier, natürlich mit der Tänzerin. Und diese Seite über Drogen (wo ich zu Alraune sage: ‹Ich werde für dich schreiben – das wird unsere Droge sein›) kannst du nicht rauswerfen. Sie ist wichtig. Sie sagt genau das aus, was ich gedacht habe, als ich das Manuskript im Zug las. Es ist wie eine Droge. Als ich es zu Ende gelesen hatte, erwachte ich wie aus einem Traum. Wenn die Leute deine Sprache akzeptieren, werden sie berauscht sein.»

Erlange eine häufig geforderte Redegewandtheit bei den Analysen. Auch länger anhaltende luzide Perioden. Kunst der Sprache. Wirkung der künstlerischen Sprache an Stelle der wissenschaftlichen. Henry sitzt und malt Aquarelle. Szene wegen Arbeit kontra Faulheit. Er sagte, ich sei aktiv wegen falsch funktionierender Drüsen. Ich beschuldigte ihn der Unehrlichkeit und daß er die Faulheit glorifiziert, wo er doch schreibt und folglich arbeitet. Mir mißfiel, daß er über Menschen, die arbeiten, spottet. Streit. Ich sagte: «Ich will ja nicht, daß du dich wegen deiner Faulheit schämst, aber du brauchst mich nicht wegen meines Arbeitseifers zu verspotten.» Er lehnte einen Job ab. Ich verlange keine konkrete Änderung (daß er einen Job annimmt), aber eine andere Einstellung. Ich mag die falschen Zeilen in *Schwarzer Frühling* nicht: «Ich döse, während die Fabriksirenen heulen.» Eine Beleidigung für alle Arbeiter auf der Welt.

Weil ich sagte, ich sei desillusioniert, war Henry am Boden zerstört. Ich sagte, er habe nicht gehalten, was er bei seiner Ankunft versprochen hatte. «Literatur bedeutet mir nichts, wenn ich dich nicht haben kann. Ich will eine Welt für uns schaffen.» Er hat für mich als Frau keine Welt geschaffen. Ich weiß, daß er dafür zu faul und zu undiszipliniert ist. Er wird nur schreiben. Ich weinte.

Vergeblichkeit. Schwäche. Ich nehme ihn, wie er ist. Er malt. Er ist wie ein Kind. Gehorsam. Nachgiebig. Stirbt beinahe, als ich meinen Glauben an ihn zu verlieren scheine. Niedergeschmettert durch meine geringsten Zweifel. Schreibend – ein Mörder, ein Attentäter, ein Karikaturist. Bösartig. Ich gebe es auf, von Menschen etwas zu verlangen, was sie nicht geben können. Jeder nach seiner eigenen Natur. Henry hat auf meine Träume von ihm als Schriftsteller reagiert. Schrieb ein wundervolles Vorwort zum «Nacht»-Teil von «Alraune», wobei er enorme neue intellektuelle Fähigkeiten bewies.[*] Ich liebe ihn. Ich hasse es, ihn in die Welt, in Mühsal, abscheuliche Jobs hinauszustoßen. Ich bringe es nicht über mich. Ich bin bereit, für ihn zu arbeiten.

---

[*] Millers Bemerkungen zum ersten Teil von «Alraune», dem Teil «night», wurden anscheinend in ein Vorwort einbezogen zum späteren *Haus des Inzests*. «Dies ist eine Sprache, die sich über die Sprache hinauswagt, mit der Wirkung, daß das Sternenlicht in den Tag herübergetragen wird, und dieses Bild ist angemessen, weil die vielfältigen Verkörperungen von Neurose hier erfaßt und in der Nacht angesiedelt werden...» Dieser Text, der nie in Verbindung mit dem Buch verwendet wurde, erschien zum erstenmal in *Anaïs: An International Journal*, Band 5, S. 111 ff., Becket, Massachusetts, 1987.

Manchmal wankt mein Glaube, Zweifel nagen. Ich brauche Realität und Realismus.

Cafeteria. Bevorzuge das eigene Zimmer, nicht aus Gleichgültigkeit gegenüber der Welt, sondern weil ich übermäßig empfänglich für sie bin. Ich bin es leid, den Türsteher zu bemitleiden, der in der Cafeteria, wo ich esse, dumpf vor sich hinbrütend vor seinem Teller sitzt. Meide das Lokal, wo mir der hübsche Italiener eine Extraportion Sugo gibt und besorgt fragt, ob ich genug esse oder nicht, so daß ich dankbar sein muß; ich habe Mitgefühl einfach satt. Lieber gehe ich irgendwohin, wo mich niemand kennt und ich mich vor Anstrengung ausruhen kann, die mir alles menschliche Miteinander abverlangt. Bewundernde Kassiererin. Sie denkt, ich sei Tänzerin oder Schauspielerin. Wir unterhalten uns über Nagellack.

Während ich auf einen Patienten warte, muß ich die Fotos vor mir auswechseln. Muß das Foto von Hugh über die von Henry und Huck und Eduardo schieben. An jeden kann ich, je nach Tag und Stunde, wahrheitsgemäß schreiben: «Ich habe Dein Foto vor mir.»

18. April 1935

Patienten. Sie weinen, wenn sie entdecken, daß sie ihre eigenen Quälgeister sind und nicht das Opfer von anderen. Psychisch verantwortlich für ihr Verhalten gegenüber der Welt. Phantasievolle Interpretation nach persönlichen, subjektiven Aspekten. Die Welt verändert sich entsprechend unseren Vorstellungen. Eigene Verantwortung für alle unsere Vorstellungen und kreative Rolle bei ihrer Entstehung eine schmerzliche Wahrheit. Rank sagt, die Analyse ist eine Neubewertung. Hier klebe ich den Zettel hin für die Reinigung meines roten Samtkleids wegen des Flecks, den X darauf machte. Séance in meiner Kabine, als er versuchte, mich zu zwingen, und sich schließlich über mein Kleid ergoß, während ich mich wehrte. Ich zeigte Huck diesen Reinigungsschein, ohne ihm die Wahrheit zu sagen.

Analyse: 1. Tänzerin: normal, uninteressiert. 2. Ihre Schwester: Schauspielerin, träge, passiv, interessant. 3. Geigerin: gefühlvoll, sehr poetisch und originell in ihren Handlungen. 4. Russischer Jude: poetisch, empfindsam, verträumt.

Huck sagte: «Es muß wundervoll sein, von dir analysiert zu werden.» Und wir spielen es. Er braucht Hilfe, aber er nahm sie nie zuvor von einem anderen an. Im Leben fehlt ihm jede Erfahrung. Seine rasche Auffassungsgabe, seine Intelligenz halfen ihm, aber ihm fehlt die Milde, die Anmut, die Unbekümmertheit, das Leichte und Fließende.

Nicht homosexuelle Liebe, nur eine Liebe zu verschiedenen Teilen in uns, die von anderen Menschen verkörpert oder gelebt werden. Henry liebt sein empfindsames Ich in Fred [Perlès]. Ich liebte mein dramatisches Ich in June, *verwirklicht* in June. Henry liebt seine eigene Schwäche in Joe O'Regan und Emil Schnellock, Spiegelungen seiner Krankheit und seiner femininen Art.

Hucks Verzweiflung, weil ich meine Handtasche auskippte, als ich in den Zug stieg. Der einzige Makel an unserem Wochenende. Die Liebe und das Bedürfnis nach Perfektion. Henry kurierte mich davon, aber ich kann Henry trotzdem noch keine falsche Redewendung durchgehen lassen. Meine Angst, Hugh ganz zu verlieren, unerklärlich, höchstens als Anhänglichkeit an eine ideale, unwirkliche, romantische erste Liebe.

Ich beendete das Manuskript von «Alraune». Henry war von der neuen Fassung beeindruckt.

Meine extreme Liebe zu *allen* Menschen und Dingen ist nicht Neurose, sondern *Liebe*, Anhänglichkeit, Leidenschaft.

Im Gespräch mit Huck über Henry-June-Novelle *[Djuna]* sagte ich: «Du wirst von der Irrealität schockiert sein!», weil er gesagt hatte (um sich zu trösten), daß mein menschliches Leben mit Henry nicht wirklich gewesen sei (nur jetzt ist es das – es ist wirklich geworden, als ich ihm Schmerz zufügte). Huck sagt, ich müßte darüber schreiben, um es wirklich zu machen, müßte das Leben spielen und dann wirklich leben (mit Huck). Aber zufällig weiß ich, daß ich das Leben jetzt mit Henry verwirkliche und daß mein Leben mit Huck, soweit es mich betrifft, unwirklich ist, weil ich einen Verstand, eine menschliche Schöpfung liebe. Es ist real für ihn, realer als alles, was er erlebt hat. Das ist die Illusion, die ich ihm erhalten muß.

22. April 1935

Es ist wie in einem Boot, mit dem ich mich mühsam zu retten versuche, und ständig braucht jemand so dringend Hilfe, daß ich mich nicht um mein eigenes Leben kümmern kann. Huck half mir, und dann, als ich stark war, brach er zusammen; und nun braucht er Pflege und Hilfe und Analyse und weiß nicht, wie er leben oder glücklich sein soll, und während ich es ihn lehre, holt mich wieder die Dunkelheit ein, die Eifersucht und alle meine Zweifel an Henrys Liebe. Nie frei. Er ist so düster, so schwer, genau wie Hugh. Keine Freude, keine Freude. Er ist müde. Und ich komme stets, um mir Kraft zu holen, und bekomme Schwäche. Ich bin kaum selbst aus der Dunkelheit herausgekommen und muß meine ganze Kraft aufwenden, um Huck zu retten. Das schlimmste dabei ist, daß ich überhaupt keine menschliche Liebe für Huck empfinde, weder Zärtlichkeit noch Mitleid. Ich war wütend und hartherzig, als er gestern zusammenbrach. Erschöpft. Aber hauptsächlich traurig, weil er nicht alles so haben kann, wie er will – mich. Das Absolute.
    Der Schöpferwille, sagte ich einmal, der nur schaffend Befriedigung findet; bestimmt niemals im tagtäglichen Leben, wo man so viele Beschränkungen akzeptieren muß, so viele Unvollkommenheiten und Kompromisse, um glücklich zu sein. Jetzt ist Henry der Kluge, der Lebenserfahrene. Huck ist jung, weil das gedanklich erworbene Wissen nutzlos ist, tatsächlich im Widerspruch zum Leben steht. Aus einer stimulierenden, kreativen Beziehung ist jetzt eine zerstörerische geworden, weil ich Huck nicht liebe und ihm etwas vortäuschen muß. Und ich kann nicht mehr vortäuschen. Ich muß nach meinen wahren Gefühlen leben. Und Huck ist es, der mir geholfen hat, meine wahren Gefühle zu erkennen. Die Illusion, die ich Huck geben muß, ist mir jetzt unerträglich. Ich möchte sie gleich am Anfang zerschlagen statt aufbauen. Weil Huck selbst sagte: «Glück, das auf einer Illusion beruht, ist unmöglich. Und

noch schlimmer.» Er fühlt einen Teil der Wahrheit, aber ich lenke ihn
mit falschen Erklärungen ab. Daß ich an den Wochenenden krank
bin, liegt an meiner Abscheu, meinem Widerwillen, mit Huck an
einem einsamen Ort zu sein, weil es seine körperliche Nähe bedeutet. Ich interpretiere es aber anders. Er will mir glauben. Es ist leicht,
dem Liebenden etwas vorzugaukeln. Er hilft mir dabei.

Analyse: Junger Bildhauer sagte, was ich immer gesagt habe, daß
die Analyse wie eine Liebesaffäre ist. Erzeugt die gleiche Ekstase,
Befreiung, Erneuerung. *Entdeckung des eigenen Lebenskonzeptes.*
Idee von kreativer Beschränkung im Leben. Türen schließen sich,
während man vorwärts geht, Vorhänge des Schweigens und der
Trägheit. Hindernisse wie Eisberge. Wilde Tiere. Wälder von
Haar, Kakteen. Idee, daß die Beschränkung in uns selbst ist, eine
Mißbildung, das Unmögliche wollend. Die Phantasie, die einen
zum *trop* (zuviel) verleitet. Vermeidung möglich durch Verzicht im
Leben und künstlerisches Schaffen.

Auf dem Heimweg denke ich: In meinem Buch kann ich bestim-
men, herrschen, gehen, lachen, schreien, gewalttätig sein, töten.
Ich bin Schöpfer und König. Derselbe Wille, auf das Leben ange-
wendet, tötet. Alle Schöpfer sind im Leben unglücklich. Alle
Schöpfer sind Absolutisten. Überdrüssig des Kampfs gegen die
Beschränkung des Lebens. In der Kunst keine Grenzen. Ich glaube,
das ist nicht meine Idee, sondern die von Rank.

Huck versteht, daß es mich ärgert, mich in ihm zu sehen, mich mit
meinen alten, nur eingebildeten Sorgen, meinen alten Schwierigkeiten herumzuquälen, von denen ich sonst so weit entfernt bin.
Die Traurigkeit, mit der er lebt: wie meine, während Henry unbekümmert schlief oder vergnügt aß oder gelassen im Kino saß. Ich,
ganz allein mit meinen Zweifeln, Ängsten, Schrecken und Überraschungen kämpfend. Nach viel Übung macht man sich nichts
mehr daraus, man wird robust. *Werthers Leiden*, groß und tief, weil
man sein Leben als Ganzes sieht. Darin ist keine Freude. Freude
nur an den kleinen Dingen am Wegesrand, an solchen, die von
großartigen Philosophien oder zu viel Klugheit verdorben werden.
Gerade so, wie ich mich über das meiste, was ich so reden höre,
nicht freuen kann, weil ich zu schlau bin. Ich schlief auf Huck ein,
während er lernte zu leben, denn lehren kann man das nicht, das

kann höchstens das Leben. Ich lernte zu leben aus der Art, wie Henry sich hinlegte und schlief. Ich lernte daraus, daß man lieber schlafen sollte, als sich zu viele Sorgen zu machen.

Analyse: Wenn die Neurose geheilt ist, bleibt eine unmittelbar empfundene Einsamkeit in einer neuen Welt zurück, weil es mehr Neurotiker als Nichtneurotiker gibt.

Ohne meine sexuelle Auflehnung gegen Hugh hätte ich ihn nie gehaßt. Ich liebe ihn wie einen Bruder, von ganzem Herzen. Ich hasse ihn nur sexuell, wie ich Huck sexuell hasse.

Ich sagte zu Henry: «Ich habe alles akzeptiert, ich akzeptiere dich, wie du bist, was du vorhast, dein Bedürfnis nach Vertrauen, dein Bedürfnis nach Freiheit. Ich versuchte nie, dich an ein Haus oder einen Job zu ketten. Ich wollte, daß du frei bist. Ich bin bereit, Opfer zu bringen. Ich will unseren Traum weiterleben, ich will ihn nicht verwirklichen. Auf meine weibliche Sehnsucht – oder Welt – muß ich verzichten. Gemeinsames Leben unmöglich. Unterbrechungen sind Zugeständnisse an die Realität. Ich werde jedes Wochenende zu Hugh gehen müssen. Aber bist du glücklich? Deine Stimme klingt, als hätte ich etwas in dir getötet, als seist du desillusioniert. Ich bin nicht desillusioniert, aber ich habe keine Illusionen mehr. Ich glaube an dich und an das, was du tust, aber ich erwarte kein Glück, das als Allheilmittel dient. Wenn du eines Tages Geld hast, wirst du es höchstens einen Tag lang haben. Du würdest dich betrinken und es in einem Anfall von Sentimentalität Joe geben. Aber das stört mich nicht. So bist du eben. So ist das Leben. Ich kann nicht von dir verlangen, sämtliche Rollen zu spielen. Ich liebe den Traum, in dem wir leben. Ich bin glücklicher in unserem verrückten Traum.»

Es war Henry, der sagte: «Ich glaube, daß wir auf unsere verrückte, phantastische Art weiter kommen werden als andere Leute mit realistischen Mitteln.»

Aber weiter in die Phantasiewelt, nicht in das menschliche Leben. Und gerade für unser menschliches Leben und unser Zusammensein kämpfte ich mit all meinen Tricks. Der Schmerz in meiner Stimme verrät nur, was es mich gekostet hat, dies zu erreichen. Ich habe rebelliert, das gebe ich zu. Ich rebellierte, wie das jede Frau tut.

Ziel des Mannes: immer Verzicht auf das Warme und Menschliche. Das ist einer der Gründe, warum ich nach New York kam. Ich wollte frei von dir werden, unabhängig. Ich lehnte mich dagegen auf, nicht das Ziel deines Lebens zu sein.

Wir sahen einen Film, *Living on Velvet*, der uns beide bestürzte. Mann besessen von seinem Flugzeug. Frau versucht, ihn am Boden zu halten. In einem Augenblick der Niedergeschlagenheit verläßt sie ihn mit den Worten: «Du liebst mich nicht.» Die ewige Klage. Henry verstand nur den Mann, seine Verrücktheit, seine Höhenflüge, während ich beide verstand. Ich sage oft zu Henry: «Bring mir nur Verständnis entgegen, dann fällt es mir leichter zu leben, meine weibliche Welt aufzugeben.» All dies, weil Hughs Rückkehr unser gemeinsames Leben bedroht, weil ich innerlich gegen mich wüte, bei Rank erneut (wie bei Vater, Henry, Dr. Allendy) eine idealere, innigere Ehe gesucht zu haben.

Ideal. Das ist, was ich anfangs sagte: eine ideale Zuneigung zu Rank. Es war die Anziehungskraft eines Ideals. Der Instinkt rebelliert gegen das Ideal. Ich muß an Henry festhalten, so sehr ich dabei leide. Ich kann nicht mit Idealen leben. Dann ist Hugh also ein Ideal? Die Natur ist gegen das Ideal. Rien à faire. Ich habe es versucht. Ich gab mir große Mühe, gegen die Natur anzugehen. Rank, das Ideal, Verständnis, Frieden, Glück. Der nur für mich lebt. Und ich, ich lebe einen Instinkt und einen Traum – für einen Flieger! Ich necke Henry mit seinem Flugzeug. Es ist komisch. Das Opfer, das ich Henry brachte, scheint nicht vorgetäuscht zu sein. Ich schauspielere zwar, mime Fröhlichkeit, Tapferkeit – aber es ist natürlicher, als Rank vorzutäuschen, daß ich ihn liebe.

---

24. April 1935

Sobald der Illusionsrausch vergeht, werden die karikaturartigen Aspekte des Lebens wieder sichtbar: Huck, außerhalb seiner Wohnung; mit Hut sah ich ihn zum ersten Mal bei vollem Tageslicht im Bois. In New York mit Melone und Pelzkragen und seiner Zigarre wie ein jüdischer Kaufmann. In der Nacht hier, als er Zärtlichkeit suchte – die Nacht, als ich nach zwei Tagen Gallenkolik so krank war –, konnte ich es nicht ertragen, mit ihm in meinem schmalen Bett zu schlafen. Ich sah die Krampfadern an seinen Beinen und roch seinen Atem. Nur wenn man liebt, stößt einen nichts ab. Ich sehe Karikaturen in allem. Ich sehe mich als Karikatur in Huck, in meinem Vater. Ich sehe alles, was Henry mit seinem Haß auf Desillusion so brutal gemalt hat.

Das Leben mit Henry endet vorübergehend für ein oder zwei Monate, und ich bin traurig und bedrückt. Ich vergesse seine Selbstsucht, vergesse, daß das Fenster geöffnet bleibt, selbst wenn ich friere, den Tisch in der Zimmermitte wie bei Bauern, das Licht an der Decke anstelle von Lampen und sanfter Beleuchtung, die unregelmäßigen Tageszeitungen, seine Launen, Phobien, seine Verrücktheit, Widerspenstigkeit. Ich vergesse den ganzen gefährlichen Egoismus. Ich liebe ihn.
Er hat die Neufassung von *Schwarzer Frühling* beendet. Er schrieb den wundervollen «City-Man»-Teil. «Das Konzertcafé», wo es Stellen gibt, bei denen ich weinen muß. Gestern nacht las er mir daraus vor. Ich weiß, es ist großartig. Ich weiß, daß es viele Opfer wert ist.
Ich bin müde.

Ich war glücklich, als ich von Hughs Kommen erfuhr, so als würde Joaquin kommen. Doch es trennt mich von Henry. Aber ich wehre mich gegen die Traurigkeit. Ich denke mir, es ist ein neues Abenteuer. Ich packe. Ich bereite Überraschungen für Hugh vor. Montreal. Wieder umziehen. Am vergangenen Wochenende mit Huck schickte ich Hugh ein humorvolles Telegramm, in dem ich auf seine zahlreichen Professionen anspielte: «Hole Dich am Dampfer ab. Hoffe, den Bankfachmann, Künstler, Maler, Astrologen, Weisen, Gauner zu erkennen. Werde mit allen flirten.» Und davor etwas über das immerwährende Abenteuer. Welche Treue zur Vergangenheit. Ich denke an Hugh im Sinn von Frieden – Ruhe. Alles andere erfordert Anstrengung, Mut, Überanstrengung, Mühe.

Henry vermißt den Modergeruch von Paris, das dahindösende alte Paris. Mir gefällt die animalische Aktivität hier, der Wirbelwind einer jungen Nation. Es stört mich nicht, daß sie keine Bedeutung hat, daß sie eine Fabrik ist. Ich habe meine eigene Bedeutung. Sie hat Schwung, vor allem – Schwung. Sprungfedern. Nerven. Dynamik.

Ich bin müde.

Ich habe schwer gearbeitet. Ich bin redegewandt geworden. Aber ich komme immer zum gleichen Schluß: Ich will mein eigenes Leben führen und nicht anderen helfen zu leben. Ich gräme mich. Ich werde gereizt und ungeduldig auf meinem Analytikerstuhl. Zum Teufel, ich kann das alles besser als du, ich habe das alles besser gemacht als du, ich habe tapferer gelebt, ich habe Dinge getan, ich habe mehr geweint, mehr gelacht, mehr bewegt, in mir steckt mehr; was du mir erzählst, ist kaum neu, kaum besser als das, was ich täglich denke, sage. Ich war kränker als du. Bin es noch. Ich leide wahnsinnig an Eifersucht. Werde immer von Zweifeln an der Liebe geplagt sein. Mehr als ihr alle. Ich habe zwischen unseren Gesprächen geschrieben.

Aber kein Bedauern. Liebe macht mich wieder nachgiebig, Liebe, Mitleid, Interesse. Liebe inspiriert zu wundervollen leidenschaftlichen Ansprachen im Kampf gegen Henrys Verranntheit, daß er im leeren Raum schreibt, daß er wie eine Ratte in der Falle sitzt, während *Wendekreis des Krebses* bei amerikanischen Verlagen zirkuliert und *Schwarzer Frühling* noch keinem Herausgeber angeboten wurde. «Was würdest du denn sagen, wenn deine Bücher verbrannt würden wie die von Lawrence oder wenn man dich verfolgt und ins Gefängnis gesteckt hätte?» Er kann Ablehnungen nicht ertragen, das Schweigen konventioneller Verleger, die unpersönlichen Briefe von Zeitschriftenredaktionen, die dummen Kommentare von Agenten. Er jammert. Er schimpft. Was willst du, mein Henry? Du wirst deine Bücher selbst verlegen. Wir werden Vorbestellungen bekommen. So wird es gemacht, und du weißt es. Ich habe dich noch nie enttäuscht, oder?

Es sind lauter vorweggenommene Ängste und Frustrationen, gegen die ich kämpfen muß. Aber wenn ich meine Reden halte, begreift er. Er begreift so gut, daß er an dem Tag, als ich sagte: «Die Frau übernimmt die Ideologie vom Mann, wie ich deine Ideologie übernommen habe», tatsächlich Zweifel anmeldete! Ich habe seine Lebensphilosophie absorbiert. Ich mag seine greinende Stimme, aber bei einem ganzen Zimmer voll seiner Freunde, die «geilen, jammernden, trägen, schlaffen, unbekümmerten Männer», dann kriege ich zuviel, und während ich vorgebe, zu spaßen und tolerant zu sein, ärgere und empöre ich mich über dieses Pack. Trotzdem sehe ich dort immer, wie Blut und Instinkt und Gedankenlosigkeit ihre betörenden Blüten treiben, und es ist gut, wie die Tropen.

Vater schreibt mir wie ein protestantischer Pfarrer, Joaquin wie ein katholischer Moralprediger, Mutter liebevoll, aber wie permanent verblüfft; Hugh versucht aufzuholen, sagt, er will mehr werden als Rank und Henry und Erskine.

«*I Believe in Miracles*», schmachtet es an jeder Straßenecke aus dem Radio. «*Blue Moon*» schallt es aus jedem offenen Fenster. «*Night and Day*» wie primitiver Klagegesang. *Night and Day. Night and Day. Night and Day!*

Ein Patient sagt: «Ich habe ein Liebesverhältnis mit einer Stimme. Eine Stimme, die mich so tief bewegt, daß ich nicht begreife, was mit mir geschieht. Magie.» *Er* hat das Wort gebraucht. Er sagt, durch mich habe er sein Gefühl für das Wundervolle wiedergefunden. Erstaunlich.

Die kleinen Dinge des Lebens sind alles, womit wir gegen die Tragik des Lebens zu Felde ziehen können. Die Freude an einer weißen Handtasche von Huck, an einem Spaziergang durch belebte Straßen. Badesalze von Elizabeth Arden: Rose, Geranium. Ascot-Hemd in Smaragdgrün für Hugh, der elektrische Rasierapparat und die Taschenaddiermaschine. Ein Satz kleiner mundgeblasener Flaschen, gefunden in der Grand Central, als Erinnerung an Hucks Arbeit in einer Glasfabrik bei Wien. Meine Sammlung seltener exotischer Fische, von einem Japaner in bemalten Flaschen konserviert.

Aus dem Zwillingstagebuch von Huck und mir: Lügen für sie notwendig, um die Spaltung aufrechtzuerhalten. Die Selbstverleugnung – immer zwei – aber rational erklärt als notwendig für den anderen – um den anderen glücklich zu machen. Durch Erhaltung oder eher Schaffung von Illusion. Dem muß, wenn zu irreal, entgegengewirkt werden durch nackte Realität, Lebenshilfe, die nicht real und auch nicht Leben ist, aber durch den Schmerz real gemacht wird: Wirklichkeit schaffen (ebensoviel wie Unwirklichkeit), indem man sie schmerzhaft macht, aber als Ausgleich wieder die Unwirklichkeit zu Hilfe nimmt, die Glück ist.

Er erklärt mir: Um den Männern Liebe vorzutäuschen, sie so zu lieben, wie sie es sich wünschen (Maya), nutzt sie ihren Mutterinstinkt und macht daraus eine Täuschung, um sich zu schützen. Wovor? Vor dem Leben oder vor sich? Selbsttäuschung nötig, um den anderen zu täuschen; aber wenn Selbsttäuschung Wahrheit wird (i. e. eine bewußte Lüge), dann beweist die Lüge den Selbstbetrug; das heißt, wenn die Lüge notwendig ist, um Liebe (sich und anderen) zu beweisen, dann muß diese ebenfalls unwahr sein. Lügen aus Angst vor Verlust (Ärger), Liebesverlust! Nicht mehr geliebt zu werden, interpretiert *für* den anderen, aber vielleicht auch *wegen* des anderen – die Schaffung einer Uterus-Welt für den Mann, in der er leben kann. Uterus-Welt bedeutet Ego-Welt, wo alles so ist, wie er es sich wünscht oder braucht. Sie weiß gefühlsmäßig, wann er etwas braucht und was er braucht; das ist ihre Anpassungsfähigkeit. Sie ist die Umwelt des Mannes, die veränderliche, mögliche Umwelt. Wo ist dein wahres Ich – nicht in dem, was du schreibst, nicht in dem, was du lebst, noch in dem, was du spielst – wo?

2. Mai 1935

7 Park Avenue, Miete 125 Dollar. Apartment 61. Ich kaufe ein weißes Nachthemd – Hugh bat mich darum – für unsere «zweite Hochzeitsnacht». *Tout ce que je fais, c'est pour me distraire de mon grand amour pour Henry.*

Wenn ich Henry an den Wochenenden allein lasse, geht er abends nach Hause, weil er nichts anderes findet, wozu er Lust hätte.

Ich wehre mich gegen die hereindrängende Welt, Politik, Krieg, Kommunismus, Revolutionen, weil sie das individuelle Leben töten, das alles ist, was wir haben, alles, was ich habe. Nach Gesprächen mit Emil oder anderen Männern kommt Henry wie zerschlagen zu mir, pessimistisch, und ich bleibe gegenüber den Problemen der Welt gleichgültig, weil ich versuche, ein tagtägliches Glück aufrechtzuerhalten. Andere wollen diese äußere Auflösung, weil sie ein guter Vorwand ist, um ihren inneren Zerfall zu akzeptieren. Keine Kunst, keine Bücher mehr, weil Krieg droht. Es gibt nichts mehr, wofür es sich zu leben lohnt, außer der Welt der Frau – Mann-und-Frau-Liebe. Die Frau hat grundsätzlich recht. Ich trete mehr und mehr für das Leben ein. Hasse Politik, Geschichte, die uns um persönliches Glück betrügen. Krieg, der individuelles Leben vernichtet.

Zu Henry eines Abends: Warum es nicht mit Humor nehmen? Wir wollen nicht finanziell frei sein um den Preis, gelangweilt dahinzuleben wie andere Leute. Du willst keinen gewöhnlichen Job. Ich will weder Analyse noch irgend etwas anderes routinemäßig machen, sondern als Abenteuer erleben. Gut, dann werden wir uns auf meinen Job als Hughs Ehefrau einstellen müssen. Stell dir vor, du hättest einen Schiffskapitän geheiratet (oh, Bedeutung!): «Ich muß für ein paar Monate fort.» Oder eine Schauspielerin (oh, Bedeutung!): «Ich gehe auf Tournee» – oder eine Tänzerin. Akzeptiere das zeitweilige Getrenntsein. Ich werde weiterschwindeln, damit wir soviel wie möglich zusammensein können. (Und was für ein Schwindel das geworden ist! Huck bringt mich dazu, Paris zu verlassen, und ermöglicht mir, mit Henry zu leben. Welche Ironie!)

Henry grinst: «Wir brauchen eine Druckerpresse. Wir träumen. Auf unsere eigene verrückte Weise werden wir vielleicht frei. Ich weiß nicht.»

Habe Henry meinen Job als Analytiker erfolgreich ausgeredet. Er wird wieder ausgelassen und verspielt. Ich habe das Gefühl, eine Katastrophe verhindert zu haben. Vergnügt, obwohl mir die Trennung das Herz bricht.

Ich wähle eine Wohnung in der Nähe von Henry. Zeigte sie Huck zur Begutachtung. Wenn Huck nur endlich aufhören würde zu winseln, zu schwitzen, zusammenzubrechen.

Erkennungsschmerz: Wenn ich bei Huck bin, verwechsle und erkenne ich einige meiner Gefühle ihm gegenüber als Henrys Gefühle mir gegenüber, weil einige ähnlich sind, und deshalb fürchte ich sie alle (Zweifel an Henrys Liebe), genauso wie ich bei meinem

Vater völlig durcheinandergeriet, weil einige seiner Gefühle meinen Gefühlen glichen.

Huck hatte jetzt schon zweimal einen Anfall von Schwermut. Seine Depressionen sind schrecklich und wie bei einem Tier. Er liegt da mit grauem Gesicht, seufzt, ist völlig gebrochen und riecht aus dem Mund wie ein Toter. Sein ganzes Gesicht spricht «tot». Und dann habe ich kein Mitleid, nur Wut. Ich will nicht seine Mutter sein. Er verlangt zuviel. Er ist zu schwerfällig, zu tragisch, zu lebensunerfahren. Ich finde keine Worte des Mitleids für ihn, keine Geduld. Ich liebte seine Stärke. Ich liebte seine Begabung, nicht einen schwachen, kranken, fleischlichen Huck. Ich finde ihn entsetzlich lächerlich – weil ich ihn nicht liebe. Sein Leid rührt mich nicht – weil ich ihn nicht liebe. Er sieht albern aus, komisch, in seinem Nachthemd, wie eine Frau, wie eine alte Frau. Dann hasse ich ihn. Ich zeige es ihm. Ich sage schlimme Dinge. Ich kann ihn nicht küssen. Er widert mich an. Ich schelte ihn, weil er es nicht versteht, glücklich zu sein. Wenn er versucht, Henry nachzuahmen (weil ich sagte, daß alles, was ich diesen Winter für Henry getan habe, geschah, weil er sehr krank war), wird er entdecken, daß ich ihn nicht liebe. Vielleicht hat er es schon entdeckt. Ich erklärte meinen Zorn als Widerstand gegen die Rolle der guten Mutter.

Ich sitze in der Park-Avenue-Wohnung, in einem stereotypen amerikanischen Salon mit Möbeln aus der Adams-Periode, und erwarte Huck, der seit Montag nicht fähig war zu arbeiten. Er sagt, er sei müde, müde und lebensunlustig, aber sinngemäß heißt das alles nur, daß er mich braucht. Und ich hasse seine Abhängigkeit. Ich konnte ihm nicht schreiben. Ich schickte ihm Telegramme, bei denen sich leere Worte leichter schreiben lassen. Ich bin bereit, erneut alles zu heucheln, was er braucht, um ihn wieder gesund zu machen, um ihm bei seinem Amerika-Erlebnis beizustehen, das ich allein möglich machte, weil er in Paris nicht den Mut dazu hatte, wenn ich ihm nicht versprochen hätte herüberzukommen. Ich weiß, ich habe ihn im Stich gelassen – ich bin nicht den ganzen Weg mit ihm gegangen. Aber er verlangte zuviel. Ich wünsche mir nur, das Leben nicht noch einmal mit Tragödie zu vergiften. Meine Tränen sind erschöpft, meine Leidensfähigkeit ist erschöpft. Ich habe den Rückstand zu Henrys Unbekümmertheit und Nonchalance und Selbstsucht aufgeholt!

Ich kann bei einer Tasse Kaffee sitzen, während Huck leidet, bei Kaffee und Toast; trinke und esse langsam, gemütlich und fühle mich unendlich zufrieden, nur allein hier zu sitzen, frei von Sorgen, frei von Mitleid.

Mit meinem Mitleid war es zu Ende, als ich entdeckte, daß ich mir meine Leiden selbst schuf, genauso wie sich andere ihre Leiden selbst schaffen. Ich bin selbst schuld an meiner Haltung, an meiner Leidenssehnsucht. Deshalb weiß ich jetzt, daß Huck sich selbst überlassen werden muß, bis er von diesem Leiden, seiner tragischen Haltung, genug hat. Armer Huck! Er machte mich stark, und jetzt ist er eifersüchtig auf das, was er mir gegeben hat. Ich lerne so schnell. Er ist alt, weniger flexibel.

---

2. Mai 1935

Huck kam. Wieder hart und zornig. Er sagte, sein Leben sei immer ein einziges Durcheinander gewesen und würde es immer bleiben; er habe die ganze Zeit gewußt, daß in meinem Leben kein Platz für ihn ist, daß ihm die Rolle, die ich ihn spielen ließ, nicht gefalle, daß ich ihn benützt habe. Das stimmte alles. Ich konnte nur sagen: «Und habe ich dir nicht auch etwas gegeben?» Ja, das leugne er nicht, aber er, er habe alles gegeben, sich selbst. Er saß da und dachte voller Selbstmitleid darüber nach, was er gegeben hatte. Ich rechne nie nach, was ich Henry gegeben habe, und ich nehme es auch nie zurück. Ich sah, daß Huck mir gegenüber sogar weniger großzügig gewesen war als ich gegenüber Henry. Nur über die Liebe – da gab es nichts zu sagen oder zu leugnen. Er wußte die ganze Zeit Bescheid. Er ging, nachdem wir beide nicht viel gesagt hatten. Ich empfand keine Reue und konnte nicht einmal von der Couch aufstehen. Ich blieb sitzen und ließ ihn gehen. Ich beobachtete ihn durch das Fenster. Kein Gefühl. Er hatte seine Reisetasche bei sich.

Ich setzte mich hin und schrieb an [George] Buzby: «Vergessen Sie die Veröffentlichung meines MS.» Es gab ohnehin Zweifel, ob eine Veröffentlichung nicht gefährlich wäre. Dann streckte ich mich auf der Couch aus.

Der Ring, den ich Huck gab, gehörte meinem Vater, und ich gab ihn einem Vater und nicht einem Ehemann. Es kam mir nie in den Sinn, ihn Henry zu geben. Aber nun werde ich es tun, nur weil Henry alles ist, was ich brauche. Was er nicht ist, darauf kann ich verzichten. Ich gab Huck, was ich geben konnte – Vergnügen –, das ist alles. *Leben.*

Huck bittet mich, ihm zu verzeihen. «Du kannst es, weil du weißt, daß ich gestern nicht ganz bei mir war. Was ich gesagt habe, war Unsinn, und du hättest mich aufhalten sollen. Daß ich so ungerecht zu dir war, hat mich natürlich noch elender gemacht. Ich war im Unrecht.»

Im Zug nach Montreal: Mein Huck, Du warst neulich nicht ungerecht und hast auch keinen Unsinn gesagt. Aber Du sagtest schreckliche und tödliche Wahrheiten. Es ist wahr, daß unsere Beziehung einseitig war und nur Du gegeben hast; es ist wahr, leider, daß Du bei mir nicht Dein wirkliches, Dein menschliches Ich sein konntest. Es ist wahr, daß die Rolle, die ich Dir in meinem Leben zuteilte, für Deine Größe und Deinen Absolutismus nicht groß genug ist; daß ich Dich benützt habe, was mich am meisten schmerzt. Ich wußte es und wehrte mich dagegen. Ich wehrte mich gegen Deine Großzügigkeit. Ich rechtfertige mich nicht. Ich brauchte Dich wirklich. Ich werde Dich nie wieder brauchen. Es ist unmöglich, Dir zu helfen oder zu geben, aber ich hätte es tun können, wenn ...
Huck, Du hast immer gesagt, Du wolltest kein Glück, das auf einer Illusion aufbaut. Du warst meine ideale Liebe. Du verdienst die größte Liebe, aber ich liebe immer noch Henry, und ich kann Dir nicht geben, was Du verdienst. Das ist mein Verhängnis und mein Schicksal, die Liebe zu Henry, ungeachtet der Unvollkommenheit. Als ich das erkannt habe, als Henry kam, versuchte ich, unsere ideale Liebe zu retten, weil ich dachte – nein, mehr als das –, weil ich mich so sehr mit Dir identifizierte, daß ich in Deiner Liebe zu mir die gleiche Art Liebe sah, die ich für Henry empfinde, und ich dachte mir: Meine Liebe zu Henry wird langsam sterben, genauso wie Henrys Liebe zu June starb. Ich wurde das Gefühl nicht los, daß es das gleiche war. Daß Du vielleicht leiden würdest, wie ich gelitten habe, während ich darauf wartete, daß

Henrys Liebe zu June enden würde. Und gleichzeitig haßte ich es, Dich leiden zu sehen.

Du sagst, ich würde Dir keine menschlichen Reaktionen gönnen. Nein, aber ich wußte die ganze Zeit, welche menschlichen Reaktionen Du gefühlt hast. Ich fühlte sie mit Dir. Jeder Schritt des Wegs war für mich eine Qual. Ich habe versagt. Ich habe Dich unglücklich gemacht. Ich verließ mich irgendwie auf das erhoffte Ergebnis. Ich tue das nicht mehr, weil Du zu wahrheitsliebend bist, um zu lieben. Ich habe die Ungleichheiten in der Liebe akzeptiert. Du nicht. Du kannst das nicht. Und Du hast recht. Warum solltest Du sie akzeptieren? Du bist keine Frau. Du bist jemand, der den Mut hat, sich von etwas, das Schmerz bereitet, zu trennen. Ich habe Dir nichts zu verzeihen. Du warst großartig und wundervoll. Du hast Übermenschliches, Göttliches geleistet. Was Du gegeben hast, wird Dich nicht arm machen. Vergib mir meine Illusionen, Irreführungen, daß ich Dich und mich betrogen habe, meine irrige Hoffnung, die ideale Liebe könnte über die neurotische – oder wie immer Du meine Liebe zu Henry nanntest – siegen. Oh, vergib mir! Ich fühle mich schrecklich, schrecklich klein, schrecklich traurig und zerrissen, denn obwohl meine Liebe zu Dir nicht so ist, wie Du sie Dir wünschst, nicht die Antwort, die Du auf Deine Liebe bekommen wolltest, obwohl sie nicht menschlich ist, fühle ich mich dennoch irgendwie an Dich gebunden und fühle alles, was Du fühlst, und würde Jahre und Jahre meines Lebens geben, um alles zu ändern. Aber es läßt sich nicht ändern. Du bist das Opfer einer Illusion von menschlicher Schaffenskraft: Du dachtest, ich könnte durch eine absolute Liebe von einer unvollkommenen geheilt, gerettet werden. Ich denke, die Natur sträubt sich gegen Absolutheiten. Du bist das wundervollste Wesen, das ich kenne, Huck. Ich werde nie vergessern, was Du alles bist. Aber ich bin schlecht für Dich, sehr schlecht. Ich verletzte Dich. Ich ließ Dich Rollen spielen. Ich zwang Dich, zu teilen und zu allen möglichen Opfern. Ich bin es, die um Verzeihung bittet.

Als Du krank warst, wußte ich, daß Empörung und seelisches Leid die Ursache waren. Ich war wütend, daß Du die Illusion nicht aufrechterhalten konntest. Ich möchte etwas für Dich tun, aber ich muß es unterlassen. Ich bin der letzte Mensch, der Dir etwas Gutes tun kann. Wie ironisch und schrecklich das ist. Ich will Dir nicht antun, was mir angetan wurde. Ich mußte bei Henry eine übermenschliche Rolle spielen. Glaub mir, sie ist mir lieber als die grausame und zerstörerische Rolle, die ich für Dich spielen mußte. Mir liegt zuviel an Dir, um Dir das anzutun.

Ich bitte Dich, Huck, bedaure nichts. Jede Freude, die ich Dir schenkte, war von Schmerz getrübt. Ich weiß es. Da ist nichts zu machen, nichts. Die Kraft, die Du mir gabst, verschwindet, wenn Du verschwindest; deshalb habe ich nicht das Gefühl, als hätte ich Dir etwas genommen. Nichts bleibt als die Erinnerung an Dich als Mensch. Ich möchte Dich wenigstens wissen lassen, daß Du von ganzem Herzen geliebt wurdest und all Deine Liebe gleichermaßen erwidert wurde in der Zeit vor unserem ersten Kuß bis zu Henrys Ankunft in New York. Vollständig und absolut. Denke nur daran.

Hotel Mount Royal, Montreal. Zimmer 6022. Große Rührung bei Wiedersehen mit Hugh, eine zärtliche Liebe. Leidenschaft von ihm, nicht endendes Begehren. Ein neuer Hugh, der mir dankt, daß ich ihm erlaubte, er selbst zu sein, indem ich darauf bestand, ich selbst zu sein. Er hat in London sein eigenes Leben gelebt, ist freier, fröhlicher. Traurig bei der Entdeckung, daß er wie ein Weiser, ein Ratgeber, ein Vater und nicht wie ein menschliches Wesen behandelt wird. Die Frauen behandeln ihn wie Rank. Aber Hugh tröstet sich, geistige und sinnliche Kraft sind das gleiche, genauso stark. Er hat viel zu erzählen, ist lebhaft. Ich empfing ihn gründlich parfümiert in einem weißen durchsichtigen Negligé. Ich kann liebevoller sein. Sein Körper stößt mich nicht ab. Er ist attraktiv. Es tut gut, sich ihm hinzugeben, nach Huck.

Ich denke immerzu an Huck, was ich ihm angetan habe, wie er überleben wird. Er verfolgt mich. Ich konnte nichts anderes tun; Menschen vor den Grausamkeiten des Lebens bewahren zu wollen ist zwecklos. Sie sind nicht dankbar. Sie hassen einen wegen der Täuschung. Sie lieben keinen, der ihnen etwas vormacht. Trotzdem ist es schrecklich, die Wahrheit zu sagen, wie ich es getan habe. Er zwang mich dazu. Er kannte die Wahrheit. Ich bin sehr traurig.

Mein Leben mit Hugh ist vollkommen unwirklich und bedeutungslos. Er berührt mich, rührt mich durch seine Eigenart, seine Vornehmheit. Er sagt: «Sobald ich zur dir zurückkehre, kehre ich zu dem einzigen wirklichen – dem einzigen menschlichen Leben zurück, das ich habe. Ich habe dich mehr denn je schätzen gelernt, deine Aufnahmebereitschaft und Ausdruckskraft.»

Ich denke, sein Leben in London war ein Anfang, ähnlich wie bei mir am Montparnasse. Noch nicht ganz real, aber es wird wie bei mir mehr und mehr real werden. Jetzt schauspielerte er, wie ich es laut Huck tat; er imitierte mich. Er dachte dabei an mich, an mein Leben in Paris bei den Künstlern, das Leben, das ich nicht mit ihm teilte. Er ist jung und stark, vertrauensvoll und loyal. Lebt von einem Tag auf den anderen. Zumindest bin ich jetzt Hugh gegenüber gerecht. Vorher, während meines Kampfes um Ganzheit, war ich sehr ungerecht. Ich haßte ihn. Jetzt liebe ich ihn, wie ich Joaquin liebe. .

Leben nur von einem Tag auf den anderen. Kanufahren auf dem Ottawa River, weil wir Flitterwochen feiern. Späße. Spiele kleine Eifersuchtsszenen, um ihn zu erfreuen. Gelächter.

Widerstehe dem Drang, abzureisen und mich um einen kranken Huck zu kümmern. Kann nicht Mätresse und obendrein Krankenpflegerin sein. Eine andere Frau wird die Pflegerin sein müssen. Wenn man Leben gibt, gibt man auch Leid. Armer, einsamer Huck.

Hinnahme, Fatalismus, Resignation. Während Hugh über seine Arbeit spricht, betrachte ich die stuckverzierten Wände. Er sagt, er liebt Macht, er will Macht haben. Jetzt hat er Macht, einen Willen, Dynamik. Macht. Macht. Macht. Er will Macht und mit Künstlern herumspielen. Er kam zurück in einem smaragdgrünen Rollkragenpullover, dazu Hosen mit einem feinen grauen Karo und einen Mantel, wie ihn die Künstler tragen. Er wohnte in Charlotte Street. Stellte den Malern das Horoskop. Lernte Epsteins Geliebte kennen.[*]

Wohnte vorübergehend im Royal Automobile Club. Er trank Bier und Whiskey. Er lebt sein ganzes Leben. Er zeichnet. Er gibt mir Freiheit. Er will meinen Körper. Wir sind zärtlich zueinander. Er gibt mir die Freiheit, die mir Huck nicht geben konnte, die Freiheit, ehrlich zu mir selbst zu sein, zu meiner Liebe zu Henry. Er

---

[*] Jacob Epstein (1880–1959), geb. in New York, ging nach dem Studium bei Auguste Rodin in Paris nach England und wurde dort einer der prominentesten Bildhauer. Anscheinend hatte er zahlreiche außereheliche Affären mit seinen Modellen und zeugte fünf Kinder mit drei verschiedenen Frauen während seiner Ehe mit Margaret (Peggy) Dunlop, seiner nie wankenden Stütze, die 1947 starb. Die «Geliebte», die Hugh Guiler traf, könnte Kathleen Garman gewesen sein, die die zweite Mrs. Epstein wurde.

ist glücklich, weil er frei ist, und er ist menschlich zu mir. Er ist stolz auf mich. Gemeinsam sind wir sehr stark. Er ist eine wundervolle Mischung: liebt die weltliche Macht und die Kunst. «Verlaß dich auf mich», sagte er. Armer Huck. Zu große Kenntnis der Wahrheit, zuviel Sondieren zerstört *Leben, das eine Illusion ist.* Er hat sein Leben mit seiner Sucht nach Vollkommenheit zerstört. Für mich wollte er Hugh und Henry und alles sein, die ganze Welt. Man verliert immer etwas. Ich verliere mein großes Mitgefühl, das mich schwach machte; meine Zärtlichkeit, meine Nachsicht. Kühnheit. Man muß weitergehen. Früher zuckte ich zurück und war feige. Ich mußte Huck weh tun; es war unvermeidlich. Die Wunden, die ich als *Frau, Geliebte* zufüge, möchte ich wegen meiner mütterlichen Liebe immer wieder heilen. Ich möchte die Männer, die ich verletzt habe, umsorgen.

O Gott, ich bin nicht so frei von Fürsorglichkeit, wie es aussieht.

---

11. Mai 1935

7 Park Avenue, Apt. 61. Schreibtisch in der Sonne. Verkehrslärm von der 34th Street. Sonne auf mir, während ich Hucks letzten Brief in das Tagebuch einklebe: «Dank für Deine Briefe. Ich konnte wirklich nicht schreiben. Es ist alles zu schmerzlich. Ich weiß nicht, wann es aufhören wird oder wie.» Ich klebe das so ruhig ein wie etwas längst Vergangenes. Huck fehlt mir – schmerzhaft, unendlich –, aber nur als jemand, mit dem ich reden kann. Weder körperlich noch menschlich. Nur dieser spöttische Verstand aus Scharfsinn und diese einzigartige Auffassungsgabe, das passende Gegenstück zu meinem Verstand. Aber meine Liebesgeschichten mit dem Verstand und meine Ehe mit Gedanken sind vorbei. Es ist besser, allein zu sein. Lieber allein, als Liebe vorzugaukeln. Ich trage meine Hochfrisur, *à la Récamier*, und ein geblümtes Abendkleid, das ich kaufte, um es Hugh zu zeigen, wenn er heimkommt. Es ist für das Wochenende bei den Perkins. Ich packe den Türkisschmuck ein, um ihn Huck zurückzuschicken. Ich schicke ihm ein Telegramm, weil Hugh ihn aufsuchen will. Ich bin kühl und fatalistisch und

abgekämpft und gleichgültig. Analyse, Glück macht die Menschen egoistisch. Sogar Hugh ist eigennützig geworden, weil er natürlicher ist, und alles übrige war Theater, um ideal zu sein. Eine weniger ideale, weniger falsche, ehrlichere Welt, jeder für sich. Doch Henry beschenke ich noch immer.

Henry hat *Schwarzer Frühling* beendet und trifft sich mit William Carlos Williams. Ich erzählte Henry, etwas in mir sei zerbrochen, nicht mein Geist, nicht mein Mut, nur das Absolute. Das Absolute. Eine weitere ideelle Suche. Ich habe mich mit der Realität abgefunden – das heißt mit der Tatsache, daß ich Henry, den Vagabunden, und unsere Träume zugunsten des menschlichen Lebens zerstöre, wenn ich Henry als Ehemann in die Verantwortung nehme. Aber diese Trennung war hart, schrecklich hart. Henry war wie gewöhnlich resigniert, traurig, sanft, zärtlich, niedergeschlagen. Er kämpft nie, ausgenommen beim Schreiben.

Hier haben wir also Mrs. Guiler in einem neuen Abendkleid mit etwas darunter, das für immer kaputt ist – das Absolute. Was ich wollte, war Henry und ein Leben mit Henry. Sich sofort auf das Ziel seiner Wünsche zu stürzen, wie Huck das unklugerweise bei mir getan hat, bedeutet zerstören, in Realität und Tragödie zu versinken. Mein rebellisches Ich, mein gläubiges Ich zerbrach genau in dem Moment, als ich gegen Hucks übermäßiges Vollkommenheitsstreben, seine Kompromißlosigkeit, seinen Idealismus verstieß.

Nur im Schöpferischen gibt es die Möglichkeit zur Perfektion.

Die Schleppe meines Kleides liegt in Kreisen um meine Füße. Das Aquarium steht am Fenster. Die Seeanemone blüht weiß mit Rußflecken. Die Muschel hat sich von ihrem Zwilling getrennt, den Huck behielt. Huck hat die Tagebücher, die wir gemeinsam schrieben.

Eine Patientin gibt mir dreißig Dollar, die ich Henry für die Miete geben werde, sowie Daniel Defoes *Moll Flanders* mit einer Widmung: «Praktisch der erste englische Roman, der besten und großartigsten Frau der Welt, von einer, die sie von den Toten erweckte.»

Merkwürdig, auf der ersten Seite heißt es: «Moll Flanders, die ... von sechzig Jahren eines wechselvollen Lebens zwölf als Dirne

lebte, zwölf das Handwerk einer Diebin trieb, acht als Strafgefangene in Virginia zubrachte, schließlich aber zu Reichtum gelangte, nachdem sie fünfmal verheiratet gewesen, darunter einmal mit dem eigenen Bruder, ein ehrenhaftes Leben führte und bußfertig starb.»
Gefällt mir alles bis auf den Schluß.

Montreal. Spiele Liebe für Hugh. Manchmal denke ich, er tut es auch, nur daß er es nicht weiß, daß er mehr ein Sklave der Gewohnheit und der Ideale ist. Ich kann jetzt kaum sagen, ob seine Gefühle echt sind. Ich bin so daran gewöhnt, Hugh für aufrichtig zu halten. Aber ich frage mich auch, ob es da einen Hugh gibt, ob er nicht nur mein Roboter ist, der alles tut und alles ist, um mir angenehm zu sein.

Aber wir lachen gemeinsam. Wir sind vergnügt. Mir gefällt sein smaragdgrüner Pullover.

Ich wache auf und rufe: «He, du englischer Frischluftfanatiker, mach das Fenster zu!»

«Sag die Wahrheit», sagt Hugh, «mit *wem* hast du geflirtet?»

«Gib mir ein Wahrheitsserum.» Wir spielen Liebe. Spielen, fünf Monate seien zu lang gewesen.

Wenn ich gut bin, sagt Hugh: «Oh, du hast also Angst vor mir.» Ja, Angst vor fünf weiteren Monaten. Unbewußt bereite ich eine erneute Flucht vor, indem ich vorgebe, die Trennung sei schmerzlich gewesen.

Hugh sagt, daß er mich jetzt mehr liebt im Vergleich zu anderen Frauen und Männern, die er kennengelernt hat. Er liebt meine Schwäche und den Mut, mit dem ich gegen diese Schwäche ankämpfe. Er bedauert nichts, auch nicht das Leid, das ich ihm zugefügt habe. In London stellte er fest, es war alles gut so. Er lebte. Sagt, er liebt vor allem meine Empfänglichkeit. Traf Künstler und Künstlermodelle und erinnerte sich an die Zeit, als ich ein Modell war.

Ich bin müde und überanstrengt. Hugh will mich beschützen. Ich lasse ihn. Er sagt, wenn ich arbeite, nehme ich ihm jeden Arbeitsantrieb. Ich bin ein bißchen geknickt, seit mein Wunsch nach etwas Absolutem vom Leben vereitelt wurde. Ich bin niedergeschlagen, genauso wie sich Hugh gefühlt hatte. Das Absolute ist nicht zu haben. Je eher man sich damit abfindet, um so besser. Ich nehme das Leben, wie es ist, denn wollte ich es ändern, müßte ich mein

Leben lang kämpfen und auf alle guten Stunden verzichten. Ich habe gelernt, mich mit meinen Sehnsüchten und Wünschen innerhalb gewisser Grenzen zu bescheiden. Es ist schrecklich für willensstarke Naturen.

Hugh sagt, er könne sich selbst nicht ganz auflösen, um wie die Künstler zu werden. Auch ich kann mich nicht ganz auflösen. Er ist dynamischer und menschlicher geworden. Er wird geliebt für das, was er gibt (Horoskope, Hilfe, Schutz), nicht um seiner selbst willen, und das macht ihn traurig wie Huck. Tröstet sich mit der Ansicht, daß geistige Macht über Menschen ebenso stark oder stärker sei als sinnliche Macht. Genauso wie Huck, der sagt, er habe immer Angst, wegen seiner Analyse geliebt zu werden, wie andere Männer wegen ihres Geldes geliebt werden. Leider ist es genau so.

Wahnsinn – weil ich erkenne, daß Huck mich so liebt, wie ich Henry liebe (wollte mit mir auf einer einsamen Insel leben, wollte mich allein, weit weg von anderen Menschen), und das ließ mich erneut an Henrys Liebe zweifeln, weil ich bei Rank Henrys Geselligkeitsbedürfnis hatte, und das bedeutete möglicherweise, daß Henry mich nicht liebt. Gleichsetzung von Ranks Liebe zu mir mit meiner Liebe zu Henry sehr schmerzlich, und sie mußte jedesmal wenn ich zu Henry zurückkam, durch seine Leidenschaft, seine ständig erneuerten Liebesbeweise aufgehoben werden. Hätte diese Analogie nicht länger ertragen. Setzt mir sehr zu, dieses Vergleichen der verschiedenen Arten zu lieben, mich zu fragen, ob das eine echte Liebe und das andere keine Liebe ist.

Solche Spekulationen führen nur zu Tod und Verzweiflung. Ich kuriere mich mit Leben – weiterleben, wagen, die Stirn bieten. Vergleich und Identifikation spalteten und töteten mich schon einmal (Liaison mit meinem Vater). Ich fühlte mich geistig gesünder denn je, aber ich habe schreckliche Alpträume. Ich sprengte eine Stadt in die Luft. Ich war in einem Zimmer voll toter Tiere. Ich sah ein Baby, das jemand ausgesetzt hatte. Ich beschloß, es zu adoptieren. Als ich es küßte, glich es immer mehr einem Pavian. Sein Mund war abstoßend. Ich dachte: Es ist gut, daß ich ein Baby nicht auf den Mund küssen muß. Ich ekelte mich so vor seiner Häßlichkeit, daß ich überlegte, ob es nicht besser wäre, es zu töten, weil es nur unglücklich wäre. Huck erzählte mir einmal, seine Mutter sei bei seiner Geburt entsetzt gewesen. Sagte, er habe fürchterlich häßlich ausgesehen, mit schwarzbehaartem Körper. Ich sprach sehr oft mit

Huck darüber, den kleinen Huck, sein Kind-Ich, für das er unendlich viel Mitleid empfindet, zu adoptieren. Er gab mir ein Bild von sich als kleiner Junge. Die Augen immer sehr schön und seelenvoll. Alt geboren.

Traum: Stecke Sicherheitsnadeln in meinen Bauch und schließe sie, als wäre das ganz natürlich. In China. Alle verlassen die Häuser, weil es ein Erdbeben geben wird. Blitze zucken, schlagen aber ins Meer. Stadt ist gerettet. Jemand erzählt mir, Henry sei tot. Schrecklicher Kummer. Ich suche ihn überall. (Henry schreibt an Künstler in China. Deprimiert von amerikanischer Öde.)

---

14. Mai 1935

Lunch. Rebecca West, die entsetzt ist über das, was in Amerika fehlt: «Du hast doch von diesen Ratten gehört, die man ohne Magnesium oder so was aufgezogen hat, woraufhin sie ihre Mutterliebe verloren haben. Den Amerikanern fehlt auch irgendein Element. Aber welches? Man sagt nicht *Seele*. Man erfindet andere Namen dafür. Alles, was in die Tiefe geht – alles Tiefe fehlt.»

Sie will meinen Nagellack haben. Wegen einer Operation hat sie ihr neues Buch noch nicht fertig. Sie dachte, sie würde nicht mehr lange leben: «Ich werde den Frühling nicht mehr erleben!» Das Menschliche nur zweitrangig. «Vielleicht bin ich nicht menschlich», sagte sie. «Ich liebe die Gefühle zwischen den zwei Frauen in deinem Buch. Mir macht es nichts aus, geistig allein zu sein, im Gegensatz zu dir, wie mir scheint. Aber schließlich bin ich um einiges älter. Dein Mann ist so reizend, aber ich war so erstaunt, daß er dein Mann ist – bist du das nicht auch?»

Krabbenfleisch und Erdbeeren. Magenverstimmung. Soda. Nervosität wegen der Jagd von einer Einladung zur anderen.

Henry kommt mir wieder wie tot vor, so träge, so passiv, so pflanzlich – in geistiger Hinsicht. Vermutlich fehlt mir Huck als Gesprächspartner. Diese Stumpfheit von Henry trieb mich zu Huck.

Henry ist ausgebrannt. Er kann nur Bücher schreiben und wieder-käuen. Sich erinnern. Er wurde erst lebendig, als ich ihm Schmerz zufügte, indem ich ihn verließ.

Werde ich wirklich meine geistige Einsamkeit akzeptieren kön-nen? Werde ich nur von menschlicher Leidenschaft und mensch-licher Protektion leben können?

Wochenende bei den Perkins. Katrine ein Opfer ihres Lebens mit der Bank. Zu spät, sie zu retten. Lebendig begraben in den Kata-komben von Förmlichkeit, Pflichten, gesellschaftlichen Zwängen, Ritualen, Familienkonventionen. Opfer des Hungertods. Blutarm. Überall Menschen, zu Hunderten – und bedeutungslos. Ich bin umgeben von Menschen aus Zellophan. Eine Wüste. Ja, Huck füllte sie, aber ich mußte mit Liebe *bezahlen*.

Um mich über die mangelnde Tiefe hinwegzutrösten, schwimme ich nach oben, an die Oberfläche, die Zellophanoberfläche von korallenroten Badesalzen, neuen Kleidern, Dingen, Sandaletten, hauchdünnen Nachthemden, Luxus. Ich verhungere wieder. Vielleicht ist es ein Bandwurm. Und der arme Huck, er ist sehr krank, und was kann ich tun? Was er haben will, kann ich nicht geben.

Brief an Huck: Ich will nur, daß Du dies weißt: daß niemand je Deinen Platz einnehmen kann, daß ich Dich schmerzlich ver-misse, daß ich mich niemandem je so nahe fühlen werde, niemals mit jemandes Ideen und Gedanken so innig verbunden sein werde; daß ich es für eine Tragödie halte, daß Du wegen Deiner zu sehr an die Wahrheit gebundenen Vorstellungen nicht mit dem leben konntest, was wir hatten, mit der Illusion, der Zwillings-partnerschaft und den Unvereinbarkeiten, denn jetzt haben wir nichts.

Du fehlst mir, wo ich geh und steh und immer. Wenn Du mich nur nicht geliebt hättest. Wenn es nur genug gewesen wäre, was ich Dir gab. Ich kann nicht anders, als Dir nachzutrauern, jeden Augenblick. Ich muß es Dir sagen. Vielleicht fühlst du Dich ein bißchen weniger elend, wenn Du weißt, daß das, was ich für Dich empfinde, weit über menschliche Liebe hinausgeht. O Huck, wenn Du eines Tages darüber hinweg bist, mich menschlich zu lieben oder zu hassen, dann komm zu mir zurück, damit wir nicht mehr so allein sind, so gänzlich allein. Du denkst vielleicht, ich war grausam, all die Wahrheiten zuzugeben, die Du die ganze Zeit kanntest. Ich denke, Du warst vielleicht grausam zu Dir selbst, weil Du das halbe Glück nicht akzeptieren konntest. Es gibt nichts Absolutes auf Erden. Aber ich möchte Dich wissen lassen, daß ich um Dich traure.

Du sollst auch wissen, daß ich Dir eines nicht verzeihen kann: daß du geglaubt hast, ich hätte Dich benützt. Ich habe nur genommen, was Du mir gegeben hast; denn als ich Dich vollständig liebte, fand ich es in Ordnung. Später, als der Bruch kam, habe ich Geschenke abgelehnt. (Lies den Brief, den ich Dir geschrieben habe, als Du fortgingst; dort sagte ich bereits, was ich jetzt sage: Ich wollte mich nicht von Dir trennen, ich wollte Dich nicht vollständig verlieren, doch ich habe bei Dir nicht mehr als Frau empfunden.)

Ich weiß, ich kann Dich nicht behalten, weil Du so absolut bist. Vielleicht kann ich gar nichts mehr von unserer einzigartigen Verbindung retten, aber wenigstens weißt Du jetzt, daß ich ebenso traurig bin wie Du, daß nichts, was Du tust oder sagst, um noch Bestehendes zu zerstören, in mir das zerstören kann, was wir gemeinsam geschaffen haben – den Rhythmus und das Verständnis. Du hast mich verloren, aber ich bin allein und treu allem, was wir gemeinsam erlebten und das so schön war, daß Du Angst hattest, es könnte für immer Macht über Dich erlangen. Niemand wird mir je so nah sein, meiner Seele und meinem Wesen. Ich wollte nur, daß Du das weißt.

22. Mai 1935

Ich schicke Mutter etliche Ausgaben des *New Yorker*. Ich schreibe an Vater, Eduardo, Joaquin. Ich analysiere den Bildhauer und bereite die Geigerin darauf vor, nach Europa zu gehen. Ich schicke Rank ein Manuskript von ihm zurück, das ich einem Verleger gegeben hatte. Ich locke Henry mit allen möglichen Tricks aus seiner Depression, führe ihn auf dem Broadway zum Essen aus.

Gestern abend beschlossen wir, ins Kino zu gehen. Wir stehen und warten auf den Bus. Er sieht mich an, und im selben Augenblick begehren wir uns. Er sagt: «Gehen wir zurück in unser Zimmer.» Und wir gehen ins Bett. Danach sprechen wir über die Zukunft, daß wir Louveciennes aufgeben und reisen wollen. Ich will in den Süden. Hugh wird wieder auf Reisen gehen. Ich male leuchtende Bilder. Ich selbst strahle vor normaler Gesundheit, keinerlei Müdigkeit; Hinnahme, philosophische Stimmungen. Ich genieße alles, sogar Theaterbesuche mit Bankmenschen.

Frances Schiff, eine Freundin aus meiner Schulzeit, kauft ein rosa Negligé und Zeug für die Wimpern und denkt, sie ist auf dem besten Weg, mein Leben zu imitieren. Rebecca West stellt mich vor als «die Frau, die das beste Buch über Lawrence schrieb», und als «schön».

Mrs. X sagt, ich sehe so zerbrechlich aus, daß sie sich nicht vorstellen kann, wie ich jemanden analysiere. Mr. Y fühlt sich zu mir hingezogen und sagt, er hat Angst vor mir, weil ich die Art Frau bin, die Narben hinterläßt.

---

22. Juni 1935

Louveciennes. Zu Hause. Ansturm von Erinnerungen. Schlaflosigkeit. Widerstand. Wehmut. Nein. Nein. Nein. Der Diwan. Die Uhr tickt. Der Hund bellt. Maria bedient uns. Mutter und Joaquin besuchen uns. Eduardo deutet die Sterne. Tommy lacht. Es fehlen Glühbirnen. Die Mieter ließen einiges mitgehen. Die Bücher sind staubig.

Die bunten Flaschen glänzen weniger. Die bunten Zimmer leuchten nicht mehr. Die Teppiche sind abgetreten. Die Glasplatte auf meiner Frisierkommode ist gesprungen. Gardinenstangen fehlen. Wo sind die Gartenstühle? Frankreich ist alt. *Elle est faisandée*, überreif. Ich haßte es, als ich in den Zug stieg, wegen der Runzeln, des sichtbaren Alters, des Geruchs von ranzigem Käse mit grünen Würmern, des billigen Geruchs. Auf dem Schiff hatte ich düstere Phantasievorstellungen. Doktor Endler würde am Pier auf mich warten.* Ich würde wieder ins Krankenhaus gebracht, um alles noch einmal durchzumachen. Alles. Dann erinnerte ich mich an jede Einzelheit der Fehlgeburt. Oder ich sah das braune Haus meines Vaters. Durchweg braun. Ich will meinen Vater nicht sehen. Ich will die Vergangenheit nicht. Das Haus verfällt. Früher liebte ich es, weil es so alt war. Ich hasse den Modergeruch des Verfalls. Die Vergangenheit, oh, die Vergangenheit. Schimmel und Moder, mit dem Geruch von Mottenkugeln, Käse, toten Katzen, toten Mäusen, so runzlig und schmutzig. Als ich vor vier Jahren mit Hugh an diesem Kamin in diesem Schlafzimmer saß, sagte er: «Ich weiß, du wirst eine Affäre mit Henry haben.» Das Atelier, wo ich über June/Alraune schrieb, weil ich krank war vor Eifersucht. Der Garten, wo ich mit Rank zu Abend aß. Wo ich mit Henry hinter den Büschen lag. Die Mauer bröckelt. Meine Mutter findet es schön. Eduardo ist froh, wieder in seinem Nest zu sein. Ich bin traurig. Ich passe nicht mehr hierher. Es hat sich verschlissen, von selbst erledigt. Es ist klein. Es ist baufällig. Ich war auf dem Gipfel eines Gebirges. Ich war frei. Ich muß Züge erwischen. Ich habe zu viel Zeit zum Grübeln. Meine Vergangenheit. Fast nur Leid. Hugh, der niedergeschmettert am Fußende des Bettes saß, nachdem er den June-Henry-Roman gelesen hatte, und ich, die versuchte, ihm einzureden, es sei alles erfunden. Die Schwierigkeit, Brot, Butter, Milch zu bekommen. Die Dumpfheit von Louveciennes, die steinernen Gesichter hinter den Gardinen, die kläffenden Hunde. Frieden. Zu Hause ist Frieden. Ein Gefängnis. Es ist für mich ein Gefängnis. Ich fühle mich eingesperrt. Ich bin sentimental. Ich hörte im Radio «You and the Night and the Music». Wahnsinnige Sehnsucht nach New York. Es ist zehn Uhr. Wir sind müde. Im Haus ist so viel zu tun. Die Glocken der Dorfkirche läuten. Mücken, Ameisen. Fliegen. Mäuse. Die Hunde bellen. Der Duft von Geißblatt.

Die neuen Sachen, die ich mitbrachte, die Geschenke für alle, das Baumwollkleid mit dem Persermuster und dem langen weiten Rock, die weißen Pyjamas und das weiße, rot gefütterte Beduinencape, ein weißer Mantel und ein weißer Griechenhut, die neue Reisetasche von Rank, die blauen Holzschalen mit Sternen darauf, die neuen Dinge.

---

* Ein nach Paris geflohener deutscher Arzt, Freund von Dr. Otto Rank, der anscheinend bei Anaïs Nins Abtreibung im August 1934 zugegen war. S. auch *Trunken vor Liebe, op. cit.*, S. 431 ff., Scherz Verlag, Bern, München, Wien, 1993.

Ein neues Ich, ein neues Ich, das nicht mehr hierhergehört, wohnt in einem toten Haus. Ein neues Ich, ohne Zuhause und ohne Ruheplatz, die Abenteurerin und die Nomadin, weil ich jetzt *meine Einsamkeit akzeptiert habe*, und deshalb habe ich kein Heim und keinen Ehemann. Henry noch auf dem Ozean, immer die Stimme meiner Gefühle. Ich kaufte *zwei* Hindukleider, eines für Henrys Atelier. Die Menschen in meiner Umgebung verändern sich nicht in dem Maß wie ich. Ich scheine zu schnell und immer voraus zu leben. Ich habe so viele Menschen fallengelassen – die Bradleys, Viñes, Louise de Vilmorin, Roger Klein, die Guicciardis, Hughs Familie –, innerlich und tatsächlich. Hierher zurückzukommen – es ist, wie in einem Kreis gefangen zu sein. Ich kämpfe gegen die Eintönigkeit. Ich sage: «Wir werden ein Astrologen-Diner geben mit den blauen Holzschalen mit den Sternen, und wir werden [Dr.] Allendy und [Antonin] Artaud einladen.» Aber ich will es gar nicht. Es interessiert mich nicht.

Auf dem Schiff hatte ich so viele Alpträume. Ich dachte, die Dame am Nebentisch sähe aus wie Mrs. Rank. Doch ich spazierte in dem Beduinencape umher und erregte so viel Aufsehen, daß ich fotografiert wurde. Und ich tanzte und schlief und aß Kaviar und Hummer und Crêpe Suzette, aber ich wollte nicht zurückkommen. Zehn Uhr zwanzig. Das Radio. Die Eintönigkeit. Es ist die Eintönigkeit, die mir wie ein Alptraum vorkommt. Zurückkommen. Deshalb fahren Männer zur See, reisen durch Afrika, wandern durch Tibet, ersteigen den Himalaia, leben in Hütten, gehen zu Fuß, hungern, betteln, verkaufen etwas, fliehen, schleppen sich durch arabische Wüsten. Um der Eintönigkeit zu entfliehen, der Schalheit und dem ewig Gleichen. Deshalb lesen Männer und steigen in Flugzeuge, wechseln die Frauen, lassen sich die Pässe vollstempeln, schwimmen, laufen Ski und begehen Selbstmord. Auge in Auge mit der eigenen Seele.

Wo werde ich Rank wiedersehen? Im Café du Rond Point, wo wir uns auf dem Weg zu unserem Zimmer trafen? In der Villa Seurat beim Spaziergang mit Henry oder während ich Henrys Einkaufstasche trage? Paris ist wie ein zweitklassiger Jahrmarkt. Schäbig. Alles ist windschief und klein. Es gibt keinen Wind. Angeblich hat es Charme. Aber ich rieche die Verwesung. Ich habe mich in neue Welten verliebt. Möglich nur in Amerika. Die mit Satin ausgelegten

Kommoden des Hauses in Jericho, Long Island. Symbole. Der
Schnee auf dem Fenstersims, der das Fenster schwer machte, als ich
es hochschob, nachdem ich mit [George] Turner geschlafen hatte.
Taxis im Schneesturm, um zu Rank zu gelangen, mit seinem zerzaus-
ten Haar, der morgens um sechs über mich schreibt, um mich aus
der Entfernung zu betrachten und sich seinem Schmerz zu entziehen. Radios in den Taxis. Zuckerkuchen im Drugstore und: «Sind
Sie ein Showgirl?» Lebhafte Farben und große Maßstäbe, riesige
Ausmaße und Überfluß, Kitsch und ein größerer und aufregender
Jahrmarkt. Die Zehncentstücke klimpern in der Geldtasche des
Fifth-Avenue-Busschaffners. Der «Nickel» klirrt in den Drehkreu-
zen. Ein Blick hinauf zum Empire State Building, wo die Stadt wie
eine Landkarte aussieht. Kanarienvögel singen dort oben. Man
kann singen, ohne Boden unter den Füßen zu haben, ohne einen
Ast auf der feuchten Erde, wo der Regen Verwesung bringt und der
Wind Papierfetzen und Blätter, die zusammengeharkt werden müssen. Ananassaft zum Frühstück aus dem tropischen Amerika und
Neues vom Karneval in New Orleans. Große schwarze Männer, die
in klimatisierten Zügen leichte Mahlzeiten servieren. Und Menschen so bescheiden und dankbar für alles, was man ihnen gibt, ein
Land, wo persönliche Originalität sehr gefragt ist, wo man geben
kann.

Vater macht seine Rheumakur; Joaquin bekommt nicht den ersten
Preis am Konservatorium; der Klempner hat sich drei Tage Zeit
gelassen, um die WCs zu reparieren; die Bettwäsche riecht muffig;
dieses Haus ist jetzt wie unser Haus in White Plains, aus dem mein
ganzes Leben allmählich abfloß und schmuddelige Wände und flek-
kige Teppiche zurückließ und ein Schweigen, das dieses Tagebuch
laut zu brechen versuchte.

27. Juni 1935

Ich hatte zuviel erwartet. Ich hatte erwartet, daß Rank mir meine Freiheit geben würde, indem er mir sein Werk vererbte, aber das hat er nicht getan. Er machte mich zu einer Gefangenen und abhängig. Ich hatte gehofft, ein Vermögen zu machen und Henrys Verlegerin zu werden. Ich hatte große Expansionen erwartet, riesige äußere Veränderungen entsprechend den Veränderungen in mir. Hellerleuchtete perlweiße Räume, Schiffe, Reisen, Indien, China und Spanien, schwebend, schwimmend und liegend, ein Schwelgen in Geschwindigkeit und Höhe und Ozeanen und neuen großartigen Eindrücken.

Aber Henry sitzt an der Schreibmaschine. Wir sind im Atelier in Louveciennes. Hugh ist in London. Fred [Perlès] und Roger [Klein] und Maggy kommen zum Abendessen. Emilia bügelt. Ich bin wieder glücklich, auf eine milde, humide Weise. Ich bemühe mich sehr um eine weiche *atterrissage*, eine sanfte Landung. Ich bin gelandet, gelandet nach phantastischen Reisen durch all die Ebenen des amerikanischen Lebens, durch die Welt von Ranks Intelligenz und Ranks Schöpfungen, durch die Erfahrung der Analyse, der Freiheit von Hugh, des exzessiven Umworbenseins, der Triumphe, der von Henry erworbenen Weisheit. Gestern abend sagte ich zu Henry, daß er mir in drei Dingen, die ich endlich gelernt hatte, überlegen sei: Weisheit aus dem Leben und nicht aus dem Kopf, Befreiung von dem romantischen Absoluten und Besitz der eigenen Seele. Michael Fraenkel versteht Ideen, aber nicht Weisheit, nicht Henrys Weisheit.

Fraenkel rief mich sofort nach seiner Ankunft an. Ich träume von der Druckerpresse, ein unmöglicher Traum. Ich bin unverbesserlich. Vater schreibt mir drollige Briefe. Ich schreibe ihm ebenso humorvoll. Falsches Gelächter. Ich muß anders vorankommen, nicht entlang einer Strecke, sondern von einem Mittelpunkt aus. Ich muß meine Abenteuerlust sublimieren.

Also – die Druckerpresse. Der Gedanke begeistert mich, und er begeistert jeden. Jeder liebt die Vorstellung, sein Buch selbst, in eigener Handarbeit, zu produzieren. Wieder China, wie Henry es nennt, das China des Künstlers. Das Haus übt allmählich seinen Zauber auf Fraenkel und Fred aus. Sie kamen gestern abend zum Essen. Fred sagte, es sei wie das Haus in *Le grand Meaulnes*. Ein Märchen. Ich habe daran mitgewirkt. Henry ist selig bei seiner Arbeit. Lange Mahlzeiten im Garten. Ich bin zufrieden. Louveciennes wird ein Mittelpunkt. Wenn ich nicht ausgehe, kommen die Leute zu uns. Und nach Louveciennes zu kommen ist ein Erlebnis für sie.

Und so setze ich einen *tourbillon intérieur* in Gang, einen geheimnisvollen inneren Wirbelsturm. Ich bin weniger angespannt und trotzdem kreativ. Ich glaube, daß ich ein schlechter Handwerker bin. Ich will mich nicht plagen, schwitzen, perfektionieren oder umschreiben, deshalb werde ich nie solide Arbeit leisten; aber mein ständiger Ausstoß an Ideen und Plänen, meine Geistesblitze und Anläufe, mein Anspornen und Anregen wird andere produktiv werden lassen. Ich liebe nur das Neue, den Samen säen, den ersten Schwung, den kreativen Sprung und die Öffnung neuer Wege.

Lebhaftes Gespräch gestern abend. Henry sanft und tief. Lässig geführter Haushalt, gerade genug Unordnung, damit sich jeder wohl fühlt. In letzter Minute Betten gemacht für Fred und Fraenkel. Ich legte den holzgeschnitzten Afrikanerkopf auf das Bett, und er sieht verblüffend echt aus – ein großer schwarzer Mann, schlafend zwischen rosa Laken. Wir lachten. Eduardo kam, übersprudelnd und schwer überzeugt von der Bedeutung seiner Forschungsarbeit. Ich bringe Fraenkel heute abend mit. Sonnenschein. Frieden. Es fiel mir nur schwer, körperlich stillzustehen, die Ebene und das Tempo zu wechseln. Jetzt gefällt es mir. Mir gefällt, was Henry darüber schrieb.

Fred und Henry sprechen über meine Aufrichtigkeit. Wir alle schreiben so unterschiedlich über dieselben Menschen. Ich bin lebenswahr, so wie es eine Frau ist. Freds Buch *[Sentiments limitrophes]* gefällt allen sehr, auch meinem Vater.

29. Juni 1935

Sei stark und ruhig. Sei stark und ruhig. Innerhalb einer Stunde
nahm mir Fraenkel meinen Frieden und meine Kraft, indem er sich
Henry aneignete, die Druckerpresse, Louveciennes und Tag und
Nacht ununterbrochen redet. Ich bin zerschmettert von Feind-
schaft, Eifersucht, Einsamkeit. Und Henry, wie gewöhnlich auf der
Suche nach Nahrung und Neuem und Anregung, hört zu, wie er
[Walter] Lowenfels zuhörte; und Fraenkel ist wie Lowenfels so
eifersüchtig auf mich, daß er mich von allem ausschließt und sagt:
«*Schwarzer Frühling* ist ein Ergebnis all dessen, was zwischen Lo-
wenfels, Henry und mir geschah.»

Heute abend setzte sich Henry für mich ein: «Dieses Gespräch
war wundervoll, nicht wahr? Gut, ich habe noch bessere geführt,
allein mit Anaïs, hier in diesem Zimmer.» Henry war menschlich
und gütig, aber Fraenkel war besoffen von sich, von seinem eigenen
Gerede, ein unglaublicher Egoist, der vor allem machthungrig ist.

Dann wurde mir klar, daß Louveciennes ein Refugium war und
daß ich keines mehr haben würde, wenn ich es für andere öffnete.
Fraenkel wollte gestern abend nicht den Zug nach Hause nehmen.
Er bleibt und bleibt. Ich ließ die zwei im Garten bei ihrem Gespräch. Ich kam hierher, um Kraft zu sammeln. Mein Tagebuch, ich
bin schrecklich menschlich und fehlbar. Wenn Fraenkel nur
menschlich und gütig gewesen wäre und mich einbezogen hätte.

Ich saß auf meinem Bett. Fraenkel kam, verändert und liebens-
würdig. Warum? Weil er sein Buch, *Werther's Younger Brother*, mit
meinen Anmerkungen gefunden hatte, die ihm gefielen. Er stand
sehr dicht neben mir und sagte: «Nur du verstehst, was das Buch
bedeutet. Besser als Henry.» Er berührte sein Buch liebevoll, zärtlich, mit der gleichen Eigenliebe, die Rank für «Klein Huck» empfand; nur daß mich diese Erinnerung Rank vermissen ließ. Er fehlt
mir mehr und mehr, aber ich weiß, daß er mir nur dann fehlt, wenn
ich betrübt bin, bedrückt, nervös, wenn meine Kraft schwindet,
aber nicht, wenn ich an die Liebe denke, die er will. Ich träume von
seiner Güte, seinem Verständnis.

Nachdem ich diese Woche das Gefühl hatte, daß hier eine Invasion stattfindet, ist es mir allmählich lieber, wenn die Druckerpresse in der Villa Seurat untergebracht wird, die ich jetzt «Rußland» nenne, und daß sich das kollektive Leben dort abspielt – statt am «Zufluchtsort» Louveciennes. Ich könnte sie alle hier, so nah, nicht ertragen. Dort kann ich kommen und gehen und hinter mir lassen. Und dies hier wird mein Refugium bleiben.

Intellektuelle wie Fraenkel haben keinen Takt, ihnen ist nichts heilig, keinen Sinn für Rücksicht, kein Feingefühl im Umgang. Es ist Anarchismus und Unmenschlichkeit.

In der Nacht sprachen Henry und ich allein über die Druckerpresse. Ich sagte ihm, daß ich eine geschäftliche Verbindung mit Fraenkel für unmöglich hielt und warum. Henry wußte, daß ich recht hatte. Mein richtiges Gefühl kam wie gewöhnlich aus einem chaotischen, verworrenen, nervösen Zustand, bei dem, wie ich wußte, mein Instinkt arbeitete, aber was eigentlich vorging, begriff ich nicht. Irgend etwas warnte mich vor der Gefahr, die in Fraenkels Anmaßung lag, gegen die wir am Ende beide, Henry und ich, aufbegehren würden. Wir planten, ihm zu sagen, ich hätte das Geld bereits, damit er sich nicht beteiligen würde. Wir wollten ihn reden lassen, was er so gerne tat, während wir handelten. Henry und ich stets in Übereinstimmung und glücklich, allein zusammenzuarbeiten. Fraenkel als ein Ansporn, aber nicht als Beteiligter.

Wenn etwas nicht stimmt – was für ein Elend. Ich komme nicht klar. Ich fühle mich in Aufruhr versetzt. Ich zweifle an meiner Weiblichkeit, Eifersucht, eine bevorstehende Periode, Neurose, jede nur vorstellbare Schwäche; aber diese Faktoren übertreiben nur und entstellen und vergrößern, sie verursachen nicht den Aufruhr. Sie sind Gefahrensignale. Ich muß ihnen gehorchen. Ich will mir unsere Unabhängigkeit nicht von Fraenkel nehmen lassen. Ich sagte Henry, daß ich mich Fraenkel nicht unterordnen kann. Er nicht meine weibliche Achse. Ich kann meine Umlaufbahn nicht ändern. Ich kann nur für Henry arbeiten, nicht für Fraenkel.

Fraenkel spricht von einer nicht endenden Schöpfung. Ein Extremist. Hochempfindlich. Vollkommen intellektuell. Er hat etwas Abstoßendes – nur die Faszination und Brillanz seines Verstandes sind attraktiv.

Ich muß wieder in mich gehen und meine Energie besser umsetzen. Heute abend sehne ich mich verzweifelt nach Rank, nach seinem Verständnis. Mit Henry gibt es ein Verständnis des Bluts, der Zellen, unbewußt, Mondgefühle, Pflanzenkommunikation, wechselseitige Befruchtung, tiefere und mehr unformulierte Harmonien. Es ist jeden Tag wunderbar. Eine Mondliebe. Kaum Gespräche über Beziehung, Analyse, nur ein Blühen und Stimulieren.

Gestern abend sprach Fraenkel darüber, wie wir der Logik überdrüssig wurden, wie Surrealismus, Humor und Chaos die Logik aufweichten, die keine Ähnlichkeit mehr mit dem Leben hatte und nicht inspirierte. Neue Elemente anregend. Das «Lebensechte», wie Henry es ausdrückt. Ich erkannte diese Eigenschaft bei Henry und fand sie besser als meinen kristallisierten Zustand; ich gab mich seinem Chaos hin, das ich, als Frau, einfach unterdrücken mußte, um den intellektuellen Vater und den Ehemann meiner Mutter zu spielen – um den Platz meines fehlenden Vaters (Rank) einzunehmen, ging ich zu Lawrence, um das Chaos in Lawrence zu preisen, und dann fand ich es in Henry.

Nehme mir vor, das Tagebuch nie wieder zu vernachlässigen, um Romane zu schreiben, sondern die Tagebuchform zu perfektionieren und auszuweiten. Ich habe eine Begabung für das Tagebuch und nichts anderes.

30. Juni 1935

Meine Seele spannte sich wieder, weitete, vergrößerte sich. Durch Astrologie. Fragte Eduardo wegen Fraenkel. Eduardo sagte, er sei es, der uns den Samen gegeben hatte, er sei der Führer. Also dankte ich ab. Ich sprach mit Henry. Ich würde mich mit Fraenkel abfinden, wenn das für unsere Idee, unseren Plan, das richtige wäre. Als Frau würde ich lieber mit Henry allein leben und arbeiten. Gestern abend empfand ich einen solchen Frieden – Henry und ich arbeiten durch uns, für uns und jeder mit dem anderen zusammen. Aber ich mußte über mich hinauswachsen. Henry sagte: «Du gibst dir zu viel Mühe.»

Sobald mich Eduardo in die Sternregionen versetzt hatte, konnte ich dem weiblichen Aufruhr Einhalt gebieten! Heute herrscht Friede nach einem stürmischen Kampf mit meinem Stolz und meinem Egoismus. Ich darf nicht zu sehr als weibliches Wesen handeln. Eduardo und ich machten einen Scherz daraus. Ich sagte zu ihm mit einer Verneigung: «Jetzt, unter deinem Einfluß, habe ich mein Rücktrittsschreiben an Fraenkel verfaßt.» Eduardo applaudierte.

Gestern war mir die Vorstellung, die Presse mit Fraenkel zu teilen, unerträglich. Denn abgesehen davon, daß er alles, was ihm in die Finger kommt, beherrschen muß, ist er – im Gegensatz zu Henry – außerstande, auf mein Bedürfnis an weiblicher intuitiver, indirekter Teilnahme einzugehen. Henry versteht es, mir den Platz zu geben, den ich brauche, weil Henry den Platz der Frau in den Zellen eines Manneslebens kennt. Fraenkel weiß es nicht. Es ist etwas Kaltes in ihm, wo alles nur eine Idee ist. Keine Empfindsamkeit, kein Zartgefühl. Ein irgendwie rücksichtsloser Verstand. Er hält mich für ein kluges Köpfchen, aber er beleidigt die Frau.

Siegte über mein Ego. Ich bin fix und fertig. O die Ungeheuer, die ich erschaffe und die ich bekämpfen muß! Meine Eifersucht, meine Überempfindlichkeit, mein Bedürfnis nach Bestätigung. Aber es ist geschafft, und ich empfinde eine andächtige, innere Stille. Henry ist – und war während all diesem – so unendlich geduldig, ruhig und sanft.

1. Juli 1935

Kämpfe gegen eine Niedergeschlagenheit, die mich fast erstickt. Nichts hilft. Nicht das Gespräch mit Fraenkel, bei dem er mich lobte und Verständnis zeigte. Nicht Henrys Sanftheit. Nicht die Sonne. Nicht Hughs Zärtlichkeit, nicht Eduardo. Sie ist ein Fluch. Ich werde von allen möglichen kleinen Monstern angefallen, Eifersucht auf die gesunde und dümmliche Joyce, Fraenkels Geliebte. Ich erfinde endlose Szenen, in denen mich Henry wegen Joyce verläßt. Ich peinige mich mit Vorstellungen, Ängsten, Selbstzweifeln.

In New York schien ich nicht so zu sein, oder gab es dort mehr

Ausgeglichenheit und Glanz, um dies alles zu ertränken? Hier bin ich schwächer. Ich sehne mich nach New York und nach Huck. O Einsamkeit, bei so viel Liebe und Fürsorge von allen. Als ich Henry, Fraenkel, Joyce und Fred im Café zurückließ, fühlte ich mich erleichtert. So froh, ihnen entkommen zu können, weil alles Schmerz ist, der flüchtigste Blick oder das geringste Wort, wenn es nicht mir gilt oder gegen mich ist. Ein Augenblick der Erleichterung während der Fahrt in dem kleinen Auto, als ich zwischen Eduardo und Hugh saß, ein Augenblick. Und dann wieder Schmerz, am ganzen Körper und innen drin. Die alten Leiden, die neuen, es wiederholt sich.

Die Mondstürme!

Einmal im Monat, die Mondstürme. Staub in den Augen und Geister in den Adern. Die Frau blutet, und die ganze Kraft schwindet dahin. Neptun und der Mond. Welche Alpträume von Verrat und Verfolgung. Alle Welt sinnt auf Bosheit und Tücke. Fraenkel wird der römische Caligula, der Foltermethoden für mich erfindet. Er bringt Joyce, das Revuegirl, meine Antithese, nur um mir Henry wegzunehmen. Ihre strotzende Gesundheit und Dummheit kränken mich. Alles verletzt mich. Alles ist eingebildet. Das jedenfalls weiß ich jetzt. Es ist einfach so, daß man dem eigenen Wahnsinn zusieht, aber er geht weiter, geht einfach weiter, wie ein Mondsturm aus heimlichen und unerklärlichen Sorgen.

5. Juli 1935

Eduardo sagt, zu Recht, daß Bewußtheit nicht schmerzlich ist, wenn man damit irgend etwas erreichen will, damit etwas tut oder schafft. Wenn man in seiner Bewußtheit stillsteht, verkommt man. Ich leide sehr, weil ich den elektrisierenden Rhythmus von New York (oder Rank?) vermisse. Es war, als hätte man ein feuriges Rennpferd unter sich, das einem animalische Kräfte verleiht. Hier ist es eine Mülltonne. Henry sagt, daß die Seele in dieser Mülltonne expandiert. Meine nicht. Ich war berauscht von Freiheit und Sensation und Größe und Raum und Dynamik.

Paris ist ein Gemüsebeet. Wo sind meine Flügel, meine Flugzeuge, meine Schiffe, Züge und die strahlende Helligkeit von New York? Ich möchte fort. Louveciennes ist zu klein für mich. Henrys Leben ist zu langsam und schläfrig.

Ich bin gereizt. *Je piétine sur place.*

Ich erwarte einen Geliebten. Ich muß platzen und in Stücke gerissen werden und in Übereinstimmung mit den Dämonen und der Phantasie in mir leben. Ich bin rastlos. Ich werde gerufen. Die Sterne zerren wieder an meinem Haar. Ich fühle, daß ich gehorchen muß – wem? Launenhaftigkeit. Ich warte auf diesen *Mann, von dem ich zu träumen pflegte, während Huck mit mir sprach – diesem Mann, der mich von ihnen allen erlösen würde.* Nicht einer ist stark genug gewesen, um mich von Ambivalenzen und Spaltungen zu erlösen. In Louveciennes gibt es eine Ordnung, eine göttliche Ordnung, die ich brauche, um meine Arbeit fortzusetzen. Ständiges Leben mit Henry ist unmöglich, weil ich dort nicht ich selbst bin. Alles ist so, wie Henry es will. Wir essen und schlafen zu seinen Essens- und Schlafenszeiten. Wir gehen in sein Café, in sein Kino; wir lesen seine Bücher, kochen für seine Freunde, alles ist nur für ihn.

In Louveciennes ist alles für mich.

Heute umgebe ich Henry mit Liebe und Zärtlichkeit. An einem anderen Tag bin ich zärtlich mit Hugh, weil er an einem Karbunkel leidet. Ich kümmere mich mit größter Sorgfalt um ihn. Ich muß auf einen zweistündigen Besuch zu meinem Vater, weil er nach dem Süden verreist.

Dieses Ich gerät außer Kontrolle. Ohne dieses Ich war ich glücklicher.

Eduardos Antworten auf meine Fragen nenne ich Astroanalyse. Er sagt, Mars ist in meiner Libra, so daß ich meinen eigenen Mars auslebe, statt es Henry tun zu lassen. Ich frage ihn: Soll ich morgen ein Schiff nehmen? Irgendwohin fahren? Meinem Ich gehorchen oder mich auslachen?

Warum kann mich nichts festhalten? Henry ist mit Schreiben beschäftigt, nicht mit Leben. Fraenkel kann ich nicht zu nahe kommen, wie ich Rank nicht zu nahe hätte kommen sollen. Ich gab Rank ein zu unbeschränktes, zu vollständiges Zusammenleben in

New York. Danach konnte er nicht mehr nur ein Geliebter sein. Hätte ich das nicht getan, hätte er vielleicht nicht alles von mir gefordert. Und wir könnten uns noch heute in dem häßlichen französischen Zimmer für ein paar Stunden in der Woche treffen.

Ich fühle mich so merkwürdig losgelöst; keine Grenzen, keine Mauern, keine Ängste, nichts hält mich vom Abenteuer zurück. Ich fühle mich blind, unstet, ohne Heimat oder Achse. Ich werde jetzt wirklich zu einer Gefahr für das Glück von Hugh, Henry, Mutter und Joaquin. Eine entfesselte Tigerin.

Oper. Ich ließ New York, meine Arbeit und meine Freiheit zurück, weil Hugh mich holte und so aufrichtig glaubte, daß ich zurückkomme. Ich kam zurück, weil Henry nicht in New York bleiben wollte. Ich wäre wegen Huck zurückgekommen, wegen meines Vaters, wegen Mutter und Joaquin. Nicht *meinetwegen*. Ich wollte New York, meine Arbeit und Unabhängigkeit. Henry dort, die Unermeßlichkeit einer neu zu schaffenden, wiederzuerschaffenden Rolle. Ich hätte dort so viel gegeben, Seele und Geist in alle verströmt, die zu mir kamen.

Und hier?

6. Juli 1935

Vater und ich im Garten. Vater sagt: «Nach dem, was uns widerfahren ist, nach dieser so phantastischen und großartigen Leidenschaft konnte ich keine gewöhnlichen Affären mehr haben. Mir erschien alles stumpf und abgeschmackt. Ich wußte, das war der Höhepunkt meines Werdegangs.»

Das gleiche hätte es für mich sein können, aber ich war noch nicht bereit dafür; ich war schwach, abhängig und suchte Halt. Ich brauchte jemanden ganz nah bei mir. Ich besaß meine Seele nicht, im Gegensatz zu heute. Jetzt habe ich gelernt, allein zu leben. Auf gewisse Weise lebe ich tatsächlich allein, mehr für mich und unabhängiger. Jetzt kann ich verstehen, was du voriges Jahr wolltest, aber damals war das für mich zu nüchtern und zu einsam. Danach kamen Frieden und eine Woge von Liebe und Zärtlichkeit. *Les fiancés éternels*. Maruca sagt immer noch: «Wir müssen die Verlobten allein lassen.»

Notizen auf dem Schiff: Flirts in New York mit George Buzby, Donald Friede, Norman Bel Geddes, dem kubanischen Vizekonsul, im letzten Moment, eine Stunde vor Abfahrt. Zu so vielen Menschen gleichzeitig hingezogen. Aber alle oberflächlich. Bill Hoffman keineswegs wütend über meine Tricks. Abschiedskuß.

Abschied von Henry am Abend, bevor Hugh und ich abreisten. Immer wieder so viel Liebe. Grenzenlose Zärtlichkeit. Sehne mich danach, mit ihm fortzugehen. Als ich an jenem Freitag kam, um ihn zu wecken, war er bereits wach und dachte: Könnten wir doch die Überfahrt gemeinsam machen. Und er sagte: «Aber diesmal ist alles in Ordnung. Wir fahren beide in dieselbe Richtung.»

Er fuhr am Freitag ab auf der *SS Veendam*, und am Samstag gingen Hugh und ich an Bord der *SS Champlain*. Auf diese Weise fühlte ich mich ihm nah. Wir schickten uns Funktelegramme. Auf demselben Ozean, zur selben Zeit.

Ich ging, von Triumphen überhäuft, als Frau, als Analytikerin. In letzter Minute kamen zwei Patientinnen zu mir, Frauen um die Fünfzig, die Hilfe suchten und sich an mich klammerten. Ich entwickelte eine große, freundliche Entschlossenheit.

Lowenfels kapitulierte, als er meinen Henry-June-Roman und «Alraune» gelesen hatte. Er sagte, ich sei ein menschliches Wesen, eine kreative Künstlerin und daß er mich unterschätzt habe (wollte mich unbedingt als reiche Salondame und Henrys Gönnerin sehen, die billigste Interpretation unserer Beziehung!).

Erstaunlich, überraschend, unglaublich, eine Mahlzeit genießen zu können, wo oder mit wem. Früher konnte ich vor Fremden nicht richtig essen. Ich war immer nervös und angespannt. Imstande zu sein, zwanglos Briefe zu schreiben, ohne Scheu zu telefonieren, von niemand eingeschüchtert zu sein. Keine Angst mehr vor Fraenkels Intelligenz. Entlassen aus dem Gefängnis meiner Schüchternheit. Kein Bedürfnis mehr nach Vater, daß mich jemand versteht. Ich mache mir keine Sorgen mehr wegen der Gedanken, die nur mir allein gehören. Ich habe es nicht nötig, irgend etwas zu teilen. Ich lernte bei Rank, wie zerstörerisch so etwas ist.

Und wirklich, welche Ruhe, welchen Frieden genieße ich ohne sein ständiges Sondieren und Nichts-in-Ruhe-lassen-Können. Sobald ich mich von Rank trennte, betrat ich meine eigentliche feminine Welt der nichtintellektuellen Wahrnehmungen. Die geistige Hochstimmung, die ich bei Rank empfand, dieses Prassen in Ideen, hat sich in Rauch aufgelöst. Ich sank in eine große, heitere Gelassenheit, ein psychologisches Mondleben.

Ich vermisse ihn, aber ich will keine Analysen mehr. Ich brauche Bewegung und Sinneseindrücke; es ist, als hätten wir nie zusammengelebt, was beweist, daß es Ranks Erfindungen und Ideen waren, die mich hielten, und seine Liebe, aber daß bei mir keine Liebe vorhanden war.

Als ich Henry an der Gare du Nord traf: Glückseligkeit. Wir lagen auf der Couch in seinem Atelier, die ihn daran erinnerte, wie er gelitten hatte, als er dachte, er hätte mich verloren. Wie er sich schlaflos herumgewälzt hatte und erst Schlaf fand, als er den Mond sah und spürte, daß ich über ihn wachte.

10. Juli 1935

Es ging mir sehr schlecht, war neurotisch, fühlte mich unterdrückt, und schließlich wurde ich krank. Ich fühle mich hier für alles zu groß und zu vital, als hätte ich ein Rennpferd geritten und säße plötzlich in einem Schneckenhaus. Unterdrücke eine ungeheure Kraft, die ich hier nicht nutzen kann. Habe den großen Rhythmus verloren, den ich in New York hatte, eine Vergiftung. Rank hatte meinen Rhythmus. Was wird mir helfen? Wieder ein Schiff nehmen? Ich kann nicht schreiben, kann nicht lesen, ich bin *frémissante*, rastlos, fiebrig; ich springe auf, ich gehe, ich laufe umher, ziellos. Ungeheure Anstrengung, um mich zu beruhigen. Alle anderen sind zufrieden. Henry ist in seinem Element: Hugh und Eduardo unterhalten sich. Ich habe Rank verloren, und jetzt? Henry ängstlich und passiv, aber sein kreativer Rhythmus ist groß. Rank war kühn in jeder Hinsicht. Ich warte auf jemand. Auf einen neuen Geliebten,

der wie ich Siebenmeilenstiefel trägt. Auch mein Vater ist ängstlich.
Er denkt an nichts anderes, als sich vor Krankheit, Alter und Tod zu
schützen.

11. Juli 1935

Henrys leidenschaftlicher Empfang, seine Eifersucht auf Fraenkel.
Ein Film, der uns nach Ägypten entführte. Wir lernten das Unendliche kennen. All das half mir, aus meinen Folterqualen und erdrücken-
den Stimmungen herauszukommen. Überlasse mich nicht mehr den
kleinkarierten Lebensängsten, dem Elend aller Beziehungen; bin
kreativ in der Hoffnung, Menschen nach Louveciennes zu bringen.

O die Mühe, die ich mir gegeben habe, um mich Louveciennes
und der Villa Seurat anzupassen – das menschliche Ich so zufrieden,
und der Dämon in mir ständig drängend, mein Körper so erfrischt
durch Henrys Leidenschaft, mein Leben so sicher durch Hughs
Loyalität.

Geteiltes Leben: Villa Seurat, Unordnung und Geselligkeit.
Louveciennes, Ordnung und für mich sein. Aber ich kann nicht sehr
lange bei Fred, Brassai, Roger, Maggy herumsitzen. Außer Fraenkel sind alle schwammig, kraftlos, jämmerlich und ohne Größe.
Irgend etwas hat jetzt meine *grandeur* geweckt, und ich werde
nervös.

Fred beschreibt meinen Roman als eine Hymne auf die Liebe. Er
ist heute ein angesehener, bewunderter Romancier.

Als sich meine weibliche Eifersucht legte angesichts der Tatsache,
daß Fraenkel die Führung übernommen hatte, erkannte ich auch,
daß Fraenkel derjenige war, den Henry brauchte, und daß ich mir
dies bereits eingestanden hatte, als ich versuchte, Rank und Henry
zusammenzubringen. Ich sagte Rank damals während der Analyse,
daß Henry in seinem Lawrence-Buch über mich hinausgewachsen
war und daß ich ihm bei seiner Arbeit, obwohl ich ihm folgen
konnte, sicherlich nicht länger weiterhelfen oder sie kritisieren
könnte. Ein größerer und stärkerer Intellekt als meiner war nötig,

um in Henrys instinktive und lyrische Visionen Ordnung zu bringen. Ich dachte, Rank würde dies übernehmen können. Aber es ist Fraenkel. Er fördert Henrys intellektuelle Explorationen und befreit mich von einer zu schweren Aufgabe, weil ich seit Jahren alles für Henry gewesen bin; es gab niemand anderen. Ich denke noch an meine Kämpfe bei seinem Lawrence-Buch in der Rue des Marronniers und an meine Entmutigung am Ende.* Während der Zeit in Clichy, umgeben von Fred etc., hatte Henry niemand, der ihm gewachsen war, und ich mußte Gedanken aufnehmen, zu Gedanken anregen, die viel zu schwierig für mich waren. Zum Beispiel Spengler.

Nun, nachdem zwischen Fraenkel und mir ein eigenes und persönliches Einvernehmen besteht, bin ich froh, daß Henry seinen Mann, seine Welt und den ihm intellektuell Ebenbürtigen gefunden hat. Etwas Merkwürdiges geschieht. Bei Diskussionen ist Fraenkel immer der Subtile, der Vernünftige, der Verständige. Henry redet weniger vernünftig, wenn er mit mehreren Personen konfrontiert ist, als wenn er mit mir allein ist. Ich bin gezwungen, Fraenkels Partei zu ergreifen. Dann scheint Henrys Geschwätz besonders krass zu werden, und ich nehme ihm seine Primitivität, seinen Mangel an Intellekt übel (er karikiert Fraenkel) und habe das Gefühl, in eine biologische Falle getappt zu sein, weil ich einen Mann leidenschaftlich liebe, der meinem Verstand überhaupt nicht liegt, aber meinem Blut und meinem Körper – die eigentliche geistige Ehe führe ich mit Rank und jetzt mit Fraenkel. Fraenkel weiß, daß ich ihn verstehe; und was Rank betrifft, so hat er sehr wenige Menschen, mit denen er einen Kontakt herstellen kann, und weiß deshalb Verständnis sehr zu schätzen.

Bei diesen Diskussionen verstumme ich schließlich. Mehr zu sagen würde Henry einen ganzen Gedankenkomplex enthüllen, den ich ihm nie zeige, weil er darüber lacht; und Fraenkel würde ich damit die Gefühle und Instinkte verraten, die mich emotional, unerklärlich an Henry binden. Henry denkt ebensowenig wegen meines Verstands an mich. Er weiß nicht, daß ich schneller und weiter springen kann als er – und das auch, wenn Fraenkel nicht da

---

* Im Winter 1933/34 war Anaïs Nin auf den Rat von Dr. Rank von Louveciennes allein in ein Hotel nahe des Bois gezogen, wo sie auch ein Zimmer für Henry Miller mietete, der die Wohnung in Clichy, die er sich mit Alfred Perlès teilte, aufgegeben hatte.

ist –, aber er spürt, daß ich anders bin, weil ich einen anderen Körper und ein anderes Temperament habe als Fraenkel, daß ich ein Mondwesen bin, das ihm gehört.

Diese körperliche Leidenschaft scheint auf so enge und geheimnisvolle Weise zu verbinden, die Liebkosungen von Henry, seine Stimme, diese Zärtlichkeiten, dieses Vergessen. Ich bin für Henry jetzt Wirklichkeit. Mich liebt er, und Fraenkel liebt er nicht, nicht mit körperlicher Leidenschaft. Er dreht sich um und verhöhnt ihn. Sie würden einander verhungern lassen. Auf einer anderen Ebene feiern sie gemeinsam Gelage, wie ich mit Rank. Aber letzten Endes ist das für Henry nicht von entscheidender Bedeutung; und auch nicht mehr für mich – das Absolute.

Frieden. Endlich habe ich meine Verzweiflung überwunden. Nach dem Kino gingen Henry und ich zu Fuß quer durch Paris, von der Oper nach Montsouris, über eine Stunde lang. Ich lief mich absichtlich todmüde. Ich trank Wein. Ich dachte an unsere Reise nach Ägypten und an die Unendlichkeit. New York, sagten wir, wurde nicht für die Ewigkeit gebaut.

Allein mit Henry, zum ersten Mal seit unserer Rückkehr, Frieden und Schweigen und Tiefe, miteinander schlafen, und ich, die ich Erschöpfung suche, bekomme im Zug bei der Lektüre eines Buchs über Pornographie einen Orgasmus.

Verabschiede mich von einem traurigen Vater. Was wir gemeinsam haben, ist diese tiefe Melancholie, die sich vor den Augen der Welt mit Fröhlichkeit tarnt.

Frieden.

Fraenkel kommt morgen abend. Keine beklemmenden Eifersüchte und kleinlichen Ängste mehr. Ich lockere meinen habgierigen Griff um Henry. Wieder. Besiege meine eigene Primitivität. Raffe mich auf. Suche einen Weg, der über das Persönliche hinausführt. Oh, niemand kann die Qual ermessen, den Mut, den man braucht, um zu leben, zu lieben, zu lachen, zu vergessen, jeden Tag so hinter sich zu bringen, wie Henry das tut, Henry, der jeden Tag neu beginnen kann.

Annis: Keltisch. Mondgöttin. Göttin der Erde.
Anahita: Keltische Muttergottheit und ihr Sohn Myhtra; persische Mondgöttin.

Anatis: Ägyptische Mondgöttin. Nana von Babylon.
Anu: In Südfrankreich bekannt als der Scheinende, Beschützer von Fruchtbarkeit, Feuer, Dichtkunst und Medizin. Auch als Schwarzer Anu bekannt, von dem es im Volksmund heißt, er habe Menschen gefressen oder in den Wahnsinn getrieben.
Anaïtis: Göttin der geschlechtlichen Liebe, nicht Keuschheit. Zoroastrische Mondgöttin.

14. Juli 1935

Wir planen, unsere Bücher selbst zu veröffentlichen, auch wenn wir noch keine Druckerpresse besitzen. Fred taufte die Presse «Siana», indem er meinen Namen rückwärts buchstabierte, was ich als Mädchen einmal in meinem Tagebuch tat.

Alles, woran ich gelitten habe, war der Sturz aus einem bewegten Leben – Aktion – in einen langsamen Trott. Ich kann nicht stundenlang mit Henry und seinen Freunden in einem Café sitzen. Ich kann nicht wie sie zehn Stunden reden. Ich sehne mich nach Bewegung und Leben. Ich versuche, meine Energie zu unterdrücken, aber ich kann nicht schreiben, lesen oder ins Kino gehen oder Musik hören. Es ist, als würde mein Herz zu schnell schlagen, als hätte ich plötzlich angefangen zu rennen, und ich bin allein. Fraenkel ist voller Verständnis, aber er ist unausgeglichen und wankelmütig.

Er kam hierher. Liebte Louveciennes, harmonisierte mit Eduardo. Henry war eifersüchtig. Fraenkel wollte ganz hierbleiben. Henry zur Zeit unmöglich. Arbeitet an *Wendekreis des Steinbocks.* Sobald sein Leben Form annimmt, liebt er dummes Geschwätz, Cafés, Faulenzerei, Albernheiten, Kindereien. Er albert mit Fred herum. Ich ärgere mich, bin gelangweilt und unglücklich. Wieder heimliches Aufbegehren wie damals, als ich mit Rank nach New York ging. Seine Ängste, Feigheiten, Phrasendrescherei. Ich ärgere mich über die Tatsache, daß wir körperlich so harmonieren. Er denkt nicht so wie ich. Ärgere mich, daß die Männer, die wie ich denken (Rank, Eduardo, Fraenkel, Hugh), nicht meinem Temperament entsprechen. Wütend auf die Natur.

Henrys Geselligkeitsbedürfnis. Leute zum Frühstück, zum Mittagessen, den ganzen Tag, und sie schlafen schon fast mit uns. Nein. Ich hasse diese Lebensweise. Sein albernes, vertrödeltes Leben.

Mit Erleichterung kehre ich in mein Königreich in Louveciennes zurück. Vor Henry verberge ich eine gewisse Dürre und Mühseligkeit in meinem Leben, das in Louveciennes aufblüht. Aus Angst, ausgelacht zu werden, habe ich nie gezeigt, wie ernst ich meine Arbeit nehme und wie sehr ich sie liebe. Ich habe genug von Henrys Kinderei. Ich langweile mich. Meine Gefühle scheinen sich wieder geändert zu haben, meine Liebe scheint zu welken. Wenn ich in sein Zimmer komme, und er liegt da, schlafend und schnarchend, mit dem Geschmack von Wein auf den Lippen, und Fred ist gerade gegangen, und Fraenkel wird bald kommen, und auf dem Schreibtisch liegen seit zehn Tagen nicht mehr als ein paar Seiten, dann hasse ich es, mich neben ihn zu legen. Trotzdem tue ich es, und wir versinken in Sinnlichkeit bis auf den Grund, und etwas in mir bleibt immer unberührt und einsam und unerreicht, unvermählt, und ich kann das nicht akzeptieren; tief innerlich kann ich es nicht.

Ich denke, ich habe meinem kriegerischen Geist endlich den Garaus gemacht. Nach einem weiteren Abend und Vormittag schwärzesten Elends setzte ich mich entschlossen hin, und um mich aufzuwärmen, begann ich, das New-York-Tagebuch abzuschreiben. Aber ich hatte das Gefühl, zwischen den Zeilen des Tagebuchs zu schreiben, die Einträge ausführlicher und dramatischer zu gestalten. Ich frage mich, ob ich das tue, weil ich Rank verloren habe und ihn vermisse, seine tiefe Seele und seinen glänzenden Verstand. Warum fange ich nicht mit dem Buch über meinen Vater an? Tatsächlich bedeutet mir mein Vater jetzt sehr wenig; ich habe ihn endlich aus meinem Leben gerissen. Ich liebe ihn, wie ich Joaquin liebe, einen Blutsverwandten, aber ich bin ihm nicht nah. Wir leben in getrennten Welten. Ohne Liebe oder Haß kann ich nicht über meinen Vater schreiben. Hier gibt es einen Unterschied. Rank dagegen liebe ich in einer Hinsicht noch immer, und ich denke über ihn nach.

Aber ich glaube, ich habe meinen Stil gefunden. Schreibe das Tagebuch ausführlicher, künstlerischer, behalte aber die Aufrichtigkeit und Offenheit bei. Tagebuch als Indikator für Fieberkurven und Entwicklungen.

Um New York noch einmal lebendig werden zu lassen, weil ich es verloren habe, weil ich mich in den Glanz der Stadt und ihren großzügigen Rhythmus verliebt habe. Ich sehne mich danach. Muß ich stets unter dem Druck der Sehnsucht schreiben, heraufbeschwören, was weit weg und verloren ist?

Henrys Anruf lindert die Qual meiner Eifersucht. Mir scheint, daß ich bei Henry ständig unter sämtlichen Arten von Eifersucht gelitten habe. June – die Schlimmste –, die Huren und die Frauen, die nicht im geringsten wie ich waren. Erleichtert nur durch meine anderen Liebesgeschichten. Abgelenkt durch Episoden mit Eduardo, Allendy, Artaud, meinem Vater, Rank. Und jetzt sehe ich mich verloren, weil ich nichts habe, was mir helfen könnte, nicht an Henry zu denken. Es ist unerträglich und komisch, weil es Henry genauso geht. Ich brauchte nur zu sagen, George Buzby sehe gut aus, um ihn besorgt zu machen.

In meinem Königreich Louveciennes ist Eduardo jetzt unser einziger Gefährte. Wir spielen Federball, essen gemeinsam, reden.

Eduardo und ich über Henrys völligen Mangel an Verständnis, an einem konsequenten Standpunkt gegenüber Menschen, Filmen, Büchern. Alles wird verzerrt, zur Karikatur, Burleske und Erfindung. Widersprüche und Chaos und Irrationalität. Er schreibt über June, und es ist nicht June. Was er von mir weiß, ist nur das, was ich ihm erzählt habe, was ich schreibe und das Tagebuch; aber ich würde ihm nicht trauen, wenn er mich malen würde. Karikaturen von Fraenkel, Fred, von jedem. Es wäre komisch, wenn ich dieselben Personen schildern würde, die Sensibilität von Fred, die Klugheit von Fraenkel, das Wunderbare an June.

Ich sehe den mißgünstigen Henry jetzt so oft, weil ich ihn mit seinen Freunden sehe, aber den Henry, den ich mir machte, gibt es für mich, solange ich an ihn glaube. Henry spielt diese Rolle für mich, weil er dadurch eine höhere Meinung von sich bekommt. Wie ich meine Augen hasse, wenn sie mir Henry gegenüber aufgehen.

Sobald wir allein sind, ist alles gut; er spricht vernünftig, er ist zärtlich. Aber ich habe ihn so oft im Kreis der anderen gesehen, und es stößt mich ab. Niederträchtig, aufsässig, inkonsequent, unstet, feig, ausnützerisch, gehässig, destruktiv.

Maggy: «Als ich deinen Roman noch nicht gelesen hatte, war ich voller Groll gegen die Welt, verbittert, verärgert und innerlich

völlig verkrampft. Ich verletzte andere, aber als ich ihn las, war ich
so angerührt, daß sich etwas in mir bewegte. Es war so ergreifend,
so gefühlvoll...» Maggy ist Griechin, mit kohlschwarzen Augen
und hinreißenden Zähnen, und sie hat Angst vor dem Leben.
Roger, ihr Geliebter, ist einer der wenigen Franzosen, die ich mag.
Er schrieb einen romantischen Brief über Louveciennes und seine
Kindheit. Er weicht von Frankreich ab, geht in Richtung des Chaos,
des Genialen und Tiefen der englischen Sprache.

17. Juli 1935

J'ai finalement tordu le cou à Mars.

Diese ungebärdige Lebenskraft, die mich ständig quälte, ist end-
lich gebändigt, *für den Augenblick*. Ich nehme Zuflucht bei meiner
Arbeit, aber ich werde nur schreiben, bis die Zeit für meine nächste
Explosion und Expansion kommt. Fraenkel schreibt. Henry
schreibt. Er gehört mir mehr denn je. Joyce reiste heute nach
Übersee ab.

Ich schreibe jeden Tag am New-York-Tagebuch. Es hält mich
aufrecht.

Ich liege und stelle mich schlafend. Der Vulkan rumort im Innern. Ich will nicht um Abenteuer, Leidenschaft, Liebe, Sex, Bewegung, listige Lügen, aufsehenerregendes Handeln betrogen werden. Ich habe keine Verwendung für Literatur.

Um visionär zu schreiben: werde sehr ruhig, medial, um mehr,
weiter zu sehen und den Kosmos zu spüren.

«Mein Herzschlag weckte mich», schrieb Gabriele D'Annunzio.

21. Juli 1935

So benommen, schlafwandlerisch wie damals, als ich Sylvia Maynards Atelier in New York verließ. Es ist nicht da, was ich haben
möchte. Ich fühle mich dick, aufgebläht. Nirgends ein Platz für
mich; niemand, der zu mir paßt. Henry so zaghaft und passiv. Rank
war kühn.

Eduardo über meine «Alraune»-Geschichte: «Eine apokalyptische
Vision. Eine Art zu schreiben, die eine große Zukunft haben kann.
Hellseherisches, visionäres Schreiben.»
     Mit Hilfe der Traumaufzeichnung gelang Henry der Sprung in
seine eigene Wirklichkeit, seine Welt, wo vier oder fünf Lieder
zugleich gesungen und Körper und Geist tatsächlich eins werden.

Fraenkel muß immer recht haben. Aber er schätzt mich auch. «Du
und ich, wir haben dieselbe Art von Verstand. Einen vom Verstand
beherrschten Organismus.» Er sagt, Henrys Einfluß würde mich
zerstören (Chaos, Instinkt), habe mich auf ein totes Gleis geführt.
Aber wie sehr er mich anregte! Fraenkel sagt, ich wüßte genau, wo
ich aufhören muß, Formgefühl. Henry kann seine besten Seiten
ruinieren. Fred nennt meinen Roman eine Hymne auf die Liebe.

Anaïs zu Henry: «Möchtest du Brancusi kennenlernen?»
     Henry: «Ich mag keine Propheten. Es ist eine Pose.»
     Henry zu Roger Klein: «Du verstehst Maggy nicht, weil sie auf
einer höheren Ebene ist. Eine Ebene, wo man gesund und vernünftig ist. Du bist völlig verrückt.»
     Henry verliebt in das bunte Gesicht der Trinité-Uhr.

Vor ungefähr einer Woche begann Henry über June zu schreiben.
Was er schrieb, kränkte mich ein wenig, und doch war mir Henry so
nah – er war so leidenschaftlich in seinen Liebkosungen, war meiner
so bewußt, so ganz da, nicht die Spur verändert in seiner Liebe – so
daß ich nicht traurig war. Neulich abend, als ich kam, schrieb er. Ich
erzählte ihm, wie Hugh seit neuestem seine Eifersucht auszudrük-

ken pflegt. Jedesmal, wenn Hugh weiß, daß ich in die Villa Seurat gehe (er ist jetzt den ganzen Tag zu Hause, auf Urlaub), schläft er mit mir, versäumt es nie; selbst im letzten Moment, während ich mich umziehe, wirft er mich auf das Bett und sagt: «Ich will dich so müde machen, bevor du gehst, damit du bestimmt keinen anderen mehr begehrst.» Oder: «Du mußt mich bezahlen, oder ich laß dich nicht gehen.» Er sagt es lachend, aber auch ernst. Ich liege teilnahmslos da oder wehre mich, um ihn glauben zu machen, ich sei erregt. Mir wird übel davon, es kränkt mich.

Als ich es Henry erzählte, sagte er: «Jetzt verstehe ich, warum ich das gleiche mit June getan habe, bevor sie losging, um Jean zu treffen.»

Ich schwieg. Dann sagte ich: «Es ist merkwürdig, daß deine Gedanken zu June zurückkehren; statt diese Sache mit unserem Leben zu verbinden, benutzt du sie, um dein Leben mit June zu erklären.» Henry verstand, was in mir vorging, aber er sagte sehr aufrichtig: «Es ist aber nicht das, was du denkst. Mein Interesse an meinem Leben ist jetzt beinah wissenschaftlich, wie das eines Detektivs, nicht menschlich. Es ist einfach so, daß ich mich mit einigen Rätseln herumschlage. Und ich möchte ehrlich sein. Ich würde dir die Seiten gern zeigen. Hättest du etwas dagegen? Ich kann nicht erklären, was ich tue.»

Ich sagte, ich hätte nichts dagegen. Ich las die Seiten, auf denen er beschreibt, wie June redete, ihren ersten Kuß und ihren ersten Beischlaf. Ich sagte, was ich davon hielt. Ich saß neben Henry. Er sagte: «Ich schreibe so kühl, so langsam. Ich bin nicht verliebt in das, was ich schreibe. Kränken könnte dich nur, wenn ich mich der Vergangenheit zugewandt hätte, um daran festzuhalten, aber das habe ich nicht getan.»

«Ich dachte, du würdest dich wieder in June verlieben.»

«Nein», sagte Henry. «Nur mein Verstand arbeitet. Ich habe das Gefühl, als hätte ich während der ganzen Affäre mit June geschlafen, als wäre sie ein Traum gewesen und ich ein Schlafwandler.»

«Sie wollte, daß du schläfst, und sie brauchte es.»

«Ich begreife, daß sie meine Schöpfung war. Weißt du, daß mir Joyce auf die Nerven ging? Ich konnte an ihr einiges von June wiedererkennen. Sie machte auch so derbe, dumme Bemerkungen. Sie hatte alle Fehler der Amerikanerinnen, den Eigensinn, zu wenig Gefühl und Verständnis. Mir wird klar, Anis, wieviel ich aus dei-

132

nem Roman gelernt habe, wieviel ich von deiner Direktheit und
Aufrichtigkeit, deiner Ganzheit gelernt habe.»

Ich erkannte wieder einmal, daß ich Henry «geheilt» hatte, daß
ich ihm die von June getötete Seele wiedergegeben hatte. Er sprach
gerührt.

Wir wollten nicht nach unten gehen und Fraenkel sehen.

Wir sprachen über Fraenkels Welt, sein Weltbild, das dem von
[Oswald] Spengler entspricht. Ich sagte, ich verstehe diese Welt,
habe aber keine Beziehung dazu; ich fühle mich mit dem verbunden, was morgen sein wird.

Fraenkel sagte später, ich würde nur eine Hürde nehmen, über
Krieg, Zerstörung, Tod hinweg ins Leben, weil ich für das Leben
eintrete.

«Die ganze Welt», sagte ich, «litt an Bewußtsein. Sie mußte geheilt
werden durch die Erforschung des Unbewußten, um ihren Ursprung wiederzufinden.»

Henry: «Aber nicht die ganze Welt wurde analysiert.»

Ich: «O doch, nicht jeder einzelne, aber insgesamt schon durch
Beeinflussung, Übertragung, Ansteckung, durch das, was in der
Luft liegt; durch Literatur, Musik, Malerei, Philosophie. Alles, was
sich in einer Gruppe abspielt, greift letztlich auch auf die große
Masse, auf die Welt über.»

Gestern sagte ich zu Fraenkel: «Wenn du den lebendigen Fraenkel
sehen willst, schau in meine Augen...» Wieder das Wunder. Er
warf seine verhärtete Schuppenhaut ab. Seine Seele, lebendig begraben, um in der Welt zu leben, blühte auf. Glauben schenken,
und der sensible Fraenkel erwachte.

Er ist für einige Tage hier. Er nennt June eine streunende Katze,
einen Zwitter.

Villa Seurat: Chana Orloff, Richard Thoma. Rue des Artistes:
Fujita und Besuch bei Brancusi, seine Arbeiten: *Forêt Blanche,
Colonnes sans fins dans les nuages*, Alter Prophet, Café Romain,
Bali-Scheiben, schwarze Augen und weißer Bart. Schneebedeckte
Gegenden. Gipsgebirge.

Pflanzenleben mit Henry. Liebesgefühle. Feuchtigkeit auf dem Laub, das Rascheln, wenn alles zum Leben erwacht. Nichts auf der Welt ist wie schmelzen und vergehen. Jedesmal gebe ich einen Teil meines Wesens hin, gebe eine Idee auf, nehme hin, bringe Henry ein Opfer, akzeptiere das andere; es ist, als würde die starre Kette des Ich brechen. Als ich entdecke, daß die Geschichte von der Hure, der er begegnete, stimmt, küsse ich ihn. Ich kapituliere fortwährend: mein Ich, meine Eifersucht, meine Ansprüche, mein Egoismus. Jedesmal, wenn ich schmelze, geschieht etwas mit meiner Weiblichkeit, meinem weiblichen Ich. Jeder Gefühlsrausch, jede Selbstlosigkeit beschert mir ein merkwürdiges Aufblühen. Ich bin glücklich, nicht auf eine menschliche, sondern auf eine göttliche Weise, als ob dies eine Religion ist und keine normale Liebe, etwas, das immer größer ist als ich.

24. Juli 1935

Ich bin wieder verliebt. Nicht nur in Henry. Einfach so verliebt. Ich spürte es heute morgen. Ich hörte eine Aufnahme von «Blue Moon». Ich hatte Henry gerade das Frühstück serviert. Die Sonne schien auf den Balkon. Das Atelier war voller Licht und lebendiger Zellen. Henry kann mir nicht folgen. Er singt nur mit Worten. Nicht mit seinem Blut, nicht so wie ich, nicht mit Flügeln. Eine menschliche Liebe. Ich fühle, daß jemand kommt, es kommt jemand. Ich warte so gespannt auf sein Kommen und so lebendig.

Als ich aus der Nummer 18, Villa Seurat, herauskam, rief mir Chana Orloff von ihrem Fenster aus zu. Sie zu sehen bedeutete Rank. Wenn ich Rank haben könnte ohne seinen Körper oder seine sexuelle Liebe. Nein. Nicht Rank, obwohl mich der Gedanke erregte, daß ich ihn wegen Chana Orloff wiedersehen könnte. Was kann ich ihr sagen? Nicht die Wahrheit. Soll ich etwas erfinden? Vielleicht, daß ich Rank liebe, es nicht ertrage, ihn nicht mehr zu sehen? Dann wird sie es ihm erzählen, und er wird wütend sein, weil ich immer noch lüge, oder wird er es vielleicht glauben?

Ich bin verliebt, während ich für Henry Kaffee kaufe, «San

Paulo», Melone, Brot und Butter. Ich kam gerade aus seinen Armen, aber die Welt erscheint mir lebendiger und abenteuerlicher als er. Er hat vom Umherschweifen genug. Ich fange eben erst an. Chana Orloff an ihrem Fenster, die mich bittet, sie gelegentlich zu besuchen, versetzte mir einen kleinen Stich, weil sie mit Rank Kontakt hat.

Ich bin verliebt, während ich in rotem Russenkleid und weißem Mantel die Villa Seurat hinuntergehe, verliebt in die Welt und den, der kommt, der auf dem Weg ist, der mit mir reisen wird, dessen Körper ich lieben könnte, denn jetzt bin ich in Körper verliebt, in Jugend, in Fleisch und Blut. Ich suche nicht den Traum – oder den Gedanken. Ich bin verliebt, während ich in den Zug einsteige, um mit Hugh und Eduardo im Garten den Lunch zu nehmen, und während ich mich sonne, biete ich der Sonne meinen Körper dar. Er ist ein wenig zu schlank, aber die Haut ist schön und weich und sieht so jung aus. Ich habe kein Alter; auch bei anderen spielt das physische Alter für mich keine Rolle. Eduardo fragt mich: «Wie alt ist er?» Ich weiß es nicht. Ich weiß es nie. Ich kenne nur das Alter ihrer Seelen, ihrer Erfahrung, ihres Begehrens, ihrer Kühnheit. Keine Zeit. Kein Alter. Ich bin immer noch Bilitis; endlich liebe ich den Mann sinnlich, und meine Seele wird mir nicht im Weg stehen. Ich erwarte den *Mann*, nicht mehr das *Kind* oder den *Vater*.

Ich bürstete Henrys Mantel aus, weil er seinen Verleger aufsuchen wollte. O Gott, ich vergaß, [Jack] Kahane hat meinen Roman von June-Henry angenommen, läßt mich einen Vertrag unterschreiben. Ja, ich habe einen Vertrag in der Tasche.* Ich bürstete also Henrys Mantel, und er wollte auch seine Schuhe blank geputzt haben, weil er ängstlich war, weil er ängstlich ist. Er wird eine Berühmtheit, erhält Briefe von Ezra Pound, T. S. Eliot, eine Besprechung von Blaise Cendrars, 130 Bände von *Wendekreis des Krebses* wurden bis jetzt verkauft. Wenn er aufwacht, nimmt er mich in die Arme. Wird irgend jemand je so zärtlich sein – immer eine Hand auf meinem

---

* Obwohl Anaïs Nin ein Generalvertrag angeboten wurde, veröffentlichte Jack Kahanes Obelisk Press im Juni 1939 nur die «Henry und June»-Novelle – die schließlich unter dem Titel «Djuna» erschien – als Teil des Bandes *The Winter of Artifice*, zwei Monate vor Kahanes Tod. Der Band enthielt damals auch die «Vater»-Geschichte unter dem Titel «Lilith» sowie «The Voice», die auf Nins New Yorker Erfahrung mit der Analyse beruht.

Körper, immer eine in einen Winkel des Körpers schlüpfende Liebkosung, immer eine warme und streichelnde Hand, ein offener
Mund? So daß wir unsere Diskussion vergessen, bei der ich wieder
gegen seine Neigung angehe, alles zu katalogisieren, weil er denkt,
alles sei interessant.

Als die Platte spielte, fühlte ich mich bis an die Zehenspitzen, bis in
die Magengrube bewegt, alles in meinem Körper regte und öffnete
sich.
    Ich schaue in der Menge nach ihm aus.
    Diese Liebe wird mich entweder töten oder für immer erretten.

Fieber im Zug, und dann setzte ich mich zu Hause hin und zähmte
es, indem ich für Fred meine Geschichte «Waste of Timelessness»
abschrieb, die noch ironisch zu sein scheint.* Wo ist meine Ironie
jetzt? Rank ließ sie gedeihen, und jetzt ist sie wieder weg. Ich will
meine Ironie finden. Keine Ironie in meiner Liebe zu Henry, obwohl er sie so oft verdient hätte; und ich fühle mich verletzt durch
sein «Scenario», das aus «Alraune» entstanden ist, weil es nichts
von «Alraune» enthält – nichts außer der äußeren Hülle –, und er
hat Gebirge hinzugefügt, Masken, Sand, Tempel, Gebäude, Geräusche, Raum, Skelette, Gestöhne, Tänze, aber keine Bedeutung,
keine Bedeutung. Tod und Krankheit und Objekte. Ich könnte den
leeren Henry karikieren, der durch die Straßen schlendert und mit
trägem Blick alles beobachtet, um immer weniger zu verstehen, und
der dies vollauf wettmacht, indem er genial erfindet – eine andere
Welt erfindet, ja erschafft. Aber nur in seinem Buch, wie Fraenkel
sagte, nicht im Leben.
    Gebt mir meine Blindheit wieder! Wo ist meine Blindheit?

Fraenkel kam für einige Tage. Las «Alraune» sorgfältig und kritisch. Riet mir, so weiterzuschreiben wie in der Einleitung zur
«Vater»-Geschichte, die mit den Worten beginnt: «Ich warte auf
ihn. Ich habe zwanzig Jahre gewartet.» Schärfte meinen Blick, so

---

* «Waste of Timelessness» wurde erst nach dem Tod von Anaïs Nin veröffentlicht,
  zunächst als Titelgeschichte einer Sammlung von sechzehn frühen Werken und als
  «ein Buch nur für Freunde». *Waste of Timelessness and Other Early Stories*,
  Magic Circle Press, Weston, Connecticut, 1977. Neuauflage, Swallow Press/Ohio
  University Press, Athens, Ohio, 1993.

daß ich bei «Alraune» wichtige Kürzungen und Streichungen vornahm.

Siana Press wird Henrys «Scenario» verlegen. Zuerst dies, dann meine «Alraune»; dann einen Hundert-Seiten-Brief an Fred über die New-York-Reise – *Aller Retour New York»,* in meinen Augen unbedeutend.* Hier zeigt Henry, daß ihm Werte und Kritikfähigkeit fehlen. Er ist verliebt in seine Briefe an Emil – all das entspricht seiner Philosophie des Unvollkommenen, dem Natürlichkeitskult.

Ich verwünsche Fraenkel, ich verfluche ihn, weil er Anaïs Nin wiedererweckt, die kritische Beobachterin von Schriftstellern und Männern. Ich hasse es, ich verliebe mich lieber. Ich will lieben. Ich will keine abscheuliche Realität sehen oder darüber lachen. Fraenkel sagt: «Du hast eine Geschichte mit zwei Gesichtern verwendet und den Tag- und Nachtsymbolismus, aber du hast das Taggesicht oder das Nachtgesicht ausgelassen.» Ich habe den Ausdruck geprägt: das *Taggesicht.* Ich finde ihn wundervoll.**

Einen Tag, bevor Rebecca West nach Paris kam, hatte ich einen Traum: Ich arbeitete als Hure in einem rosa Hemd. Wurde hinausgeworfen, weil ich zuviel *Faden* benutzte. Jemand hob die Fäden auf und hielt sie mir entgegen. (Ich frage mich, ob sich dies auf meine Veranlagung bezieht, auf mein Bedürfnis, Dinge in Beziehung zu bringen, *alles zusammenzunähen.)*

Rebecca und ich gehen gemeinsam aus. Henry beleidigt sie. Sie

---

* Wie sich herausstellte, erschien *Aller Retour New York* 1935 unter dem Impressum Obelisk Press in der Auflage von 150 von Henry Miller signierten Exemplaren. Anaïs Nins «Alraune» erschien 1936 unter dem Titel *Haus des Inzests* unter dem Impressum Siana Press (18, Villa Seurat, Paris) in einer Auflage von 249 Exemplaren, gedruckt dank Fraenkels Verbindung bei Saint Cathérine Press in Brügge. Millers *Scenario* brachte Obelisk Press im Juli 1937 mit 200 signierten und numerierten Exemplaren heraus. In der Widmung hieß es, dieser «Film mit Ton wurde unmittelbar von einem Phantasiegebilde, genannt *Haus des Inzests,* von Anaïs Nin inspiriert».

** Michael Fraenkel veröffentlichte «The Day Face and the Night Face» 1938 in der Weihnachtsausgabe von *Delta,* einer kurzlebigen Zeitschrift, herausgegeben von Alfred Perlès, Henry Miller etc. aus 18, Villa Seurat. In diesem Teilstück aus *The Personal Experience* schreibt Fraenkel an eine scheidende Geliebte über die Dualität ihrer Persönlichkeit: «Vermutlich war es nur in jenen Augenblicken der Nacht, wenn dein Taggesicht von dir abfiel, daß ich zu diesem anderen Teil von dir gelangen konnte, deinem anderen, vor dir verborgenen, dir unbekannten Ich. ...Du gehst, und was zurückbleibt, bin wieder nur ich mit einer Welt von Vorstellungen, aber ohne eine Vorstellung von einer Welt.»

spendiert mir ein Zimmer mit Badesalzen, Parfüms, Kosmetikkoffer etc. Überschüttet mich mit Geschenken. Mir wird klar, daß sie lesbisch ist und mich bedient. Ich benutze ihre Geschenke, um mich zurechtzumachen, und gehe zu ihrem Zimmer, aber ich habe eine halbe Stunde gebraucht und sie hatte es satt zu warten.

Einen Tag, nachdem ich ihr Telegramm erhielt, kam sie mit ihrem Mann nach Louveciennes. Alle unsere Nachmittage und Abende verliefen in scherzhaftem Ton. Ich verlor meine Schüchternheit und wurde sehr komisch und scharfzüngig. Ich konnte auf ihrem wundervoll geistreichen Gesprächsniveau mithalten. Ihre brennenden Augen. Im Auto wollte sie zuerst nicht mit mir auf dem Notsitz Platz nehmen, weil wir dort wie vernachlässigt aussahen, aber im Dunkeln gefiel es ihr, daß Hugh und Harry Andrews unseren Wagen fuhren, verantwortlich waren, während wir uns die Sterne anschauten. Sie sagte, [Joseph] Delteils Buch über Jeanne d'Arc sei von einer Werbeagentur für Büstenhalter geschrieben worden: «Alles über Jeannes Busen.» Ich spürte, daß es ihr an Selbstvertrauen fehlte. Sie sagte, sie würde es nicht einmal fertigbringen, sich als häßliches Genie zu fühlen, das sich im Spiegel betrachtet und sagt: «Und so was hat Talent.» Sie ist überempfindlich gegen Kritik.

Am nächsten Tag gingen wir zusammen einkaufen (die Badesalze). «Was für einen Unsinn wir reden, Anaïs!» Wir lachen und diskutieren über Lippenstifte. Ich tuschte ihr die Wimpern. Sie will den gleichen weißen Hut tragen wie ich. Sie trägt meinen Nagellack. Mir gefällt ihr Körper, der erdig, üppig ist. Schöne Brüste. Bräunliche Haut wie eine Kreolin. Auf dem Grund ihrer Augen die Melancholie von Rank, aber nach außen Funkeln und Humor.
Ein zweistündiges Gespräch allein in ihrem Zimmer, bei dem wir versuchen, uns unser ganzes Leben zu erzählen. Sie findet, ich sei stärker als sie. Sie ist noch das Opfer ihrer Leiden. Ich bin frei. «Du tanzt dein Leben», sagte sie. Alle *grandes lignes* unseres Lebens gleichen sich. Schwere Kindheit: Ihr Vater verließ sie, als sie neun war. Mit zwanzig lief sie mit H. G. Wells davon. Mit einundzwanzig hatte sie ein Kind. Ihr Mann könnte Hughs Bruder sein, und ihre Liebhaber haben viel von Henry. Sie erzählt mir alles über «Tommy». Ich möchte ihr Kraft geben. «Du bist die bemerkenswer-

teste Frau, die ich kenne», sagte sie. Emotion und Chaos. Sie ist nicht so ehrlich zu sich gewesen wie ich, weder in ihrer schriftstellerischen Arbeit noch in ihrem Leben.

29. Juli 1935

Wenn ich Fraenkel und Henry sprechen höre, erinnere ich mich an Rank, der so viel mehr wußte als sie und menschlicher war. Warum weiß ich bereits alles, worüber Henry und Fraenkel sprechen, als hätte ich es schon früher gehört? Rank war so weit voraus, obwohl er als Schriftsteller versagte. Henry und Fraenkel drücken sich besser aus. Sie sind Künstler. Rank war tiefer und größer, aber er konnte weder gut schreiben noch gut sprechen. Seine Magie war jenseits der Kunst. Er wußte zuviel.

2. August 1935

Ich besuchte Chana Orloff. Sie erzählte mir, Rank sei einen Monat nach seiner Ankunft wieder nach New York abgereist. Ich bedauerte das sehr. Dann wurde mir klar, daß ich gehofft hatte, ihn zu sehen – ihm zufällig zu begegnen, als er aus der Cité Universitaire kam oder im Café Zeyer oder bei Chana Orloff. Ich hatte gehofft, ihn wiederzusehen, weil ich immer noch in seinen Verstand und seine Seele verliebt bin. Ich fürchte diese plötzliche Poetisierung von Rank. Der ideale Vater muß stets fern und unerreichbar sein. Aber wie ich mich nach diesem fernen Etwas sehne. Ich vermisse seine geistige Größe. Rank, der Liebhaber, nahm mir Rank, den Vater. Ein Vater muß immer weise sein. Als ich zu Henry sagte, Rank sei der ideale Vater gewesen, sagte er: «Jetzt bin ich der Vater, Vater und Sohn.» Aber so ist es nicht, weil Henry nur hin und wieder der Vater ist. Er lebt nicht nach seiner Weisheit und ist nicht stark – außer mit Worten. Ich bin immer in die Weisheit verliebt, in das Göttliche, das Schöpferische im Mann; immer verliebt in das, was den Gott im Mann am deutlichsten offenbart.

Ich schrieb Rank einige Zeilen, die man ihm nachschicken würde. «Ich konnte mich nicht ganz von Dir trennen. So vieles in uns war innigst verbunden. Werde ich Dich je wiedersehen?»

---

4. August 1935

Brancusi nennt mich «la Castañuela».

Ich erkenne, daß ich Streit deshalb so fürchte, weil ich denke, daß er Liebe und Verbundenheit zerstört. Wenn Henry und ich Meinungsverschiedenheiten haben, denke ich immer, er wird mir nie wieder vertraut sein. Das alles beruht auf einem Gefühl, daß Liebe (Vertrautheit) zerbrechlich ist. Es gibt auch eine Liebe (Liebe als Verlangen oder Antagonismus), die hart ist und mit Haß gedeiht. Eine solche Liebe kenne ich nicht. Genau wie Rank. Ich kann an meine Verbindung mit Henry nie so recht glauben, weil sie keine Kontinuität hat. Oft denke ich, sie sei gestorben, wenn wir uns eine Zeitlang nicht gesehen haben. Ich mißtraue räumlicher oder zeitlicher Entfernung. Wenn ich zu Henry zurückkomme, spüre ich die Entfremdung, bis wir im Bett liegen und seine Liebkosungen den Strom wieder fließen lassen. Deshalb sagte Rank, er könne nicht an unser Leben oder unsere Liebe glauben, wenn ich nicht immer bei ihm leben würde. Ich brauche die Phrase, die Hugh täglich von sich gibt, die für Henry typische Geste, das Besitzergreifende von Rank. Henrys Glaube braucht das nicht. Er glaubt, weil er dazwischen nicht denkt. Er glaubt wie ein Kind.

An Rebecca: Was Du mir mitteilst, enthält vieles, was man klären müßte. Wir müssen darüber sprechen. Im Augenblick kann ich nur folgendes sagen: Bewahre Dir den Glauben an die Liebe, denn er gerät bei Dir leicht ins Wanken. Er ist ein Teil Deines Glaubens an Dich selbst und seines gelegentlichen Schwankens.

Nimm die Gesten, die Briefe, die nicht geschrieben wurden etc., nicht so wichtig. Bleib ganz ruhig und glaube und warte. Alles, was in London passiert, hängt mehr von Dir ab, als Du je zu glauben vermagst. Alles entsteht durch das Bild, das Du in Dir trägst. Wenn ich Dir helfen kann, Dich einmal herauszuwagen und zu springen, wirst Du tatsächlich jenseits des Schmerzes stehen. Es gibt ein Entkommen. Gerade so, wie man aus einem Alptraum erwachen kann. Ich möchte Dir Kraft geben, um zu erwachen. Ich bleibe Dir sehr nah.

Neptun bewirkt, daß wir uns Sorgen machen über Dinge, die niemals eintreten.

Ich liebe Henry weniger, je mehr meine Abneigung gegen seine Freunde wächst, gegen sein Leben, seine Cafés, seine Falschheit gegenüber anderen, seine Grausamkeit gegen andere, sein Schwindeln, Nachahmen, Entlehnen, Klauen. Er mußte mit der Analytikerin in mir konkurrieren und sie imitieren. Er mußte über Lawrence schreiben. Jetzt analysiert er Fraenkel; er nimmt alles, was er von mir gelernt hat, und gibt es Fraenkel, als stamme es von ihm. Identifiziert sich mit der Rolle von Rank, obwohl er Rank haßt. Wir alle handeln so, aber wir tun es ehrlich. Ich wurde eine Analytikerin. Henry spielt einen Tag lang mit dem Wissen des Analytikers und macht am nächsten Tag seine ganze Arbeit zunichte.

Einmal im Monat werde ich instinktiv und neurotisch. Eines Tages, als ich meine Periode hatte, ging ich zu Henry. Er begann über «Alraune» zu sprechen, daß ich sie verpatzt hätte, daß es Fraenkel gelungen sei, Gefühle zu beschreiben, bevor sich Gedanken kristallisieren, aber mir nicht. Dies und die Tatsache, daß Henry, sobald wir über die Presse (ein Mythos) sprachen, das Thema wechselte und meinte, wir sollten uns mit meinem Kind-Tagebuch beschäftigen, machte mich so ärgerlich, obwohl es mir nicht sofort bewußt wurde. Ich pflegte meinen Ärger einen ganzen Tag. Dann ging ich eines Morgens auf Henry los: «Wenn ich ‹Alraune› verpatzt hätte, wie du gesagt hast, hätte sie doch weder dir noch Fraenkel noch Rank etwas bedeutet, aber das hat sie. Tatsache ist, daß du wankelmütig bist. Jetzt hängst du dein Fähnchen nach dem Wind von Fraenkels Geltungsbedürfnis, du brauchst ihn. Hier stinkt's nach Straßenkötern. Warum fickt ihr drei euch nicht gegenseitig? Das wäre ehrlicher. Alles, was du tust, ist, in Cafés herumsitzen und schwatzen. Aber du kannst sagen, was du willst, du wirst mir meinen Glauben an mich nicht nehmen. Das werde ich nicht zulassen. Es braucht ein ganzes Leben, um diesen Glauben aufzubauen, und ich werde ihn nicht von dir zerstören lassen.»

Aber Henry war in sehr sanfter, sehr weiser Stimmung. Er antwortete freundlich und endete mit: «Siehst du nicht, was das alles bedeutet? Es hat mit deinem Glauben an dich selbst zu tun. Wenn er schwankt, siehst du die ganze Welt und mich anders. Jetzt bin ich für dich böse und zerstörerisch, aber ich bin nicht anders zu dir als sonst. Bei deiner Schriftstellerei bist du viel zu empfindlich. Ich habe mich nicht verändert, und ich weiß, daß diese Ausbrüche immer dann kommen, wenn du unsere Beziehung durch einen Dritten gefährdet siehst. Es war so mit Lowenfels, mit Fred und jetzt mit Fraenkel. Dann fängst du an, an mir zu zweifeln. Du bildest dir ein, wir drei würden dich durch den Kakao ziehen. Tatsache ist, daß ich deine ‹Alraune› verteidigt habe. Ich war gegen einige von Fraenkels Korrekturen. Ich sagte, sie sei wie ein Korallenriff in einer Schüssel mit Wasser. Einige deiner Gedanken sind wie Kristalle, wie Korallen. Aber ringsherum ist Wasser, Gefühl. Fraenkel nahm etwas von dem Wasser weg. Er will nichts als den anorganischen Gedanken. Ich glaube an deine Undefinierbarkeit.»

«Henry, ich brauche deinen Glauben an mich, sonst kann ich nicht gegen die Welt kämpfen. Mit Fraenkel muß ich kämpfen, weil er niemandem einen eigenen Platz gönnt. Er glaubt so wenig an sich, daß er jeden beiseite schieben muß.»

Henry sagte, daß auch er gegen Fraenkel kämpfen müsse, um sich zu behaupten.

Nach einer Weile erkannten wir, daß wir übereinstimmten. Henry war sehr zärtlich, voller Verständnis. Aber er kann plötzlich unvernünftig und närrisch werden. «Wenn du andauernd einen klaren Kopf behältst», sagt er, «verpaßt du eine Menge. Wenn es albern wird und du gehst, ist es oft so, daß genau dann etwas passiert.»

Henry erzählt mir das, während wir im Bett liegen.

«Ja, ich weiß, daß ich diese Dinge verpasse, aber sie sind klein und unbedeutend, wogegen ich, weil ich mich nach etwas Größerem sehne, die nicht närrischen größeren Dinge erlebe, große Abenteuer wie Allendy, Artaud, Rank.» Und ich rede, ich rede

142

über die großen bedeutenden Dinge, die mir widerfahren, während er in einem Café sitzt mit dem Clown Fred und dem geistigen Trapezkünstler Fraenkel.

Manchmal fällt es mir schwer zu glauben, daß Henry das ist, was er für mich ist. Rank sagte, dies sei nicht der wahre Henry. Der wahre Henry sei der Mann des Hasses, der Grausamkeiten, der kaltblütigen Entstellungen und Undifferenziertheiten.

Henry schildert sein Possenspiel mit Fraenkel, wie er Fred hilft, Fraenkel zu bestehlen, und mir ist dabei nicht anders zumute, als wenn ich ihm meine Treulosigkeit gegenüber Hugh schildere (meine Tricks) und er dann den Teufel in mir sieht und für einen Augenblick nicht mehr glaubt, daß ich ihm treu bin.

Er ist eifersüchtig auf das rote Russenkleid von Rank, das ich seiner Meinung nach zu oft trage. Der Unterschied ist immer die *Liebe*. Wenn man nicht liebt, ist man zu diesem und jenem fähig. Aber es ist schwer, an diese Liebe zu glauben, wenn Henry für jeden anderen vor allem der Nehmende ist.

Wenn Henry seine Warmherzigkeit und Sanftheit mit Klugheit paart, wird er zu dem Mann, den ich wahnsinnig liebe. Dann treffen sich Instinkt und Ideal – aber das ist selten.

Fraenkel schrieb mir eine so luftdichte und wasserdichte ideologische Chinesische Mauer von Theorien über Schuld, daß ich, um nicht die nächsten zwanzig Jahre mit ihm Haarspaltereien zu betreiben, tiefer tauchen und auf seine Neurose zielen mußte. Darauf reagierte er noch großartiger mit einer perfekten Analyse von sich selbst – auf die ich antwortete: «Aber das *andere*, das andere fehlt in Deiner Sicht völlig.» Mittlerweile griff ihn auch Henry an – und Fraenkel, ganz allein in seinem Arbeitszimmer, fühlte sich persönlich verfolgt und hatte Schmerzen in der Brust. Am selben Abend, während er mir schrieb: «Du hast mich enthauptet», schrieb ich ihm einen menschlichen Brief, um die ideologische Grausamkeit auszugleichen. Er war natürlich überwältigt – sowohl von der Grausamkeit als auch von der Liebenswürdigkeit. Er kam nach Louveciennes. Wir schlossen Frieden. Frieden. In der Nacht, im Atelier, nachdem Eduardo und Hugh schlafen gegangen waren, sagte er: «Ich wehrte mich gegen deine Fürsorglichkeit und Wärme. Du weißt, warum. Du quälst mich, wenn du wie eine Frau an mich herantrittst, die mir nicht gehören kann. Ich bin ein Extremist;

entweder gehörst du mir, oder du mußt ein Mann sein. Wenn ich Henry wäre, ich würde dich niemals teilen.»

«Gute Nacht.» Er war so bewegt, daß er mich an sich zog für einen halben Kuß, keinen wirklichen Kuß. Und das war alles. Wir verstanden uns. Er bewundert mich jeden Tag mehr und fühlt sich immer mehr zu mir hingezogen. In puncto Frauenkenntnis ist er wie ein Kind. Er liebt meine Stärke.

Die nächsten Tage in Louveciennes vergingen mit dem Abwerfen von Schuppen, Schalen, Krusten, Masken. Er wurde zunehmend sensibler, mehr er selbst; er begann zu leuchten. Dieser kleine Körper, wie ein Skelett, ohne Fleisch. Alles Gedanke und Sensibilität, wärmer unter der Berührung, als ich gedacht hatte.

An dem Tag, als ich nach Paris fahren mußte, um Henry zu treffen, wollte er, daß ich den Zug verpasse. Spielte mit dem Gedanken, mit mir nach Mexiko zu gehen, statt von Henry und mir dorthin mitgenommen zu werden. Er sagte, Eduardo könne mitkommen, weil er mich ihm nicht wegnehmen würde; aber Henry und Hugh würden mich ihm wegnehmen. So fasziniert von seinen Plänen, daß ich meinen Zug tatsächlich versäumte, während Fraenkel sagte: «Du solltest so sorgfältig bewahrt, behütet werden. Bei Henry und Fred hatte ich nie dieses Gefühl. Sie sind stark, und sie versuchen nicht, so schwierige, so seltene Dinge zu tun wie du. Es ist bemerkenswert, wie du dein Leben in der Balance gehalten hast, obwohl es so voll ist, in allem so voll.»

Realität. Ein Sommertag, in dem ich mich eingebettet fühle wie in das Innere einer Frucht; ich blicke auf meine lackierten Zehennägel, den weißen Staub auf den Sandalen, den sie in den ruhigen verschlafenen Straßen angenommen haben, sehe, wie sich die Sonne unter meinem Kleid und zwischen meinen Beinen ausbreitet, wie das Licht die silbernen Armreifen glänzen läßt, rieche den Duft aus der Bäckerei, das *petit pain au chocolat*; Autos mit blonden Frauen wie auf Bildern in *Vogue* fahren vorbei; und dann sehe ich die alte *femme de ménage* mit ihrem verbrannten, vernarbten eisengrauen Gesicht und lese von dem Mann, der in Stücke gehauen wurde, und dort vor mir ist der Torso eines Mannes auf Rädern, und immer noch duftet das Parfüm des Friseurs nach Realität.

5. August 1935

Als ich ankam, hatte Henry sein ganzes Geld ausgegeben und nichts zu Mittag gegessen; also aßen wir erst einmal am Tisch in der Mitte des Zimmers, und dann legten wir uns ins Bett, und es ist merkwürdig, daß wir unsere Körper so völlig anders plazieren als die gewöhnlichen Stellungen der menschlichen Körper, so daß unsere beiden Leiber auf dem Höhepunkt unseres Vergnügens nicht menschlich aussehen, sondern wie Tiere, Bocksgestalten, Baumwurzeln... Nicht wiederzuerkennen. Nicht Henry, nicht Anaïs, so verschlungen und verändert durch Sinnlichkeit. Dann scheinen wir wieder Essen zu machen, und ich schneide eine Aubergine in Scheiben und achte darauf, sie saftig zuzubereiten. Und wir sinken in einen tiefen Frieden, liegen auf der Couch, sprechen über Opium – das Opium des Schlafs und das Opium des Aktivseins. Henry hatte gesagt: «Wenn ich traurig bin, schlafe ich.» Und plötzlich verstand ich, daß ich handeln mußte, wenn ich traurig war.

Als ich aus der kleinen Küche komme, stoßen unsere Körper gegeneinander, streifen sich, schmiegen sich ineinander; und inzwischen schreibe ich die Rank-Geschichte, wie sich unsere Temperamente trotz vorhandener Leidenschaft nicht vertrugen.

Zum Frühstück scheint die Sonne auf den Balkon. Ich hänge das Bettzeug über das Geländer. Wir spülen ab. Wir schreiben. Henry ist aufgrund meiner Kritik an gewissen, allzusehr auf Fakten beruhenden Stellen seines Hundert-Seiten-Briefs an Fred gereizt, und er schreibt noch etwas dazu und macht ein hübsches kleines Buch daraus.

Ich schlage vor, daß wir das Feuer mit diesem Brief eröffnen, um Subskribenten zu bekommen, und nicht mit dem esoterischen und nur als limitierte Auflage erschienenen *Scenario*. Wir nennen ihn *Aller Retour New York*. Wir sprechen über die Unterschiede, die elementaren Unterschiede zwischen Fraenkel, Henry und mir. Henry spricht über Seelenunterschiede und darüber, wie er, selbst wenn Fraenkel recht zu haben scheint, auf tiefere Weise recht hat, irgendwo näher an der Seele und etwas mehr Göttlichem. Während er von Fraenkel spricht, denke ich an Rank und schreibe über Rank.

Fraenkel bewundert meinen Brief an ihn, der ein tödlicheres, genaueres Ziel anvisierte. Er verriet sich in der Uferlosigkeit von Henrys fünfzehn Seiten ungereimter, vom Instinkt gelenkter Attakken. Henry hat eine gute Nase, aber keinen guten Verstand. Aber seine Nase ist sehr gut. Wo Henry wittert, riecht, wo er hinpinkelt, liegt mit Sicherheit etwas im argen! Und dann suche ich nach der Ursache, und wir wissen es. Gemeinsam sind wir tödlich! Wenn ich seine Nase beben sehe, wenn er schwitzt und flucht, weiß ich, wir sind auf der Fährte, aber häufig verirrt er sich auf halbem Weg. Und an diesem Punkt komme ich und stecke die Nase in die Luft, aber mehr wie ein Flugzeug oder ein Leuchtturm!

Manchmal fürchte ich, das Tagebuch vermittelt ein armseliges Bild, weil ich Kunst und Ideologie, den eigentlichen Inhalt der Gespräche mit Rank, die Kritiken, Bücher, Entdeckungen, Theorien weglasse. Aber ich schreibe nicht das Buch, das alle Bücher enthält. Ich erfasse nur das Leben, das sich um und hinter den Büchern abspielt. Finde Motive für Handlungen, in meinem Fall, um andere zu entschuldigen und zu rechtfertigen. Ich bin wie der Wärter der Python, von dem Rebecca [West] erzählte. Als er gefragt wurde, wie er die Python füttert, ohne sein Leben zu riskieren, antwortete er: «Oh, ich füttere sie mit einem Stock, weil sie nicht genug Verstand hat, um den Unterschied zwischen einer Hand und einem Stock zu erkennen.»

Henry hatte wie gesagt Angst, sein altes Nest (unsere Ateliergemeinschaft) zu verlassen, weil er fürchtete, es zu verlieren. «Du denkst, du wirst zurückkommen, und es geht dir wie in manchen Träumen; du findest 17, Villa Seurat, und 19, aber nicht 18.»

Henry, der mehr und mehr *Mann* wird, fängt an, sich über Hughs Vaterrolle zu ärgern. Sich von Hugh sagen zu lassen (finanzielle Situation), wohin er zu gehen, was er zu tun hat. Gutes Zeichen! Wenn wir über Reisen sprechen, sagt er, er würde gern eine Reise machen, wenn das Geld von ihm käme. Negativer Wille. Er will im Oktober nicht woanders hin, weil er glücklich ist. Aber ich muß weg von Hugh.

Hugh hat in der Astrologie eine Sprache gefunden. Nun kann er alles sagen, was wir sagen, und alles verstehen, was wir sind und sagen. Alles, was ich früher beklagte, war seine mangelhafte Ausdrucksfähigkeit. In der Astrologie ist er kreativ und aktiv und ausdrucksstark.

Henry glaubt an Leben, Liebe, Geld wie ein Kind. Es wird immer von Gott, von irgendwoher kommen.

Arbeite an diesem Tagebuch, kopiere, was ich in der Villa Seurat in ein Notizbüchlein kritzle. Notizen zur Rank-Geschichte und Abschrift des New-York-Tagebuchs. Erlebe dabei noch einmal die wundervolle New Yorker Intensität. Tippe für Eduardo. Sonnenbäder. Federball. Ein Tag in Louveciennes. Briefe von John und [Norman] Bel Geddes. Aber ich schreibe kein einziges Buch. Ich schreibe umständlich, peripher, um alles herum. Der Geliebte, der so heiß erwartete *Geliebte* war eine weitere Schwangerschaft, ein Zustand, der Glückseligkeit ist. Wie sehr bedaure ich jedesmal, wenn er endet, das Medikament, das das unkreative Blut wieder fließen läßt. Es hat keinen Sinn. Ein Kind ohne Kaiserschnitt ist nicht möglich, und ein Kaiserschnitt ist bei meinem Herzen und Allgemeinzustand gefährlich.

Wessen Kind?

Laut Fraenkel ist der spontane Gedanke der klarste, der reinste. Ich sage, Furcht vor der Kritik zeitigt Kristalle beim Schreiben. Makellose, kristallene Sätze, Perfektion, ausgefeilte Darstellung von unmenschlichen Dingen, wie mein erster Stil in «Alraune». Aber solche Kristalle sind den Leuten zuwider. Keine menschlichen Unvollkommenheiten, Feuchtigkeit, Wasser, Schweiß, Ausstrahlung, Atem, Körperwärme, Geruch. *Inattaquable*, die unanfechtbare Oberfläche von Worten. Die großen Dinge, die im Tagebuch ausgelassen sind, findet man in den Büchern von Rank, Henry, Fraenkel, im Surrealismus, bei Artaud, der Psychoanalyse, Breton, in der Zeitschrift *Minotaure*.

10. August 1935

Zwei Tage Weißglut.
Übervoll von Denis Seurats *Modernes*, von Ideen, Sätzen, Plänen, Bildern, Ekstase. Muß Henry sofort berichten. Drohe, ein pikantes Buch zu schreiben über seine Schriftstellerei, über ihn persönlich, um ihm einzuheizen. Wir sprechen über Spanien. Ich habe das Gefühl, sehr scharfsinnig zu sein, zu glühen. Gespräch über die Klassik. Wir schreiben fröhlich, nachdem wir den Seelenschmerz abgeschüttelt haben. Den Schmerzkult beim Schreiben. Ich bin so überrascht, ohne Schmerz schreiben zu können, daß ich denke, ich schreibe gar nicht mehr.

Im Oktober ziehe ich aus. Ich opfere für Henry New York. Was mich betrifft, ich möchte nach New York gehen, mit Henry, um zu analysieren, zu genießen, frei zu sein. Henry will Europa. Ich bin jung. Ich kann warten. Ihm fehlt der Mut, um neue Welten zu erobern. Ich kann warten.

Als ich schrieb, daß ich verliebt bin, kündigte John Erskine sein Kommen an, Allendy bat um ein Rendezvous, Fraenkel verfiel meinem Zauber; aber nichts davon ist groß genug oder gut genug. *Alors? J'attends.*

Jetzt, nachdem Rank gegangen ist, kann ich ihn nach Lust und Laune und besser lieben; ich bin frei, das an ihm zu lieben, was ich an ihm lieben kann. Ich brauche den Abstand.
Ich verschenke alles, was ich hervorbringe. Überschütte Henry mit Feuer, Ideen, Visionen. Riet ihm, die unmögliche Synthese des Lawrence-Buchs aufzugeben und sich mit den in sich perfekten Fragmenten zufriedenzugeben.
Packe, um Rebecca in Rouen zu treffen.
Bleibe, schreibe ausführlich über Henrys Nase, Ohren, Mund, Haare, Hände, Haut, Muttermal. Der Körper des Geliebten sollte vollständig erforscht werden. Beschreiben ist ein Liebesakt. Vielleicht möchte ich über ihn schreiben statt über meinen Vater oder

über Rank, als einen weiteren Akt der Liebe. Die höchste wirkliche Liebe.

Vorgestern arbeitete ich, bis mir ein paar Äderchen in den Augen platzten.

Schreibe ich über Rank, um ihm nah zu sein? Ich mußte aufhören, weil mich beim Lesen seiner Briefe das Mitleid übermannte.

Am Abend betrank ich mich mit Eduardo und Hugh. War witzig. Am nächsten Morgen sagte Hugh auf dem ganzen Weg nach Paris, er denke dauernd darüber nach, wie sehr er mich liebe und wie wundervoll es sei, mit mir zu leben. Doch Eduardo sagt, er habe das größte Mitleid mit jedem, der versucht, mein Ehemann zu sein!

Ich brauche nicht mehr zu leiden. Ich habe mir eine Seele geschaffen, so groß wie die Welt, die überall leckt, und ich muß ständig den Klempner rufen.

Alles schreiben, was ich in und um Henry sehe. Nur schreiben, was ich sehe. Ich sehe stets Hunderte von Dimensionen. Ich sehe wie eine Trinkerin.

In New York ging ich John aus dem Weg, als mir klarwurde, daß er mich nach wie vor erregen konnte. Jetzt ist er verärgert. Gestern abend, im Auto, als wir im Dunkeln sangen, wußte ich, daß ich ihn sinnlich begehrt hatte und daß ich seinen Körper immer noch gern auf mir hätte, das ist alles – eine sehr animalische Reaktion. Nur ein Wunsch, in diesen großen sinnlichen Körper hineinzubeißen und diese sinnliche Stimme wohlig grunzen zu hören. Ich denke gern an den Tag, als wir beide so geil waren. Ich denke gern daran, John ganz «steif in der Hose», wie er sagte, was mich damals schockierte – ich meine den Ausdruck, nicht das Gefühl.

Ich schrieb nie über den Abend mit Rebecca in New York, über die Nächte in Harlem, das Jonglieren und den Jahrmarkt auf dem Broadway, über das Tingeltangel, an dem ich Gefallen fand. Ich liebte das Vulgäre daran. Broadway-Shows. Broadway bei Nacht. Dinner im Rainbow Room mit meinem alten Bewunderer Mr. Freund, der immer noch an Monte Carlo denkt, an Nizza, den Ball im Eden Hotel. George Turner, der an einem heißen winterweißen Nachmittag kam, ein leicht verwelkter Don Juan, Körper zu ähnlich dem von Hugh, und er erinnert mich an Hugh, bettelt. Es war leichter, ja als nein zu sagen. Leichter, sich hinzulegen als sich zu wehren, wie ich es bei anderen Gelegenheiten tat. Fühlte mich sehr leicht und unberührt nach George, genoß den Verrat an Rank. Als er wenige Minuten später hereinkam, angespannt, so verunsichert vor Liebe, freute ich mich, daß ich ihn betrogen hatte. Niemand hat das Recht, sich so an einen Menschen zu klammern, wie Rank das getan hat.

Bedeutung der Augenblicke *de bonheur simple* in zeitgenössischen Büchern. Verherrlicht, weil für uns, die Neurotiker, so selten wie Ekstase und Tragödie für andere. Harriet Hume, die aus der Tüte Kirschen ißt, Colettes heiße Schokolade, meine Tasse Kaffee bei Roger Williams.

---

12. August 1935

Rebecca stürzte sich kopfüber in ihre glücklichste Liebesaffäre. Sagt, sie habe das Gefühl, es mir zu verdanken. Ich gab ihr Vertrauen während unserer Gespräche im Crillon, um die Hürde zu nehmen. Ich erahnte die Situation ziemlich genau. Trafen uns alle in Rouen, Hugh, Eduardo und Rebecca, in Chablis- und Burgunderlaune. Die heitersten Gespräche mit plötzlichem Tiefgang. Gärstoff Bewunderung. Ich für ihre üppigen Brüste, ihre Zigeunerhaut, ihre feurigen Augen, ihren Humor und ihre Ironie. Sie für meine «Schönheit»! und meinen Akzent. Als wir über die Brücke gingen, blieb sie stehen, um mich zu küssen, weil ich *cow-webs* sagte mit der Betonung auf *cow*, die Milchgeberin. Große Herzlichkeit, und sie bescheiden und ängstlich: «Hast du dich gelangweilt?» Genießt die Toleranz in Frankreich. Ißt herzhaft und phantastisch zu jeder Tageszeit. Am Vormittag spazieren wir durch Rouen. «Was für schöne Füße du hast. Wie hübsch du bist.» Am Abend zuvor, während Hugh den Wagen in die Garage brachte, gehe ich in ihr Zimmer, und wir sprechen über «Tommy», und ich gebe ihr lachend mehrere sehr innige Gutenachtküsse auf die Wange. Energie und

Erregtheit zwischen uns. Ich trank und nahm eine Droge, in Hochstimmung. Wir fahren zurück. Machen eine Komödie aus dem
nachlässig geführten Haushalt in Louveciennes. Wir lachen über
Emilias Unzulänglichkeiten. Ich erröte längst nicht mehr. Wir lachen. Sie liegt vormittags im Bett. Hugh und Eduardo sind gegangen. Wir verbringen den größten Teil des Tages, indem wir unsere
Lebensgeschichten ausbreiten, die unheimlich ähnlich sind. Ich
lasse sie die Einleitung zur Vatergeschichte lesen. Sie kann sie nicht
zu Ende lesen, weil ihr die Tränen kommen.

Wir machen einen Spaziergang und verirren uns im Labyrinth
unseres Gesprächs und stellen fest, daß wir in Marly sind statt zu
Hause, wo wir zum Abendessen erwartet werden. Wir müssen
Hugh anrufen, damit er kommt und uns rettet.

Sie hat eine scharfe Zunge und leidet gewiß nicht an Naivität.
Werde ich in ihrem Alter auch so bissig sein? Sie beschreibt Menschen erbarmungslos. Ihr Humor. Ihr Gebärdenspiel ist ungezwun-
gen, derb, sehr reizvoll. Sie sieht am besten aus, wenn sie auf der
Couch liegt, schlampig und faul, mit ihren sehr kräftigen Beinen
und üppigen Kurven, wobei sie mir irgendwie das gleiche Unbehagen verursacht wie Dorothy [Dudley]. Ich trug meinen Pyjama und
fühlte mich versucht, mit ihr zu schlafen, ihre Brüste zu liebkosen.

Als sie von meiner Kindheit las, sagte sie: «Es war ganz genauso.
Erinnerst du dich auch an die bunten Steine in den Fenstern?»

Bei ihrer Analyse legte sie eine Erinnerung frei – ihr Vater
vergewaltigte sie. Die Analytikerin sagte, dies sei bei Frauen eine
häufige Wahnvorstellung, ein Traum, ein Wunsch, eine Furcht;
bezweifelte die Echtheit der Erinnerung. Rebecca sagte, sie sei
echt, aber jetzt wüßte sie es nicht.

Zwei Dinge habe ich ihr nicht erzählt – ich wagte es nicht –, meine
Liebesgeschichte mit meinem Vater und daß ich mein Kind getötet
habe. Ich weiß nicht, wie weit sie mir in die Fremde folgen wird. Sie
kommt aus ihrem steifen englischen Leben, fühlt sich befreit durch
Frankreich und frei und leidenschaftlich – und wie ein «Schwein»,
wie sie sagt –, aber wie frei?

«Du bist so voller Leben», sagte sie.

Sie bewundert mein heiteres Wesen. Ich zeige das innere Chaos
nie. Und im Leben bin ich stärker und freier gewesen. Mit zweiundvierzig sagte sie. «Ich werde für ‹Tommy› auch ein Atelier nehmen.
Wie klug du dein Leben einteilst, Anaïs.»

Während ich warte, bis sie aufwacht, schreibe ich mein New-York-Tagebuch ab. Rank mischt sich lebhaft in die Gegenwart. Rebecca gefällt entschieden nicht, was Henry schreibt. Findet mein Vorwort zu *Wendekreis des Krebses* eine wundervoll lebendige Sache, die nichts mit dem Buch zu tun hat. «Er hat keine Vision», sagt sie.

Im Atelier bemerkte sie, sie habe nie so ernste Bücher in einer so fröhlichen, lockeren, verspielten Atmosphäre gesehen. Die ganze Bedeutungsschwere, umgeben von Kastagnetten, Spitzenschals, Aquarien, bunten Steinen, orangefarbenen Wänden, Kostümen. Analyse gehüllt in Poesie und Wohlgeruch.

Gestern trug ich mein schwarzes Kleid, das ich so oft für die Analyse und für Rank getragen habe. Die zwei Schlitze zeigen den Brustansatz. Rebecca sagte: «Natürlich, es war genau richtig für die Analyse, die so etwas wie ‹Brust geben› ist, um andere zu stillen...»

Rebecca gefiel, daß uns Hugh und Eduardo um elf Uhr vormittags zum Langustenessen einluden aus dem einzigen Grund, weil die Langusten verlockend aussahen, als wir vorbeikamen. Und Hughs hysterischer Lachanfall im Garten wegen Emilias Langsamkeit beim Servieren, eine humorvolle Hysterie nach jahrelanger Geduld mit schlechter Bedienung, weil ich Emilia gern habe und Emilia mich verehrt.

Rebecca gefällt phantasievolles Chaos, ebenso daß wir die Langusten mit den Fingern aufbrechen mußten, weil wir keine Zangen hatten.

Mit Blick auf den letzten Wagen des Zugs sagte sie: «Muß ich da rein? Er ist so unanständig entblößt.»

Im Zug küßte sie mich und sagte: «Ich kann dir nicht sagen, wie wundervoll es war. Es ist, als hätte ich eine weitere Liebesgeschichte erlebt.»

Eine großartige Zeit. Das Brechen ihres konventionellen Rhythmus, der gebrochene Rhythmus, mit dem Henry stets lebt. Ein immer wieder gebrochener Rhythmus *assouplit la fantaisie*, erweitert die Phantasie. Der andere, das konventionelle Leben, tötet sie. Sie sagte, es sei so schön gewesen in Louveciennes, daß sie es den *Mutterleib* nennen würde. «Es lebe die Regression!»

Meine Beschützergefühle ihr gegenüber, obwohl ich zweiunddrei-
ßig bin und sie zweiundvierzig.

Sie sagte, sie sei überwältigt von unserer außerordentlichen
Freundlichkeit. Alles, was wir drei uns ausdachten, ein wahrhaft
königlicher Empfang ohne viel Geld.

Ich bin insofern die Mutter der Gruppe, als ich Hugh, Eduardo,
Henry oder Fraenkel immer voraus bin, wenn es darum geht, etwas
ins Leben zu rufen oder Leben zu geben. Ich bin die Allmutter, die
Henry Kraft und Weisheit gibt, um allein zu bestehen; die Hugh die
Analyse gibt und zum Leben anspornt; die Eduardo seit Jahren aus
seiner Einsamkeit herausholt. Und am Ende, wenn ich Erfolg habe
– Henry, unabhängig und erstaunlich gereift, zeigt jetzt Fraenkel
den Weg; Eduardo hat sich mit Fraenkel angefreundet und wohnt
bei ihm; Hugh, der sein Zigeunerleben in London genoß –, wenn sie
alle flügge sind, auch Joaquin oder die Geigerin, dann blicke ich auf
das leere Nest und weine. Eduardo, in großer Aufbruchsstimmung,
verbrüdert sich schließlich mit Henry; alle sind in Bewegung. Henry
redet wie Rank und entdeckt, was ich schon längst wußte.

Ich bin bewegt, wenn ich auf das Getümmel blicke, das ich
erzeuge, die Veränderungen, die ich bewirke, die Menschenleben,
die ich umgestaltet habe. Dann bekomme ich Angst, Angst, verlassen zu werden. Zu Henry und Fraenkel, zu Rebecca, zu jedem sage
ich das, was Vertrauen gibt. Die Milch, die aus meinen Brüsten
fließt, ist psychoanalytisch, ein Etwas jenseits der Analyse, das aus
Sympathie besteht, Verständnis, Weitblick für das Schicksal der
anderen. Auch Rebeccas Leben werde ich vermutlich beeinflussen,
zur Freiheit hin. Sie gehorchen und folgen mir, sie schleudern mir
meine eigenen Worte ins Gesicht. Henry sagt jetzt, was ich im
dunklen Garten von Louveciennes über Allendy sagte. Aber Henry
sagt mit tiefster Bescheidenheit: «Du weißt das alles. Du hast es
selbst gesagt.»

Aber meine Kinder kommen zurück. Henry liebte mich noch nie
so sehr wie gerade jetzt, wie gestern nacht. Hugh kommt zurück.
Eduardo kommt zurück. Fraenkel ist der Verstockteste unter
ihnen. Mit ihm habe ich weniger Geduld, weil er so *neidisch*, so
kleinlich ist. Er kämpft wie eine Frau, mit billigen Mitteln. *Il est le
plus malade.*

Hugh war während Rebeccas Aufenthalt aus einem mir unbekannten Grund hellauf entzückt von mir. Mir scheint, wenn sie mich so lebhaft und entflammt sehen, wollen sie mit dieser tanzenden Flammengestalt schlafen.

Eduardo, der jetzt das Vergnügen ausführlicher Gespräche, wie ich sie in Clichy erlebte, entdeckt, legt seine Zurückhaltung ab. So oft hatte ich versucht, ihn zu beteiligen. Ich war es, die seine gelegentlichen Aufenthalte bei Fraenkel anregte. Ich sagte: «Pendle zwischen Paris und Louveciennes. Bleib ein paar Tage dort. Unterhalte dich, genieße die Menschen.» Und nun gehorcht er und geht hin, und es gefällt ihm – und ich werde trübsinnig vor meinem leeren Nest!

Als ich gestern zum Frühstück in die Villa Seurat kam, war es Eduardo, der sich aus Fraenkels Fenster lehnte, um fröhlich zu pfeifen. Frühstück mit Eduardo und Henry, die mir eine Zusammenfassung von drei Tagen mit Fraenkel geben. Erzählen mir, daß die Beschreibung von Schizophrenie auch auf ihn paßt. Inwiefern *Wendekreis des Krebses* ein kannibalisches und sadistisches Buch sei. Der Henry jener Periode, zu dessen Zimmer ich ging und in dessen Überempfindlichkeit ich direkt eindrang, hindurchging und auf die andere Seite dieses Gebäudes gelangte, dieser Haltung, dieses Buchs, das er zwischen sich und die Welt stellte, um die Schläge zu parieren.

Mit Fraenkel sprachen wir über Rebecca. Sie gefiel ihm als Frau. Ihre Gesundheit. Wir sprachen über den Vorsprung, den ich habe aufgrund meiner Kraft zu handeln, zu tricksen, zu täuschen, zu lügen, ein abenteuerlicheres Leben zu führen. Ich sagte zu ihm: «Statt es tricksen zu nennen, könntest du ein hübscheres Wort wählen und von meiner Kreativität sprechen.» Diese Kreativität bewundert Fraenkel. Wir waren uns einig, daß Rebecca realistischer ist als ich. Außerdem eine klassische Schriftstellerin, während wir Phantasten sind.

In der Nacht, Henry und die Liebe. Überschüttet mich mit Küssen. Er legt meine Hand auf seinen Penis. Halb schlafend, halb träumend ficken wir, bis er mich zu einem Paroxysmus erregt. Wellen und Wellen der Begierde. Wir schlafen umschlungen ein. Ich erzähle ihm, daß ich zu Rebecca sagte, ich würde ihn heiraten. *There was a harvest moon* [Vollmond um die Tag- und Nachtgleiche].

17. August 1935

Meine *inconscience du monde*, die mich in Richmond Hill ein kirschrotes Samtkleid tragen ließ, um nach New York zu fahren und für Richard Maynard Modell zu stehen.

Gestern war ein bedeutender Tag für meine schriftstellerische Arbeit. Am Abend zuvor gingen wir aus mit Eduardo, Rodina und ihrer lesbischen Freundin Carol und mit Hugh. Ins Bal Tabarin. Ich war müde von dem orgiastischen Tag mit Rebecca, von dem Tag und der Nacht mit Henry. Mehrere Sätze dröhnten in meinem Kopf: *rêve éveillé, Wachtraum*. (Prousts Analyse.) *L'extase joint à l'analyse*. Es gefällt mir nicht, daß mein weiblicher Realismus so von meinem Traum-Ich getrennt ist.

Gestern vormittag ging ich zu Elizabeth Arden, um meine Haut auffrischen zu lassen. Als ich dort lag, sank ich in eine Art Halbtraum, der mich an den Zustand der Äthernarkose erinnerte, aber auf angenehme Weise. Dann sah ich sowohl die Wirklichkeit als auch das Unbewußte; sie verschmolzen oder wechselten sich harmonisch ab. Hugh hatte ebenfalls gesagt, ich sei zeitweilig verrückt. Das Zwischenstadium, die Grenze zwischen Normalzustand und Phantasie und Neurose, das war es, was ich wollte. Ich begann wieder, über meinen Vater zu monologisieren, nicht über Rank. Ich eilte zu Henry. Er hatte eine Besorgung zu machen. Ich saß an seiner Schreibmaschine und schrieb sehr schnell fünf Seiten in einem neuen Stil, beginnend mit der Gegenwart, im Salon von Elizabeth Arden, über die Füße meines Vaters. Ich weiß jetzt, wie ich dieses Buch schreiben werde.

Notizen: Immer Äther. Hinein und hinaus aus dem Tunnel von Bewußtheit und Unbewußtheit mit ganz realistischen Details und dem Optimum des Wachtraums.

Zur gleichen Zeit erhalte ich Zuspruch von Dorothy Dudley, großes Lob sowohl für meinen Roman als auch für «Alraune». Sie sagt, im Roman habe ich mit der Beschreibung von Beziehungen zwischen Frauen Pionierarbeit geleistet. «Alraune» sei die blaue

Flamme, die reine Kommunion. Für mich ist der Roman das Feuer. In «Alraune» bin ich am meisten ich selbst, weil sie eine Kommunion mit meiner Vision ist. Die Henry-Figur in dem Roman könne man riechen. So dramatisch und kraftvoll. Dazu kam ein begeisterter Brief von Katrine, die meine Arbeit ihrem Schwiegersohn, einem Verleger, zu lesen gab.

Und obendrein kann ich jetzt Wein trinken, ohne daß mir schlecht wird. Also, an die Arbeit!

18. August 1935

Nach der Reinschrift von «Alraune» schrieb ich über das Verbrennen der Tagebücher im Vater-Buch. Mir scheint, daß ich auf diesem Weg nicht mehr steckenbleibe. Ich imitiere das Tagebuch, versuche möglichst den gleichen echten Ton und die Fülle zu erreichen.

22. August 1935

Kam sehr angeregt aus der Villa Seurat nach Hause, kopierte zehn Seiten des New-York-Tagebuchs (ich muß die fieberhaften Abenteuer und Triumphe von New York immer wieder durchleben); dann schrieb ich in Hochstimmung zwei Seiten über Musik für mein Vater-Buch. Musik. Das ist eines der Schlüsselworte. Musik. Er, der Musiker, ließ die Welt für mich singen, ließ mich weder singen noch tanzen. «Ich konnte nie um dich herumtanzen. O mein Vater. Niemand tanzte je um dich herum. Sobald ich dich verließ, mein Vater, hob die ganze Welt zu singen an.»

Neurose: Jeden körperlichen Gewinn schreibe ich einer Schwangerschaft zu. Weil ich zugenommen habe, laufe ich zum Doktor, um mich untersuchen zu lassen. Ich kann noch immer nicht an Glück glauben. Sehnsucht nach New York, den romantischen Abenteuern, nach dem Vergnügen und der dortigen Intensität. Nicht mehr nach Rank.

Joaquin schickt uns seine ersten Tantiemen für seine Sonate, siebzig Francs. Henrys erste Tantiemen fließen in den Druck seines *Scenario*. Henry ist so menschlich.

Rebecca schreibt mir einen gnadenlosen Brief über Fraenkels Buch, das sie miserabel findet, weil es nichts enthält, was nicht auf zwei Seiten gesagt werden könnte. Sie hält es für inhaltslos und monoton. Ihrer Meinung nach scheinen weder Fraenkel noch Henry irgendeinen Sinn für Wirklichkeit zu haben, die schließlich die Basis für die Literatur sei – oder das Leben. Sie findet, sie sitzen herum und reden über ein imaginäres England, imaginäre Leser von D. H. Lawrence; ergehen sich in Platitüden. Sie glaubt nicht, daß sie durch den Kontakt mit mir etwas lernen; es sei nur eine ungeheure Kraft- und Zeitverschwendung, und sie würden nur nehmen und meine mütterlichen Instinkte befriedigen, aber ich sollte mich nicht ablenken lassen und meine eigene Arbeit vorantreiben...

Sitze heute abend im Atelier, berauscht von Musik, und schreibe Briefe, tanzende Briefe. Musik gehört zu den Dingen, die mich animieren, stärker als Wein. Ich bin berauscht. Verbunden mit der Welt. Ich schreibe nur, um mit Menschen zu kommunizieren. Ich liebe Menschen.

Henry ist genauso eifersüchtig wie ich. Er läßt mich nicht mit seinen jungen und gutaussehenden Freunden zusammenkommen. Es hat lang gedauert, bis ich Henrys Liebe vertraute. Ich wollte nie meine Sachen im Atelier lassen, weil ich mich an die Geschichte erinnerte, wie seine Frau eines Tages feststellte, daß June ihren Kimono trug. Ich stellte mir vor, daß er eine Hure meine Sachen tragen ließ. Dachte an seine anderen Entweihungen und meine eigene Lust daran.

Bei Monologen gibt es keine Interpunktion.

Ich liebe alle Dinge in ihrer unnormalen, unwirklichen Größe. Entweder zu groß oder zu klein.

Louveciennes. Hugh ist meine geistige Gesundheit. Sonst erschiene mir die Welt wie ein heilloses Durcheinander. Bei Hugh ist Gesundheit, Frieden, keine Veränderung, ewige Liebe, Gewohnheit. Aber Henry beschützt mich mehr. Als Fred sagte, einige Teile meines Romans würden auf französisch lächerlich klingen (genau wie Lawrence) und ich in Tränen ausbrach, verteidigte mich Henry, kam zu mir, legte die Arme um meinen Kopf und stand dicht bei mir, während er sprach.

5. September 1935

Eines Nachmittags in Fraenkels Wohnung entwarfen Eduardo, Henry, Fraenkel und ich gemeinsam ein Stück über das Thema von Fraenkels Tod. Er bittet uns, an seinen Tod zu glauben, so wie die Leute an den Tod Christi glauben, denn erst wenn wir an seinen Tod glauben, kann er auferstehen.

Henry starb nie so, obwohl er durch die gleiche Leidenshölle ging. Vielleicht, weil er sein Elend tatsächlich erlebt hat; weil es nicht durch Frustration verursacht wurde. Frustration bewirkt Tod. Leiden, richtig und wirklich leiden, tötet nicht.

Ich sagte zu Henry: Weil er so genau weiß, daß Weisheit hinderlich ist, um zu leben, würde er immer auf einem Ausgleich bestehen, einen Tag vernünftig und einen verrückt! Daß er besser ist, wenn er Unsinn schreibt – Phantastisches oder Possenhaftes wie in seinen Briefen aus New York als Weisheit zu verkaufen. Er kann nicht mit Weisheit schreiben wie Keyserling oder mit dem gütigen Ernst eines Duhamel. Er weiß nicht; er hat nur seine verrückte, wahnsinnige, phantastische Art zu sehen. Er ist völlig verdreht. Eines Abends sagte er sehr ernst, nachdem ihm Fraenkel bewiesen hatte, daß er aus Menschen immer Karikaturen macht: «Ich will nicht mehr verdreht sein.» Er fühlt sich zur Weisheit hingezogen; sie fasziniert ihn. Er besitzt sie nicht, ausgenommen in großen intuitiven Geistesblitzen, denen viele Rückfälle folgen.

Ich habe herausgefunden, wie ich alles, was ich täglich denke oder fühle, in ein Buch einbringen kann, das nicht das Tagebuch ist. Mein Vater-Buch ist wie das Tagebuch geschrieben. Natürlich paßt nicht alles hinein, aber fast jeden Tag denke oder tue ich etwas, das sich auf diese Geschichte bezieht. Mein Vater-Buch ist gut, weil unmittelbar geschrieben. In diesem Buch behandle ich Henry humorvoller, sorgloser. Henry bekam einen Lachanfall wegen seines ersten Auftritts – und weil ich ihn nachahme mit seinem «Everything is good». Ich habe weniger Respekt oder Naivität, aber nicht weniger Liebe. Ich arbeite langsam, handschriftlich, während Henry die Max-Geschichte* schreibt.

Fraenkel gegen Henry. Hugh gegen mich. Den Farblosen, die keine großen Gesten machen, wird mangelnde Großzügigkeit vorgeworfen. Henry und ich schenken auf attraktive Weise, illusorisches Schenken, nicht in Wirklichkeit. Aber die Welt braucht illusorische Geschenke oder das Geschenk der Illusion.
Ich trauere Rank nicht mehr nach.

Wieder einmal sitze ich fest, in einem zu schmalspurigen Leben, obwohl es weiß Gott voll genug ist. Ich habe rund hundert Seiten meines Vater-Buchs geschrieben. Montag vormittag verlasse ich Louveciennes mit Hugh; ich gehe in die Bank, um das New-York-Tagebuch, das ich fertig abgeschrieben habe, ins Safe zu legen. Ich nehme ein Taxi in die Villa Seurat. Als ich ankomme, treffe ich Eduardo mit einer Milchflasche im Arm für sein Frühstück mit Fraenkel. Wir küssen uns auf den Mundwinkel. Ich laufe nach oben. Henry öffnet die Tür, gerade als ich anklopfen will. Er fühlt mich kommen. Er ist gut gelaunt, weil er einen Brief von einem neuen Bewunderer erhielt, und wir machen uns an die Arbeit, um die Subskriptionsformulare für Nummer eins der Siana-Reihe, *Aller Retour New York*, zu verschicken. Ich schreibe eine Menge Briefe. Dann kaufe ich für das Mittagessen ein. Eduardo trägt meine Einkaufstasche, so daß wir uns unterhalten können. Der Junge, den er liebt, ist ein Strichjunge; er «arbeitet» im Café Sélect;

---

* Die Geschichte von Henry Millers zufälliger Bekanntschaft mit einem bettelnden Flüchtling in Paris erschien erstmals in der Sammlung *Max and the White Phagocites*, Obelisk Press, Oktober 1938, und im ersten Heft der amerikanischen Zeitschrift *The Phoenix*, Herbst 1938.

und trotz der Horoskope, die auf Liebe zwischen ihnen hinweisen, meint der Junge, er müsse an seiner Laufbahn festhalten, und Eduardo ist traurig.

Henry und ich essen zu Mittag. Er ist sehr zärtlich. Wir machen ein Schläfchen. Er nimmt mich so heftig, daß ich zu ihm sage, er muß eine Superfrau fürs Bett erwischt haben. Ich bin so elastisch und biegsam, liege mit so hochgereckten Beinen, der Rücken gebogen und biete das Ganze wie einen Blumenstrauß dar, und Henry liebt es, es zu beobachten, es zu sehen, ganz rot und glänzend, während er aufreizend hinein- und herausgleitet. An einem bestimmten Punkt verliere ich völlig den Kopf, werde rasend und wie verrückt, ganz Sex, blinder Sex, ohne Identität oder Bewußtheit. Und Henry, völlig außer sich, sagt: «*You son of a bitch*», worüber ich lachen muß. Lachend schlafen wir ein. Die schwarzen Samtvorhänge sind zugezogen. Henry schläft tief und fest.

Die *femme de ménage* spült das Geschirr. Ich nehme ein Bad. Ich ziehe das korallenrote Kleid mit dem Schalkragen an, verstecke es unter einem schwarzen Cape und schaue bei Richard Thoma vorbei, um mir das «Alraune»-Manuskript zurückzuholen, das ich ihm geliehen habe, sowie mein Exemplar der Zeitschrift *Minotaure*. Er erzählt mir, er habe ein Kleid für mich entworfen. Er gehört nicht in unser surrealistisches Zeitalter. Er ist ein Romantiker und Symbolist. Er erzählt mir keine absurden Geschichten wie damals, als er uns besuchte, weil er weiß, daß ich sie nicht glaube, obwohl ich sie mag und weiß, daß sie die Verlängerung seiner schriftstellerischen Arbeit sind.

Ich kehre zu Henry zurück. Bringe ihm eine Schachtel Talkumpuder mit. Mache Kaffee für ihn. Wir arbeiten bis zum Abendessen. Er liest, was ich über meinen Vater geschrieben habe. Er sagt, es ist gut. Er will ins Kino gehen. Bei den aufregenden Bildern von China nimmt er meine Hand; wir teilen uns unsere Stimmungen durch Berührung mit. Wir kommen schwitzend aus dem Kino. Henry hat Hunger und ißt die übriggebliebene Suppe. In Louveciennes hasse ich Suppen; aber ich koche gern eine Suppe für Henry, weil er sie mag und weil sie dampft, wenn sie auf dem Tisch steht, und das Ganze aussieht wie ein Hafen, dieser Dampf, während es draußen regnet; und Henry ist glücklich, eine feste Bleibe zu haben, und will nicht umziehen.

Dienstag nachmittag gehe ich zu den Harveys. Kahane macht

einen Besuch bei Henry, deshalb schaue ich bei Fraenkel vorbei und bitte ihn mitzukommen. Er ist allein. Er freut sich, mich zu sehen. Henry hält mich von ihm fern. Dorothy erzählte mir, daß Fraenkel in mich verliebt ist. Das wußte ich. Ich wußte, es würde wieder *Werther's Younger Brother* sein: Henry genauso wie in Fraenkels Buch und «Mathilda», die Frau seines Bruders, die Tabu-Frau.*

Nach dem Besuch bei den Harveys sitzen Fraenkel und ich im Sélect. Er ist leicht betrunken. Als ich sage, es sei Zeit für mich zu gehen, weil Henry auf mich wartet, sagt er: «Oh, das ist genau wie Mathilda.» Wir sind alle Opfer unserer zwanghaften Verhaltensmuster und Themen. Als wir zurückkommen, ist Kahane noch da, und wir gehen alle zusammen zum Essen.

Mittwoch. Eduardo kommt mit einem Band der *Encyclopedia Britannica* in «Farbe», um mit Henry zu plaudern. Wir essen gerade zu Mittag. Davor hat mich Henry jede halbe Stunde geküßt; zwischen jedem Brief massiert oder knetet er mich. Um fünf Uhr werden wir rastlos und gehen aus. Schauen in der Buchhandlung vorbei, um das Geld für die Bücher abzuholen, die ich verkauft habe und die 25 Francs wert waren – nach dem Motto: «vom Surrealismus an». Auf der Post kaufen wir ein Zehntellos der Lotterie.

Ich spreche wieder über die notwendige Anonymität, um Hugh, meinen Vater, meine Mutter, Brüder, Freunde, Liebhaber zu schützen. Ich habe an Kahane geschrieben und versucht, ihn zu überzeugen. Um halb sieben muß ich mich mit Hugh treffen und ihm für die Blumen danken, die er mir in die Villa Seurat schickte mit seiner Karte: «Hugh. Kann ich Dich morgen sehen?» Herrliche rote Rosen an die Adresse, wo ich angeblich allein ein Zimmer habe. Fahre zurück nach Louveciennes.

Donnerstag. Nie leiste ich gute Arbeit. Ich fühle mich entwurzelt. Henry fehlt mir. Ich bin den ganzen Tag allein mit dem Radio, Orangensaft, Arbeit; ein Brief von Katrine, in dem es heißt, Jim McCoward habe meinen Roman nicht verstanden: Veröffentlichung in New York kommt nicht in Frage.

---

* Inspiriert von Goethes *Die Leiden des jungen Werther* wählte Michael Fraenkel seine hoffnungslose Liebe zur Freundin seines älteren Bruders (der «verwandelnde Schmerz meines Lebens») zum Thema seines Romans, den er 1930 unter seinem Carrefour-Impressum selbst veröffentlichte.

Ich mußte Emilia sagen, wir würden nach Amerika reisen, weil Hugh sie nicht mehr erträgt und jemand anderen eingestellt hat, und ich kann es ihm nicht abschlagen, weil ich nicht vorhabe, sehr viel zu Hause zu sein, und möchte, daß er gut versorgt ist, wenn wir nach Paris ziehen. Sie weinte, und ich weinte auch. Wäre er nicht gewesen, hätte ich Emilia bis an mein Lebensende behalten – aus Mitleid, Verantwortungsgefühl und Zuneigung –, bis mich die Spinnweben ersticken und meine Kleider verrotten würden, bis ich mich an die schlampige Wirtschaft gewöhnt hätte.

Ich begann, den Roman in Ich-Form umzuschreiben, versuchte, ein wenig ausführlicher zu werden und die Naivität am Anfang herauszunehmen.

12. September 1935

Die Ausführlichkeit ist nicht genug.

Ich schreibe meinem Vater nicht, und er schreibt mir nicht. Ich weigere mich, das gehorsame Kind zu sein, das ihm regelmäßig schreiben muß, wie ich es von New York aus getan habe. *Was ich vor allem hasse, ist ein ganzer Tag in Louveciennes mit meiner Vergangenheit.* Ich muß sehr schnell vorwärtsgehen, um möglichst viele Ereignisse zwischen meine Vergangenheit und mich zu bringen, weil sie immer noch eine Belastung ist.

Gestern eine frivole Nacht mit Bill Hoffman, den Barclay Hudsons, Henri Hunt und Hugh. Helle Lichter, köstliches Diner bei Maxim's, Cabaret aux Fleurs mit Kiki.

Hoffman war wieder begeistert von mir. Er liebt meine Fröhlichkeit. Fragte mich erneut: «Würdest du nicht...?» Er war sehr rot nach vier Wochen Jagd in Schottland. Bei dem Champagner hätte auf der Stelle alles passieren können, den Lichtern, der Musik, der Berührung beim Tanzen, der Wärme der eng aneinander gepreßten Körper, den nackten Brüsten der Tänzerinnen, die ihn neugierig auf meine Brüste machten. Aber am nächsten Tag weiß ich, daß es unmöglich ist.

Henry gegenüber habe ich nie ein schlechtes Gewissen. Er nahm vom Leben immer alles, was es ihm gab. Er lehrte mich zu nehmen. Nichts kann mich hindern, etwas zu wagen, wenn es mich reizt, aber Bill, der in Schottland auf die Jagd geht und seidene Hemden trägt, reizt mich nicht. Jetzt kenne ich richtige Fröhlichkeit, ohne Henry, echte Selbstvergessenheit, und ich weiß, wie es ist, wenn man beschwipst ist, und wenn ich einen Schwips habe, bin ich witzig, meine Fröhlichkeit ist ansteckend.

Vergnügen. Henry gönnt mir instinktiv nie ein Vergnügen. Er schränkt mich ein. Er ist genauso anmaßend wie Eduardo mit seinem «Nein». Wenn ich ein Kaminfeuer anzünden will, heißt es: nein. Wenn ich ins Sélect gehen will: nein. Wenn ich einen guten Film sehen will, hat er keine Lust, so weit zu gehen, und schleppt mich ins nahe gelegene Alesia, wo mich Langeweile und Flöhe plagen.

Heute habe ich ernstlich erwogen, eine Edelnutte zu werden. Ich möchte Geld, Parfüm, Luxus, Reisen, Freiheit. Ich will nicht in der Villa Seurat eingesperrt sein, um für Schwachköpfe wie Fred und Henrys ängstliche, bürgerliche, schwächliche, jämmerliche Freunde zu kochen. Und die *Vergeudung*! Ich kann nicht so ein vergeudetes Leben führen. Ich muß ständig etwas schaffen oder mich wirklich amüsieren. Ich kann auch nicht stundenlang mit Fred, Benno, Max, Roger, Brassai, Fraenkel herumsitzen.

Eduardo ist da angelangt, wo ich mit June war. Leidet bei der Nähe zum Leben ähnlich wie ich unter Nervosität, Magenverstimmungen, Schlaflosigkeit, Überreiztheit, Ängsten, Hemmungen, der Furcht, sich der Strömung zu überlassen, dem Bedürfnis, sich zurückzuziehen, um Kraft zu sammeln – und Schach zu spielen. *Il vit encore en jouant à la vie.*
    Er identifiziert sich und den Jungen, den er liebt, mit June und mir. Gleichzeitig findet er, wie das bei Liebenden so ist, daß seine Liebesfähigkeit wächst und sich ausdehnt, so daß jeder sein Teil abbekommt – und ich werde geradezu überschüttet! Wir sitzen im Sélect und beobachten, wie sein Junge auf Kundenfang geht. Er trägt einen neuen grünen Hut und Krawatte. Marcel Duchamp kommt vorbei. Er sieht aus wie ein längst vergessener Mann; spielt

Schach, statt zu malen, weil das vollkommener Bewegungslosigkeit am nächsten kommt: die beste Pose für einen toten Mann. Augen aus Glas, Haut aus Wachs.

Und Dorothy Dudley, die überhaupt nicht mehr weiß, wo sie ist, sieht aus wie ein Spitz. Sie erkennt bestimmte Leute, ißt, trinkt. Aber die übrige Zeit blicken ihre Augen wie von einem stampfenden Schiff auf die Welt, unfähig, etwas klar zu erkennen.

Ich habe mir den Jazzbazillus eingefangen. Ein Jazzblutkörperchen, weder weiß noch rot, greift um sich. Ich erwarte jemand. Er ist nicht in Frankreich. Das fühle ich. Wo ist er? Wenn er nicht bald kommt, werde ich mich allein in irgendein gefährliches, gewöhnliches Abenteuer stürzen. Ich habe solche Angst vor gewöhnlichen Abenteuern. *J'ai la fièvre de nouveau* (Ich fiebere von neuem). *Il est en retard* (Er verspätet sich). *Er* geht nicht an französischen Cafés vorüber, wo ich ein Rendezvous mit der Gegenwart habe.

Anne Harvey kommt vorbei und sagt, Brancusi sei *en arrêt*. Er hat seine Philosophie gefunden und wird sich nicht abbringen lassen, was auch auf meinen Vater zutrifft. Sie wollen nicht bewegt werden.

Mir graut davor, mit Henry nach Spanien zu gehen, weil es Cafés, Straßen, Huren, Straßen, Cafés und Kino bedeuten wird. Keine echten, richtig großen oder phantastischen Abenteuer. Cafés. Nichts anderes als hier, wo ich mit Eduardo sitze, Edelzwicker trinke und zusehe, wie seine kleine June – oh, so viel kleiner – Kunden aufliest.

Ich möchte eine Hure werden, aber ich weiß nicht, wie. Soll ich mich ins Café Marignan setzen und von einem Mann mit einem gelben Sportwagen und einem schottischen Terrier abschleppen lassen? Banal. Er, der eine, den ich erwarte, muß Ohren haben. Vielleicht ist er in Spanien.

Ich schreibe mehrere zusätzliche Seiten für mein Vater-Buch, über die Dunkelperiode meines Lebens, unseres Lebens. Eklipsen. Mein Modellstehen für Künstler. Kein Genuß. Mein Leben in Havanna. Das erste Jahr meiner Ehe. Die Würze von Ereignissen. Warum schmeckt man sie oft erst im nachhinein, während man ein anderes Leben lebt, während man jemand das Erlebte erzählt? Während der Gespräche mit meinem Vater lebte die ganze Atmosphäre meiner Kindheit wieder auf. Ich schmeckte die Würze von allem, während wir sprachen. Aber nicht alles kehrt mit derselben Intensität wieder. Vieles, was ich meinem Vater schilderte, sagte ich ohne einen Geschmack im Mund. Einige Teile meines Lebens erlebte ich wie unter Äthereinwirkung und viele andere wie in totaler Finsternis. Einige erhellten sich später; das heißt, der Nebel hob sich, die Ereignisse wurden klarer, näher, intensiver und blieben wie für immer ans Licht gebracht. Warum rückten einige ins Bewußtsein und andere nicht? Warum blieben manche schal, während andere eine neue Würze oder Bedeutung erhielten? Bestimmte Zeiten, wie die, als ich Modell stand und die damals intensiv, beinahe ungestüm schien, hatten nie einen Geschmack. Ich weiß, daß ich weinte, litt, rebellierte; daß ich mich gedemütigt fühlte und auch stolz war.

Die Geschichte, die ich meinem Vater – und Henry – über das Modellstehen erzählte, war weder farblos noch handlungsarm, und dennoch fehlt das Aroma. Sie war nicht unwichtig für den Verlauf meines Lebens, weil sie meine erste Konfrontation mit der Welt war.

Damals entdeckte ich, daß ich nicht häßlich bin – für eine Frau ein sehr wichtiger Augenblick. Es war eine dramatische Zeit von dem Auftritt für die Maler im Watteau-Kostüm bis zum Schluß, als ich das Starmodell des Clubs war, das *Gibson girl*, Covergirl zahlreicher Zeitschriften, das Modell für Bilder, Miniaturen, Plastiken, Zeichnungen, Aquarelle. Ich schrieb sogar einen Roman darüber.[*]

Es stimmt nicht, daß das, was matt oder in einem Unwirklichkeitszustand, in einem Traum oder Nebel erlebt wird, völlig verschwindet, weil ich mich an eine Fahrt durch Louveciennes vor vielen Jahren erinnere, als ich unglücklich, krank, gleichgültig, in einem Traum war. Eine Stimmung, in der man vor Entferntheit blind zu sein scheint, traurig und abgesondert von der Welt. Diese Fahrt, die ich mit schlafenden Sinnen machte, wiederholte ich fast zehn Jahre später mit wachen Sinnen, bei guter Gesundheit, mit klarem Blick, und ich war überrascht, daß ich mich nicht nur an die Straße erinnerte, sondern auch an jede Einzelheit dieser Fahrt, von

---

[*] Anaïs Nin gab den Roman *Aline's Choice*, den sie 1923 begonnen hatte, schließlich auf, weil ihm ihrer Meinung nach eine «ausgewogene Sicht» fehlte. «Ich vermied Erbärmlichkeit, Schmutz, Natürlichkeit, Zynismus, körperliche und geistige Häßlichkeit», schrieb sie im Februar 1926 in ihr Tagebuch. «Ich verfälschte, um zu verschönern.» Obwohl der Name ihrer Heldin an *Aline et Valour* erinnert, kannte sie den Roman von de Sade damals nicht.

der ich dachte, ich hätte dabei überhaupt nichts gesehen oder gefühlt. Es war, als hätte ich diese Fahrt schlafwandelnd gemacht, während ein anderer Teil meines Körpers aufnahm und das Vorhandensein der Sonne, die weiße Straße, das wogende Heidekraut registrierte – trotz meiner Unfähigkeit, es sinnlich wahrzunehmen. Heute kann ich jedes Blatt auf jedem Baum sehen, jedes Gesicht auf der Straße – und alles so frisch wie Blätter nach einem kräftigen Regenguß. Alles sehr nah.

Es ist, als wäre ich früher zeitweise kurzsichtig gewesen, als hätte ich unter einer psychologisch bedingten Blindheit für die momentane Gegenwart gelitten, und ich frage mich, was diese Myopie verursacht hat. Genügte ein Kummer, ein Schock, um Blindheit, Taubheit, Schlafwandeln, Unwirklichkeitsgefühl hervorzurufen? Heute ist alles absolut klar, die Augen konzentrieren sich mühelos auf die Gegenwart, auf die Konturen und Farben der Dinge, so strahlend und hell, wie sie in New York sind, in der verschneiten Schweiz. Intensität und Klarheit neben der sinnlichen Wahrnehmung.

Neurose ist wie ein Verlust jeder sinnlichen Wahrnehmung. Sie macht taub, blind, schläfrig oder schlaflos. Aber warum werden manche Dinge später lebendig und andere nicht? Meine frühere Liebe zu meinem Vater, die ich für tot und begraben hielt, wurde durch die Analyse wieder zum Leben erweckt. Welche Bereiche des Lebens sanken vollständig in Vergessenheit? Was sehr stark erlebt wurde, verschwand manchmal, weil es in seiner Intensität unerträglich war. Aber warum kehrte Unbedeutendes klar und frisch und plötzlich konkret wieder?

18. September 1935

Eduardo läßt sich von Surrealismus leiten. Der Nachglanz, die Schatten längst vergangener Ereignisse. Wo ist Rank?

Tendue vers l'impossible toujours, moi. Immer muß ich das Unmögliche wollen. Wenn ich schreibe, bekämpfe ich meine Neurose. Aus meiner Neurose heraus schreibe ich. Deshalb ist für mich die

kreative Arbeit eine traurige Arbeit. Ich wäre lieber eine Animier-
dame in einem Nachtclub und würde bis zum Umfallen zu Jazzmu-
sik tanzen.

Gestern, Mondsturm. Ich machte aus zwei Dingen ein Drama, aus
seinen (Henrys) gewöhnlichen, nichtsnutzigen Freunden und daß
er Menschen benützt. Ich protestierte, daß er meine Freunde benützt, um Fred zu helfen, und daß er Fred hilft, der nur eine
Miniaturausgabe von Henry ist.
Jedenfalls ließ ich Henry meine Unruhe und Enttäuschung spüren. Louveciennes aufgeben, was nicht in Frage kommt; in die Villa
Seurat gehen, wenn Villa Seurat nur Henry bedeuten würde – aber
Henry ist umgeben von Fraenkel und Fred. Was für ein armes und
freudloses Dasein. Ich kann für Henry einkaufen gehen, weil ich ihn
liebe; aber nicht für Fred. In New York war es genauso. Ich sehe es
jetzt deutlicher. Henry hat gewöhnliche Freunde, und er läßt sie
außergewöhnlich erscheinen, indem er sie karikiert. Er erfindet sie.

Ich ziehe ebenso wie June ungewöhnliche, besondere Menschen an
– Menschen wie Louise, Artaud, Rank, Eduardo, Allendy, Rebecca, Bel Geddes.

Menschen ausnützen: Henry verlor die Freundschaft von [Aleister]
Crowley, weil er sich Geld von ihm borgte und dann zu feig war, den
Kontakt mit ihm zu pflegen, so daß Crowley denken mußte, Henry
mache sich nichts aus ihm und habe ihn nur geschröpft. Und nun
schreibt er einen apologetischen Brief. Diesmal meint er es ehrlich.
Aber sonst geht er nur auf Menschen zu, wenn er sie braucht. Ich
habe gesehen, wie er einen nach dem anderen ausgenützt hat. Er
versteht nicht, daß er die Menschen damit verletzt, daß nur Liebe
das Recht gibt, einen anderen auszunützen. In der Liebe gibt es
kein Ausnützen. Aber alles übrige, was er tut, ist Hurerei.
Ich entsinne mich nicht, das Wort *ausnützen* gehört zu haben,
bevor ich June und Henry kennenlernte. Ich wußte nicht, was es
heißt, zu betteln oder von jemandem vorsätzlich Gebrauch zu machen. Ich habe sie imitiert. Ich bin bis heute nicht sehr gut darin. Es
ist Nachahmung. Bei Henry ist es ein echtes Laster. Er ist von Natur
aus eine Hure. Und wie unangenehm er bettelt, arrogant, zynisch.
Manchmal humorvoll. Dann vergibt man ihm leichter. Sein Bettel-

brief für Fred*, den er verschicken will, ist humorvoll. Aber seine Liste ärgerte mich. Jeder. Auch Leute, die ich eben erst kennenlernte und gern als Freunde hätte. Es ist vielleicht zu verstehen – er hat das Gefühl, man hätte ihn um etwas betrogen, und er will einen Ausgleich dafür –, aber was für eine Vorstellung von Ausgleich. Genau wie June: Als sie Henry verlor, wollte sie Geld.

Der Sturm ist verrauscht. Henry zieht den Kopf ein und läßt die Stürme vorübergehen. Er wirkt zahm und zerknirscht. Ich weinte. Nichts gewonnen, nichts verändert. Die Erkenntnis, daß ich allein bin. Wir liegen im Bett, und er deckt seine Fehler mit einer Flut von Zärtlichkeiten zu. Ich schlafe ein. Nichts gewonnen. Nichts verändert. Abenteuer, bezaubernde Dinge abseits von Henry, nicht mit Henry. Sein Leben ist verrückt und wie ein Zirkus. Ich kann nicht die ganze Zeit lachen. Es ist nicht immer komisch. Es ist, als hätte man ein Kind, mit dem man spielt und irgendwann nicht mehr kann. Nichts Großartiges kann daraus entstehen. Immer ein Zirkus. Fred wie ein Affe. Fraenkel wie eine an Worten knabbernde Maus. Ich sagte zu Henry, er versuche, aus allem einen Scherz zu machen, um sich bei allem, was er tut, vor der Verantwortung zu drücken.

Mir ist richtig schlecht. Die Rückkehr nach Frankreich war ein Schritt zurück.

Vielleicht gefährde ich mein Glück. Es gibt Glück, und es gibt Abenteuer. Seit Rank habe ich ohne Abenteuer gelebt. Rank war ein Abenteuer, das er zu ernst nahm. Man sollte es nie auf die Wirklichkeit übertragen. Vielleicht habe ich mein Leben mit Henry zu wirklich gemacht, weil ich ihn so menschlich liebe, und seine Realität kränkt meine Liebe.

Aber seine Liebe, unsere Liebe, hält uns lebendig. Wir versuchen, die Risse, die Brücke mit leidenschaftlichen Küssen zu kitten. Wir klammern uns aneinander. Wir sind eifersüchtig. Liebe. Liebe. Liebe. Er will mich nicht in Cafés mitnehmen. Er fürchtet, mich zu verlieren. Wenn ich von London spreche, fragt er: «Was willst du in London?» New York wird verdammt, weil ich es bezaubernd finde.

---

* Als Spendenaufruf für Alfred Perlès, damit er nach Ibiza fahren und dort seinen Roman beenden könne, ließ Henry Miller im Oktober 1935 einen Aufsatz von 20 Seiten, «What Are You Going to Do About Alf?», auf eigene Kosten drucken und kostenlos verbreiten.

Als ich mit Hugh nach Louveciennes zurückkomme und zwei Briefe von New Yorker Patienten vorfinde, die sich beide im Leben tummeln dank mir, die mir danken, vergesse ich meine Traurigkeit wieder.

Manchmal erschöpfe ich meine Traurigkeit durch lange Spaziergänge. Ich gehe, bis ich todmüde bin. Ich bereite mir eine *fête des yeux*. Ich sehe mir jedes Schaufenster an. Rue Saint-Honoré, rue de la Boétie, rue de Rivoli, avenue des Champs-Elysées, Place Vendôme, avenue Victor Hugo. Ich kaufe Modezeitschriften und lebe das Leben von *Vogue*-Aristokraten; ich überlege, wo ich diese Dinge tragen könnte – weder in Louveciennes noch in der Villa Seurat. Die Kurzlebigkeit meiner Schauplätze. Nichts von solidem Wert, weil ich weiß, daß es bald vertauscht, den inneren Veränderungen angepaßt werden muß. Ich kaufe nie etwas, damit es ewig hält, sondern um des Effekts, der Illusion willen. Der Verfall setzt rasch ein, wie bei einer Bühnenausstattung. Unwirklichkeit. Nirgendwohin, um zu bleiben.

Die Beweglichkeit, Veränderung, die Verwandlungen des schöpferischen Menschen flößen kein menschliches Vertrauen ein. Wir alle haben das Bedürfnis nach etwas *Fixiertem*. Aber fixiert sein wirkt stagnierend. Henry ist Knut Hamsun, auch wenn er sagt, er will nicht mehr entstellen. Im nächsten Moment sagt er: «Vielleicht meine ich das nicht.»

Am nächsten Morgen war er bei seiner Max-Geschichte schon wieder davon abgekommen. Er verfälscht Fraenkel für seine Geschichte, aber auch, weil er Fraenkel nicht kennt. Etwas verfälschen, das man kennt, ist schwer. So wie jetzt, nachdem ich Dorothy Dudleys Sensibilität und Intelligenz kenne, trotz der Karikatur, die ich aus ihr machte.

Meine Fixierung auf Henry ist seine stabile Achse. Solange ich an ihn glaube, wird man ihn nicht einsperren müssen!

Hugh ist meine Achse und verhindert, daß ich verrückt werde. Wenn ich mit Henry zusammenlebte, würde ich verrückt werden. Ich verdanke Hugh alles, meine ganze Kraft und den Mut, andere Dinge auszuleben. Ich bin ihm so dankbar, daß er mir Freiheit gibt, daß er mich sein läßt und daß er immer da ist, wenn ich, meistens ziemlich zerknittert und zerbeult, zurückkomme. Mein süßer junger Vater.

Ich weiß, was ich mir jetzt wünsche. Jemand, der mir hilft, schlecht zu sein, der mir zu einem Abenteuer verhilft. Henry, Hugh, mein

Vater, Rank – sie alle halten mich zurück, sie wollen, daß ich für sie
seriös bleibe.

Der Zauber, der Zauber von New York, selbst an einem Drug-
store-Tresen. So viele in mich verliebte Männer dort, die ich nicht
ausprobierte: Buzby, Donald Friede, Bel Geddes; und jetzt Frank
Parker, Katrines Schwiegersohn, weil er meinen Roman las. Im
Frühling will ich mit Hugh nach New York, trotzdem will ich Henry
nicht verlassen. Meine Wanderlust wird zur Besessenheit, und um
des Abenteuers willen laufe ich Gefahr zu verlieren, was ich am
meisten liebe.

5. Oktober 1935

Nie kannte ich so viel Vergnügen und so wenig Zufriedenheit.
Vergnügen: die Einführung in die Familie von Feri, dem jungen
Ungarn, den Eduardo liebt. Ein hübscher Junge, ähnlich wie Joaquin. Ich mag ihn. Er ist erst einundzwanzig. Er liebte mich schon,
bevor er nach Louveciennes kam. Hatte mich mit Fraenkel in einem
Café gesehen. Schickte mir durch Eduardo Parfüms. Ich liebe ihn,
wie ich meine Brüder liebte. Mit ihm kam Fröhlichkeit ins Haus. Er
war der einzige, der tanzte, unermüdlich, imitierte, spielte. Nun
bringen Feri und ich Eduardo und Hugh in Schwung. Wir tanzen.
Ich lehrte ihn tanzen. Wir spielen Scharaden. Wir gehen zu den
Rennen am Sonntagnachmittag. Zu Prunier, um Austern zu essen
und Weißwein zu trinken. Ich zog seine Sachen an, die mir passen.
Konnte nicht wie ein Kerl aussehen, aber durchaus wie ein reizen-
der Jüngling. Er will nicht wieder ins Sélect oder in seinen Beruf
zurück. Er stellt Blumen in die Vasen, schießt, schnitzt, repariert
das Grammophon und schreibt sein Tagebuch in ungarischer Sprache. Von Spiel und Gelächter erfüllte Atmosphäre; was ich so nötig
hatte in meinem Leben mit Henry, der mich bis zur Freudlosigkeit
einschränkt, der sich weigert zu reisen, der sich nicht vom Fleck
rühren will. Ein Ventil. Ich möchte mich wie ein Mann kleiden und
auf Abenteuersuche gehen. Vergnügen. Jetzt tue ich die Dinge, die
mir früher keinen Spaß machten. Essen, Trinken. Autofahren.

Spazierengehen. Trinken. Brioche in Cernay-les-Vauz. Nachtclubs. Glücksspiel. Die Springbrunnen auf den Champs-Elysées
schillern im Sonnenlicht. Eleganz. Aristokraten. Pediküre. Ein
neuer Borgia-Hut in Lila. Eine schwarze Wachstuchtasche und
Handschuhe. *Vogue.* Tanzen mit dem Amerikaner Roberts, einen
Abend lang verliebt in ihn, und er desgleichen, wegen des rhythmi-
schen Tanzens. Frei von Schuldgefühl, von Einschränkungen.

Verzweiflung, weil Henrys und mein Leben nicht vereinbar sind
trotz leidenschaftlicher Liebe. Heftige Ausbrüche und Empörung
meinerseits. Einen wegen seiner Idiotie, June einen Bittbrief für
Fred zu schicken (makabrer Humor, behaupte ich); eine Subskrip-
tionseinladung an Dreiser, der ihn in New York abblitzen ließ;
Bittbriefe an Buzby, der ihn immer abblitzen ließ.
  «Ich will ihn ärgern, indem ich ihn weiterhin bitte», sagt Henry.
«Warum gehst du noch betteln?» sage ich. «Ich habe dich zu einem
freien Mann gemacht. Begegne den Leuten als Gleichgestellter und
nicht immer, um etwas von ihnen zu bekommen. Damit ruinierst du
alle deine Bekanntschaften. So hast du Crowley verloren. Du hast
einen Hurenkomplex, und du vergißt, daß die Leute nicht ausgenützt werden wollen. Erinnere dich, was ich dir wegen der Dreiser-
Tragödie sagte. Wenn du einmal eine Berühmtheit bist, wirst du
erfahren, wie schmerzlich es ist, wenn Leute zu dir kommen, nicht
weil sie dich lieben, sondern weil du einen Namen hast und etwas
für sie tun kannst. Frauen werden wegen deines Namens und deiner
Macht sogar mit dir schlafen wollen. Du begreifst nie, was andere
empfinden, die möchten, daß du sie um ihrer selbst willen schätzt,
und merken, daß du sie nur benutzt. Ich versuche, dir deinen
eigenen Wert bewußtzumachen. Warum mußt du immer wie ein
Bettler ankommen?»
  Henry sagte, zu geben sei anderen ein Vergnügen.
  «Ja», sagte ich, «aber nicht, wenn sie gezwungen werden zu
geben, wenn man sie überfällt und beleidigt, wie du das tust. Ich
weigere mich, weiterhin für dich betteln zu gehen. Ich habe dich
und June nachgeahmt, nachgespielt, gegen meine wahre Natur. Ich
hasse es, zu betteln oder Leute zu benützen. Was du in Clichy aus
Jux getan hast, ist jetzt, im realen Verhältnis zur Welt, einfach
kindisch, lächerlich.»
  Er protestierte nicht. Er war überzeugt. Aber auch ich war über-

zeugt von seiner Unschuld. Er kennt keinen anderen, nur sich, und weiß nicht, was er anderen antut. Absolut unfähig, andere Menschen zu verstehen. Beim Einschlafen sage ich: «Du bist unschuldig. Du bist unschuldig.»

Henry war gekränkt. Ich merke an seiner Passivität, weil er sich nicht zur Wehr setzt, daß ich ihn verletzt habe. Dann fühle ich mich schuldig und innerlich schwach, weil ich auf ihn einreden mußte. Ich fühle mich niedergeschlagen und erschöpft. Bereit, sein verrücktes und närrisches Treiben um unserer armen Liebe willen hinzunehmen.

Fraenkel ist beleidigt wegen der Karikatur, und Henry begreift nicht, warum.

Also dann – ich muß für mich leben, getrennt von Henry. Das Absolute aufgeben.

Einen Tag und eine Nacht haßte ich ihn. Dann ging ich zu ihm zurück. Seine leidenschaftlichen Küsse und Entschuldigungen. Unsere Zärtlichkeiten wahnsinnig schön, vielleicht wegen des Leids und des Antagonismus, der Hoffnungslosigkeit. Das ist alles, was ich habe. Das ist alles, was er mir gibt. Ich nehme es und wünsche mir, daß alles im selben Augenblick zusammengeschweißt wird. Aber ich bin von dem unmöglichen Traum frustriert. Trennung muß sein, und die Leidenschaft wird schließlich sterben.

Mit dieser Verzweiflung stürze ich mich in Sinnlichkeit, Vergnügen, Analyse, trinke, spiele mit Feri. Ich werde allein nach London gehen. Ich werde einen anderen Rank finden. Ich fühle mich Hugh sehr nah, der so gut zu mir ist; ich liebe ihn mit tiefer Dankbarkeit. Auch bei ihm weigerte ich mich, die Einschränkung zu akzeptieren. Umkehren, das Absolute aufgeben, fließen nach links, nach rechts, zerrinnen?

Henry! Henry! O mein Henry! All deine Frauen müssen dir untreu sein, müssen dich verlassen, weil du nicht der Mann bist, sondern das Kind, das an unseren Brüsten saugt, bis sie bluten.

6. Oktober 1935

Jazz im Radio. Feri hat mich in heitere Stimmung getanzt. Aber ich bin körperlich krank gewesen, weil sich mein sehnlicher Wunsch nach Abenteuer und Intensität nicht erfüllt. Überall Schranken. Geld, Henrys Trägheit, Henrys Haß auf New York. Nach vergnüglichen Tagen mit Hugh, Eduardo und Feri standen wir vor der ernüchternden Tatsache, daß unser Geld alle war. Ich war schrecklich niedergeschlagen, weil ich nicht nach New York gehen konnte, um zu arbeiten und ein freies Leben zu führen. Ich muß mit Paris vorliebnehmen, das ich verabscheue. Henry opfert mich jedem seiner Bedürfnisse. Mit ihm zu leben und ganz von ihm abhängig zu sein würde meinen Tod als Individuum bedeuten, als Künstlerin, als Frau, in allem. Nur Hugh hat mich am Leben gehalten, und Henry hat mir nichts gegeben als das, was eine große Leidenschaft gibt – die Möglichkeit, sich selbst zu geben. Aber jenseits einer bestimmten Hingabe an Henry lauert der Tod.

Und deshalb: Abenteuer.

Ich weiß nicht, wo es zu finden ist, wo ich anfangen soll. Ich werde allein nach London gehen, in der ersten Novemberwoche. Ich würde gern nach Venedig gehen und nach Indien.

Was ich nicht tun kann: das Buch über meinen Vater fertig schreiben – Menschen analysieren, um Geld für Luxusdinge zu verdienen.

14. Oktober 1935

Kämpfe noch immer gegen den Dämon. Fand Titel für meinen Roman, kurz bevor ich ihn Kahane gab – *104° Fahrenheit*. Kümmerte mich um Henry während seiner Grippe, ließ ihn aber über das Wochenende allein – mit dem tiefen Wissen um seine Liebe.

Neulich, als er sich seines glücklichen, unbekümmerten, unbewußten, schuldlosen Zustands, einer völlig sorglosen Kinderwelt mit den Worten rühmte: «Ich fühle mich so glücklich», konnte ich es mir nicht verkneifen zu sagen: «Ja, aber du machst andere nicht glücklich. So hast du June verloren.» Er sagte: «Du willst damit sagen, daß ich dich so verlieren werde.» Danach wurde er krank, als wollte er mich zurückrufen. Aber ich blieb kalt und einsam und desillusioniert. Henry sagte: «Ich habe nicht das Gefühl, daß irgend etwas zwischen uns schiefgehen kann. Alle Menschen, die der Welt etwas geben, verursachen auch großes Leid. Ich bin so ein Mensch.» Henry lebt nach den Gesetzen seines Ego, deshalb muß ich das gleiche tun. Später am Abend, als er betrunken war, sagte er, er wollte nach London gehen, nach einem scheußlichen Abend bei Kahane, wo er wirres Zeug redete. Ich schlief neben Henry ein, während ich nach Hugh rief wie ein verirrtes Kind. Leiden durch *différences*. Am Morgen, halbwach, küßten wir uns, und ich vergaß meinen Schmerz. Wundervoll harmonischer Tag. Wildes Ficken.

Feri ist eitel, charmant, stolz, schüchtern, vaterlandsliebend; er liebt wie ein Kind, nicht wie ein Mann; hält sich soldatisch, prahlt und liebt Sensationen. Er ist rücksichtsvoll, galant, aristokratisch, kein Weichling. Wenn ich mit ihm tanze, spüre ich seine Sensibilität und Nervosität, ähnlich der eines Rennpferds. Er verehrt mich, und ich finde ihn auf gewisse Weise attraktiv. Wir kommen der Liebe sehr nah. Wenn er doppelt so alt wäre! Er sieht wundervoll aus in den Sachen, die er trägt, nicht weibisch, sondern elegant und fesch. Wir sind gleich groß und gleich gebaut.

Tatsächlich kehre ich langsam zu meiner eigentlichen Natur zurück, zu allem, was ich für meine Liebe zu Henry aufgab, zu meiner tiefen Liebe für Schönheit, Harmonie, Ordnung, einer Phantasie, die nicht vergeudet und verjuxt wird. Dazu Dankbarkeit und Liebe für Hugh, der mich mein wahres Ich leben läßt. Ein unbewußtes Verlangen, nicht in die Villa Seurat zu gehen, wo jede Stunde vergeudet ist, vertrödelt, zerronnen, aufgelöst in Chaos, Gerede, Leere. Ich kann dort nicht arbeiten. Ich sehne mich nach Louveciennes, das ich früher haßte. Mir graut vor Montag. Ich habe das Gefühl auseinanderzufallen, daß die Villa Seurat meine Kreativität schwächt. Ich gehe aus Liebe zurück, aber ich weiß jetzt, daß diese Liebe ein Kompromiß ist, eine feige, nachgebende Liebe wider die Bedürfnisse und Sehnsüchte meiner Seele, im Widerspruch zu allem, was ich brauche, liebe und bin. Hugh liebe ich auf religiöse Weise und alles, was er mich sein, tun, fühlen, denken läßt. Mein wahrhaft idealer Vater ist Hugh. Henry, mein Kind; und so werde ich ohne einen Gefährten sterben, ohne eine Liebe, die mir entspricht, eine Liebe, die so alt sein wird, wie ich heute bin.

---

16. Oktober 1935

Höchstes vollkommenes Glück, als ich Henry gestern sah, und alles war wie früher. Meine Kritik ist verrauscht. Ich weigere mich, Leben und Liebe einer fixen Idee zu opfern, wie Henry sein oder leben sollte. Tiefe Zärtlichkeit, Leidenschaft, Frieden.

Henry arbeitet an *Schwarzer Frühling*, an den Seiten über die obsessiven Streifzüge durch den vierzehnten Bezirk in Brooklyn. Ich liebe dieses Buch. Henry versucht, rücksichtsvoll zu sein, nachdem er Angst hatte, mich zu verlieren. Aus der Getrenntheit kommen wir uns auf leidenschaftlichste, innigste Weise nah.

Aber wir waren allein. Er sorgt dafür, daß seine Freunde nicht kommen, weil er ernsthaft bei der Arbeit ist. Ich gewinne meine Fröhlichkeit zurück und schicke alle Idealvorstellungen zum Teufel. Ich will meine Liebe, Henry, rein, dunkel, wortlos, instinktiv, eine Vereinigung meiner im Kopf geborenen Pläne und Sehnsüchte. Oh, nur der, der uns die Mäkelei am Leben und an den Menschen austreiben kann, bringt uns dem göttlichen Wesen näher. Ich koche – und singe leise dabei. Ich trage mein Haar wie eine Zigeunerin, Löckchen auf der Nase! Henry ist eifersüchtig auf Feri. «Mach ja keinen Mann aus ihm!» Und als ich heute ging und sagte, ich würde am Freitag wiederkommen, sagte Henry, das sei viel zu lang!

Um immer kritiklos zu sein, auf das Absolute, das Ideale zu pfeifen. Schließ die Augen.

19. Oktober 1935

Gestern, als ich in die Villa Seurat kam, empfing mich Henry mit Küssen und wollte sofort mit mir ins Bett. Er befand sich in einer Stimmung, die mich immer noch so berührt, daß ich mich vor Liebe und sehnsüchtigem Verlangen verliere. Weich, verletzlich, ernst, träumerisch, zärtlich und mir so nah – jenseits aller Worte. Wir schauten und schauten uns an. Eines Tages, wenn die Worte kommen, wenn Henry etwas sagt oder schreibt, was vielleicht zu beweisen scheint, daß wir uns nicht verstanden, muß ich mich an dieses *Schweigen* und diese *Nähe* erinnern, mit denen der Verstand nichts zu tun hat, eine *Nähe*, die tiefer reicht als der Verstand. Wenn wir reden oder wenn uns eine Szene vor Augen führt, daß wir uns nicht nah sind, wenn er Worte benützt, beweist das nur die Unrichtigkeit von *Worten, Gedanken, Ausdrücken*. Alles, was zwischen Henry und mir nicht gesagt worden ist, was nie gesagt werden wird, ist das, was zwischen uns besteht, was nur mit den Fingern gesagt werden kann, mit den Lippen, dem Penis, den Beinen, der Hautberührung, dem Körpergeruch, den stöhnenden, nur Tierlaute von sich gebenden Stimmen, der Berührung des Haars, der göttlichen Sprache des Körpers.

Diese Symphonie und dieser Traum. Wir liegen auf der Couch, hören *Le Sacre du printemps*, Seiten von *Schwarzer Frühling* auf dem Schreibtisch, das Abendessen auf dem Herd. Ich trage mein persisches Kleid. Beinahe jede Zärtlichkeit, die ich hier beschrieben habe, weil das allein Leben ist, und auf das übrige lege ich keinen Wert. Ich lasse ihn sein, wie er ist.

Ich komme nach Louveciennes zurück, um mein eigenes Leben zu leben, um mich zu finden, aber das ist ein schreckliches Bedürfnis – verglichen mit dem, zu lieben. Lieben steht an erster Stelle. Lieben, sich verlieren, nachgeben.

Ich fand meine wahre Liebe zu Hugh, gestand mir ein, daß ich ihn brauche. Meine Liebe zu meinen kranken Patienten.

Vergnügen. Ein Abend in Louveciennes mit Eduardo, Feri, den Guicciardis; spielen Scharaden, lachen uns tot. Wenn ich meine Schüchternheit ablege, bin ich witzig und scharfzüngig. Ich bin komödiantisch. Spaß. Ich will nicht reden. Reden befriedigt mich nicht, ausgenommen eine Unterhaltung zu zweit, die eine Beziehung ist. Die Unterhaltung gestern abend zwischen Kahane, den Roberts, Henry und Fred so albern.

Colette Roberts macht eine feinsinnige Bemerkung: «Dein Roman hat mich gerührt. Er ist menschlich und real, aber er ist wiedererschaffene *Erfahrung*, und weil sie tiefer erlitten wird, als die Menschen dies im allgemeinen tun, ist sie wie hinter Glas, wie die Gemälde im Louvre. Man sieht wohl das wirkliche Bild, man fühlt es beinahe, aber durch Glas.»

Notiz: Todesfurcht entsteht, wenn man nicht lebt; lebendig sein bedeutet, mit allen Zellen und Teilen des Ich zu leben. Teile, die geleugnet werden, atrophieren, wenn sie abgeschnürt werden, wie ein tauber Arm, und infizieren den übrigen Körper mit einem tödlichen Keim.

Von Henry lernte ich, bei der Liebe zu lachen und fröhlich zu sein. Es war das, was Rank am meisten an mir liebte, daß ich beim Liebesakt lachte vor Freude, statt angespannt oder dramatisch zu sein. Er sagte, alle Frauen, die er gekannt hatte, seien bei der Liebe zu ernst gewesen.

Fraenkel: «June war ein pathologisches Kind, das zufällig schöne bunte Muster malte, wie es Geisteskranke tun, aber nicht wie ein *schöpferischer* Mensch.»

Ich nahm Hugh oder unterdrückte in Hugh den Künstler, weil ich so ganz und gar Künstlerin bin. Er nahm mir meine Lebendigkeit und Fröhlichkeit. Das war die Wirkung, die wir aufeinander ausübten. Als wir uns trennten, wurde er ein Künstler, ich gewann meine Lebhaftigkeit zurück.

Ich bin fortwährend rege, enthusiastisch, lächle, obwohl ich tief innerlich traurig bin über alles und eine tragische Einstellung zum Leben habe. Wahnsinnig mißtrauisch gegenüber *allen* meinen Lieben und Freundschaften.

In New York las ich *Vogue*, um mich über stilvolle Wochenenden zu informieren und wie man den Butler behandelt!

Bei Henry. Henry, Fraenkel und ich unterhielten uns. Henry ging, um etwas zum Abendessen einzukaufen. Fraenkel eilte «Anis, Anis!» rufend auf mich zu, küßte mich und bat mich, ihn wiederzuküssen. Wir küßten uns mehrere Male im Stehen. Ich fühlte nichts. Ich fühlte, daß mein Gesicht lächelt, vielleicht spöttisch. Ich hatte ein Gefühl wie bei Artaud – Verlangen zu erregen, aber nicht zu erwidern. Ich war benommen. Ich sagte nichts, Fraenkel sagte: «Ich habe das erwartet. Du bist wundervoll.» Ich war kalt.

Ich wischte das Rouge ab und puderte mir das Gesicht. Dann sah ich auf dem Tisch Henrys Brieftasche, die er vergessen hatte. Mechanisch sah ich mir den Inhalt an. Ich fand ein Foto von seinem kleinen Mädchen* und eines von mir. Ich war so glücklich, weil er mein Bild mit sich herumtrug, daß ich beinahe weinte. Er liebt mich, er liebt mich. Und der ganze Abend war verwandelt.

Umzug in eine Wohnung in Paris [untervermietet von Louise de Vilmorin], packen, sehe die New-York-Schildchen an den Koffern. Sehnsucht nach New York. Ich sprach wieder mit Henry darüber, aber er will nicht. Für ihn ist New York deprimierend und abscheulich. Packen. Denke an Rank.

28. Oktober 1935

13, Avenue de la Bourdonnaise, 6. Stock. Nun gut, mein Flugzeug startet in Louveciennes mit Zwischenlandung in Paris. Mir scheint, dies hier ist nur eine Zwischenstation. Ich versuche, mich häuslich einzurichten. Ich kam hier an mit dem Goldfischglas auf den Knien, mit meinen Kristallen, meinem Aquarium, meiner Meermuschel. Ich stellte Louises Möbel um, versteckte die Porzellanfiguren, die

---

* Barbara, geboren am 30. September 1919, aus Henry Millers Ehe mit Beatrice Sylvas Wickens, war sein erstes Kind. Nach der Scheidung 1924 hatte Miller viele Jahre lang keinen Kontakt mit seiner Tochter.

französische Mosaikuhr, die französischen Bonbonbilder, die Louis-quinze-, -seize- oder -zwanzig-Antiquitäten! Ein Gefühl von angenehmem Luxus, weil das Telefon wie in den Filmgeschichten gleich neben mir steht und ich in einem weißen Satinbett liege, dessen Bezüge mit Louises Initialen bestickt sind. Ich fand ihre Meermuscheln, die sie weggeräumt hat.

Seit ihrer Scheidung von Henri [Hunt] wohnt sie in Verrière und kommt nur her, um ihre Kinder zu besuchen. Henri und seine Kinder wohnen am anderen Ende der großen Wohnung, bis er nach New York geht.

Ich beeilte mich, Henry zu besuchen; so glücklich, näher bei ihm zu sein. Ein weißes Satinbett, ein Telefon, eine große Wohnung. Sobald Henri abreist, werden meine zwei Kinder, Eduardo und Feri *(Chicuelo y Chiquito)*, einziehen. Ich mag es gern, wenn Louise hier ist. Ich werde sie besuchen.

New York scheint ein wenig nähergerückt. Ich schicke eine meiner Patientinnen dorthin, um sie von der Bevormundung ihres Vaters zu befreien. In diesem Jahr habe ich stellvertretend, mystisch, für andere getanzt, Theater gespielt, Geige gespielt und mich nach New York begeben. Meine Patienten taten es. Ich verdiente tausend Francs für zwanzig Sitzungen, die ich Hugh gab, weil wir knapp bei Kasse sind. Ich bin auf nette, dümmliche Weise glücklich. Wir blicken auf den nahen Eiffelturm. Leute üben Klavier und singen schlecht. Es ist alles süß und lebensecht und wirklich.

Ich kann nie eine Pause machen. Ich versuche, ein neues Leben zu schaffen. Ich könnte nicht wie June in der Gosse leben; vielleicht könnte ich ein Leben wie Louise führen, in der höheren Gesellschaft, und alles dort einbringen, was mich von ihnen unterscheidet: meine Tiefe. Luxus ist angenehm und schön. Ich brauche Äußerlichkeiten, weil ich tief innerlich traurig erwache; mit Hilfe von Schönheit, Wärme, Dekor, der Sonne, einlullender Dinge, Wollust arbeite ich mich hinauf zur Freude. Klima, Ambiente beeinflussen mich sehr, helfen mir zu träumen.

Wie Rank mir zu träumen half. Dankbar erinnere ich mich an meine Ankunft in New York, das Zimmer bereit, die täglichen Blumen, Bedienung, Mahlzeiten auf dem Zimmer, Taxis, Theater, schöne Restaurants; die Ideen, mit denen wir uns fütterten, stets mehrere am Tag, und die mit dem Tag aufblühten. Man kann verliebt sein in das, was ein Mensch sagt. In jenem kleinen Zimmer, von seiner Verehrung umschmeichelt, geriet ich in Trance. Ich träumte. Ich wurde eingelullt. Seine Fürsorglichkeit, seine Besitzgier waren immens. Er wärmte mich. Ich war fröhlich. Ich schrieb fröhliche Briefe. Ich arbeitete nicht. Ich zerschnippelte Zeitungen, um ihn zum Lachen zu bringen. Ich plante und spielte Leben: Briefe, die durch Glasröhren schossen, Lifte mit kupfernen Türen, Zimmermädchen in gestärkten hellgrünen Kleidern, Eleganz, weiches Licht, kochende, pfeifende Heizkörper. Draußen Schnee. Schnippelnd und malend für unser lustiges Sammelalbum, das er vernichtete. Ausgehen, um symbolträchtige Dinge zu kaufen, ein kleines Blockhaus, auf dessen Tür ich schrieb: Bitte nicht stören. Puck – Huck. Ein Miniaturauto, bevor wir das echte aussuchten, Bleistifte mit Herzen am oberen Ende, zwei kleine zusammengefügte Herzen, die brannten, als er nach einem Vortrag nach Hause kam. Er spielte. Er trug seinen Mantel wie einen Umhang und tanzte den Continental, wie wir ihn im Kino gesehen hatten, sprang tanzend auf Couch und Sessel und wieder runter. Ich verkleidete mich für ihn, tanzte für ihn. Jeden Abend ein anderes Kostüm.

Zwischen den Sitzungen mit Patienten kam er zu mir herein: «Mein Liebling!» Um über den Zettel zu lachen, den er unter der Tür fand, oder um mir zu erzählen, wie er seine Patienten behandelte, was es Neues gab. So lebhaft, so gefühlvoll. Sein Glück ist wie ein Feuer, in dem er brennt und verbrennt.

An einem Sonntagnachmittag trug ich das rote russische Kleid. Mein Zimmer war durchflutet von Sonnenlicht und dem hellen Widerschein des Schnees. Weiße Blumen standen in einer Vase. Er saß auf der Couch, und er bemerkte die leuchtende Helligkeit. Auch ich leuchtete; es bezauberte ihn. Wir waren in einer Trance, einem Traum. Hätte es doch ein Traum bleiben können, hätte er doch gewußt, daß es für mich ein Traum war – die Nähe, der gleiche Rhythmus unseres Denkens und Fühlens –, hätte er es nur nicht so wirklich haben wollen! Wie das Wirkliche die schönste aller Unwirklichkeiten verdarb, zerstörte; denn heute weiß ich, daß meine Freuden mit Rank mystische Freuden waren, wie ich sie vielleicht nie mehr erleben werde. Was für eine Tragödie, daß sein Körper so wichtig werden sollte, daß er das Zwillingshafte befleckte und zerstörte. Ich, die ich eine mystische Vereinigung suchte, erinnere mich nur an die wundervollen Gespräche im Dunkeln, im Bett, und nicht an eine einzige seiner Liebkosungen – nur wie sich sein Haar morgens anfühlte, wenn er zu mir ins Bett kam wie ein Kind; überrascht, daß sein Haar so weich war. Die Gespräche, die wir führten, waren von einer so magischen Wirkung und so tiefem Inhalt, daß ich mich trotz allem, was geschah, noch heute dort draußen auf mystische Weise mit einem kleinen Mann innigst verbunden fühle, der sich nicht über die Schranken des Menschen hinwegsetzen konnte, der einen Traum, eine Illusion, eine Phantasie zerstörte und damit – Leben.

Ich weiß, daß wir uns vollkommen verstanden haben. Ich weiß, daß Henry, wenn er heute reden würde, alles preisgeben würde, was er *nicht versteht*. Unsere Liebe muß von Stillschweigen und zärtlicher Berührung leben.

30. Oktober 1935

Gestern begann ich, über meine Schriftstellerei nachzudenken – Leben scheint nicht zu genügen, Türen zu Phantasie und Kreativität dicht. Ich hatte hin und wieder ein paar Seiten geschrieben. Heute früh erwachte ich ernst, klar, entschlossen, sachlich. Ich arbeitete den ganzen Vormittag an meinem Vater-Buch. Nach dem Mittagessen ging ich an der Seine spazieren, froh, so nah am Fluß zu sein. Besorgungen. Blind für Cafés, die elegante Welt, all das bunte Leben und Treiben, das so große Sehnsüchte weckt und keine stillt. Es war wie ein Fieber, eine Droge. Die Avenue des Champs-Elysées, die mich in Erregung versetzt. Männer, abwartend. Männerblicke. Männer, die mir folgen. Aber ich war nüchtern, traurig, in mich gekehrt, ich schrieb mein Buch, während ich ging.

Kein Geld. Also schließe ich die Augen, wenn ich an Geschäften vorüberkomme.

Henry arbeitet. Er strich die Seiten, die mir in New York nicht gefielen. «Ich mache ein Nickerchen, während ihr arbeitet, Brüder.» Vor zwei Dingen muß er sich hüten: einmal, Phrasen zu dreschen und zu moralisieren wie ein zweitklassiger Philosoph, zum anderen vor persönlichen, trivialen, weibischen Passagen – die kleinkarierten.

Es ist jetzt offensichtlich, daß ich mehr zu sagen habe und es nie so gut sagen werde und daß er weniger zu sagen hat und es wunderbar sagen wird. Klar ist auch, daß der Surrealismus etwas für ihn ist und nichts für mich. Mein Stil im Vater-Buch ist schlicht, direkt wie ein Tagebuch. *Documentaire*. Seiner ist ausufernd und bedeutungslos für den Verstand.

2. November 1935

Tags darauf begann ich, ernsthaft zu arbeiten. Sank in eine ernste, intensive, nachdenkliche Stimmung. Habe das Interesse am Leben verloren, an allem, was mich im vergangenen Monat berührte; wende mich nach innen, schreibe den ganzen Tag an meinem Vater-Buch, sogar auf Spaziergängen oder wenn ich ins Kino gehe. Fühle mich ernüchtert, einsam, verbittert, niedergeschlagen. Das Leben nahm keine Gestalt an, es wurde nicht das, was ich wollte, dafür wächst das Buch. Ich bin blaß, in mich gekehrt, auf einer einsamen Insel. Ich hasse Kunst, Arbeit, Schreiben, aber es ist das einzige, was mir hilft. Ich empfinde düstere Freuden, wenn ich gut gearbeitet habe. Manche Seiten über meinen Vater sind tief und bewegend. Ich bin vollkommen ehrlich. Mein Stil ist einfach, denn ich denke nie darüber nach, wie ich etwas sagen werde, ich sage es einfach.

Mir begegnete Christus auf den Champs-Elysées. Christus als bettelnder ungarischer Künstler. Ich werde ihn besuchen.

Das Leben hat den Hauch des Wunderbaren verloren. Alles sieht realistisch aus – wie Henrys Leben. Ich schreibe, ich schreibe, während ich mich die ganze Zeit nach neuen Geliebten sehne. Was gestorben ist, sind meine Gespräche mit Henry. Es gibt keine Gemeinsamkeit mehr, weil er Unsinn redet. Proust ist nicht tiefsinnig, weil er über Gesellschaft schrieb!

7. November 1935

Ich schrieb die letzte Seite meines Buchs über meinen Vater, darüber, wie ich das letzte Mal aus der Narkose erwachte und ein totes kleines Mädchen sah mit langen Wimpern und schmalem Köpfchen. Das kleine Mädchen starb bei der Geburt und mit ihm die Notwendigkeit eines Vaters. Ich schrieb die letzten Seiten ungeheuer bewegt und verstand die letzten Zeilen erst, nachdem ich sie geschrieben hatte, während Eduardo und Chiquito geräuschvoll Karten spielten und Hugh an einem Horoskop arbeitete.

Das Buch ist nicht komplett, nur halb fertig, weil ich die Seiten, wo ich meinen Gefühlen freien Lauf lasse, zuerst schreibe, ohne bestimmte Ordnung, wie ich den June-Henry-Roman schrieb. Und dann muß ich füllen und zusammensetzen. Seit dem 28. Oktober bin ich ernst, launisch, nachdenklich, einsam, introvertiert; erlebe nur die asketischen Freuden des Schaffens. Letzten Monat konnte ich noch Spaß daran haben, mich in einen Hut zu verlieben, einen dunkellila Samthut mit einer langen Feder, exakt die Epoche von 1860, Cancan – und überall, wo ich ihn trug, erregte ich Aufsehen. Und jetzt.

Gottvater.

Neun Uhr dreißig. Abreise der Hunts nach New York – die drei kleinen Mädchen machen sich reisefertig. Mutter und Joaquin, die Reisevorbereitungen für New York treffen, weckten wilde Sehnsüchte in mir. *Es besteht kein Zweifel: Alles, was ich mir sehnlichst wünsche, muß ich tun, oder es bringt mich um* – aber ich scheine mir immer zu wünschen, was ich nicht haben kann: meinen Vater, als ich ein Kind war, John, New York.

Zweiter Sturm, als Fred von Roger aus dessen Wohnung hinausgeworfen wurde und ins Atelier kommt. Ich habe ihm bereits Übersetzungsarbeit gegeben, um ihn über Wasser zu halten – nicht, weil ich jemand dafür brauchte. Ich bitte Henry, unser Leben nicht zu zerstören. Ich würde lieber Freds Hotelrechnung bezahlen oder sonst etwas. Henry war reizend, und es war ihm wirklich unangenehm, daß ich gezwungen sein sollte, für Fred zu sorgen, nachdem er weiß, daß ich Fred verachte. Ich wußte die ganze Zeit, daß meine Gefühle *übertrieben* waren, aber ich konnte nichts dagegen tun. Wenn meine Periode bevorsteht, bin ich verrückt. Ich zitterte, wollte weinen, versank in Tragödie. Ich konnte nicht bei Henry bleiben, obwohl ich frei war, und im Taxi sehnte ich mich nur nach Hugh. Ohne Hugh wäre ich heute in einer Irrenanstalt. Ich habe eine Schwäche – ein Bedürfnis nach anderen, das schrecklich ist. In manchen Augenblicken zerfällt alles in mir, ich verzweifle. Ich verstehe so gut, daß Louise Drogen nimmt. Daß June Drogen nimmt.

Fred in unserem Atelier! Henry spricht davon, Opfer zu bringen. «Aber du weißt, daß ich dich nicht verhungern lassen werde, Henry. Also geh hin und bringe ein wirkliches Opfer. Bitte um deine Honorare und gib sie Fred, statt das *Scenario* zu veröffentlichen – dann wirst du wissen, wie mir bei meiner Hilfe für Fred zumute ist, wenn ich alles, was ich nur tun kann, für dich tun möchte.»

Inzwischen teilt mir Kahane mit, daß ich noch am June-Henry-Roman arbeiten muß. Stuart Gilbert bewundert ihn. Er sagt, wer ihn liest, hat das Gefühl, Henry sei einfach ein Glückspilz, ein Genie, das sich alles erlauben kann, und ein Mann, den Frauen nicht lieben sollten!

Aber Henry, sehr zärtlich, sehr ernst, will mich nicht gehen lassen, bevor nicht wieder Heiterkeit und Verständnis zwischen uns herrscht. Wegen New York: Ich blieb vernünftig, als er sagte: «Ich fühle mich so egoistisch.» Ich sagte, es hätte keinen Sinn, wenn er nach New York ginge, um mich glücklich zu machen, wenn er dabei unglücklich wäre. Niemand sei schuld, daß wir unterschiedliche Bedürfnisse haben. Ich verhielt mich gerechter, fairer, freundlicher, als ich eigentlich war – in meinem Inneren wüteten Aufbegehren und Schmerz und Wahnsinn. Haß auf Fred, der schwammig ist, schwach, kriecherisch, träge, ein Parasit, hilflos, dumm, unwürdig. Sitzt da mit offenem Mund und will Henry nachahmen, schmutzig, eine Karikatur von Henrys schlimmsten Fehlern – eine Art kleinerer, schwächerer, schäbigerer Henry. Widerlich! Symbolismus: Fred als alles, was ich an Henrys Leben hasse. Allein ihn dort sitzen zu sehen, das macht mich bereits rasend. Aber Henry und ich gehen

184

Arm in Arm spazieren, sprechen nachts miteinander, um eine Möglichkeit zu finden, diesen Zustand zu ändern. Henry versteht, daß ich Fred nicht noch mehr geben will. Ich werde plötzlich sehr ruhig. Bereit zu helfen, irgendwie, wenn nur Henry unser Leben nicht zerstört. Ich kann nicht ins Atelier kommen, wenn Fred dort ist. Eigenartig und schrecklich, diese Übertreibung. Ich habe nicht ganz unrecht, aber ich bin wahnsinnig angespannt. Glaube selbst nicht, daß ich recht habe. Schäme mich wegen meines Gefühlsausbruchs, weil Henry zärtlich ist. Gott verdamme meinen Gerechtigkeitsfimmel, Gerechtigkeit nur für andere, für andere. Dann schäme ich mich vor Hugh, der Geldsorgen hat und so großzügig ist. Hugh, meine Seele, mein Lebensspender, mein Bruder, mein Vater, meine Stütze auf Erden.

Es kommt der Moment, an dem ich mit Freuden nachgebe – wie ein religiöses Sühneopfer des Ich. Dieses ungeheure Ich in mir, so selbstsüchtig, so hungrig, so gierig. Ich muß es bezwingen, und deshalb beuge ich mich. Ich beuge mich. Ist das notwendig?

8. November 1935

Es ist bei weitem nicht so wie damals, als ich Clichy verließ, wo ich erschöpft war oder krank aufgrund schlechter und unregelmäßiger Mahlzeiten. Nun gehe ich, um mein Glück zu retten, die Schönheit zu bewahren. Ich frage mich nur: wann? Kurz bevor es langweilig wird, oder wenn ich das Gefühl habe zu ersticken, oder wenn mir die Geduld reißt?

Heute abend wollte ich Henry nicht verlassen, weil er in einer weichen, leidenschaftlichen Stimmung war. Aber dann mußte ich es doch tun aus Dankbarkeit gegenüber Hugh, der mich gestern abend vor der Verzweiflung rettete. Ich konnte mich trennen, weil ich dachte, eine Minute länger und mein Glück ist vielleicht für immer dahin. Fred und seine krankhafte Verkörperung des Versagers. Fraenkel krank von seinen Gedanken, Leichengeruch. Aber ich ging rechtzeitig. Traurig beim Abschied, mit einem Nachgeschmack von Henrys Kuß. Henry trauert um mich, höre ihn sagen:

«Du machst mich so scharf ... so geil ...» Sehe sein Gesicht; es ist gierig geworden, gealtert, grausam, verzerrt vor Verlangen.

Sah Louise beim Abschied von ihren Kindern weinen. Unfähig, lange zu leiden. Wie June – nur ein Sturm.
Leben nicht wirklich.

Schreibe Vater-Buch. Seite über Amazone. Schreibe über Champs-Elysées-Symbolik. *Angoisse.* Zu verlieren, was ich habe, gefangen zu sein – entweder im einen Leben oder im anderen. Beides unerträglich; allein. *Angoisse,* Befürchtungen, Zweifel.
Was mir *hilft,* um zu träumen: Luxus, Schönheit. Niemand versteht das. Sie denken, ich liebe den Luxus um des Luxus willen, den Luxus an sich und nicht als etwas, das Realität entschärft. Kümmerliche Verhältnisse erregten meine Neugier, aber auch meine Abscheu.
Ich versuche nicht, Henry aus seinem Element herauszunehmen, wie das andere Frauen tun. Mrs. Rank nahm Rank aus seinem Element. Ihm gefällt, was Henry gefällt, aber sie bestimmte das Heim, die Umgebung, die Freunde, das Leben. Insgeheim wollte er leben wie Henry.

---

9. November 1935

Allendy kommt zum Abendessen. Eduardo und Chiquito ziehen ein. Ich – geschwächt von Mondsturm und Blutverlust. Weine einträchtig mit meiner Mutter, beide emotional; sie versuchte, meine *Motive* zu verstehen – und es endet damit, daß sie mich für unschuldig hält, obwohl ich mit einem «Homo» in einer Wohnung lebe und auf den Montparnasse gehe. «Ich glaube, du kannst Schmutz anfassen, ohne schmutzig zu werden.»
Ich küsse sie und fühle mich ihr sehr nah. Ich erkläre ihr, daß es mit Homosexuellen, wenn sie von der Gesellschaft ausgeschlossen werden, genauso geht wie mit Jugendlichen, die wegen unbedeutender Delikte ins Gefängnis kommen und dort kriminell – verdor-

ben – werden. Emotionales Gespräch. Warum ich Eduardo aufnehme? Um ihm ein Zuhause, Verständnis, Selbstvertrauen zu
geben. Die ganze Havanna-Gemeinde spricht darüber. Man spricht
beim Tee über mich. Bah. Es ist mir egal. «Ich will nur, daß du mich
verstehst, Mutter. Du mußt versuchen zu begreifen, warum ich dies
und jenes tue, selbst wenn du nicht damit einverstanden bist. Einfach verstehen und zu mir halten.»

13. November 1935

Alles, was Henry schreibt oder tut, ist «burlesk». Jetzt schreibt er
mit Fraenkel eine Persiflage auf *Hamlet*. Persiflage: das Fahrrad an
der Wand des Ateliers. *Burleske* Gespräche, Frühstücke, Briefe,
Beziehungen. Ich weiß nicht, was ich dort soll. Jeden Tag muß ich
die Zähne zusammenbeißen und hungern. Alles, was ich fühle, ist
zu echt, zu human, zu menschlich, zu wirklich, zu tief. Ich schreibe
mein Buch über meinen Vater und hungere.

Ich bin schrecklich, schrecklich einsam, schrecklich einsam. Voller Empörung und Haß auf Henry. Haß auf die Liebe, die mich dort
hält. Warum kann ich mich nicht losreißen?

Ungeheurer Konflikt zwischen meinem weiblichen Ich, das in
einer vom Mann beherrschten Welt *mit* dem Mann leben möchte,
und meinem schöpferischen Ich, das die Fähigkeit besitzt, eine
eigene Welt und einen eigenen Rhythmus zu entwickeln, und für
das ich keinen Mann finde (Rank war der einzige, der meinen
Rhythmus hatte). In dieser vom Mann gemachten, ganz von Henry
gemachten Welt kann ich kein eigenes Leben leben. Ich bin ihm in
manchen Dingen voraus, allein, einsam.

15. November 1935

Als ich Grund unter den Füßen spürte, stieß ich mich wieder nach
oben, um mein Leben neu aufzubauen. Wachte auf und schrieb
fünfzehn Briefe, um Menschen um mich zu versammeln und ein
bißchen Wirbel zu machen. Dann stritt ich mit Henry, weil ich
verstehen wollte, was vor sich ging, und mit seiner Hilfe erkannte
ich, daß ich gereizt und aufgebracht war, weil er mich opferte – weil
ich seinetwegen auf New York verzichten muß und auf sämtliche
Möglichkeiten, mich zu entfalten und ein *modernes* Leben zu führen (New York bringt ihn um). Ich liebe ihn, und ich will ihn nicht
opfern. Deshalb war ich auf *Henry* böse. Ich denke, das ist vorbei.
Ich mache das Beste daraus, weil es mein Schicksal ist, zu leiden,
wenn ich liebe, und immer das zu lieben, was mir nicht bekommt,
durch die Liebe eingegrenzt, unterdrückt zu werden, der Liebe zum
Opfer zu fallen, der altmodischen Art Henrys, und jetzt sitze ich
endgültig fest in seinem biedermännischen Leben. Aber ich muß
einen Ausgleich, ich muß Umgehungen finden: London. New York
im Frühling. Ein aufregendes Leben hier in Paris. Ich fühle mich
eingesperrt, und doch muß ich mich irgendwie entfalten.

In Henrys Armen kann ich loslassen. Sobald ich von ihm weg-
gehe, ist meine Sehnsucht so groß, daß sie mich umbringt – meine
Sehnsucht nach Abenteuer, Weite, Fieber, Phantasie, Schönheit,
Größe.

Alles verändert durch den Besuch von Louise – in den Traum
versetzt. Ich kann mit ihr träumen. Sie las «Alraune» und war ganz
begeistert. Sie las mir aus ihrem zweiten Buch vor. Unwirklichkeit.
Das Märchen. Bezauberung. Außerirdisch. Ihre Augen wahnsinnig
offen, wie die von Artaud. Ihr Leben hat die *grandeur*, die ich liebe;
sie hat die Flügel, die Kraft. Ihre Art zu sprechen ist eine Schöpfung. Der Fehler, den ich früher beging und der unsere Beziehung
beendete, lag darin, daß meine Schüchternheit und meine An-
schlußfreudigkeit nicht mit ihrer Unfähigkeit, sich jemandem anzuschließen, mit ihrer Schizophrenie harmonierten. *«Je ne bâtis rien
de durable»* (Ich fange nichts Dauerhaftes an). Ich habe gelernt,

ohne dieses menschliche Element auszukommen ... den gleichen Schwebezustand zu akzeptieren wie mein Vater ... in der Phantasie zu leben, ohne das Menschliche.

Ihre Gegenwart verzückte mich. Vor ein paar Stunden schrieb ich in mein Tagebuch und fühlte alles in mir zusammenbrechen. Als ich sie sah, erkannte ich, wo ich mein Schiff wiederfinden könnte, meine Reisen: nur im Traum, in Drogen, kreativer Tätigkeit und Perversion. Ich habe beschlossen, verwegen zu sein, alles zu tun und auszuprobieren, weil mich nichts auf der Erde hält und ich keine Angst habe zu sterben. Meine Liebe zu Henry wird sterben, wenn ich nicht vorher sterbe. Ich werde mein Fieber austoben, mich als Mann verkleiden, mich mit Menschen, Leben, Lärm, Trubel, Arbeit, schöpferischer Tätigkeit vergiften, und alles, was zu erleben und zu fühlen ist, werde ich ausprobieren. Keine Furcht und keine Achtung vor dem Leben, das in die Länge zu ziehen nicht lohnt.

Jazz. New York ist mir an manchen Tagen näher als anderes. Jetzt ist das New York, von dem ich träume, vielleicht Rank, das Glück, das er mir schenkte in allem, was außerhalb der Wirklichkeit lag. Vielleicht ist das, was außerhalb menschlicher Wirklichkeit liegt, alles, was ich allein erreichen kann.

Louise kommt zurück, um sich hier umzuziehen, weil sie am Abend ausgehen will. *Les métamorphoses.* Sie sind sehr wichtig. Ich werde eher durch eigene Metamorphosen überleben als durch eine Reise irgendwohin. Louise kann mir helfen hierzubleiben. Meine Wünsche kommen mir so merkwürdig unmenschlich vor. Warum New York – fern von Henry, Hugh, Eduardo und Chiquito? Warum läßt mich die Liebe, meine Liebe zu ihnen allen, nicht ruhen? Warum hält sie mich nicht? Was ist es, das mich weglockt von dem, was andere Glück nennen?

Was so wichtig und so schön war mit Rank, waren die Spiele, die wir spielten; Gesprächsspiele im Dunkeln, Theaterbesuche und anschließend die Stücke neu schreiben, Note für Note die Symphonie der Welt, ihre Bedeutung entdecken; unsere Gedankenspiele, Hochzeiten im All, dieses Laufen und Singen und Rufen entlang der Korridore unserer Erfindungen! Er zerstörte einen Traum, um mich in den Armen zu halten, um meinen Körper zu penetrieren, meine Haut zu berühren! Er zerstörte eine Welt, eine großartige Hochstimmung, wie ich sie heute abend wieder fühle. Louise, Louise, Louise, Louise. Was uns einst entfremdete, war ihre Eifersucht auf mich. Sie hat so wenig Selbstvertrauen. Ich werde ihr das nicht antun. Wir werden nicht versuchen, uns in der Welt zu begegnen, sondern stets allein, für unseren Opiumtraum.

Halb zehn. Ich habe die emotionalen Seiten meines Vater-Buchs zu Ende geschrieben.

Kämpfe mit Henrys Wechselseitigkeit und Zwiespältigkeit, wenn er über gedankliche Vorstellungen schreibt. Er drückt einen Gedanken aus, und gleichzeitig persifliert oder leugnet er ihn. Daran krankt sein Buch über Lawrence. Ein heftiger Streit, bei dem ich ihm zu erklären versuchte, daß man widersprüchlich, aber nicht zwiespältig sein könne, weil dann eine schöpferische Tätigkeit nicht mehr möglich ist. Langsam erkennt er meine Weisheit.

Ich sagte voraus, wie die Leute auf Henrys humorvollen Bittbrief für Fred reagieren würden. Es reagierte tatsächlich niemand.

Sein *Aller Retour New York*; keine Subskriptionen, um die Kosten zu decken, und das Echo schwach. Als Frau hasse ich es, recht zu behalten. Recht zu haben wegen Fred und auch, daß es die Leute nicht mögen, wenn man sie ausnutzt und ausnimmt. Ich fürchte die Leere, die Henry um mich geschaffen hat. Sobald ich für ihn betteln gehe, verliere ich einen Freund; er beleidigt und entfremdet. Ich muß mir meine Welt abseits von Henry schaffen, so wie ich anders und weit weg von Henry und Fraenkel zu schreiben anfangen mußte. Aber, o Gott, wie ich Einsamkeit hasse!

Aber auch meine Eifersucht ist schuld daran, daß ich mich zurückziehe. Es gibt etwas zwischen Henry und seinen männlichen Freunden, das ich nicht teilen kann, ein akrobatisches, unernstes, possenhaftes Element, und ich bin eifersüchtig und fühle mich einsam. Zugegeben, das ist es, warum ich auf ihre Gesellschaft verzichte. Henry riecht jetzt nach Fraenkel, wie er früher nach Lowenfels roch.

21. November 1935

Weil ich ständig darauf stoße, daß etwas Absolutes unmöglich zu erreichen ist, begann ich wieder zu tanzen. An dem Tag, als ich Louise sah, fing ich an, einen *tourbillon* zu komponieren, ein Ballett, eine Symphonie. Ich schrieb Briefe, in denen ich alle einlud, mich zu besuchen, [René] Lalou, [John] Charpentier, [Salvador] Dalí, Anne Greene. Und gleichzeitig kamen Einladungen von Colette Roberts, den Ferrants, von überallher. Ich begann aus Verzweiflung zu tanzen, aus tiefer, naturhafter Verzweiflung. Ich schrieb an Monsieur le Verrier, der mein Buch über Lawrence sehr bewundert hatte. Ein Mann um die Fünfzig, groß, Jude, ein intellektuell-religiöser Typ. Er verliebte sich auf den ersten Blick in mich. Und ich bin entzückt und angewidert zugleich, immer bezaubert von Verstand, Alter, Geist. Er rief heute vormittag an, begeistert über meinen June-Henry-Roman. Kahane weigert sich, ihn herauszubringen, *so wie er ist*; bevorzugt das Vater-Buch, von dem er einige Zeilen las und sagte: «Erstklassig. Bei diesem Buch habe ich keine Bedenken.»

Hektischer Abend mit Henry, Fraenkel und Colette. Fraenkel erklärt Henry genau das gleiche, was ich ihm sagte; er drückt es nur besser aus als die kleine Stimme in Henry, die sagt: «Alles Quatsch» und am Ende seine Sicht, wie sich die Dinge zueinander verhalten, zerstören wird.

Radio. Schreiben. Nerven zum Zerreißen gespannt. Tanzen, wie um ja nicht zu sterben. So nervös, daß ich aus dem Fenster springen könnte. Verzweiflung über das Leben. Das Absolute. Henry liebt mich. Ich lerne von ihm zu leben; das heißt, Kompromisse zu schließen, nachzugeben, zu akzeptieren; und so wende ich mich dem anderen Extrem des Absoluten zu – Auflösung, Fieber, Spagat, Spannung, Krankheit, Fieber.
  Begann die Passage über Orchester in Vater-Buch, in die ich Geige und Frauenkörper hereinnehme, ein Bild, das ich im Quai Saint-Michel gesehen habe. Die Orchesteridee keimte bereits in

meinem Kopf. Aber nach dem Elend, das ich gestern abend wegen meiner Eifersucht auf Mrs. Ferrant durchmachte – die einen wundervollen Kopf und üppige Brüste hat, eine vulgäre Schönheit, die sehr nach Henrys Geschmack ist –, schrieb ich seitenweise Hysterie.

Das ist meine Krankheit, das weiß ich jetzt, die schlimmste Ursache meines Leidens. Im Taxi gestern abend auf dem Weg zum Ferrant-Atelier war ich bereits von Henrys Schilderung einer «Frau mit einem sehr interessanten Gesicht» alarmiert. Ich sang, bemühte mich, stark zu sein, beschloß, Ferrant zu verführen, fühlte mich gestärkt durch die Bewunderung von le Verrier. Im Lauf des Abends spürte ich, daß Henry Mrs. F. nicht lieben würde. Es könnte höchstens Sex sein. Resigniert erinnerte ich mich, wie oft mich meine Einbildung genarrt, wieviel ich unnützerweise gelitten hatte, wie ich versuchte, über Henrys Eifersucht zu lachen, über seine Angst, mich zu verlieren, die viel größer ist als meine Angst. Wenn ich ihn verliere, verliere ich meinen Schmerz. Wenn er mich verliert, verliert er sein Leben und sein Glück. Ich wäre gerettet ohne ihn. Er würde untergehen.

Krebsgeschwür Eifersucht. Leben zu schwierig. Wie eine Ertrinkende kehre ich in die Obhut von Hughs Liebe zurück, in das weiße Zimmer, in Wärme, Weichheit, Luxus als lindernde Arznei. Ich schrieb innerhalb von eineinhalb Stunden zehn Seiten in einem Stück. Leide an kleinen Unpäßlichkeiten, Neuralgie, Magenverstimmung. Ich bin dünn, nervös.

Rank hatte recht. Ich dachte, ich könnte ohne ihn glücklich sein. Es geht nicht. Es gibt Zeiten, da bin ich bereit, Henry und Hugh für Rank aufzugeben, so wie er es wollte; so wie jemand das weltliche Leben aufgibt, um ins Kloster zu gehen, für den Frieden und die Kraft, die er mir gab. Ich würde meinen Körper zum Gehorsam zwingen. Ich stelle mir ausschweifend vor, wie ich meinen Körper zwingen könnte, zu gehorchen, sich Rank hinzugeben, indem ich mir erotische Bilder ansehe, die eine solche Wirkung auf mich ausüben.

Später: Nachdem ich diese Zeilen im Bett geschrieben hatte, masturbierte ich, weil ich die letzte Nacht, als mich Henry nach der Ferrant-Party nahm, nichts fühlte. Dann war ich für einen Augenblick ruhig und sagte mir: Sei ganz ruhig und still. Dann schrieb ich zwei weitere Seiten. Und ich bin erschöpft.

25. November 1935

Das Elend dauerte eine Nacht und einen Tag. Eine Nacht wahrer Todesqualen, weil ich mir einbildete, alles sei tatsächlich geschehen. Ein Tag, den Fred noch furchtbarer machte, weil er mir erzählte, Henry habe gesagt, Mrs. Ferrant gleiche June. Das vernünftige Ich sagt: «Es ist gut, wenn etwas passiert, das uns auseinanderbringt. Ich war nicht fähig, mich aus eigener Kraft zu lösen. Ich bin nicht glücklich mit Henry. Der Tag, an dem wir uns trennen, wird der Tag meiner Rettung sein, der Beginn meines Lebens.»

Dann sah ich Henry dort mit anderen Menschen. Ich wurde ruhiger, versöhnlicher, gleichgültig. An jenem Abend bei Kahane lernten wir Jonathan Cape kennen, der im Taxi vor Henrys Augen meine Hand hielt. Dieser kleine Sieg amüsierte mich für einige Minuten. Aber ich fühle mich tot und kalt. Dies alles zusätzlich zu meinem Verzicht auf New York. Es ist zuviel.

Wieder ist es der Schmerz, der mich antreibt zu schreiben. Und heute schließlich ergriff mein Buch Besitz von mir. Leben, New York, Henry – alles wurde weniger wichtig. Ich bin besessen von meinem Buch.

Ich warte auf eine Veränderung bei Henry, aber es ist so gefährlich, die Liebe an seinem Verlangen zu messen, sie am Sex zu messen. Gestern, als wir eine Stunde für uns hatten, fror er und war müde. Ich wärmte ihn mit meinem Körper, und er schlief ein wie ein Kind. Zu einer anderen Zeit wäre diese Zärtlichkeit gut gewesen. Gestern kam sie mir wie ein Omen vor. Und ich muß Henry verlieren, weil ich ihn nicht verlassen kann. Es ist immer das gleiche. Ich habe ihn so oft verlassen, aber ich schaffe es nicht endgültig. Was für ein Elend!

Heute morgen stand ich auf und arbeitete gut, aber so grimmig und freudlos. Ich muß wieder diszipliniert und regelmäßig arbeiten. Ich muß früh aufstehen. Ich mache Gymnastik, nehme Medikamente, bemühe mich, stark zu sein für diese Arbeit, die mich umbringt. Ich hasse sie. Aber nur sie macht das Leben erträglich.

Heute blieb ich einen Abend bei Colette fern. Kann mich nicht mit Menschen auseinandersetzen – es ist zu anstrengend. Henry war gedrückter Stimmung und mit seiner Arbeit beschäftigt. Ich fühle mich vereinsamt und würde am liebsten etwas Verrücktes tun. Wenn ich nicht das Buch schreiben würde, ginge ich nach London.

Ich weiß jetzt: Meine Leidenschaft für Henry begann zu sterben, als ich ihn wegen Rank verließ; daß mein Aufbegehren während der letzten Monate genau dies beweist; daß ich nicht mehr seine Sklavin bin, aber unter Eifersucht leide, weil ich eine Sklavin des Leidens bin.

Aber heute hat die Leidenssklaverei aufgehört, und ich erkenne klar und deutlich, wie weit weg ich von Henry gewesen bin; daß ich, während die Liebe weniger wurde, mein Leben mehr und mehr von seinem Leben trennte. Keine Liebe mehr für seine Kindereien, nutzlosen Gesten, Dummheiten.

Eine große Ruhe überkam mich. Es war, nachdem ich gestern zu Henry sagte: «Ich komme mir wie von dir geschieden vor.» Er führte es auf unser hektisches Leben zurück, bei dem ich weniger Zeit für ihn hatte. Aber wenn ich in die Villa Seurat hätte gehen können, zog ich es vor, zu Hause zu bleiben.

Fühle mich ruhig und distanziert, besessen von meinem Buch und frei von dieser sklavischen Abhängigkeit von Schmerz, die nichts mit Liebe zu tun hat, weil meine Liebe immer dann versagt hat, wenn die Leidenschaft nicht stark genug ist, um alle gegensätzlichen Elemente unter einen Hut zu bringen. Die Passion ist vorbei.

26. November 1935

Henry machte mir eine Eifersuchtsszene wegen Johnathan Cape. Er dachte, ich hätte mich vor Colettes Montagabend gedrückt, um mit Cape auszugehen. Er ist beunruhigt und zweifelt an mir. Er sprach von unseren Schwierigkeiten. Wir versuchten, wieder ein Paar zu werden, und fanden nur vorübergehend Trost im schieren Abgrund unserer Lust. Als wir über mein Buch sprachen, sagte ich, daß ich es nie geschrieben hätte, wenn ich das, was ich vom Leben haben wollte, hätte bekommen können.

«Und was wolltest du?»

«Unabhängigkeit.»

«Das ist schlecht», sagte Henry.

«Aber ich meine nicht Unabhängigkeit von dir.»

Das bezweifelte er.

Aus dem Wunsch, aus meiner Eifersuchtskrise herauszukommen, entstand plötzlich der Wunsch, zu verletzen statt selbst verletzt zu werden. Ich wollte Henry eifersüchtig machen, was mir dank Jonathan Cape gelang.

Oder ich liebe ihn weniger. Ich weiß es nicht.

Eines ist mir klar: daß im Gedankenaustausch und in den Gesprächen mit mir *Schwarzer Frühling* geboren wurde, ein wirklich wundervolles Werk; daß die Gespräche mit Fraenkel zu «Hamlet» führen und daß Henrys Krankheit, seinen Versuchen, ein großer Denker zu sein, dadurch Vorschub geleistet wird, obwohl er in der Welt des Geistes nichts Neues schafft – nichts als Imitation, Travestie, Posse –, und das alles ist so verwirrend, daß sich Fraenkel jetzt nicht mehr zurechtfand, als ich Henrys Gedanken ernst nahm.

Jetzt erkenne ich, wie verrückt das alles ist, was er schreibt, und daß es nur Wert hat als Poesie. Wenn er die Gedanken von Rank, Spengler, Lawrence ausdrückt, tut er das besser als sie: Er ist ein Schriftsteller.

Aber hier, mit Fraenkel, ist die Nachahmung, die Parodie von Ideen, schamlos, und ich glaube, «Hamlet» wird am Ende eine Komödie sein, während Henry meint, ureigene Standpunkte, ureigene Ideen beizutragen. Man wird ihn auslachen, den Philosophen, Psychologen, Kritiker, wie die ganze Welt einst über Mark Twains *Personal Recollections of Joan of Arc* lachte, weil jeder wußte, daß Twain Humorist war.

Henry schreibt «Hamlet» nur, weil es einfacher ist, weitschweifig; alles wird hineingepackt. Aber er hat dabei keine Farce im Sinn. Ich sehe, ich höre, wie ernst er es meint. Die Welt wird nur eine Farce sehen.

Und ich kann nichts sagen: erstens, weil ich die Rolle der Kritikerin hasse (ich ermutige lieber); zweitens, weil es wie Eifersucht auf

Fraenkel aussieht; drittens, weil Henry auf bestimmten perversen Methoden beharrt, und dies erst recht, wenn ich mit ihm streite. Ich gab mir solche Mühe, ihn von seinem Buch über Lawrence abzubringen. Aber er ist eigensinnig, auch wenn ich noch so sanft und taktvoll vorgehe.

Was ihm gefällt, ist etwas, das er in Fraenkels Briefkasten werfen kann, um Briefe von Fraenkel zu bekommen.* Ich glaube jetzt, daß Fraenkel einen brillanten Verstand besitzt ohne einen Funken Originalität. Jeder der beiden plastisch, anschaulich, aber beide *Schriftsteller, Poeten? Ja.* Fraenkels Darstellung von Neurosen wundervoll. Fraenkels Beitrag an Ideen zur Psychologie absolut nichts.

Denken, Psychologie, Philosophie ist ernsthafte Arbeit, kein Spiel mit Worten. Sie jonglieren mit klugen Worten und den Ideen anderer Leute, während ich still schreibe, ernsthaft und menschlich. Als Henry meine Orchesterseiten las, sagte er, ich habe ihn übertroffen.

Ich bin zu müde für weitere Versuche, Henry zu retten. Keinem Mann wurde je so viel gegeben, womit er Bedeutendes hätte schaffen können, keinem Mann auf Erden. Denn zusätzlich zur Liebe hatte ich auch das Wissen.

Ich kann ihn nicht vor seiner Possenreißerei bewahren, und was mich so mitnimmt, ist seine Unzulänglichkeit, wenn er den Philosophen oder Psychologen imitiert. Warum ist er nicht damit zufrieden, ein großer Dichter zu sein? Ich war lange Zeit hypnotisiert, bezaubert von Henrys Sprache, genauso wie mich seine Anwesenheit und meine Liebe hypnotisierten und mich dazu brachten, glücklich zu sein und Dinge zu genießen, die völlig hohl waren. Als Frau bedaure ich es, so hellsichtig zu sein.

---

* Der bis ins Jahr 1938 fortgeführte sogenannte «Hamlet»-Briefwechsel (ein anderer, anfangs vogeschlagener Titel lautete «The Merry Widow Waltz») war mehr oder weniger als Jux gedacht, um ihre endlosen Gespräche festzuhalten. Er sollte veröffentlicht werden, sobald eintausend Seiten erreicht waren. «Diese Gespräche», erinnerte sich Henry Miller viele Jahre später, «waren alles andere als Diskussionen. Obwohl sie mir nichts zu geben schienen, faszinierten sie mich. Zwei Menschen konnten kaum unähnlicher sein als Fraenkel und ich. Mir scheint, daß wir eine Art Bowling spielten ... er stellte die Pins auf, und ich warf sie um, so gut ich konnte.» Fraenkel veröffentlichte Band 1 dieser *Hamlet Letters* 1939 in Puerto Rico und Band 2 1941 in Mexiko, jeweils in einer Auflage von 500 Exemplaren.

Abend. Strample, um den Kopf über Wasser zu halten. Nehme Gymnastikstunden, nachdem ich bei Henry war. Schreibe zehn Seiten pro Tag. Empfange Besuch. Schreibe Briefe.

Joaquin ist mit Mutter in New York.

Ich schickte Henry eine Nachricht: «Alles ist gut.» Ich hatte das Bedürfnis, ihn zu trösten. Ich denke, ich kann ihm nichts vorwerfen, nicht daß er alt ist und Frieden und ausgefahrene Gleise und keine Veränderung will. Daß er Telefone haßt, Flugzeuge, Reisen, die große Welt.

5. Dezember 1935

Sexuell sind wir uns nah – immer –, aber sonst nie. Wenn ich den Mut hätte, würde ich Schluß machen, einfach weil mir Henry ein Klotz am Bein ist. Er macht mich nur unglücklich, weil er als Mensch wirklich unmöglich und ordinär ist. Er wird sich nie von seinem Broadway, seiner Goldgräberei lossagen. Nun versucht er, über die Zeitungen Ranks Adresse zu erfahren, um ihm Fraenkels Buch [*Bastard Death*] mit einem Vorwort aus seiner Feder zu schicken. Jeden quetscht er nach Namen aus. Er ist bombastisch in seinem Egoismus und seiner Beweihräucherung von sich und Fraenkel. Wilde Pläne, billige Tricks, Anbiederei – alles ist ihm recht. Deshalb sagte ich zu ihm: «Schön – führe deine Veröffentlichungsprojekte durch, aber laß mich da draußen.»

Ich bin jetzt buchstäblich von ihnen geschieden. Geistig, ideologisch. Auch im Leben. Ich lebe mein eigentliches Leben hier. Wenn ich mich nur vollständig lösen könnte. Henry kann selbst für sich sorgen, und ich bin es leid, mich aufzuopfern. Ich versuche, mich selbst zu retten. Ich möchte Glück, Verständnis. Ich will Henry durch meine Bedürfnisse nicht verletzen oder zerstören. So, wie ich entdeckte, daß ich bestimmte Dinge nicht von Hugh erwarten darf, muß ich lernen, daß ich bei Henry keine Erfüllung finden werde. Rank hatte recht. Henrys Leben ist würdelos, vulgär. Sobald ich von jemandem spreche, will er die Adresse haben, um ihn anzuschreiben und anzubetteln.

Ich ertrinke. Ich spüre, wie ich durch Henry zerstört werde. Keine Freude mehr. Keine Entfaltung. Nur Eifersucht auf beiden Seiten. Er spürt, daß ich im Begriff bin zu gehen. Warum muß ich auf ein äußeres Ereignis warten, das uns trennt?

Ich bin schwach. Schwach.

Ich fühle mich schwach und klein. Hughs Liebe ist meine größte Kraft. Bei ihm suche ich Halt. Ich verstecke mich in seinen Armen. Ich schenke ihm Liebe, weil ich ihm vertraue. Er ist meine Stärke.

Wenn Rank mit einer «neurotischen» Beziehung das meinte, was Schmerz bereitet, dann versuche ich nur, mich vor dem heutigen Schmerz statt vor dem von Jahren zuvor zu retten. Ich kann diesen langsamen Verfall unserer Liebe nicht ertragen. Ich würde sie gern rasch beenden. Ich versuche auf hunderterlei Weise, mich von diesem Kummer abzulenken: Interesse für andere Menschen, Colette, Maggy, de Maigret, le Verrier, Charpentier, Allendy, Zadkine. Ich schwimme mit meinem «Hof». Ich gehe aus mit ihnen. Ich kämpfe allein um die Veröffentlichung meiner Bücher. Ich gehe zum Tee ins Smith's, ins ungarische Café. Eduardo und ich sind uns so nah. Wir wissen so viel voneinander, weil wir auf gleiche Weise leiden. Er und sein seichter Chiquito, der keine Leidenschaft kennt. Ich habe Anfälle von Askese. Einen Hunger nach Frieden. Ich habe wieder meinen Weg verloren, weil mich der Weg meines Ego – für mein Ego zu leben – nicht glücklich macht. Aber es gibt eine Art zu geben, die nicht dieses Tod-Geben ist, das Henry erzeugt.

Abend! Nach einer Woche Mondsturm – plötzlich Frieden, ohne Grund. Nichts verändert sich um mich. Wenn ich aus meiner *folie de doute* herauskomme, höre ich Henrys Stimme am Telefon: «Ich würde dich gern sehen.» Wir treffen uns in einem Café. Er ist zärtlich, menschlich. Für ihn ist nichts passiert. Nichts ist passiert, sage ich mir. Aber was geht in mir vor? Ich mime Fröhlichkeit, weil ich etwas in meiner Handtasche habe. Ich bin wie eine Frau, die einen Revolver mit sich herumträgt und froh ist, weil sie endlich Schluß machen kann. Wenige Minuten bevor ich mich mit Henry traf, hatte ich Allendy besucht und ihm etwas *chanvre indien* [indischen Hanf] abgebettelt – eine Droge, die seiner Meinung nach harmlos ist.

Mir ist klargeworden, daß ich eine Woche im Monat, die Woche vor meiner Periode, verrückt bin. Alles erscheint mir ungeheuer gewaltig, bedrohlich, tragisch; meine Zweifel, Eifersüchteleien und Ängste steigern, vergrößern sich: Pessimismus, destruktive Kritik, destruktive Handlungen, die auf den verstärkten Schmerz folgen.

Kein Heilmittel dagegen. Durch diese Intensivierung werde ich schöpferisch. Zum Beispiel mein Buch über meinen Vater. Aber menschlich ist es unerträglich. Die Fakten sind so geringfügig: Henrys vorwiegende Beschäftigung mit Fraenkel; Fraenkel, der Hugh zu bewegen versucht, mit einer Hure mitzugehen; Geldmangel; Kahanes Zögern beim Henry-June-Roman.

Dann wird aus den Leidensgründen genauso einfach und plötzlich ein Grund zum Lachen – oder zumindest Verständnis. Als Henry geistesabwesend wirkte und mir eine Liebe entgegenbrachte, die er nicht für seinen Freund «Boris» übrig hat. Als ich die schönen Frauen im Bal Tabarin sah und verstand, daß ein Mann sie begehren konnte. Kahane, der zu Henry sagte: «Ich muß nächstes Jahr drei wichtige Verträge abschließen – deinen, den von Anaïs und den von Cyril Connolly.»

Auf dem Weg zu Allendys Wohnung dachte ich: Ich bin paralysiert durch Einschränkungen. Überall verschlossene Türen – New York, Geld, Buchveröffentlichung, Analyse, Abenteuer, alles, was ich mir wünsche. Statt dessen schleppe ich Obst zum armen Monsieur Lantelme. Schreibpapier zu Fred. Geld zu Henry.

Aber ich habe das Döschen mit *chanvre indien*. Ich werde es erst benutzen, wenn ich muß. Ich kann den Kopf über Wasser halten. Aber ich bin es leid zu kämpfen. Ich kämpfe, *je me débats*. Gegen alle meine Probleme habe ich gekämpft. Ich kämpfe um New York. Für die Analyse versuchte ich, Allendys Hilfe zu bekommen. Ich suchte Dr. Jacobson auf. Ich sprach mit jedem. Ich schrieb Briefe. Wegen des Buchs bin ich aktiv gewesen, in New York wie hier. Um Geld zu verdienen, versuchte ich, als Psychoanalytikerin zu arbeiten. Abenteuer? Niemand reizt mich, niemand erregt mich, es gibt niemand, der zu mir paßt.

Henry und ich gingen an der Seine spazieren. Henry sagte: «Ich bin ein bißchen deprimiert von der Trägheit der Welt.» Ich dachte an Lawrence, der, aufgerieben von seinem Kampf mit der Welt, zu

Frieda [von Richthofen] zurückkehrte. Ein nicht brutaler und ein bißchen entmutigter Henry. Und schon fließen meine Gefühle wieder wie die Seine zu unseren Füßen. *Encore un moment de bonheur.* Henry und ich, wir gehen spazieren, eine weitere Stunde Arm in Arm. Er braucht mich. Der Nebel kratzt im Hals und zerrt an dem Nerv in meiner linken Gesichtshälfte, der auch spannt, wenn ich Wein trinke. *Chanvre indien* in meinem Notizbuch. Tag für Tag, um nur aufgrund von Tatsachen leben zu können. Henry ist hier, an meiner Seite. Das ist eine Tatsache. Während er hier ist: Glaube, sei still, dann arbeite!

Es kommt mir vor, als schriebe ich über Rank.

Henrys Glaube an Tatsachen, wiederkäuend, nichts davor oder danach. Keine Analyse – keine Verschlechterung. Eifersucht, ja. Er versuchte mit kleinen Fragen zu rekonstruieren, was ich zwischenzeitlich getan habe; hinter jeder kleinen Frage zitterte die Angst.

6. Dezember 1935

Gespräch mit Hugh vergangene Nacht im Bett:

Anaïs: «Ich werde ein neues Buch schreiben.»

Hugh: «Worüber?»

Anaïs: «Über Rank.»

Hugh: «Das hätte ich wissen können. Wenn du schreibst, bist du immer um einen Mann im Rückstand. Mich würde interessieren: Wer kommt nach Rank?»

Anaïs: «Das würde ich selbst gern wissen! Ich wünschte, du könntest es mir sagen!»

Zartgefühl kann sich oft bis zu einem Höchstmaß an Liebe steigern, so wie zwischen Hugh und mir. Allein die Beständigkeit dieses Gefühls kann Liebe hervorbringen. In diesem Augenblick vergleiche ich mein zärtliches Empfinden für Hugh mit Liebe. Ich interessiere mich für das, was er tut. Ich tue alles, um ihn zu erfreuen. Wenn er nach Hause kommt, ist sein Bad für ihn vorbereitet, mit Badesalzen. Ich tippe geduldig Briefe für ihn. Ich habe Geduld mit seinem schlechten Gedächtnis.

Eduardo und ich, Zwillinge in unserer Neurose, in unserer Hypersensibilität, in unserer Art zu lieben; bauen uns oft gegenseitig auf, auch mit immensem Zartgefühl, großem Verständnis.

Während meiner aktiven Woche schrieb ich an [Jules] Supervielle. Heute trafen wir uns. Gesicht wie Erskine, aber feuchte, träumerische Augen. Ein Mann, der keine Ruhe mehr findet, mit menschlichen Wurzeln. Verliebt ins Geheimnisvolle. Er las mir seine neuen Gedichte vor. Wir sprachen über Surrealismus. Er mag ihn nicht, bemüht sich um Schlichtheit, menschliche Symbole wie die aus der Sagenwelt. «Er ist Chaos und lächerlich», sagte ich. «Ich glaube, Träume haben eine Klarheit, eine Leuchtkraft.» Supervielle träumt den ganzen Tag.

Ich bin immer mehr gegen den Surrealismus, den Glauben, daß der Traum durch Absurdität und Verneinung aller Werte erreicht wird. Ein Fahrrad in ein Zimmer zu stellen, sich in Absurditäten zu ergehen, der Schirm auf einem Operationstisch, alles, was eine Bedeutung hat, wie Psychoanalyse, in die Nähe einer Varieténummer zu rücken, ist pure Destruktion. Beschreiben, was im Leben abgeschafft zu werden verdient, ist etwas anderes, als das ganze Leben wertlos erscheinen zu lassen, indem man es als Chaos hinstellt, um etwas zum Lachen zu haben. Henry will einfach nur lachen. Die Surrealisten wollen über das Unbewußte nur lachen. *Ce sont des farceurs*.

Supervielle schafft eine Welt. Sie hat Häuser, Meere, Menschen, Klima, Humor.

Mein Fehler war, daß ich Henry ernst genommen habe. Ich habe nach allen möglichen klugen Männern, Philosophen gesucht, wo es nur einen Humoristen gab.

Ich suche Männer wie Rank, die keine Humoristen sind. Armer Rank, er wollte in seiner Biographie von Mark Twain lachen. Aber es gelang ihm nicht so recht. Ich bin froh, daß Henry mich zum Lachen gebracht hat, aber ich will nicht in einem Zirkus *leben*.

Man kritisiert *Aller Retour* als ziemlich unbedeutend.

Ich kann Henry nicht davor bewahren, wie ein Schuljunge behandelt zu werden. Kay Boyle dachte, es sei ein sehr junger Mann, der ihr einen in ihrer eigenen Sprache abgefaßten bewundernden Brief schreibt! Henry macht Witze, glaubt aber, er meine es ernst. Wie damals, als er dachte, er könne in Ranks Rolle schlüpfen und sich einbilden, er sei ein Analytiker. Alles ist ein Spaß; die Broschüren, die Eigenreklame, die Pläne, Fraenkels plötzlicher Wunsch, meine sämtlichen Tagebücher als Serie zu veröffentlichen, womit er dreißigtausend Dollar zu machen glaubt. Denk daran, arme Anaïs, mit deinen Träumen, deiner Ernsthaftigkeit – alles, was Henry tut, ist ein Spaß: Kindergarten, Zirkus, Varieté, Posse. Was ich ihm an Gedanken, Kenntnissen einbrachte, mußte karikiert werden. Und ich hörte seinem Gerede über Lawrence so gläubig zu.

9. Dezember 1935

Stürzte mich mit analytischer Schärfe auf mich selbst. Beschuldigte mich, mein Leben zu zerstören durch Vorwürfe, morbide Zweifel, Obsessionen. Sobald ich allein bin, setzt ein krankhafter Fluß morbider Vorstellungen ein: Selbstquälerei, Eifersucht, Obsession, Zweifel. Alles neurotisch, weil ich keine Fakten dafür habe. Die Motive jedenfalls sind die, die ich im Tagebuch beschreibe. Ich habe aber nicht die Zeit beschrieben, die ich mit dieser Quälerei verbrachte. Deshalb behandle ich mich wie eine Kranke. Suggestion: Ich lese, schreibe, versuche, mich zu beschäftigen und mich aktiv zu fühlen. Eifersucht und Zweifel sind negativ. Aber die Anstrengung, positiv zu leben, das heißt lesen, schreiben, lieben, sprechen, ist wahnsinnig groß.

Ich muß nach New York, das mich vor mir selbst rettet. Ein langsamer Lebensrhythmus tötet mich. Melancholie frißt mich auf.

Ich plane, für einen Monat [nach New York] zu gehen. Mit fünf Patienten, die mich erwarten, kann ich alle meine Ausgaben decken und mit drei- oder vierhundert Dollar zurückkommen. Für einen Monat wird Henry mitkommen. Wir könnten einige Exemplare von *Wendekreis des Krebses* durchschmuggeln.

Beschäftigung bewahrt mich vor der großen Trübsal. Ich bin eine kranke Person. Ich verzehre mein Leben mit Analyse. Ich muß mehr Leben und weniger Zeit haben.

Hier interessiert mich nichts. Niemand hält mich. Die Langsamkeit tötet mich. Ich habe auch beschlossen, auf meinen Körper zu pfeifen! Ich habe genug von tiefer Liebe, die mir nur Schmerz verursacht. O Gott, ich möchte Glück, Glück, Glück.

Sobald ich den Plan für New York faßte, ging es mir gut; tatkräftig, lebendig, munter. Durch meinen Körper strömte wieder Elektrizität. Ich schrieb Briefe, in denen ich ankündigte ...

Sinnvolle Arbeit. Ausgefüllte Tage. Unter Druck sein. Eine große Stadt, die zum Kampf herausfordert, die erobert werden muß. Männer, mit denen man schlafen kann. Mit den Museumswärtern hier kann ich nicht schlafen. Henry will verschimmeln, weil er jetzt alt ist. Aber ich bin jung. Ich brauche Feuer und Elektrizität.

---

12. Dezember 1935

Jetzt ist es klarer. Ich habe gegen meine Mutterrolle rebelliert. Und Henry ist kein Mann geworden. So sehe ich mich gezwungen, weiterhin die Mutter zu spielen, weil er immer das Kind ist. Ich kann ihn nicht klüger machen. Ich kann ihn nicht vor Fehlern bewahren. Nur nachsichtig, blind kann ich sein. Ich bin es, die sich verändert hat, nicht Henry. Meine selbstverleugnende, selbstaufopfernde Liebe ist vorbei. Während der Mondstürme kommen meine Instinkte blank ans Licht. Eifersucht, Zweifel, selbstsüchtige Liebe im Gegensatz zu meiner bewußten Rolle als Idealmutter, die versteht, vertraut, tolerant ist und sich zurückhält. *Le décalage* [Verschiebung] ist zu groß gewesen, deshalb wurde ich wieder krank, wie in New York. Schrecklich krank, mit Erbrechen und Schwindelanfällen – die ganze Physis in Aufruhr, rasend, vergiftet.

Mein Konflikt besteht darin, daß ich Henry noch instinktiv brauche, ihm aber instinktiv nicht traue. Ich weiß, er lebt nur für sich selbst. Zur Zeit leidet er regelrecht an Größenwahn. Plant eine Broschüre aus Briefen, die er zu *Wendekreis des Krebses* erhielt, mit seinem Foto, seinem Horoskop etc. Um es humorvoll zu machen –

aber hinter seinen humoristischen Effekten steckt oft eine höchst ernsthafte Absicht; um zu kompensieren, weil Kahane nicht genug tut. Das Ganze wird fünftausend Francs kosten. Fraenkel ist zwar bereit, Henry zu unterstützen, aber nicht, ihn alles machen zu lassen, was er will. Henry schreibt Tausende von Leuten an. Er wurde krank, weil Fraenkel ihm das Geld nicht auf die Hand gab, weil die Leute nicht auf ihn eingehen, ihn kurz abfertigen. Weil der «Brief» aus New York ein Mißerfolg wurde. Jeder sagt, *Aller Retour* sei sauertöpfisch, nicht humorvoll und zu persönlich, unbedeutend, viel zuviel Henry.

Wieder sage ich, als er krank wurde: «Ich werde dir das Geld für die Broschüre geben. Aber komm mit mir nach New York, um es aufzutreiben. Wenn ich nach New York gehe, kann ich in einem Monat 750 Dollar verdienen. Ich kann mit vierhundert Dollar zurückkommen. Überleg es dir – ein Monat, den du opfern müßtest für dein Ziel.»

Henry hatte bereits gesagt, daß er mitkommen würde – dies trug nur dazu bei, ihm New York erträglicher zu machen. Eine sanfte Bestechung! Ich sagte: «Du weißt, ich bin die einzige, die dir Geld gibt, ohne zu fragen, was du damit tust.» Aber ich weiß genau, daß er es unklug verwenden wird – daß er vielleicht die Aufmerksamkeit der Öffentlichkeit erhält, aber daß ihn ernsthafte Leute für einen Narren halten werden. *Wendekreis des Krebses* ist kein Buch, um Größenwahn zu entschuldigen.

Aus Schuldgefühl schließt er mich in seine phantastischen Pläne ein. Er wird Fraenkel um Geld bitten, um «Alraune» herauszubringen. Aber ich sehe die Undurchführbarkeit von alldem und sage freundlich: «Bitte Fraenkel nur deinetwegen. Aus seiner Sicht muß eine Bitte, mir zu helfen, merkwürdig erscheinen, weil ich Hugh habe. Mach dir um mich keine Sorgen. Sorge für dich.»

In Wahrheit empöre ich mich hier gegen Bettelei, Publicity, Übertreibung und Dünkel. Es ekelt mich an, so zu handeln, Leute auszunützen, Faxen zu machen, billig und aufdringlich zu sein.

Die Mutter ist also nicht mehr blind. Sie hat keine Hoffnung mehr, einen *Mann* zur Welt zu bringen.

An Allendy: Ich muß jetzt klug sein und mein Leben als Mutter und mein Leben als Frau leben. In New York werde ich jeden Liebhaber nehmen, der mir über den Weg läuft, um mein Leben als Frau, als geschlechtliches Wesen, zu leben, um mich für meine stupide Mutterrolle, meine Sklaverei zu entschädigen und meinen Instinkt zum Spott, der mich an Henry fesselt. Ich bin verbittert und ohne Illusionen. Ich will meinem Körper trotzen; meinem Blut; meinem Geschlecht, das mich an ein Kind kettet; dem Instinkt, der mich zerstört.

Fraenkel über Vater-Roman: «Entwurf stets großartig. Eindrucksvoll. Aber schlechte Maurerarbeit.» Ich würde mit der Vorstellungskraft einer Hellseherin die Stahlkonstruktion, das innere Gerüst sehen, aber nicht die Ziegelsteine. Ich werde keine Hilfe mehr annehmen. Ich stehe oder falle, wie ich bin.

Abend: Henry besuchte mich. Wie komisch oder wie ironisch wirkt es auf mich, wenn er seine Eifersucht zeigt. «Du gehst nicht nach New York, um Rank zu sehen?» Eifersucht – wenn er mich vom Leben abhält; Eifersucht, wenn ich seine Kungelei mit Fraenkel kritisiere. Vielleicht ist Henry auch eifersüchtig auf die Sujets, die ich liebe, z. B. die Astrologie. Deshalb versucht er, sie schlechtzumachen. Ich glaube, er ist eifersüchtiger als ich!

---

15. Dezember 1935

Hugh fuhr nach Biarritz. Ich eilte zu Henry. Er war noch immer besessen von Briefen, die er erhielt, Briefen, die er schrieb, Geschäften, Plänen, seiner Broschüre, Geld, Eigenreklame. Seit Monaten habe ich nichts anderes gehört. Und «Hamlet». Gegen Mitternacht hatte ich genug und machte meinem Ärger Luft. Ich sagte, ich würde nach Hause gehen und erst zurückkommen, wenn er wieder ein Mensch ist. Ich war blind vor Verzweiflung. Ich sagte: «Bei einer kreativen Arbeit könnte ich deine Besessenheit verstehen, weil ich sie respektieren könnte. Aber ich verstehe nicht, wie du so besessen sein kannst, für dich Propaganda zu machen ...»
Und dann ging ich. Er dachte, ich würde zurückkommen. Er war lammfromm wie gewöhnlich, ohne sich zu rechtfertigen. Ich ging

nicht zurück. Ich ging nach Hause und legte mich ins Bett und nahm die Droge.

Ich sah ein traumähnliches Bild. Die schwarze See, still, gestaut von einer Mauer, eingedämmt. Aber als ich hinsah, wurde es eine Mauer aus Büchern, riesigen Büchern. Wie klar die Bedeutung. Ich lutschte am Penis eines Mannes, der kleine Beine hatte, der in der Luft schwebte. Sonst nichts. Schwere Glieder, Fieber. Um vier Uhr wachte ich auf und dachte, daß ich dem gestrigen Abend zuviel Bedeutung beimaß.

Heute nachmittag arbeitete ich. Sehne mich nach Ranks Stärke, Verständnis – die mystische Hochzeit. Und gestern nacht, als ich bei Henry schlief, träumte ich von Rank, begehrte Rank sogar. Ich sagte im Traum: «Einmal, nur einmal.»

Die meisten Geschenke von Rank verschenkte ich wieder; den Türkis an Maruca, die weiße Handtasche an meine Mutter, das Buch über Schiffe an Paulchen. Ich behielt nur das Spitzennegligé und die Reisetasche.

Le Monocle mit Eduardo und Chiquito. Gleich beim Hereinkommen fiel mir eine Frau auf, die wie ein Mann gekleidet war. Ich fand sie aufregend und tanzte mit ihr. Ich fragte sie nach ihrem Namen. «Fred.» Das war ein Schock. Aber ich habe heute viel an sie gedacht und möchte sie wiedersehen.

«Fred.» Fred ist halb französisch, halb russisch. Blaue Augen wie Allendy, rundes Gesicht, kleine Nase, weiche, negroide Züge, aber strahlende Augen.

Comte de Maigret [Henrys Nachbar] kommt zu seiner Geburtstagsfeier. Ich gehe nach dem Essen, um [Joseph] Delteil zu treffen.

Nachdem ich jetzt weiß, daß alles nur an Saturn liegt, versuche ich, die düstere Stimmung irgendwie zu überwinden, ohne gegen Schranken anzurennen, ohne die Schuld für meine Unzufriedenheit auf Henry oder das Geld oder Paris zu schieben.

18. Dezember 1935

Männer – Herbert Read, Lowenfels oder Fraenkel –, sie können zu Henry sagen, daß *Aller Retour* nichts taugt oder daß tausend Seiten «Hamlet» zuviel sind oder irgendeine andere Bemerkung oder Kritik anbringen, und er schluckt es. Wenn ich es sage, nimmt er es persönlich. Also schweige ich, obwohl ich denke, daß Henry zur Zeit schlichtweg langweilig ist. Nach einem lustigen Film, kaum daß wir aus dem Kino sind, fängt er an, den Film als eine Manifestation der Wertlosigkeit Amerikas zu verdammen, wie ein Moralapostel.

Aber ich muß still sein. Die Welt wird grausam genug zu Henry sein. Ich bin nicht da, um zu urteilen und zu kritisieren, sondern nur, um zu lieben. Also ab ins Bett und zur Hölle mit den höheren Werten.

Ich vergaß «Fred» aus dem Monocle, weil Henry mich am Dienstag morgen so vollkommen besaß. Dienstag war ein Tag der Körperwärme und des Bettvergnügens, von vielen Küssen und wenig Worten, träumen, essen, streicheln, stöhnen, summen, räuspern und anderen Ausdrucksweisen einer primitiven Kommunikation.

Schreibe über Henry als *Natur*.

Am Dienstag abend kam ich zurück, müde, glücklich, ein echtes weibliches Wesen.

Unterschiede zwischen sexuellen Launen. Manche mögen es wild; zu Wut und Haß aufgepeitschte Natur, beinahe ein Bedürfnis nach Zerstörung. Der Frieden danach. Weil Henry willenlos ist, haben seine Hände, die Finger, sein ganzer Körper etwas Geschmeidiges, Weiches, Einschmeichelndes, Entspanntes, das beim Sex besser ist als die gespannten, nervösen Liebesgebärden von Hugh oder Rank. Wenigstens für meinen Geschmack. Henry macht mich weich; die anderen machen mich verkrampft.

22. Dezember 1935

Weihnachtsvorbereitungen. Gegen meinen Willen – weil Hugh und ich Chiquitos Seichtheit, Eitelkeit und Selbstsucht satt haben, und der Baum etc . . . es ist alles für ihn. Entdecke, wie kindisch Homosexuelle sind. Weil ich de Maigret einen Geburtstagskuchen schenke, schmollen sie und verderben die Party.

Frieden mit Henry, weil ich beschlossen habe, nur die Frauenrolle, die Mutterrolle zu spielen, nachzugeben, zu ermutigen.

Kein Vergnügen, als ich meinen Vater für ein paar Stunden besuche. Als wir uns zum Abschied küssen, brechen wir beinahe zusammen, aber es steht eine Wand zwischen uns.

Düstere, nervöse Stimmungen besser unter Kontrolle. Verberge meine Vorfreude auf New York. Werde rechtzeitig zu Joaquins Konzert kommen. Zügle meine Morbidität, indem ich «*merde*» sage oder «was soll's?». Bin grob mit mir. *Eh bien, et quoi?* Verstehe Eifersucht als eingebildete Krankheit, ich meine, wenn es keinen Grund dafür gibt. Hebe mir die Tränen für wirkliche Katastrophen auf.

Abhärtung. Kämpfe verzweifelt um Gesundheit. Wenn ich nicht schreiben kann, mache ich einen kleinen Teppich, um meine Hände zu beschäftigen. Frage mich, ob ich Rank in New York sehen werde. Opfere Henry nur für einen Monat meinen Bedürfnissen; dafür habe ich sieben Monate hier in der Hölle verbracht. Lag alles nur daran, weil ich gern vorwärtsgehe und von einer Lebensstufe zur nächsten gelangen will. Und Rückkehr ins Unveränderte unerträglich ist?

Manien: Ich kann keine Arzneiflaschen auf einem Bord stehen sehen. Ich muß die Medikamente in Flaschen ohne Etikett umfüllen, damit sie nicht wie Arzneimittel aussehen. Werfe halbleere Flaschen oder Schachteln weg und fülle die Reste in eine andere Flasche, verwandle, verschönere, eliminiere Abfall, mache alles zu etwas Nützlichem, verschenke, was ich nicht brauche.

Ordnungsfimmel, wenn ich unglücklich bin. Nichts halb fertig herumliegen lassen, zu Ende bringen. Schriftliches stets so wenig

208

wie möglich. Ordnung. Meinen Schreibtisch räume ich automatisch auf. An meinem Arbeitsplatz herrscht peinlichste Ordnung. Wenn ich ausgehe, muß ich jedesmal umkehren, um nachzusehen, ob Blechschatullen verschlossen sind, damit Hugh die Tagebücher und Briefe nicht sieht. Einmal, an einem Abend bei Henry, dachte ich, ich hätte den Schlüssel zu Hause gelassen. Ich wurde blaß. Das Herz blieb mir stehen vor Angst, Kälte, bei der Vorstellung von Hughs Schmerz. Als ich den Schlüssel in meiner Handtasche fand, welche Erleichterung!

---

3. Januar 1936

Großes Glück mit Henry, seit ich keine Meinungskämpfe mehr ausfechte. Liebenswürdigkeit. Leidenschaft. Heiterkeit. Er korrigiert meinen Vater-Roman. Sagt, er liest sich wie eine Übersetzung.

Pläne für die New-York-Reise machen mich stark und eins mit mir. Aktivität schweißt mich zusammen. Ich bin ganz – und gespannt wie ein Rennpferd kurz vor dem Start. Ich setze mir Ziele. Fraenkel will Henry das Geld für die Siana-Reihe nicht geben, es sei denn im Austausch für etwas, was Henry nicht tun kann: Verkäufer für Fraenkels Buch werden und von Laden zu Laden gehen. Ich nahm Henry sein schlechtes Gewissen, weil er diese Arbeit ablehnte. Er gerät immer in einen Konflikt. Er hat das Gefühl, er sollte ein Opfer bringen, um Geld zu verdienen. Wartet, bis ich ihm sage, es nicht zu tun. Sagt manchmal, er dürfte das ideale Leben, das ich ihm biete, eigentlich nicht annehmen.

Mit ihm an meiner Seite kann ich vergnügt in New York arbeiten. Ich möchte Henry geben, was er will. Ich möchte, daß ich veröffentlicht werde. Ich will nicht betteln oder auf jemandes Vorschriften oder Anweisungen warten. Ich liebe die Psychoanalyse. Sie ist das, was die Menschen von mir wollen. Was ich schreibe, scheinen sie nicht zu wollen.

Bei der Analyse weiß ich, daß die Nähe zu menschlichen Wesen illusorisch ist: Es sind Schüler, keine Freunde. Aber ich habe

Freunde, Liebhaber, alles, was ich mir wünsche. Ich möchte mit tausend Dollar zurückkommen. Und ich möchte ein intensives Leben führen, um die krankhafte Selbstbeobachtung und die Obsessionen darin zu ertränken.

4. Januar 1936

Hugh kauft mir einen weißen Herrenhut, weißen Schal und eine Russenbluse aus weißer Wolle für meinen Hosenanzug. Wir trinken zusammen Tee. Die letzten Stunden sind immer sehr schön. Ich empfinde eine so tiefe Liebe zu ihm. Ich bekomme Briefe aus New York. Ungefähr zehn Patienten erwarten mich. Wenn ich Jazz höre, überläuft mich ein Schauer, als ob meine Tätigkeit als Psychoanalytikerin ein romantisches Abenteuer würde. Ich träume von den Wundern, die ich vollbringen werde. Es macht mir Spaß, neue Strumpfhalter zu kaufen, ein neues Parfüm, neue Handschuhe. Ich bitte Kahane um das Geld, das mir für meine Investitionen in *Wendekreis des Krebses* zusteht, um Henrys Reise zu bezahlen. Ich fühle mich innerlich bereit für einen neuen Rhythmus, den Rhythmus von New York. Ich werde mich um Menschen kümmern, deren Leben zerbrochen ist, die in der Maschine unter die Räder kamen. Aber ich bin kein Opfer dieser Maschine. Ich stehe außerhalb und kann mich an ihren gewaltigen, phantastischen Herzschlägen und ihrem Lärm erfreuen.

Den Abschiedsschmerz von Hugh, von Eduardo fühlt nur die *Frau*, das menschliche Wesen, aber im übrigen bin ich besessen von meinem Bedürfnis nach einer erfolgreichen Tätigkeit, nach einer Erweiterung meines Ich, nach Fieber, Überfluß, Exzeß.

Der Weihnachtsbaum nadelt. Lantelme ist gerettet. Joaquin spielt in Havanna. Meine Mutter schreibt fröhliche Briefe. Thorvald hat vor, nach New York zu gehen. Rank ist nicht in New York. Eduardo und ich sind uns durch unser Liebesleid sehr nah gekommen. Louise schickte mir eine Flasche Champagner. Roger schickte mir Rosen. James Boyd seinen Roman. Katrine «steht kopf», weil ich komme.

Ich nehme sechs Flaschen von Dr. Jacobsons Dickmacherpulver mit. Ich muß alle sexuellen Passagen im Tagebuch ausführlich ergänzen. Als ich meine Erfahrungen als Modell idealisierte, übertünchte ich die Wahrheit, die eines Nachts bei einem Gespräch mit Henry ungestüm hervorbrach. Die Schocks, die ich während des Posierens und Modellstehens erlitt, waren so schwer, daß sie wie Steine einsanken. Und ich schönte weiter, ohne zu sehen, ohne zu hören, wie im Roman, und dies sogar noch heute, wenn ich von jener Zeit spreche. Henry gelang es, hier etwas aufzubrechen, weil er eine Nase hat für Wahrheit, für nackte Wahrheit.

Das Leben hier ist so bieder. Die hübsche Wohnung, die netten Abendgesellschaften, die pastellfarbenen Freunde, alles hübsch harmlos. Wenig Geld. Kaum Möglichkeiten, etwas zu veröffentlichen. Macht die Fenster auf! Gebt uns Großartigkeit, Glanz, harte Arbeit, Wunder, Kaffee und Toast, Lächeln, Wunder, Kaffee und Toast, Lächeln, Gesundheit, Jazz, Schizophrenie, schnelle Lifte, Männer mit reizvollen Körpern und bescheidenen Ansichten, die nicht am Glück kratzen, Primitive.

---

5. Januar 1936

Traum von einer üppigen Mahlzeit, für die eine Frau hinterher Geld verlangt. Ich sage, ich werde bezahlen, obwohl ich weiß, daß ich kein Geld habe. Man gibt mir einen riesigen Schirm, den ich kaum tragen kann. Ich versuche, ihn loszuwerden, und gebe ihn drei attraktiven Priestern. Phantasien nach Zeitungslektüre. Hochwasser führende Flüsse überfluteten die Friedhöfe. Tote konnten nicht beerdigt werden. Aber die bereits Beerdigten, tauschten sie Plätze? Konnte der Sarg eines betrogenen Ehemanns zu seinem Haus schwimmen? Das Bargeld verkam im Wasser. Die Leiche lag auf dem Bett. Das Paar lag ertrunken auf dem Bett.

Die bevorstehende Trennung steigert die Liebe zwischen Hugh und mir. Er erklärt mir, sein Leben hänge von mir ab. Ich mache ihn sexuell und mit großer Zärtlichkeit glücklich.

12. Januar 1936

Immer größerer Jubel. Fraenkel leiht mir spontan einhundert Dollar und schreibt mir einen wunderschönen Brief. Alle Liebe, die ich empfinde, gehoben, gesteigert. Liebe für Eduardo, für Hugh. Ungeheurer Abscheu vor Frankreich. Seine überschwemmten Gegenden. Wünsche, es würde ganz und gar untergehen.

Aufregung nimmt zu. Und auch Schwäche, und ich frage mich, warum ich Auseinandersetzungen und Schwierigkeiten suchen muß. Eine Sehnsucht nach Sinnlichkeit, um dem Frau-Absolutismus zu entkommen. Frau nur sinnlich, wenn sie verliebt ist. Es ärgert mich. In dieser Hinsicht möchte ich wie ein Mann sein. Eine Stimme wie die von Erskine im Kino kann mich noch immer erregen. Ich fühlte sie in Magen, Gedärm und Schoß, bis hinunter zu den Füßen. Verdammt, ich werde ihn bekommen, bevor ich sterbe. Ich werde diese Stimme vor Wonne stöhnen hören.

Amerika, das nicht sinnlich ist, bedeutet für mich Sinnlichkeit, weil es dort Männer gibt, mit denen ich schlafen kann. Harlem, Jazz und das Tingeltangel. Die Wirkung von körperlicher Vitalität, von Schönheit. Vermutlich spreche ich von ästhetischer Sinnlichkeit. Henry ist leichter zufriedenzustellen.

Eduardo und Chiquito spielen Karten. Hugh liest Rank. Seit ich beschlossen habe, nach New York zu gehen, liest er Rank und liest ihn mir laut und mit Bewunderung, Begeisterung vor. Er analysiert Eduardo. Er nimmt an meiner Rolle als Analytikerin Anteil, und er spielt sie. Ich denke, sowohl Henry als auch Hugh sind Frauen, die ich geistig befruchtet habe, und Henry befruchtet mich sinnlich, und Hugh sorgt für mich. Symbolhaft dafür spendete er heute ein paar Unzen Blut für mich, um ein beginnendes Ekzem – wie das meines Vaters – zu bekämpfen.

Es fällt mir schwer, mich auch nur für kurze Zeit von Hugh zu trennen. Ich habe Angst, ihn zu verlieren. Symbol: Ich suche Vorwände, um in die *avenue des Champs-Elysées* zu gehen, das heißt, zu Hugh. Wenn ich in der Villa Seurat bin, sage ich zum Beispiel, ich muß zum Friseur. Sobald ich dort bin, bin ich erleichtert. Ich gehe an der Bank vorbei. Hugh ist da. Dann gehe ich wieder zu Henry. Am Montag, nach dem langen Wochenende, habe ich das gleiche Gefühl wegen Henry. Ein Gefühl der Unsicherheit. Ich kann es kaum erwarten, bei ihm zu sein, zum Teil aus Furcht vor einer Veränderung, einem Schock irgendwelcher Art. Kein Frieden hier auf der Erde. Ich werde sogar unruhig, wenn Eduardo oder Chiquito ihre eigenen Wege gehen.

Einmal verließ ich Henry verärgert um elf Uhr und ging nach Hause. Hugh hatte mich nicht so früh erwartet. Ich sagte: «Ich bin zurückgekommen, um bei dir zu sein», damit Hugh meine vorzeitige Rückkehr als Liebe zu ihm auslegen konnte. Ich imitierte die spontanen Handlungen von Liebenden. Es ist einfach, weil ich wirklich liebe. Liebe inspiriert mich, Hugh zu beweisen, daß ich diese Liebe pflege, so daß sie vielleicht wie eine absolute Liebe erscheint, eine Kette von Aufmerksamkeiten.

Henry will ebenfalls Psychoanalyse betreiben. Ich werde ihn lassen!

13. Januar 1936

Ging zu Henry, und er erzählt mir, während wir im Bus sitzen, daß unser Wohnungsproblem für immer gelöst sei, weil Fraenkel ihm in der Villa Seurat ein Zimmer vermieten will, und nach drei Jahren soll es Henry gehören, und er bräuchte dann keine Miete mehr zu bezahlen.

Da verlor ich plötzlich die Nerven. Leise stieß ich heftige Worte hervor: «Wenn ich glaubte, ich müßte den Rest meines Lebens in Frankreich verbringen, würde ich noch heute Selbstmord begehen. Henry, du suchst dir immer den einfachsten Ausweg. Um vormittags schlafen zu können, wirst du uns demnächst in einer Bruchbude wohnen lassen. Ich weiß, du liebst Frankreich, aber du hast immer gesagt, du wolltest nicht dein ganzes Leben irgendwo verbringen. Ich bin nur glücklich, weil ich von einem Tag auf den anderen lebe, und ich hoffe immer auf etwas anderes. Eine eigene Wohnung in

Frankreich macht alle meine Träume von einem wundervollen Leben zunichte. Es ist eine Ironie, daß ausgerechnet du Angst bekommen solltest, wie ein Neurotiker zu leben, oder zum Bourgeois wirst, der sich auf seine alten Tage vorbereitet. Du machst nie Pläne, und jetzt machst du Pläne für deinen Tod und um mich lebendig zu begraben. Du willst mich umbringen.» Es war wie ein Tropengewitter. Henry schwieg. Er gab die Idee auf – das ist alles. Ich bat ihn, meinen Ausbruch zu verstehen. Es war, als hätte ich zu ihm gesagt: «Weißt du, ich habe ein Zimmer in New York umsonst bekommen, deshalb müssen wir dort wohnen . . .»

Mein Zusammenbruch im Atelier. Echte Angst. Echte Verzweiflung. Henry schließlich gerührt. Wir gehen wieder ins Bett, Liebkosungen, Liebe. Aber diesmal ist etwas zerbrochen. Henry hat meine Hoffnungen auf die Zukunft zerstört. Meine Kämpfe sind vergeblich. Es ist mein Schicksal, lebendig begraben zu werden von Hugh, dann von meinem Vater, dann von Henry. Hugh schenkt mir jetzt das Leben, indem er mich in Freiheit danach suchen läßt. Mein Vater gab mir nur Tod. Henry gibt mir das Leben einer sinnlichen Frau und tötet mein eigentliches Ich.

18. Januar 1936

An Bord des Überseedampfers *Bremen*, Kabine 503C. Zunächst wollte ich dich nicht mitnehmen, mein Tagebuch. Dich verstecken zu müssen, zu fürchten, daß du entdeckt wirst – ich bin das ein bißchen leid. Eigentlich wollte ich mit leichterem Gepäck reisen, aber dann dachte ich, was für ein *personnage* du bist, daß dich zurückzulassen bedeuten würde, einen realen Teil von mir zurückzulassen. Heute abend, allein in meiner Kabine, während Henry in Nummer 565 schläft und ich Hugh vermisse, wurde mir meine Einsamkeit, meine Schwäche bewußt und daß ich dich brauche. Mit wehmütiger Freude nahm ich dich aus der Blechschatulle, in der ich meine Tagebuchtexte verwahre – du bist da, ein Trost. Ich wollte nicht vor Henry zusammenbrechen und sagen: «Schlaf hier. Ich bin einsam.» Meine Sentimentalität muß ich vor ihm verbergen, weil er keine hat. Dir brauche ich sie nicht zu verheimlichen. Mit dir auf den Knien fühle ich mich gestärkt. Ich bin nicht für die Welt gemacht, für das, was ich der Welt geben und was ich ihr abringen möchte. Meine Wünsche sind riesig, und genauso riesig ist meine Schwäche.

Ich stelle dir den Detektiv vor. Hör dir seinen Bericht an: Ich folgte Anaïs zu ihrer Wohnung in der Avenue de la Bourdonnaise und sah sie zwei Koffer voller Bücher aus der Villa Seurat schleppen. Bei näherer Betrachtung dieser Koffer sah ich Anhänger von einer Reise, die Henry Miller im Juni auf der *SS Veendam* gemacht hatte. Diese Koffer wurden im Hausgang abgestellt. Mr. Guiler kam zum Mittagessen, machte eine Bemerkung über die Koffer, sah sie sich aber nicht näher an. Gestern nachmittag ging Anaïs Nin auch zur Chase Bank und löste einen Scheck über zweitausend Francs von Jack Kahane ein. Damit ging sie zum Norddeutschen Lloyd und kaufte mit Mr. Miller eine Passage, Kabine 565. Ich hörte, daß er um «die nächstgelegene Kabine zu 503» bat. Mr. Kahane hatte sie erklärt, das Geld sei für ihre Reise, eine praktische Notwendigkeit. Sie sagte nicht, daß es für Mr. Miller war. Dieses Geld steht ihr zu aufgrund ihrer Investition in Mr. Millers Buch. Mr. Kahane kann jeden Tag Mr. Guiler treffen, und dann wird die Sache mit dem Zweitausendfrancsscheck herauskommen.

Aber keine Sorge, Mr. Detektiv. Sollte es dazu kommen, habe ich bereits eine Erklärung parat. Ich werde zu Mr. Guiler sagen, dieses Geld gehöre Miller, es seien seine Tantiemen, und es wurde nur deshalb mir ausbezahlt, weil ich geeignetere Möglichkeiten habe, Schecks einzulösen.

Obwohl mein Schwindel jederzeit auffliegen konnte, gab ich eine Party für all meine Freunde: Supervielle, Charpentier, Maggy, Colette, Roger, Geneviève Klein, Kahane, Zadkine, Anne Green, Rogers Bruder Jacques, Colettes Ehemann, Barclay Hudson und seine Frau, Madame Charpentier, Madame Lantelme etc. Es war eine ungewöhnlich schöne Party.

Der Detektiv hielt mich für sehr unvorsichtig.

In einem kurzen Brief teilte ich Henry meine Kapitulation mit: «Es macht mir keinen Spaß, nach New York zu gehen. Ich kann nichts wollen, was du nicht willst.»

Ein zu anstrengender Kampf gegen meine Weiblichkeit: tief innerlich habe ich es satt zu kämpfen.

Ich will mit dem Bericht des Detektivs fortfahren: Anaïs Nin wurde in Cherbourg von Henry Miller abgeholt, der vor dem Zugfenster «Anis!» brüllte. Seine Genußfreudigkeit überwiegt. Er wollte nicht nach New York, aber ihm behagt das gute Essen und der Luxus, der an Bord herrscht und den er nie gekannt hat.

Donnerstag. Es war eine traurige Reise. Henry wird schizophren, wenn er reist. Ich empfand die gleiche Frustration, Leere, die er mir in Chamonix vermittelte. Nur, diesmal kannte ich den Grund. Er selbst hat ihn mir erklärt: «Jede Reise, die ich gemacht habe, war dramatisch, tragisch, ein Schock, ein Fehlschlag. Ich fühle nichts.»
   Er war zerstreut, vage, so unwirklich, daß ich das Gefühl hatte, allein zu reisen. Ein geisterhafter Henry, gefühllos, gleichgültig, nicht menschlich. Ich versuchte, an ihn heranzukommen, und konnte es nicht, keine Wärme, keine Wahrnehmung. Es wurde alles unwirklich, und jede Nacht war ich einsam, und ich dachte, es liegt daran, daß er unglücklich ist. Eines Morgens, es war noch dunkel, ging ich in seine Kabine und schlüpfte zu ihm ins Bett. Er küßte mich, aber es war für ihn nicht wirklich. Gestern nacht schlief er mit mir, aber auch das war unwirklich. Nirgends ein Henry. Heute morgen sprachen wir darüber. Er erzählte von den Erschütterungen, die seine Reisen für ihn gewesen waren. Als er in meine Kabine kam, küßte ich ihn zärtlich und sagte: «Von nun an werde ich dein Stoßdämpfer sein. Du wirst nie wieder einen Schock erleiden. Ich bin ein guter Stoßdämpfer, ich bin so fett.»
   Aber ich bin froh, daß wir bald ankommen. Es ist symbolhaft für das Schmerzliche in meinem Leben mit Henry; bei der geringsten Bewegung verliert er seine innere Einheit, er fällt auseinander; seine Ganzheit ist nur vorübergehend. Er wird schwach, zersplittert, keine Identität, Emotion oder eigenes Ich. Und das ist der Mann, dem ich eng verbunden bleiben will, diesem Sand, Wasser, Wachs, dieser Watte, Wolke, genannt Henry. Er sieht blaß aus, erloschen, verloren. Keine Vitalität mehr; matte Augen, Unwirklichkeit, nicht überzeugend, ziellos, kein eigenes Ich, kein eigener Willen, um sich zu sammeln. Für mich ist es schlimmer, als allein zu sein. Die frühere Reise, die ich allein machte, war einfacher. Und diese hier, von der ich dachte, daß sie so glücklich sein würde, weil ich mich so eins mit Henry fühlte, die würde ich am liebsten vergessen.

New York, Barbizon Plaza. Bevor ich an Land ging, wußte ich, daß es nicht New York war, wonach ich mich sehnte, sondern meine verlorene Gemeinschaft mit Rank sowie Henrys leidenschaftlichster Höhepunkt, der dann kommt, wenn er gequält wird. Ich landete mit realistisch sehenden Augen, die auf ein nacktes New York blickten, auf spirituelle und intellektuelle Öde.

Henry befindet sich weiterhin in einer Art katatonischem Zustand, heftige Kopfschmerzen etc. Er tut mir leid, und ich schlage vor, daß wir zurückfahren. Ich versuche, seine Neurose zu verstehen, ihm zu helfen, aber meine eigene Neurose macht es mir so schwer. Meine Krankheit, die Krankheit, an der Liebe zu zweifeln, deutet einen Anfall von Schizophrenie als Gleichgültigkeit. Was ich als Psychoanalytikerin verstehen könnte, schmerzt mich als Frau. «Ich empfinde Entfernung wie eine Wunde.» Weinend wachte ich auf. New York erscheint mir kalt – es ist buchstäblich beißend kalt, gewalttätig. Ich fühle mich schwach, ausgesetzt, einsam. Jetzt, wo ich Kraft brauche, wird mir klar, daß Henry meine Bürde ist, mein Kind.

Joaquins Konzert war wie ein Schock, eine Strapaze, ein Sturz in die Welt. Alle möglichen Geister aus der Vergangenheit tauchten plötzlich wieder auf, Leute aus Richmond Hill. Joaquin war nicht in Bestform.

Ich fühle mich der Begegnung mit der Welt *nicht gewachsen*.

---

27. Januar 1936

Menschen. Menschen, die Kraft und Erkenntnis bei mir suchen. Und ich sehe sie traurig an und fühle mich schwach und zittere heimlich. Ein Patient ist gesund und sagt: «Ich brauche eine Freundin.» Ein weiterer ist gesund und sagt: «Ich brauche eine Freundin.» Für einen Augenblick, als ich in Henrys Zimmer saß und seinem Freund Emil Conason zuhörte, dachte ich: Wenn sie weggehen, werde ich Rank anrufen. Ich werde nicht mit ihnen zum Essen gehen. Und ich ging auch nicht mit. Ich legte mich auf mein Bett.

Freue mich über die Bewunderung des Literaturagenten Barthold Fles. Über das Gefühl, daß ich menschliche Schicksale beeinflussen kann. Aber die menschliche Stimme in mir schreit, wie die Stimme in Rank, daß es erlaubt sein möge, schwach zu sein. So ängstlich, daß ich erschrecke, als das Telefon läutet.

Neurose.

Die Leere einer Welt voller Macht. Nicht genug Liebe – ich brauche mehr Liebe. Ich sitze allein beim Abendessen und denke daran, wie ich mit einem Patienten und mit Conason spielte. Ich lache über mich, meine Zaubertricks, die zunächst nicht wie Tricks aussehen. Hinterher muß ich lachen. So, wie ich mit Seelen spiele, fehlt nicht viel, ein bißchen mehr Kälte, ein bißchen weniger Gefühl, und ich könnte teuflisch werden. Ich glaube nicht, daß die bewundernde Liebe einer Patientin echt ist. Also spiele ich Verstecken. Wenn ich überzeugt bin, daß sie keine Analyse mehr braucht, bin ich einverstanden, mit ihr auf einen Cocktail hinunterzugehen. Aber während ich mich pudere, denke ich: Wenn ich einen Cocktail trinke, wird mir schlecht. Also muß ich einen Ausweg finden. Also tue ich, als sei ich noch nicht überzeugt. *Et le manège recommence.*

Bei Fles verstecke ich mich hinter meinem fremdländischen Wesen. Joaquins Besuch, die Mittagsmahlzeiten mit Mutter, alles beginnt, mir unwirklich zu erscheinen, entrückt.

31. Januar 1936

Eines Nachts, als ich bei Henry lag, gingen wir ausführlich auf seine Stimmung ein. Ich verstand seine Gefühlstaubheit, seine Zurückhaltung. Die Vergangenheit war zu schmerzlich. Er versuchte, sie zu verdrängen. Ich bot ihm an, zurückzufahren. Ich verstand, daß er litt. Ich erklärte ihm, nichts sei mir wichtiger als sein Glück. Dann sagte er mit seiner besonderen Art von Lebensklugheit: «Aber vielleicht wird mir das guttun.» Er akzeptiert stets. Ich muß immer kämpfen. Am nächsten Morgen begann er an *Wendekreis des Steinbocks* zu arbeiten. Um die Vergangenheit durch Alchimie zu verwandeln. Der Schmerz wurde schöpferisch, und gleichzeitig kehrte seine Leidenschaftlichkeit zurück. Er hatte mich nicht mehr begehrt.

Am nächsten Abend gingen wir mit Fles aus. Wir tranken Whiskey. Wir saßen an der Bar, Henry wurde idiotisch. «Wie Suppe», sagte ich. Ich wurde nicht betrunken vom Whiskey, nur verzweifelt, schwach. Die ganze Verzweiflung meiner Reise kam an die Oberfläche; Angst, Einsamkeit, Henrys elende Stimmung, meine Angst vor dem alten Henry, tausend düstere, verrückte Ängste, Phantasievorstellungen zwangen mich zu gehen. Zurück im Hotel nahm ich die Droge in der Hoffnung, bewußtlos zu werden. Statt dessen wurde die Angst noch größer. Mein Herz schien zu versagen. Ich lag auf dem Bett und schluchzte hysterisch. Gott, Gott, bring Henry zurück, bring Henry zurück. Ich stand auf. Ich horchte auf das Geräusch, wenn er seine Tür aufschloß. Ich stellte mir vor, er würde die ganze Nacht wegbleiben. Ich stellte mir vor, er würde mich wie June behandeln. Ich sah einen grausamen Henry. Ich verlor meine Kraft. Anstelle meines Herzens schien ein Loch in meinem Körper zu sein, das Lebenswichtigste fehlte, das Leben zerbrach, der Glaube, die Kraft. Ich weinte, ich betete. Ich rief nach Hugh. Ich versuchte, Rank anzurufen, einen Vater! Ich konnte seine Telefonnummer nicht finden.

Zwei Stunden Alptraum. Henry kam. Er war nicht betrunken. Ich lag auf dem Bett und schluchzte hysterisch. Henry beugte sich mit der allergrößten Besorgnis über mich. «Anis, Anis, es bricht mir das Herz, dich so weinen zu sehen. Was habe ich getan? Ich würde dir nie weh tun wollen. Anis, nicht, nicht.» Ich klagte ihm mein ganzes Leid. «Das würde ich dir nicht antun. Du mußt Vertrauen haben. Diesen Henry gab's mal vor dreizehn Jahren...» Er war vernünftig, er war zärtlich. Er verstand. Ich quälte mich wegen nichts – meine Furcht vor einem betrunkenen, einem anderen Henry. Mir wurde klar, daß ich mich schuldig fühlte, weil ich ihn in seine Vergangenheit zurückgeholt habe. Aber er schreibt. Er akzeptiert, was das Leben bringt. Er sagt, ich darf ihn nicht beschützen wollen.

Schluchzend sagte ich: «Ich habe es nicht ertragen, wie Fles mit dir redete. Ich habe gesehen, wie du wieder verletzt wurdest, von Amerika. Wie du vor Schmerz wieder verrückt wurdest, wie du getrunken hast, weil man dich verletzte.»

Henry sagte einmal, daß man akzeptieren muß – und das immer wieder. Er schreibt, während ich im Zimmer nebenan Patienten empfange.

Nach unserem Sturm herrschte Frieden. Ich hatte seine Liebe gespürt, seine Freundlichkeit. Er hatte meine Liebe gespürt. Auf dem Bett liegend, hatte ich gerufen: «Henry, tu mir das nicht an, tu mir das nicht an, ich liebe dich so!»

Antun? Was? Trinken – betrunken grausam und geil werden. Ich offenbarte ihm meine Furcht vor seinen *Instinkten*.

Wir beschlossen zu bleiben, um die praktischen Aufgaben, die wir uns vorgenommen hatten, zu erfüllen. Henry muß Besuche machen. Er meinte, es sei vielleicht vorteilhaft für *Wendekreis des Steinbocks* – all das. Meine Kraft kehrte zurück. Welche Angst vor Schmerz! Und Henry war überrascht, daß man leiden konnte, wenn *nichts passiert war*.

In die Finsternis eintauchen. Ich wünschte es, als ich sterben wollte, bei Henry und June, aber jetzt ängstigt und schreckt es mich. Ich will leben, ohne Leid – bitte, o Gott.

1. Februar 1936

Das Trinken hier ist mein größter Feind. Bel Geddes mußte trinken und mußte mich zwingen zu trinken. Miriam mußte sich betrinken und versuchte, mich betrunken zu machen. Ich bin nicht gern betrunken. Aber ich hasse es auch, anderen einen Spaß zu verderben. Und es ist etwas, das man gemeinsam tun muß. Henry äußerte schließlich Verständnis für die Tatsache, daß ich in einer elysischen Welt lebe, wo es nicht nötig ist. Wo an seine Stelle echte Beziehung tritt. Hier gibt es keine Beziehung, man hat Angst davor – und deshalb trinkt man! Und ich bin verloren. Es bringt mich körperlich um. Gestern abend bei Bel Geddes konnte ich nach dem Champagner nicht aufhören. Meine echten Freuden sind untergegangen in den Nachwirkungen, in Kater und Frustration. Kein Gefühl von Sattheit, Erfülltsein, Freude. Nur dumpfes Daliegen. Um nicht allein zu sein, um ihnen näherzukommen, trinke ich. Aber ich bin nicht glücklich. Ich gehöre nicht in diese Welt. Ich liebe Menschen, aber muß ich wie sie werden, muß ich mit ihnen trinken, um bei ihnen zu sein?

Bel Geddes war enttäuscht, als er erfuhr, daß ich nicht allein hier bin, und wollte mich nach Harlem mitnehmen. Ich erzählte ihm von Henry. Ich will nicht mehr Komödie spielen. Ich fühle mich so tief, so ernst werden, daß mir angst und bange wird.

Rettung durch Liebe: Die Leiden der Geigerin sind jetzt wichtiger als ich. Ich spüre, wie meine Kraft wieder wächst und aufblüht.

Wie sehr Amerikaner Intimität fürchten. Warum? Wegen ihrer Leere! Weinfässer. Whiskeyflaschen. Miriam, die köstlich war während der Analyse, kann mir draußen nur gegenübertreten, wenn sie betrunken ist.

Sonntag. Abendessen bei Mrs. Thoma. Ästhetische Umgebung. Augezeichnetes Essen. Intelligente Unterhaltung. Mrs. Thoma mit Porzellangesicht. Aber ihr Mund zittert merkwürdig, als klapperten ihr die Zähne. Sie tut mir furchtbar leid. Sie hatte einen Nervenzusammenbruch. Wir gehen alle zu einem Hockeyspiel. Madison Square Garden. Gewaltsame Körperkraft. Schnelligkeit. Grelle Lichter. Strenge Gerüche. Laute Musik. Heiseres Gebrüll. Gebrochene Nasen. Anspannung. Runder Tisch in der Bar für Mitglieder. Ein Dutzend Whiskey-Sodas. John Huston unterhält sich mit mir, sein Gesicht einen Zoll von meinem entfernt, seine Knie berühren meine Knie. Bel Geddes, der mich für eine höchst aufregende Person hält, wird eifersüchtig. Er hat die Tatsache noch nicht verdaut, daß es in meinem Leben einen Mr. Miller gibt. Hier wird das Gespräch scharf, schneidend, verletzend. Mehr noch bei Reubens, wo Eddie Cantor einen Herrenabend gibt und der Regisseur Max Reinhardt sein Essen mit zwei Schauspielerinnen und einem Bühnenbildner teilt. Mrs. Bel Geddes hat eine Wieselnase und eine Zunge wie eine Viper. Spöttische Augen. Bel Geddes ist gutmütig und schwach. John ist ausgesprochen vital, ungehobelt, zynisch, aber ich mag ihn. Raymond Massey interessierte mich anfangs mit seinen Basedowaugen und seinem von Drogen ausgemergelten Gesicht, aber John war greifbarer. Ab Mitternacht konnte ich den Abend nicht mehr genießen. Ich bemühte mich, meine Gefühle zurückzuhalten. Die Blasiertheit schreckte mich ab. Nach einer

221

Weile wollte ich gehen. Bel Geddes, der mich hin und wieder an sich drückte, tröstete mich nicht. Ich bekam Angst, verspottet, ausgelacht zu werden. Mir schien, daß sie alles und jeden lächerlich machten. Ich fühlte mich fremd.

Ging um halb drei zu Bett und träumte: Meine linke Hand war durch eine neue ersetzt worden. Ich schaute sie an und sagte: «Wie komisch, eine Hand zu haben, die nicht die eigene ist. Ich möchte wissen, wo sie vorher war.» Ein Swimmingpool. Höhnende Menschen. Mein Vater in einem Bungalow. Ein großes Dinner wird vorbereitet. Ich will den Koch nicht ärgern, aber da ist etwas, das ich mir auf unehrliche Weise von meinem Vater beschaffen muß. Ich verstecke mich unter seinem Fenster. Er erwischt mich.

John Huston sagte: «John Erskine versuchte, witzig zu sein.»

Mittags in Greenwich Wachteln und Wildreis.
   Ich besuchte Mrs. B. Betrat ihr Haus mit dem feierlichen Gefühl, daß Heilen etwas Heiliges ist. Fragte mich, ob ich eine Heilige werde. Angst vor meiner Spiritualität. Ich sehe die verdammt konkrete Welt so deutlich, fühle mich aber losgelöst von ihr. Ich rieche Blumen, esse Wildreis, suche Wärme, hasse Kälte, fahre mit Zügen, genieße heißen Kaffee, aber ich bin weit weg. Ohne Rank bedeutet mir jetzt ganz New York nichts. Ich trage sein Buch mit mir herum.

Während des Abendessens bei den Thomas fällt mir plötzlich Henry ein, und ich denke: Kann es sein, daß ich mich zwei Stunden lang gut unterhalten habe ohne ihn? Ein Leben separat von Henry schaffe ich selten.
   Jetzt sitze ich in seinem Zimmer. Er aquarelliert. Er war in einer morbiden Stimmung, und dann zieht er sich zurück. Ich weiß nicht, ob er schizophren oder heilig ist. Ich fühle mich Menschen, die leiden, näher als Eddie Cantors Gelächter. Meine Krankheit obsiegt. Melancholie nistet sich ein. Überall kann ich träumen; meine Träumerei im Zug, im Bus, während ich ausruhe, bade, ist ein Kampf gegen den Trübsinn.

Der Abend beginnt sehr gut. Ich werde vorgestellt als die Frau, die ein Buch über Lawrence schrieb, und als die Freundin von Rebecca West. Alle Welt ist stets überrascht, daß eine Schriftstellerin so oder so aussieht. Die Menschen kommen auf mich zu.

Aber obwohl ich munter hereinkomme und bereit bin, aus mir herauszugehen, vergehen mir Freude und Fröhlichkeit rasch. Warum? Ein unüberlegter Satz, eine Unaufmerksamkeit, eine Ironie – selbst wenn sie nicht mir gelten –, und schon beginnt mein Blut zu gefrieren. Ich werde schweigsam. Was ich sage, klingt weniger überzeugend. Ich verfalle in «Förmlichkeit», in konventionelle Phrasen. Noch schlimmer – ich verliere mein Selbstvertrauen. Ich habe Angst zu gehen, weil ich mir ihr Gespött vorstelle, nachdem ich gegangen bin. Dieses Unbehagen nimmt zu. Alles, was ich sagen wollte, erstarrt in mir. Die Kehle wird mir eng, und ich kann weder essen noch trinken. Ich möchte gehen. Ich muß unbedingt gehen. Meine Ausreden sind dürftig. Jede Minute, die ich bleibe, wird zur Tortur. Ich lächle fast flehentlich, als würde ich darum bitten, allein gelassen zu werden. Ich komme wütend nach Hause. Ich weiß, daß ich den Abend abrupt beendet habe. Ich habe das oft getan. Auch mit Henry.

Inzwischen möchte Bel Geddes mit mir schlafen. Und John Huston brennt vor Interesse. Es ist nur Eifersucht, die die Nase von Mrs. Bel Geddes so lang und ihre Zunge so giftig macht.

Langsam erfüllt sich, was ich mir hier erhofft hatte. Patienten kommen. Der Geiger mit seinem liebenswürdigen, vertrauensvollen, kindlichen Wesen. Mr. M., dessen Obsession, immer die Führung übernehmen zu müssen, die Analyse zu einem Duell macht – aber schon in der ersten Sitzung nahm ich seine falsche Konstruktion auseinander und brachte ihn so weit, daß er sagte: «Das ist wunderbar. Ich habe so etwas noch nie gefühlt.» Mrs. B. verläßt ihr Krankenlager und schickt sich an, zu mir zu kommen. Katrine legt sich hin, kaum daß ich in ihrem Haus angekommen bin, als ob die Psychoanalyse ein Vergnügen wäre.

Während eines Schneesturms gehe ich Waldo Frank besuchen, dessen Augen so strahlend hell und hellsichtig sind, der freundlich und menschlich ist, angenehm – und der wie ein wirklicher Künstler spricht. Er empfängt mich mit einem so staunenden Blick, daß ich ohne Hemmung spreche. Ich kann für ihn tanzen. Bei ihm ist ein fester Kern spürbar, sehende Augen und reiche Fülle. Deshalb kann ich mit meiner eigenen Stimme sprechen, und er liest mir aus *Virgin Spain* seine Beschreibung der Katalanin vor, weil er sagt, sie paßt auf mich. Wir trinken Portwein. Sein Zimmer ist einfach, ordentlich. In seinen Augen liegt etwas Fragendes. Und so kann er entdecken, daß ich weder Tod noch Endgültiges kenne, daß nichts vollendet ist, daß meine Unzufriedenheit eine kreative Unruhe ist und keine Mäkelei, sondern Neugier, Hoffnung auf immer wieder neue Wunder. Er vermittelt mir ein Gefühl von Jugend, Gesundheit, Frische. Er scheint ganz verzückt zu sein, als wäre ich ein Phantasiegebilde, das plötzlich Gestalt angenommen hat, und läßt mich ein in die Abgeschiedenheit, die er sucht, in der er mit dem Buch lebt, an dem er gerade schreibt. Ich störe sein Schaffen nicht. Ich trete leise auf, tanze geräuschlos, und meine Stimme macht die Handschrift nicht wacklig. Wir begegnen uns in der Stille. Hochstimmung in Königsblau. Auch in Weiß.

Wieder draußen im Schnee spüre ich meinen Körper nicht. Ich bin im Traum. So stelle ich erfreut fest, daß Bill Hoffman auf mich wartet, der immer aussieht, als käme er gerade von der Wachteljagd in Georgia zurück oder vom Spazierritt auf einem Pferd, dessen Bild in den Sonntagszeitungen erscheint. Mit ihm marschiere ich vergnügt durch den Matsch zur Plaza Bar, während er sagt: «Meinst du, wir werden je miteinander schlafen?»

Er hat mir verziehen, daß ich es versprochen hatte, bevor er in den Süden ging, und mich dann weigerte, nachdem er sich die Szene drei Wochen lang vorgestellt hatte. Seine Gewöhnlichkeit, die Plaza Bar, lassen die Welt aussehen, als hätte sie vier Beine, und das «Schiefe» in meinem Blut scheint vorbei zu sein. William hat eine Erektion, während wir tanzen, und als ich zum Tisch zurückkehre, spiele ich Hellsehen durch die Wasserflasche und sage: «Ich sehe eine *cinq à sept*-Romanze in der Zukunft.» Aber nicht, weil ich letztes Jahr ja sagte.

Im vergangenen Jahr hatte ich es satt, abzusagen, Ausflüchte zu finden, zu lügen, nein zu sagen, und ich wünschte mir so sehr, *une femme ordinaire* zu werden. Diesmal habe ich Angst, eine Heilige zu werden. Mein Körper entgleitet mir. Henry nimmt mich fieberhaft und schnell, bevor ich mich mit einem anderen Mann treffe; mit von Eifersucht aufgepeitschten Sinnen. Er fickte mich gründlich, bevor ich Waldo Frank besuchte. Es ist, als wollte er, daß ich mit seinem Sperma im Leib zu anderen Männern gehe. Ich brachte sein Sperma zu Hugh, Rank, Allendy, Eduardo, Turner, an viele Orte. Aber die Tiefe meiner Resonanz, die Erfüllung unseres Begehrens, eines wilden Begehrens, hinterläßt ein Beben, das sich durch den Körper zieht wie ein Draht, der weitervibriert. Von Henrys Penis bekomme ich meine Wirklichkeit, und ich gehe zu Waldo Frank und Bill Hoffman mit der Angst, eine Heilige zu werden, zurückgelockt zu werden in die weißesten Winkel des Traums, Nonnenhauben wie kleine weiße Segel, Schnee, bemalte Porzellanvögel der Weihnachtsbäume. Aus Henrys Penis fließt der Samen, mit dem ich tanze, und mein Körper spürt Bills Begehren und hat aufgehört, mir zu entgleiten, und ich hätte gern, daß viele Männer kommen und ihren Penis zwischen meine Beine legen, weil ich so weit entfernt von Fleischeslust bin, so fern von diesem Fleisch, das ich mit Moschus und Patschuli bedeckte, dieses Fleisch, das in Sandalen über nassen Schnee geht, weil ich so stark, so stark das Gefühl habe, daß sich etwas Wunderbares vollzieht, etwas Erstaunliches, Übernatürliches.

Ich kann nicht glauben, daß ich nasse Füße und einen rauhen Hals bekommen werde, denn es ist doch kein Wunder, daß Mr. M. heute seine Seele verwirklichte und der Geiger seinen Traum, oder nicht? Und meine Liebe zu Henry fließt über in den Wunsch, vollkommen Frau zu sein, um bei ihm, in seiner Welt zu bleiben, denn es ist seine Welt, und er ist in ihr. Ich sehe den schmutzigen Schnee als Berge schmuddligen Verbandszeugs einer verkrüppelten Stadt. Ich sehe den Zug um den Mund des Geigers, der dem meines Vaters ähnelt. Es ist seltsam, ich liebe die Welt so sehr, sie rührt mich, kein Haß ergießt sich aus mir, ich sehe sie so deutlich, mit Augen, die das Wesentliche sehen und den Schein – dennoch muß ich einem Bill Hoffman dankbar sein für sein Begehren, seine Hand auf mir, für alles, was lebensecht, gewöhnlich, einfach ist, den Whiskey, die Rechnung, den Ober, den an der Garderobe angeleinten Hund, Bills Worte: «Ich liebe deine Fröhlichkeit, deinen Humor, und du bist ein Vollblut.»

Oh, ich bin ein Vollblut. Er hat nicht gesagt, daß ich eine Heilige bin. Niemand hat das gesagt. Das Heilige, das mir bewußt wird, wenn ich heile, die Rührung, die mich ergreift angesichts des Wunders, daß der Mensch immer und immer wieder geboren wird, das ist es, weshalb ich fürchte, in Weiß aufzuwachen, durchsichtig, für immer der Sinnlichkeit und der irdischen Welt enthoben!

15. Februar 1936

Eines Abends war Henry ausgegangen und gab mir wie so oft das Gefühl, er gehöre der Menge, der Straße, dem Leben draußen, nie der Stille, sich, mir.

Waldo kam. Ich sah seinen Augen an, daß er intim sein wollte. Ich zog mich entsprechend an und parfümierte mich. Selbst heute sehe ich ihn nicht bewußt. An dem Abend, als er kam, wußte ich, daß er sagen würde: «Laß mich bei dir sein.» Das waren seine ersten Worte. Wir waren uns in einer merkwürdigen Stille begegnet, auf eine nicht formulierte, geheimnisvolle Weise. Es schien sehr natürlich, sehr einfach, fast wie Musik, daß ich mich von ihm küssen, mich ausziehen ließ. Ein Traum. Keine Sinnlichkeit. Kein Begehren. Keine Leidenschaft. Eine Augenbegegnung, ein blinder Konsens unterhalb der Bewußtseinsebene. *La Catalana.* Süße und Zartheit und Musikalität. Keine Dissonanzen. Keine Anspannung. «Ich bin das Kind, das keine Angst hat.» Klare, strahlende Augen. Keine Wirklichkeit und keine Sinnlichkeit, obwohl wir miteinander schliefen, und ich dachte, Henry, warum läßt du mich immer allein? Ich reagierte nicht sinnlich. Aber ich zwang mich nicht, zu schauspielern, zu tun als ob. Ich war nachgiebig und ruhig wie eine Pflanze. Weich und ruhig, wie ich mir das Zusammensein mit Männern erträumt hatte. Ohne Angst und friedvoll. Keine Angst, nachzugeben, meine Nacktheit zu zeigen. Henry, warum läßt du mich so allein in meiner Seele, in meiner Seele, so daß ich andere meiner Seele näherkommen lassen muß, weil sie so einsam ist? Du bist der Mann des gemeinen Volks, der Straßen. Ich liege hier mit einem Fremden, um mich ganz als Frau zu fühlen. Waldo Frank war zartfühlend und natürlich. Ein Dichter, an die Realität gefesselt, wie es Poeten in Amerika sind, infiziert von der Öde des hiesigen Lebens. Kein Verrückter, nicht groß genug, um Amerika, seinen

Schmutz, seine Gewöhnlichkeit hinter sich zu lassen und darüber hinauszugehen. Aber ein Dichter, zart und einfühlsam, voller Gott und Einfalt. «Gott hat dich geschickt, *la Catalana,* damit ich mein Buch beenden kann.» Was mich einsam macht, Henry, sind die billigen und geschmacklosen und gewöhnlichen Leute, zu denen du gehst. Ich liege inzwischen nackt neben Waldo Frank und erlebe die Zärtlichkeiten, die ich ahnte, als ich vor elf Jahren sein Buch, *Rahab,* las, das mir Hélène Boussinesq gab.

Wir trafen uns schweigend, freundlich und natürlich. Ich war glücklich danach, unberührt wie eine Jungfrau, doch mit dem Bewußtsein, daß ich berührt worden bin, daß ich Wärme empfangen, daß ich berührt und Wärme gegeben habe. Er weiß, daß ich Henry liebe. Gestern warf er mir vor: «Du bist nicht erfüllt von mir.» Was eine Frau zu einem Mann sagen würde. Er will nichts anderes. Er will nicht ausgehen, sondern nur mit seinem Buch und mir allein sein. Er will den Traum und die Abgeschiedenheit, jene weiche Geborgenheit, in der die Seele Kraft findet. Henry ist auf der Straße. Henry ist im Kino. Henry ist bei den lauten, leeren Leuten. Henrys Augen sehen nach draußen, immer nach draußen – keine Innerlichkeit. Mit Waldo Frank eine Begegnung wie ein Gebet in einer dunklen, chaotischen Welt. Die beruhigende Berührung von Händen, wie die Worte von Lawrence: «Blind, blind berührten wir unsere Körper und sahen Frieden.»

Schneesturm. Straßen wie ein Eismeer. Mrs. B. weint. Antonia Brico füllt mein kleines Zimmer mit der Ausdünstung eines Tiers und sitzt mit gespreizten Beinen. Mrs. E. preßt die schmalen Lippen der Angelsächsin zusammen, verbittert über ein leidenschaftsloses Leben. Dorrey erzählt weinend, wie ihre Gedichte in der Schule entdeckt und unter dem Hohngelächter der Klasse vorgelesen wurden. Helen sagt: «Sie haben mir mehr gegeben, als ein Mensch einem anderen geben kann.»

Ich rette den Künstler, der in Amerika schlecht behandelt wird. Ich rette das verrohende Kind, ich rette den Individualisten, der hier in der Masse untergeht. Ich kaufe eine Unze Moschus und eine Unze Patschuli, um mir mein Parfüm selbst zu machen. Ich werde gequält und gefoltert von meiner besonderen Krankheit.

Eines Abends ging Henry aus, um sich zu amüsieren.

Ich kam gegen Mitternacht heim, zu müde, um zu schlafen. Ich klopfte an seine Tür – keine Antwort. Ich versuchte zu schlafen. Bilder tauchten vor mir auf. Henry und seine nichtsnutzigen Freunde trinken. Henry und Huren. Die ganze Nacht. Ich fieberte. Ich verzweifelte. Ich kniete nieder und betete. Wahnsinnig einsam. Ich arbeite, verhöhne mich, während sich Henry amüsiert. Ich: zu müde, um zu spielen – wie früher, als ich ein Mädchen war und meinen Brüdern im Garten beim Spielen zuschaute. Ich mußte Hausfrauenarbeit machen, und danach hatte ich nicht mehr die Kraft, um zu spielen und zu lachen. Genauso ist es heute. Den ganzen Tag kommen Leute, die mich benutzen, mich als Symbol, als Orakel behandeln, die um Kraft und Weisheit bitten. Und ich bin schwach, weil ich nur in Zweisamkeit, in Eintracht mit einem Zwilling stark bin, und Henry gibt mir nicht das Gefühl, daß er ein Teil von mir ist.

Ich betete. Ich weinte. Mein Herz pochte. Im Morgengrauen ging ich hinunter ins Foyer, um mir seinen Schlüssel zu holen. Ich wollte in seinem Zimmer sein. Ich wollte ihn töten und selbst sterben. Der alte Portier wollte mir den Schlüssel nicht geben. Es war gegen die Vorschrift. Um sechs ging ich wieder hinunter mit einer Geschichte. Mr. Miller sei mein Bruder. Er sei nicht da. Er habe ein Schlafmittel in seinem Zimmer. Ich hätte die ganze Nacht nicht geschlafen. Könnte er mir nicht erlauben, nur das Medikament zu holen? Er schickte den Pagen. Die Tür wurde geöffnet. Henry schlief. Er war früh nach Hause gekommen. Er hatte schon geschlafen, als ich das erste Mal beim ihm klopfte. Ich zitterte, weinte. Ich kroch zu ihm ins Bett. Er war zärtlich. Ich schlief ein.

Es war auch der Mondsturm. Alles, weil ich meine ganze Kraft hergebe. Zuviel lastet auf meinen Schultern. Ich gebe meine ganze Kraft, jedem, der zu mir kommt. Keiner von ihnen gibt *mir* Kraft. Ich habe keinen Freund. Ich bin allein, lehre, und Henry spielt herum. Er versucht zu arbeiten, aber er spielt. Er macht keine ernsthafte Psychoanalyse. Er ist unfähig dazu. Er spielt damit und tut es für sich, und die Leute spüren es – daß es für *ihn* ist.

Waldo Frank kam wieder, ebenfalls wegen sich, wegen seines Buchs. Ich wollte ihn nicht mehr. Er ist kein Mann. Ich heuchelte ein wenig. Er fühlte es. Ich bitte ihn, nicht zu kommen, als er anruft.

Meine Gleichgültigkeit kränkt ihn. Er versucht, sich fernzuhalten. Sagte, er fürchte, sich zu verlieben. Wir aßen auf dem Zimmer zu Abend. Ich erregte ihn bis zur Verzweiflung, aber ich war ungerührt. Er war außer sich. Gleichgültigkeit.

Als Psychoanalytikerin imitiere ich Gott. Und das bringt mich Gott so nah – seiner Einsamkeit. Deshalb fühle ich mich ihm nah. Zweimal habe ich seine Anwesenheit gespürt – in der Musik und heute morgen in der Sonne. Aber als Analytiker ist es schwerer, menschlich zu sein. Die Kranken sind Krüppel. Sie sind weder Männlein noch Weiblein. Sie wollen nur einen Doktor, einen Vater, eine Mutter. Ich möchte menschlich sein. Ich habe es satt, Gott zu imitieren. Lieber hätte ich Freunde.

Ich habe gegeben bis an die Grenze des Todes. Übermenschlich. Und so erlahmte ich körperlich und in der mir eigenen Kraft als Frau gegenüber Henry. Sie saugten mich aus, die Krüppel.

Henry gibt sich nicht selbst. Ihm sind die anderen egal. Es ist ein Spiel, und es geht nur um ihn.

Deshalb ist er als Analytiker egoistisch und nur darauf aus, etwas für sich zu tun. Er spielt damit – um darüber zu schreiben. Seelische Not berührt ihn nicht. Wenn ich nicht glauben würde, daß Henry mir zugetan ist, würde mir grausen vor seinem Mangel an Liebe. Ich sehe seine häßliche Seite, wenn er den Analytiker spielt.

Er will beweisen, daß meine (oder Ranks) Technik falsch ist. Ihm fehlt das nötige Wissen. Wir sprechen viele Stunden darüber. Er pfuscht mit Erfahrung herum, die besser sei als Analyse. Aber als er es versuchte, stellte er fest, daß der Neurotiker nicht imstande ist, sich auf eine Erfahrung einzulassen. Nur in einem stimmen wir überein: Erfahrung lehrt, das Unvollkommene im Leben zu akzeptieren. Die bis zum Äußersten geführte Analyse, wie Rank sie betrieb, führt wieder zu einer idealistischen Vorstellung von einem Leben ohne Neurose. Rank hielt mein Leben mit Henry für neurotisch, weil nicht glücklich, und verstand nicht, daß ich mich nicht zu einem Leben ohne Probleme aufraffen konnte, weil es ein Leben ohne Leidenschaft gewesen wäre – ein Leben mit Rank zum Beispiel. Beinahe so falsch wie die Vorstellung, mit Perlen und Autos sei eine Frau glücklicher. Rank steigerte seinen Glauben an die Analyse bis zur Erwartung eines menschlichen Lebens ohne Schmerz. Aber das ist nicht immer Leben. Ich habe meine Natur mit ihren Grenzen angenommen. Es ist zum Beispiel meine Natur, zu gehen, zu lieben. Ich könnte nicht glücklich sein mit der Liebe von Rank – daß mir gegeben wird –, obwohl es gut für mich wäre. Es nähme allen Schmerz. Mein Leben mit Henry ist nicht glücklich. Aber meine Natur ließ es entstehen, hat es gewählt. Alles außer Glück ist Neurose. So spricht der Kluge, nicht der Erfahrene. Ich lernte das Erfahren von Henry.

Ein Abend mit Bankleuten, Dinner im Plaza. Luxus. Musik. Beim Einsteigen ins Taxi sagt Gastgeber zur Ehefrau: «Wie heißt das Theater? Das Henry-Miller-Theater. Bist du sicher? Ja. Fahrer! Zum Henry-Miller-Theater! Ich wußte nicht, daß es das Henry-Miller-Theater war!»

Ich dachte, ich sei weit weg von meinem Leben mit Henry. Andere Ebenen. Es ist, als befände ich mich in einem auf und ab sausenden Lift – Hunderte von Stockwerke. Hinauf in Gottes Wolkengarten – keine Etagen darüber. Ein Planetarium. Sonne. Und Schattenbalken an den Wänden eines Zimmers. Eine Laube. Warum? Ich liege im Bett, es ist wie damals im Krankenhaus, die Anwesenheit Gottes im Licht und dann im Dunkeln. Eine Gartenlaube. Warum? Etwas, um sich darauf zu verlassen, darauf zu ruhen. Vertrauen.

Rote Lichter. «Abwärts! Abwärts!» verkündet die Telefonvermittlung. Ein Mann, der hinkt; ein Mann, der wegen einer lahmen Hand seine geliebte Geige nicht spielen kann; ein Mann, der in seine Mutter verliebt ist; ein Mann, der sein Buch nicht schreiben kann; eine verlassene Frau; eine Frau mit einem Schuldkomplex; eine Frau, die sich windet vor Scham, eine Frau zu lieben; ein vor Angst zitterndes Mädchen. Befreie die Sklaven von Alpdrücken, Schreckgespenstern und Angst. Höre ihnen zu, wenn sie weinen. Ich fühle mich weich und schillernd. Ist es auch keine Schwäche, den Klagen des Kindes in uns zuzuhören? Es wird nie aufhören zu klagen, bis es getröstet ist, bis es Gehör gefunden hat. Das Kind verlangt, daß es verstanden wird; dann wird es still in uns ruhen, wie unsere Ängste. Es wird friedlich sterben und uns hinterlassen, was das Kind dem Menschen, der weiterleben muß, vererbt: das Staunen. Das Telefon meldet: «Ein Funktelegramm für Sie. Soll

230

ich es hinaufschicken?» Ja. «Alles Gute zum Geburtstag, Hugh.» «Alles Gute zum Geburtstag, Maman, Joaquin.»

Rote Lichter. Abwärts! Virginia wartet, um mich zum Mittagessen auszuführen. Oh, du hast deine Stiefel nicht angezogen. Dauernd muß ich Bilder für die Leute abgeben. Virginia kam, um meine Stiefel zu sehen, meinen Nagellack. Virginia will Stiefel wie meine. Wir sprechen über Parfüms. Sie sieht aus wie ein byzantinisches Juwel. Alles gold, grün, rötlich, schimmernd – und Brüste, die ich gerne küssen würde.

Weiße. Lichter. Aufwärts! Henry in seinem Zimmer, schreibt an Fraenkel, die gleichen Worte über das Spiel, Gott zu sein, und daß er es vorzieht, Mensch zu sein. Er schreibt viel über Psychoanalyse. Er aquarelliert und beschäftigt sich mit Musik. Das macht mich glücklich, selig vor Glück, ich weiß nicht, warum. Musik. Er hört stundenlang Musik. Mir scheint, es ist die Musik, die uns in schnellen, geräuschlosen Liften ins Planetarium aufsteigen läßt, uns beide.

Rote Lichter. Abwärts! Im Drugstore verlange ich Kaffee. Körperlich gehe ich kaputt. Es ist nicht der Wechsel der Ebenen, das plötzliche Auf und Ab, das mich schwindlig macht, sondern das Geben. Teile meines Körpers, meines Lebens gehen in andere Menschen über. Ich fühle, was sie fühlen. Ich identifiziere mich mit ihnen. Ihre Angst schnürt mir die Kehle zu. Meine Zunge wird schwer. Ich weiß nicht, ob ich weitermachen kann – keine Objektivität. Ich gehe in sie über, um zu erhellen, aufzudecken. Aber ich kann nicht geteilt bleiben. Ich sehe aus dem Fenster. Im Park laufen sie Schlittschuh. Die Musikkapelle spielt. Es ist Sonntag. Ich könnte mit Hugh auf den Champs Militaires an der Seine spazierengehen. Mein Glück erkannte ich damals nicht. Ich sehnte mich nach Fieber. Die Kinder lachen, und das Lachen dringt bis zum 25. Stockwerk herauf, zu dem Fenster, an dem ich stehe.

Rote Lichter. Abwärts. Den ganzen Weg nach unten denke ich an das Problem der seelischen Symmetrie. Vergeltung. Rache. Bedürfnis nach Ausgeglichenheit. Im Briefkasten sind Briefe von Hugh, Eduardo, Chiquito, Lantelme, Hanns Sachs, eine Karte von

Waldo Frank: «Warum rufst du nicht an?» Ein abgelehntes Manuskript. Eine Einladung zu einer Cocktailparty. Die wöchentliche Rechnung. Ein Buch.

Thurema führt mich zum Essen aus – die Frau, die der Mönch Joaquin liebte. Der Sohn Joaquin verstieß sie seiner Mutter zuliebe. Sie wirkt anziehend auf mich. Ich bin leer vor Müdigkeit, aber ich muß immer noch kämpfen. Sie kam mit Vorurteilen gegen meine Arbeit. Ich mußte sie überzeugen.

Weiße Lichter. Aufwärts! Als Henry die Tür öffnet, sitze ich auf der Schwelle und lache vor Erschöpfung, und als ich auf meinem Bett liege, schiebt er die Hand zwischen meine Beine und nimmt mich jäh erregt von hinten. Während ich mit Bel Geddes telefoniere, weigere ich mich zum elften Mal, mit ihm nach Harlem zu gehen, weil mir die Debatte, wann wir miteinander schlafen werden, keinen Spaß macht.

Im Keller warten mein leerer Schrankkoffer und die leeren Reisetaschen auf den Termin der Rückreise. Wo der Lift den Tiefpunkt erreicht, herrschen Hysterie und Dunkelheit. Im Parterre ist die strahlende Anaïs, die auf Wellen von Moschus und Patschuli reitet und begrüßt wird von Herren aus Norwalk, Doktoren aus Brooklyn, Künstlermodellen aus der Bronx, Literaturagenten mit aalglatter russischer Zunge, von berühmten, unbekannten, armen Menschen, ängstlichen Menschen, Bankmenschen, Bankpräsidenten, Sozialarbeitern, Kommunisten, Revolutionären, der Elite der südlichen Aristokratie, Snobs, von Leuten, die in der Gesellschaft tonangebend sind, Musikern, Pendlern. Männer mit vollen Stimmen erregen mich immer noch, aber die meisten Amerikaner haben Stimmen wie Frauen, und die Frauen haben männliche Stimmen. Sechsunddreißig Stockwerke, Frauen, die saubermachen, Männer, die Teppiche kehren, Briefe, die durch den Schacht fallen. Sechsunddreißig Stockwerke für meine Aktivitäten, 36 Zellen. Aber ich schaffe nicht mehr als fünf Analysen pro Tag. Ich stoße an die Grenze meiner Kraft. Immer ist es der Körper, der Grenzen setzt.

2. März 1936

Hanns Sachs rief an. Wieder das Monster, das unmenschliche Gesicht, Lippen, als wäre ihnen die Haut abgezogen, die vorquellenden Augen, das unerfreuliche Fleisch, eine Karikatur von Rank, ein Schock. Ich hatte erwartet... erwartet? Er wurde verführt und lud mich auf ein Wochenende nach Boston ein, wo er lebt. «Ich hoffe, du bist nicht enttäuscht», sagte er. Aber ich war enttäuscht.

Thurema, die Frau, die Joaquin liebt und die er sich versagt. Eine Frau meines Formats. Ich liebe sie. Sie liebt mich. Zwei Abende mit ihr waren aufregend. Ihre Kraft, ihr aktives Ich zerstört wie bei mir durch die Passivität der Männer, die wir lieben. Aber sie und ich, übersprudelnd, erfrischt, alle Zellen lebendig, Erwiderung, Rhythmus, Gespür für den richtigen Zeitpunkt, elektrisierend. Ihre rauchige Stimme, ihr kräftiger Körper, die offene Art. Joaquin bat sie, mich zu retten. Aber ich gewann sie für mein Leben. Sie glaubt an mich.

Mein Verstand funktioniert inzwischen prima. Ich arbeite mit Tricks, Raffinesse, bin geistig beweglich. Geschickte Manipulationen. Mrs. B. sagt: «Wie klug Sie sind!»

Henry immer so ehrlich, was ihn betrifft: «Ich hasse Arbeit.» (Analyse)

«Auch, um zu bekommen, was du haben willst?» (Veröffentlichung unserer Bücher)

«Arbeiten für das, was du möchtest, ja, das ist die ehrliche Art, aber ich glaube nicht daran.»

«Wie willst du dann bekommen, was du haben möchtest?»

«Ich stehle es, borge es. Ja, ich klaue.» Und damit endet sein Wunsch, ein Psychoanalytiker zu sein, wieder in einer Farce, einer lustigen Erfahrung. Während ich weitermache. Ebenfalls lachend, aber ich lache über meine Siege, darüber, daß ich die täglichen Schwierigkeiten meistere, wenn ich gewinne, führe, rette, entdecke.

Ich weinte, weil ich dachte, Henry könnte vielleicht durch ein Wunder Rank werden. Nein, ich hatte unrecht. Dann würde er wie Rank nicht lachen, seine Wollust wäre ohne Freude für mich, seine Hände wären nicht sanft. Und doch, o Gott, wie vermisse ich die Dynamik, den Willen, die Stärke. Ich verzehre mich danach. Ich flehe darum. Es ist das, was mir die ganze Zeit gefehlt hat – die Kraft, die mir Leben gab.

Henry ist eifersüchtig. «Geh nicht nach Harlem.» So eifersüchtig wie ich. Bel Geddes bekam es satt anzurufen. Dann wurde er wütend. Dann eifersüchtig. Beim Abendessen bei sich zu Hause sagt seine Frau: «Ruf Henry an. Er soll kommen.»

«Nein, Henry interessiert mich nicht.»

Den ganzen Abend stritt er mit ihr. Sie wollte, daß Henry kommt, aber Bel Geddes wollte mich. In Harlem tanzten wir; ich war leicht beschwipst und signalisierte Sinnlichkeit. Sein Begehren. Sein Begehren – sinnlich begehre ich Männer wirklich so wenig, ausgenommen Henry. Warum? Warum muß mein Verlangen nur ihm gelten? Verscheuche, löse, lindere Anspannung, Eifersucht; das krampfhafte Festhalten. Ich errege Bel Geddes. Er kann nicht mehr tanzen. Er ärgert sich, daß ich mich ihm verweigere. Aber in Harlem verweigere ich mich nicht. Ich möchte irdische Dinge, diesen Appetit, den mir meine Sehnsucht nach anderen Dingen ständig verdarb. Keine Sehnsucht nach Waldo Frank, weil er ein unbedeutender Mann ist. Keine Sehnsucht nach dem Körper, sondern nach dem, was darin ist, was in Wirklichkeit ist, nach der Welt, dem Gedanken, der Schöpfung, der Erleuchtung.

Thurema ist da – greifbar. Ich sagte am Telefon zu ihr: «Du hast mir etwas Wunderbares gegeben. Ich weiß nicht, was es ist. Ein Gefühl, eine Freundin zu haben. Du gibst mir viel.»

«O Anaïs», antwortete sie, «neulich abend, nachdem ich bei dir war, konnte ich nicht schlafen. Ich habe mir solche Sorgen um dich gemacht. Du hast so müde ausgesehen. Ich dachte, ich hätte dich ermüdet. Du weißt nicht, wie glücklich du mich machst. Ich weiß nicht, wann ich jemals einen Menschen so gern hatte.»

Unsere Stimmen zittern. Überfülle des Herzens. Alles sagen zu können, was man sagen möchte. Wir aßen in meinem Zimmer zu Abend, weil wir uns so angeregt unterhielten – Joaquin, ihr Leben,

234

mein Leben. Sie verlor Joaquin, weil sie nicht tat, was ich so oft
getan habe: springen, schauspielern, ausdrücken. Und sie alle,
Joaquin, Eduardo, Hugh, John, scheuen zurück vor der Natur,
Frau, Leidenschaft, Erfüllung. Und wir lieben solche Männer, die
negativ sind, die sich fürchten. Henry fürchtet sich vor Hunden,
vor tausend anderen Dingen. Der Körper ist ein Instrument, das
nur klingt, wenn es als Körper benützt wird: beim Sex, in der
Sinnlichkeit – als Leib. Heiligkeit oder religiöse Ekstase wird nur
im Dreiklang von Körper, Geist und Seele erreicht. Immer ein
Orchester, und genauso, wie Musik durch Wände dringt, so dringt
die Sinnlichkeit durch den Körper und gelangt jenseits aller Moral-
vorstellungen zur Ekstase, in jeglicher Art von Liebe, zwischen
Männern und zwischen Frauen! Das Orchester erreicht einen
Klang, der zu Gott emporsteigt; der Solist dagegen spricht nur zu
seiner eigenen Seele.

Ekstase. Ich erlebe sie jetzt, weil meine lahmen Enten tanzen.
Meine Krüppel singen. Deshalb bin ich glücklich, und Henry und
ich lieben uns rasend, und er beißt mir in die Brüste.

Der Schnee ist geschmolzen. Hugh telegrafiert: «Du fehlst mir
schrecklich. Versuche das Schiff am 14. März zu nehmen.»
Henry arbeitet. Ich spiele den Gott mit Liebe, mit Liebe. Alle
bekommen Liebe. Ich schreibe kleine Briefe, um Kraft zu geben.
Ich verlange zu wenig Honorar. Meine Rechnungen sind bescheiden. Ich danke Gott, daß er mich alles genießen läßt, kein Muskel-
strang unberührt, keine Zelle verschlossen, kein einziger tauber
Nerv, an meinen Nervenenden eine Million Augen, Berührung
mit den Planeten, und überall tröpfelt meine Feuchtigkeit in
schneeweißen Tropfen.

Ich sehe meine Patienten jetzt als Opfer des amerikanischen
Traums. Das Ideal: Nur der Tüchtigste überlebt. Kein Pardon für
den Schwachen. Die Masse formt. Verlust der Individualität und
der Achtung vor dem Ich.

Henrys Kopf, wenn er sich bückt, um sich die Schuhe zuzubinden:
so bescheiden, so fein, die Haut und das Haar. Sein Haar hat einen
besonderen Glanz, einen Schein, wie ich ihn auf Paderewskis Kopf

gesehen habe. Materialisten behaupten, es sei der Widerschein der kahlen Kopfhaut.

Träumte von dem Satz: «Wie seltsam, eine Hand zu haben, die nicht die eigene ist.»
Allein, im Bett. Tief befriedigt. Henry hat mich leidenschaftlich genommen. Meine Patienten werden gesund. Ich bin fast so etwas wie ein Kult. Ich werde begehrt, geliebt, verehrt.

Es ist nicht so, daß ich andere Männer haben muß. Ich habe nur so große Angst, mein Leben auf eine einzige Sache zu reduzieren (Leben mit Henry), daß ich das Gefühl habe, mich entfalten, bereichern, ausdehnen, mich retten zu müssen vor dem klammernden Wahnsinn. Ich will Bel Geddes nicht als Mann, aber ich will eine Nacht, in der ich Henry vergessen kann. Wenn ich ihn betrüge, bin ich glücklich. Ich fühle mich gerüstet für dieses ständige Umherschweifen, Ausweiten. Zweimal hat er mir jetzt einen Schock versetzt. Immer dann, wenn er von seiner Tochter spricht. Er hat gehört, daß sie schön ist. Er denkt an sie. Wenn er Geld hätte, würde er sie ausfindig machen. Er zögert nur, weil er sich seines Lebens schämt.
Wenn er sie erwähnt, wird mein Herz kalt – ich fühle den Schock, die plötzliche Starre. Es ist wie ein Stich. Von mir wird erwartet, daß ich hingehe und sie besuche und die beiden zusammenbringe. Alles Schöne wird von mir erwartet. Aber ich bin nicht mehr die großmütige Frau. Ich könnte töten, um mein einziges Glück auf Erden zu retten. Ich denke, nachdem ich die Welt jetzt von meinem Edelmut überzeugt habe, könnte ich unter dem Deckmantel dieser Tugend Verbrechen begehen. Niemand würde mich verdächtigen. Es gab eine Zeit, da wäre ich zu Henrys Tochter gegangen, hätte sie geliebt, für sie gesorgt, sie Henry gegönnt. Aber jetzt denke ich: Vielleicht wird das gleiche geschehen wie zwischen meinem Vater und mir. Und ich möchte sterben, töten, morden. Wilde Pläne gehen mir durch den Kopf. Ich werde sagen, daß ich gehe und ein gutes Wort für Henry einlege. Aber ich werde sie einander entfremden. Dann träume ich, daß Henry und ich sie aufsuchen und daß sie erst sieben ist – ein Kind. Ich sage mir: Die Wirklichkeit ist nie so schlimm wie das, was ich mir vorstelle. Ich stelle mir vor, daß diese Tochter an Henrys Leben teilhaben und von ihm vergöttert wird,

und ich kann das nicht ertragen. Ich brauche eine Liebe für mich allein, und Henry ist der Mann, den ich mit der ganzen Welt teilen muß – und jetzt auch noch mit seiner Tochter. Was ich über das Leben weiß, meinen Vater, mich selbst macht mir nur angst.

Gestern abend sollte ich um elf zu Donalds Wohnung kommen. Ich aß mit Henry zu Abend, und wir gingen ins Kino. Am Nachmittag hatten wir uns im Bett vergnügt und ausgeruht. Er war sehr sanft; im Kino nahm er meine Hand. Und ich hatte keine Lust, von ihm wegzugehen und mich von Donald lieben zu lassen. Ich blieb, weil er meine Hand hielt und zärtlich war und sich an mich klammerte.

Ich fühlte mich gespalten in Gut und Böse. Entweder lieben oder töten. Zerstören oder Leben schenken. Noch nie stand ich an einem solchen Scheideweg zwischen meinen primitiven und meinen edlen Gefühlen. Niemand erwartet von mir etwas anderes als Edelmut. Aber ich weiß jetzt, daß ich mich zwang, so zu sein. Tief innerlich möchte ich töten, besitzen, festhalten. O Gott! O Gott! Als ich heute morgen erwachte, war ich sanftmütig: Ich werde auch seine Tochter lieben und sie in unser Leben aufnehmen. Ich will versuchen zu lieben, wie ich June geliebt habe.

Ich meine das nicht wirklich. Ich werde es nicht tun.

5. März 1936

Thurema, eine blauäugige Zigeunerin. Wildes Haar. Kräftiger Körper. Grübchen. So herzlich und lebendig. Wir sprechen leidenschaftlich und tief bewegt. «Ich möchte dir etwas schenken, Anaïs», und sie gibt mir ein schönes silbernes Medaillon, das sie um den Hals trägt. Weil sie es liebt. Seit June habe ich nicht mehr so für eine Frau empfunden. Der Abend vergeht wie ein Traum. Sie hat getanzt, sie spricht spanisch, sie wuchs in Mexiko auf. Sie ist Musikerin. Sie ist feurig, direkt. Als sie um Mitternacht ging und während sie auf den Lift wartete, ging ich nervös in meinem Zimmer auf und ab. Dann lief ich nach draußen. Sie stand noch im Gang. Ich ging zu ihr und küßte sie. Sie drückte mich an sich. Sie sagte: «O Liebes. Ich könnte dich drücken, bis du tot bist.»

6. März 1936

Wegen des kleinen Schauders bei der Tanzerei in Harlem, wo ich ja sagte, zog ich mich in der angeregten Stimmung an, in der man sich für solche Anlässe anziehen sollte, und traf Bel Geddes in der Ritz Bar. Zum Vergnügen. Trinken, essen, Kit Kat Club. Varieté. Bin empfänglich für seine Berührung. Broadway.

Bel Geddes findet mich aufregend. Wir reden völlig aneinander vorbei, und nichts macht «klick», nur unser wallendes Blut. Er ist großzügig, freundlich, promiskuitiv, erfahren. «Du wirkst sehr frei», sagt er. Ich spreche meine Sätze nicht zu Ende. Normales Leben. Dies ist ein Vergnügen, weil keine Liebe mitspielt. Keine Liebe, kein Schmerz. Es ist mir gleich, was er tut, sieht, wen er herzt, wie er mich herzt. Hinein ins Abenteuer, mit offenem Mund, ins Lichtermeer und zu der lasziven Afrikanerin, zu Champagner und Promiskuität. Prahlerei mit Namen. «Als ich Reinhardt sah . . . Miriam Hopkins . . . Als ich in Paris mit Eva le Gallienne dinierte . . . Als ich das und das herausbrachte . . .»

Um ein Uhr fährt er mich zu seinem Büro, wo es einen großen Salon mit einem Diwan und einem Kamin gibt. Er zündet das Feuer an. Das erste Aufeinanderprallen ist feurig. Ich bin ganz Körper, ganz Fleisch, ganz Blut, erregt von seiner Kraft, seiner Sinnlichkeit. «Du hast Talent», sagt er. «Diese stillen Leutchen mit den inneren Dynamos.» Ich überraschte und erregte ihn.

Als ich um drei Uhr in die Nacht hinaustrat, fragte ich mich erneut, ob mich nur Liebe zum Orgasmus, dem absoluten, bringen würde oder ob ich frei sein und eine körperliche Lust empfinden könnte. Spielen mit Sex. Nur das, schien mir, könnte mich freimachen von Henry. Ich denke mit Wärme an Bel Geddes, obwohl ich nichts an ihm liebe.

Wie merkwürdig dieses Zusammenkommen mit einem Fremden

ist. «Du bist wundervoll, du bist wundervoll, du bist wundervoll.»
Um drei Uhr morgens wirkt das Hotel fremd. Er war ärgerlich, daß
ich ihm so lang widerstanden habe, daß wir Zeit verschwendeten.
So viele Orte, wo er mich hinführen wollte. Wie satt er die Puppen-
gesichter und langweiligen Broadwayschönheiten hat. Seine Ver-
brüderung mit der Welt amüsiert mich. Einen Abend lang habe ich
mich gut unterhalten.

Sobald ich Henry vergesse, kann ich fröhlich sein. Daß meine
innigste Liebe hauptsächlich Schmerz bedeutet, ist eine Krankheit
in mir. Meine Phantasie eilt immer voraus, um sich Qualen, das
Schlimmste vorzustellen. Sogar letzte Nacht stellte ich mir vor, daß
ich Henry an dem Tag werde verlassen müssen, an dem sein
Wunsch in Erfüllung geht, der eben darin besteht, sich mit dem
Broadway und Hollywood zu verbrüdern. Er hat so kindische und
billige Wünsche. Eine Nacht mit Bel Geddes ist eine Episode für
mich, aber Henry könnte sein Leben mit diesem nichtssagenden
Volk verbringen und glücklich sein.

Um zehn Uhr vormittag erkläre ich dem Geiger, sich dem Leben zu
versagen bedeutet sterben, und je mehr wir dem Leben von uns
geben, um so stärker macht es uns. Ich rate ihm, tanzen zu gehen,
nach Harlem zu gehen, wo die Afrikaner natürlich sind.

Um elf Uhr erläutere ich das Schuldgefühl des Künstlers.

Um zwölf Uhr spreche ich sanft und liebevoll mit einem mutterlo-
sen Mädchen.

Um ein Uhr speise ich mit Mrs. Hunt im Saint Regis, und wir
sprechen über unsere Ehemänner, die Bank, Kleider, Elizabeth
Arden, über andere Leute in der Bank. Nach dem Essen bin ich
benommen vom Alkohol und müde.

Meinen Patienten geht es so gut, daß ich immer häufiger nachmittags frei habe. Katrine schreibt über mich: «Sie hat eine ganz
außerordentliche Kenntnis menschlicher Probleme. Sie sieht aus
wie ein schmächtiges Kind, aber sie hat die Weisheit einer Sphinx.
Sie war ein sehr sensibles Kind, und ihr Leid befähigte sie zu einem
solchen Mitgefühl für die Leiden anderer, daß sie sich danach sehnt,
ihnen zu helfen. Sie ist sehr schön; sie hat lange schlanke Finger mit
feuerroten Nägeln. Sie sieht aus wie eine kleine orientalische Prin-
zessin.»

Schizophrenie sieht wie Gleichgültigkeit aus. Wird leicht so interpretiert. Als ich Henry in Paris verließ, befand er sich in einer schizophrenen Stimmung, und ich hielt es für Trägheit, Gleichgültigkeit, wollte ihn verletzen und wachrütteln. Gefährlich wird Schizophrenie, wenn man einen weiteren Schock sucht, um aufzuwachen, wenn man Schmerz sucht.

Rank ist aus dem Süden zurück, und ich habe nichts wegen ihm unternommen. Ich habe das Gefühl, daß ich endlich mein instinktives Leben, all meine Triebe auslebe. Ich dachte, ich würde mich wie ein Mann fühlen, nachdem er bei einer Hure war. Aber es ist anders. Ich ekle mich ein bißchen vor Sex. Gestern abend, im Varieté, als Bel Geddes Logenplätze für uns nahm, dachte ich, als ich auf die Stühle blickte, daß sie alle mit Sperma bekleckert sind, und plötzlich widerte mich das Grelle, Obszöne der ganzen Geschichte an, obwohl ich über die Späße lachte. Ich dachte, ich bin in der falschen Welt. Das ist nicht meine Welt.

7. März 1936

Thurema und ich pflegen eine Nähe, wie man sie zwischen Mann und Frau nicht kennt – ich meine durch *Signale*: Rücksicht, Expressivität in dem, was wir zueinander sagen. Als ich Thurema mein Leben schilderte, sagte sie: «Du brauchst eine Frau in deinem Leben.» Eduardo hatte das gleiche gesagt. Aber seit June habe ich keine Frau mehr geliebt. Ich liebe Rebecca, aber sie ist zu krank, zu neurotisch, zu schwierig als Freundin. Ich habe Louise gern, aber imaginativ, nicht menschlich, und sie ist außerdem zu weit weg. Thurema ist so herzlich und kommt auf mich zu, so daß wir sehr triebhaft zusammenkommen, nicht im Raum, und unsere Empfindungen füreinander sind im Rhythmus. Ich liebe ihr Gesicht, das zigeunerhaft ist bis auf ihre Blondheit. Ihr Mund ist groß, großzügig, humorvoll. Ihre Augen sind blau, beinahe dunkel. Sie kleidet sich ähnlich wie ich (sie hat das gleiche persisch geblümte Kleid wie ich), trägt ähnlichen Schmuck wie ich, Capes; aber sie ist mehr *laisser-aller,* unbekümmerter, salopper, was mir gefällt. Sie hat eine schöne Stimme, nicht so tief wie die von June, aber voll. Sie hat etwas Edles an sich, eine Naturhaftigkeit, Gefühlsbetontheit. Aber ihr Leben ist so arm, so eingeschränkt gewesen. Ihr fehlte der Mut zum Leben. Das wird mein Geschenk für sie sein.

9. März 1936

Es ist wie beim Kegeln. Eines Tages in Paris hatte ich in meinem Notizbuch eine Liste aufgestellt: Bel Geddes, Donald Friede, Waldo Frank, kubanischer Vizekonsul, Buzby – nur die Reihenfolge war anders. Als ich Donald im vergangenen Jahr, kurz bevor ich Amerika verließ, bei Kay sah, faszinierte mich sein sinnlicher Körper – sein Gesicht und seine Figur –, geschaffen für die Liebe. Fleischig, formlos, schlaff. Und seine Augen bemerkten meine Neugier. Am Samstag sagte er: «Als ich dich sah, wußte ich sofort, du hast die gleiche Einstellung wie ich, die gleiche emotionale Reaktion. Du siehst, ich bin Realist. Jeder hier macht sich wegen seiner Wünsche etwas vor. Ich nicht. Ich will Sex. Genaugenommen ist mir eine Orgie das liebste, und ich finde, sie befriedigt am meisten.»

An dem Abend, als ich dann doch im Kino bei Henry blieb, erwartete mich Donald in seinem Hotelzimmer mit einer anderen Frau. Seine Einstellung entsprach genau meiner gegenwärtigen Stimmung ... der extrem gutaussehende russische Jude, groß, fett, wie ein Spanier eine goldene Haut, feurige Augen, Gesichtszüge von weiblicher Schönheit. Ich erkannte instinktiv, daß er die Antwort war auf meine leidvolle Flucht vor Liebe, vor Orgie. Ich wußte, ich hatte Donalds Sinnenlust verstanden, den Kult, die Perversität.

Also ins Bett. Ich legte mein größtmögliches Können an den Tag. Ich fühlte mich wohl, entspannt. Ich hatte keinen Orgasmus. Ich war so treu, wie eine Hure ihrem Mann treu ist. Aber ich spielte das Spiel. Und er war unersättlich. Es war anstrengend. Auf dem Rückweg zum Hotel dachte ich: Meine einzige körperliche Betätigung in New York ist ficken. Kein sinnliches Vergnügen – genau das Gegenteil. Ich dachte andauernd: Es wird bald vorbei sein! Daß ich lachte, als ich mich für den Anlaß anzog, und die Vorkehrungen, die ich traf, offenbarten deutlich, was ich erwartete. Kein sinnliches Vergnügen, aber eine Art Erleichterung, dem *Fühlen* zu entkommen – als hoffte ich, mich turnend von Gefühl und Liebesleid zu befreien. Als würde ich durch gymnastische Übungen lernen, nicht nur meinen Körper geschmeidig zu halten, sondern auch meine Gefühle zu beherrschen, eine andere *souplesse*.

Arithmetik: ein Mann, zwei Männer, drei Männer. Gymnastik: wie man auf ein Bett fällt, wie man fickt, wie man sich anzieht. Vergnügen statt Glück. Donald kniet über mir mit einem Bauch wie Bacchus. Kein Gespräch mehr. Männer sind es nicht wert, daß man mit ihnen spricht. Wenn man spricht, entdeckt man, daß man anderer Meinung ist. Wenn man spricht, wird die Vorstellung, mit einem solchen Mann nackt im Bett zu liegen, lächerlich. Sehr wenig Worte bei Bel Geddes. Kaum welche bei Donald. Als er sich anzieht, gefällt er mir besser. Noch besser, als er sich anschickt, mit mir zu gehen. Ein sehr hübscher Mann, als er vor mir steht und sich verabschiedet. Ich weiß nichts von ihm. Ich kenne seinen Körper. Zum Teufel mit Wissen und Kennen. Ficken, ficken, ficken. Vielleicht ertränkst du deine ewig jammernde Seele, deine Tränen, deine Eifersucht. Neugier und Abenteuer. Übertragung. Bewegung. Hinaus aus dem Fifth-Avenue-Hotel.

Zu Henry. Henry macht eine Pause. Am nächsten Tag ist es Henry. Wenn ich mit anderen Männern ficke, fühle ich mich bei Henry freier – weniger sentimental. Ficken. Ficken. Ficken. Ich bin immer froh, daß ich ihn betrogen habe. Das macht mir Freude. Rache für das, was er nicht ist.

Ich habe ihn zwei Stunden lang vergessen, einen Abend lang – gut. Sehr große Erleichterung. Nun beunruhigen ihn Gedanken an Krieg, nicht wegen anderer Menschen, sondern weil sein Hafen in Paris zerstört werden könnte. Er fürchtet um seine Sicherheit – er jammert.

Der Krieg. Als ich das Wort zum ersten Mal hörte, traf es mich wie ein Schlag. Hugh wird in Gefahr sein. Wir werden vielleicht getrennt.

Als ich Henry eine Szene machte – weil ich sagte, er könnte die Analyse wenigstens einen Monat lang ernst nehmen, um zu bekommen, was er wollte –, hatte sie, obwohl er protestierte, große Wirkung auf ihn. Sie machte ihn *ganz*. Plötzlich begann er zu arbeiten und Emil Conason eine Predigt über seinen Dilettantismus zu halten und zu begreifen, daß ich ihn immer davor bewahre auseinanderzufallen.

Jetzt arbeitet er, nicht weil ich an Arbeit als solche glaube, sondern weil ich an Ganzheit glaube. Ich sagte zu ihm: «Du und Fraenkel, ihr würdet ewig um einen Tisch herumsitzen und wie zwei Russen diskutieren, was ihr haben wollt, und nichts tun, um es zu bekommen. Ich habe Wünsche, und ich muß sie erfüllen. Nicht die Moral zwingt mich zur Arbeit, sondern die Tatsache, daß es keine andere Möglichkeit gibt zu bekommen, was man sich wünscht.»

Bel Geddes wollte um fünf Uhr kommen. In meiner nüchternen Tag-Stimmung wollte ich ihn nicht. Ich muß mich einstimmen mit tanzen, essen, trinken. Danach erwartet mich William, dann eine Orgie mit Donald, und dann bin ich fertig. Waldo Frank habe ich aufgegeben. Ich gebe mir eine echte Chance, um Gymnastik und lieblose Abenteuer auszuprobieren. Ich weiß bereits, daß mich das nicht auf der Erde halten kann. Laß meinen Körper bitte auf der Erde, Mann, mit deinen Wünschen, denn ich bin bereit für Abschied und Flucht.

11. März 1936

Montagabend. Thurema kam. Ihr Mann wollte früh nach Hause fahren (auf das Land), und so beschloß sie, die ganze Nacht zu bleiben. Wir wollten es beide. Nach dem Abendessen, zurück in meinem Zimmer, unterhielten wir uns endlos. Ich gab ihr meine weiße Wolldecke, weil ihr Zimmer weiß ist. Als wir anfingen, uns auszuziehen, mußten wir lachen; sie lachte über meine Unterwäsche, die Spitzen, die durchsichtigen Nachthemden – sie trug keine Nachthemden. Ich ließ das Badewasser für sie einlaufen und parfümierte es. Ich wollte ihren Körper sehen – nicht aus einem sexuellen Impuls, sondern weil ich so viel Liebe empfand, ein solches Bedürfnis nach Liebkosungen und Sanftheit. Aber wir waren beide schüchtern. Ich sah nur ihren Rücken. Ich ließ sie baden. Sie war so natürlich. Sie bewunderte meine Hände, meine Füße; sie findet mich schön. Wir scherzten und lachten. Wie ich mit Coldcreme aussah? Ich zeigte es ihr. Ich wusch mir das Gesicht. Wir wollten entgegengesetzt schlafen, ihr Kopf neben meinen Füßen. Sie öffnete das Fenster. New York war in Nebel gehüllt. Man sah nur die Lichter der Häuser. Gedämpfte Geräusche drangen herauf, das Schnattern der *canards* im Park, die Schiffssirenen vom Fluß. Feuchte Nebelluft füllte das Zimmer. Ich würde eine Neuralgie bekommen, aber es war mir egal. Thurema lag neben mir, mit ihrer vibrierenden Stimme, ihrer Stimme, in der gleichzeitig Lachen und Schluchzen schwingt, ihrem breiten Mund mit Grübchen. Sie sprach über ihr Leben. Die Geschichte ihrer Ehe war so traurig, daß ich mich andersherum legte und sie in die Arme nahm. Sie wehrte sich gegen mein Mitleid, weil sie nicht wie die Leute sein wollte, die bei mir Hilfe suchen. Sie ist voller Selbstzweifel. Sie denkt, sie macht alles falsch. Sie meint, ich sei wie Joaquin und daß ich mich plötzlich von ihr abwenden werde. «Es ist in deiner Natur.»

Wir redeten und küßten uns und seufzten und wunderten uns über uns. Unsere Liebe floß einfach über ohne die geringste Sexualität, aber mit körperlicher Inbrunst, mit Leidenschaft. Wir redeten und lachten und versuchten zu schlafen, und sie war es, die sich als Beschützerin fühlte, dann war ich es, und es begann ein Auf und Ab wie auf einer Wippe, auf der sich Anteilnahme, Sympathie die Waage hielt. Sie ist ganz Gefühl. In der Dunkelheit so viel Liebreiz, eine so neue Erfahrung, ihre Weichheit und Wärme zu spüren. Ich hätte gern ihre Brüste berührt, aber ich wollte nicht, daß sie mich falsch verstand. Es gab kein falsches Verstehen – wieder ein Unterschied von den Erfahrungen, die wir machten. Wir lachten über Antonia.* Über lesbische Liebe. Sie wirkt wie eine Frau, die gelebt hat, wie ich auf June wirkte. Ihr fehlt nichts, obwohl sie nur einen Ehemann kennt und ihre enttäuschte Liebe zu Joaquin.

Sobald sie morgens gegangen war, fehlte sie mir. Ich war müde,

---

* Antonia Brico, Organisatorin und Leiterin eines Damenorchesters, war anscheinend bekannt wegen ihrer zahlreichen Beziehungen mit anderen Frauen.

aber in Hochstimmung und glücklich. So glücklich und stark. Thurema kam, als ich wieder anfing, Selbstmord zu begehen (meine Gefühle, meine Seele, mein wirkliches Ich zu töten, um weniger zu leiden). Aber sobald ich sie sah, wußte ich, dies war eine echte Liebe und daß ich mit ihr nicht länger ein so verkehrtes Leben führen konnte. Ich gab Bel Geddes, Donald sofort auf. Ich bin verliebt, ich bin verliebt in Liebe, Reinheit, Ganzheit. Thuremas Gesicht, alles – ihre Lebhaftigkeit. Thuremas Stimme in meinem Ohr. An dem Abend, als ich nach dem Konzert nach Hause kam und meine Zimmertür öffnete, erwartete ich, sie dort vorzufinden. Meine Einsamkeit war vorbei. Als ich an Henrys Tür vorüberging, fragte ich mich nicht, wo er sein könnte. Am nächsten Morgen, als Henry mir seinen Abend schilderte, blieb der eisige Schmerz aus, als der Satz fiel: «Die Matisses stellten mir ein Mädchen vor – einen Fall, den ich behandeln soll.» (Es gab drei Dinge, vor denen ich hier Angst hatte: daß Henry eine weibliche Patientin bekam, weil ich überzeugt war, daß er dem sexuellen Angebot nicht widerstehen würde, wie ich dem Wunsch all der Männer widerstehe, die ich betreue; daß er trinken würde; daß er sich in seine Tochter verliebt.)

Antonias Konzert war einer der Höhepunkte meiner Karriere als Psychoanalytikerin. Ich ging im Gefühl meiner Kraft dorthin, mit dem Bewußtsein, daß ich ihr Kraft geben würde. Ich sah sie an und sagte wenig. Sie wollte sofort auf das Podium. Sie dirigierte wundervoll – ein Dämon, eine Naturgewalt, eine hinreißende, großartige Leistung. Die ganze Carnegie Hall war elektrisiert. Die Leute sagten, es sei ihr bestes Konzert gewesen. Sie rief Thurema an: «Weißt du, wer es geschafft hat, wer mich dirigieren ließ? Es war Anaïs.» Antonia sagte, sie habe mich den ganzen Abend, während sie spielten, gespürt, sie habe meine Stärke hinter sich gefühlt. Und ich fühlte das ganze Orchester und ihre Kraft. Ihre Kraft ließ mich erschauern, aber es war Thuremas Gesicht, das ich sah, Thurema, nach der ich mich sehnte.

Nach dem Konzert war ich begeistert, berauscht von Musik und Magie und meiner Schaffenskraft – daß ich retten, aufrichten konnte. Mitgefühl und Liebe und ein religiöses Empfinden führten mich zur Analyse. Dann fürchte ich Heiligkeit. Ich fürchte, mehr der religiöse Typ zu sein als der Künstler.

Am nächsten Abend kam Thurema nur zum Essen. Ich sagte meine Verabredung mit William ab (die Abendessen, tanzen, ficken bedeutet hätte). Ich war hingerissen von ihr. Wir gingen in den Speisesaal und bestellten etwas zu essen – dann ließen wir uns das Essen aufs Zimmer schicken. Wir wollten ungestört sein. Ich war krank. Aber ich ging mit ihr im Regen zur Carnegie Hall. Ich kam zurück und ging schlafen. Um Mitternacht kam sie herauf. Sie wollte mich nach Hause mitnehmen und sich um mich kümmern. Wir umarmten uns leidenschaftlich.

Am nächsten Tag fuhr ich zu ihr nach White Plains. Als sie Harfe spielte, weinte ich. Sie spielt kraftvoll und gefühlvoll, so wie sie ist, und ich war glücklich. Während wir auf den Zug warteten, küßten wir uns. Wir waren übermütig. Es war wieder neblig. Sie zählte die Tage, die mir (in Amerika) noch blieben.

Heute am Telefon klang sie gekränkt. Ich wußte es sofort. Ich fragte sie nach dem Grund. Sie sagte nur, sie sei traurig. Ich rief am späten Abend zurück und fand schließlich heraus, daß sie meinen June-Henry-Roman ausgelesen hatte. «Du fühlst dich durch ihn verletzt, Thurema? Habe ich dich verletzt? Was ist los? Ist etwas zwischen uns? Nur darauf kommt es mir an!» Sie konnte es nicht sagen. Sie gehört zu denen, die nicht wissen, woran oder warum sie leiden oder was sie fühlen. Sie ist ganz Unbewußtheit, Musik, Gefühl. Sie kommt morgen.

Ich sagte Donalds Orgie ab. Ich erklärte ihm lachend, ich hätte mich verliebt und keine Zeit mehr für «Vergnügen». Welche Erleichterung, nichts mehr vormachen zu müssen, mit dem Kopf zu leben und mir wieder selbst treu zu werden. Thurema zu lieben ist ein echtes Gefühl für mich. Ich wurde auch Waldo Frank los. Las ihm vor, was ich geschrieben hatte (wobei ich «ein Mann, nicht groß genug» übersprang), gab zu, daß ich das, was gewesen war, köstlich fand, weigerte mich aber, es fortzusetzen. Thurema fegte alles hinweg.

Waldo Frank war überrascht von dem, was ich ihm vorlas, von der Genauigkeit meiner Beobachtung. Wie konnte ich das alles so schnell sehen und sagen? Er war auch überrascht von der Brutalität, mit der ich ihn abzuweisen versuchte – ein Gespräch über Gründe, die falsch waren, wie «Du magst nicht spielen». Entwürdige oder verrate, was zwischen uns wirklich geschah – eine plötzliche zerstörerische Geste, weil es so schwierig ist, jemand zurückzustoßen. Ich war aggressiv und auf Streit aus. Aber er blieb ruhig und begann auf die gleiche Weise darüber zu sprechen, wie ich darüber geschrieben hatte.

16. März 1936

Thurema war eifersüchtig auf den Roman und fürchtete, daß alles, was ich tat, vielleicht unaufrichtig war und «nur um darüber zu schreiben» – Angst vor Literatur. Ich nahm sie in den Arm und erklärte ihr liebevoll den Unterschied zwischen menschlichem Leben und Literatur, so wie ich es von meinem Leben mit Henry gelernt hatte. Sie hatte Angst vor den «Verfälschungen». Ich sagte ihr, wie gut ich meine echten Gefühle von meinen Spielen unterscheiden könne, wie gründlich meine Spiele von wirklicher Liebe hinweggefegt werden. Ich tröstete sie, drängte sie, dies anzuerkennen. Sie ist eine so verletzte, nervöse, zitternde Frau – ich fühle mich so als Beschützerin. Sie ist die Verletzte – nicht ich. Ihr Kummer ist echt. Ich lasse jetzt alle Stimmungen und eingebildeten Dramen außer acht, um mich ihrer anzunehmen. Meine Liebe gibt ihr Kraft, aber anscheinend kann ich sie auch verletzen. Mein Leben, die Fülle in meinem Leben, was ich anderen gebe, die vielen Menschen, die mich lieben – das alles macht ihr angst, genauso wie mir Henrys Vergangenheit und Henrys Freunde angst machen.

Eine Freundin schreibt in ihr Tagebuch: «Heute aß ich mit Anaïs zu Mittag. Sie ist ungemein schön und weiblich, und ich genoß die Ruhe, die von ihrer zart duftenden Anwesenheit ausging. Sie ist die erste Frau, bei der es mich nicht stört, daß sie sich parfümiert. Ich denke, sie versteht mich ungewöhnlich gut. Sie ist faszinierend. Sie hat eine gewisse Zurückhaltung an sich, doch ich fühle mich keineswegs gehemmt in ihrer Gegenwart. Trotz ihrer ungewöhnlichen Erscheinung und ihrer fremdländischen Art ist sie sehr menschlich und mir wesensmäßig nah. Ich bin immer völlig entspannt bei ihr. Ich lernte ihren Agenten, Barthold Fles, kennen. Er ist bis über beide Ohren in Anaïs verliebt.»

Eifersuchtsmotiv: An dem Tag, als ich einen Wecker kaufte, blieb meine Armbanduhr stehen!

---

17. März 1936

Eine weitere Nacht mit Thurema, die nervös ist, reizbar, unglücklich, aufbrausend. Ich versuche, ihr zu helfen. Sie sagt, ich bräuchte keinen Vater, sondern eine Mutter. Vielleicht hat sie recht. Ich erwartete vom Mann, was nur eine Frau geben kann. Es ist schwer, ihr etwas zu vermitteln, weil sie völlig emotional ist und keine analytische Begabung hat; es ist schwer, ihr zu helfen. Sie ist verletzt und schockiert von meinem Leben. Während ich mit ihr spreche, sogar über meine Lügen spreche, sehe ich im Halbdunkel ihren breiten, verzeihend lächelnden Mund. Alles aus meinem Leben erzählen bedeutet Henry, June, Rank und Waldo Frank. Manches wird ausgelassen: mein Vater, kleinere Affären, die Abtreibung. Momentan vergesse ich diese Dinge. Sie belasten mich nicht. Als sie überzeugt ist, daß ich aufrichtig bin, daß Joaquins Befürchtung, ich würde mich schändlich benehmen, unberechtigt ist – als ich sie gewonnen und mich ihr vollkommen anvertraut habe –, frage ich mich: Wenn ich ihr den Rest erzählte, würde ich sie dann verlieren? Sie ist noch nicht soweit. Nur Rank konnte man alles sagen, weil er alles verstand. Und ich kann ihr offen in die Augen sehen. In der Dunkelheit sage ich: «Mach dir jetzt keine Gedanken wegen meiner Lügen und Tricks. Ich bin wie ein Zauberer in einem Varieté. Es ist das einzige, was an meinem Leben lustig ist!»

«Aber eines Tages», sagte Thurema, «wird man dahinterkommen, und alle werden dich hinauswerfen, und dann wirst du zu mir kommen müssen.»

«Ich lebe von einem Tag auf den anderen. Ich bin leichtsinnig und mutig. Lache, Thurema.» Und ich erzähle ihr, daß ich sowohl Henry als auch Hugh das Geld versprochen habe, das ich hier verdiene. Daß ich Fraenkel hundert Dollar schulde plus das Geld für den Druck meines Buchs. Daß ich noch nicht weiß, wie ich das alles deichseln werde.

«Der Punkt ist, daß ich immer einen Weg finde. Rank sagte immer, so würde ich meine kreative Energie nutzen. Er nannte das meine kreativen Lügen!»

Dann küssen wir uns. Ich liege über ihr und küsse sie immer wieder, verliebt küsse ich ihren breiten Mund mit den Grübchen, und ich spüre, daß ich leidenschaftlich, immer wilder werde. Sie spürt es auch. «O Anaïs, ich könnte beinahe . . .»

Dann schluchzt sie. «Ich weiß. Du denkst an Joaquin. Du wünschst dir, er wäre, wie ich jetzt bin.» Ich werde sanft und ruhig. Ich tröste sie. Jede emotionale Erschütterung weckt die Erinnerung an Joaquin. «Er hat einen anderen Mund als du», sagt sie traurig. Joaquins Mund ist schmal wie der meines Vaters.

Wir schlafen umschlungen ein. Ich sage zu ihr, daß ich gern ein Mann und ihr Liebhaber wäre. Sie träumt, daß ich mich vor ihr ausziehe und daß ich einen Penis habe, und sie sagt im Traum: «Warum hast du mir das verheimlicht? Warum hast du mir das nicht gegeben?»

Ich träumte einmal, June hätte einen Penis, doch immer bin ich diejenige, die den Liebhaber spielt, obwohl ich femininer aussehe. Henry fand Thurema ausgesprochen maskulin.

Inzwischen kommt wieder Leben in die Menschen um mich. In Freunde und Patienten. Aber die, die ich verlassen habe – Hugh und meinen Vater –, sind krank und traurig, und ich kann meinen Bruder Joaquin nicht wieder aufleben lassen.

Henry merkt, daß er Geld verdienen kann, und will nicht [nach Europa] zurück. Er will hierbleiben und arbeiten, um den Durchbruch zu schaffen. Er hat jetzt Angst vor Frankreich, weil es nicht mehr der sichere Hafen ist. Er beweist eine merkwürdige und schreckliche Feigheit, immer einen ausgeprägten Selbsterhaltungstrieb. Die Angst treibt ihn, nicht die Liebe. Ich hoffe, er meint es nicht ernst, denn Hugh schreibt mir herzzerreißende Liebesbriefe, und ich will ihn nicht verlassen. Henry sagt: «Du bist eine Mischung aus wilden Emotionen und Analyse.»

Ich ließ Henry in der öffentlichen Bücherei und ging langsam zurück. Das Wetter war mild und windig. Ich kam mir vor wie June, die spazierenging, wenn sie traurig war, und ich empfand großes Mitleid.

18. März 1936

Ich habe nicht genug Vertrauen zum Leben oder zur Liebe, außer wenn ich im Mittelpunkt stehe, wenn ich versklave oder vollständig besitze. Das ist mein Fehler. Henry ist nur von seinem Ego besessen – von sich. Und das wird mich immer kränken. Ich habe Vertrauen zu Hugh, Rank und zu Thurema, weil sie sich selbst geben. Henry erlebte ich nur einmal besessen und versklavt, als ich mich von ihm zurückzog, ihn sitzenließ und ging. Ist es Mangel an Vertrauen, daß es mir so schwerfällt, Henrys unmenschliche Liebe zu akzeptieren, oder liegt es daran, daß ich nicht stark genug bin, um mit jemand zu leben, der sich selbst gehört? Es ist bestimmt falsch, daß ich diese Sklaverei brauche und nur an Sklaverei glaube. Hughs letzter Brief berührte mich tief. Zum ersten Mal spürte ich das starke Band zwischen uns. Ich frage mich, wie es möglich war, daß ich ihn haßte, ihm weglief, ihn quälte. Als ich seine Worte las: «Bin ich verrückt? Ich bin besessen von Dir. Hast Du mich wahnsinnig gemacht?», fühlte ich seinen Mund, seinen ganzen Körper, seine Sensibilität, seine Leidenschaft und meine Liebe – oder war es eine Liebe, die nicht verletzen will? – Nein, es ist Liebe, weil ich keinen Augenblick zögere, andere sensible Männer zu verletzen, Turner zu verletzen oder Waldo Frank oder Rank. Aber Hugh will ich nicht verletzen. Ich liebe ihn. Es ist nicht nur Mitleid, es ist in meinem Blut, in meiner Seele. Er ist nicht nur mein Sklave. Er hat irgendwie von mir Besitz ergriffen.

Nachdem Henry gestern abend sagte: «Ich komme gegen zehn zurück», ging er los, um nach Büchern zu stöbern und mit einem Barmann zu trinken. Nach zwölf kam er zurück und freute sich diebisch über ein paar Sätze von Goethe. Ich hatte auf ihn gewartet; als er dann endlich kam, erklärte ich ihm, unser Leben sei nicht menschlich, er sei nicht menschlich. Er sagte, es sei nur die «Situation», unsere Arbeit, die Hotelzimmer. Aber es liegt an mir. Rank und ich, wir konnten in jedem Hotelzimmer, überall und jederzeit, eine Welt, ein Zuhause, eine vollständige Welt schaffen.

Doch wenn der Mondsturm tobt, zweifle ich an allem, was ich

fühle und analysiere. Ich will ihm einfach nur glauben, so wie Hugh
mir glauben will. Sobald er zurückkommt und da ist, glaube ich, daß
er unschuldig ist. Es liegt nur daran, weil ich tief innerlich ehrlich
genug bin, um zu wissen, daß es falsch ist, die Seele und den Körper
eines anderen besitzen zu wollen, daß das Martyrium meines Lebens mit Henry, dem Egoisten, vielleicht eine gerechte Strafe ist,
eine gerechte, wohlverdiente Strafe, weil ich schuld war, daß die
anderen (Hugh, aber besonders Rank) unter der Qual litten, mich
nicht besitzen zu können.

19. März 1936

Gespräch mit Henry nach dem Film über den Barbaren und den
Christen. Attila und Christus. Beide eroberten schließlich die Welt,
der eine mit Gewalt, der andere mit Liebe und Güte, beide brachten Schaden und Nutzen. Ich erklärte Henry, *Wendekreis des Krebses* sei «barbarisch» und ebenso das, was er generell schreibt. Es
steht so im Widerspruch zu seiner sanften Art, aber unter seiner
Sanftheit und Güte ist Henry unmenschlich – das heißt, daß er alles
tut für das, was er will, und was er will, ist immer für ihn selbst. Er
gibt nichts; das heißt, er gibt sich nicht selbst. Christus gab sich
selbst.

Henry begann, mich in die Enge zu treiben: Warum ich noch
immer ein Tagebuch führte – doch nur, weil ich mein wirkliches Ich
nicht ausleben könne; das heißt, ich könne nicht bekommen, was
ich mir wünsche, weil ich es immer aufgebe oder anderen gebe.
Aber ich sagte: «Ich fahre nicht schlecht dabei, mit Betrügereien
und all dem.» Plötzlich füllten sich Henrys Augen mit Tränen, sein
Mund verzerrte sich, und er sagte: «Es ist meine Schuld, natürlich.
Es ist meine Schuld. Ich habe das gleiche getan wie die anderen. Ich
habe dich ausgebeutet. Ich habe deine Kraftquellen benutzt, um zu
wachsen. Aber wenn ich auf deine Kosten wachsen muß und dich
dabei ersticke, so will ich das nicht. Bitte, tu von jetzt an, tu immer,
was du tun möchtest...»

Er war ungeheuer bewegt. Er lag über mir und küßte mich. Ich

251

sagte immer wieder: «Ich bin glücklich, ich bin glücklich. Ich weiß nicht, warum.» Dann nahm er mich wild, und ich weinte, fühlte aber nichts. Ich war emotional zu sehr durcheinander.

Solche Augenblicke, in denen Menschlichkeit aufblitzt, scheinen mich bei Henry für alles zu entschädigen. Ich bin die einzige, die ihn bewegen kann, menschlich zu fühlen. In der übrigen Zeit ist Henry Attila, Eroberer, Ausbeuter, Kriegsherr, für sich, sein Ego.

Vor diesem Gespräch schrieb ich, vor Einsamkeit verzweifelt (Thurema ist eine Belastung für mich), an Rank mit der Bitte, mich zu empfangen. Nun erscheint mir dies nicht mehr so wichtig, und mir wurde klar, daß es der Lebensspender Rank ist, an den ich mich wende.

Thurema hatte Kopfschmerzen. «Mein Vater bekam solche Kopfschmerzen und wurde wahnsinnig. Glaubst du, ich werde wahnsinnig, Anaïs?» Sie träumt, sie liege in Narkose, und wacht zu Tode erschrocken auf.

Brief an Hugh: Der Gedanke, daß Du krank warst, schmerzt mich noch immer. Ich sollte nicht hier meine ganze Kraft vergeuden, während Du allein in Paris bist. Ich weiß nicht, welcher unmenschliche Dämon mich treibt, mein Liebling, um ein unmenschliches Schicksal zu erfüllen, und ich bitte Dich demütig, demütig, mir all die Unmenschlichkeiten zu vergeben, die ich Dir angetan und von Dir verlangt habe. Ich danke Dir demütig für alles, was Du an Glück geopfert hast, um mich stets tun zu lassen, was ich wollte, selbst wenn es Dich verletzte. Es schmerzt mich, wenn ich dran denke, was Du alles für mich getan hast und mit wieviel Liebe; und ich hoffe nur, daß Du dabei für Dich selbst etwas Glück gefunden hast. Ich hoffe nur, daß das, was ich Dir zu geben habe, dies alles wert ist, daß Du für Dein Geben und Geben, Verstehen, Verzeihen reichen Lohn ernten wirst, daß dieses schrecklich monströse Ego, das mich treibt, schöpferisch zu sein, auf merkwürdige und schwierige Weise zu leben, das mich aus meinem Zuhause treibt, weg von dem Mann, den ich liebe – daß dies vielleicht geeignet ist, Dein Leben irgendwie zu bereichern. Ob all dies gesteigerte Selbstgefühl, das ich Dir verdanke, immer zu Dir zurückfließt, ob seine Quelle zurückfließt und Dich mit Leben und Freude und Begeisterung erfüllt? O mein Liebling, wenn Du mich liebst, darf es nicht sein, daß diese unmenschlichen Dinge, die ich tue, so monströs sind; noch heute abend würde ich alles aufgeben, Schriftstellerei, Analyse, den Kult, der sich um mich entwickelt, mein Wirken in der Welt, für einen Augenblick an Deiner Seite, einen Augenblick der Intimität mit Dir, Körper an Körper, um Dich zu liebkosen und zu lieben und in mich aufzunehmen, Dich, der bereits für immer in mich eingekerbt, der ein Teil von mir ist, der seßhaft geworden ist in meiner Seele und in meinem Körper...

Ich weiß, daß diese Liebe aus Dankbarkeit geboren ist, nicht aus einer freiwilligen Verbindung. Die Liebe, die ich empfinde, ist brüderlich, aber während ich sie hier ausbreite – mag er sie auffassen, wie er will –, ist es Liebe.

An Eduardo (der unter wahnsinniger Eifersucht leidet): In mir regt sich wieder der Wunsch, direkt zu geben, denen, die ich liebe – Hugh, Dir, meinen Freunden –, statt auf kollektive Weise. Es erscheint mir nicht menschlich, Leuten zu helfen, die ich nicht kenne, wenn ich meinem *petit cousin*, meinem Mann, meinen Freunden helfen könnte. Ich kehre zurück zum Intimen, Persönlichen. Vielleicht ist es ja so, daß persönliche Beziehungen weh tun. Analyse tut nicht weh, sie erschöpft mich nur – aber das Weibliche in mir bleibt unbefriedigt. Ich komme bald heim, um mich meinen Lieben zu widmen – und das bedeutet: Dir.
Und es bedeutet Thurema, die hysterisch ist und für die ich keine Zeit hatte, um ihr zu helfen.

20. März 1936

Ein weiteres wichtiges Gespräch mit Henry über unsere Freunde. Er meint, ich sei reserviert, weil ich mich nicht jedem oberflächlich widmen kann, sondern nur zu einigen wenigen intensive Beziehungen herstelle. Er sieht oder versteht nicht, was Rank bedeutete,

Louise, Thurema, Rebecca West, Eduardo. Ich erklärte ihm, daß wir nach verschiedenen Dingen suchen. Er ist zufrieden mit Menschen, die kommen und gehen, die nicht lebensnotwendig für ihn sind. Er sagt selbst, jeder von ihnen könnte tot umfallen, und es würde ihm nichts ausmachen. Diesem Kommen und Gehen widmet er seine Zeit, seine Energie; er spricht mit den Menschen, aber er widmet sich ihnen nicht. Ich tue das. Und ich halte mich aus dem großen Gewühl heraus. Wir sprachen über seine Extrovertiertheit. Ich sagte, er habe nur ein oder zwei Jahre der Innerlichkeit erlebt, in Clichy und in Louveciennes, als wir beide praktisch allein waren, und daß eine Welt mit seiner Arbeit und einer Frau eine Welt nur mit Henry bedeute. Das ist ein geschlossener Kreis, in dem *Schwarzer Frühling* entstand. Danach, als es ihn wieder unter die Leute trieb und ich ihm ein Heim und ein Leben gab, das weltoffen wurde, kehrte er sich wieder nach außen. Er ließ sich von Fraenkel vereinnahmen, der Ansprüche stellt, die ich nie stellte, egoistische Ansprüche, der sich nicht um Henrys Schriftstellerei kümmert; und so lebte Henry das ganze letzte Jahr für Fraenkel, für die Briefe, den «Hamlet» und die Gespräche – und *verlor sich selbst*. Hierherzukommen tat ihm gut – stellte ihn wieder her. Wenn ich ihn entführe, tue ich es nicht nur für mich, weiß Gott, sondern weil er dann er selbst wird. Ich bringe ihn dazu, *er selbst zu werden*, und nicht, sich mir anzupassen.

Jedenfalls – die Freunde – klärten wir alles. Wir scherzten. Henry sagte: «Wir lassen sie alle antreten und erschießen sie.» Ich sagte, mir sei alles recht, solange uns unsere Unterschiede nicht trennten. Er verwechselt meine Reserviertheit, die zum Teil Schüchternheit ist, mit Mißbilligung. Es stimmt schon, daß ich sie kritisiere, indem ich sie als für mich nicht wichtig einstufe, aber ich habe nichts gegen sie und behandle sie auch nicht schlecht.

Henrys Arbeit, die er jetzt ernsthaft betreibt, führt wirklich dazu, daß er mehr versteht. Er verstand, daß ich mich meiner Natur getreu verhielt, auch wenn ich bei unserem Gespräch weinte, weil ich sagte, es sei mein Traum gewesen, daß seine Freunde und sein Leben mein Leben ist, aber daß es schwer für mich gewesen sei, mein Leben und meine Freunde von seinem Leben zu trennen und mir ein drittes, eigenes Leben zu schaffen. Es war mir schwergefallen, weil ich von Ehe träume. Ich sehe jetzt, daß New York der Ort ist, wo ich dieses dritte Leben, das weder Hugh noch Henry gehört, sondern mir, am besten leben kann. In Paris pendle ich zwischen Henrys Bett und Hughs Bett, es bleibt mir weder Zeit noch Energie für irgend etwas dazwischen. *Hier* schon, hier kann ich mich beiden sogar physisch entziehen. Henry weiß nicht, wann ich nach Hause komme. Das Resultat war die Beziehung mit Rank im vergangenen Jahr; heuer mit Thurema. Es ist schwer, an Liebe zu glauben. Leidenschaft ist einfacher, weil sie intensiv und unverkennbar ist. Schreibe an «Selbstmord einer Seele».

---

23. März 1936

Samstag vormittag im Zug, auf dem Weg zu Thurema. Sonnenschein auf dem Brief, den ich an Vater schreibe. Thurema, in einem roten Regenmantel, Haare wie eine Löwin, ist im Auto ganz anders. Der siebenjährige Johnnie, ihr Kind, fährt Rad, während wir einen Spaziergang machen. Thurema und ich liegen nach dem Mittagessen auf der Couch, und ich sage: «Du glaubst nicht an Liebe. Du hast deinen Glauben an dich verloren.» Das Telefon klingelt. «Ihr Junge ist von einem Auto überfahren worden. Er ist im Krankenhaus.» Thurema schluchzt hysterisch. Wir fahren zum Krankenhaus. Auf dem Weg sehen wir das völlig zerbeulte Fahrrad am Straßenrand. «Er ist tot, o Gott, er ist tot.» Seine kleinen Schuhe liegen neben dem Rad. «Er ist tot, o Gott...»

«Nein, nein», sagte ich, «nein, nein.» Johnnie ist nicht tot. Er hat überall Schrammen und ist hysterisch.

Während der Fahrt zum Bahnhof sagt Thurema: «Was ich für dich empfinde, Anaïs, ist so merkwürdig, daß ich es langsam für anormal halte – wir sind nicht normal.»

Dann war ich wie betäubt. Jeden Tag spiele ich Gott, bewahre Menschen vor Elend, Tragödie, Krankheit, Tod – und dann wird Johnnie von einem Auto angefahren, und plötzlich ist mir alles egal. Es gibt ein mächtigeres Schicksal. Ich gebe meine Rettungsversuche auf. Ich sorge mich nicht mehr um morgen, meine Arbeit, um Hugh oder Henry. Es ist mir egal. Ich habe keine Gefühle mehr.

Gestern abend, in meiner seelischen Taubheit, überkam mich plötzlich ein verwegenes Freiheitsgefühl. Todesfurcht, Todesnähe stürzen uns in rücksichtslosen Lebensgenuß. Rank sagte, in dem Moment, als ich beschloß, zu sterben, irgendwohin zu gehen, irgend etwas zu tun (kurz bevor ich Henry und June traf), da begann ich zu leben. Jetzt fühle ich mich wieder so. Im Augenblick lebe ich.

Gestern abend ging ich in aufrührerischer Stimmung zu den [Hilaire] Hilers, entschlossen, mich zu amüsieren. Ich tanzte komisch, führte mit Hilaire einen Dialog im *accent du Midi*, und er sagte: «Du bist der einzige Gast hier, der nicht grau ist. Du hast Farbe.» Locken über der Nase, ein Parfüm, das die Liftboys zu Bemerkungen veranlaßt, grüne Augenlider, eine scharfe Zunge, Grausamkeit. Ich mache Henry eifersüchtig. Eifersucht weckt seine Leidenschaft. Alle grausamen Instinkte wecken Instinkte. Wenn ich für einen Augenblick aufhören würde zu fühlen, würde ich zu einem Dämon. Wenn ich nicht fühle, werde ich grausam und gefährlich. So jage ich Henry Angst ein, daß er vergißt, mich eifersüchtig zu machen, so wie er mir angst macht durch seine Vergangenheit, seine Liebe zu Frauen, seine Anfälligkeit für alle Frauen und die tiefe Treue zu mir, die ich sehe, aber nicht ganz glaube.

Heute fühle ich mich mehr denn je wie June. Es ist die Verwegenheit, weil ich nicht an morgen glaube, weil ich die Gewalttätigkeit des Lebens spüre, die den Instinkt aufpeitscht, ein Peitschenhieb, ein zertrümmertes Fahrrad am Straßenrand. Kinderschuhe, die daneben liegen. Zorn auf Gott.

Ich rauchte eine Marihuanazigarette bei Hilers.

Wenn man schöpferisch arbeitet, gibt man auf sich acht, man schont seine Kraft für das, was man tun will. Du trinkst nicht, weil du bewußtlos wirst, du hörst auf zu leben, und du liebtest deine Bewußtheit, und Gewalt macht dich blind vor Zorn und Haß, vielleicht Ohnmacht, keine höchste Macht also. Nun denn, Gott, wenn schon zerstört werden muß, werde ich als erstes meine Seele zerstören, die mir weh tut, die mich hindert, zu lachen, mich zu trennen, zu leben, zu schlagen, zu hassen. Ich kenne nichts zwischen leiden und hart sein, sorglos sein. Entweder alles zu empfinden, was Thurema widerfährt, oder nichts zu empfinden außer Unrecht und Zorn, so wie Henry. Ich kann nicht alle Verwundeten retten. Ich will diese Seele töten, die die Wunden *sieht*.

29. März 1936

Donald war nicht entmutigt. Er rief an, weil er mich sehen müsse, bevor er endgültig nach Hollywood geht. An dem Nachmittag konnte ich nicht kommen. Aber dann am Freitag abend gegen elf. Ich aß mit Henry zu Abend, der getrunken hatte und müde war. Ich verließ ihn unter dem Vorwand, ich wollte Sasha auf einer Party spielen hören. Ich hatte Sasha bereits am Nachmittag gehört. Ich war benommen von Musik und Übermüdung. Thurema und ich hatten die Nacht zuvor zusammen geschlafen. Und weil ich keine Leidenschaft zeigte, drängte sie mich, sie zu küssen. Ich küßte sie mehr und heftiger, bis sie stöhnte und seufzte, und wir hielten beide wieder kurz vor etwas inne, das keine von uns wirklich wollte. Ich neckte sie und lachte und war drollig. Als sie mich fragte: «Glaubst du, daß wir lesbisch sind?», antwortete ich: «Noch nicht.» Als wir leidenschaftlich wurden, dachte sie an Joaquin. Sie wünschte, Joaquin wäre so frei wie ich.

Im Taxi, auf dem Weg zu Donalds Hotel, plante ich meinen Besuch. Ich würde sehr selbstbeherrscht sein, gelassen, reif, geheimnisvoll, aber sehr entschlossen, nicht mit ihm schlafen zu wollen. Ich würde ihn in ein Gespräch über ihn verwickeln. Ich würde sagen: «Du interessierst mich, und ich möchte mehr über dich wissen.» Ich würde ihn mit Worten bezaubern.

Als ich ankam, wurde ich in sein Appartement geführt. Er rief an, daß er auf einer Party aufgehalten worden sei, und hatte mir einen Zettel hingelegt, ich solle mir Zigaretten nehmen und etwas zu trinken und mir ein pornographisches Buch ansehen, *The Prodigal Virgin*. Ich las das Buch. Ich war leicht erregt von den darin geschilderten sexuellen Verrenkungen. Doch mehr erregten mich meine eigenen erotischen Sehnsüchte und Vorstellungen, meine Neugier, mein sinnliches Begehren nach Frau, nach Orgie.

Donald rief erneut an. «Wenn Arline kommt, gib ihr einen Drink und bitte sie zu warten.» Er hatte also die Frau eingeladen, mit der er mich bekannt machen wollte; die an dem Abend hier war, als ich bei Henry im Kino blieb. Die Idee gefiel mir. Ich war allein in Donalds Wohnung. Ich hätte gehen können. Statt dessen sah ich mich um. Die Bude war französisch. Ich fand sie abscheulich. Es roch nach Muff und Urin. Das Bett stand in einer Nische. Ich griff erneut zu dem Buch. Zwei Dinge wollte ich schon immer tun: meine Hand unter den Rock einer Frau schieben und ihre Pobacken anfassen sowie schöne Brüste berühren und küssen.

Ich hatte keine Bedenken, aber eine gewisse Scheu. Ich fragte mich: Würde ich wissen, was ich tun sollte? Würde ich es richtig machen? Ich wußte, welche körperlichen Gesten von mir erwartet wurden. Ich war unheimlich neugierig auf die Frau.

Donald kam, einen Augenblick später die Frau, Arline. Strahlend, helläugig, ungekünstelt. Offenes Blondinengesicht, träge fließende Bewegungen, ein wohlgerundeter Körper unter Rock und Bluse.

Zu dritt saßen wir auf der Couch und tranken Whiskey. Donald liebkoste mich. Arline begann, indem sie meine Hände bewunderte; dann küßte sie mich wie ein Mann mit der Zunge. Und ich begann, alles das zu tun, was ich bei einer Frau tun wollte, ihre Brüste liebkosen, die Hand unter ihren Rock schieben. Inzwischen hatte sich Donald vor uns beiden niedergekniet und schaute unter unsere Kleider, und er hatte einen Finger in ihr und einen in mir. Mein Honig begann zu fließen. Ihr Mund schmeckte wie June.

Wir zogen uns alle aus. Sie stand für einen Augenblick aufrecht, wie um zu springen, volle, aufgerichtete Brüste, wundervoll weicher, gerundeter Körper. Donald legte mich auf das Bett und begann mich zu lecken. Er tat mehr Liebesdinge für mich, vielleicht, weil ich der Ehrengast war. Wir lagen längere Zeit ineinander verschlungen, strcichelten, leckten, bissen, küßten, mit Fingern und Zungen. Donald drang in keine von uns ein. Er ließ sich fellationieren. Ich kostete eine Vagina mit den Lippen. Sie schmeckte mir nicht. Ein streng schmeckendes Muschelgericht. Ich mochte den Geruch nicht. Aber es gefiel mir, als sie mir ihre Kehrseite darbot. Ich liebte ihre Brüste, ihren Mund, und es amüsierte mich, daß wir, während wir Donald liebkosten und unsere weiblichen Pflichten erfüllten, eigentlich nur Augen für uns hatten. Über seinen Körper hinweg sahen wir uns mit etwas wie Vertrautheit an, während Donald für sich, neutral blieb. Manchmal berührten sich unsere Köpfe, während wir beide Donald küßten. Wir genossen es, daß unsere Münder nahe an derselben Stelle waren, und wir hielten inne, um uns zu küssen. Als Donald befriedigt war, schlief er ein, während wir weitermachten, uns küßten und sagten: Wie schön du bist, wie weich, wie wundervoll. Sie sagte: «Du hast eine unglaublich weiche Haut, einen Körper wie ein Mädchen. Wir müssen uns wiedersehen.» Ich hatte keinen Orgasmus, obwohl die Feuchtigkeit floß und ich erregt war. Tief innerlich war ich nicht unbefangen genug. Ich tat, als ob. Aber bald, bald wird das völlige Loslassen kommen. Ich sehne mich noch immer nach Liebe, nach Liebe, nach Liebe.

Ich spürte, daß sie keinen Orgasmus hatte. Sie war nicht einmal naß. Ich fragte mich, warum sie ihn vortäuschen sollte. Mir schien, sie wollte nur Donald und mir gefällig sein. Ich sagte zu ihr: «Ich habe das noch nie getan!» Sie lachte. «Warum nicht?»

Es ist die Hemmungslosigkeit, die mir gefällt, Donald, Bel Geddes, Arline. Ihr Freisein von Sorge und Eifersucht. Die Reibungslosigkeit. Es gibt eine Welt, wo die Menschen die Tricks, mit denen ich mir Alibis verschaffe, fröhlich und natürlich anwenden, ohne daß man es ihnen übelnimmt. Ich hörte, wie Arline mit jemandem telefonierte, der auf sie wartete, und sie sagte, sie sei auf einer Party. Dann dachten sie und Donald sich aus, wo sie hätte sein können. Alles geschieht mit Anmut, wie sie sich bewegen, ficken, vergessen. Sie stand vor dem Spiegel und schminkte sich. Donald sagte zu mir: «Schade, daß ich dich nicht mehr sehen werde. Ich mag deine Art, deine Offenheit.»

Ich brachte sie nach Hause. Im Taxi, neben einer angekleideten Arline, fühlte ich mich gehemmt. Sie sagte, Donald habe ihr immer versprochen, sie einer schönen Frau vorzustellen, aber er habe es nie getan, erst heute abend. Sie nannte mich Darling. Ich hätte sie nie gefragt, ob ich sie wiedersehen könnte. Ich wußte nicht, ob mein Körper irgendeinen Wert besaß in dieser fickenden Welt. Aber nach verschiedenen Prüfungen stelle ich jetzt fest, daß ich als wertvolles Tier gelte.

Ich hätte sie gern gefragt, ob ich gut war. Die Intimität, als wir nackt waren, und jetzt, angekleidet, die Fremdheit. Aber ich habe eines gelernt über die Lebewelt: zu schweigen. Man genießt und schweigt, als wüßte man nichts davon. Vielleicht ist das das Gesetz der Genießer? Nicht denken oder fühlen. Ich habe dieses Schweigen gelernt, dieses Nichtsbemerken. Ich stelle keine Fragen. Ich gleite dahin.

Innerlich mußte ich lachen. Angenommen, jemand würde mich

fragen: Kennen Sie Donald, kennen Sie Arline? Ich würde antworten: Nun, ich habe mit ihnen geschlafen, ich kenne jeden Teil ihrer Körper intim, wie sie riechen, schmecken, wie sich ihre Haut anfühlt, aber was den Rest angeht, bitte, stellen Sie mich vor.

Arline ließ sich meine Telefonnummer geben. Ich glaubte nicht, daß sie sich für mich interessierte. Ich dachte, sie ist erfahrener, weltgewandter, geübter. Sie würde mich nicht mögen. Ich fürchtete, sie würde mich langweilig finden, würde meine Naivität entdecken.

Aber heute rief sie an, und als ich ihre Stimme hörte, spürte ich diese angenehme Körperbekanntschaft, Körperfreundschaft, Körperwärme. Die ungeheure Einsamkeit wurde durch diesen Körperkontakt mit Arline gelindert. Während ich tagsüber Patienten analysierte, sah ich ihren Körper vor mir, nicht den von Donald. Ich sah ihre Vulva, ihr Schamhaar, ihren Po. So wundervoll. Frau. Die Frau in ihr. Ihre Freiheit und ihre Natürlichkeit wirkten anziehend auf mich. Sie ließ mich Thurema, die völlig gehemmte und komplizierte und verkrampfte Thurema, vergessen. Wie man in der Sonne seine Sorgen vergißt. Sonne. Meer. Natur. Schweigende Gefühle. Erlöst von Gefühlen. Den Schwierigkeiten, Emotionen, Kompliziertheiten mit Thurema. Meine Seele ist müde. Oder vielleicht gibt sie auf.

4. April 1936

An Bord der *Bremen*. Betrunken und wahnsinnig vor Schmerz, Einsamkeit, Reue, Gefühlsduselei. Wenn nur Rank nicht versucht hätte, mich ausschließlich zu besitzen, wenn er doch nur der Geliebte geblieben wäre. Ich weiß nicht, was ich hier sage.

Als ich bei ihm ankam, stand er an der Tür mit so viel Traurigkeit, Erwartung, Freundlichkeit in den Augen, daß ich tief gerührt war, war so gerührt, wie ich es nicht erwartet hatte. Alles Schöne kam blitzartig wieder; ich bereute bitterlich.

Als wir sprachen, stellte sich der Zauber wieder ein wie früher. Unsere Augen ließen einander nicht los. Oh, die Einsamkeit, die

Einsamkeit. Er, schlanker, jünger, sonnengebräunt, gütig. Und das Lächeln. Das wissende Lächeln. Keinerlei körperlicher Widerstand, sondern Liebe, einfach Liebe. Eine Stunde, um ihn zu sehen, kleiner, als ich ihn in Erinnerung hatte, schlanker, gesünder, weniger häßlich, seine Augen so sanft, sein Lächeln so wissend. Schicksalhaftigkeit. Ganzheit. Ja, es ist so, wie ich ihm schrieb, ich bin dem, was wir hatten, treu geblieben, und unerklärlicherweise ist mir kein anderer so nah gekommen. Ich habe die Partialisierung überlebt. Er sagt dies. Er könne nicht weniger total sein. Der Hudson River liegt unter seinem Fenster. Er findet sich ab, er arbeitet wie früher, es gibt keine andere Frau in seinem Leben. Aber er hat Angst, er hat Angst vor der Frau, dem Leben, vor mir. Er ist beherrscht.

Unsere Augen sagen alles. Unsere Worte nicht, nur als wir lachend übereinkommen, einen Blankovertrag zu unterschreiben. Wir wissen nicht, was wir wollen. Warum nahm er nicht einfach, was ich ihm geben konnte? Warum klammerte er sich an mich? Klammern, klammern, klammern. Eine einzige Stunde lohnte meine Reise nach New York. Das plötzlich aufleuchtende Verstehen. Ihm nah sein. «Werde ich dich wieder verlieren. Werde ich dich wieder verlieren? Es wäre besser für das Leben, wenn ich weniger total wäre», sagte er. Besser für das Leben. Ich konnte meinen Körper Donald, Arline, Bel Geddes, Frank geben – warum konnte ich ihn nicht ebenso einfach Rank geben? Warum nicht? Sie verlangen kein Gefühl. Du gibst die Schale, mit feuchten Lippen und feuchter Vulva. Besitzen. Was heißt, besessen zu werden? Henry hatte mich ganz, doch als diese Totalität unerträglich wurde, als ich entdeckte, daß er nicht ganz war, aus Angst, zersplitterte ich und ging zu Allendy, zu Rank und den anderen. In New York lebte ich in einer Million von Splittern. Eine Million Scherben. Liebe in Bruchstücken. Als ich begann, mich von einem unvollständigen, unzuverlässigen Henry zu entfernen.

Ich entfernte mich so weit.

Ich verirrte mich wieder. Ich verlor ihn. Ich war für ein paar Tage von meiner Obsession erlöst.

Andere Lieben.

Die Leidenschaft für Thurema starb. Ich weiß nicht, was sie tötete. Etwas in ihr lähmt das Leben. Ihre Furcht. Ihre Furcht. Ihre Furcht vor dem Leben tötet das Leben.

Der Schmerz, Rank, Thurema zu verlassen. Meine ganze Natur war so aufgewühlt, daß ich all meine Lieben auf einmal zu fühlen schien, und es war unerträglich. So viele Lieben. Was bin ich? Die Geliebte der Welt. Verrückt vor Liebe. Wahnsinnig vor Liebe. Mein ganzer Körper leidet, Trennungsschmerz, Verlust, Veränderung.

Henry kam um elf Uhr herein, als das Schiff abgelegt hatte, und fragte verwundert: «Was ist los?»

Henry war da. Während all der letzten Tage, als ich so wenig von ihm sah, als ich meine Abende mit Thurema verbrachte, wenn ich morgens durch den Türspalt – den Frühstücksspalt – in sein Zimmer schaute und seine Schuhe sah, sein blaues Hemd auf dem Sessel, seine Hosen, dachte ich: *Henry ist da*, und ich empfand einen großen Frieden und ging nach unten und aß mein Frühstück mit einem Gefühl von Dankbarkeit und Freude. Henry ist da. Henry ist da.

---

5. April 1936

Henry und ich sprechen ruhig, aber emotional über die Veränderungen in uns. Er versteht jetzt, was ich vergangenes Jahr während unserer Reise nach New York schrieb, daß er und ich aufgrund einer Wechselwirkung die Seelen tauschten. Er ist herkömmlich gebildeter, weiser, hat ungeheuer an Verständnis gewonnen. Ich bin emotional geworden, primitiv. Er braucht weniger direkte Beziehung, direkte Erfahrung; er weiß Bescheid über die Menschen aufgrund von Wissen, Verständnis. Ich habe mich ganz ins unmittelbare Leben, in leidenschaftliche Erfahrung gestürzt. Wir treiben in entgegengesetzte Richtungen. Ich sage dies alles in traurigem Ton. Henry nicht. Ich sage: «Weil wir dann getrennt sein werden wie zwei Planeten, die sich in entgegengesetzte Richtungen bewegen.» Henry sagt: «Du sagst das, weil du immer Angst hast, wir könnten uns trennen, aber ich habe Vertrauen. Unsere Beziehung ist widerstandsfähig. Sie hält einiges aus.»

Er hat Vertrauen. Ich nicht. Ich sehe in allem eine Bedrohung, ein Ende, einen Bruch. Bei Streitigkeiten, bei Meinungsverschiedenheiten. Ich habe Angst, *mich auf meine Art voll zu entfalten, nur weil ich fürchte, Henry zu verlieren.* Ich versuche, meinen Rhythmus dem seinen anzupassen, aber es funktioniert nicht. An den Tagen in New York, als ich auf Abenteuer ging, vergaß ich Henry, aber ich dachte auch: Vielleicht werden wir nie mehr zusammenfinden.

Auf dem Schiff leide ich, wenn ich allein sein muß. Distanz zwischen uns – ein langer Nachmittag. Henry ist nun einmal nicht der Mensch, der eng mit jemand zusammenlebt. Er war immer unabhängig von seinen Eltern, seinen Frauen, nie wie Hugh oder Rank, die Art, die im anderen aufgeht.

Wenn ich meinen Wünschen, wie zum Beispiel die Reise nach New York, nachgeben muß, leide ich schrecklich unter dem Konflikt mit meinem weiblichen Ich, das Angst hat, auf dem Weg zur Erfüllung sein persönliches Glück zu verlieren. Für Henry war das gut; seine Erfahrung mit der Psychoanalyse verbesserte sein Verständnis. Er hilft mir jetzt wirklich, wenn ich persönlich und emotional werde. Das bedeutet, daß fast alles, was ich für mich getan habe – sowohl für Hugh als auch für Henry –, eine Bereicherung war. Ich darf das nicht vergessen. Aber die Frau in mir klagt und träumt von Hingabe, von sich verlieren, aufgeben, Kapitulation.

Henry opponiert gegen das Tagebuch. Ich sage, es hat eine schlichte menschliche *raison d'être.* Es ist ein Freund. Es bewirkt, daß ich mich weniger allein fühle. Aber Henry behauptet, es schade mir als Künstlerin. Es ist eine Suche nach Wahrheit. Es tötet meine Phantasie. (Merkwürdig, daß ich mir die Wissenschaft der Psychoanalyse aussuchte, die allein imstande war, mich wahrer, aufrichtiger zu machen.)

Auf dieser Reise klärten wir so vieles zwischen uns. Henry sagt, das Bild, das ich der Welt biete, ist immer noch nicht mein wahres Ich. Es ist ein idealisiertes Ich, die Christin in mir. Henry sprach über die Maske. Er versucht, mein wahres Ich freizulegen. Henry und Psychoanalyse machen mich ehrlich.

In New York hatte ich einmal einen Abend für mich. Hastig aß ich zu Abend vor Aufregung über all die Ideen in meinem Kopf. Ich freute mich, allein mit meinem Tagebuch zu sein. Ich hatte so viel zu erzählen. Es ist *Kommunion*!

«Alles, was Männer denken, ist Heuchelei, weil es unpersönlich ist. Die Frau ist der Wahrheit näher, weil sie persönlich ist», sagte ich zu Henry.

Rank tröstet sich mit *Ideen*. Ich konnte Totalität nicht akzeptieren, weil sie Perfektion war und ich Skrupel hatte, diese höchste Form der Liebe anzunehmen. Und ich habe die Sprache der Männer gelernt; ich verwende seine Interpretation, die großzügiger zu sein scheint und weniger verletzt. Skrupel. Bei allem, was du willst. Er weiß nicht, daß alles mit Körperliebe zu tun hat, Berührung, Liebkosung, Mund.

Merkwürdig ist jedoch, daß mir alles Körperliche einfacher erscheint, bei Hugh und auch bei Rank, seit die sexuelle Barriere in mir gebrochen ist (nicht vollständig!), seit ich gelernt habe, mit Fremden zu schlafen, Körper zu lieben, die Körper von Fremden, seit ich nicht mehr die «scheue Jungfrau» bin. Es ist weniger persönliches Fühlen vorhanden und mehr von einem allgemeinen Fühlen mit dem Bauch. Männer, nicht Mann. Henry wollte, daß ich meine Totalität (die bedeutet, daß Augen, Seele, Sex auf Henry gerichtet sind) verliere, und so schuf er die Hure. Und nun könnte ich mit Rank schlafen wegen seiner Seelengröße und seines Verstands. Aber warum darüber grübeln? Es wird nie mehr dazu kommen. Er ist vorsichtig geworden. Er wird sein Herz nicht mehr verschenken.

Einige Patienten sagen, sie versuchten, über die Analyse nachzudenken. Henry antwortete einem von ihnen: «Tun Sie das nicht. Hier handelt es sich um eine Arithmetik, die sich im dunkeln abspielt.»

Henry Mann sagte: «Henry hat nicht Ihr Können und Ihren Scharfsinn. Ich sehe an seiner Analyse von C., daß er die Tiefen nicht auslotet. Er ist oberflächlicher.»

Keiner von Henrys Patienten litt unter dem Abschied von ihm. Es bestand keine tiefe Bindung. Henry ist ehrlich genug, diesen Gegensatz im Verhalten meiner Patienten zu sehen und zu sagen: «Vielleicht gab ich ihnen keine Analyse.»

Er will nicht, daß jemand von ihm abhängig ist.

Er war erstaunt, daß ich litt, als ich New York verließ. Es ist eine Härte in Henry, ein Mangel an Zuneigung und an Liebe.

Auf vieles, was Rank sagte, antwortete ich: «Ich weiß nicht. Ich denke nicht mehr.»

«Ich beneide dich», sagte Rank.

Mir schien, daß ich ihm gegenüber die Gelöste, Sinnliche war, die nur von Gefühl und nicht von Gedanken geleitet lebt. Vielleicht war es das, mein emotionales Leben, das ich vor seiner analytischen Kraft rettete. Ich nahm es ihm übel, daß er die Dinge nicht auf sich beruhen ließ. Aber wenn ich bei Henry bin, fehlt mir seine Kraft sehr.

Ich hätte bereitwillig auf Erklärungen verzichtet und körperlichen Kontakt gesucht. So machte es June. Es ist eine Möglichkeit, glücklich zu sein, blind. Der Gedanke schmerzt. Bewußtsein schmerzt. Wissen schmerzt. Klarheit schmerzt. Aber fließen, treiben, als Natur leben schmerzt nicht. Ich schließe die Augen. Ich treibe, treibe in eine Welt der Sinne.

Henry liest Emerson, Emerson, der mich so bewegte, als ich sechzehn war. Henry ist durch Emerson ernüchtert. Ich will jetzt keinen Emerson. Ich will die eisigen Regionen nicht mehr.

Brief an Rank: Du sagtest, Du wolltest nicht schreiben, aber Du hast nicht gesagt, ich solle nicht schreiben. Nur ein Brief, bitte, weil es einiges gibt, das Du wissen mußt, das vielleicht alles wiedergutmacht, was uns verletzt hat. Was ich Dir in dem Brief aus Montreal schrieb, dem Abschiedsbrief, war vollkommen falsch. Ich wußte es nicht, wußte es erst, als ich Dich vor ein paar Tagen wiedersah. Ich hätte mich nie von Dir getrennt, nie, wenn Du nicht gewollt hättest, daß ich meine mütterlichen Lieben aufgebe. Ich habe nie aufgehört, Dich zu lieben. Als ich Dich neulich besuchte, empfand ich genauso und ganz wie zuvor. Alles vollständig, ganz. An meiner Liebe hat sich nie etwas geändert, aber ich fürchtete Deine Totalität, und deshalb zog ich mich für eine gewisse Zeit körperlich zurück. Ich weiß nicht, warum ich Dir das sagen muß. Ich weiß, es ist zu spät. Ich sah alles sofort in Deinen Augen. Ich fühlte, daß alles so war wie zuvor, nur daß ich nie wieder leben würde, weil Du nicht mehr glaubtest. Deine Augen waren sanft, aber Du warst ironisch. Vielleicht irre ich mich. Mein Verstand läßt mich im Stich. Seit jene vollkommene Ehe scheiterte, ist mir alles egal. Ich lebe blind – wie die Instinkte. Vielleicht fügten wir uns tödliche Wunden zu. Du hast mich tödlich getroffen, als Du sagtest, ich habe Dich benützt. Ich, als ich dachte, wir seien nicht zu einem Liebespaar bestimmt. Ich habe mich geirrt. Vielleicht ist alles zu spät. Was ich vorhin schrieb, ist wahr – ich trennte mich nicht von Dir, ich habe es noch nicht getan. Ich versuchte es. Aber vielleicht hast Du Dich von mir getrennt. Dieser Brief ist voller Widersprüche. Du wirst sie verstehen. Was ich fühle und denke, liegt dazwischen, so wie ich jeden Augenblick ein sich widersprechendes Du sehe, Deine Augen, die etwas anderes sagten als Deine Worte.

Dienstag. Als ich diesen Brief begann, hatte ich das Gefühl, daß er falsch, daß er verlogen war, aber ich wollte den Mann, der denkt und fühlt wie ich, unbedingt halten, so daß ich bereit war, alles zu tun oder alles zu sagen. Ich unterbrach den Brief, um mit Henry Kaffee zu trinken; ein Spaziergang an Deck, Abendessen, bei dem wir ein weiteres intimes, persönliches Gespräch führten, die Art, die alles wieder einrenkt. Henry sagte, es sei so vieles latent in mir, im Emersonschen Sinn, so vieles, was ich nicht ausdrücke, das die Menschen jedoch spüren; Menschen spüren all die Geheimnisse, Heimlichkeiten, die unzähligen Schichten. «Denkst du, ich habe Charakter im Emersonschen Sinn?» fragte ich. «Das ist dein größtes Plus», sagte Henry. Dann las ich Emerson und war überwältigt von der Reinheit und Größe. Ich sagte zu Henry, er müsse eine größere Überseele haben als ich, weil er so einfach und bescheiden sei, nicht eitel und aufdringlich wie ich, die immer bezaubernd schön sein muß. Wir lasen bis Mitternacht, dann liebten wir uns mit dem üblichen exakten Timing des Orgasmus und Spasmus, so eine Harmonie, dann deckte mich Henry zärtlich zu und ging. Ich konnte nicht schlafen. In meinem Kopf formte sich der Rest meines Briefs an Rank. Ich machte Licht und schrieb ihn zu Ende mit dem Gefühl einer phantastischen Vereinigung mit Rank, unmittelbar nach meiner Vereinigung mit Henry. Zwei kräftig fließende Strömungen.

Dann heute, nach weiteren Verliebtheiten mit Henry – er ist sehr vertraut, sehr weich, sehr nah –, fühlte ich eine Welle der Kraft. Ich will Rank zu meinen eigenen Bedingungen; ich will Rank für die Höhepunkte, zur Berauschung, nicht für den Alltag. Ich erinnerte mich, wie ich mit Thurema an unserem letzten Abend die Fifth Avenue entlangging und sagte: «Wir fahren jetzt auf das Empire State Building, und ich werde dich dort oben auf dem Gipfel der Welt zurücklassen, bis ich wiederkomme.»

Berauschtheit. Warum nur wollte Rank diese Flamme, die ich bin, einfangen und sie zu einer Ehefrau machen? Ich werde nirgends Wurzeln schlagen wegen der Vielseitigkeit in mir, der Schichten und der latenten Geheimnisse, wegen all dem, was ich noch nicht bin.

Ganzheit ist nicht möglich, weil ich nur in bezug auf mich ganz sein kann.

Henry und ich sprechen über das Persönliche bei der Frau, die transphänomenale Struktur des Mannes, meine Angst vor Erfindung, meine Lügen, meine Suche nach Wahrheit, nach einem übergeordneten Ganzen in der Kunst. Ich denke, ich habe Angst vor Verunstaltung in der Kunst, weil ich das Gefühl habe, ich habe sie im Leben.

An den Tagen, wenn ich nicht nur die ganze Welt liebe, Mann und Frau, meine alten Lieben, meine Vergangenheit, jeden, den ich kenne, sondern auch mich, dann sehe ich mich so: lebendig. Ich sehe und liebe die Tänzerin, die leichten Füße, die Bemühungen um Lachen, Leichtigkeit, den Ernst und meine Dreistigkeit. Was mir am besten an mir gefällt, sind meine Dreistigkeit, meine Tricks, mein Mut, meine Art, mir treu zu sein, ohne viel Schaden oder Leid zu verursachen. Das Feuer in mir, meine Art, andere zu entschuldigen und aufzuwerten, mein Vertrauen zu anderen.

Was ich hasse, ist meine Eitelkeit, mein Bedürfnis, zu glänzen, Beifall zu bekommen, und meine Sentimentalität. Ich wäre gern härter. Ich kann niemand hänseln, mich über niemand lustig machen, ohne daß ich Mitleid empfinde.

Freute mich, als ich in Paris ankam. Zufrieden. Sonne. Bewegungsfreiheit. Frieden. Ein Hugh, der mir Frieden schenkt, der mich nie verletzt. Annehmlichkeiten.

Hugh hatte eine Reise nach Marokko geplant. Marokko war ein Traum.*

Fes. Eben bin ich vom Balkon hereingekommen, wo ich zuhörte, wie sich das Abendgebet über der Stadt erhob. Überwältigt von allem, was ich gesehen habe.

Geheimnis und Labyrinth. Komplexe Straßen. Anonyme Mauern. Geheimnisvoll die Häuser ohne Fenster zur Straße.

Fes ist das Bild meines inneren Ich. Das erklärt die Faszination, die es auf mich ausübt. Trage einen Schleier. Voll und unerschöpflich. Labyrinthisch. So abwechslungsreich, daß ich mich darin verliere.

Fes ist eine Droge. Es ist betörend.

Diese Schichten der Stadt Fes sind wie die Schichten und Geheimnisse in mir. Man braucht einen Führer. Wenn ich reise, übertrage ich alles, was ich sehe, auf mich. Ich bin nicht nur Zuschauer. Es ist nicht nur Beobachtung. Es ist Erfahrung, Erweiterung, Selbstvergessenheit und die Entdeckung von Ich-Verwandtem, die unendlichen, grenzenlosen Welten innerhalb des eigenen Ich.

Rückkehr zu einem leidenschaftlichen Henry, einem Henry, der so liebevoll ist, wie ich ihn noch nie erlebt habe. Aufmerksam. Hellwach. Ich: leidenschaftlich bis in die Zehen und Fingerspitzen. Gestern nacht unglaublich – daß man immer wieder größere körperliche Höhepunkte erreichen kann. Ich hatte die ganze Zunge in seinem Mund, auf eine für mich völlig ungewohnte Weise, noch eine neue Art von Hingabe, einfach die ganze Zunge, die er zwischen den Zähnen hielt; und das Geschlecht, der Mund, weit offen, ein phantastischer Höhepunkt. Und beim Abendessen ein Gespräch über die gravierendsten Unterschiede zwischen uns: meine *noblesse*, mein Stolz, und er – der Bauer. Er sagte, er könne das nicht verstehen, und ebensowenig kann ich seine Bettelei und Selbsterniedrigungen verstehen. Er brachte das Thema auf. Ich war glücklich, weil es Zeiten gab, in denen ich das Gefühl hatte, daß

---

* Anaïs Nin und ihr Mann fuhren am 15. April 1936 von Marseille nach Algier und weiter mit dem Zug nach Fes. Zwei Tage später schrieb Nin aus dem Hotel Palais Jamai an Henry Miller: «Bist Du zufrieden, daß ich ohne das Tagebuch reiste?» Ihre folgenden Erinnerungen, die hier nur in Ausschnitten gebracht sind und vollständig in *The Diary of Anaïs Nin, Volume Two, 1934–1939* erschienen, wurden anscheinend nach ihrer Rückkehr via Cádiz, Granada und Sevilla in den Originalband des Tagebuchs übertragen.

Henry versuchte, etwas in mir zu zerbrechen, etwas, das für mich wesentlich ist, das er aber nicht sehen, nicht besitzen, nicht verstehen konnte, und in solchen Augenblicken dachte ich, er wollte mich zerstören. Ich bat ihn, nicht zu versuchen, mich zu ändern, plumpvertraulich, gewöhnlich zu machen. Während der Reise und während des Aufenthaltes bei meinem Vater hatte ich einen Kern in mir entdeckt, der sich nicht auflöst. Ich kann Henry zuliebe bis zu einem gewissen Punkt nachgeben, ich kann flexibel sein, fügsam, Verständnis für ihn haben, aber ich habe etwas, das ich nicht ändern kann, und das ist ihm ein Rätsel. Gestern nacht sagte er mit Tränen in den Augen: «Aber ich sehe jetzt ein, daß es eine *noblesse* ist, etwas, das ich nie haben werde und nicht verstehen kann.»

«Solange es etwas ist, das du nicht haßt.»

Aber es reizt ihn zum Widerstand, so wie mich sein Kriechen und ungehobeltes Benehmen demütigen. In solchen Momenten fühle ich mich stets entschädigt für alles, was Henry nicht sieht (und deshalb nicht liebt); ich komme wirklichem Glück und innigster Vertrautheit ein wenig näher. Hin und wieder geschehen Wunder. Henry *sieht*, und dann ist er imstand zu lieben.

Ich bin so guter Laune. Habe gelernt, die melancholische Gedankenflut abzuwehren. Die Dämonen, die mich verschlingen, scheinen besiegt. Ich kehrte aus Marokko zurück, fett und friedlich, psychisch gesprochen. Ich erlaube mir nicht, zu grübeln. Weniger Selbstquälerei. Ängstlichkeit, Verweilen bei grausamen Vorstellungen; wissend, daß alles Einbildung ist. Ich weiß nicht, was mich so gesund gemacht hat. Ich fuhr ohne das Tagebuch nach Marokko. Defätistische Gedanken, quälende Träume, Betonung von Einschränkungen, Niederlagen, Dissonanzen, alles das ist verschwunden. Ich arbeite auch mit Suggestion; *ich lenke meine Träume.*

Zu sehen, wie Hugh nachts leidet, wenn er nicht schläft, hat mir geholfen. Ich konnte die Übertreibungen sehen, die sich bei Tag verflüchtigen.

Freude. Hoffnung. Die jetzige und künftige Kraft. Keine Ängste. Keine Qualen. Fröhlichkeit. Henry und ich lachten sogar darüber, daß ich ein Kondom in seiner Tasche fand. Ich bin mir bewußt, wie stark unsere Beziehung ist. Ich kann über die kleinen Dinge lachen. Lachen.

Désinvolte.

Henry ist so offensichtlich verliebt. Er neckt mich wegen New York. Er träumte von einem untergehenden Schiff, aber er hielt mich im Arm und fürchtete nichts. Zögerte, das Tagebuch wieder aufzunehmen. Es ist mit Krankheit verbunden. Wäre ein gesundes Tagebuch möglich? Ich weiß es nicht. Warum war diese Rückkehr so anders als die vorige? Weil ich mit New York abgeschlossen habe? An die Grenze ging? Meine Leidenschaften austobte? Ich bin wie eine schwangere Frau. Voll und rund. Blühend. Auch mein Körper.

Gesundheit?

Ende?

12. Juni 1936

Draußen. Im Freien. Erst gab es Fes im Freien, die Sonne, das Meer. Dann Paris im Freien und ich auf den Straßen, immer hin und her zwischen Avenue de la Bourdonnaise und Villa Seurat. Das Buch, *Haus des Inzests*, kam in riesigen Paketen. Es gab Briefe zu schreiben. Der Friseur. Türkisfarbene Wimperntusche. Betty mußte analysiert, die neue Wohnung gefunden werden, am Quai de Passy an der Seine. Briefe an Thurema, der Rank Leben gab. Henry, um den ich mich kümmern mußte, der in ein Luftloch gefallen ist, wie er es nennt.

Verloren, zerfallen, sandig, frivol, ausgeklinkt.

Spritzen gegen den Keuchhusten, häufiges Husten in der Nacht und Müdigkeit, aber kämpfen, kämpfen, um gesund zu bleiben.

Dann kamen wundervolle Briefe von Charpentier und Madame Charpentier zu *Haus des Inzests*. Kein Geld aus New York. Henrys Steuern sind zu bezahlen. Einkäufe für die neue Wohnung, die unbedingt modern sein muß, eine psychische Notwendigkeit. Neue Umgebung, eine Uhr aus Muscheln, weiße Wollteppiche aus Marokko und Rundschreiben an Freunde in aller Welt, neue Bekanntschaften und Träume, die Dinge ankündigten, die eintrafen. Noch keine Wolken. Keine Eifersucht. Im Freien.

George Turner wird wieder leidenschaftlich, obwohl ich ihm (in

New York) erklärt habe: nur einmal – und dann vergiß es. Er und ich, mit seiner Frau und Hugh eingepfercht im Aufzug, aneinandergepreßt und mit großer Aufregung bei den roten und weißen Blutkörperchen. Wir spüren einander durch seine Erregung. Im Taxi, als sein Knie gegen mein Knie drückt, fühle ich mich wie in dem abwärts sausenden Lift im Barbizon Plaza, oh, so bewußt dieses warmen Lebens zwischen meinen Beinen, während ich gehe. Und deshalb, als er anruft und mich anfleht, bewillige ich ihm ein Rendezvous in der Zukunft.

Dann verschwand die Sonne irgendwie. Sie verschwand. Unser Geld ging zur Neige. Ich verschickte keine Bücher und keine Rundbriefe mehr. Im Freien. Spaziergang im Freien. Rote Fahnen wehen.

Schlagzeilen in der Presse: *«C'est donc une réforme? Non. Sire. C'est une révolution.»* *«Les grèves»* (die Streiks). *«Grèves terminées.»* *«Grèves nouvelles.»* *«Grèves en cours.»*

Draußen herrscht nur Winter – und Häßlichkeit.

---

13. Juni 1936

Fraenkel geht nach Spanien, weil Henry weder Ideen noch Menschen treu ist. Keine Stetigkeit. Roger lädt mich zum Mittagessen ein. Die Sakharoffs affektiert, überästhetisch, zuviel Kunst. Astrologen-Diner, Suche nach einer Sonne im Steinbock und Begegnung mit Marguerite Svalberg, Schriftstellerin, Träumerin.

In Louveciennes ziehe ich wieder Chiquitos Sachen an. Fraenkel so erregt, daß er einen Kuß raubte.

Während eines Spaziergangs an der Seine denke ich an Ranks rasche Auffassungsgabe, Ranks scharfen Verstand. Soll ich jetzt über ihn schreiben, um mir die Freude zu machen, all dies nachzuerleben? Soll ich? Die Seine fließt. Ich bin im Leben. Ich will im menschlichen Leben bleiben. Jonathan Cape lehnte meinen Vater-Roman ab.

Wann begann das Gift wieder heimlich zu wirken? Wann brach die helle äußere Schale? Plötzlich ersticke ich wieder in Melancholie. Ersticke. Überdrüssig, Henry leben und schreiben zu helfen. Nein. Nicht Henry. Aber das Gift. Namenlos.

Ist das der Todeskampf des Tagebuchs? Die letzten Spuren des Krebses? Heilung? Narben? Ich finde wenig, was ich über die Krankheit sagen könnte. Na bitte. Tagebuch. Doktor. Hier bin ich. Es ist halb acht, und ich bin hungrig und müde.

15. Juni 1936

Gonzalo Moré ist da. Gonzalo ist ein Tiger, der träumt. Ein Tiger ohne Krallen. Gonzalo und seine Frau Helba Huara. Als ich von ihnen, den Peruanern, höre, von der Frau, deren Tanz ohne Arme zur Tänzerin in *Haus des Inzests* inspirierte, höre, daß sie zwei Jahre krank war, träume ich von ihr, einer blassen, erschöpften Frau an Stelle der brillanten Tänzerin, die ich sah; dann sehe ich sie in Rogers Atelier kommen, genauso aussehend wie in meinem Traum, und ich liebe sie sofort – und sie mich. Gonzalo ist groß, dunkel, dunkelhäutig, mit Tieraugen, rabenschwarzem Haar. Er beunruhigt mich mit seiner körperlichen Anwesenheit und seinem träumerischen Wesen. Heute, beim Gehen, war mir so warm zwischen den Beinen; ich war bereit, irgend jemand in die Arme zu fallen aus Liebe zur Liebe und Liebe zum Leben und Liebe zu Männern, weil mir so warm zwischen den Beinen war.

Gonzalo. Oder George. Immer das Ungewöhnliche und das Gewöhnliche, und vom Ungewöhnlichen, von Gonzalo, befürchte ich Leiden wie von Artaud und Eduardo. Also bin ich wieder draußen, im Freien, tanze mit Helba Huara, plaudere mit Gonzalo, küsse Henry leidenschaftlich, weine, weil Henry über June schreibt. Hier ist der Schmerz, hier ist die Krankheit. Verlust. Die Angst vor Verlust.

Ich fürchtete, Henry an Helba zu verlieren, an die Frau aus Budapest, die er besuchen wollte. Als eines Abends – als er eingeladen war – über Budapest gesprochen wurde, litt ich so, daß ich nicht sprechen konnte. Mir wurde übel vor Schmerz. Der Dämon, es gibt den Dämon. Tagebuch, Arzt, Welt, Gott, heilt mich, helft mir, rettet mich. Ich leide, ich leide erbärmlich.

Weil Henry nicht ganz ist, nicht absolut, betrügt er jeden, sogar sich und Gott (schreibt er in seinem June-Buch). Henry ist nur bei mir aufrichtig gewesen, was ihn auch als Künstler rettete.

Nach einem unserer ersten Gespräche gab Henry sein albernes Café-Leben auf. Er kommt selbst auf alles, aber auf so qualvolle, so umständliche Weise. Auch heute beginnt er sein Buch über June mit einem schwerfälligen Zitat von Abélard. Ich sage, Zitate sind Literatur. Sie sind nur nützlich, wenn man sich mit Ideen auseinandersetzt, nicht mit Erfahrung. Erfahrung sollte pur, einzigartig sein. Du würdest auch nicht zu mir sagen: «Was ich für dich empfinde, wurde von Nietzsche folgendermaßen gesagt.»

Henry fürchtet Hunger oder Krankheit so, wie ich fürchte, die Menschen zu verlieren, die ich liebe.

Wenn ich unter Menschen bin und ins Träumen komme, klingt meine Stimme wie aus einer anderen Welt. Henry ist der Unterschied zwischen meinen heftigen, leidenschaftlichen Gesprächen (meistens mit ihm) und meiner matten, wenig beeindruckenden Andere-Welt-Haltung aufgefallen, wenn Leute da sind und ich das Interesse verliere.

Ich bin den Männern dankbar, die mich körperlich ein wenig berauschen, weil sie mich von meiner emotionalen und obsessiven Bindung an Henry befreien. Vergnügen.

---

26. Juni 1936

30, Quai de Passy, Paris, 16. Arrondissement, 7. Stock.

Neuer Hintergrund, geschaffen ohne Hoffnung und Freude, ohne Gefühl von Dauer oder der Überzeugung, daß es richtig war. Aber fraglos schön. Schön und modern, schlicht, sommerlich, freundlich. Orangefarbene Wände, weiße Marokkanerteppiche, Stühle aus naturheller Eiche und cremefarbenem Leder, ein riesiger Tisch aus Pinienholz mit einer sandstrahlbehandelten Platte, so daß sie aussieht wie heller Sand am Meer. Helligkeit, nichts Steifes, Luxuriöses.

Geschaffen während der Junihitze und der Qual, für einige Zeit von Henry getrennt zu sein, unter seiner Unmenschlichkeit leidend, während er schreibt, und krank vor Eifersucht.

Ich bin George Turner dankbar für seine Fähigkeit *de me distraire de ma douleur.*

Ja. Turner. Seit dem Abend in seiner Wohnung, als wir tanzten und uns heftig begehrten; dann New York, wo ich ihn nicht wollte wegen Henry und Rank und doch nachgab; dann Paris, im Aufzug und im Taxi, wieder der Rauschzustand; dann besuchte er mich eines Nachmittags, und ich fühlte mich fiebrig und begehrend, und wir legten uns auf mein Bett, aber ich war nervös und genoß es nicht.

Aber gestern, gestern kam er hierher, und Madeleine war in der Wohnung, der Spediteur, Chiquito im Zimmer nebenan; und George und ich saßen auf der Couch, überrieselt von Wellen des heftigsten Begehrens, und unsere Münder öffneten sich vor Verlangen, wollten küssen und beißen, und seine Augen waren wie besoffen, und er sagte: «Schon der Gedanke, hierherzukommen, hat mich erregt. Mein Gott, du bist die aufregendste Frau, die ich kenne. Ich möchte dich auf der Stelle nehmen, ich begehre dich so, daß es weh tut. Wir wollen es uns vorstellen – öffne deine Beine, öffne deine Beine. Gestern nacht habe ich an dich gedacht, gut so, und ich trieb allerlei Spielchen, und wir haben verrückte Sachen gemacht.» Wir standen auf und gingen ans Fenster. «Darf ich meinen Finger dahin tun, darf ich?» Am Fenster hob er mein Kleid und fühlte den Honig fließen. Und das Schwindelgefühl, das Gefühl zu fallen, zu schmelzen, das Verlangen nach Mund und Sex.

«Ich werde dir die Wohnung zeigen, die zu vermieten ist. Du willst hierherziehen und hier wohnen», sagte ich. «Wir tun so.» Ich lief mit ihm hinunter, aber die zu vermietende Wohnung war bewohnt, also standen George und ich in dem sehr kleinen Lift, und ich sagte: «Bleiben wir einfach hier. Drück den Knopf für die achte Etage.» Und dort hielten wir an. Ich hatte seinen Penis in der Hand, er war so hart, so groß und schon etwas naß, und er nahm mich dort in dem kleinen Lift, wie wild, oh, so wild, während wir mehrere Male auf und ab fuhren; deshalb fahre ich jetzt nie auf und ab, ohne das schwindelerregende Verlangen zu spüren. Und wer ist George Turner? Das ist unwichtig. Nur auf diesen Rausch kommt es an.

Heute besuchte ich Henry. Ich hatte meinen Ring abgenommen. Wir hatten eine Szene. Er stürzte sich mit solcher Liebe auf mich, mit solcher Liebe, klammerte und schmiegte sich an mich, daß alle meine Ängste und Zweifel verschwanden. Ich sagte, ich hätte mich wie von ihm geschieden gefühlt, wie während anderer Perioden seiner Abgestumpftheit. Ich bat ihn, flehte ihn an, mir die Wahrheit zu sagen: War alles in Ordnung zwischen uns? Aber wie kann ich Henry vertrauen, wenn ich gestern George wie verrückt begehren konnte und heute vor Liebe und Leidenschaft für Henry verging?

Welche Erleichterung, daß ich bei George die pure Sinnlichkeit liebe; welch eine Zuflucht vor dem Schmerz. Wie sehr mir die Worte von George gefallen, sein erotisches Werben, sein Liebesspiel, seine Gefühlsbetontheit, das feminine, lebhafte Gesicht, die leidenschaftlichen blauen Augen.

Henry hat sich Sorgen gemacht wegen seines Alters.

Merkwürdig, daß ich vor ungefähr acht Jahren mit George tanzte und ihn bezaubernd fand (sein Charme war sprichwörtlich in der Bank, seine amouröse Karriere, die Art, wie die Frauen ihn verfolgten). Aber er löste nicht jenen kräftigen Funken in mir aus, daß aus Bezauberung Begehren werden konnte.

Wenn ich Henry betrüge, leide ich anscheinend besonders unter der Angst, ihn zu verlieren. Vermutlich erwarte ich Bestrafung. Ich weiß es nicht. Die Nacht. Ich suche die Nacht, um zu fühlen, zu leben, um nur auf nächtlichem Weg zu erleben, die Sinne, Visionen im Feuer. Immer wenn sich Henry bei seiner schöpferischen Arbeit von mir entfernt, stürze ich mich in die Nacht, Sinnlichkeit, und es geschieht immer *nach* einer dunklen Stunde der Qual (wie in New York), wenn ich das Gefühl habe, daß Henry nur aus Sand und Schwamm besteht, ohne inneren Kern, nichts, um daran festzuhalten, ein Abgrund, Zerfall.

Die qualvollen Nächte in New York, die Nacht, als er das June-

Buch begann, als ich weinte: «Bleib bei mir, Henry, halt mich fest, es wird schwer für mich zu ertragen sein. Ich liebe dich auf die absolute Weise, von der du gesagt hast, daß es sie nicht mehr gibt. Ich glaube, daß du mir deine ganze Liebe gegeben hast. Du hast es mir geschrieben, als ich das erste Mal in New York war.» Ich entblößte alle meine Gefühle – wie: «Heute brauche ich es, daß du sagst, alles stimmt zwischen uns. Ich muß es dich sagen hören.» Statt es zu sagen, küßte er mich tief, und nachdem er mich genommen hatte, fuhr er fort, mich zu küssen – das ist, wo Liebe beginnt.

3. Juli 1936

Oh, mein Tagebuch, was für ein übervolles Leben! Eifersucht und Schmerz lösten sich in der Fülle des sinnlichen Lebens, der Leidenschaft für George. Auf unserer Einweihungsparty tanze ich wieder mit George; wir tanzen unter schummrig leuchtenden Lampions zu tahitischer Musik, die von drei Tahitianern gespielt wird, während ihre Schwester tanzt. Die Seine fließt, schimmert, die Tahitianer tanzen und singen, orangefarbene Wände, Laternenlicht – und Gonzalo so fabelhaft, *le tigre qui rêve.*

Gonzalo, ein Nachfahre der Inka, pechschwarze Augen, Haare, ein wunderschönes Gesicht. Ich erinnere mich an unsere erste Begegnung – bestürzt von seiner Schönheit, Dunkelheit, Intensität. Gonzalo, mystisch, träumerisch, rein; *noblesse*, Größe, Vornehmheit, Tiefe, Rasse. Gonzalo flüstert, während wir tanzen: «Anaïs, Anaïs, du bist so stark, so stark und so zerbrechlich, solche Kraft. Ich fürchte dich. Die Wirkung, die du auf mich hast. Ich fürchte dich, Anaïs, die schönste Musik, die dein Vater je schuf, war deine Stimme. Es ist so merkwürdig, du bist ganz Sensibilität, du bist die Blüte von allem, du bist Stilisierung, das Parfüm aller Dinge. Wie einzigartig du bist, Anaïs.»

All dies auf spanisch. Mein Blut hört Spanisch. Ich höre Spanisch durch dunkle unterirdische Kanäle. Immer wartete ich auf spanische Liebessprache. Um ihn besser zu hören, berührt meine Wange seine dunkle indianische Wange, und ich wünsche mir, er würde mich halten, wie George mich einen Augenblick später hält, mich hält, nur um zu spüren, mich leidenschaftlich an sich zu drücken, und wir tanzen, Schoß an Schoß, heiß, brennend, flüsternd: Mach die Beine auseinander, o Gott, ich bin scharf auf dich wie der Teufel, ich könnte dich auf der Stelle nehmen. Hure, Hure, endlich Hure.

Aber mit Gonzalo tanzen ist der Traum. Anaïs, du bist millionenmal mit dem Kopf gegen die Realität der Welt gerannt, du siehst nicht die Stadt, die Häuser, die Menschen als solche; du siehst darüber hinaus.

«Anaïs, ich habe Tausende von Frauen gesehen, aber nie eine wie dich . . .»

Warum, Gonzalo, hältst du mich nicht wie George? Warum muß der Körper immer in eine Richtung gehen und meine Träume in eine andere? Gonzalo, ich sitze hier heute nacht mit deinen Augen wie die Nacht, eine Nacht ohne Mond. Ich lebe jetzt in der Nacht wie der Mond, der ich bin, wie der Name des Mondes, den ich trage; ich sitze hier mit dir, weil du mich in Träume gehüllt hast. Ich fürchte dich, wie du mich fürchtest. Ich fürchte den Traum, den Traum, der mich von George wegzieht, der sinnlich tanzt, lasziv, erotisch, Mund rot, einen trägen Blick in den Augen. George, eifersüchtig auf Gonzalo, immer emotional, erotisch, George, der mich zwickt, an sich drückt, atemlos, krank vor Verlangen. Gonzalo, auch eifersüchtig, intuitiv, sucht mich, findet mich, als ich in der dunkelsten Ecke mit George tanze, die Seine glitzert, fließt, die Lichter lachen, Menschen tanzen, küssen sich draußen auf dem Balkon. Allendy sieht zu, de Maigret, Henri Hunt, Marguerite Svalberg, Männer, Frauen, hübsche Frauen, weiche sinnliche Gesichter, sinnliches Ambiente, alle sind sinnlich, danken mir heute für eine wunderschöne, wunderschöne Party, wie eine Nacht in einem Nachtclub, einfach Nacht auf dem Balkon, Poesie, Gonzalo, der stolze Löwe.

Am nächsten Tag wirkt Henry geschrumpft, mit ihm die ständige Bedrohung durch sein zerstörerisches Wesen, denn jetzt weiß ich, Henry zerstört alles, was er liebt, er zehrt es aus. Wenn ich Poesie und Illusion bin, wie June Poesie und Illusion war, er nagt daran, er frißt sich hinein mit seinem Realismus, er zerstört, er muß zerstören, zerfressen. Es ist tückisch, ich weiß nicht, wie es geschieht. Ich lebe wieder, allein, mit Helba, Gonzalo, wieder Illusion, Poesie. Ich blühe langsam wieder auf – neue Kreationen, ich stolziere in einem weißen Cape umher, während ringsum die Revolution grummelt – es muß mehr Poesie geben, mehr und mehr.

Gonzalo. Von Anfang an lockte mich seine Stimme. Welche Zärtlichkeit in seiner Stimme, welche Glut. Als wir uns das erste Mal begegneten, sagte er zu Henry: «Ihre Frau ist wundervoll.» Und ich hatte Angst, wie man vor Schönheit Angst haben kann. Mein Haus ist wie die Innenseite einer Muschel, mit dem Cremeweiß und dem lichten Orange, mit der Helligkeit. Bei Gonzalo alles unausgesprochen; er fühlt alles, was ich bin, keine Worte, aber Wellen und Wellen von mystischem Verstehen. Träumer. Träumer. Er ist mit meinem Buch neben sich eingeschlafen, hat es immer und immer wieder gelesen; es sei für ihn wie eine Droge, sagte er, das *Haus des Inzests*.

Kreise. Zwanzig Jahre Suche nach diesem Augenblick, diesem Moment, da ich mich auf ein Hotelbett in Cádiz lege ohne ein Tagebuch, weil der Fluß der von Reue und Rekapitulationen vergifteten Gewässer zum Stillstand gekommen ist. Tagebuch als Spiegel, Tagebuch als Trost, Tagebuch an Stelle von Gespräch. Nun ruht es – wie ich auf dem Bett eines Hotels in Cádiz ruhe, ohne etwas zum Grübeln, zum Wiederkäuen zu haben. Das Leben verging, wie ich durch Fes ging, ohne Spuren zu hinterlassen. Die Sonne scheint auf das Wasser, meine Augen und mein Mund sind offen, mein Körper ist offen, ich atme und ich liebe, ohne sagen zu müssen: *Jetzt atme ich und jetzt liebe ich*. Als ich als Kind in die dunklen Gewölbe der Kathedrale geriet, fürchtete ich, in den Mauern meiner Ängste und Schrecken eingeschlossen zu werden; ich war gefesselt und eingebunden von meinem Schmerz, wie eine Mumie, wegen eines zwanzig Jahre währenden Martyriums, das aus Zweifeln bestand. Ein langes Ringen mit einem verkrüppelten Ich.

Sinnlich zu leben bringt nur Vergnügen, jeden zu lieben statt nur den Einen. Gonzalo, du bist der Eine. Was wirst du von mir verlangen? An dem Tag, an dem George mich berauschen konnte, wie Leidenschaft berauscht, war ich dankbar. Gonzalo, bist du gekommen, um mich wieder an Liebe zu erinnern, wo ich doch eine Hure bin, meine Röcke geschlitzt, mir aus rotem Maroquin ein neues

Jäckchen gemacht habe, obwohl ich mir nichts anderes wünsche als das, was in meiner Reichweite ist, keinen Mond, keine Sterne? Gonzalo, du verfolgst mich. Du sagtest auf spanisch: «Könntest du dich wirklich mit jemandem vertragen, der nicht von deinem Blut ist?» Er spricht von Blut, weil wir spanisch sprechen.

---

5. Juli 1936

Eine Party. Ein Atelier. Die tahitischen Musiker. Viele Menschen, die ich weder sehen noch hören kann. Gonzalo größer als alle, dunkle Augen wie unendlich tiefe Höhlen, glänzend, Gonzalo, dessen goldbraune Arme nackt sind, Gonzalo, der immer noch in meinem Ohr spricht: «Anaïs, wie stark du bist, im Geist und im Leben, du bist ganz in Mythos und Legende gehüllt, du brennst auf mir wie ein Peitschenhieb, dein Anblick war ein Schock, du weckst meinen Stolz, zum ersten Mal fühle ich mich wach, ich will *sein*, Anaïs.»

Wir tanzen, aber ohne Lüsternheit. Der Traum umhüllt, bezaubert uns. Peru. Seine Hazienda. Die indianische Kultur, Legenden, die Ferne zwischen Völkern. Die ungeheure Gewalt der Natur. Die Schönheit seines Körpers, der Geruch seines Haars. Unter dem Atelier, eine Treppe tiefer, ist ein Raum. Als ich hinuntergehe, geht mir Gonzalo nach; wir werden gestoßen, geschoben, blind. Ich gehe hinunter, und wir stehen uns gegenüber. Ich sage, Hugh wird Helba nach Hause bringen (Helba wollte nach Hause). «Ich werde sie bringen», sagte Gonzalo, aber er rührte sich nicht, er sieht mich an. «Geh nicht», sage ich, und der Magnetismus wirkt, zieht Körper und Köpfe zueinander hin. Ich sage: *«No se vaya, Gonzalo»*, während ich sehr dicht vor ihm stehe, und er sieht mich unverwandt an und küßt mich, küßt mich. Schweigen. Ich laufe nach oben. Er kommt und breitet die Arme aus, um mit mir zu tanzen. Wachsende Leidenschaft, Leidenschaft leicht wie Träume. Wir gehen auf den Balkon, hinaus in die Nacht, dies ist die Nacht, eine Nacht, flimmernd von Millionen Sternen, wie in den Tropen. Wir stehen über dem Fluß, die Nacht, die Sterne, das Atelier hinter uns, und küssen uns berauscht, heftig, ganz. Er drängt mich gegen die Wand, Leidenschaft, durchdrungen von Lichtern und Sternen, Leidenschaft, die Poesie schwitzt, Leidenschaft im ekstatischen Erkennen, Küsse, die sich steigern, sein Kopf rutscht tiefer, seine langen schwarzen Wimpern in meinem Mund, sein Mund, sein Körper, *mi chiquita, mi chiquita, dime cuando nos vemos.*

Im Atelier, als er mich verließ, nachdem er wie im Lied von den Inka erzählt hatte, ohne Regung, wie im Traum, da hatte ich gedacht: Wirst du am Rand der Nacht bleiben, ein Traum? Ich werde dich nicht lassen; es wird weniger Worte geben, Gonzalo; dein Körper ist beredt, der Traum unversehrt. Aber Küsse, Küsse wie Regen und Blitz, Küsse und Augen, die selbstbewußt festhalten, öffnen, tief durch den Körper schauen. Ich nahm seinen Körper, ich griff danach, wie eine Frau danach greift, öffnend, öffnend, elektrisierend, Anaïs, Anaïs, *chiquita mia, chiquita mia*, tief die Nachtmitte und hoch der Traum über der Welt, Wolkengebirge und leichte Luft, und der mächtige Fluß, der gefallene Sterne, Mythen und Legenden, Erze und Kakteen führt.

«Mit Grausamkeit», sagte er, «mit Grausamkeit kannst du mich zum Handeln bringen. Wir sind so alt, daß wir nicht mehr nach Nahrung greifen.»

Am nächsten Tag, allein in meiner Wohnung, setzten wir unsere Küsse fort.

Nachts durch die Straßen, küssend, riechend. «Anaïs, du machst mich wahnsinnig. Ich fühle mich wie betäubt, als käme ich aus einer Opiumhöhle, geblendet, betäubt. Wie mich dein Mund reizt, und wie schön du bist, Anaïs. Deine Bewegungen sind unglaublich. Wie du dich bewegst, wie du gehst – es ist entzückend. Es braucht Jahrhunderte, bis aus einem Geschlecht ein Körper wie deiner hervorgeht. Du quälst mich, du verfolgst mich, ich bin so erfüllt von dir, daß ich nichts anderes tun kann. Ich kann an nichts anderes denken. Kennst du die sieben mystischen Kreise – sieben Kreise mußten durchbrochen werden, um ins Innerste zu gelangen. Ich erreiche dich langsam, langsam. Ich möchte deine Seele besitzen, bevor ich deinen Körper besitze. Ich will dich ganz für mich. Wenn wir uns endlich begegnen, wird es phantastisch sein.»

Ich bin bezaubert von seinem schönen, dunklen Gesicht, seiner Heftigkeit, seiner Poesie. Während wir gehen und uns immer wieder küssen, entfacht er eine Leidenschaft, die er auf raffinierte, perverse Weise durch Verweigerung bis zur Weißglut steigert. Er will mich nicht nehmen.

Blind laufen wir durch die häßliche Stadt. Es ist mitten in der Nacht, und wir sitzen am Fluß. Zum ersten Mal spüre ich sein Begehren, aber es schüchtert mich auch ein. Zu schön, zu erhebend. Ich fühle Ehrfurcht, der Honig fließt zwischen meinen Beinen, aber die Glut ist hoch am Himmel. Wir sind so berauscht vom Küssen, daß wir durch die Straßen taumeln. Seine nackte, goldbraune Brust, die weichen Konturen, keine sichtbaren Knochen, trotzdem ist er nicht fett; das dicke, lockige schwarze Haar mit ein wenig Weiß darin, die Augen glänzender als die der Araber, intensiv, hypnotisierend, animalisch; der Mund nicht sinnlich, empfindsam; die Stirn hoch und edel; Größe und Vornehmheit – wie ein Löwe. Unglaublich für mich, alles, was ich körperlich wünschen könnte, und seine Heftigkeit, der in den Nacken geworfene Kopf, überquellend von Poesie. Ich kann nicht glauben, daß er mein ist. Ich kann seine Worte nicht glauben, sie sind so schön, wie eine Hochzeit in Indien, wo der Bräutigam die Braut tagelang umwirbt und sich ihr so zartfühlend nähert.

Erfüllt, erfüllt von Gonzalo, in einem Traum schwebend, betäubt, so ging ich zu Henry, den ich nicht sehen wollte. Sobald ich ihn sah, war mir, als sei nichts geschehen. Henry, heiter, arbeitend, verliebt. Eilte mir entgegen, als ich beim Einkaufen war, weil es angefangen hatte zu regnen. Henry, der mich gegen eine Leiter lehnt und mich wie ein Wahnsinniger liebt und den Höhepunkt einer mit Gonzalo verküßten Nacht erntet. Ich, untreu der leidenschaftlichen Erregung, für einige Augenblicke wieder auf der Erde, unfähig zur Ganzheit, doch mit Gonzalo in mir. Henry konnte noch immer so einfach in meinen Körper gelangen und den Traum für einen Augenblick zerstören.

Wenige Stunden später treffe ich Gonzalo. Er sagt: «Ich rief um zwölf bei dir an. Das Mädchen sagte, du seist eben gegangen. Ich glaube, ich weiß, wo du warst. Du warst in der Villa Seurat. Miller beherrscht dich sexuell. O Anaïs, aber ich will dich ganz für mich.» Also fange ich wieder an zu lügen.

Er war Joaquin so ähnlich: der Stolz, die Kompromißlosigkeit, das Kasteien. Wenn er Durst hat, stellt er ein Glas Wasser vor sich hin und trinkt nicht. «Wir müssen gemeinsam eine Welt erschaffen.» Ich hatte mich nach der Nacht gesehnt. Hier ist die Nacht, in Gonzalo und Drogen. Während er unzusammenhängend und wie im Fieber spricht, spüre ich, daß er mich in etwas Ungewohntes einspinnt, Widernatürlichkeiten, und ich bin hilflos. Ich bin gefangen in seinem magischen Spiel, das verzögert, um Ekstase zu erreichen. Er ist zu alt, sagt er, um auf gewöhnliche Weise zu leben; alt, zu schlau, um einfach zuzugreifen. Er führt mich in dunkle Bräuche ein, fügt Parfüm hinzu, Folter, Verweigerung, Hochstimmung.

*Brief an Eduardo:** Von mir kann ich Dir berichten, daß dieser Mann, der vornehmste, großartigste, ernsthafteste, engagierteste und bedingungsloseste Mann, mich vor einem gewöhnlichen Leben, vor der Prostitution gerettet hat. Er hält meine ganze Seele in seinen goldenen Händen. Er hält mich in einem ekstatischen Zustand, als würde ich die Kommunion empfangen. Er will meinen Körper nicht, solange er nicht meine Seele besitzen kann. Er ist feinsinnig, tief, sehr gefühlsbetont, und er liebt mich wahnsinnig, mit einem Wahnsinn, den ich noch nie bei jemand erlebt habe, ein mystischer Wahnsinn, der nicht zu sterben droht, weil es eine mystische und menschliche Leidenschaft ist, wie ich sie fühle. Ich kann weder schreiben noch denken, noch essen, noch schlafen. Ich bin verwandelt, emporgehoben.
Er sucht die Anaïs, die ich einmal war, die nicht gewöhnlich ist, die stolz ist und rein. Er kämpft gegen Henry, gegen Realität, gegen alles, was meiner Natur Gewalt angetan hat. Er will, daß ich eine passive Frau bin. Er beherrscht mich, Eduardo. Dieser Mann meines eigenen Schlages beherrscht mich.

Gonzalo, ich schreibe, um bei dir zu sein, als würde ich dich aufnehmen, als würde ich deinen Atem riechen, deinen Körper, dein Haar. Anfangs sah ich dich nicht, nicht mit den Augen meiner Seele. Die Augen meiner Seele waren zu, Gonzalo, als du kamst. Männer hatten Körper. Das Leben war einfach und biologisch und

* Im Original auf spanisch

ohne Musik. Du warst schöner als die anderen. Aber ich habe dich nicht gesehen. Ich fühlte dich dunkel, Gonzalo. Heute abend bei dir und unserem Wahnsinn zu sein. Durch die Straßen zu laufen, uns am hellen Tag zu küssen. Die Welt kaputt, zugrunde gegangen.

«Anaïs, du warst dir deiner spirituellen Kraft nicht bewußt. Wenn ich dich heute nacht bei mir haben könnte, ich würde dich nicht nehmen. Auf diese Weise dringt man nicht ein in eine Frau wie dich. Ich will den tiefsten Teil deiner Seele durchdringen.» Gonzalo, ich möchte mich immer an deine Worte erinnern, weil du mir aus der Seele gesprochen hast; du hast für uns beide gesprochen.

«Anaïs, ich habe dich vom ersten Tag an geliebt.» Schon im Garten in Louveciennes sagte er: «Sie lieben Miller», und es blieb wahr bis zu jenem Abend, als wir am Fluß standen und ich ihn anblickte, tief in seine Araberaugen, die fragten. Was sagen meine Augen? Was sagen meine Augen jetzt?

Nicht schreiben, in mich aufnehmen will ich seine lebensspenden-den Worte. Er nahm mich nicht einfach, ohne Umschweife. Das sei Entweihung. Er spann ein Netz aus Worten, er atmete, verströmte Magie, küßte mich, umarmte mich, ließ den Honig fließen, entkleidete mich, kniete vor mir, bewunderte mich, verehrte mich, bezauberte mich, aber er nahm mich nicht.

Ganz allein in Louveciennes, im Louveciennes-Schlafzimmer. Louveciennes geht zu Ende; es verlischt vor dem hellen Glanz einer neuen Liebe. Louveciennes stirbt, das Holz verrottet, der Regen fällt, im Gebälk knarren die Geister. Der abgestandene Geruch, die alte rote Samtdecke; und der Indianer Gonzalo, blendend schön wie ein Traum von Spanien und Arabien, in Anbetung, mit seinem Kopf zwischen meinen Beinen.

«Deine Haut wurde für mich geschaffen. Dein Körper ist der lieblichste auf der ganzen Welt. Diese Stelle an deiner Nasenwurzel, der Abstand zwischen deinen Augen – ich würde alle Museen verbrennen für diese Linie klassischer Schönheit. In jeder deiner Bewegungen, in jeder Linie deines Körpers liegt so viel Schönheit. Anaïs, ich könnte weinen vor Glück. Die Wärme deiner Haut, solche Zartheit, solche Glut.»*

---

* Im Original zum großen Teil auf spanisch; der Text wechselt laufend zwischen Spanisch und Englisch.

Als ich nackt umherging, geriet er in Ekstase. Die ganze Nacht träumten wir, die ganze Nacht. Er schlief kurz ein. Erwachte begehrend, glitt in mich und rasch wieder hinaus, unterdrückte sein Begehren, unser Fieber stieg, Worte wie Liebkosungen, Liebkosungen wie Worte, wie Drogen. Wieder sein Begehren, wieder Verzicht, Fieber, der Traum, Ekstase.

Er befreite mich von den falschen Rollen, die der aktiven Geliebten, die Henry von mir verlangte; seinem spanischen Liebhaberinstinkt widerstrebt Aktivität bei der Frau. Ich weinte vor Freude; ich verstand sofort. Ich fand alles, was ich vor Henry gewesen war, die Passivität, die Hingabe. Ich weinte vor Freude über seine Raffinesse, all das, was bei meinem Leben mit Henry verlorenging, die Erotik, der aufsteigende Traum, Rauch und loderndes Feuer, zwei Liebende jetzt, nicht ich der Liebhaber; zwei Liebende, die aufeinander reagierten.

Ich schließe die Augen und sehe die seinen, eindringlich und visionär. Anaïs, das bist du, wir sind in Notre-Dame, die Orgel spielt, ich weine, Purpurwolken sinken von den Fenstern. Ich suche *dich*, Engel und Dämon. In der Dunkelheit küssen wir uns, sein Gesicht vor mir ein Traum, so ernst, der Mund zart, nicht lüstern.

Was ist das Blut, das er erregt? Blut einer alten Rasse, Blut meiner Vergangenheit, der Stolz meines Vaters, die *noblesse* von Joaquin, die Schönheit des Adels. Was ist es, was er erregt? Meine Seele, mein Gott, meine Reinheit? Und der Honig fließt. Ich erzählte ihm, in Louveciennes sei er drei Tage lang geflossen, und es erheiterte ihn so, daß er immer noch lacht, wenn er sich daran erinnert, *mi vasito de miel*, an den Honig, den er nicht trinken wollte. Und jetzt habe ich verstanden, und ich genieße das Warten, das Vertiefen; wir können keinen Tag vergehen lassen, ohne uns zu sehen, aber wir durchwandern eine Art reinigendes Feuer, die sieben magischen Kreise, zum Mittelpunkt unseres Seins, langsam, auf ungewohnte Weise. Wenig Worte in unserer Liebestrunkenheit, duftendes Haar, der Geruch unserer Haut.

«Wie reich hast du mein Leben gemacht, Anaïs! Die Nacht neulich war eine Liebesnacht, die schönste in meinem ganzen Leben. Ich möchte dich leben sehen. Was für ein Wunder du bist, *mi chiquita*. Dein Körper – ein Wunder an Geheimnis. Du weißt Leidenschaft zu wecken. Ich kann weder denken noch schreiben, noch essen.

Solche Trunkenheit, *chiquita*. Ich komme um. Ich kann nur noch an dich denken.» Seine Stimme, seine Stimme ist tief, dunkel, voll. Indianische Sanftheit, lebhafte Gebärden, die Stirn so hoch, eine dicke schwarze Locke hinter seinem Ohr erregt mein heftiges Begehren. Die Glätte seines Halses, die goldbraune Brust, sein Löwenkopf. Anständigkeit und Vornehmheit, die rasche Intelligenz, lebendig, glühend.

Ich schreibe, um ihn zu atmen. Ein Gefühl von Schicksalhaftigkeit, von äußerster Grenze; eine bisher nie gekannte Furcht, daß das jetzt Wahnsinn ist. Wahnsinn, daß wir uns auf dem Balkon küßten, wo uns Hugh oder Helba und andere vielleicht gesehen haben. Wahnsinn, immer miteinander zu tanzen, zu sprechen. Ich rieche ihn an meinen Fingern, seinen Körper, wie er mich roch, berauscht in der Kathedrale, und den Weihrauch. Ich weinte, weil ich so nackt war, so von meiner Härte entblößt, von meinem menschlichen Leben; weil ich rückblickend auf das Labyrinth meines Lebens Wurzeln fand, im Weihrauch.

Was für ein Wahnsinn, wohin wird er uns führen? Ich fürchtete nichts, als ich die Liebende war und die mit den offenen, sehenden Augen. Aber jetzt, seit zwei Augenpaare brennen, seit wir zu zweit lobpreisen, verehren, anbeten, in Worten, Gebeten, mit Sex und Vision, Körper und Träumen – wohin wird uns das führen? Wohin? Wohin?

Brief an Mutter: Ich klinge ein wenig verrückt, aber ich bin nur sehr glücklich, das ist alles. Gestern nachmittag war ich in Notre-Dame und hörte die Vesper, und ich weinte und fand meine alte Seele wieder. Ich weiß nicht, wo sie war. Ich hatte sie schon einmal gefunden, im Krankenhaus, Du erinnerst dich. Gestern fand ich sie wieder. Ich stand in der Kirche und weinte, und heute bin ich glücklich. Es ist alles so gut, wir sind so friedlich, Hugh und ich, das Haus ist behaglich, die Katze ist so drollig, und wir haben Fahrräder und werden bald aufs Land fahren, aber es ist gar kein schönes Wetter, keine Sommerhitze, und wir konnten deshalb Louveciennes nicht vermieten, nichts hat sich getan. Ich werde morgen Deine Miete bezahlen, und laß dies auch Joaquin lesen, es ist für ihn, es ist, was man den modernen Schreibstil nennt, bei dem alle Sätze eng gekoppelt werden, ich will Dich damit zum Lachen bringen, weil Du den Surrealismus so liebst.

Ich hoffe, Alida hat mein Buch gefallen, Dir wird es auch eines
Tages gefallen, ich weiß nicht wann, wenn Du erkennst, daß alles
ein Traum ist und daß Träume lebensnotwendig sind, und Du
weißt, nicht alle unsere Träume sind heilig, nicht wahr, Du hattest welche, die nicht besonders heilig waren, unsere Träume sind
nicht heilig, aber das macht nichts und ändert auch nichts an der
eigentlichen Seele, vielleicht wirst Du eines Tages so fest an
meine elementare Seele glauben, daß Dich meine kleinen Ver-
rücktheiten nicht mehr stören, Du wirst nicht mehr die Stirn
runzeln, Du wirst nur zuhören und lächeln, wie Du in meiner
Vorstellung immer zuhörst und lächelst, wenn Du fern von mir
bist, ich stelle mir nie vor, daß Du böse oder unzufrieden mit mir
bist oder enttäuscht, wenn Du weit weg bist, ist alles gut und wie
es früher und immer war, als ich Dir ganz gehörte, so wie Du
Deinen Kindern gehörtest, und diese Liebe ist geblieben, auch
wenn sich mein Leben spaltete und ich mit Hugh lebe, nur Du
hast es nicht so recht geglaubt und mich ein bißchen weggestoßen,
mich für Dinge gescholten, die ich getan habe, die anders waren
als die Dinge, die ich als Mädchen tat, aber im Grunde, *Mama-
cita*, hat sich nichts geändert, wenn man gut ist, ändert sich nie
etwas, ich liebe Dich sehr.

14. Juli 1936

Liebe die ganze Welt, diese ganze Erde, alle Menschen – das ist
meine Passion und mein Tod, in die Dunkelheit mit Gonzalo,
Dunkelheit, Kampf gegen Inbesitznahme und Invasion, sehe
schlagartig mein ganzes Leben und ein paar lose Enden von mir
zwischen seinen Händen, die sich nach Henry zurücksehnen.
Henry und ich sitzen beisammen, nachdem ich 78 Seiten seines
Buchs gelesen habe, in dem er die traurigste aller Wahrheiten
konstatiert: «Mich interessiert nicht das Leben, sondern das, was
ich jetzt tue (dieses Buch schreiben), was parallel dazu geschieht,
was davon handelt und doch darüber hinausgeht ... Wie die Dinge
lagen, wäre ich bei Junes Vertrauen ein Gott geworden.»

Jetzt, nachdem er sie verloren hat, liebt er sie mit Worten; als sie da war, haßte er alles, was sie war; er zerstörte, zerfraß sie, wie er mich auf heimtückische Weise durch zuwenig Verehrung, zuwenig Halt geschwächt hat; kein Liebesakt in der Gegenwart, sondern ein perverses Vergnügen, Verlieren.

Ich sagte: «Henry, ich bin dir weggelaufen. Ich hatte das Gefühl, langsam zu sterben, weil du alles Romantische in unserer Beziehung zerstörst. Es war zuviel. Ich will aber nicht weniger. Es gibt etwas in dir, das vielleicht nicht unfähig zur Liebe ist, das aber zerstört, was es liebt. Ich habe das gewußt, und ich dachte, ich könnte stärker sein, aber du hast mir geschadet. Erst seit kurzem habe ich wieder angefangen zu leben, meine Stärke zurückzugewinnen, indem ich geliebt werde. Ich habe im Leben etwas gefunden, was du mir verweigert hast, etwas, das zu subtil ist, um es zu definieren; es geht etwas Tödliches von dir aus, weil du immer irgendwo daneben liebst, weil du nicht ganz bist.»

Sogar während er über June schreibt, kann er dieser Liebe nicht treu sein; er verbreitet und verliert sich in andere Frauen, andere Sehnsüchte, wie ein ausufernder Fluß. Er liebte sie nie im wirklichen Leben, in der Gegenwart, sondern nur in seinem Verlust und aus Kummer. Die Wahrheit ist so nackt, und all die Perversitäten unserer Liebe ersticken mich, meine Leiden, Zugeständnisse, Versöhnlichkeit, mein Vertrauen, mein ständiges Geben; und Henry, negativ, passiv, unrealistisch und realistisch nur im Prosaischen, und ich gebe das Poetische nicht auf, suche es anderswo, verzweifle, weil er es nicht hat. Henry hat keine Seele, obwohl ihm zwei Frauen ihre Seele schenkten. Ich weiß nicht.

Wir saßen sehr still, und Henry sagte: «Ich weiß, irgend etwas stimmt nicht mit mir, irgendwas ist verkehrt.»

Es sind ich und June, die aus dem Grab rufen, das er aus dem Jetzt macht, wo Leidenschaft verlangt wird, und sowohl June als auch ich gingen, um anderswo Liebe zu finden, und weinten um einen ungeborenen Henry, den Liebhaber in Worten, den Dichter, der erst Tränen um uns vergießt, wenn wir tot sind.

Wir saßen sehr still, und bei mir tropfte eine Träne, eine blaue Träne wegen der blauen Wimperntusche, eine Träne über meinen erschöpften Schmerz, mein Alleinsein mit Henry. «Eine blaue Träne, wie komisch», sagte ich. «Schau. Wir wollen nicht traurig sein. Ich weiß nicht, ob es das Ende ist. Ich liebe dich, Henry, aber ich gehe von dir fort, um die Träume und mich, die ich verloren habe, um die Ekstase wiederzufinden. Schreib mir, wohnhaft TRAUM. Dort werde ich sein und lachen. Und wir werden nicht traurig sein; vielleicht wird meine Kraft stärker sein als deine, deine zur Vernichtung von Leben. Ich gehe, um das Leben zu finden, das zu zerstörst mit deinem Haß, deiner Ablehnung, deinem Verleugnen.»

Ich stand oben an der Treppe. Henry lachte hysterisch. Henry wahnsinnig. Henry zerrissen, gespalten. Nur noch Risse, Verluste, Zerfall, lachend, dann umarmt er mich, küßt mich. Nein, ich bin tot für dich, Henry. Gonzalo wartet auf mich. Er weiß, daß ich den ganzen Nachmittag bei Henry gewesen bin. Ich ließ es ihn wissen, Bosheit und Grausamkeit, weil ich ihn um einen Augenblick, ein Grad, einen Atemzug weniger liebe, als er mich liebt. Henry küßt mich, und ich falle in Wasser, Unklarheit, Auflösung, Vermählung im leeren Raum, Vermählung in Auflösung, der Auflösung von Henry, Wasser, Begehren, ich falle, er trägt mich zur Couch, er ist ganz Begehren, er kann nicht lieben, cr begehrt, sein Geschlecht ist heiß und erigiert, so liebt er, sein Geschlecht heiß und erigiert und seine Finger weich, aber ich denke an Gonzalo, der wartet, und ich reagiere nicht, ich bin passiv.

Gonzalo geht beinahe in die Knie, als er mich sieht: «Anaïs!» Kniet beinahe, gefoltert von Angst und Eifersucht. Und ich bin ein Scherbenhaufen. O Gonzalo, mach mich wieder ganz. Etwas in mir sehnt sich noch immer nach dem, was bei Henry unerfüllt blieb, nach dem, was Henry nicht war, was du auf so himmlische Weise bist.

Wir konnten nicht allein sein, mußten bei den anderen sein, und unser Verlangen, einander zu berühren, war eine Tortur. Er zog mich an wie ein Magnet, seine Augen machten mich schwindlig. Ich konnte nicht essen. Mir war übel, und weil ich mit meinen Korallenohrringen kokettierte, weil ich Pita – «Puck», wie ich ihn nenne – zärtlich ansah, um nicht Gonzalo vor Hugh und Helba anzusehen, und weil Pita, als wir gingen, meinen Arm ergriff und mit mir so harmlos durch die Straßen tanzte, verließ uns Gonzalo, düster und zornig, und trank die ganze Nacht, während ich mich nach ihm sehnte und auf ihn wartete. Er quälte sich ohne Grund, haßte mich, wollte nicht, daß mich jemand ansah oder berührte.

Eilte heute vormittag zu ihm. Gonzalo, wirst du die Kraft haben, mich ganz zu machen für dich? Rank schaffte es nicht, ebensowenig wie so viele andere.

«¡*Que agonía, chiquita!*» Er spricht von Entsagung, von Leiden. Ist jede große Liebe Leid, Besessenheit, Eifersucht? Er ist schokkiert über meine Rücksichtslosigkeit, meine Verwegenheit. Wir liegen auf Joaquins Bett. Es ist alles Liebe für mich, Liebe ist alles, Joaquin, mein Vater, Henry, Liebe, Sex, Reinheit, der Traum, alles eins, dasselbe Feuer, dieselbe Weißglut, dieselbe Verzweiflung.

June und ich, wir dachten beide, niemand könnte uns von Henry trennen. Wenn Henry zugepackt und festgehalten hätte, wenn Henry durch die Straßen gegangen wäre und gefleht hätte: «Deine Stimme umhüllt mich, Anaïs, ich ertrinke darin; sag etwas, damit ich dich hören kann, bewege den Kopf, lache, o Anaïs, ich kämpfe gegen deine Stimme, und sie besiegt mich.» Wenn Henry gegen die anderen Männer gekämpft hätte, wenn er niedergekniet, verehrt, verteidigt hätte – aber Henry verrinnt wie Sand und Wasser: «Hat mich nie genug interessiert. Es war beschwerlich, es war mir einfach egal.» Nur wenn wir ihn quälten, schrie er auf vor Liebe, und jetzt muß ich Gonzalo quälen. Er schreit danach, er veranlaßt, er erfindet für mich, was ich tun muß.

Bevor ich zu Henry ging, litt er, und deshalb mußte ich zu Henry gehen und ihn die Uhrzeit wissen lassen, und angesichts seiner Leidensmiene möchte ich lachen, eine teuflische Macht treibt mich dazu, ein Gefühl von brennenden Häusern, vergiftetem Fleisch. Er ist vergiftet, er ist verbogen – das ist es, warum ich ihm nicht trauen konnte, die Freuden, alle unsere Freuden mußten in brennenden Schmerz verkehrt werden, das Warten, die Zärtlichkeiten, das zurückgedrängte Begehren, das Labyrinth, kurz aufblitzende Klarheit, Gonzalo und ich gehen über die Brücke, der Wind zaust mein Haar, Gonzalo in Ekstase, Gonzalo sieht mein weißes Gesicht im Halbdunkel, Gonzalo sucht, was ich war, bevor Henry kam, die feinsinnigen Dinge, die in die herbe, unverfälschte sinnliche Fieberwelt führten, in die ich, vor Gonzalo, mit George Turner fiel.

Doch das sinnliche Fieber ist in mir; ich träume erotisch, ich träume das Gegenteil meines Lebens mit Gonzalo. Ich träume von kräftigen Männern, die mich nehmen, und ich komme viele Male; ich träume von Bestialität und erwache mit dem Geschmack von Gonzalo auf den Lippen, begehre ihn; die Welt des Fleisches scheint unermeßlich schön zu sein, weil ich sie so geschwind auf den Flügeln von Gonzalos goldbraunem Fleisch verlasse.

Leben: ein Traum, ein Alptraum, ein Feuer und ein Tod, Leben und Tod, Gonzalo und ich küssen uns bis zur Raserei – «Anaïs, ich war noch nie auf diese Weise verliebt, es ist wie eine Verwundung» –, und Henry und ich liegen, ohne uns zu begehren, im Dunkeln, und ich weine hysterisch. Zwischen uns ist etwas gestorben. «Ich kann nicht ohne Leidenschaft leben, Henry. Hilf mir, mich von dir zu trennen. Ich werde mich immer um dich kümmern.» Henry ist niedergeschlagen und schweigt. Henry und ich gehen spazieren, und Henry sagt mit gebrochener Stimme: «Du bist die einzige. Ich dachte, du wärst die Mutter, aber es ist mehr als das. Das Leben ist bedeutungslos, seit du mir von Gonzalo erzählt hast. Ich bin durch einen Alptraum gegangen. Es gibt etwas dermaßen Starkes, etwas Ewiges.»

Henry benutzt das Wort *ewig*. Es ist zum Lachen. Henry benutzt das Wort *ewig*. Henrys Liebesring ist nicht mehr an meinem Finger seit der Nacht, als ich mit Gonzalo am Fluß saß. Henry und ich küssen uns ohne Verlangen, aber mit einer Liebe, die meine Freuden vergiftet, einer sterbenden Liebe, die plötzlich durch meinen Traum mit Gonzalo schießt.

Gonzalo und ich gingen, uns küssend, wie berauscht durch die Rue de la Gaîté, und ich sah das Hotel, wo ich mich zum ersten Mal mit Henry traf, und ich gehe allein und weine über den Tod unserer Liebe, und als ich Gonzalo sehe, bin ich erschüttert, weil wir von so weither zueinander gefunden haben. Wie allein wir waren. Gonzalo trank, zugrunde gerichtet von einer Frau, die er nicht liebte, ließ sich treiben. Und ich verleugnete mein wahres Ich und lebte im Traum, begegnete Körpern, nur Körpern, in einer geilen, sinnlichen Welt völliger Einsamkeit.

Wie weit wir auf unerklärliche Weise gekommen sind; Zärtlichkeiten kamen von Worten, und wenn wir jetzt aus der Betäubung durch unsere Küsse erwachen, hören wir uns sprechen, wie wir von der Seele des anderen träumten, und ich kann es nicht glauben, ich kann dieses Zusammentreffen von Stimmungen nicht glauben, Lachen und Wissen beisammen in dem gottähnlichen Körper Gonzalos. Gonzalos unvollständige Sätze dringen auf so subtile, wollüstige Weise in mich ein. Gonzalo, ein Virtuose der Worte; über die vielen verschiedenen Wege des Empfindungsvermögens, Nuancen,

Sinne und Musik, erfaßt und versteht er, wie ich vor den Dissonanzen war. Er erkennt die Dissonanzen nicht an und stellt den Traum wieder her.

Wir liegen vor Rogers Tür. Roger ist nicht zu Hause. Wir liegen auf den Eingangsstufen und warten im Dunkeln. Er küßt mich wahnsinnig, und ich lehne mich zurück, wie ich es tat, wenn Henry mich bat, und wie bei Henry schiebe ich die Hand an die Stelle, um die Knöpfe zu öffnen, aber Gonzalo weicht peinlich berührt zurück. Beim Sex ist Gonzalo der Mann, eigenwillig, stolz; er ist der Führer. Er wird meine Hand dorthin legen, wenn er es will, und ich denke an die Mühe, die ich mir gab, die Gewalt, die ich mir antun mußte, um Henry zufriedenzustellen. Ich mußte der Liebhaber sein. Nun ist Gonzalo der Liebhaber. Gonzalo gibt mir, führt mich, bestimmt, handelt, wirbt, huldigt. Ich muß stolz sein und empfangen. Ich *habe zu sein*. Er gibt, er bestimmt das Geschehen; er machte die Pausen, die Umwege, die subtilen Umwege, die unseren Traum steigerten; er schuf die Legende, die Nacht um uns herum, die Tiefen, die Tiefen.

Ich weine vor Freude. «Anaïs, dein Stolz, ich will deinen Stolz, den Stolz auf dich. Du hast meinen Stolz wachgerüttelt.» Auch ich erniedrigte mich, tat mir Gewalt an. Seine wundervolle *pudeur* [Schamhaftigkeit] hatte auch ich. Ich habe noch nicht seinen ganzen Körper gesehen; das Geheimnis schwebt darüber wie seine nicht vollendeten Sätze, und die Musik versetzt uns in Ekstase, nächtelange Ekstase, Ausdehnung in die Unendlichkeit. Blumen öffnen sich, ohne daß Blütenblätter fallen. Schweigen. Hinter dem schönen, geheimnisvoll anmutenden Gesicht, dem Antlitz von Jahrhunderten von Poesie, liegt eine Welt, eine ungeheuer große Welt der Obertöne, die der Welt in mir gleicht. *«Quiero vivir, que impulso de vida me das, no sabes lo que eres para mí.»* (Ich will leben. Wie sehr du mich reizt, zu leben. Du weißt nicht, was du mir bedeutest.) Er fällt in Brunnenschächte von Traurigkeit. *«Porque te quiero demasiado, chiquita.»* (Ich liebe dich zu sehr.)

Wir empfinden beide den Liebesschmerz, ja, den Schmerz, das verzehrende Fieber, die melancholische Sehnsucht und das heiße Verlangen, das nicht zu unterdrückende Verlangen; so tief ist die Wunde, die das Eindringen schuf, die Art, wie er mich umhüllt, mich eingestimmt hat – welch ein Musiker, der auf den Duft wartet, die Stunde, das Lied.

Erschöpfung. Vom Wunderbaren bezwungen. Manchmal konnte ich es nicht glauben. Wenn ich, während wir gingen, sein Gesicht gegen den Himmel sah, ihm zuhörte, konnte ich es nicht glauben. Ich träume. Ich träume sein Gesicht, seinen Körper, und hinter diesem Gesicht, diesem Körper, ein Wissen, eine Feinsinnigkeit, ein Traum von einer Seele und einem Geist, eine Feinfühligkeit, Poesie und Musik und glühende Leidenschaft.

Glühender, inbrünstiger als Henry oder mein Vater, eine leidenschaftliche Zartheit, Summe von Gefühl, tiefere Liebe, Resonanz, Sinnlichkeit vereint mit Liebe. «Wie wundervoll, Anaïs. Ich verliere mich in dir, in deinen Augen, in deinem Körper, der so schön, so wunderschön ist. Deine keusche Stirn und deine Augen, die weniger keusch sind, dein Gesicht, das Gesicht einer Spanierin aus alter Zeit, die schöne Linie deiner Schultern und die Art, wie du den Kopf bewegst. Es gibt zwei spanische Arten, den Kopf zu bewegen, eine gewöhnliche, in der Art der Mädchen von Madrid, die ich nicht mag, und die andere, stolze Art, wie du ihn bewegst.»*

21. Juli 1936

Wir brennen wie Fackeln. Weiße Nächte. Aus dem Schlaf in wollüstige Umarmungen. Er nahm mich erst vor ein paar Nächten, am Samstag, auf Joaquins Bett, nachdem er uns beide die ganze Nacht hindurch erregt und jedesmal den Höhepunkt verweigert hatte.

Freuden, durchbohrt von Schmerz wegen Henry. Henrys Vertrauen und Henrys Not. Er trägt noch seinen Ring und sagt: «Ich habe keine Angst. Unsere Beziehung ist jenseits von allem, sie ist ewig.» Und ich habe in der Dunkelheit gesagt: «Gonzalo und ich, wir lieben uns.» Aber als Henry zu leiden begann, als er blaß wurde, seine blauen Augen müde, sein Mund gequält, als seine Stimme brach, trat ich den Rückzug an: Ich hatte mich nicht gegeben. Ich wartete. Ich dachte, das Körperliche zwischen mir und Henry sei

* Im Original auf spanisch

tot. Mehrere Tage litten wir gemeinsam bei dem Gedanken an Trennung. Heute sagte Henry mit kippender Stimme, er wolle an dieses unzertrennbare Band zwischen uns glauben, daß wir versucht hatten, einander Freiheit zu gewähren, aber es sei schwer. Oh, so schwer. Auch er sei eifersüchtig gewesen, aber er wollte unsere Liebe nicht durch Eifersucht zerstören. Das gleiche habe ich versucht. Jetzt leidet er, während ich akzeptiert habe, was er offen als oberflächliche Untreue zugab.

Wenn ich Henry auf mich zukommen sehe, regt sich eine ungeheure Zärtlichkeit in mir, aber ich begehre ihn nicht sexuell. Es war wie eine körperlich empfundene Mutterliebe. Für Gonzalo empfinde ich das nicht. Er ist der Mann für mich, der Gefährte. Ich weiß nicht, vielleicht der Zwilling. Er spricht seine Sätze nicht zu Ende, weil ich weiß, was er sagen will. Er ist dieser Traum, den ich nun schreibend offenbare. Er sieht so aus, er atmet, spricht ihn, lebt ihn. Welche Folter ist dieses Brennen, dem er nicht erlauben will, sinnlich zu sein; jede Liebkosung hat eine Bedeutung, jeder Kuß ist eine Kommunion, jedes Zügeln anfeuernde Absicht. *Quiero sublimar todo, subir!*

Himmelfahrt. Mein Körper ist zerstört, in Flammen, kein Wohlbefinden oder Frieden, aber schwindelnde Höhen des Gefühls.

Gestern nacht, die ganze Nacht, floß der Honig. Die Liebe und der Ernst und die Tiefe in seinen Augen ließen mich ehrfurchtsvoll innehalten. Gonzalo, was ich jetzt empfinde, habe ich noch für keinen empfunden. Es ist nicht der brennende Instinkt, sondern eine Art mystische Leidenschaft; unsere Körper vibrieren in ihrem Bann, vibrieren, vibrieren, brennen, schmelzen. Ein solches Verströmen von Liebe, zärtlicher Liebe, habe ich noch nie erlebt. Er versenkt meine Haut mit Küssen. Wir liegen stundenlang in einem weichen Traum von Küssen und geheimnisvoller Innenschau. Er erinnert sich an jede Szene, jedes Wort, jede Stimmung unserer Begegnungen.

Wir trennten uns im Morgengrauen, erschöpft, hungrig. Schlief nur eineinhalb Stunden, dachte, ich wäre zu müde, um irgend etwas zu fühlen, aber als ich Henry um halb vier Uhr verließ (ich war nicht imstand, auf seine Zärtlichkeiten zu reagieren, und wich ihnen aus), plagten mich Hunger und Schmerz, meine Ungeduld stieg. Gonzalo hatte mich gebeten, zu ihm zu kommen. Wir fielen uns in die Arme, als hätten wir uns tagelang nicht gesehen. «Ich bin wahnsinnig», sagte er. «Ich bin wahnsinnig.» Er schließt die Augen, verschmilzt mit mir. Wir sind wie eine Droge füreinander. Wir werden tieftraurig, als wir erwachen.

Mein ganzes Leben steht plötzlich still. Briefe bleiben unbeantwortet liegen, meine Kleider sind zerrissen, auf *Haus des Inzests* sammelt sich Staub, Freunde vergessen, Analyse über Bord geworfen, Leben ein einschläferndes Gift, der Verstand ruht. *«Yo persigo lo irreel»*, sagte Gonzalo. «Ich strebe nach dem Irrealen.» Ich bin wieder in meinem ursprünglichen Klima, dem Unwirklichen, aber nicht in der Krankheit.

Sein Verstand, das Subtile in ihm, enthüllt sich mehr und mehr hinter dem verträumten, grüblerischen Gesicht. Aristokratisch, unbürgerlich. Wenn sein Haar gekämmt ist und er stolz und aufrecht dahingeht, sieht er aus wie ein König; mit zerzaustem Haar und stürmisch küssend, wie ein Indianer. Die Augen brennen in heiligem Dunkel. Seine Haut, sein fremdartiges Geschlecht, so dunkel. Seine *pudeur* – nie zeigt er seinen Körper nackt, nie läßt er mich ihn berühren, nehmen. Zärtlichkeit, weil ich mir den Zeh verletzte; verbunden, gewaschen. Derselbe blutete vor einem hilflosen und trägen Henry. Heute sagte ich bittend zu Henry: «Wenn du so völlig passiv, so negativ bist, bist du dir selbst nicht treu.»

«Es hat mich angewidert, daß ich dem Leben nicht gewachsen bin», sagte Henry. Er spricht davon, wie June sein Vertrauen zerstörte und ihm einen so schrecklichen Schock versetzte. «Wenn ich jetzt wieder Schmerz sehe, bin ich gelähmt, fatalistisch. Ich kann nichts tun.» Als er dachte, er habe mich an Gonzalo verloren, konnte er in der Dunkelheit nur noch schweigen.

Ich sehe, daß er seine Kraft, sein Selbstvertrauen verliert, wenn ich ihn kränke, und dies wiederherzustellen erscheint mir wichtiger; also tue ich es instinktiv, und dann frage ich mich: «Was mache ich nur? Ich habe nur drei Abende zur Verfügung, und ich habe Gonzalo versprochen, nicht in die Villa Seurat zu gehen, und ich habe Henry versprochen zu kommen, und kein Mensch wird verstehen, daß meine Liebe aus Mitleid ebenso stark ist wie meine Liebe aus Leidenschaft.

Gonzalo habe ich nicht belogen. Er ist zu intuitiv. Ich habe zu ihm gesagt: «Meine Leidenschaft für Henry ist tot.» Ich habe es ihm jedesmal gesagt, wenn ich bei Henry war.

Gleichzeitig hat mich die Leidenschaft für Gonzalo so wachgerüttelt, daß ich auf hysterische Weise sensibel und mir all meiner Lieben bewußt werde, sinnlich mit jedem in Kontakt bin und doch wieder isolierter und stolz in dem Traum (armer George, er fiel heraus, er gehörte zur gewöhnlichen Welt); aber Liebe, Sympathie fließen reicher, quellen über. Ich bin zu reich. Ich muß geben. Es ist keine Treulosigkeit gegenüber Gonzalo, Gott, ich weiß es nicht; es ist das, was aus meinen verborgenen, intimen, individuellen Widersprüchen aufsteigt, etwas jenseits von dem Persönlichen und dem Zwei-Sein, das in die Welt überfließt; es ist eine Überfülle, die Musik und die Liebe, die überströmen, seit Gonzalo und ich uns kennen und berühren, mit brennenden Leibern und brennenden Seelen, und Funken regnen über all die anderen, Hugh und Henry.

Gonzalos Gesicht. Die Nacht kommt, in die ich mich mit ihm versenken kann, in Schlaf und geheime Verwandtschaft. Wie ich seine Traurigkeit liebe, sein Grübeln, seinen plötzlichen Humor. Seine schlaue und geschickte Art, die eifersüchtige Helba zu beruhigen. Einmal wollte Helba mich töten. Gonzalo geriet in panische Angst. Seine Stimme brach. «Anaïs, ich habe so Angst um dich, o Anaïs, *mi chiquita*.»

Er träumt von Spanien, wo Enge, Konventionen, Bräuche, Gesetze unsere Begegnungen erschwert hätten. Er träumt von umständlichen Wegen, Entsagungen; der direkte Weg ist strafbar. Er wundert sich, daß ich mir trotz der Freiheit, die ich hatte, jene Inbrunst des Mittelalters, des intimen, unterdrückten, verbotenen Lebens bewahrt habe, eine Leidenschaftlichkeit, die im modernen Leben unterging. Diese nicht abreißenden Ketten von Küssen mit Gonzalo, sein Gesicht vor dem Sternenhimmel oder der Mauer eines Cafés... Gonzalo. Liebeshymnen an den Geliebtesten aller Geliebten, den Geliebten, von dem Frauen träumen, beherrscht von seiner Liebe, unfähig zu schlafen, auszuruhen, übermäßig geschärftes Bewußtsein; Angst, ihn zu verlieren; Eifersucht, Vergötterung. Schreiben ist für mich ein Liebesakt, eine Liebkosung; die

Gestalt seines Körpers, feminin in den weichen Konturen; seine Augen, wenn ich ihm entgegengehe, so durchdringend, visionär – und doch blind vor Gefühl.

23. Juli 1936

Die strömende Flut trägt mich weiter – und er schreit gequält auf, weil ich bei Henry war. «Ich muß dich ganz für mich haben. Mir fehlte die Kraft, dich aus deinem Leben herauszureißen. Schwere Ketten halten dich – deine Nächstenliebe und deine Menschlichkeit.» Eifersucht quält ihn auf düstere, übertriebene Weise; er entstellt die Sinnlichkeit, gehorcht nicht dem aufflammenden Begehren; läßt es brennen und sterben; kommt auf Umwegen wieder, wenn ich ruhig und nicht erregt bin; steht nackt nicht natürlich und stolz vor mir, nur der aus dem Schlaf kommende Instinkt brennt rein, aber nervös. Und meine Natürlichkeit ist dahin, ich kann nicht reagieren, der Honig wurde vergeudet. Die Nacht ist voller Gedanken. Er sucht die Nacht. Daß auch aus purer Sinnlichkeit der Traum aufsteigt, begreift er nicht. So kommt die Leidenschaft nicht als Explosion, als Fusion, sondern wird zu einem Ring und Suchen und suhlt sich geradezu in düsterer, wilder Eifersucht. Ein blauer Fleck an meinem Schenkel stürzte ihn in Verzweiflung. An dem Abend, den ich mit Henry verbrachte, grämte er sich entsetzlich. Ich rief ihn an: «Martere dich nicht, Gonzalo», und später sagte er: «Die Marter war gut. Sie ist erhebend. Anaïs, ich lechze nach Vergeistigung.»

Alle Süßigkeit auf Erden lockt mich, lädt mich ein. Henry schlüpft so unkompliziert in den Honig, nimmt das Pochen des lebendigen Fleisches. Der Körper pulsiert lebendig und rhythmisch, so natürlich wie der Atem, er liegt befriedigt und still, der Traum kommt aus der Erfüllung, nicht aus Gonzalos mönchischem Verkneifen, Bestrafen und Verweigern. Der Traum entsteht aus der Einfalt. Und ich sehe das alles, und es zerreißt mich, Erde und Himmel.

Gonzalo sehnt sich nach Gefahr, Tod, Heldentum. Aus unseren Nächten schöpft er seine Energie, und er wünscht sich Revolutionen, Kommunismus, Aktion. Er, zum König der Welt geboren, will nicht erschaffen, ins Leben rufen, er will das Drama. Gonzalo, dann werde ich mit dir nach Spanien gehen. Ich werde meine frühere Begeisterung für Jeanne d'Arc in die Tat umsetzen. Ich werde mit dir in Blut und Drama sterben. Aber ich bin traurig, und mitten in der Nacht, während ich über meinen Vater spreche, sage ich: «Ich wünsche mir Größe, ja», und Gonzalo sagt: «Das war heroisch; es gibt Heroismus in deinem Leben.»

Ich schließe die Läden. Ich hasse den Tag. Ich liege in der Opiumhöhle von Gonzalos Worten, Augen, Fieber und Überzeugungen. In meine Träume flicht er Kommunismus ein, und anfangs verstand ich nicht und litt, weil ich in die Katastrophe zurückgeworfen werden sollte, das Leben ruiniert, ich hinausgestoßen aus dem süßen sinnlichen Leben, das da war, um es zu genießen. Wieder Freuden von ätzender Schärfe, Opfer, Kommunion, Sünde, Beichte, Sakrileg.
     Kann ich ihn bezwingen?
     Ich begegne ihm tanzend, mit einer Freude, die nicht zwischen den Beinen brennt; die Welt vergießt Blut, der Scheiterhaufen ist errichtet für Jeanne d'Arc, für Gonzalo, den Gott der schrecklichen Größe, dem das gewöhnliche Leben nicht genügt, der jenseits von Liebkosungen, jenseits von Mann und Frau lebt, der lebt, um das Leben zu verleugnen und Christus zu bestätigen. Der Hostiengeschmack auf meinen Lippen. Wo ist das schwere, warme Brot des Arbeiters, das mir Henry gab? Ich liege bei Henry, sanft, vergiftet von meinem Flug zu den Sternen mit Gonzalo, schwankend, fiebernd nach großen Räumen – nach anderen unermeßlichen Ekstasen –, und werde und vergehe im Fleisch!

«*No mires a nadie.* Sieh keinen an, nur mich», sagt Gonzalo. «Laß niemand anderen dein rotes Jäckchen aufknöpfen. Gehör nur mir.» Doch gerade jetzt gehört meine Liebe der Welt. Der Tod der Revolutionäre in Spanien trifft mich wie der Tod des Fleisches, das ich liebe. Meine Sinne erschauern, wenn ich die Gestalten und Gesichter auf den Straßen sehe. Ich nehme jedes Blatt wahr, jede Wolke, jeden Windstoß, die Augen, die Körper. Ich sehe überdeutlich die Schönheit von Pita, die Zärtlichkeit von Henrys Haut, die Poesie in Conrad [Moricand], die jugendliche Reinheit in Hugh. Ich löse mich auf vor Leidenschaft und Zärtlichkeit, die über Gonzalo hinausreichen.

Immer leichter und reiner, ohne jemandem zu gehören, gehe ich dahin, wie mit June; gehe ohne Hut, Unterwäsche, Strümpfe, gehe ohne Geld, um die Wirklichkeit besser zu spüren, um nahe daran, weniger abgeschirmt zu sein, um geläutert zu werden; lasse Leute fallen, die ich nicht wirklich mag, Unaufrichtigkeiten, Förmlichkeiten, Kontinuität.

Möchte arm sein. Gebe alles, was ich besitze, das Kleid, das ich liebe, Schmuck, Geld, weil mir gegeben wird, weil ich bereichert, befruchtet werde, weil ich leide – und besessen werde, und ich danke dem Gott, der einen Mann kommen ließ, um zu nehmen, der mir erlaubte, zu leben, zu küssen, überschüttet, umworben, verbrannt, vernichtet zu werden, der mir erlaubte, lebendig zu sein. Ich bin dankbar, dankbar.

An einen Freund: Du irrst Dich. Ich bin mir des politischen Dramas, das sich zur Zeit abspielt, durchaus bewußt, aber ich habe nicht Partei ergriffen, weil in meinen Augen die Politik, und zwar jede, verkommen ist und von wirtschaftlichen Interessen bestimmt wird, nicht von Idealen. Das Leid der Welt ist unheilbar, nur der einzelne kann etwas tun. Weil ich persönlich alles gebe, sehe ich keine Notwendigkeit, mich einer Bewegung anzuschließen. Aber jetzt gehen die schrecklichen Ereignisse weiter. Spanien verblutet auf tragische Weise. Ich fühle mich versucht, meine Loyalität zu beweisen. Aber noch halte ich mich heraus, so verwerflich das klingt, weil ich keine Führerpersönlichkeit finde, der ich traue oder für die ich sterben würde, sondern nur Verrat und Gemeinheit sehe, keine Ideale, keinen Heroismus, keine Selbstaufopferung. Würde ich einen Kommunisten sehen, der ein großer Mann ist, ein Mensch, könnte ich dienen, kämpfen, sterben. Aber inzwischen helfe ich innerhalb eines kleinen Kreises und warte. Man wird mich umbringen aufgrund meiner Herkunft (erschießt jeden mit sauberen Fingernägeln, sagten sie in Spanien) und auch wegen meiner persönlichen Äußerungen. Und mit dem Parfüm, den sauberen Nägeln, den Kathedralen, den Pelzen und Schlössern wird die Poesie verschwinden. Es war nicht der König, den wir schätzten, sondern das Symbol eines

Führers. Nun haben wir keinen Führer, keine Zeremonien, keine Rituale, keinen Weihrauch, keine Poesie. Nur den Kampf um das Brot. Wir sind in der Tat sehr arm.

---

25. Juli 1936

Neulich nacht schlief ich darüber ein, als ich noch einmal las, was ich über Gonzalo geschrieben hatte, um es wiederzuerleben und nachzukosten. Ich kann aus dem Traum nicht erwachen. Das Opium. Wenn wir uns treffen, laufen wir aufeinander zu. Er kommt den ganzen Weg von Denfert-Rochereau, nur um mich eine halbe Stunde lang zu küssen. Ich komme am Atelier in der Rue Schoelcher vorbei, wo ich einst so einsam war, gehe mit Gonzalo daran vorbei. Wir wandern durch die Straßen, umarmen uns, küssen uns. Es ist das Mysterium. Wir sprechen so wenig.

Gestern abend ging ich mit Hugh aus, und um halb zwölf sagte ich: «Ich muß dich jetzt verlassen, weil ich kurz auf einer Party erscheinen muß wegen meines Buchs.» Hugh ist einverstanden, besteht aber darauf, mich hinzubringen. Ich gebe Colettes Adresse an. Ich gehe in die dunkle kleine Straße und verstecke mich in einem Eingang, bis Hugh weg ist. Klopfenden Herzens warte ich ein paar Minuten. Ob er hinter der Ecke wartet und mich beobachtet? Wenn er mir durch die dunkle Gasse hinter der Villa Seurat folgen würde und weiter in die Rue des Artistes, wenn er sähe, daß ich vor der Nummer zehn stehenbleibe, daß das Licht in Rogers Atelier angeht? Wenn er Gonzalo am Fenster sähe?

Ich gehe schnell. Gonzalo liebt meine Verwegenheit, meine Kühnheit, die Risiken, die ich auf mich nehme. Er wartet oben an der Treppe. Mitternacht. Feuer in seinen Augen – und Qual. War ich wirklich bei Hugh? War es jemand anderer, der mich herbrachte? Kam ich aus der Villa Seurat? Wir legten die Matratze auf den Boden, hinter einen Vorhang, «wie in einer Opiumhöhle», sagte er, und gestern nacht besiegte ich ihn, der Tiger wurde freigelassen, ich machte ihn sinnlich. Als ich in der Morgendämmerung aufstand und mich kämmte, holte er mich zurück und nahm mich.

In der Nacht ergoß sich seine Leidenschaft dreimal in mich. «Wie anders ist es mit dir», rief er, «oh, was ich bei dir fühle, *chiquita*. Weil ich es liebe, menschliche Wesen zu schaffen (er schuf Helba). Ich denke an dich, wie du zu werden beginnst, an dich vor Amerika. Dann wäre ich dir näher gewesen. Ich glaube an exklusive Liebe, *chiquita*. Ich muß wissen, daß du ganz mir gehörst. Ich kann dich nicht teilen. Ich habe noch nie so geliebt. Mit zwölf Jahren warst du mehr Spanierin.»

Er hat die Katholiken in Peru gesehen, die sich in fanatische Raserei geißeln. Er fordert Leiden. Das macht mich unendlich traurig. Er sucht Qualen. Er hat sie in meiner reichen Vergangenheit, meinem ausweichenden Verhalten, in seiner Verunsicherung durch mich gefunden. Aber ich bin traurig. Weil seine Liebe von Leid durchdrungen ist wie seinerzeit meine Liebe zu Henry. Er erregt mich tief. Sein Körper und sein Gesicht bezaubern mich. Ich sehe ihn an. Meine Augen beten ihn an. Seine Stimme rührt mich. Seine Augen. Seine *pudeur*. Er sagt, er sei Christ und ich eine Heidin. «Ich trinke Rotwein wie das Blut Christi», sagte Gonzalo. «Du trinkst lieber den Weißwein des Bacchus.» Er ist überrascht, daß ich mich nicht gern wasche, nachdem wir uns geliebt haben. «Stört es dich nicht, all das in dir zu haben?»

«Es ist gut», sagte ich, «gut genug, um es zu trinken.»

Die Nacht vergeht schnell. Sein Verlangen, mich zu küssen, läßt ihn nicht schlafen.

Er sieht Henry in Gesellschaft seiner mittelmäßigen Freunde im Dôme und fragt sich: Wie paßte Anaïs da hinein? Ich kann Anaïs dort nicht sehen. Ich erzähle ihm, wie sehr ich unter Henrys Hang zu diesem Gesindel gelitten habe.

Am Vormittag war ich bei Henry, vermied aber sexuellen Kontakt. Henry sagte: «Ich sollte den Mut haben, allein fortzugehen und zu schreiben.» Aber er wird es nicht tun. *Schwarzer Frühling* ist erschienen und mir gewidmet. Ich bin das Gerüst in Henry. Was wird jetzt geschehen? Kann ich ohne Liebe die Muse sein? Meine Liebe ist reines Mitleid. Kein Begehren und keine Gemeinschaft.

Auf dem Gipfel einer sich auflösenden Welt. Je mehr sie zerfällt, um so geneigter bin ich, für persönliche Liebe, persönliche Beziehungen einzutreten. Wir liegen auf einer Opiumträumermatratze, über Vulkanen. *«Cómo sabes querer, chiquita.»* Wie gut du lieben kannst. *«Qué ternura»*, welche Zartheit. Nachdem er mich genommen hat, liebt er mich mehr.

Er ist nicht mit den anderen nach Spanien gegangen.

---

27. Juli 1936

Erste Lüge gegenüber Gonzalo. Gestern aß ich mit Henry zu Abend. Wir sprachen über die letzten Seiten, die die erschreckendsten Schilderungen von Auflösung und Leere sind, die je geschrieben wurden. Ich sprach über Henrys Maßlosigkeit, sein Bestreben um Quantität, seine dramatischen Geschichten und Konflikte im Hinblick auf den Ich-Verlust – den Verlust des Wesentlichen – und im Hinblick auf das Unpersönliche, Symbolhafte des verhängnisvollen amerikanischen geistigen Dramas, zu viel Stoff meistern zu wollen. Ich sagte, das persönliche Erlebnis mit June überschattete plötzlich das Massenerlebnis und beweise, daß alles andere wertlos ist.

Ich habe Henry geholfen, seinen Stoff umzuformen. Ich habe seinen Straßen, Menschenmassen Sinn eingehaucht. Ich habe versucht, ihm seine wesentlichen Inhalte wiederzugeben. Ich tue es noch heute.

In diesem Buch nun liegt Henrys Krankheit erschreckend bloß, alles, worunter ich gelitten habe, sein Zerfallen, seine verkümmerten Gefühlsregungen, weil er sich ständig in der Menge bewegt, sein Ich, das in der Stadt so leicht verlorengeht («von der Stadt zerschlagen», schreibt er), dieses Ich, dem ich nachjagte, das ich liebte, mich daran klammerte, das ich schließlich in unseren persönlichen Beziehungen wiederaufleben ließ.

Aber wie interessant ist seine Welt. Immer wieder anders, immer wieder beunruhigend. Ich ging wieder darin spazieren, entdeckte erneut seine Defekte, seine Monstrositäten, Perversitäten, Unsitten. Wir unterhielten uns wieder in den gleichen Bahnen, erschufen gemeinsam, gleichzeitig, und ich war angeregt. Ich sagte etwas, und Henry sagte: «Genau das werde ich tun...»

Kreativ sein.

Nicht mit Gonzalo. Er ist kein schöpferischer Mensch. Er hat Augen, Ohren, Nase, Gaumen, Fingerspitzen, eine wundervolle Erkenntnisfähigkeit, keine Kreativität.

Geliebter. Er erwartet mich um Mitternacht in Rogers Atelier. Ich sage zu Henry: «Ich kann nicht über Nacht bleiben, weil Hugh bei Helba ist und sagte, er könne mich nach Hause bringen und daß es nicht nötig sei, daß ich die ganze Nacht wegbliebe.»

Gonzalo liegt auf der Matratze, die wir auf den Boden gelegt haben. Er hat mich nicht mit Henry gesehen. Er ist fröhlich, leidenschaftlich. Sein brauner Körper ist lebendig, lebendig. Und eine Stunde später sagt er: *«Yo no soy creador.»* (Ich bin nicht schöpferisch.) Er analysiert, philosophiert. Kein Schöpfer. Deshalb lebt er, deshalb nahm er all die Drogen, deshalb ist er Kommunist. Darum ist es so schön, ihn zu lieben, mit ihm zu leben. Er wirft sein ganzes Ich in die Gegenwart. Ins Leben. Keine Spaltung. In meinem Leben der ständige Kampf, die Bruchstücke zusammenzusetzen. Schöpfung und Tod im Leben, Henry; Mensch im Leben und nicht kreativ, Gonzalo; und ich tue beides, schaffe und lebe; und so verlasse ich Henry, eine Hülse, einen Schatten, für Gonzalos lebendigen, heißblütigen braunen Körper. Aber Traurigkeit, Bitterkeit. Keine Veränderung in meinem Leben. Niemand will verstehen. Niemand. Niemand. Traurigkeit. Eine tiefe, abgrundtiefe Klarheit. Der Abgrund unter einem Kuß. Ich falle.

Was ich über die «Welt» denke. Wenn ich Briefe schreibe, telefoniere, jemanden besuche, in ein Café, auf eine Party gehe, suche ich nach etwas wie damals, als ich aus New York zurückkehrte. Wenn ich es finde (ein starkes Erlebnis, Gonzalo), halte ich inne, um es zu genießen, zu vertiefen, mich ihm ganz hinzugeben.

Henry macht weiter. Mehr Cafés, mehr Filme, mehr Menschen, Mittelmaß, ein ständiger Wechsel. Keine Auslese. Keine Bewertungen.

30. Juli 1936

Die Welt des Mannes in Blut und Flammen. Die Welt des Mannes löst sich auf in Krieg. Die Welt der Frau lebendig wie in diesem Buch, wie sie immer sein wird. Die Frau gibt Leben, und der Mann zerstört sich. Tod, Blutbad, wo ich hinsehe, Tod und Haß und Uneinigkeit, und ich habe es so satt, Henry Auftrieb zu geben – und Hugh, Eduardo, Rank und jetzt Gonzalo. Gonzalos Schwäche, bereitwillig für mich zu sterben, in mir nur den Rausch und den Traum zu sehen, und wenn ich nicht da bin, Pernod. Gonzalo rennt, den Flachmann in der Tasche, mit den Kommunisten in den Tod, und ich weine bei dem Film über die Matrosen von Kronstadt. Heroismus: der Heldenmut, zu sterben, aber nicht der, zu leben, zu lieben, zu liebkosen und die persönliche Welt – die Seele – zu verteidigen.

Meine persönliche Welt ist nicht zerschlagen, aber bei Kanonendonner ist die Musik schwer zu hören, sie ist kaum noch zu hören bei der Gefahr, in der sich Mutter und Eduardo auf Mallorca, Eduardo und mein Vater in Spanien befinden.

Henry schreibt, und ich frage: «Wenn wir uns verlieren, wie sich die Menschen in der russischen Revolution verloren haben, was würdest du tun?» Er erschrickt. Keine Kraft zu leben, nur mit Worten ist er stark.

Gonzalos Kopf auf meiner Brust. Er träumt. Alles, was ich von dir will, ist der Traum. Du hast die Macht, mich zu berauschen, und der erste Mißklang zwischen uns entsteht, als ich sage: Du glaubst, daß der Traum durch die Aufhebung des Begehrens entsteht. Ich glaube, daß er aus dem erfüllten Begehren hervorgeht. Nach der Vereinigung erheben wir uns gestärkt; aus der Sinnlichkeit heraus steigen wir höher, erblühen auf mystische Weise. «Du bist eine Heidin, und ich bin Christ. Ich will Läuterung», sagt Gonzalo, und deshalb vergällt er die Sinnlichkeit, und ich habe das Gefühl, ich müßte sterben, vergiftet, verdorben. Keine Sinnlichkeit, jetzt, nachdem sie zwischen Henry und mir tot ist. Keine Sinnlichkeit im «Wilden» Gonzalo, den sie mit Weihrauch gefüttert haben, und meine ganze Kraft bestand darin, leibhaftig zu leben.

Bin es leid, gegen Destruktion zu kämpfen.

1. August 1936

Meine Wärme, meine Natürlichkeit obsiegen. Gonzalo gestern nacht freier, seine Zärtlichkeit tiefer; gesättigt, gebadet in unsere Lust schliefen wir ein, er mit dem Kopf zwischen meinen Knien und ich mit seinem Geschlecht im Mund, und langsam fange ich an, sein Fleisch zu lieben, weil es fleischlicher wird; allmählich gehört uns das Fleisch des anderen, im Schlaf und die ganze Nacht.

«Ich bin ein Feigling, Anaïs. Ich kann dich nicht verlassen. Ich kann dich nicht aufgeben und nach Spanien gehen und kämpfen, was ich eigentlich sollte. Du überwältigst mich und berauschst mich, Anaïs.»

Sein schönes Fleisch, sein Geruch. Werde ich über den Tod triumphieren?

«Weil ich dich liebe, Anaïs, will ich sterben. Nach alldem kann nur noch der Tod kommen. Nur der Tod ist jetzt noch großartig genug.»

Er ist nicht nach Spanien gegangen. Ich befürchte es jeden Tag. Aus Sehnsucht nach Größe, nach dem Opfer, würde er sterben. Exaltation, die zur Vernichtung führt. Daß Gonzalo rings um sich Leben zerstört, ist offensichtlich. Die Leute sehen mich ängstlich an. Charpentier bietet mir intuitiv seine Unterstützung an: «Du siehst aus, als ob du sie brauchen könntest, verloren, zitternd.»

Ich sehe müde aus, nervös. Keine Freude. Ich singe aus einer Welt voller Zerstörung. Wo ist meine Freude? Eine von Melancholie durchsiebte Freude. Welche Traurigkeit in unserer Liebe. Gonzalo sagt: «Ich schäme mich für unser Glück, wenn die ganze übrige Welt leidet.»

Um acht Uhr morgens eile ich nach Hause zu Hugh, rechtzeitig genug, um ihm das Frühstück zu machen, ihn zärtlich zu wecken. -

Mittags eile ich zu Henry, und wir lesen sein Horoskop, das Moricand erstellt hat. Um vier bin ich an Helbas Krankenbett mit der Absicht, zu bleiben; aber Gonzalo bittet mich, nicht zu bleiben, sondern mit ihm zu unserem Nest zu gehen. Wir sind müde, wir wollen sanft miteinander schlafen. Aber sobald wir dort sind, kein Schlaf, sondern glühende Leidenschaft. Unmittelbar nach unserer Nacht ein endloses gieriges Verlangen.

---

2. August 1936

Nacht. Gonzalo und ich spazieren durch den Parc Montsouris. Gonzalo tritt leidenschaftlich für Trotzki ein; er ist gegen Lenin und für den Kommunismus. Er bewegt heftig den Kopf, stolz, wild. Er sieht edel und heldenhaft aus. Er redet.

Eben bin ich von einem Abend bei Henry zurück, wo ich packende Seiten gelesen habe, wo wir im Bett lagen und Henry sagte: «Ich werde alt. Ich habe keine Wünsche mehr.» Und ich muß ihn trösten, ihm sagen, daß es nur vorübergehend so ist, daß ihn seine Arbeit auslaugt. Sein Körper ist tot. Und mit ihm stirbt mein ganzes sinnliches Glück. Eine überwältigende Zärtlichkeit läßt mich kluge Worte sagen: «Jetzt ist alles in deinem Kopf. Jetzt schreibst du über Sex. Wenn das vorbei ist, wirst du wieder lebendig.» Er sagt, er begehre niemanden. Ich spüre seine Liebe und seine Angst. Er hat Angst, weil in seinem Horoskop von sieben femininen und nur einem maskulinen Zeichen die Rede ist.

Um Mitternacht gehe ich neben Gonzalo, und er spricht von der Notwendigkeit, ein Opfer zu bringen und für die Welt zu sterben. «Ich werde im Kugelhagel sterben, Anaïs. Wie weit wirst du mit mir gehen?» *Den ganzen Weg*, antwortet die Frau, aber mein Verstand hält sich zurück; er ist nicht überzeugt. Aus der Welt, aus der Kunst in den Tod. Ich kann es nur als Tod begreifen, weil ich seinen Glauben nicht teile. Noch nie so schwankend. Mir fehlt die Kraft, Gonzalo von einem tragischen Weg abzubringen, denn wenn man jemand zurückhält, der außerhalb der Welt, in der etwas los ist, in der etwas geschieht, kein Künstler ist, tötet man ihn. Und Aktionen und Drama entmutigen mich, weil ich nicht an Politik glaube. Die Kunst ist meine einzige Religion. Politik ist für mich Tod und vergebliches Opfer.

Und Henrys Buch wächst und wächst, geschrieben mit Sperma und Blut, und Henry wird jeden Tag zarter, zerbrechlicher, seelenvoller. Und mein Körper stirbt langsam, weil Gonzalo, der nicht schlicht, direkt und natürlich sein kann, unsere Sinnlichkeit vergiftet. Seine Verkrampfung, Nervosität, Vergeistigung zehren an meiner Kraft; ich fühle mich wie damals, bevor Henry mich natürlich und unbefangen machte. Gonzalo windet sich neben mir in Hochstimmung und Träumen und Anspannung und Schuld und lähmt meine Wünsche, und ich kann nicht schlafen und träume von großen brutalen Männern, die mich gewalttätig nehmen. Aber die Liebe zu Gonzalo wächst, auf Sex wird verzichtet, aber – oh, die Liebe – wenn er schläft, betrachte ich sein Gesicht, seine Schultern, ein femininer Gonzalo, geschaffen für die Liebe, wunderschön anzusehen, wenn er erregt ist. Kommt es darauf an, was ihn erregt? Er ist erregt, und ich sehne mich danach, vom selben Feuer entflammt zu werden, aber es gelingt nicht. Eine von Henry beschriebene Seite erregt mich mehr als sämtliche Bücher von Trotzki. Aber Gonzalo wünscht sich den Tod.

In der Morgendämmerung aus dem Halbschlaf erwachend, sah ich ihn an. Schwäche und Stärke. Die Kraft, um zu sterben. Ich bin traurig und auch zum Sterben bereit, aus Angst und Erschöpfung; ich bin bereit zu sterben, weil mir die Kraft, mit der ich Henrys Arbeit, Hugh, Gonzalo und Helba Leben einhauchte, nun für mich fehlt.

Der Honig fließt nicht mehr. Das Wetter ist grau. Kein Sommer. Keine Sonne. Tragödie und Tod. Henry sagt: «Ich werde alt.» Ich höre Gonzalo im Schlaf murmeln: *«Mi chiquita tan rica, tan rica tu boquita, tan linda...»* Um zwölf Uhr radle ich mit Hugh durch den Bois. Und ich singe, singe vor Freude, lebendig zu sein, singe frech, trotzig, ironisch. Singe, schwitze, bade, schminke mich, frage mich, wann es hier Krieg geben wird und wen ich retten werde, wohin ich gehen werde, zu wem, Henry oder Gonzalo? Hugh werde ich in den Wirren des Krieges verlassen. Ich werde ihn glauben lassen, ich sei tot; daß das Leben mit ihm zu Ende ist. Hugh wird nicht leiden, wenn der Krieg daran schuld ist und nicht gebrochene Treue.

2. August 1936

Was man zwischen den Geschehnissen denkt, ist fast immer falsch. Wahr ist nur, was man denkt, während man lebt. Was ich in Gonzalos Gegenwart denke (Glaube, Gefühl), ist richtiger als der Trennungs- und Entfremdungsprozeß, der danach einsetzt, weil ich der Liebe, mir selbst und dem Leben nicht genügend vertraue. Ich verlasse mich nur auf das Gefühlte, Erlebte. Wenn mich Überlegungen und Befürchtungen von Gonzalo trennen, wie sie mich von Henry getrennt haben – das Gefühl, die Gegenwart des Geliebten machen sie im Handumdrehen zunichte. Diese Gedanken sind die geistige Klarheit, die Leben und Illusion zerstört, die Klarheit, die Rank vor der Auflösung zurückhielt. Mich hält nichts zurück, weil Auflösung ein Teil des Lebens ist. Rank wollte nicht leben und leiden.

In Gonzalos Atelier, mit Hugh und Emil. Gonzalo und ich erschauern, wenn wir nah beisammenstehen, und versuchen, uns einzuatmen. Ein heimlicher Kuß im Dunkel des Treppenhauses ist Seligkeit. Ich spüre, daß er langsam in meinen Körper eingeht, von meinem Körper Besitz ergreift.

4. August 1936

Gestern abend bei Henry hörte ich Moricands verblüffender Plauderei zu. Hure, Kind, drogenabhängig, schizophren. Ich habe Moricand zum Dichter unter den Astrologen erwählt – hellseherisch. Ich fühle ihn körperlich, würde mich gern von ihm berühren lassen. In seiner Gegenwart spüre ich, was er die Neptunwelt nennt, alles, was ich nicht ausdrücken kann, was hinter meinem Tun, meinem Schreiben liegt.

Nachdem ich Gonzalo als den Geliebten akzeptierte, aber nicht als den Mann, der mein ganzes Leben verändern könnte, wurde mir wieder meine Einsamkeit bewußt. Ungeheure Trostlosigkeit. Also an die Arbeit. Nüchtern. Ernsthafte Arbeit. In einer chaotischen Welt zu arbeiten ist schwer. Aber finster entschlossen habe ich angefangen zu schreiben, die Wohnung noch mehr zu einem Paradies des Friedens zu machen, zu leben, als würde nichts zugrunde gehen. Gonzalo kam mit Grippe und Fieber. Ineinander verschlungen lagen wir auf Joaquins Bett. Er schlief auf meiner Brust und erwachte gesund, fieberfrei.

10. August 1936

Die Welt in Chaos. Panik. Hysterie. Ansteckende Krankheit. Mutter und Joaquin zu Hause, in Sicherheit, antworten auf meine leidenschaftlichen Briefe. Gonzalo krank, versagt, wie ich früher vor Leben und Konflikt versagt habe, schleppt sich in die Kunstschule. Krank, weil er Fürsorglichkeit, Zuneigung, Zärtlichkeit, große Ergüsse reiner Leidenschaft entbehren mußte. Ein sinnlicher Nachmittag mit Henry, nachdem ich ihm, wie es meine Gewohnheit ist, neues Manna bringe, Moricands Buch *Le Miroir astrologique*, Blaise Cendrars' *L'Eubage* und *Transsibérien*.

Ein tiefes, unerbittliches Bedürfnis nach stoischer Ordnung. Also widme ich mich der Wohnung, hänge Gardinen auf. Gebe meine Manuskripte Denise Clairouin. Ich korrigiere Tagebücher für sie. Schicke etliche Exemplare von *Haus des Inzests* an Gotham Book Mart in New York. Ich schreibe eisern Briefe. Ordnung. Und wenn ich mich durch Ordnung über das Chaos erhebe, fühle ich mich stark. Es ist die Synthese, die ich zum Handeln brauche, für den nächsten Schritt zur Tat. Ich muß Gonzalo, Henry, Helba, Mutter, Joaquin und Hugh außer Gefahr bringen. Ich fange an, meine Schöpferrolle wieder aufzupolieren, indem ich auf bescheidene Weise lenke und dominiere und dann die Unsicherheiten, Unentschlossenheiten, das Zögerliche und Schlaffe rings um mich herum bekämpfe. Henry völlig aufgelöst, unfähig zu arbeiten. Sämtliche Künstler geben auf. Ich mache weiter. Es ist wahr, ich kann nicht schreiben, aber ich kann leben. Ich kann Leben um mich schaffen, Kraft geben, anregen, verteidigen, lieben, retten. Ich bringe alle meine Manuskripte in den Banktresor, auch dieses Tagebuch, das ich heute abend abschließen werde.

Gestern abend in Rogers düsterer Wohnung saß Gonzalo mit untergeschlagenen Beinen und erzählte: «Ich wurde zu äußerster Grausamkeit erzogen. Auf der Hazienda meines Vaters hatten wir fünfzig Indianerfamilien. Die Diener gehörten praktisch zur Familie, aber wenn sie sich etwas zuschulden kommen ließen, wenn einer erwischt wurde, gab es ein Familiengericht; es wurde ein Urteil gefällt und eine Strafe festgelegt, die sofort vollstreckt wurde. Ich habe als Kind viele Auspeitschungen gesehen. Ich habe gesehen, wie sich die Katholiken in der Kirche selbst geißelten. Meine erste Geliebte – ich nahm sie in ein kleines Dorf mit, wohin mich mein Vater als Aufseher schickte – war ungefähr sechzehn, und ich war siebzehn. Eines Tages folterte ich sie, weil ich verrückt vor Eifersucht war, eifersüchtig wie ein Mohr. Ich hängte sie an den Händen auf, mit einem Gewicht an den Füßen. Ich zog sie selbst am Strick hoch und ließ sie mehrere Minuten lang hängen. Nach zehn Minuten stirbt ein Mann. Mir machte es großen Spaß, obwohl es ungerecht war. Und als ich sie herunterließ, starb sie vor sinnlicher Begierde, *se moría de sensualidad*. Das alles wurde später in mir gezähmt, zuerst von den Jesuiten, dann von Amerika, dann noch mehr in Frankreich.»

Ich spürte den großen, wilden Lebensatem. Ich hungerte danach. Ich bedauerte, daß Gonzalo gezähmt wurde, daß seine Eifersucht heute masochistisch ist statt sadistisch, daß er ins Dôme geht und sich betrinkt, wenn er mich bei Henry vermutet. Irgendwie bin ich enttäuscht. Ich war desillusioniert. Ist der Vulkan erloschen? Der Löwe gezähmt? Der Charakter gebrochen? Ein Löwe mit Grippe, mit von Frankreich, von Amerika verwässertem Blut. Sieben Jahre in New York. Sieben Jahre in Frankreich. Die prachtvolle Vitalität erschöpft. *Les rayons d'un feu amoindri*. Sein Vater war Schotte, seine Mutter eine Inka. Vielleicht schämte sich der Indio in ihm, vielleicht lernte er Mitleid. Selbst die Katholiken in Peru praktizieren den Katholizismus mit Grausamkeit und Gewalt. Aber wir sitzen vergnügt in dem kleinen Gemüsebeet Frankreich, *parmis les jardiniers*. Was tun wir hier, was verdammt noch mal tun wir hier? Ein Krieg und eine Revolution werden Frankreich vielleicht verschlingen.

10. August 1936

Gonzalo sagte: «Wenn ich dich auf eine Seite der Waage lege und die übrige Welt auf die andere, bist du mehr wert. Ich kann mich nicht von dir losreißen. Ich muß ein Feigling sein.»

«Du bist kein Feigling, Gonzalo. Du hast nur nicht genug Vertrauen in die anderen, in die Trotzki-Bewegung. Wenn du wirklich daran glauben würdest, eine absolute Leidenschaft für die Sache hättest, keine Frau könnte dich aufhalten. Nenn dich nicht Feigling. Sieh mich an. Ich war aufgeschlossen, bereit, in die Politik hineingezogen zu werden. Ich ließ mich von meinem Instinkt leiten. Ich merkte, daß ich weder daran glaubte noch die nötige Begeisterung dafür aufbrachte. Und ich vertraue meinem Gefühl. Ich sage nicht: ‹Ich muß mich irren, und sie müssen recht haben.› Ich sage: ‹Für mich muß es richtig sein.› Dein Instinkt hat gesprochen. Es braucht mehr Mut, zu seiner persönlichen Überzeugung zu stehen, als dem zuzustimmen, was alle meinen. Du wirst mehr Mut brauchen, um zu bleiben, als um nach Spanien zu gehen.»

Die Liebe wächst, wird tiefer. Der innere Antrieb gewaltig. Ich denke zwanghaft an ihn, sogar wenn ich bei Henry bin. Henry so matt und fahl.

Seltsames Leben. Henry und ich legen uns nieder und lieben uns so vollkommen wie früher. Ich liege ruhig und befriedigt. Die körperliche Welt glüht wieder, gedeiht. So etwas wie Frieden. Aber das hält mich nicht. Ich verlasse Henry und treffe Gonzalo, wie die Nacht, wie Feuer. Wir brennen gemeinsam in einer Art Schweigen. Ich habe nichts getan, um ihn zu halten. Ich bat nicht und sprach nicht darüber. Ich wartete und liebte ihn. Kein unmittelbarer Einfluß. Keine Worte. Ich wartete. Und er überwand seinen Konflikt.

Heute zeichnet er den ganzen Nachmittag in der Kunstschule. Langsam gibt er den Montparnasse und das Trinken auf. Er braucht seine Kraft.

Turner kam, und weil ich eine ganze Woche nicht bei Henry gewesen bin und Gonzalos Küsse mich erregt hatten, gefiel mir seine Erotik, Sex pur. Als ich mich mit ihm hinlegte, rief Gonzalo an, und Turner liebkost mich zwischen den Beinen, während ich mit Gonzalo spreche. Turner, dessen Erregung Wirkung zeigt, der schon eine Erektion bekommt, wenn er meine Stimme über das Telefon hört; der Honig fließt; aber kein Orgasmus, weil ich Gonzalos Gesicht vor mir sehe, während mir Turner Obszönes und Geiles zuflüstert. Und eine Stunde später treffe ich Gonzalo, den göttlich schönen Gonzalo, zu nervös und zu schnell. Erotik verschlingt mich, mein sexuelles Verlangen pocht in mir wie ein zweites Herz, ein Feuer zwischen den Beinen, von Henry entfacht – unlöschbar. Ich kann nicht aufsteigen, kann nicht von der Erde emporsteigen, nicht einmal mit Gonzalo. Gonzalo zu sehr wie ein Gott, also träume ich nachts von Orgasmus bei der bloßen Berührung mit Turners sexueller Glut und erwache mit Bildern von Gonzalos Gesicht. Alles in Stücke gerissen. Und doch ... alles in Stücken, in Stücken, Körper und Seele zerren, die schöpferische Tätigkeit zerrt, Feuer ruft mich, Wasser und Luft, auf allen Ebenen. Ich blühe, weine, küsse, liebe, begehre. Warum dringt Gonzalo nicht in meinen sinnlichen Kern und nimmt dort von mir Besitz? Warum? Und Henry stirbt sexuell, stirbt, reduziert.

Mutter und Joaquin gerettet durch einen beredten Brief, in dem ich ihnen schrieb, Mallorca zu verlassen. Gerade noch rechtzeitig.

Von meinem Vater nichts gehört, aber für mich ist er bereits tot.

Henry so in Panik, so schwach angesichts dieses Auseinanderbrechens, daß er sich ins Bett legte. Ich fand ihn im Bett, und wir landeten wie Obdachlose in einem blöden Film. Welche Schwäche im Leben!

Als ich meinen Brief an Hilaire Hiler adressiert hatte, schrieb ich auf die Rückseite des Kuverts über mein Wappen: «An die Kommunisten: Das bedeutet nicht Kapitalismus, sondern Poesie.»

Ideen sind ein trennendes Element. Sinnlichkeit verbindet. Verstandeswelten sind Isolatoren. Sinnliche Tage bringen einen dazu, alles und jeden zu umarmen, alle Menschen, die Welt, die Schöpfung.

Supervielle sagte, er versuche stets, den Mann einzuholen, der er sein wollte.

Etat amoureux de l'artiste, unaufhörlich. Schwingungszustand. An manchen Tagen sehe ich so viele Münder, die ich gerne küssen würde. Nachdem mir jemand sagte, eine bestimmte Form des Ohrläppchens ließe auf Grausamkeit schließen, studierte ich die Menschen wie besessen – in der Métro, den Busschaffner, Gonzalo, Henry. Ich sah sie mir genau an und fragte mich: Ist er grausam? Ist das ein grausames Ohr? Ich sah nur noch Ohren. Wie häßlich sie sind. Ohren. Ohren von Arbeitern, Betrunkenen, Landstreichern, Taxifahrern, Metzgern. Wie monströs.

Was Zweifel und Argwohn einflößt, sind die Unwahrheiten und Treulosigkeiten in uns selbst. Wenn man nimmt, vorgibt, täuscht, dann wird auch das Leben falsch, trügerisch.

Gonzalo schrieb mir das erste Mal nach meinem ersten Besuch in seinem Atelier, nachdem ich dort meinen kleinen Terminkalender vergessen hatte. Er brachte ihn mir mit den folgenden Zeilen zurück: «Du hast Dein Notizbüchlein vergessen, und weil Du es vermutlich brauchst, bringe ich es Dir zurück. Sein Duft füllte gestern abend die asketische Atmosphäre meines Ateliers. Es war so unwirklich und hatte eine so magische Kraft, daß ich tiefer und tiefer in mich gehen mußte. Gonzalo.»

Notiere noch einiges zu Fes. Im Straßengewirr von Fes versuchte ich nicht mehr, einen Blick auf die Teile von mir zu erhaschen, die gestorben waren, um sie vielleicht doch noch am Sterben zu hindern. Ich ließ kein Fitzelchen von mir in Fes zurück. Jeder Augenblick wurde als Ganzes gelebt. Im Tagebuch brauche ich nicht zu sagen: Ich sehe, ich atme. Ein zwanzigjähriges Martyrium am Kreuz des Zweifels. Zweifel an allem. Am Leben selbst. Und hier war Fes, das sich entwickelt hat wie die Seiten meines Tagebuchs. Aber ich kann den Burnus ablegen. Ich kann mein Gesicht vor der Welt entblößen.

Beziehung zwischen Henrys Horoskop und meinem. Diese zwei Themen, sagt Moricand, sind eng verwandt, aber besonders auf einer intellektuellen Ebene. Es gibt so etwas wie ein spirituelles Fundament.

Seltsam . . . die feurige, leidenschaftliche Liebe. Wir gingen nachts durch die Straßen, küßten uns zwischen kurzen, unvollendeten Sätzen. Plötzlich lag seine sehr warme, sehr schwere Hand auf meinem Nacken, sein Mund auf meinem, und mit einem Mal war ich mir auf so unermeßliche, so vollständige, so überwältigende Weise des Feuers der Liebe bewußt, daß ich beinahe auf die Knie fiel, um ich weiß nicht wen zu lobpreisen, denn ich kann wirklich sagen, ich habe die höchsten Höhen der Leidenschaft, vollkommener, sinnlicher und mystischer Leidenschaft, kennengelernt; daß sowohl Henry als auch Gonzalo, auf unterschiedliche Weise, die wundervollsten Liebhaber waren, die ich empfing und denen ich alle menschenmöglichen Liebkosungen zukommen ließ, und daß dies die größte Freude auf Erden ist. Liebe. Leidenschaft. Zärtlichkeit.

Gonzalo sagt, meine Zärtlichkeit sei phantastisch, sie sei spanisch, und keine Amerikanerin sei leidenschaftlich und warmherzig und sanft zugleich.

Erforsche mit ihm sein Leben in Peru, in Lima, mit den Indios. Wenn ich meine teuflischen Seiten übertreibe, so deshalb, weil Gonzalo dann sagt: *«Bandida, qué bandida mi chiquita»* und mich noch leidenschaftlicher küßt.

An Barthold Fles: Wenn ich gewußt hätte, was für ein unsteter, unzuverlässiger, launischer Mensch Du bist, hätte ich gesagt: Gut, das gefällt mir an den Menschen, alle meine Freunde sind unstet, sie halten nicht Wort, sie gehen und kommen wieder, das ist in Ordnung, aber ich arbeite nicht mit ihnen, ich lege nicht meine Pläne, Hoffnungen oder Unternehmungen in ihre Hände. Meine Arbeit mache ich für mich. Mit den erratischen Freunden sitze ich in Cafés und unterhalte mich. Das bedeutet, daß ich bereit bin, mit Dir in Cafés zu sitzen und zu plaudern. Ich weiß, daß es mir Spaß machen wird. Es bedeutet aber auch, daß Du mir mein Buch über Lawrence und das Manuskript meines Vater-Romans zurückschicken wirst. In der Zeit, die vergangen ist, seit Du sie mitgenommen hast, hätte ein anderer alles mögliche für mich tun können. Mir gefällt auch nicht, daß Du Briefe nicht beantwortest, daß Du kamst und gingst, ohne mir mitzuteilen, ob sich etwas getan hat. Was mir an einem Freund gefällt, entspricht nicht dem, was ich von einem Agenten erwarte: Ordnung, Fleiß, Zuverlässigkeit. Deshalb gib mir beide Sachen so bald wie möglich zurück. *Bonjour*, Freund, und Adieu, Agent.

---

18. August 1936

Eines Abends, als Gonzalo mit Helba kam und mit Joaquin sprach, verzweifelten wir beinahe, weil wir uns ansehen, aber nicht küssen konnten. Später ging er in Rogers Wohnung, legte sich dort hin und dachte an mich. Nahm Rogers Exemplar von *Wendekreis des Krebses* zur Hand. Fuhr hoch vor Schmerz und Wut und Abscheu. Das also war der Mann, mit dem ich schlief. Die Anstößigkeit, der Realismus, das Billige, Vulgäre. Er wollte auf ein Schiff gehen und mich nie wiedersehen. Was für ein Leben hatte ich geführt, in welcher Welt hatte ich gelebt, in Schmutz und Schund und Gewöhnlichkeit? Doch ich, ich war, was ich war und was er liebte. Und das war der Schriftsteller, von dem ich sagte, er sei bedeutend. Er wirkte düster und gequält. Wir trafen uns nur für eine Stunde. Er wollte mir nicht sagen, was ihn bedrückte, und ich war weit davon entfernt, es zu ahnen. «Heute nacht werden wir uns ordentlich streiten», sagte er. Ich dachte, es würde um Kommunismus gehen. Als wir nebeneinander lagen, explodierte er, und ich versuchte, ihm zu erklären, daß das alles war, bevor ich Henry kennenlernte, daß das jedenfalls nicht der Henry war, den ich kannte; er zeigte mir den «wahren» Henry (wenn heute Frauen auf Henry zugehen und sagen: «Wer ist deine neueste Möse?», errötet Henry und wendet sich ab).

«Aber all das Häßliche in seinen Gedanken, in ihm...»

«Aber Häßlichkeit hat Charakter, Gonzalo, wie die Karikaturen von [George] Grosz, wie die von Goya.»

Aber nach einer Weile merkte ich, daß der ganze Sturm nur Eifersucht und Emotion war, alles, was er sagte, war irrational, widersprüchlich, töricht, und so konnte ich nur versuchen, Gonzalo zu versöhnen. Und dann brach alles wieder über mich herein, alles, worunter ich bei Henry gelitten hatte, seine Vorliebe für das Vulgäre, Billige, Seelenlose. Und ich begann zu schluchzen. «Heute sind die Menschen, mit denen ich leben kann, nicht seine Freunde.»

Dann war Gonzalo gerührt. Ich sagte: «Du hast eine Vergangenheit wachgerufen, die ich vergessen hatte.»

«Keine Vergangenheit», sagte Gonzalo mit der gleichen Intuition, die Rank besaß – als ob sie Henrys immer noch ragenden Schatten sehen könnten.

Und am nächsten Tag sah ich Henry und alles, was ich an Henry hasse, und der Gegensatz zwischen ihm und Gonzalo ist so kraß, daß ich um einen Vergleich nicht herumkomme. Und ich mache Henry eine Szene wegen einer Kinderei, eine sinnlose, bittere Szene wegen Desillusion, unsachlich, unerklärlich, die Henry mit gesenktem Kopf über sich ergehen läßt, und ich bin so traurig, daß mir übel wird, denn Gonzalo macht mich nicht glücklich mit seiner Politikbesessenheit. Es ist Liebe und Leidenschaft, aber keine Erfüllung und kein Glück. Er hat so viele Risse, Gegensätze, Unvereinbarkeiten. Voller Geheimnisse.

Und wenn ich ihn dränge, sich zu äußern, finde ich aufblitzendes Verständnis, aufblitzende Klarheit, aber auch große Blindheit und daß eine fundamentale Sicht fehlt, immer fehlt ein fester Kern. Ich habe ihn von seinen Attacken gegen den «Elfenbeinturm» und Kunst kuriert, weil ich sage: «Nun gut, wenn du willst, daß ich Stellung beziehe, dann bedeutet das für mich tätig sein. Der Grund für deinen Konflikt zwischen Individualität und Kollektivismus ist, daß du zögerst, aktiv zu werden...»

«Ich will dir ehrlich sagen, Anaïs, ich weiß nicht, was ich tun soll.»

Ich kann ihm nicht helfen, weil wir uns, wie zu lesen war, in der *envoûtement*-Periode (der Bezauberungsperiode) unserer Liebe befinden. Wenn wir uns treffen, sind wir nur hungrig und berauschen uns gegenseitig. Ich kann ihn nicht drängen, nach Spanien zu gehen, um sich umbringen zu lassen. Ich kann ihm nicht zureden, Trotzkist zu werden, weil er weiß, daß ich nach meinen Vorstellungen lebe. Er weiß das. Er weiß, daß ich, wenn ich daran glaubte, nicht die Hände in den Schoß legen und Bücher schreiben würde. Wenn ich nicht Feuer fange, dann ist es eben Gleichgültigkeit. Nicht weniger. Extreme. Und wir liegen dort, brennen vor Liebe und erwachen so hungrig wie zuvor – und entscheiden nichts. In der Morgendämmerung stehen wir auf und gehen noch halb schlafend zu dem Café in Denfert-Rochereau. Wir kaufen eine Zeitung. Blut. Massaker. Folter. Grausamkeit. Fanatismus.

Henry jammert, denn Frankreich war seine einzige Hoffnung, daß sich für ihn nichts ändert. Er ist auf Großstädte, auf Äußerlichkeiten angewiesen, um sich zusammenzuhalten. Er tut mir leid, doch ich weiß jetzt, daß ich bei keinem Mann, der mich erwählt, mich liebt, vergöttert, bei keinem, mit dem ich schlafe, Kraft finden werde.

---

20. August 1936

Diese Kraft, die ich anderen gebe – du, mein Tagebuch, weißt, woher ich sie beziehe. Es ist zu schade, daß du mich immer von meiner schlechtesten Seite kennenlernst. Du hörst mich stöhnen und klagen, aber wenn ich hier stöhne, habe ich meine Arbeit bereits getan. Wenn ich Henry am nächsten Tag sehe, hat mein Einfluß gewirkt, und er arbeitet entweder oder bemüht sich um inneren Zusammenhalt. Wenn ich Gonzalo aufsuche, geht er nicht mehr ins Dôme, sondern zeichnet täglich einige Stunden und singt der Einsamkeit und Abgeschiedenheit das Lob. Dinge und Menschen ändern sich. Hier stütze ich meinen Kopf auf und weine, fluche und jammere. Aber wenn ich dich weglege, dann nur, um etwas zu schaffen und Leben zu geben. Ich lebe in einer Zeit von Auflösung und Zerfall. Selbst Schöpfung und Kunst gelten heute nicht mehr als Berufung, als Schicksal, sondern als Neurose, Krankheit, Ersatz. Ich nannte dieses Tagebuch «Drifting». Ich dachte, auch ich würde mich auflösen. Aber mein Tagebuch und ich, gemeinsam scheinen wir ganz zu bleiben. Ich kann mich nur eine Weile treibenlassen; dann muß ich schöpferisch sein und wieder integrieren. Bei meinem ersten Kontakt mit Gonzalo zerfiel ich. Nun werde ich ganz.

Henrys Verdorbenheit ist eine *«fleur de peau»*, sagte Gonzalo.

Meine ist tiefer. Ich bin nicht von einer Stadt, sondern von einer Person zerschlagen worden. Ich verstehe jetzt, warum ich an manchen Orten, wo Disziplinlosigkeit, Hemmungslosigkeit, Zersetzung herrschen, Angst habe. Es ist nicht meine Art. Ich löse mich in Liebe, Begehren, Leidenschaft, Sinnlichkeit auf, kein Verlust des Willens, nur bei Versagen, Niederlage, Masochismus, Tod. Henry verfaßt zur Zeit in *Wendekreis des Steinbocks* die wohl beste Beschreibung von Leere, Verfall, Fäulnis. Er symbolisiert und schildert die Krankheit des modernen Menschen. Er ist eins mit dem Chaos der Welt, der Städte, der Straßen. Seine Anonymität bereitet mir die größte Angst, weil sie kollektiv ist, der Verlust des Ich. Ich verliere mich nicht. Seine Zersplitterung erscheint mir tödlicher als meine. Wenn ich von einem Leben mit Henry überwechsle zu den Nächten mit Gonzalo und den Tagen mit Hugh, so ist das ein Kreislauf, ein erweitertes Leben, aber keine Auflösung, obwohl ich jeden Augenblick haarscharf daran vorbeischlittere.

Meine Grausamkeit gegenüber Henry wegen seiner Passivität. Wie ich ihn quäle, wenn er mich kränkt. Ich mache ihn eifersüchtig, erwähne Cafés, in denen ich war, Spaziergänge durch die Stadt. Und dann ringe ich ihm ein paar Liebesworte oder Liebesgesten ab, die sein chinesisches Verhalten so häufig nicht zuläßt. Wie er den chinesischen Mangel an Sympathie bewundert. Wenn ich Henry für eine kleine Trägheit bestraft habe, liebe ich ihn um so mehr. So auch gestern, wo wir uns wieder mit tiefer, vitaler Zärtlichkeit nah waren. Nach unserem Liebesspiel wachte ich auf und sprach Spanisch. Er neckte mich und sagte: «Du mußt mit einem Spanier geschlafen haben.» Sämtliche Elemente der Perversion, lieben, was ich nicht bewundern kann, Henrys Leben.

Um zehn Uhr traf ich Gonzalo und wurde mir mehr und mehr bewußt, daß er der Traumgeliebte ist. *«L'amant esclave qui pourrait être bourreau»*, sagte Charpentier.

In der Dunkelheit singe ich: *«España que te mueres. No has sabido que te quiero.»*

22. August 1936

Roger Klein kam aus Spanien zurück, um ein Uhr morgens, und fand Gonzalo und mich in seinem Bett. Zum ersten Mal waren wir in einem Bett; sonst lagen wir immer auf einer blanken Matratze auf dem Fußboden, die wir unsere «Opiumhöhle» nannten. Gonzalo hatte von einer Straßenbaustelle eine rote Laterne gestohlen, die ein schwaches, trübes gelbliches Licht gab. In jener Nacht waren wir in eine irgendwie bodenlose Weichheit gesunken, einen Brunnen von Wärme und Zusammenfließen, in jenes Zusammengehen des Atems und Nachgeben des ganzen Ich, das innigste Verbindungen schafft, die gefährlich tiefen Lieben. Stufe um Stufe, wie die Treppenstufen hinauf in Rogers Atelier, waren wir tiefer in uns hineingegangen, jeder wurde mehr und mehr geöffnet. Von Roger aus dem Schlaf gerissen, zogen wir aus. Verbrachten den Rest der Nacht im Hôtel Anjou; der fatale Kreis von Freveltaten; denke sowohl an Henry als auch an Eduardo.

Am nächsten Abend, als Gonzalo und ich nur eine Stunde für uns haben, geraten wir heftig aneinander. Gonzalo redet aufgeregt, unbeherrscht, ungerecht, und der Schock, den mir dieser Streit versetzt, ist ebenso schmerzhaft wie damals, als Henry mich im Garten von Louveciennes das erste Mal angriff. Ich werde mir plötzlich bewußt: Das ist das erste Mißverständnis, der erste Zusammenstoß, die erste Trennung.

Die Chinesen sagen, die Zukunft ist nur der Schatten der Vergangenheit. Meine Vergangenheit wirft einen Schatten auf meinen Weg, und wenn ich manchmal einen Umriß dieses Schattens sehe, kann ich zusammenzucken, als hätte mich ein Messer durchbohrt. Einen solchen Schmerz empfand ich, als Gonzalo die Welt attackierte, in der ich lebe, die angelsächsische Zivilisation, meine unpolitische Haltung, einen Satz in meinem Buch – einen so erschreckenden Schmerz, ein Gefühl von Zank und Streit, eine Müdigkeit, ein Gefühl, als wären alle meine alten Wunden wieder aufgerissen, daß ich erschrak wie ein Tier in einem Dschungel. Ich wurde starr, zornig, unerbittlich, bitter, verschlossen, und ich schlug zurück und verletzte ihn, und ich sagte, ich wollte ihn am nächsten Tag nicht sehen – was bildete er sich ein, mich anzugreifen, was hatte er denn aus seinem Leben gemacht? Ich kränke ihn, denn während ich das sage, fällt mir ein, daß er wieder zu zeichnen begonnen hat, sich gegen seine Zechkumpane wehrt, selbst weniger trinkt.

Wir verletzten uns gegenseitig.

Und er fand darin ein wollüstiges Vergnügen, in den Erschütterungen, dem Schmerz, den Wunden. Ich mußte an seine Worte denken: «Mit Grausamkeit kannst du mich schöpferisch machen . . .»

Aber diese Feindseligkeiten machten mich fix und fertig. Mußte ich wieder einmal um meine eigene Existenz kämpfen? Sollte dies ein weiteres Duell werden wie mit Henrys zerstörerischen Kräften? Ich könnte es nicht ertragen. Ich bin müde. Ich will Frieden und Eintracht. Ich schrieb den üblichen Anaïs-Brief voller Heftigkeiten, die ich nie sagen könnte, las ihn zusammen mit ihm, verbrannte ihn, bedauerte meine Worte, gab dem Mondsturm die Schuld, dem monatlichen Wahnsinn, den Schatten der Vergangenheit, meiner Veranlagung, der lähmenden Furcht vor Grausamkeit und Zerstörung; war wieder einige Tage nicht ganz bei Verstand, fühlte den Haß der Arbeiter auf den Straßen wegen Gonzalos Ausspruch: «Ich möchte dich klassenbewußt machen» und meiner Entgegnung: «Ich bin inzwischen fest entschlossen, mich aus der Welt herauszuhalten, aus allem Weltlichen, aus allen Organisationen dieser Welt. Ich glaube nur an Poesie.»

«Aber der Mystizismus von Marx . . .»

«Es ist nicht mein Mystizismus.»

«Du hast nicht den religiösen Mystizismus.»

«Meine Religion ist die Kunst.»

In derselben Nacht, nach Gonzalos Besuch am Nachmittag, verließ ich Henry um Mitternacht, verließ einen zärtlichen Henry mit gemischten Gefühlen aus ein wenig Schmerz und Freude, ging eine Straße weiter, ging am Café vorbei zu einem anderen Café, wo Gonzalo wartete. Ein paar Stunden zuvor hatte ich mich von Gonzalo vor Colettes Tür verabschiedet, war um die Ecke gebogen und hinter Colettes Haus zu Henrys Atelier gegangen.

Gonzalo und ich vollkommen betrunken von Küssen. Es ist drei Uhr morgens, und wir laufen umher und bleiben nur stehen, um uns gierig zu küssen. «Wie gut, daß wir uns gestritten haben», sagt er. «Wie war der Abend bei Colette?»

«Hablamos chino.»

«Ja, ja, ihr habt Chinesisch gesprochen.» Er lachte. «Und du und ich haben Chinesisch gesprochen, und alles ist chinesisch und bedeutungslos, nur nicht der Kuß, in dem ich spüre, daß du mein bist.»

Wir saßen auf einer Bank und blickten auf das Schattengewirr der Zweige. Ich erzählte ihm das von der Zukunft, daß sie der Schatten der Vergangenheit sei. Ein übergroßer goldener Schlüssel hing vor einem Geschäft. Ich sagte: «Gonzalo, nimm ihn und öffne damit ein Zuhause für uns. Nachdem Roger zurück ist, *no tenemos casita*, haben wir kein Zuhause mehr.»

Und wir finden Hotelzimmer unerträglich. Im Hotelzimmer waren wir beide traurig.

Gegensatz: Gonzalo rümpft die Nase über Cocteaus Weltreise, weil niemand über Griechenland, Ägypten, Indien und China schreiben sollte, während Spanien brennt; aber als ich Henry treffe, ist Cocteaus Artikel über China das einzige, was er in der Zeitung gelesen hat, und der Traum ist sofort wiederhergestellt anstelle von Gewalt, Brutalität, Sadismus und dem kollektiven Selbstmord der Spanier.

23. August 1936

«Gonzalo, wir können nicht in ein Hotel gehen, und irgendein Zimmer oder das Haus oder die Wohnung von jemand anderem wird auch nicht genügen. Wir brauchen entweder eine *roulotte* (Wohnwagen) oder ein Hausboot.»

«Eine *roulotte!*» Gonzalo war begeistert. Der Gedanke verwandelte, entzückte uns. «Eine *roulotte*. Eine *roulotte*, ein Platz abseits von allem, der uns gehören wird, Anaïs. Wir können die Tür zumachen und die ganze Welt draußen lassen. Ich werde das Gefühl haben, etwas zu besitzen. Du wirst früh kommen, und wir werden unser Essen über einem Feuer kochen. Wir werden den Wohnwagen in deinen Farben streichen. Ich werde eine Zuflucht haben, einen Platz, wohin ich vor den Leuten fliehen kann. Aber es muß ein Geheimnis bleiben. Niemand soll es wissen. Versprich es.»

Gehen und träumen. Ich stelle mir eine Million Szenen vor, daß ich meine Kostüme mitbringe, ein paar Bücher. Gonzalo träumt, erfindet.

Gonzalo wollte schon lange einmal in meinem Bett schlafen, in meinem Schlafzimmer, das mit schwarzem Samt ausgeschlagen ist. Hugh fuhr nach London. Ich trug mein Majakostüm, zündete die Kerzen aus Fes an, und dann kam er. Dreimal habe ich für einen Geliebten mein spanisches Kostüm angezogen. Für Henry, der es überhaupt nicht verstand und nur eingeschüchtert war, weil es ihm merkwürdig vorkam; für Rank, der es bewunderte, hocherfreut, demütig, aber keine Rolle daraus machte, für den es exotisch, theatralisch war. Aber dann für Gonzalo. Als Gonzalo hereinkam mit seinem glänzenden schwarzen Haar, das er glatt zurückgekämmt hatte, seinem würdevollen, vornehmen Auftreten – was für ein Bild bot sich mir in meinem Spiegel. Welche Schönheit, seine große, dunkle, eindrucksvolle Erscheinung, der Traum eines Geliebten. Und ich so blaß, Augen schwarz geschminkt, Mund wie die fleischfarbenen Nelken, und mein altes spanisches Blut wallte auf. Ich, die jenseits und außerhalb meines Volkes lebte – aber Herkunft ist eine Realität, es ist eine angeborene Realität. Eine Nacht in Verzückung, tiefer und tiefer in die Schichten unseres Wesens. Gonzalo will mich nicht in Besitz nehmen, unterläßt es, um neue Welten der Zärtlichkeit zu finden, neue Ausdrücke, um die Resonanzen auszuweiten, sucht er, er wußte nicht, was. Er versucht, die Sexualität zu vergessen, weil wir, wie er sagt, in den Realismus der Sexualität eingedrungen waren; sucht neue Reiche, neue Empfindungen, die wir noch nicht erlebt haben.

Finden Liebe, das Unermeßliche.

Leidenschaft, nicht sexualisierte Leidenschaft, flutet rings um uns. Meine Arme halten ihn, die Küsse vermehren sich, breiten sich aus, bedecken den Körper und schwingen und hallen endlos wider in einem Leib so tief wie eine Kathedrale. Welche Trancen, welche Träume, welche Wellen und Entfaltungen von Küssen. Küsse im Schlaf, sich berührende Seelen. Die sexuelle Erregung wird nicht befriedigt, und so ist es die Seele, die gegen die Schläfen trommelt und im Körper dröhnt. «Das Kalte am Sex», sagte er, «am reinen Sex.» Sie haben alle geklagt. Ich habe es gesagt, als Henry mich nur für den Sex nahm, so oft frech und ohne Gefühl, ohne Emotion, die bei mir immer dabei war. Gonzalo mit endlosen Emotionen, mit allen Schattierungen und Eigenschaften des Empfindens, mit tausend Gefühlswechseln. In manchen Augenblicken empfinden wir Dankbarkeit.

«Du bist im entscheidenden Moment gekommen, Anaïs.»

«Du bist gekommen, als ich zutiefst unglücklich war, Gonzalo.»

Wie viele kostbare und wundervolle Dinge wir ausgraben, wie vieles haben wir verbuddelt, um das Leben anderer zu leben. Wir machen sie ausfindig. Feinheiten. Tausend Köstlichkeiten. Ich krümme meinen Körper, umschlinge ihn. Schaffe eine warme Atmosphäre.

Wir fürchten die tiefe Liebe nicht – Gonzalo, weil er sich ganz dem Leben hingibt; er ist nicht neurotisch, und gottlob ist er ein Ästhet, nur kein Künstler. Ich fürchtete die Tiefen dieser Liebe und wehrte mich dagegen bei Henry und George. Ich fürchtete, den Boden der Wirklichkeit zu verlieren, den ich mit so viel Mühe erreicht hatte. Und nun erscheint er mir gar nicht so kostbar, sondern schwer und prosaisch; er hinderte mich am Fliegen; es gibt zuviel davon.

Ich denke an mein Leben mit Gonzalo wie an einen Traum und eine große Liebe. Ich bin dankbar. Ich preise mich glücklich. Nach dem Tag, als Hugh mit Helba allein sprach (Hugh analysiert Helba) und Gonzalo und ich spazierengingen, um uns zu küssen, beinahe vor Hughs Augen, vor Joaquins Augen, wollte ich in die Kirche gehen, um irgend jemand zu danken, aus Dankbarkeit.

Ein Tag und eine Nacht meines Lebens: Morgens schreibe ich Briefe an meine Geschöpfe, meine Patienten. Betty kommt, um mir ihr Manuskript vorzulesen. Es geht ihr gut. Sie sagt: «Es ist merkwürdig; alles scheint so wirklich geworden zu sein, so nah, so lebendig.» Ich lege ihre Seiten in einen meiner Ordner, beschrifte ihn für sie und schicke sie fort. Bei der Schneiderin lasse ich mir aus dem Hinduschal ein Kleid machen, aber ich weiß nicht, wo ich es tragen soll. Es spielt keine Rolle, ich brauche es; es ist Poesie, es hängt dort, es ist symbolhaft, es gehört zum Ritual. Vielleicht, wenn ich dieses Kleid trage, wird die Welt aufhören zu zerfallen und zu sterben. Vielleicht kann ich diese Flut von Langweiligkeit eindämmen, die Ausbreitung der Phantasielosigkeit stoppen. Ich trage das Kleid für Hugh, der traurig ist, weil er meine Träume nicht mehr beschützen kann, so wie ich traurig bin, weil ich Henry nicht gänz-

lich aus dem Getümmel der Welt heraushalten kann. Ich küsse
Hugh sanft auf den Hals, und er sagt: «Du siehst so gut aus.
Warum siehst du so gut aus?» Ich sage: «Es war die gestrige zärtliche Nacht» – die Nacht mit ihm, die ich mit geschlossenen Augen
ertrug. Aber Hugh ist glücklich, und wir lesen zusammen die Zeitung.

Um halb drei bin ich bei Henry, der sagt: «Halten wir eine
Siesta.» Die Sonne scheint auf das Bett, und Henry nimmt mich
mit schlichter, gesunder Natürlichkeit, die mich an der Oberfläche
der Haut berührt, und der Orgasmus ist kräftig, doch irgendwie
weit weg von mir, weil es ein Orgasmus ohne Leidenschaft ist. Das
Wunderbare daran ist vorbei. Es ist ein Orgasmus, nur das Wunder gibt es nicht mehr. Es ist ein körperliches Vergnügen ohne
Widerhall, wie etwas, das man verspeist.

Ich lese, was er geschrieben hat, versuche, ihm seine Sicherheit
wiederzugeben, damit er arbeiten kann. Ich sollte ihn bitten, das
Atelier aufzugeben und sich eine billigere Wohnung zu nehmen,
aber er tut mir leid, als er sagt: «Es ist der einzige Ort, wo ich
wirklich Ruhe und Frieden gefunden habe.» Also gebe ich wieder
nach, und wir sprechen scherzhaft über künftige Reisen, während
ich mich frage, ob ich einen einzigen Tag getrennt von Gonzalo
ertragen könnte.

Abendessen mit Henry. Englischer Surrealismus. Cendrars. Der
Minotaure. «Ich habe nichts dafür übrig», sagte Henry. «Immerhin
habe ich mich schon als Kind dagegen gewehrt. Ich kann nur den
verstehen, der Not leidet, und den verstehe ich bestens. Aber
nicht das Drama in Spanien.» Ich brachte ihm ein Tischtuch und
Bettwäsche. Ich erzähle ihm, was ich in der Kabbala gelesen habe.

Die Kabbala. Um zehn Uhr abends treffe ich Gonzalo in einem
Café und sage: «Dein Stern heißt Antares.» Wir gehen, bis mir die
Füße weh tun, wir gehen und küssen uns, und Gonzalo zeigt mir
seine Zeichnungen von grotesken alten Frauen und Säufern.
«Warum zeichne ich so fieberhaft für dich? Du hast mich nicht
gebeten zu zeichnen, du hast sogar gesagt: ‹Ich bin froh, daß du
nicht schreibst oder arbeitest, Gonzalo.› Welche Kraft ist in der
Liebe, welche Kraft in dir, selbst wenn wir schlafend nebeneinander liegen! Es geschehen so merkwürdige Dinge.»

Ich gebe mehr als die Hälfte von dem, was ich habe. Deshalb

konnte ich mich nicht den größeren Problemen der Welt widmen: Meine individuelle Welt, mein persönliches Leben war vollkommen, es war Geben und Nehmen und voll bis zum Überfluß. Und so große Not in meiner unmittelbaren Nähe und rings um mich herum. Das ziellose Dahintreiben geschah inmitten von Überfülle und Reichtum, an dem ich teilhatte und teilhaben ließ.

31. August 1936

30, Quai de Passy. In Peru heilen sie den Wahnsinn, indem sie den Wahnsinnigen an ein fließendes Wasser setzen. Das Wasser rinnt, er wirft Steine hinein, und sein Wahnsinn vergeht.

Deshalb blicke ich jetzt auf die Seine. Ich höre die Menschen rufen: «*La Rocque au poteau!*» [La Rocque an den Mast]. Gonzalo und ich küssen uns, aber trotzdem sah ich durch das Zugfenster, daß plötzlich alle Bäume kopfstanden und ihre Wurzeln in die Luft reckten; ich hörte die Worte: *Roots, roots!*, und ein neues *Haus des Inzests* begann, während Hugh und ich zu einem langweiligen Besuch bei den Turners fuhren und Gonzalos Kopf überall erschien, wo ich hinsah, wie ein mythologischer Kopf.

In einer Welt, in der jeder krank ist vor Zersplitterung, wo jeder zerbricht, sich schwächt, spaltet, etwas vormacht, auflöst, kann Gonzalo mit einer Ganzheit strahlen, einer Intensität, die seiner Stimme sogar am Telefon etwas verleiht, das mir die Haare zu Berge stehen läßt, wie die Bäume an der Straße. Die Seine fließt, und ich werfe Steine, mein Wahnsinn ist nicht geheilt, und *Haus des Inzests* Nummer zwei beginnt mit Wurzeln und der Seite über Furcht, und so wird mich die Revolution für verrückt befinden, für irrsinnig vor Träumen und Liebe zu Gonzalo.

Wann beginnt wirkliche Liebe?

Anfangs war sie ein Feuer, Eklipsen, Kurzschlüsse, Blitze und Feuerwerk; dann Weihrauch, Hängematte, Droge, Wein, Parfüm; dann Spasmus und Honig, Fieber, Erschöpfung, Hitze, flüssiges Feuer, Fest und Orgie; dann Träume, Visionen, Kerzenlicht, Blumen, Bilder; dann Bilder aus der Vergangenheit, Märchen, Geschichten, dann Seiten aus einem Buch, ein Gedicht; dann Lachen, dann Keuschheit.

Wann reicht die Messerwunde so tief, daß das Fleisch vor Liebe zu weinen beginnt?

Zuerst Kraft, Energie, dann die Wunde und Liebe, Liebe und Ängste, der Verlust des Ich, das Geschenk, Sklaverei. Zuerst herrschte ich, liebte weniger; dann mehr, dann Sklaverei. Sklavische Abhängigkeit von seinem Bild, seinem Geruch, dem Verlangen, dem Hunger, dem Durst, der Obsession.

Hilaire Hiler schreibt: «*Haus des Inzests* ist sehr traurig, gleichzeitig tröstlich, vielleicht wie eine Droge, die anregend und beruhigend zugleich wirkte.»

Ich sage zu den Leuten, daß ich nicht schreibe, aber es schwirrt dauernd hier herum, das Märchen, das Schreiben, das nicht schreiben, sondern atmen ist.

Atmen.

Lieben. Ich liebkose Gonzalo wieder.

«*La Rocque au poteau!*»

Rebecca West telegrafiert, den Montagabend für sie zu reservieren.

Moricand sagt: «Du bist in einem *état de grâce*. Für dich ist das Märchen möglich.»

Er versteht mich, er versteht die größeren Wellenlängen meines Lebens, die er *les ondes* nennt – wie ein göttliches und geheimnisvolles Radio, alles wegen Neptun, er weiß es, und mir gefällt seine Art, in einem Traum zu leben.

In der Nacht legen Arbeiter vor meinem Fenster das Fundament für die Weltausstellung 1937, die Moschee von Timbuktu, algerische Paläste, indochinesische Pagoden, eine marokkanische Wüstenfestung; und rings um die Pfeiler werden chinesische Dschunken festmachen, malaiische Kriegskanus, Sampans.

325

3. September 1936

Ich bin an den Rand des aristokratischen Viertels gezogen, an den Rand, nahe einer Brücke, die zum linken Seineufer führt, auf den Montparnasse, nach Denfert-Rochereau, wo Gonzalo wohnt, nach Alesia und Montsouris, wo Henry wohnt. Die Métro fährt uns hin und her, die Armen, die Reichen, hin und her, zu jeder Tageszeit. Gonzalo steht nachts auf der Brücke, nachdem er bei mir war, und wartet, bis ich das Licht ausmache. Oder er kommt und sieht zu meinem Fenster herüber, wenn er mich nicht besuchen kann. Das breite Fenster vor mir ist weit offen. Ich sehe die Lichter auf dem Fluß, den beleuchteten Eiffelturm, den roten Mond, und drüben am Fluß findet eine Versammlung der Roten statt, die La Pasionaria, die Kommunistin, hören wollen. Gonzalo ist dort. Er wird bald kommen und mich holen. Er möchte, daß ich selbst sehe, selbst höre. Mein Herz ist bang und hart wie ein Stein. Vor einer Stunde hörte ich sie singen, als sie einmarschierten. Taxis fuhren vorbei mit singenden Menschen, mit roten Fahnen. Wie engherzig, wie blind wütend ich ihnen gegenüber bin. Verständnislos, blind, unvernünftig. Der Instinkt hat entschieden. Ich hasse den Arbeiter. Ich hasse Kollektivität, ich hasse die Massen, und ich hasse Revolutionen.

Liebe zur Schönheit hat mich hierhergeführt, zu einer kommunistischen Versammlung. Liebe zu einem braunen Gott mit einem anbetungswürdigen, für Liebe, Leben und Zärtlichkeiten geschaffenen Körper.

Aber mein ganzes Wesen sträubt sich gegen dies alles – gewaltig sogar –, und der Konflikt zerreißt mich. Ich hörte sie singen, während ich mit Mutter und Joaquin beim Essen saß. Mir stockte das Herz.

10. September 1936

Gonzalo kam und sagte: «Wir gehen nicht zur Versammlung. Ich bin froh, daß ich weggegangen bin. Ich wurde unruhig, weil ich dachte, daß du auf mich wartest. Als ich über die Brücke ging, habe ich die ganze Zeit dein Licht gesehen. Was hast du mit mir gemacht? Die Versammlung hat mich nicht berührt. La Pasionaria. Worte. Viele Worte und Gesang. Ich bin abtrünnig geworden. Ich hasse die Massen. *Chiquita mia*, du bist wichtiger als alles andere.»
Küsse mit zahllos wechselnden Aromen.

In diesem Meer intensiver Aromen ging Rebeccas Besuch unter. Sie hinterließ keine Spuren. Sie konnte die Begeisterung von Rouen nicht wieder aufleben lassen, belastet sich mit Trivialitäten; sie muß wissen, woher ich meinen Mantel habe, und sagt im selben Moment: «Du wirst die größte Schriftstellerin sein, du bist um so vieles klüger als ich, du weißt so viel über Menschen.» Sie ließ mir leuchtende Blumen da, weil «man Lust hat, dir komische Sachen zu schenken», und eine gewisse Ernüchterung.

Las in der Kabbala über Hellsehen; alle Formen von Trancen, egal welche, erzeugten die gleiche magische Wirkung: Einheit. Das ganze Wesen sammelt sich, verschmilzt, gerät in Verzückung und ist dann imstand zur Ekstase. Ekstase ist die Hochstimmung aus Ganzheit!
Ich bin wie der Kristall, in dem Menschen ihre mystische Einheit finden. Weil ich so von den wesentlichen Dingen besessen bin, Einzelheiten, Trivialitäten, Einmischungen und Äußerlichkeiten immer weniger Beachtung schenke, werden die Menschen zu Hellsehern, wenn sie in mich hineinsehen. Sie sehen ihr Schicksal, ihr potentielles Ich, Geheimnisse, ihr geheimes Ich. Rebecca ließ ihr kindisches Getue und wurde ernst. So ist es immer. Und genauso bekommt sie immer Angst vor dem, was sie sieht, und rennt davon.
Ich lasse mich nie auf belangloses Geplauder ein. Ich bin still. Ich erspare mir so vieles. Ich bin immer mit diesem menschlichen Kern beschäftigt, sehe ihn an und bin nur interessiert, wenn er spricht.

Das Wunder, das ich erwarte, daß Nichtiges und Falsches abfällt, tritt stets ein. Der Sieger trägt immer mehr Wunden davon als der Verlierer. Weil einem plötzlich schmerzhaft bewußt wird, daß man verantwortlich ist. War dein Einfluß gut für den anderen? Gonzalo vor dem Kommunismus zu bewahren – war das richtig?

11. September 1936

Ein Tag und eine Nacht. Schlug die Augen auf und hatte wie so oft das Bedürfnis, zu singen oder zu tanzen, ohne zu wissen warum; aber in meinem Zimmer wurde bereits getanzt. Es war der Widerschein des Sonnenlichts auf der Seine. Wieso liege ich allein in meinem Bett? Ich bin erst seit dem frühen Morgen zu Hause. Als ich heimkam, wühlten die Lumpensammler in den Abfalltonnen, und die *clochards* schliefen noch auf den Eingangsstufen.

Ich komme aus dem dunklen Wald der Liebkosungen, der Gerüche und sehne mich danach, mich im Geruch seines schwarzen Haars zu wälzen und zu baden, mein Gesicht damit zu bedecken, Gonzalos Haut zu fühlen, in Wärme zu sinken, in Verehrung und Bewunderung zu schwelgen, meine Hand um unseren Kuß zu schmiegen wie um eine kleine Flamme, die ich vor dem Wind schütze; ein sich wandelnder Mund, so zurückhaltend am Anfang und jetzt blühend, voll, aufgestülpt, verletzt, gerührt, geöffnet, feucht. Verändert ist der Strom, der von Auge zu Auge, von Mund zu Mund fließt. Wir berührten so viele Schichten des Seins mit Fingern, Mund und Worten. Am Anfang die Augen, Laternen und Sterne, Kerzen, Dschungel und Himmel, Hölle und Begehren.

Nur der Mund berührt den Schoß. Traumwolken, Sternennebel und Schwefeldunst von den Augen, aber der Mund berührt innerlich, der Mund erregt, bewegt, blüht, die Lippen öffnen sich, und der Atem des Lebens strömt und die Atemlosigkeit des Begehrens. Die Form des Mundes weckt das Blut, entfacht, erhebt, löst. Baden, sich wälzen, sich schwindlig kugeln in einem Bett von Wärme – und nichts ist so warm wie zwei menschliche Körper –, das ist der Strom des Lebens.

Hugh hat die Tür geöffnet. «Da bist du ja, kleine Katze – ich habe dich gar nicht kommen gehört!» Janine kommt leise mit dem Frühstück, der Zeitung, der Post. Wenn es Post von meinen Patienten ist, ist es immer das gleiche. Meine Kinder. Es ist Verehrung, Imitation, Identifikation, Dankbarkeit. Es ist immer Ehrfurcht, Staunen und Dank für das Wunder. Dank, daß ich sie wieder zum Leben erweckte. «Ich werde demnächst ein Konzert geben. Ich schreibe mein Buch. Ich habe eine Geschichte geschrieben. Ich schreibe über meine Kindheit, wie Sie es getan haben. Ich klammere mich immer noch an Sie. Ich bin einsam. Ich habe keine Freunde. Ich werde heiraten, dank Ihnen. Ich bin diesmal nicht zusammengebrochen, dank Ihnen. Ich wünschte, ich könnte Sie in Ihrem kleinen Zimmer im Barbizon Plaza besuchen und mit Ihnen sprechen. Sie haben mich befreit. Ich fühle mich stärker.» Für sie alle empfinde ich keine Liebe, ich liebe nur den Augenblick des Wunders – den Moment, als der russische Geiger auf der Fifth Avenue schluchzte, weil ihm plötzlich der Sinn seines Lebens aufging; als die atemberaubende Frau auf die Knie fiel, als sie das Hotel verließ; als das Mädchen sich ihren Alptraum von der Seele weinte; als mir der blockierte Schriftsteller die ersten neu geschriebenen Seiten zeigte und das erste Lebenszeichen in seinen Augen. Erweckt von den Toten. Ich habe keine *persönliche* Verbindung mit ihnen. Ich kann ihre Liebe nicht erwidern. Ich widme mich ihnen auch jetzt noch, indem ich wunderwirksame Briefe schreibe. Sie sind nicht meine Freunde. Sie vergöttern mich, isolieren mich, halten mich für einen Gott und Sinngeber, und sie bewirken, daß ich mich einsam fühle.

Wenn es ein Brief von Moricand ist, dankt er mir im Namen Neptuns für meine Bemühungen, ihn vor völliger Armut zu retten. Ich zeige seine Horoskope, schicke sie nach New York, übersetze sie mit Henry, spreche mit Denise Clairouin. Wenn es ein Brief von Thurema ist, ist es Liebe, meinesgleichen, Freundschaft, lebenswichtige Beziehung. Wenn er von Fraenkel ist, geht es um Krankheit und das statische Universum.

Während ich bade, mich schminke, pudere, parfümiere, läutet das Telefon. Ich habe mit Turner gebrochen, meiner letzten Verteidigungsmaßnahme gegen die völlige Invasion der tiefen Liebe. Ich ergebe mich Gonzalo. Anfangs konnte ich meine Sinnlichkeit nicht zähmen, aber wirkliche Liebe nahm so völlig von mir Besitz, daß ich

glücklich war, als er uns beide zu Keuschheit zwang, kein Inbesitz-
nehmen, kein Spasmus, nur Liebkosungen. *«Chiquita, eres el ideal
mio, tu cara, tu cuerpo, todos tus movimientos, tu manera de moverte
– eres mi tipo.»*

Ich träume wieder von Gonzalo, immerzu träume ich von Gonzalo, während ich den Tagebuchband 1922 für Clairouin ab-
schreibe, während ich Briefe schreibe, ans Telefon gehe. Immer
träume ich von Gonzalo.

Am Telefon seine dunkle, heisere Stimme: «Kann ich jetzt kommen?»

«Komm! Ja, komm!»

Wir gehen auf die Suche nach unserem Wohnwagen.

Wir gehen durch das Dorf der Lumpensammler und Zigeuner,
die am Stadtrand hausen, an der Porte de Montreuil. Kleine Barak-
kendörfer mit Wegen, die nur einen Meter breit sind; schwarze,
halbverfaulte Holzzäune. Primitive Hütten, die Kälte und Wind
einlassen, Männer und Frauen, die im Schmutz leben, auf Lumpen
schlafen, Säuglinge. Der ganze Ausschuß der Stadt, der Abfall, die
Lumpen, kaputte Rohre, Flaschen, alte Schuhe, alte Kleider,
Dinge, die jede Form oder Farbe verloren haben, Schutt und Scherben von unkenntlichen Dingen liegen im Morast; und gebeugte
Männer feilschen und sortieren. Frauen geben Kindern ihre welke
Brust. Kinder holen Wasser von einem Trinkbrunnen.

Zwischen den Hütten *roulottes*, kleine Behausungen, die über-
quellen von vielköpfigen Familien. Ein Bett für alle. Zwischen den
roulottes und den Hütten ein hübsches rot und schwarz gestrichenes
Haus, ein Spielzeughaus mit einem Miniaturgarten, riesigen Son-
nenblumen, Muscheln, Tauben; tief versteckt im Garten ein Häuschen in Rot und Schwarz, herausfordernd und unwirklich, wie aus
einem Märchen. Gleich daneben die Hütte eines Freunds von
Django, ein Zigeuner, der Gitarre spielt und mit Emil befreundet
ist. Emil erzählt mir, daß die Männer bei den Zigeunern für die
Musik zuständig sind; die Frauen arbeiten für die Männer, verkaufen Spitze und stehlen. Der Zigeunerfreund von Django zeigt uns
eine *roulotte*, wie wir sie haben wollen. Außen ist sie rot; innen hat
sie ein orangefarbenes Dach und Lederwände wie die alten Fregat-
ten. In der Mitte hängt ein Bett, aufgehängt wie ein Kajütenbett.
Kleine arabische Fenster. Gonzalo kann sich nicht ganz aufrichten.

Wir wollen den Wohnwagen. Aber er ist nur zu kaufen. Wir können ihn uns nicht leisten. Und man will ihn nicht vermieten, weil er von einem *mutilé* bewohnt wird!

Wir suchten weiter, in anderen Lagern, vor anderen Toren, besuchten die Schausteller, die auf den Jahrmärkten auftreten. *Roulotte à vendre. Pas à louer!* Wir küßten uns und sehnten uns nach einem eigenen Plätzchen. Wir hatten die flüchtigen Begegnungen so satt, das kleine Hotelzimmer in der Rue Vendôme. Wir suchen weiter. Suchen an der Seine nach einem Boot. Schwierigkeiten.

Zur Abendessenszeit bin ich bei Henry mit Staub an den Füßen.

Henry begrüßt mich mit rührender Freundlichkeit. Es ist einer seiner zärtlichen Tage. Er hat so fieberhaft geschrieben, daß er fürchtet, verrückt zu werden. Um die Atmosphäre des Broadway und der Stadt New York wiederzugeben, ging er so ausführlich auf neue Sprache und wirbelnde, sich verändernde Welten ein, daß er sich verirrt hat. Er ist verwirrt und einsam. Er ist dankbar für die Beziehung zu mir, daß ich da bin. Er legt die Hand so zärtlich auf mich, erschöpft von Visionen, und wir fallen ganz natürlich in unsere Welt. Gonzalo-*Leoncito* fließt durch meine Adern, durch meinen Körper und singt ununterbrochen in mir. Sein Kopf liegt im Schaum meiner unausrottbaren Träumerei. Er verschwindet nicht, verblaßt nicht. Er ist da, den ganzen Abend, die ganze Zeit, während ich bei Henry bin – gegenwärtig, unvergeßlich.

Henry geht einkaufen, während ich für ihn nähe. Wir essen still und einfach, die gleichen Worte, die gleichen Blicke, ich mit Dankbarkeit für das Vergangene, für alles, was war, dankbar für die Kraft, die er mir einflößte, für das Geschenk eines Ich, das sich selbst gehört. «Den Frauen», sagt er, «haben meine Bücher nicht gefallen, wie du vermutet hast. Darin hast du dich geirrt...»

Es stimmt. Sie mögen es nicht, wenn man sie entpoetisiert, natürlich, geschlechtlich, unromantisch darstellt. Ich dachte, es würde ihnen gefallen. Mir jedenfalls gefiel es eine Weile, weil ich zu sehr idealisiert wurde und eine echte Frau war und lustvoll geliebt werden wollte. Ich wollte entpoetisiert werden. Aber letzten Endes verletzt es die Frau und tötet sie. Und auch ich spürte das Verderbliche daran und war heute dankbar für die Illusion, die mir Leoncito schenkte, und für den Traum. Beim Gedanken an Gonzalos glühende Verehrung wird mir schwindlig wie damals, als er mich in der Métro ansah.

Liege im Dunkeln bei Henry. Wir spüren kein Verlangen, aber der Diamant in unseren Köpfen funktioniert phantastisch! Unsere Stimmen strömen und fließen, heben und senken sich. Verweben sich. Weben in der Dunkelheit leuchtende Pfade, *Voie Lactée*, Gedankenkonstellationen...

Unsere Reise begann bei meinem Konflikt mit dem Tagebuch. Wenn ich das Tagebuch schreibe, kann ich nicht gleichzeitig ein Buch schreiben. Meine Bücher sind nicht so gut wie das Tagebuch, weil ich mich ihnen nicht ganz gewidmet habe; liegt es daran, daß ich vielleicht versuche, zweigleisig zu fahren, gleichzeitig aufzuzeichnen und zu erfinden, zu transformieren? Diese zwei Tätigkeiten sind wie das Transformierte und das Natürliche antithetisch. Als Tagebuchschreiber wie Pepys oder Amiel sollte ich berichten und mich damit zufriedengeben – aber das tue ich nicht. Ich möchte ergänzen, umformen, aufzeigen, vertiefen; ich will diese höchste Entfaltung, die durch schöpferisches Gestalten entsteht. Beim Lesen des Tagebuchs bin ich mir bewußt, daß vieles ungesagt blieb, was nur mit kreativer Arbeit gesagt werden kann, wobei man verweilen, weiter ausholen muß.

Henry sagte, daß ich die *geologische* Veränderung nicht zulasse – die Verwandlung durch Zeit, die Sand zu Kristallen werden läßt.

«Das stimmt. Ich mag das unveränderte Material, den Gegenstand, *bevor* er verändert ist. Ich habe Angst vor Veränderung.»

«Aber warum?»

«Weil sie sich von der Wahrheit entfernt. Trotzdem weiß ich, daß sie Wirklichkeit erlangt, weil ich erkenne, daß heute in deiner phantastischen Beschreibung des Broadway eine größere Wahrheit liegt als in meinen an Ort und Stelle gemachten Skizzen von New York.»

Als Kind wollte ich wissen, wie die Pflanzen wachsen. Ich schob die Erde und den Keimling beiseite, um es zu sehen.

Meine Angst vor Veränderung hat etwas mit meiner Angst vor Wahnsinn zu tun, dem Wahnsinn, der alles entstellt. Ich fürchte Veränderungen und Entstellung. Ich schreibe, um diese Angst zu bekämpfen. Zum Beispiel fürchtete ich Henrys Grausamkeit, wie andere das Schreckliche, das Tragische im Leben fürchten. Es tat mir wohl, unsere Freuden zu beschreiben, die heiteren, verständnisvollen, zärtlichen Augenblicke, wie etwas, das dann das Böse, Dämonische, Tragische weghexen könnte. Ich war mir der Unsicherheit so bewußt. Es ist ungefähr so: Mir erschien etwas wunderbar, so wunderbar, wie einem Angehörigen eines primitiven Naturvolks die kleine Flamme aus einem Streichholz erscheinen würde. Wie der Primitive wußte ich nicht, daß es wiederholt werden konnte, daß es noch mehr Streichhölzer gab, daß die Macht, eine kleine Flamme zu erzeugen, in mir lag. In dieser Hinsicht habe ich keine Fortschritte gemacht. Ich gestand Rank diese Angst. Wie die Angst vor einer Veränderung in einem Gesicht. Jetzt ist es schön, menschlich, nah. Jetzt wird es verzerrt, böse, grausam. Aber im Tagebuch habe *ich* die zwei Gesichter. Während ich schreibe, verscheuche ich die Angst vor Veränderung. Meine Sicht der Welt ist unmittelbar, und ich glaube daran. Es ist meine Wirklichkeit. Die Umformung, die mit einer schöpferischen Gestaltung einhergeht, macht mir angst. Änderung bedeutet für mich Tragödie, Verlust, eine Geisteskrankheit.

Henry war überrascht.

«Nun, wenn es meine Krankheit ist, Henry, sollte ich sie bis zum Äußersten mit Hilfe des Tagebuchs ausdrücken, etwas aus dem Tagebuch machen, so wie Proust sein Werk aus seiner Krankheit heraus schuf – aus seiner Krankheit, zu analysieren, seiner krankhaften Suche nach der Vergangenheit, seine Besessenheit, Verlorenes zurückzuerobern. Ich sollte mich ganz dem Tagebuch widmen, ausführlicher werden, mehr sagen, meine Krankheit ausleben. Statt dessen habe ich bis jetzt meine Krankheit bekämpft; ich versuchte, sie zu heilen. Du hast versucht, sie zu heilen. Rank versuchte, sie zu heilen.»

«Es ist ein rechnerisches Problem», sagte Henry. «Du wirst nie mit den Tagen Schritt halten. Und der Bericht von einem Tag wird dich nicht zufriedenstellen. Ein Tag ist nicht alles. Der tägliche Bericht geht weiter und weiter, und etwas Bedeutenderes wird ausgelassen, aufgeschoben, verloren. Es wird eine große Spinnwebe werden, die dich stranguliert. Kunst erfordert eine gewisse Neutralität. Du gibst deinem primitiven Lebenskult, deiner Schwärmerei dafür den Vorrang. Und jeder Tagesbericht hält den Fluß auf. Der Fluß würde sich geheimnisvoll stauen, eine Explosion auslösen, eine Umwandlung. Aber du bemühst dich auch um Ganzheit. Du sagst zum Beispiel, du quälst dich wegen deiner Schilderung von Eduardo. Sie sei nicht vollständig wie eine Charakterdarstellung von Proust. Du sprichst wie ein Künstler.»

«Ich habe eben das Gefühl, daß Eduardo in meinem Tagebuch nur dann geschildert wird, wenn er für mich wichtig ist, wenn er mit mir in Beziehung tritt. Er taucht auf und geht unter, erscheint und verschwindet nur in bezug zu mir. Es ist wie bei einer Statue mit einem fehlenden Arm oder Bein, die man ausgegraben hat und die nun enträtselt, erahnt werden muß. Eduardo dagegen hat in Wahrheit ein eigenes Leben, ein unabhängiges Leben, das hereingenommen werden sollte.»

Warum bin ich nicht mit einem Tag zufrieden? Vielleicht nur, weil ich ihn nicht vollständig genug mache, um das Unendliche zu enthalten? Ein Tag des Tagebuchs sollte so vollständig sein wie ein Buch; und alles, was ich auslasse, all die fehlenden Arme, all die Schichten, die unbeleuchtet bleiben, weil ich sie nicht mit meinen lebenswarmen Fingern berührte, liebte oder liebkoste, sollten im Hintergrund vorhanden sein wie das Geheimnis des Lebens.

Was ist dieses Größere, das ich im Buch über meinen Vater einfing und das im Tagebuch fehlt?

Ein Tag ist so voll. Ist es möglicherweise das Aufzeichnen, das die Höhenflüge verhindert? Jeder Tagesbericht *benachteiligt* dieses Größere, oder kann er so groß und schön gemacht werden, daß er vielleicht für sich das Große, Unendliche wird? Ist die Blüte nur mit Vergessen hervorzubringen, mit Zeit, mit dem Verfall und dem Staub und den Verfälschungen? Wenn ich mein Tagebuch aus Angst vor dem Wahnsinn schrieb, tat ich es aus demselben Grund, der den Künstler zum Schaffen bewegt, wie Nietzsche gesagt hat. Weil der Künstler *identisch* ist mit seinem Bild des Lebens – dem Tragischen und Schrecklichen –, würde er wahnsinnig werden, und nur die Kunst kann ihn retten.

Gegen Morgen nahm mich Henry. Es war wie ein Geheimnis zwischen uns, als wir frühstückten, wie etwas, das in einem Traum geschah, ein Traum aus der Vergangenheit, für eine Stunde. Später gehe ich an der Seine entlang und erkundige mich bei den Bootsführern nach einem Schiff, in dem Gonzalo und ich wohnen könnten. Während ich am Brückengeländer stehe und hinunterschaue, beobachtet mich der «agent». Denkt er, ich will Selbstmord begehen? Sehe ich so aus? Er beobachtet mich. Als ich mich über das Geländer beuge, um die *péniches* [Lastkähne] zu sehen, beobachtet er mich. Als ich die Treppe hinuntergehe, um mit dem Besitzer der

Nenette, einer hübschen, vielversprechenden Pinasse mit Gardinen aus Perlenschnüren an den kleinen Fenstern, zu sprechen, beobachtet er mich. Allmählich habe ich selbst das Gefühl, daß ich mich umbringen will. Und warum? Weil ich nicht mit Gonzalo nach Peru gehen kann, weil er gesagt hat: «Wenn ich je entdecke, daß du nicht mir und mir allein gehörst, mir ausschließlich, wenn ich entdecken sollte, daß dich ein anderer küßt, dich nimmt, werde ich fortgehen, du wirst mich nie wiedersehen. Es wird mich töten, *chiquita*.» Weil seine Eifersuchtsszenen uns beide kränken, uns verletzen. Aber ich habe danach stets das Gefühl, unschuldig zu sein. Unschuldig. So auch am Samstag abend, als ich nicht mit Leoncito ausgehen konnte, weil es Hughs Abend war. Ich versuchte Luminal, ein Schlafmittel, in Hughs Kräutertee zu mischen, aber er bemerkte die trübe Farbe. Und trotzdem hatte ich Glück; Ali Baba, der Gott der Räuber und Diebe, war mir hold, so daß er um zehn Uhr einschlief; und ich lag wach in meinem Zimmer (ich hatte ihn gebeten, mich allein schlafen zu lassen), bis ich sicher war, daß er fest schlief. Dann zog ich mich im Dunkeln an, schlich auf Zehenspitzen aus der Wohnung, ließ die Wohnungstür nur angelehnt, weil sie ziemlich laut schließt, und ging über die Hintertreppe zwei Etagen nach unten, um dort in den Lift zu steigen. Klopfenden Herzens verließ ich das Haus, um mich an der Ecke mit Leoncito zu treffen. Was würde geschehen, wenn Hugh wie so oft in der Nacht aufwachte und in mein Zimmer kam?

Gonzalo war erstaunt und erschrocken, daß ich es wagen wollte, die ganze Nacht bei ihm zu bleiben; er dachte, ich würde sofort wieder ins Bett zurückschlüpfen. Aber wir gingen zu dem kleinen peruanischen Hotel, und Leoncito war sehr leidenschaftlich nach tagelang unterdrücktem Verlangen. Um fünf wache ich auf mit dem Gefühl, es sei Zeit, nach Hause zu gehen. Um halb sechs war ich wieder in meinem Bett, und um sechs wachte Hugh auf! Ganovenglück. Kein Schuldgefühl. Mitleid und Angst, ja; bekümmert, weil sich Hugh möglicherweise quälte; Angst, Henry könnte etwas erfahren oder Gonzalo könnte meine Nächte mit Henry entdecken. Aber keine Schuld. Nur Liebe, eine Liebe, die mich erfüllt, trägt, beherrscht; weder Zeit noch Ort für Bedauern, Zögern, Wankelmut oder Feigheit. Liebe, frei und unbekümmert, Tag und Nacht. Am Morgen nach dieser Nacht gab ich Hugh alles, was er wollte, Liebkosungen, Beischlaf, eine Fahrt auf unseren Fahrrädern am Fluß. Ein Geschenk für Hugh.

Brief an Eduardo: Hast Du nichts anderes zu berichten als von Sonnenanbetung oder Knabenverehrung oder anderen Gottesdiensten – ausgenommen das von Anahita, der Mondgöttin, die von sterblichen Männern analysiert wurde und sich auf dem Weg zu ihrem höchsten mystischen Gipfel befindet? Ich bin nicht verrückt, nur fröhlich. Es passieren so viele komische Sachen.

Ich sollte eine Dankeshymne auf das Taxi schreiben, das den Traum aufrechterhält, mich überallhin bringt, mir Zurückgezogenheit und Tagträume erlaubt. Taxifahren hat stets meine Phantasie beflügelt. Es kommt den alten Siebenmeilenstiefeln am nächsten. Das Taxi befriedigt mein Bedürfnis, sprunghaft zu handeln, meine Ungeduld, mein Verlangen nach Tagträumerei, nach ununterbrochener Träumerei. Es ist Laster und Luxus für mich. Auf eine Taxifahrt zu verzichten ist die härteste Strafe, die ich mir auferlegen kann. An Tagen des Wahnsinns beschützt es diesen Wahnsinn, weil ich ungehindert mit mir selbst reden kann.

Wenn ich meine Zigarette aus dem Fenster werfe, denke ich, sie könnte einen Benzintank anzünden und eine Explosion verursachen.

Wenn ich unschlüssig bin, kann ich stärker schwanken, tiefer, weiter und länger als sonst jemand. Es kommt selten vor. Ich weiß immer ziemlich schnell, was ich will. Aus dem fahrenden Bus kann ich in einem Schaufenster einen Hut sehen und wissen, daß ich mir genau diesen Hut kaufen will. Ob ich jemanden mag oder nicht mag, weiß ich sofort. Auf der Stelle.

---

17. September 1936

Gonzalo hat keusche Tage ohne Erfüllung. Dann leidenschaftliche und sinnliche Tage. Dann überkommt ihn wie früher die Eifersucht, er windet und quält sich, leidet entsetzlich, stellt Fragen, mißtraut mir, weil er, wie er sagt, Henry immer noch irgendwo *spürt*. Um ihn zu trösten, zu beruhigen, spreche ich über meine tote Liebe zu meinem Vater, zu Henry. Ich sage lachend zu Gonzalo: «Deine Eifersucht ist nekrophil. Es sind lauter tote Lieben!»

«Aber du gehst ständig mit Blumen zu den Gräbern! Wie sehr du die Toten liebst.»

Ich sagte: «Heute war ich nicht auf dem Friedhof.»

Augenblicke, in denen das Universum für mich geschaffen zu sein scheint, herrlich, perfekt. Henry schreibt großartig, Gonzalo und ich küssen uns, Hugh feiert einen besonderen Erfolg seiner Arbeit. Leben, Schöpfung, Schonung, Leidenschaft.

Ich bin fest überzeugt von Henrys Genialität, der sich schreibend bis zum Wahnsinn steigert. Mein Roman über Henry prophetisch. Weil ich über ihn schrieb: «Ein vom Leben erzeugter Wahnsinn.»

Heute sagt er, sein Surrealismus sei aus dem Leben entstanden. Das sei echter Surrealismus. Henry – Poesie und Häßlichkeit nebeneinander. Für mich ist Henry der einzige authentische und kreative Surrealist. Die anderen sind Theoretiker. Er ist Surrealist im Leben, in seiner Arbeit und in seinem Wesen. Was mir an ihm gefiel, war sein Surrealismus. Worunter ich bei ihm litt, war sein Surrealismus, weil ich nicht surrealistisch bin.

Als ich vorgestern zu ihm kam, hatte er intensiv geschrieben, und er sagte: «Ich habe wie ein Wahnsinniger gearbeitet und weiß nicht, ob es gut ist oder nicht. Sag du es mir. Ist es vollkommen verrückt oder vollkommen richtig?»

Ich las die Seiten und sagte ihm, daß es vollkommen richtig sei.

Als ich neulich hier (über Kunst etc.) schrieb, merkte ich, daß mein Kunstbedürfnis dem Tagebuch gefährlich werden kann. Es nimmt ihm möglicherweise sein Bestes: die Natürlichkeit. Ich muß hier eine Trennung vornehmen und etwas weglassen – es geht nicht anders. Kein Gedanke an Perfektion darf das Tagebuch belasten. Adieu, Vollkommenheit. Mein Plan, einen Tag und eine Nacht aufzuschreiben, bis ich Vollendung erreichen würde.

Als ich mit Henry über seine Arbeit sprach, fragte ich mich, warum die Leute Ganzheit als etwas *Einzelnes* oder Abgegrenztes verstehen. Ich fühle mich *ganz*, obwohl ich mich, aus sehr unterschiedlichen Gründen, zwischen Henry und Gonzalo teile. Wieder stellt mich das Leben vor ein Rätsel. Ist es so, daß der Künstler nie dem Einen gehört? Doch ich fühle mich innerlich ganz. Ganz, wenn ich bei Henry bin, und ganz bei Gonzalo. Sie beeinträchtigen sich nicht gegenseitig. Gonzalo ist der Traum. Henry kann mich immer noch voller Leidenschaft erwarten, mich mit beiden Händen festhalten und so sinnlich besitzen, körperlich, einfach, vollkommen, so menschlich, so beinahe animalisch. Und ich kann zu Gonzalo gehen und mit ihm zu den höchsten Höhen aufsteigen, wo körperliche Befriedigung überflüssig ist.

Wenn ich für Gonzalo Traum bin (Unwirklichkeit der Nacht in Louveciennes, der Spaziergänge, der Näche in Rogers Wohnung; Wirklichkeit des Hotelzimmers, bestimmte Augenblicke hier in meiner Wohnung, unwirkliche Nacht in meinem Schlafzimmer, als ich mich als Spanierin kleidete), leidet er nicht. Sobald das Geschlechtliche aufflammt, empfindet er Eifersucht und schreckliche Angst.

«Gehörst du mir ganz? Hat dich ein anderer geküßt? Die Vorstellung, daß dich ein anderer küssen könnte, macht mich wahnsinnig.»

---

20. September 1936

Vaters letzter Besuch vor seiner Reise in die Schweiz. Geplauder. Zwielicht. Dann nimmt er ganz plötzlich meine Hände, beugt sich nah zu mir und fragt: «Sag mir, hat dich einer deiner Liebhaber so gut, so leidenschaftlich geliebt wie ich? Nur das will ich wissen.»

Aus Freundlichkeit lüge ich. «Nein.»

«Die vierzehn Tage in Valescure waren für mich der absolute Höhepunkt, Vollkommenheit.»

Wir standen auf. Küßten uns auf die Wange. Er suchte zart meinen Mund. Ich fühlte sein Begehren. «Welch seltsame Art, dich zu lieben, Anaïs.» Ich fühlte nichts. Ich sagte: «Papacito.» Er sagte: «Nenn mich nicht Papacito in einem solchen Augenblick.»

Er war wie berauscht, berauscht vor Verlangen. Er sagte: «Ich will dich nicht wiedersehen. Komm nicht zum Bahnhof. Ich will nur dies behalten, dies behalten ...»

Er ging. Unten begegnete er meiner Mutter. Ich sah es ihr an. Sie hatte eine Einkaufstasche voller Sachen für mich gebracht. Jetzt saß

sie auf dem Balkon und weinte hysterisch. *«Voleur, voleur!»* Ich
tröstete sie; sie tat mir so leid. «Nein», sagte ich, «er hat dir die
Kinder nicht gestohlen, wir lieben dich mehr und mehr; je mehr ich
ihn kennenlerne, um so mehr liebe ich dich.» Ich fühlte so tief, wie
sie litt. Ich empfand nichts für ihn. Unwirklich. Aber ihr Leid fühlte
ich. Ich beruhigte sie, streichelte sie, flehte. «Ich sehe ihn nie. Er ist
immer unterwegs. Er bedeutet mir nichts. Ich liebe ihn nicht.» Sie
war getröstet. Sie litt, weil er sie mit einer Einkaufstasche gesehen
hatte, wie eine Dienstbotin.

In der Nacht war ich bei Gonzalo. Er ging mit mir nach Hause. Ich
bat ihn, noch ein Stück weiter mitzugehen, weil ich sehen wollte, ob
meine Mutter schlief. Mich quälte schreckliches Mitleid, ihr Anblick, wie sie die Einkaufstasche trug. Ich ging nach Hause. Am
nächsten Tag erfuhr ich, daß sie ruhig geschlafen hatte, weil sie
dachte, daß es mein Vater war, der erschrocken ausgesehen hatte.
Ja, er hatte erschrocken ausgesehen. «Ich bin sicher», sagte ich,
«daß er die Tasche gar nicht bemerkt hat . . .»
     Am nächsten Tag fuhr Mutter nach Italien zu Joaquin. Wir
verbrachten gemeinsam einen ruhigen Vormittag. Aßen zu Mittag,
und dann, während sie beschäftigt war, ging ich zu Henry, der im
Bett auf mich wartete und mich so wollüstig an sich zog und so
wollüstig nahm. Dann nach Hause, Abendessen für Mutter, Frieden, Häuslichkeit, Mutter und ich arbeiten gemeinsam an einer
Decke, dann der Bahnhof, winken, Zärtlichkeit und Tränen in den
Augen, dann bitte ich Hugh vor einem Café, mich allein zu lassen,
weil mich hier Freunde erwarten. «Ich bleibe nur eine Stunde.»
Überzeuge mich, daß Hugh die Untergrundbahn nimmt, folge ihm
geschickt, bis ich sehe, daß ihn der dunkle Métroeingang ver-
schluckt hat. Dann treffe ich Gonzalo, der aus einer Nebenstraße
kommt; mein Schatten ist so lang, daß er über die Straße reicht; und
als er Gonzalo berührte, drehte er sich um und sah mich.

Mit siebzehn wünschte ich mir leidenschaftlich rote Rosen. *«Je
voudrais des roses, des roses, des roses . . .»* In New York wurde ich
mit den seltensten Blumen überschüttet. Mit siebzehn schrieb ich
auch: *«Je voudrais qu'il soit pauvre, très pauvre, et qu'il ait besoin de
moi.»* Ich wünschte mir, daß er arm ist, sehr arm, und daß er mich
braucht.

Es wurde wahr bei Henry und auch bei Gonzalo, der mir dankbar ist, weil ich ihn vor dem Montparnasse, vor Orgien, Alkohol und Verzweiflung und schlechtem Geschmack im Mund bewahre. «Wenn ich dir nicht begegnet wäre, Anaïs, wäre ich aus Ekel nach Spanien gegangen und hätte mich totschießen lassen.» Immer der faule, der lachende liebenswürdige Mann mit einem Hang zur Flasche, zum Vagabunden und Bohemien. Und ich beneide sie, die trinken können, sich auflösen, locker, sorglos werden, verwildern, krank werden können, denn ich kann es nicht. Irgend etwas hält mich immer zurück. Ich gehe nur dorthin, um mir einen Geliebten zu suchen, und dann komme ich heraus in Ekstasen, Trancen, Wunderwelten, aber nicht in Auflösung. Weg von Tod und Dekadenz und verderblichen Einflüssen, weg von den Sterbenden und Kranken, aber mit schmerzlichem Bedauern, daß ich die Verdorbenen, Schwachen wähle, die sich retten, indem sie mich idealisieren, so daß es mir nicht erlaubt ist, abzusteigen, menschlich, betrunken oder obszön zu sein.

Das Bild der Jungfrau, von Leben und Schöpfung, hängt unverrückbar über mir.

Niemand wird mir meine erotischen Anwandlungen glauben, die mich plötzlich beim Anblick eines vulgären, sich über seine Waren beugenden und die Beine bis zu den Schenkeln entblößenden Marktweibs überkommen. Niemand wird glauben, daß ich an den bestialischen Sachen, die Henry schreibt und die Gonzalo verabscheut, Vergnügen fand. Niemand wird mir glauben, daß mir Henrys natürliche Art, die Frau als Natur zu behandeln, gefiel. Aber die Frau als Natur zu behandeln führt zu Entpoetisierung und zu einem prosaischen Leben, und ich mußte die Poesie wiederfinden in Gonzalo. Wenn ich rührselige Filme sehe über Meyerling, Maria Stuart, romantische Liebesgeschichten, denke ich an Gonzalo und nicht an Henry. Liebesgeschichten. Romanze: Gonzalo. Menschliche Liebe: Henry – menschlich, ohne Illusion. Illusion in der Verehrung, die mir entgegengebracht wird. Es gibt niemand in meiner Umgebung, der nicht verliebt in mich ist.

Ich sehe, wie Gonzalo unter der gleichen Eifersucht leidet, unter der ich bei Henry litt. An dem Tag, als ich meinen Vater um fünf Uhr nachmittags besuchen wollte – was er [Gonzalo] wußte –, ließ er mitten beim Zeichnen den Stift fallen und begann zu leiden, sich allerhand vorzustellen, genau wie ich, wenn ich wußte, daß Henry die Ferrens besuchen würde oder Joyce oder mit Leuten aus New York ausging, die ihn für einen guten Bordellführer hielten.

Bei Gonzalo leide ich nicht so, ich lasse es nicht zu. Es war so infernalisch bei Henry. Ich vertraue Gonzalo mehr, weil er der Typ ist, der Sex nur um des Sex willen haßt; den es aus den Betten der Frauen treibt, die er ohne Liebe nimmt, um ein Bad zu nehmen, sich zu waschen, weil er sich schmutzig fühlt; der keinen Spaß an Orgien hat, Illusion braucht und sagt: «O Gott, *chiquita*, wieviel besser, wie wundervoll ist es mit Liebe, mit Liebe!»

Hugh macht Horoskope an meinem Schreibtisch. Meine Augen sind müde vom Abschreiben von Band Nummer achtzehn. Ich hoffe, daß Hugh einschläft, weil ich Gonzalo versprochen habe, ihn um elf in der Wohnung meiner Mutter zu treffen.

Riesige Fröhlichkeit jetzt, weil Lieben anfangs wie eine Krankheit ist; man seufzt, dürstet, hungert, fiebert nach der Liebe; Beisammensein macht einen berauscht, betäubt, tief und stimmungsvoll; und man ist verzweifelt, wenn man getrennt ist. Nun haben wir uns an unsere Krankheit gewöhnt, und aus dem Traum und der Liebkosung erwachend lachen wir ...

---

22. September 1936

Mitternacht. Kerzenlicht. Mutters Zimmer, das jetzt unser Zimmer ist. Überall sind Gonzalos Zigarettenstummel und Zigarettenasche verstreut. Gonzalos Sachen liegen auf dem Boden, alles bis auf die weißen Unterhosen, die er nur auszieht, wenn es dunkel ist. Die *pudeur* von Gonzalo. Körperverehrung. Er küßt meine Füße. Bewundert meine Füße. Küßt meine Beine. Bewundert meine Beine. Wie kräftig sie sind. Küßt eines von unten bis oben. Entzückt über die Schatten, die Wölbungen. Begeistert sich an dem Abstand zwischen meinen Augen. An meinen Ohren. «Sie sind so klein, so zart, so hübsch, so unglaublich. Es sind keine Ohren. Sie sehen gar nicht wie *Ohren* aus, Anaïs. Ich habe noch nie solche Ohren gesehen, so süße Ohren. Mein Leben lang habe ich von solchen Ohren geträumt.»

«Und beim Ohrensuchen hast du *mich* gefunden!»

Wir ertasten, berühren die tieferen Schichten unseres Seins, Schwere und Tiefe.

«Anaïs, ich spüre, daß du mir gehörst. O Gott, Anaïs, wenn ich dich jetzt verlieren würde. Ich würde mich töten. Du hast mich zu deinem Sklaven gemacht.»

Wie ist das möglich? So viele Frauen gingen durch Gonzalos Leben – durch Henrys Leben – und hinterließen keinerlei Spuren; und ich versklave, behalte, halte, binde auf ewig.

«Wie wir uns verändert haben, *chiquita.* Wann hast du mich zum ersten Mal geliebt?»

«Ich weiß es nicht, es war alles so unbewußt. Auf meiner Party hatte ich eine Vorahnung.»

«Auf deiner Party war ich bereits wahnsinnig verliebt und wahnsinnig eifersüchtig. Und das aus gutem Grund! O *chiquita*, ich möchte dich einsperren!»

Träumer. Er will die *roulotte*, er will die *péniche*, aber er liegt da, sehnt sich und seufzt. Kapituliert vor Schwierigkeiten. Ich war es, die heute die *péniche* bekam, die weitersuchte, die an der Seine entlangspazierte, Allendy aufsuchte, an Maurice Sachs schrieb, die beharrlich blieb, herausfand, daß ich die Hälfte von Sachs' *péniche* haben konnte. Abgeschiedenheit auf dem Fluß. Ein großes Zimmer und ein Schlafraum. Wände aus dicken geteerten Balken. Fenster zum Fluß. Das Heck des Schiffs hinter unserem Bett. Unser Bett. Unsere Wohnung. Aufregend. Verführte Sachs, um zu bekommen, was ich wollte. Bezauberte. Bat. Vereinbarte. Bezahlte. Wollte Gonzalo überraschen. Fieber. Für einen oder zwei Tage muß ich ihm etwas verheimlichen. Gonzalo. Mein Geliebter. Welches uralte Erbe wird durch sein Spanischsein, seine Eifersucht berührt – «*celos de Moro*» – «*Celos!*», allein das Wort *celos! mehr* als Eifersucht!

Nacht der Liebkosungen, ohne mich zu nehmen . . . ich verstehe das nicht. Einmal murmelt er: «*Soy débil.*» (Ich bin schwach.) Ein anderes Mal: «*Te quiero demasiado.*» (Ich liebe dich zu sehr.) Der Junge, acht Jahre bei den Jesuiten. Nicht natürlich. Er hat noch kein einziges Mal uriniert, wenn er bei mir ist. Geht nie nackt umher. Wenn er geschlafen hat, ist er natürlicher. Dann wird sein Begehren frei. Niemals, wenn er ganz wach ist. Aber nachts: geheimnisvoll, wie eine Katze. Aber wie oft drückt er mit der Hand seinen Penis nieder, beherrscht sich; er erlaubt mir nicht, ihn zu küssen oder zu halten. Schüchternheit, Scheu, *pudeur*. Aber die Liebe so ungeheuer groß, Sex unwichtig. Doch heute, heute, nach unserer gemeinsamen Nacht, als ich im Taxi vom Fluß zurückfuhr und ein erotisches Buch las, das mir Sachs gegeben hatte, bekam ich den stärksten Orgasmus. Die ganze Stadt drehte sich, das Taxi schien in die Luft zu fliegen, und einmal, zweimal, dreimal erlebte ich in einen langen Orgasmus.

26. September 1936

In der Nacht gingen wir zum Boot, beladen mit Bettwäsche und einem Fell. Die breite dunkle *péniche* lag versunken zwischen den tanzenden Lichtern der Brücke. Wir gingen über die schmale Gangway. René, der Junge, der in einer der Kajüten schlief, rief: «He! Wer da?» Der Großvater, der auch dort wohnt, ein alter Großvater des Flusses in blauer Bluse und Baskenmütze, spähte durch das Glas der kleinen Tür. «Oh, Sie sind es, Madame. Warten Sie, ich mache auf.» Türen öffneten sich. Wir betraten die aus Balken gezimmerten Kajüten, rochen den Teer. Trübes Licht fiel durch die Fenster. Gonzalo sagte: «Es ist wie eine Erzählung von Hoffman. Wie ein Märchen von Andersen. Es ist ein Traum.»

Unser Schlafraum. Teergeruch. Großvater und René sind wieder schlafen gegangen. Wir küssen uns, lachen, staunen, küssen, lachen, staunen. Endlich weg von der Welt. Endlich haben wir die Erde verlassen, Paris, Cafés, Freunde, Ehemänner, Ehefrauen, Straßen, Häuser, das Dôme, die Villa Seurat. Wir stiegen von der Erde ins Wasser. Wir sind auf dem Schiff unserer Träume. Allein. Große Schatten ringsum, mittelalterliches Gebälk, schwappendes Wasser im Achterschiff. Der kleine dunkle Raum am Heck wie eine Folterkammer, mit winzigen vergitterten Fenstern – schief.

Gonzalo sagte: «Ich werde dich hier einsperren und foltern, wenn du mich jemals betrügst.» Küsse, Lachen, Leidenschaft, der Traum. Der Fischraum im Achterschiff ist nicht abgedeckt. «Wir

werden Fische heraufholen, wir werden hier baden. Armer Leoncito, du kommt von den Bergen, du bist hier nicht in deinem
Element.»

«Du nimmst mich mit auf den Meeresgrund, wie eine echte
Nixe.»

Seine Augen wirken so oft wie die eines betrunkenen, taumeln-
den Mannes. Jetzt haben sie den Ausdruck von Fieber und Traum.
«Wo sind wir? Wo sind wir?»

Wir liegen auf dem Bett, Körper an Körper.

Hin und wieder fährt ein Schiff vorbei, wühlt den Fluß auf; das
Wasser hebt und senkt sich, und unser Boot schaukelt. Die dicken
Hölzer knarren leise; der Baum mit den Ketten, die es am Ufer
halten, knarrt, ächzt, stöhnt. Und es ist, als führen wir auf dem
Meer. Gonzalo erwachte in der Nacht und murmelte: *«Estamos
navigando.»* Wir lagen verzückt, *bezaubert,* eingelullt, halb schlafend, berauscht.

«Ich möchte dich hierbehalten, *chiquita.»*

«Ich möchte hier bleiben . . .»

«Die Inka, die vornehmen Inka, hatten in ihren Häusern einen
kleinen unterirdischen Gang, der zu einem geheimen Garten
führte. Ein Garten, der in der Sprache der Quechua *Nanankepichu*
– ‹kein Wohnort› – hieß.»

«So werden wir unser Boot nennen, Leoncito!»

«Niemand weiß, wo wir sind. Wir sind aus der Welt.»

Immer wieder sagte einer von uns: *«¡Qué felicidad! ¡Qué felicidad!»*

Der Fluß ist lebendig, fröhlich. Der Teer an den Wänden glänzt.

Am nächsten Tag schien die Sonne, und Leoncito und ich arbei-
teten, um uns einzurichten. Er erinnerte sich an alles, was er auf
seiner Hazienda gelernt hatte: zimmern, streichen, Knoten schür-
zen. Ich nähte Vorhänge für die Bettnische. Über dem Bett befindet sich ein Balkon, zu dem eine Leiter hinaufführt, um das mittlere
Fenster zu erreichen und an Deck zu gelangen. Rings um diesen
Balkon hängte ich Vorhänge aus Sackleinwand, so daß das Bett
ganz überdacht und versteckt ist wie in einem Alkoven.

Am selben Abend ging ich zu Henry, der so tief, so aufrichtig, so
schlicht über seine Kindheit schreibt, daß ich weinen mußte. Er
sagte: «Du hast mich neulich angespornt weiterzumachen.»

Ich lese, weine und verbringe die Nacht bei ihm. Er ist nüchtern, nachdenklich, schwimmt in schöpferischer Phantasie. Wir sprechen über Träume, Sprache, Kindheit. Im Dunkeln. Im Dunkeln nimmt er mich langsam, sehnsüchtig. Fleisch und Geist berühren sich geheimnisvoll. Kein Fieber. Kein Orgasmus, weil ich an Gonzalo denke. Ich spüre das Steigen und Fallen unseres Schiffs, unseres Traums, den Geschmack seines Mundes. Ich denke an Gonzalo, den die Eifersucht auf [Maurice Sachs] den Mann quält, der sich das Boot mit uns teilt, und der so erleichtert war, als er ihn sah (häßlich und vulgär). Gonzalo gequält, als er hörte, daß ich zu einem Abschiedsessen zu Roger gehen werde und daß auch Henry dort sein wird.

Drei Leben. Drei Zuhause. Drei Lieben. Kann ich nichts sterben lassen, kann ich mich nicht von Altem trennen, kann ich Trennung, Ende, Tod, vergehende Liebe nicht ertragen? Oder liegt es daran, daß meine Lieben ewig und tief sind, daß uns meine veränderten Gefühle für Henry in eine neue Welt gebracht haben, eine Verlängerung ins Unendliche einer phantastischen Passion, immerwährendes Widerhallen, Echos im Himmelsgewölbe? Wenn von einem Ende der Erde oder des Meeres eine gewaltige Schallwelle ausginge, wie lang würde es dauern, bis sie verebben würde, Millionen von Meilen zurücklegte? Wenn man das Leben der Planeten, der Sterne bedenkt, die tausendfach multiplizierten Stunden, wie lächerlich und unbedeutend werden dann unsere Tage, unsere Monate, unsere Jahre. Was sind meine fünf Jahre Liebe zu Henry? Was ist diese Liebe zu Gonzalo? Vielleicht wie eine Wolke, die ich vom Balkon in der Villa Seurat sehe. Am Himmel sterben Sterne, im Meer sterben Fische, aber das Ganze stirbt nicht – kein Ende der Bewegung, der Weiterentwicklung, des Leuchtens, der Schöpfung. Und so gehen auch meine Lieben weiter, grenzenlos.

Ich nähe für Henry Knöpfe an, und während ich dasitze und seine Knöpfe annähe, wird mir plötzlich seine Einsamkeit bewußt, daß ihn niemand als etwas Ganzes begreift; mir wird seine Größe, sein Genie, sein Altwerden bewußt, die Welt in seinem Kopf, unser gegenseitiges Verstehen; während er tiefer und tiefer in sein Buch und seine echten Gefühle eintaucht, während der reale Henry im schöpferischen Henry aufgeht, während sich seine Erleuchtung über und um den alltäglichen, den prosaischen Henry legt, seine kleine Glatze berührt, seine Hände, seine Hausarbeit – während all dies geschieht, wird mir bewußt, daß auch unsere Liebe, sein Wissen um mich, davon berührt wird; er kommt sich selbst näher, der Wahrheit – und mir.

Während ich sitze und den Bezug für Hughs Couch nähe, weiß ich um Hughs schlechten Gesundheitszustand, seine Ängste, seine Einsamkeit, seinen Mangel an Genialität, aber auch um seine Sehnsucht nach dem Außergewöhnlichen; ich bin mir der schönen Bescheidenheit in Hugh bewußt, die ihn weinen ließ, als er das Tagebuch von unseren ersten Begegnungen las. Er sagte: «Wie sehr hasse ich, wie unzulänglich ich damals war, du hast mich idealisiert, und dahinter sieht man klar und deutlich meine Unzulänglichkeit! Du setzt dich herab und hältst mich hoch, aber man kann sehen, wer von uns beiden wunderbar war. Du warst es!» Während ich sitze und für Hugh nähe, bin ich mir der Gewöhnlichkeit seines Lebens bewußt und daß ich sein Genius bin, ich bin seine Erleuchtung, seine Fröhlichkeit und sein Unsinn. Die unveränderliche Welt der frühen Liebe.

Wenn Henry und ich aufwachen, ist es Henry, der singt, dummes Zeug redet, parodiert, herumhopst, rumalbert, lacht. Wenn Hugh und ich aufwachen, bin ich es, die singt, komische Sachen erfindet, Hugh zum Lachen bringt.

Während ich sitze und Gonzalos grauen Mantel flicke, bin ich mir seiner Sehnsucht nach dem Wunderbaren, nach Liebe bewußt, seiner Einsamkeit, seiner Armut.

Wie glücklich, wie zutiefst glücklich bin ich, weil ich kreise – ein Rad von Unendlichkeiten, Extremen, das an Schöpfung und höchste Leidenschaft heranreicht!

Würde ich nicht zwischen den dreien im Kreis tanzen, sie verwandelten sich zu Stein, denn sie sind passiv. Sehnsucht haben, leiden, eifersüchtig sein, verlangen, das ist das Maximum ihrer Aktivität. Sie würden einschlafen, wenn ich irgendwo still liegenbliebe. Henry, Gonzalo, Hugh. Etwas wie Tod schwebt über ihnen, eine merkwürdige Stille. Nur mein Tanzen, mein Tanzen belebt sie. Wie eine Schlange gleite ich aus Gonzalos Bett. Ich gleite aus Henrys Bett. Ich gleite aus Hughs Bett.

Mit Hugh allein starb ich. Henry tötete June. Gonzalo tötete Helba; tötete ihre Lebensinstinkte, ihre Schöpfung mit seinem orientalischen Fatalismus, seiner Weichheit.

346

Ich tanze ungehindert – kehre zu jedem zurück, erfüllt von dem Raum zwischen ihnen, dem Luftwechsel. Tanzend finde ich meine Flamme und meine Freude, weil ich tanze, gleite, laufe, zum Boot, zum Quai de Passy, zur Villa Seurat; ich behalte den Wind in den Falten meines Kleides, den Regen auf meinem Haar und das Licht in meinen Augen.

«Siehst du, Gonzalo, wenn wir uns küssen, schaukelt das Boot! Wir bringen das Boot zum Schaukeln!»

Ein Kuß, und wir bekommen weiche Knie, ein Kuß hängt uns zwischen Himmel und Erde, wie unser Boot in der Nacht, wenn uns das Knarren und Schwanken der schweren, verrottenden Hölzer auf eine seltsame und stampfende Weise wiegt wie das weite Meer. Abheben von der Gegenwart, Absturz, wenn ich nach Passy heimkehre und Hugh mir etwas von der Abwertung des Franc, von Standard Oil erzählt; kein Abstürzen in der Villa Seurat, wenn Henry schreibt: «Und als der Zug hält, trete ich das Gaspedal durch, und mein Fuß hat ein tiefes Loch in den Traum gerissen...»

Während ich für Henry Knöpfe annähe, bringe ich nicht Henrys Sachen in Ordnung, sondern seine ganze Welt. Ich nähe zusammen, was er sich wünscht, nähre seinen Traum und seine Arbeit; es ist die Sorgfalt, die ich seinen Gefühlen, Wünschen, seinem Lachen und Weinen, seinen Sehnsüchten, seiner Einsamkeit, seinen Worten widme. Es ist, daß ich mir alles anhöre, was er schreibt, daß seine Träumerei auf mir lastet, daß ich mich dafür aufreibe. Ich liege unter seiner Träumerei, nähe magische Knöpfe an die Spinnweben seiner Welt, erhelle, indem ich seine Worte liebe, und versuche stets, meinen Finger auf seine Seele zu legen, damit er sie fühlen kann und spürt, was er fühlt, und dann so schreibt, daß ihn seine Berührtheit zum Weinen bringt, weil ich das Gift und die Bitterkeit nahm, weil ich die *banderillas* aus seinem blutenden, wütenden Körper nahm, den die Welt vergiftete und so hoffnungslos machte, daß er sie nur noch beleidigen, nur noch auf sie spucken konnte. Und nun kann er phantasieren, phantasieren und schreiben. Wir können im Dunkeln liegen und über die Sprache des Nachtlebens sprechen, die er gefunden hat. Er fand sie in dieser Verrücktheit, die ich nicht finden kann, weil ich zu menschlich bin, weil ich die Mutter des Traums bin. Ich nähe Knöpfe an, flicke zerrissene

Mäntel, weil ich es bin, die Hugh den Vater gibt, Hugh, der den treusorgenden Vater für uns alle spielt – während Henry schreibt, während Gonzalo und ich auf unserem Boot träumen. Ich bin es, die *weiß*, was der Vater tut, die ihm mit einem Teil meines Lebens dankt, die sich seiner bewußt ist, und wenn ich den Vater verlasse, um in meine magischen Welten mit Henry und Gonzalo zu gehen, bin ich immer noch die Mutter, die mit Leben und nicht mit Gift berauscht, die Henry nicht das Gift verabreicht, das er von June bekam, das ihn in die Gosse stürzte, wo er sich betrank und alles verfluchte *(Wendekreis des Krebses)*, die Gonzalo nicht das Heroin gibt, das ihn vergiftete, bis er auf der Straße zusammenbrach und halbtot, mit zerreißendem, in ihm berstenden Herzen ins Kranken- haus gebracht wurde. Irgendwie bedaure ich die Väter und Mütter, die uns nur zeugen und gebären können, uns füttern, pflegen, wenn wir krank sind, und uns gleichzeitig den Tod geben, weil das alles ist, was sie tun können. Sie setzen uns in die *falsche* Welt, der wir entrinnen müssen.

29. September 1936

Das große Rad dreht sich, das Rad von Drei-Tage-in-einem-Tag, Drei-Nächte-in-einer-Nacht. Um halb elf Uhr abends sitze ich in Colette Roberts Atelier mit ihrem Mann und Henry. Henry ist in einer Stimmung, die ich nicht mag. Er ist gewöhnlich, hat einen roten Kopf, ist unaufrichtig, redet über Freud und wirft mir vor, daß ich ihn nicht mag, daß ich seine *veulerie* [Schlaffheit], sein Sichwin- den und sein ungehobeltes Wesen nicht lustig finde. Ich bin nicht glücklich. Colette plappert auf ihre französische, artige und kindi- sche Weise; Robert ist wie ein Hund, der im Traum zappelnd am Feuer schläft. Im Wachzustand ist er auch nur ein Hund, ein Haus- hund. Ich sehe auf die Uhr auf dem Kaminsims. Gonzalo wartet, wartet im Boot. Am Ende eines traurigen Tages gibt es Gonzalo, der im Boot wartet.

4. Oktober 1936

Die Nächte werden ein immer schwierigeres Problem. Hugh ist so gut. Er läßt mich um halb elf oder elf Uhr ins Café gehen mit «Colette». Läßt mich die Nacht bei «Colette» verbringen, damit ich nicht spät nachts heimgehen muß. Aber Gonzalo hat nie genug. Wenn ich sage, wir haben Besuch, sagt er: «Komm, wenn sie gegangen sind.» Häufig riskiere ich eine Katastrophe, wenn ich weggehe, während Hugh schläft. Ebenso gefährlich sind die Nächte, die ich bei Henry verbringe. Ich sage zu Gonzalo, daß ich bei Hugh bin. Neulich erklärte ich Gonzalo, daß sich Hugh nicht wohl fühlt, was stimmte. Gonzalo sagte, er würde um halb zehn anrufen, um sich nach Hughs Fuß zu erkundigen. Ich mußte zu Hugh sagen: «Gonzalo hat mich zum Essen eingeladen. Du weißt, daß mir ihr Essen nicht bekommt; sie essen so spät und viel zu schwer – deshalb habe ich gesagt, ich würde mit dir essen und später zu ihnen kommen. Aber ich habe eine Einladung von Colette angenommen, also sage Gonzalo nicht, daß ich ausgegangen bin; er würde sich gekränkt fühlen. Sag einfach, ich bin Zigaretten holen gegangen.»

Hugh nickte. Ich ging zum Essen zu Henry. Um zehn nach neun trank ich mit Henry Kaffee bei Zeyer. Ich sagte, ich müsse auf die Toilette. Ich rief Gonzalo an. Mein phantastisches Glück wollte es, daß er eben bei Hugh angerufen hatte, und so sagte ich: «Ich bin nur aus dem Haus gegangen, um dich anzurufen, Leoncito.»

Ich habe Glück. Glück ist das halbe Leben.

Aber am Freitag abend – ich war bei Gonzalo um sechs Uhr weggegangen, angeblich weil ich nach Hause mußte – *spürte* er, daß ich nicht nach Hause gehen würde, und er hatte recht. Ich stieg in ein Taxi und fuhr zu Henry. Um halb acht rief Gonzalo an, um mir von Helba etwas auszurichten, und ich war nicht zu Hause, was die Richtigkeit seines Gefühls, ich sei in der Villa Seurat, bestätigte. Er quälte sich die ganze Nacht, konnte nicht schlafen, war wahnsinnig vor Schmerz und Eifersuchtsvisionen – er litt so, wie ich im Barbizon Plaza unter der Eifersucht auf Henrys Tochter, auf Henrys Vergangenheit, seine Liebe zum Broadway und zu den Tanzhallen gelitten hatte. Gonzalo ging mehrmals zum Café Zeyer in der unbewußten Hoffnung, mich dort zu sehen. Nur zufällig hatte Henry an diesem Abend keine Lust auszugehen. Er hatte eingekauft, wir hatten uns gemütlich etwas zu essen gemacht und waren zeitig zu Bett gegangen. Ich fühlte kein Begehren, nicht das geringste Verlangen; ich ließ mich einfach von Henry nehmen.

Aber wenn wir zu Zeyer gegangen wären ...

Gestern abend nach dem Kino bat ich Hugh, mich zu Colette gehen zu lassen, um etwas Musik zu hören – sagte, ich könnte nicht schlafen –, und nachdem Hugh gesehen hatte, wie angespannt und aufgekratzt ich durch die Arbeit an meiner Geschichte über die Lumpensammler war (ich setzte mich um halb elf an den Schreibtisch, als ich aus der Villa Seurat kam, und arbeitete durch bis über die Mittagszeit hinaus und mit Unterbrechungen den ganzen Nachmittag), ließ er mich gehen. Als ich Gonzalo traf, war er düster und zornig. «Wo warst du gestern abend?»

Ich gab nur zu, mich für eine Stunde mit Henry und Kahane getroffen zu haben, nachdem ich von ihm fortgegangen war, um zu erklären, warum ich um halb acht Uhr nicht zu Hause war; aber den Rest leugnete ich.

Wenn er bei mir ist, glaubt er wieder, wie ich glaube, wenn ich bei Henry bin, wie Rank glaubte, wenn ich bei ihm war.

Ich bin entsetzt, daß er so leidet, weil ich mich frage: Bin ich ganz die Seine?

«Es gibt Dualitäten, die ich nicht verstehe», sagte Gonzalo. «Wir beide haben zuviel Intuition, um uns anzulügen.»

Auch Rank besaß zuviel Intuition.

Werde ich Gonzalo wieder an Henry verlieren – wird es denn immer Henry sein?

Ich tanze auf einem Vulkan.

Im Winter spielen Hugh und ich am Samstagnachmittag gern, daß wir reich sind. Er geht mit Vorliebe mit mir einkaufen. Er liebt Geschäfte, ist ein Dessous-Fetischist. Ich mache mich fein, ziehe meinen schwarzen Samtanzug an, mit Persianerärmeln wie um die Jahrhundertwende, meinen Samthut mit Feder, den roten Samtschal, Handschuhe. Auf der Straße dreht sich jeder nach mir um. Wir nehmen ein Taxi. Wir trinken Tee. Hughs Fürsorglichkeit, Geduld, Großzügigkeit sind wundervoll. An den Wochenenden tue ich alles, um ihm Freude zu machen. Ich spiele Begehren, Liebe. Ich spiele, um ihn zu erheitern.

Henry sagte: «Wenn du etwas in deinem Tagebuch beschreiben willst, setz dich hin und schreibe außerhalb des Tagebuchs darüber, schreibe so viel darüber, wie du kannst.»

Was dabei herauskam, war eine phantastische Erzählung über das Lumpensammlerdorf.

Eines Abends, auf dem Boot, las Gonzalo meine alte «Bootgeschichte», die uns jetzt prophetisch erschien.*

Ist sie prophetisch, oder habe ich diese Phantasien mit mir herumgetragen, und sie mußten sich materialisieren?

Die Bootgeschichte hat sich materialisiert. Wir wollen noch mehr erfinden.

«Die Phantasie ist nichts», sagte ich. «Ich war imstand, *dich* zu erfinden.»

---

5. Oktober 1936

Gonzalo und ich sitzen in einem Café, und er liest die Lumpensammlergeschichte mit sichtlichem Vergnügen. «Großartig, Anaïs. Ich finde darin auch etwas von meinen Gefühlen, von der Liebe zum Fragmentarischen, zum Unvollendeten.»

Henry und ich sitzen auf seinem Bett, und er liest die Lumpensammlergeschichte. «Merkwürdig und schrullig, sehr merkwürdig und wundervoll.»

Mit Gonzalo, und ebenso mit Henry, steige ich wieder in eine Art Unterwelt hinab, in die Höhlen des Pluto, zu *clochards*, Lumpensammlern, Spitzbuben, Schurken, Landstreichern, Anarchisten.

---

* Anaïs Nins Erzählung «Rag Time» erschien in der Augustausgabe 1938 von *Seven*, einer kurzlebigen Londoner Literaturzeitschrift, die auch ihre Erzählung «Mischa and the Analyst» veröffentlichte. Die «Bootgeschichte» bezieht sich anscheinend auf das Manuskript von «Waste of Timelessness», eine Erzählung, die Nin in den späten zwanziger Jahren schrieb. Die Protagonistin findet in einem verwilderten Garten ein altes Boot und begibt sich darin auf eine imaginäre Reise, die sie aus ihrem konventionellen Leben entführt.

In einem Gespräch mit Henry sagte ich, ich könne Clowns nicht leiden; mir gefielen Wahnsinnige. Henry sagte: «Wahnsinnige sind mir zu ernst. Ich mag die Clowns.»

An ein und demselben Tag kann ich zärtliche Stunden mit Hugh, Henry und Gonzalo verbringen. Heiteres Geplänkel mit Hugh wegen meiner Eifersucht auf den Kater, weil er ihn in seinem Mantel mitnehmen kann. Bei Hugh fühle ich mich klein, hilflos, verletzt von der Welt, abhängig. Ich würde gern wie Mickey in Hughs Mantel stecken. Um ein bißchen länger bei mir zu sein, fährt Hugh auf dem Rückweg von unserem gemeinsamen Besuch bei Elsa im Krankenhaus eine Dreiviertelstunde mit dem Bus. Er kommt zu spät ins Büro.

Bei Henry bin ich erwachsen und muß das Beschützen selbst übernehmen.

Bei Gonzalo fühle ich mich körperlich beschützt. Er könnte einen Mann niederschlagen. Er ist auf romantische Weise fürsorglich, macht Feuer auf dem Boot. *Dient.* Aber ist ein *tzigane*, der für das Gitarrenspiel und die Liebe gemacht wurde.

Sein künstlerischer Geschmack ist unfehlbar. Er erkannte die Mängel in der Lumpensammlergeschichte. Er hilft mir hinaus ins Phantastische, das bei meinem Leben mit Henry zu kurz gekommen war.

8. Oktober 1936

Augenblicke mit Gonzalo, in denen wir spanisch sind. Augenblicke, in denen mir bewußt wird, daß ich Spanierin bin, wenn ich mich sinnlich und rein zugleich fühle; wenn ich das Kreuz spüre, das ich an einer Kette um den Hals trug, die Medaillons, wenn ich den Weihrauch zu riechen glaube, an den Balkon in Barcelona denke, den kleinen Altar neben meinem Bett, die Kerzen und künstlichen Blumen, das Gesicht der Heiligen Jungfrau und das Gefühl von Tod und Sünde; wenn ich mich an all das erinnere, was ich war, bevor ich in Amerika landete. Ich fühle mich wie ein neunzehnjähriges Mädchen, eine von Vater und Mutter behütete und in der Furcht und Ehrfurcht vor Vater und Gott erzogene Jungfrau. Ich spüre meine kleinen Brüste in meinem schlichten Kleid, meine geschlossenen Beine, erinnere mich an die frommen Lieder und die erste Scheu vor dem Honigtau. Und Gonzalo kommt von der Jesuitenschule; auf seinem Pferd ist er die ganze Nacht geritten, um mich für einen Augenblick zu sehen, und er sieht mein Gesicht wie das Gesicht der Madonna, und er wird mich heiraten und mich eifersüchtig für sich behalten, wie eine Araberin, und die Welt bleibt unbekannt, und die bange Unschuld ist süß.

Ich spüre, daß Gonzalo den Mann töten könnte, der es wagte, sich mir zu nähern, mich zu lieben; er wird nie vergessen können, daß ich eine Frau gewesen bin, daß ich die Beine öffnete und vor Wollust schrie.

Manchmal, wenn er mich nimmt, wenn sich meine Beine für ihn öffnen, taucht ein Bild vor ihm auf. Er hört schlagartig auf, schließt meine Beine. Ich sehe den verhangenen Blick. Er verdreht die Augen in einer Art Wahnsinn, murmelt unvollständige Sätze. Anfangs verstand ich nichts. Dann hörte ich die Worte: «Ausschließlich. Es muß ausschließlich sein. Ich ertrage es nicht . . .» Und ich weiß, daß er an Henry denkt. An Zeilen aus meinem Vater-Roman (den Roman über Henry zeigte ich ihm nie).

Und außerdem quält ihn mein heidnisches Benehmen. Wenn ich bei ihm bin, erinnere ich mich meiner alten *pudeur*. Ich erinnere mich an meine Mädchenzeit, als ich weder an Sex noch an Sinnlichkeit dachte, aber an Leidenschaft. Habe ich meinem wirklichen Ich Gewalt angetan, um frei zu werden? Bin ich so heidnisch? Bin ich gern nackt unter einem Kleid? Für mich hatte *pudeur* etwas mit gehemmt sein zu tun, und ich haßte sie. Heute, nachdem ich frei bin, kann ich zu meiner natürlichen *pudeur* zurückkehren. Aber es gibt Dinge, die ich nicht zurückholen kann. Ich bin so natürlich sinnlich geworden, daß mich Gonzalos *pudeur* rührt, und doch versuche ich instinktiv, ihn zu befreien. Ich habe ihn noch nicht nackt gesehen; ich habe nie sein Geschlecht gesehen. Sein Liebesakt hat beinahe etwas Verstohlenes an sich. Ich bin es, die lacht und neckt und heidnisch ist.

Dabei bin ich ihm immer dankbar, daß er mein eigentliches Ich liebt, da er meiner Seele näher kommt als Henry. Aber alles Schlechte, Verdorbene und Falsche bleibt außerhalb unserer mystischen Ehe. Keine Dunkelheit zwischen Gonzalo und mir. Keine Perversionen.

Er gewinnt seine Vitalität zurück, seine Kraft und seine Potenz. Er ist mir dankbar. Er ist sinnlicher, aktiver, aber er hemmt mich. Ich bekomme mit ihm keinen Orgasmus.

Gonzalo sagt: «Komm näher, komm näher. *Pégate a mí. Pégate a mí.*»

11. Oktober 1936

Als ich mich Henry, seiner Arbeit und seinem Leben anpaßte, verleugnete ich einen Teil meines eigentlichen Ichs, das heißt, ich verzichtete auf die feinen, kultivierten Gefühle, die Zartheit in der Beziehung. Ich ging zu Henry *im Bewußtsein* seiner Derbheit, seines Mangels an Verständnis, seiner Brutalität und genoß die Lust, dachte, ich würde mit der Zeit stärker werden, wie man eben durch das wirkliche Leben, durch Sorgen, Kämpfe gestärkt wird. Aber ich verlor dabei mein Glück. Henry fand Glück in der Art und Weise, wie ich ihn behandelte.

12. Oktober 1936

Zwei traumähnliche Nächte mit Gonzalo. Ich sehe ihn als Kind. Vital. Übersprudelnd vor Lebenskraft.

Wenn ich nach dem Zusammensein mit ihm zu Henry gehe, ist das wie ein Wechsel in ein nordisches Klima. Die harten blauen Augen, so wenig Gefühl. Sobald Henry den Sex hinter sich hat, tritt nichts an dessen Stelle. Es war alles Sex, Sex. Die Gemütsbewegung, zu der er fähig ist, war verbraucht.

Henry sagt – nachdem ich mich heute vormittag beeilt habe, zu ihm zu kommen, weil er krank ist –, und es ist das erste, was ihm einfällt: «Macht es dir Spaß, Kranke zu pflegen? Mir nicht. Wenn du krank wärst, würde ich mich schleunigst verdrücken. Ich finde, wenn die Leute krank sind, soll man sie sterben lassen. Jawohl, der Meinung bin ich.»

Ich weiß, er gibt an wie eine Tüte Mücken, und mache einfach weiter. Er schluckt den heißen Rum, die Medikamente, läßt sich den elektrischen Heizofen gefallen. Er genießt es, daß er sich allmählich besser oder wärmer fühlt. Aber sein Egoismus macht mich ihm gegenüber hartherzig. Als er schläft, gehe ich, unbarmherzig, um Gonzalo zu treffen, der vor Eifersucht krank ist, der spürte, daß ich Henry heute besuchen würde, der leidet, leidet, leidet. Und wir sitzen im Café, während ich leidenschaftliche Dinge zu ihm sage. «Wenn man mich fragen würde, Gonzalo, wenn zufällig irgend etwas passieren würde und ich müßte wählen – von allem auf der Welt würde ich dich wählen, ich würde jeden und alles für dich aufgeben. Ich würde die ganze Welt sterben lassen. Es ist nur Mitleid, nur Mitleid, weshalb ich heute dorthin ging. Ich fühle das Absolute, Vollkommene bei dir.»

Meine Stimme, mein Gefühl rühren Gonzalo. Er glaubt mir. Und ich gebe ihm einen Liebesbeweis. Zuerst hatte ich vor, bei Henry über Nacht zu bleiben, aber ich fühlte mich so abgespannt, hatte solche Sehnsucht nach Gonzalo, war so enttäuscht über den Mangel an *Eintracht* mit Henry, an Nähe, Wärme, daß ich ihn, nachdem ich mich den ganzen Tag um ihn gekümmert hatte, allein ließ unter dem Vorwand, mich ebenfalls nicht ganz wohl zu fühlen, und versprach, am nächsten Morgen wiederzukommen. Dann sagte ich Gonzalo, daß Hugh nicht zurückgekommen sei und daß er kommen könne. Welche Freude, ihn in meinem warmen, von Duft erfüllten Zimmer zu erwarten.

13. Oktober 1936

Gonzalo gestern nacht sehr leidenschaftlich, stoßend, hämmernd, und dann sagte er: «Ich bin nie so heftig, so stark gekommen. Warum brauche ich so lang? Ich bin sehr langsam.» Er scheint nicht zu wissen, daß genau das gut ist, gut für die Frau. Er scheint wenig Vertrauen zu haben in das, was er ist, was er tut, fühlt. Die indianische Langsamkeit. So gut.

Seine Küsse schmecken anders als jeder Kuß, den ich bekommen habe. Auf dem Grund von Henrys Küssen fühlte ich immer Blindheit, Nässe, Instinkt, ein blindes Tiergefühl, unpersönlich; den erregten Körper, den Instinkt.

Bei Gonzalo bin ich mir der Liebe bewußt, des Geschmacks seines Fleisches, der *noblesse* seines Fleischs, des vom Gefühl durchdrungenen Begehrens; weniger animalisch, so viel *gegenseitiges* Verständnis. Ich schmecke Gonzalo sofort ganz, sein tiefstes Wesen schmeckt so wie sein Fleisch, ein Fleisch aus Träumen, Menschlichkeit, Sinnlichkeit. Leib und Seele vermählt, nichts von Bosheit, Gemeinheit, Falschheit, Derbheit, Feigheit. Der Ausdruck seiner Augen ist in bestimmten Momenten hinreißend schön, noch nie sah ich Geist und Leben gemeinsam brennen, Augen aus Kohle, Tieraugen und Seelenaugen – alles in einem –, die weich stimmen, ich weiß nicht welche idealistischen Schichten anrühren.

Ich brauche meine Augen nicht halb geschlossen zu halten wie bei Henry, weil ich manchmal sehen konnte, was Henry für mich war, ebenso den anderen Henry, der sein Unbewußtes in seiner Arbeit und gegenüber anderen offenbarte, den *unheroischen* Henry, den Bettler, hart, berechnend, zynisch, mit einem Hang zu Gemeinheit und Grobheit, den Fälscher, den Hanswurst. Ich wußte, *mein* Henry war manchmal eine Zumutung für Henry, und wenn wir zusammen ausgingen, explodierte mein Henry.

18. Oktober 1936

Blut erregt Gonzalo, meine drei Tage dauernden Blutungen. Eine orgiastische Liebesnacht. Ein neuer Gonzalo. Wollüstig, erotisch und ausschweifend. Blutrausch. Erschöpfung.

Er liegt da und wundert sich über unsere einen ganzen Monat währende Keuschheit. «Was hast du gedacht? Ich konnte mich anfangs selbst nicht verstehen. Dann begriff ich, daß sie einen psychologischen Grund hatte. Ich konnte dich nicht nehmen wie irgendeine andere Frau. Du bedeutest zuviel für mich. Du hast mich überwältigt.»

«Du mußtest einen umständlicheren Weg finden, große Kreise um mich schlagen, und du hast einen neuen Weg zu mir gefunden, neue Schichten berührt.»

Durch die weichen Schichten von Leidenschaft und Träumerei spüre ich die stählerne Klinge der Gefahr.

Zerstörung.

Alles um Gonzalo wird träge und fatalistisch. Sogar im kleinsten Detail blockiert er sich selbst.

Helba sagte im Vertrauen zu Hugh: «Gonzalo und sein Fatalismus, Gonzalo, der immer *mañana* sagt, brachte mich um meine Karriere.» Er lähmte sie schließlich. Gonzalos Angst vor Erfolg, vor Kommerzialisierung. «Er ist ein Bohemien.» Helba, wie alle wirklichen Arbeiter, ist keine Bohemienne.

Also bekomme ich wieder den Bohemien, den Zerstörer – und die Last.

Dafür arbeitet und lebt Henry heute kreativ. Ich habe gewonnen. Er hat mich nicht wie June getötet. Gonzalo wird mich nicht wie Helba krank und schwach, frustriert machen. Schöpferisches Leben, das sich nicht ausdrücken kann, gerät zum Wahnsinn.

Ich bin mir meiner Stärke gewiß. Ich kann meine ernsthafte, ordentliche Arbeit, meine Erdschwere, meine bürgerliche Welt verlassen und mit Gonzalo Träumerei und Leidenschaft suchen.

Er ist der Mann, den ich will. Mein *tzigane*. Ich lasse ihn seine Sklaven- und Liebhaberrolle spielen. Alles übrige werde ich tun! Ich kann auf Liebe und Verehrung eine Million Welten bauen und unendlich schöpferisch sein. Mit seiner Stimme, seinem Lachen im Ohr, seinem Blick auf mir kann ich erfinden! Mit seinem Arm um meine Schulter, seiner schwarzen Locke hinter dem Ohr, den schweren Schuhen an seinen Füßen, seinem Humor, seiner Liebe zum Wein und seiner Empfindsamkeit kann ich schaffen! Mit seiner tiefen Bewunderung und seinem Eifer, seiner Leidenschaft, seiner Eifersucht kann ich schöpferisch sein!

21. Oktober 1936

Il s'agit de mieux mentir, de déjouer l'intuition même des autres. Ich bereite mich darauf vor wie eine Schauspielerin. Ich studiere meine Rolle. Ich frage mich, was ich das letzte Mal falsch gemacht habe. Als erstes stellte ich fest, daß ich nicht *denken* darf, daß ich zu Henry gehen werde, wenn ich bei Gonzalo bin. Ich darf nicht über die Gegenwart hinaus leben, weil es Gonzalo merkt. Ich muß mich ganz und gar auf Gonzalo einstellen, und um sechs Uhr muß ich ihn aus irgendeinem Grund, den ich vergessen habe, verlassen. Ich muß mich in die Stimmung der Geschichte versetzen, die ich erzähle. Wenn ich gesagt habe, ich gehe heim zu Hugh, muß ich die Stimmung beibehalten, in der ich wäre, wenn ich zu Hugh nach Hause gehen würde – also resigniert und bedauernd. Hier beginnt die Rolle. Ich stelle mir vor, wie ich mich fühlen würde, wenn ich jetzt zu Hugh nach Hause ginge. Ich verinnerliche die Stimmung. Traurige Augen. Kummer. Festhalten an Gonzalo, sich an den Augenblick klammern. Keine Lust zu gehen oder Eile. Auf keinen Fall darf ich eilig weggehen, um keine Zweifel zu wecken. Ich muß mich vollkommen *in* die Gegenwart versetzen.

Wenn ich die Rolle der Mélisande spielte, müßte ich genauso ganz in der Rolle sein. Ich dürfte meinen Gedanken nicht erlauben, zu Ophelias Gefühlen abzuschweifen, und ich würde auch nicht wissen, daß ich nach der Vorstellung die Nacht mit meinem Geliebten verbringen würde. Ganzheit. Solange ich bei Gonzalo bin, macht es mir meine Leidenschaft für ihn leicht, mich in unsere Welt zu versetzen. *Pas de distractions!* Bei dem eifersüchtigen Wesen ist Zerstreutheit fatal. Diese bis zum Schluß aufrechterhaltene Ganzheit ist es, die überzeugt. Ich kann mich leicht darauf konzentrieren, mich dabei allem, was ich tue, widmen, mich darin verlieren. Und dabei gerate ich mehr und mehr in Hochstimmung durch die Gegenwart – den Augenblick mit Henry, Gonzalo oder Hugh. Und diese Ganzheit ist es, die sie spüren und die ihnen die perfekte Illusion einer vollkommenen Liebe vermittelt. Ich nahm mir vor, meine Nacht mit Gonzalo, meine Nächte mit Henry oder einen Samstagnachmittag mit Hugh *absolut* zu machen. Pas de distractions!

Ganz selten denke ich an Henry, wenn ich bei Gonzalo bin. Bei Hugh habe ich die größten Schwierigkeiten, präsent zu bleiben. Unser gemeinsames Leben ist das blasseste von allen, das unwirklichste. Dann kommt Henry, der in kühleren Regionen weilt und vor den feurigen Stunden mit Gonzalo verblaßt.

Nachdem ich gestern nachmittag ganz bei Gonzalo gewesen bin und alle Gedanken an Henry aus meinem Kopf herausgehalten habe, konnte ich ihn an der Métro Gare Montparnasse verabschieden und ihn auf eine mir rätselhafte Weise fragen: «Wo muß ich nach Passy umsteigen?» Und er merkte nichts, empfand nicht den geringsten Zweifel, keine Befürchtungen. Es war mir tatsächlich gelungen, mich so zu hypnotisieren, daß ich dachte, ich müßte jetzt nach Hause fahren, und erst in der Métro kam ich plötzlich zu mir, so wie eine Schauspielerin, wenn der Vorhang fällt; erst dann sah ich die Schilder und stieg in die Gegenrichtung um.

Eine Theaterrolle wird echt, wenn die Figur nachempfunden wird. Das täuschende Spiel auf der Bühne beeinträchtigt keineswegs die Aufrichtigkeit meiner Gefühle, meiner Liebe. Genauso könnte man sagen, eine Schauspielerin könne sich in ihrem Privatleben nicht wirklich verlieben, weil sie auf der Bühne so vieles spielen mußte. Es ist aber so, daß mir die Aufrichtigkeit der Liebe hilft und mich zwingt, besser und kunstvoller zu lügen, um keinen Schmerz zuzufügen. Es ist ein Spiel, bei dem ich immer den Verlust eines Mannes, vielleicht den von allen dreien, mein ganzes Leben und mein Glück riskiere. Deshalb mag ich Spionagefilme so gern, in denen gehandelt, betrogen, vorgetäuscht werden muß, sogar Liebe. Gegenspionage, Schläue, Klugheit.

Dem betrunkenen Großvater des Flusses paßt unsere Anwesenheit nicht. Er war lange alleiniger Herrscher auf dem Boot. Gonzalos Dunkelheit erschreckte ihn. Als Gonzalo den Ofen anmachte, kam er heraus und beschwerte sich über den Lärm.

22. Oktober 1936

Helba erzählt immer wieder die Geschichte, als ihre Mutter Gonzalo zum ersten Mal sah: «*Ay, qué negrito! Dios mío, qué negrito sus pecados.*»

Die Farbe seiner Sünden!

Die Matratze auf dem Boden. Die geteerten Balken über uns. Der schnarchende Ofen. Das knarrende Boot. Das gegen die Bootswand schlagende Wasser. Halbdunkel. Schatten. Straßenlaternen blinken durch die Fenster. Gonzalo und ich blind vor Sinnlichkeit – Münder, Penis, Vulva, Liebkosungen, feuchte Küsse.

Der alte Mann schreit und wirft etwas gegen die Wand, während wir im schönsten Sinnenrausch schweben.

Gonzalo springt auf, mit zornfunkelnden Augen, abstehenden Haaren, der große Körper gespannt, wutschnaubend. Wirft sich gegen die Tür des alten Mannes, tritt mit den Füßen dagegen, demoliert sie. Der Alte zu Tode erschrocken. Liegt halbnackt auf seinen stinkenden Lumpen, die Baskenmütze auf dem Kopf und einen Stock in der Hand. Gonzalo schreit in seinem undeutlichen, wirren Französisch: «Du bist ein schlechter alter Mann. Verschwinde. Du verschwindest auf der Stelle, oder ich hole die Polizei.»

Der Alte ist betrunken. Er fürchtet sich. Aber er will nicht gehen.

Gonzalo schickt René nach der Polizei. Mir befiehlt er, mich zu verstecken, damit ich in keine Untersuchung hineingezogen werde.

Die Polizei kommt. Gonzalo hält die Öllampe. René redet und schreit: «Zieh dich an. Der Besitzer hat dir gesagt, daß du verschwinden sollst. Ich hab den Brief hier. Zieh dich an.»

«Wer, bitte schön, hat denn die Tür eingetreten? Das frage ich euch. Ich bin es nicht, den man zur Polizei bringen sollte.»

Er lag da, konnte seine Hose nicht finden, redete. Der Polizist redete. Sie konnten ihn nicht anziehen. Er brabbelte weiter.

«Ist mir doch egal. Ihr werft mich ja doch in den Fluß. Ist mir doch egal, wenn ich sterbe. Ich hab nichts getan. Ich mach doch Botengänge für Sie, oder nicht?»

«Du machst ein Mordsgeschrei, jedesmal, wenn wir da sind.»

«Ich hab geschlafen, tief und fest geschlafen. Er hat die Tür eingetreten, und jetzt wollt ihr mich holen. Ich geh nicht raus. Ich bin zu alt. Ich kann meine Hose nicht finden.»

So ging das eine Stunde lang, Unschuld, Unklarheit, Säuferlogik, bis schließlich alle lachen mußten und dem Alten gesagt wurde, er könne bleiben, wenn er sich ruhig verhält.

«*Je ferai le mort*, ich stell mich tot», sagte er. Er war völlig gefügig, verwirrt, zu betrunken und zu verängstigt. Ich stand im Raum nebenan, wo ich alles hören konnte und über die Bemerkungen des alten Mannes lachte. Der Polizist ging. René legte sich schlafen. Gonzalo und ich lachten, obwohl wir es dem Alten übelnahmen, daß er unseren Traum, unsere Intimität gestört hatte. Gonzalo sagte, der Gedanke, der Alte könnte uns durch eine Ritze in der Wand gesehen haben, mache ihn wahnsinnig. Seine ganze *pudeur* empörte sich gegen die Anwesenheit, diese Nähe eines anderen bei unseren Liebkosungen. Die *pudeur* der Dschungeltiere, der Katzen. Diese *pudeur* in mir, die Henry mit seiner Lebensweise gröblich verletzte. Trotzdem gefiel mir die Erniedrigung meiner Geheimnisse, meiner Zierden. Ich dachte, es sei gut für mich, die Offenheit, das fehlende Feingefühl, Fred im Zimmer nebenan.

Aber jetzt gefiel mir Gonzalos Zorn – seine Kraft.

Der Zorn hatte uns wach gemacht. Irgendwie kamen wir auf Ranks Philosophie zu sprechen, auf Helbas Neurose. Gonzalo entzieht sich dem Verstandesleben. Er versteht, er stellt Fragen, er sagt: «Ich will diese Bücher lesen» – dann wendet er sich plötzlich dagegen, stürzt sich in Küsse, verflucht die intellektuelle Welt, die literarische Welt, plädiert für das Leben. Und nun erkannte ich, wie wunderbar er zu meiner gegenwärtigen Stimmung paßte. Nach Rank, Fraenkel und Henry überkam mich eine große intellektuelle Trägheit. Als ich diesmal aus New York zurückkam, wünschte ich mir nur Poesie und Emotion und die Nacht. Dann kam Gonzalo. Die Nacht. Der Traum. Geschaffen für Leben und Leidenschaft. Schnell mache auch ich die Augen zu, tauche in Küsse. Wir brauchen keine Idee. Gonzalo und ich haben den wunderbaren Punkt erreicht, wo wir gesättigt sind von *Bedeutung*; was wir gedacht, gelernt, intellektuell gesucht haben, ist geschmolzen, verschmolzen, verschwunden, dient lediglich – aber unbewußt – dazu, einem leidenschaftlichen Leben den Anschein von Bedeutung zu geben.

Wir begegnen uns in dunkleren Regionen. Merkwürdige Alchimie.
Der Kopf ist benebelt. Die Körper sind lebendig, aber nicht nur
sexuell, nicht so, wie ich bei George Turner lebendig war, sondern
mit der Seele lebendig in Geheimnis und Dunkelheit.

Diese Dunkelheit möchte ich bewahren. Ich würde ihn gern nur
in der Nacht sehen. Ich würde gern nie mehr zu einem denkenden
Leben erwachen, es ganz vergessen und nur noch fühlen.

Dieses aufflammende Gefühl, wenn natürliche, instinktive und
spirituelle Elemente auf subtile Weise harmonieren, befriedigt
mich.

Nach dem Vorfall mit dem alten Mann wunderte sich Gonzalo, daß
das Ganze so harmlos endete. Er sagte, ein spanischer *clochard*
hätte unter den gleichen Umständen bereits das Boot angezündet
oder unser Trinkwasser vergiftet oder uns im Dunkeln ermordet.
Genau das hatte ich von dem Alten erwartet. Dies sind die Ängste,
die Rank als neurotisch bezeichnet hätte und die meinem angebore-
nen Erbe von Gewalt und Rache entspringen. Gonzalo sagte, er
könne im Zorn leicht einen Menschen töten. Ich weiß, welche Pläne
ich in der Nacht schmiedete, um Frauen, auf die ich eifersüchtig
war, umzubringen, zu vergiften, aus dem Fenster zu werfen. Diese
Gewalttätigkeit ist in mir und wird gewaltsam gezähmt und in
Schach gehalten durch die westliche Zivilisation. Ich liebe es, wenn
Gonzalos große primitive Kraft die westlichen Schranken durch-
bricht. Ich genoß die eingetretene Tür.

Aber heute ist der Feind nicht Eifersucht, sondern Erschöpfung.
Dieses Leben auf drei Etagen, drei Ebenen, in drei Sprachen, drei
Klimazonen, drei Tonarten, drei Rhythmen, es laugt mich aus. Ich
bin unsäglich müde. Ich brauche Einsamkeit, Abgeschiedenheit.

25. Oktober 1936

Gonzalo ist ein sinnlicher Vulkan, brennend, unersättlich. Ich
möchte beinahe um Erlösung bitten! Ich habe nicht geglaubt, daß
wir nach all dem Idealismus, all der Keuschheit und Gefühlsduselei

in diesem Feuerkessel animalischen Begehrens landen würden. Wenn wir jetzt zusammen sind, geschieht es mehrmals, bis wir tot vor Erschöpfung daliegen. Er beschmiert sich das Gesicht mit Honig und Sperma, wir küssen uns in diesem Geruch und dieser Nässe, und völlig von Sinnen nehmen wir uns immer und immer wieder. Trotzdem habe ich keinen Orgasmus. Warum, warum, warum?

Gestern, nachdem ich eine Stunde bei Gonzalo gewesen war, ging ich zu Henry; und er kann mich erregen, daß ich hasse, zornig, beinahe verzweifelt bin; ich bin sexuell so erregt, nicht durch mehr oder weniger Vitalität, sondern durch etwas Undefinierbares, etwas, das langsamer, feuchter, reifer, reiner animalisch ist als Gonzalo – oder ist es Henry? Halte ich Henry die *Huren*treue, die Orgasmustreue? Die äußerste Hingabe nur bei ihm? Gonzalo hat die tiefste Schicht meines Instinktwesens noch nicht erreicht. Ich kann es nicht verstehen. Trotzdem laufe ich zu ihm und nicht zu Henry, wenn ich die Wahl habe, und ich stürze mich mit Freuden und Verlangen in seine Arme, wenn er am Sonntagnachmittag auf eine Stunde vorbeikommt. Er begehrt mich wild, eifersüchtig, will mich ganz allein besitzen. Er war schrecklich eifersüchtig auf Eduardo. Und ich scheine jeder Beziehung treu zu bleiben. Ich denke, nur Schmerz hält mich von Henry fern.

Treu meiner Beziehung zu Eduardo, freue ich mich sehr über seinen Besuch. Berausche mich am Gespräch mit ihm, finde meinen Kopf wieder, den ich bei Gonzalo verloren habe: Tageslicht, Analyse, Klärung, vollkommene Vertraulichkeit, ohne Ende. Eduardo quält sich, weil er sich von Feri trennen möchte, der ihn getäuscht, belogen und betrogen hat.

Bei Eduardo wird dieses Leben, das uns beutelt, schwächt, verletzt, verwirrt, wieder geordnet. Der Fluß hört auf zu toben; wir schöpfen unsere Boote aus, um nicht zu sinken! Wir beschwören die Sterne und die Philosophie, um zu schreien: «warum und wieso? Und um zu rebellieren, zu verfluchen, anzunehmen, zu vergeben! Wo immer uns das Leben vor ein Rätsel stellt oder uns verletzt.

Gonzalo möchte im Schlafmohn und tief auf dem Meeresgrund leben, wo ich am liebsten lebe. *Mais je suis un poisson volant* (Aber ich bin ein fliegender Fisch).

Henry hatte Sehnsucht nach mir. Ich kam zu ihm um fünf Uhr nachmittags, als er bereits im Bett auf mich wartete.

Fröhlichkeit. Suche ich nur Höhepunkte?

Ich weiß es nicht – ich will es nicht wissen. Ich will leben, bis ich zerspringe, berste vor Überfülle, bis sich mein ganzer Harem eifersüchtig gegen mich wendet, sich empört, sich von mir trennt, bis sie alle schreien vor Freude, vor Schmerz, bis sie mich wegen meiner Treulosigkeit ermorden. Doch ich war die tragischste treue Frau auf der Welt, treu der Vergangenheit, treu meinen ersten Lieben, *meinem Mann Henry*, meinen Geliebten, Opfern, Spielen, Illusionen, früher, heute, meinem Vater und meinen Brüdern! Zuviel Liebe! Nie genug!

Ich wünschte, ich wünschte, Gonzalo könnte in die innerste Tiefe meines Leibes dringen, meinen Schoß erregen wie Henry, dort auf geheimnisvolle Weise in meinem Fleisch liegen. Er sagt, daß er wegen mir mehrere Male am Tag zusammenzuckt – allein beim Gedanken an mich! Ich liebe ihn, aber er hat mir kein Brandmal aufgedrückt. Ist das die Liebe, die glücklich macht? Kann ich mich zurücklehnen und ihn leiden lassen? Manchmal, wenn ich ihm so zusehe, wie er leidet, gehen seltsame Dinge in mir vor. Als Eduardo kam, dachte ich mit *Vergnügen*, daß Gonzalo eifersüchtig sein wird. Er wird sich vorstellen, daß Eduardo und ich allein sind – Eduardo in meinem Zimmer.

Und es machte mir Spaß, ihn leiden zu sehen. Er stellte mir die Frage, die ich von ihm erwartete: «Wo schläft er?»

Ich dachte daran, wie ich wegen Henry gelitten habe, an die Bilder, die mich nicht schlafen ließen. Ich dachte: Wie dumm, sich so zu quälen. Es macht mich zynisch, wie damals bei Rank – zu sehen, wie der andere leidet. Gibt es immer eine Waage? Muß es immer den Unterschied geben, daß der eine leidet und der andere nicht?

Instinktive Liebe ist wie eine Wunde am Körper. Primitive Liebe ist Folter. Und widerfährt sie uns vielleicht nur ein einziges Mal?

Die Büchse der Pandora. Ich möchte mit geschlossenen Augen leben. Ich will nicht *wissen*, ich will leben.

Wenn man weiß, hört man auf zu leben.

Die Augen immer geschlossen und den fließenden Honig...

Aber ich frage mich eins: Als ich Henry quälte, weckte ich seine

instinktive Liebe. Wird meine instinktive Liebe zu Gonzalo nur
dann erwachen? Ist dies nur ein Ausruhen vom Schmerz, eine
Pause, wie ich sie Henry gab nach June? Im Augenblick leidet
Gonzalo. Ich ruhe aus. Dann wird es sich ändern. Oder bin ich für
immer frei?

---

2. November 1936

Trübe Tage, alle sind niedergeschlagen, bedrückt. Eduardo besessen von seinem Feri. Hugh plötzlich eifersüchtig auf Henry; versucht, in *Schwarzer Frühling* etwas über mich zu entdecken. Helba
wie ein verwundetes Reh – sie weint ständig. Gonzalo düster und in
den Klauen eines neuen Konflikts. Wenn er nach Peru geht, kann er
sein mütterliches Erbe antreten und seine und Helbas Probleme
wirtschaftlicher Natur lösen. Es schmerzt ihn, von uns Hilfe anzunehmen. Er sagt, er habe blind gelebt, jetzt sei sein Stolz erwacht, er
stelle den Wert der Dinge, für die er lebt, in Frage, er wolle sich
nicht länger bescheiden. (Wiederholung von Henrys sehr frühem
Satz: «Ich habe blind gelebt.») Aber was sollen wir tun? Er bringt es
nicht über sich, mich für drei oder vier Monate zu verlassen. Ich
ertrage den Gedanken nicht, daß er geht.

Bis jetzt war Gonzalo nicht auf tiefe, körperliche Weise in mein
Wesen eingedrungen, hatte die Saiten des Instinkts nicht berührt.
Aber gestern war der Gedanke an Abschied so unerträglich, daß
mir die Verbindung plötzlich voll bewußt wurde. Als er dort in der
Mitte des Zimmers stand und sprach, ging ein so schmerzliches
Sehnen durch meinen Körper, ein zerrendes Gefühl, das ich gut
kenne. Ich habe dieses Gefühl für Gonzalo nur langsam entwickelt,
aber jetzt ist es da, und es ist überwältigend. Aus Angst vor Schmerz
kann man sich lange wehren zu lieben, besessen zu werden. Ich
leide auch wieder an Eifersucht, aber ich werde nie so leiden wie bei
Henry, weil Gonzalo treu ist. Wie erstaunlich, daß ich so für Gonzalo empfinden kann, obwohl er mich sexuell nicht besitzt. Ich kann
bei ihm den Orgasmus nicht spüren.

Die teuflischen Unterströmungen sind Helbas Geständnisse bei

Hugh, der sie analysiert mit allem, was er von mir gelernt hat. Durch ihn entdecke ich, daß Helba Gonzalo nicht leidenschaftlich geliebt hat, daß sie Bruder und Schwester sind, daß sein Fatalismus sie zerstörte. Gestern küßte mich Helba leidenschaftlich mit den gleichen ertrinkenden Augen wie June, und wie bei June versuche ich, sie nicht von ihrem Platz zu verdrängen, obwohl sie Eifersuchts-krisen hatte. Unterschwellig bewundern wir uns, und weil wir uns bewundern, begreifen wir, daß jede Anspruch auf Gonzalos Vereh-rung hat; und genau wie June gibt sie ihren Mann nicht ganz auf, *nur* weil sie Angst hat, im Stich gelassen zu werden, *nicht* weil sie Gonzalo liebt; und *wieder* bekämpfe ich meine Eifersucht auf sie mit Liebe, indem ich liebe. Ich möchte Gonzalo für mich haben, aber ich sehe ein, daß seine Zuneigung die gleiche ist wie meine zu Hugh, zur Vergangenheit, zu Henry, auch wenn ich ihn nicht be-gehre.

Ich habe nur die ganze Zeit das Gefühl, daß ich gegen eine dunkle Kraft, ein Gewicht kämpfe. Ich fühle mich eingeschränkt. Ich spüre, daß ich, umgeben von tausend Mauern, trotzdem imstande bin, zu fliehen, in große Höhen zu fliegen, mir einen fiktiven und illusorischen Himmel zu erschaffen, indem ich nur die intensiven Momente nehme, meine schönen Gespräche mit Henry und nicht das Leben oder die Menschen seiner Umgebung; das Alleinsein mit Gonzalo auf einem Boot und *nicht* die höhlenartige Schwärze, feuchte Kälte, Armut und Traurigkeit ringsherum, nicht die Woh-nung mit einer kranken Helba, einer gestörten Elsa, die schreit, streitet oder ihren Hals befühlt, wo sie operiert wurde, ihn berührt, wie ein Klavierspieler die Tasten berührt; nicht einen wahnsinni-gen, Dostojewskischen Geiger Prague, der Exkremente ißt und sich das Gesicht mit Urin wäscht, der in der Irrenanstalt seine manisch depressive Frau heiratete; nicht das auf einem Tisch voller Wein-flecken, Zigarettenasche und Brotkrümel servierte Essen.

War meine Lumpensammlergeschichte eine humorvolle, ab-surde Anerkennung der Vergeblichkeit allen menschlichen Hoffens und Strebens? Wenn mein Leben in einem Himmel der Leiden-schaft zu kulminieren scheint, balanciert es dann höchst illusorisch, höchst gefährlich über einem Abgrund? Je höher ich in den Traum steige, das Wesentliche, das Maximum, das Himmelsgewölbe be-rühre und die Erdmitte, um so enger zieht sich die Schlinge der Realität um meinen Hals; je mehr ich mich innerhalb dieser magischen Muster bewege, um so mehr drohen mich Angst und ein namenloses Entsetzen zu ersticken. Ausdehnung, so weit wie der vollkommen freie Horizont. Zusammenbruch? Oder Übermüdung? Übermüdung von Seele und Körper und Sex... Suche nach einem Absoluten nur in der Vielfalt, ein Absolutes in Abstraktion, eine Synthese vereinzelter Elemente, nicht *ein* Mann, *ein* Heim, *eine* Liebe, *ein* Bett: das Eine, das Absolute in Fragmenten! Ein Absolutes, das nicht beständig dahinfließt, sondern das ich nur bei unablässiger Wachsamkeit erwischen kann, so als müßte ich nach Sternschnuppen greifen. Da! Immer im Flug, und der Wahnsinn, *zu* wach zu sein, von einem Bett ins andere zu wechseln, lauernd, wartend.

Als ich aus Henrys Atelier komme – Henry, der im Bett auf mich gewartet hatte, ein ausgehungerter Henry, der es kaum erwarten kann, mich zu besitzen –, sehe ich am Ende der Villa Seurat einen Mann. Es ist Gonzalo, der auf mich wartet, um mich zur Rede zu stellen – Gonzalo, den ich im Colarossi [Kunstakademie] zurückließ.

Diese Kraft in mir, die nicht zu einem Orgasmus aufblitzte, die in Henrys Armen nicht vollständig Feuer fing, weil ich ihn nicht begehrte – diese Kraft trage ich jetzt wie Dynamit mit mir herum. Es ist Dynamit, das nicht explodiert ist, aber die Lunte brennt, das Flämmchen läuft in einer Art dionysischer Freude die Zündschnur hinauf und hinunter, tanzend laufen die kleinen Flammen rundherum um das Herz des Dynamits und berühren es nicht, und die kleine Flamme läßt mich nicht zu Atem kommen, meine gesträubten Nerven recken Köpfe und Hälse, begierig, hungrig, durstig, die Augen weit offen, die Ohren gespitzt, all die kleinen Nerven warten auf den Orgasmus, der das Blut durch sie jagen und ihnen Schlaf geben wird.

Die hellwachen, bis an den Rand der Hysterie geschärften Nerven, die Myriaden kleiner Nerven am Rande der Hysterie warten auf die Pause, auf Schlaf und Tod, auf die Explosion des Dynamits, den Einsturz der Mauern, die Aufhebung der Vergangenheit, das Absolute, das nicht durch den Himmel schießt, stets flüchtig, ein flüchtiges, nicht zu fassendes Absolutes, *tête de Méduse*, Füße eines Tausendfüßlers, eines Kraken. Brennen alle Feuer mit hundert Flammen in alle Richtungen? Gab es nie eine runde Flamme mit einer einzigen Zunge? Diese Kraft, die nicht zu Quecksilber in meinen Adern eruptierte, warum bricht sie taifunartig aus und wirbelt um jedes Monster, das auf der Straße daherkommt – um seine Absichten zu befragen, sich seine Abartigkeiten vorzustellen, zwischen die Liebenden, die geheimsten Wünsche, den schwärzesten Erotismus, die perversesten Lüste zu kriechen?

Dieser Mann mit seinem kleinen Mädchen, warum sind seine Augen so glänzend, seine Lippen so feucht, ihre Augen so müde, warum ist ihr Kleid so kurz, sein Blick so schief? Warum dieses Unbehagen, wenn ich an ihnen vorübergehe? Warum ist dieser junge Mann so weiß, sind seine Augen so müde, warum hat er Schaum auf den Lippen, den Schaum von Veronal? Warum hat die Frau unter der Laterne eine Hand im Muff – ein Revolver? Warum ermordeten die zwei Schwestern ihren verrückten Bruder, nachdem sie viele Jahre mit ihm allein in einem großen Haus wohnten? Pragues Frau sitzt vollkommen still und hat eine Falte zwischen den Augen. Elsa befühlt die schmale Narbe, die sich um ihren Hals zieht, Helba zieht ihren Mantel an, der aus zwei Mänteln zusammengeschneidert wurde, Helba legt eine Brosche an, in der alle Steine fehlen. Wir aßen Austern in einem Zimmer, das ganz mit Muscheln beklebt war, so wie ich mir mein Zimmer wünschte, ganz mit Muscheln, Fellen und bunten Steinen dekoriert, weil ich auch jetzt noch das Märchen suche, während der Mann, der uns Strümpfe und Zigaretten zum halben Preis verkauft, Kokain in der Tasche hat. Ich habe es nicht geahnt. Ich ahne so etwas nie. Das ist meine Unschuld. Böses oder Gefährliches erfinde ich nicht und erahne es nicht, ausgenommen wenn diese Kraft in mir ist, die nicht explodierte, die mich vergiftet, die überquillt, auf die Straße und in die Gosse rinnt, wenn ich die Entstellungen wahrnehme – den Großvater, der im Bug des Schiffs wartet, um Gonzalo zu erstechen; den Rost auf dem Kohlenkasten, das Leck im Dach, die Regenwasserpfützen auf dem Fußboden, das erloschene Feuer, den schalen Wein in einer Tasse, die Zigarettenstummel auf dem Boden und daß der Geliebte schnarcht – wahrnehme, traurig werde, die Augen schließe, mich von Häßlichkeit, Zerstörung abkehre, Falltüren passiere, ohne in Fallen zu geraten, dahingehe wie unsichtbar, unberührbar, wie eine, die von keinem Auto überfahren werden kann, obwohl sie über die Straße geht, ohne nach rechts oder links zu sehen, die immer die Kiefer des Wals herbeisehnt, die zerfetzenden

Kiefer, die vergehend immer Flügel bekommt und offene Augen, Augen, die sich dem Himmel öffnen, himmelwärts blicken. Engel tanzen auf der Zündschnur des Dynamits, Flammen, die blau werden wie die Vigillämpchen in Krankenhäusern, Klöstern. Ich höre sie noch, alle, die weinen. Es ist richtig, daß der Samen in mir nicht aufbricht, daß der Körper am Nervenseil die Erde verläßt und seinen Samen nur im Raum vergießt, denn das Märchen trägt ein Gewand, das schwerelos macht, das Raum schafft zwischen den Füßen und dem erdigen oder hölzernen Boden. Man darf die Schritte nicht hören, das Blut muß Quecksilber bleiben und überall blau durch die Adern scheinen, blau wie die Lämpchen der frommen Nonnen, um zu hören, um in den Rhythmus der Flügel zu fallen.

Was ich den Himmel nenne: Wenn niemand *leidet* – wenn ich weiß, daß Mutter glücklich ist, Joaquin sich seine Sehnsüchte erfüllt, Henry in Frieden arbeiten kann, Gonzalo befriedigt, Hugh glücklich, Eduardo von seinem Schmerz befreit ist, Helba getröstet. Wenn *einer* von ihnen leidet, leide auch ich – ist meine Freude verdorben. Wenn sich Gonzalo quält, kann ich mich nicht an Henry erfreuen. Ich kann nicht fröhlich sein, während der andere leidet. Das ist das eigentliche Geheimnis meines Lebens. Deshalb kann ich nicht explodieren, nach eigenem Wunsch wählen, mehrere Menschen meinem Glück opfern – es wäre nicht mein Glück.

An dem Abend, als wir bei Helba aßen, zählte Gonzalo, wie viele wir bei Tisch sein würden, und zählte sich selbst nicht mit.

Gonzalo hat einen wunderbar intuitiven Verstand, den er nicht nutzen will. Er nennt die Astrologie «trocken». Er liest selten.

Er sagt, er liebt an mir meine Wärme, Lebendigkeit und daß ich nicht «literarisch» bin.

Oft sagt er plötzlich die intuitivsten Dinge – hellsichtig. Dann ist er wieder völlig durcheinander und spinnt wirres Zeug. Bei Henry habe ich gelernt, Weisheit anzuerkennen und Fehler zu übersehen, weil das primitiv ist!

8. November 1936

Wenn ich auf Gonzalo warten muß, spiele ich mit Feuer. Ich versuche, die Laternen anzuzünden. Die Laternen, die ich geklaut habe, funktionieren nicht. Ich versuche es mit Alkohol, Öl, Benzin. Ich lasse die Laterne fallen. Die Flammen laufen über den Boden. Das Glas zerbricht. Es gibt kleine Explosionen. Ich sehe alles ohne Furcht, mit Entzücken. Feuer fasziniert mich.

Ich wäre gern eine Spionin, um näher an der Gefahr zu leben.

Als Turner mit mir tanzte, sinnlicher denn je, fühlte ich nichts. Ich fühlte nichts bei Henry – nichts. Ich bin verzweifelter denn je bei Hughs Liebkosungen. Ich fühle nur Gonzalo. Nun habe ich in Gesprächen mit Eduardo einige zufällige Entdeckungen gemacht: Manche Männer haben etwas, das der Frigidität bei Frauen entspricht. Sie haben eine Erektion, einige ejakulieren sogar, aber sie fühlen sich unbefriedigt. Unbefriedigte Frauen oder Männer verhalten sich sehr ähnlich: ich, *bevor* ich Henry, June, Louise, Gonzalo traf. Anspannung. Suche nach anderen Gefühlserregungen. Fieber. Nervosität. Schlaflosigkeit. Pausenlose Aktivität. Gespannte Nerven.

Befriedigung bringt Entspannung.

Gonzalos Sinnlichkeit war schwierig – nach allem, was er mir erzählte. Viel in der Phantasie. Vorher oder nachher. Aber selten Verwirklichung, Befriedigung. Ekelgefühl nach dem Zusammensein mit einer Frau, die er nicht liebte. Wenn er eine Frau liebte, brauchte er Zeit. Nun hat er wiederholte Male gesagt: «Ich bin nie so stark gekommen. Es ist so stark, Anaïs – so stark.» Er ergießt sein ganzes Sein in mich. Ich erinnere mich, daß mein Vater das gleiche sagte: «*Nunca he venido tan fuerte.*» Eduardo sagt, es bedeutet, daß er befriedigt ist, daß er seinen Typ gefunden hat. Er wird weniger ruhelos werden, weniger angespannt, weniger nervös. Und ich, ich werde nervös, gereizt, mein Gehirn phantasiert wie im Fieber, kein «*apaisement*» mehr, keine Verbindung mit Natur, mit Erde.

Ich kann nicht sagen, ob es an der Treue zu Henry liegt, weil ich

passiv sein muß und bei Henry aktiv sein mußte oder weil Henry mir
seine Langsamkeit und «détente» [Entspanntheit] vermittelte, die
wunderbar sinnlich macht. Ich weiß es nicht. Aber ich bin nicht
befriedigt. Trotzdem liebe ich Gonzalo so sehr, daß ich sonstwo mit
ihm hingehen würde. Ich mache mir nichts aus Sex. Es gibt genug
Leidenschaft außerhalb des Orgasmus.

Vielleicht brauche ich einfach Zeit, so wie Gonzalo. Oder vielleicht muß ich mich vollkommen, absolut von jemand besessen
fühlen – wie damals, als ich zu Rank nach N. Y. ging und ein paar
Wochen lang glaubte, ich würde ihn lieben.

Ich weiß es nicht. Aber ich bin glücklich, daß Gonzalo befriedigt
ist. Glücklich, sein heftiges Begehren zu spüren.

Traum: Ich sitze auf dem Dach eines Hauses in China und warte,
daß es dunkel wird. Sitze zwischen Dachziegeln aus zerbrochenen
chinesischen Tassen und Untertassen, in deren Vertiefungen noch
die letzten Teeblätter kleben. Sitze zwischen Tassen und Tellerchen
und warte auf die Dunkelheit, damit ich hinunterschleichen und
heimlich in die Stadt gehen kann. Ich gleite an den Sandelholzbal-
ken nach unten und stelle fest, daß die Wände aus Schiebetüren
bestehen. Eine Chinesin mit einem Porzellangesicht schob die Tür
auf und führte mich ins Haus. Ich kniete vor einer Mahlzeit, einem
riesigen runden Teller vor meinen Knien, gefüllt mit perlenbesetz-
ten Pantoffeln, einer Soße aus Engelshaar, Gold- und Silberfili-
gran, Eiszapfen und geschmolzenem Gold. Ich schaute genau und
liebevoll hin, weil ich wußte, daß ich in jedem Zimmer nur einmal
sein würde und daß ich alles, was ich sah, nur einmal sehen würde;
deshalb blickte ich liebevoll auf den geschnitzten Holzteller und das
Gericht zu meinen Füßen. Ich roch den Duft des Zimmers, ich sah
das Licht, das durch das Pergamentpapier sickerte. Jede Tür, die
ich zur Seite schob, führte mich durch das chinesische Haus, aber
auch aus dem Haus hinaus, und wenn ich draußen war, würde es für
immer sein, und deshalb trödelte ich bei den Türen und ging mit
Bedauern durch jedes Zimmer und blickte zärtlich in das einsik-
kernde weiche gelbliche Licht. Die Schnitzerei auf dem Holz war so
fein, daß ich dachte, ich könnte sie wie ein Buch lesen. Ich fing an,
sie zu entziffern, aber ich verstand die Bedeutung nicht; sie erinnerte mich an vieles, aber an nichts konnte ich mich vollständig
erinnern; und die letzte Schiebetür, die ich langsam zur Seite schob,

entließ mich auf die Straßen von China, mit Häusern ohne Fenster und Türen, mit schaukelnden Lampions, die alle gleich aussahen, und auf dem Trottoir saßen Puppen.

12. November 1936

Gonzalo legt sich zu mir und sagt: «Das ist die Unendlichkeit.» Henry legt sich zu mir und sagt: «Ein netter Fick wird dir guttun!» Hugh legt sich zu mir und sagt: «Du mußt auf dich achten, Kätzchen. Du siehst müde aus.»

Gonzalo wird wahnsinnig vor Eifersucht; Hugh düster, melancholisch und stumm; Henry bellt, geifert, wettert gegen irgend etwas *in der Umgebung* seiner Eifersucht.

Was ich «für mich einen Himmel schaffen» nenne, ist die Herstellung von Harmonie. Ich versuche stets, einen Himmel zu schaffen, nehme die besten Augenblicke aus allen Beziehungen – wenn Henry zum Beispiel schon im Bett auf mich wartet, Hugh voller Vorfreude auf den Sonntag ist, Gonzalo mich heiß begehrt. Ich bin drauf und dran, um Gnade zu bitten, aber ich habe all die Intensität, die ich mir wünschte. Drei Viertel meines Lebens verbringe ich im Bett. Froh, wenn ich nur einmal am Tag genommen werde. Versuche, mit Henry und Gonzalo nicht am selben Tag zu schlafen, aber es kommt vor, und dann mischt sich ihr Sperma in meinem Schoß.

Ich kenne nur ein Rezept für Glück: Man nehme das Sperma dreier verschiedener Männer (möglichst unterschiedlicher Männer!) und mische sie im Schoß. Kann die Transfusion am selben Tag stattfinden, bewirkt die Alchimie Vollkommenheit.

Wenn Gonzalo und ich eng umschlungen beisammenliegen, sagt er: «Das ist das einzige, was auf dieser Welt zählt.» Wie eine Frau – ein Liebhaber, wie ihn sich Frauen träumen. Henry sagt grinsend: «Zwanzig Seiten im Eimer!»

Um zwei Uhr bin ich auf der *Nanankepichu*. Gonzalo flüstert: *«Qué linda hora!»* Um fünf sitze ich in einem Taxi, das den Boulevard Raspail entlangfährt und den Bus überholt. Gonzalo steht auf der Plattform. Hat er mich gesehen?

Der köstliche Schauder des Spielers. Er hat mich nicht gesehen. Er träumt. Er ist traurig. Wenn er mich gesehen hätte, wüßte er, daß ich auf dem Weg in die Villa Seurat bin.

Bei Henry in der Villa Seurat herrscht plötzlich hektisches Treiben. Leute. Briefe. Hoffnungen. Buchbesprechungen. Neue Freunde. Ideen. Ideen.

---

18. November 1936

Ich bin jetzt überzeugt, daß ich unter einer ausgeglichenen Oberfläche hysterisch bin. Die Hysterie erreicht ihren Höhepunkt während des Mondsturms. Ich bin stets kurz davor, in die Luft zu gehen. Ich möchte weinen, lachen, singen, tanzen oder schreien. Ich kann schlecht einschlafen. Ich hasse Ruhe. Ich bin nur ruhig, wenn ich müde bin. Ich hasse die Erholungsvorgänge – Schlaf und Ausruhen und Pausen!

Ich werde sehr müde, weil mich *alles* berührt und bewegt. Ich bin nie gleichgültig. Jeder, der mir über den Weg läuft, berührt meine Gefühle, meine Sympathie, mein Mitleid – oder meine Kreativität. Ich muß mich mit dem Leben kaputter Menschen befassen – muß zusammenflicken, den Ertrunkenen beatmen, den Gestürzten aufrichten. Ich habe es satt zu leiden, aber es scheint kein Weg daran vorbeizuführen, es sei denn der grausamste. Aber Gleichgültigkeit, Passivität sind mir unmöglich. Ich muß entweder Masochist oder Sadist sein. Als Sadist leide ich *mit* meinem Opfer.

Keine Möglichkeit, der Sklaverei zu entfliehen; nur wenn ich selbst der Sklaventreiber werde.

Ich leugne nicht, daß es mir manchmal Spaß machte, Hoffman, Turner und andere Männer schlecht zu behandeln. Aber wenn Gonzalo in meinen Armen liegt und mir erzählt, wie sehr er die Orte liebt, an denen er gelitten hat, stockt mir, von einer Art Grauen gepackt, das Herz. Ein Abgrund unter meinen Füßen. Dann fühle ich die Person, die der Tyrann sein *kann*. Ich fühle den Mann, der sich quälen läßt, den gefügigen Sklaven. Herrschaftsgefühle kommen auf. Ich sehe, daß ich Hugh auf sanfte Weise beherr-

373

sche, Henry auf einfühlsame, Gonzalo auf unsichtbare. Aber jedesmal, wenn ich sie verletze, fühle ich den Schmerz wie sie. Ich habe gekämpft, um sie von ihrem Schmerzbedürfnis zu befreien. Gonzalo bettelt um Leiden. Je mehr ich ihn mit Liebe und Leidenschaft überschütte, um so mehr quält ihn die Eifersucht.

Sie lieben meine Stärke, und insofern ist es gar nicht so einfach, diese Stärke nicht auf grausame Weise zu nutzen. Ich tue es nicht. Ich herrsche durch Verführung, Charme, Hingabe – und indem ich alles, was mir gegeben wird, mit Zinsen zurückzahle. Wenn Frauen denken, sie könnten drei Männern gleichzeitig ein wundervolles Leben bereiten, sollen sie es ruhig versuchen. Es erfordert übermenschliche Wendigkeit, Rücksichtsnahme, das Talent, in eine Stunde so viel hineinzupacken, daß sie dem Mann wie ein ganzer Tag und eine ganze Nacht erscheint.

20. November 1936

Nanankepichu: Jetzt haben wir dort einen schwarzen Teppich; die byzantinische Lampe, die in meinem Schlafzimmer in Louveciennes leuchtete, hängt über unserem Kopf; und es gibt ein schwarzes Lacktischchen. Ich brachte etwas zu essen mit, das wir aufwärmten. Wir aßen auf einer Kiste bei Kerzenschein. Ich liege auf dem Teppich neben dem Ofen. Gonzalo küßt mich, wärmt mir die Füße, wärmt meinen Kimono, umgibt mich mit Bewunderung und Liebe. Das meiste, was zwischen uns geschieht, geschieht ohne Worte. Sehr wenig wird ans Licht, an die Oberfläche gebracht.

Nachdem mich Gonzalo am Nachmittag genommen hatte, kam er noch einmal in der Nacht, aber kühn, er zeigte sich mir, keine Spur von Nervosität und Zögern. Er sah zur Lampe und sagte: *«Lamparita aphrodisiaca.»* Er sprach über unseren keuschen Monat. Er sagte, er habe Angst gehabt; er habe einen befreundeten Arzt gefragt, der nur gesagt hatte: *«Eres un anxioso.»* Nun wisse er, daß es meine Schuld war. Er wollte mich für mein sinnliches Leben bestrafen, wollte etwas anderes. In dieser Nacht kam ich der Erfüllung sehr nah. Die kleine Lampe, die glänzende Schwärze, das anschlagende Wasser – alles das trägt uns in weite Ferne. Als wir etwas ins Wasser fallen hörten, sagte ich: «Es ist ein kleiner springender Fisch.»

Am nächsten Tag im Café haben wir eine Szene. «Du warst in der Villa Seurat.» Ich sage, ich tue nichts anderes, als was er für die kranke, taube Helba tut. Emotion. Chaos. Blindheit.

Ich verlasse ihn, um in die Villa Seurat zu gehen! *Darauf* wäre er nie gekommen.

Dort liegen Henry und ich friedlich auf der Couch und unterhalten uns. Er ist müde. Wir sprechen über die Zeitungsausschnitte. Henry hat sich die lustigen und absurden Sachen ausgeschnitten. Ich die schrecklichen. Ich sage: «Machen wir ein Szenario daraus.» Ich habe schon ein paar Notizen im Tagebuch notiert. Henry hält es für eine gute Idee. Ich habe den Anfang gemacht.

Eines Abends hörte Hugh Radio. Nach einem Musikstück war es still, und dann hörten wir deutlich das Ticken einer Uhr. Hugh sagte: «Das ist meine Armbanduhr, die im Pfandhaus nach mir ruft!»

Als wir neulich unsere Finanzen durchgingen, sagte er: «Ich weiß, daß du mich bestiehlst, aber auch, daß du es für andere tust.» Er sagte es mit einem Augenzwinkern, einer anbetungswürdigen Nachsicht. Anstelle seiner goldenen Manschettenknöpfe hat er Büroklammern getragen – der *sous-directeur* der National City Bank!

Er ist glücklich. Ich bin jetzt jede Nacht außer Haus, zu Hause nur samstags und sonntags. Er unterhält sich mit Astrologen, geht mit seinen Freunden ins Kino oder früh zu Bett. Er sagte, dies sei besser, als wenn ich in New York wäre!

Louveciennes ist tot. Es wurde abgerissen, die Möbel in den Garten gestellt und versteigert. Ich behielt das arabische Bett und einige andere Dinge für die *Nanakepichu*. Es war ein aufregender Tag, tragisch und komisch. Es war nicht sehr schmerzlich für mich; ich versuchte, nicht an früher zu denken. Aber jedes Stück, das bei der Versteigerung wegging, enthielt einen Teil meiner Vergangenheit. Nichts davon tat mir leid, nur daß die Zeit vergänglich ist, ein Zuhause, daß schöne Dinge starben und daß sich die Liebe veränderte und verging. Ich dachte vor allem an meine leidenschaftliche Liebe zu Henry, an unsere Zärtlichkeiten, den glühenden Hochofen, in dem unsere Gespräche stattfanden.

Als es dunkel wurde und die Auktion immer noch weiterging, leuchtete das leere Haus, in dem nur nackte Glühbirnen brannten, noch einmal wie eine Moschee in wundervollen warmen Farben; es tat sich noch einmal hervor in diesem farblosen, grauen französischen Provinznest – und starb. Jeder schleppte Möbel und Einrichtungsgegenstände fort: Spiegel, Vorhänge, Töpfe und Pfannen. Und all die Spuren unseres dortigen Lebens verloren sich ringsum in verschiedenen Häusern und Familien.

Ich kam völlig überdreht nach Hause und sagte, ich wolle noch mehr verkaufen; ich fieberte danach, zu verzichten, zu opfern. In letzter Zeit wünschte ich mir sehr häufig, arm zu sein, weil ich den Neid und die Eifersucht anderer nicht ertrage. Ich ertrage es nicht, mehr zu haben als die anderen.

Der Surrealismus beunruhigt und reizt mich. Ich stehe den Surrealisten nah, aber ich gehöre nicht zu ihnen. Mir gefällt ihre Theorie, aber nicht, was sie schreiben.

22. November 1936

Gestern abend: Das orangefarbene Zimmer glüht. Hugh unterhält sich mit einer Amerikanerin über Astrologie. Moricand sagt: «Il y a des grandes ondes et des petites ondes, il y a des ondes courtes.» Er wählt als Vergleich das Meer, Wogen und Wellen. Er stellt mit Sprache das Nichtsichtbare vor, und er hat den Rhythmus der Poesie. Evreinoff, der russische Schauspieler, begleitet seine Rede mit lebhaften Gebärden: «Le moi séparé de mon moi – le moi archaïque, qui parle, et le moi...» Man kann die Spiegel und Kerzen und Gesichter in unendlicher Wiederholung sehen, weil die Russen zwischen zwei Spiegeln mit einer Kerze stehen. Oberst Cheremetieff, der entremetteur, der sich ein Vergnügen daraus macht, Leute zusammenzubringen, murmelt Geschichtsdaten, während drüben am Fluß Geschichte gemacht wird. Wir hören die Rufe, das Rumoren, die Lieder und die Lautsprecher. Gonzalo ist dort, aber das, woran er glaubt, unterscheidet sich von allen anderen Theorien; er hat einen idealen Kommunismus, einen reinen

Mystizismus, er verteidigt die Unterdrückten. Wie kann ich ihm raten, seinen Weg zu gehen und seine Kraft auszuleben, ohne unser menschliches Glück zu opfern?

Nanankepichu so wundervoll, so sehr wie ein Märchen.

Ich eile den ganzen Weg bis zum Montparnasse nur für einen einzigen Kuß – gestern –, trotzdem stößt er manchmal grimmig hervor: «Ich liebe dich mehr, als du mich liebst! Du bist mein, wenn ich dich an mich drücke – aber danach...»

Ich erzähle Evreinoff von meiner Idee eines Theaterstücks über Psychoanalyse, und sie gefällt ihm. Ich beginne, einen Horrorfilm zu entwickeln, aber es ist alles erfunden, und ich werfe die Zeitungsausschnitte in den Papierkorb.

Gonzalo sagt, er wäre glücklich, wenn er mich einsperren könnte.

Er beobachtet sich selbst auf eine nicht nachvollziehbare, unberechenbare Weise, ohne Vernunft, verrückt. Wenn ich sage, Hugh ist glücklich, denkt er darüber nach und legt es so aus, daß Hugh glücklich ist, weil er das Gefühl hat, daß ich diesmal nicht so verliebt bin, wie ich in Henry verliebt war: weniger Gefahr.

Ich habe nie alle meine Eifersuchtsqualen beschrieben, weil ich mich schämte und versucht habe, sie nicht so wichtig zu nehmen.

Ich habe eine intellektuelle Welt, in die Gonzalo nicht eindringen kann – oder aus Faulheit nicht eindringen will. Aber es ist eine Welt, mit der ich fertig bin. Ich bin momentan selbst ziemlich faul. Mir gefällt meine poetische, ziellos treibende, weiche, wohlklingende, geheimnisvolle Gegenwart. Als ich heute versuchte, das Stück über Rank zu schreiben, empfand ich eine solche Lethargie, eine solche Gleichgültigkeit, daß ich die Augen wieder schließen wollte. Warum soll ich mich plagen und kämpfen? Wenn ihr in einem Märchen lebtet, in Liebkosungen schwelgtet, wenn ihr bei den Sternen und Wolken wohnen und spüren würdet, wie sich das warme Sperma in euch ergießt – würdet ihr schreiben?

24. November 1936

Die *Nanankepichu* ist so gut wie komplett eingerichtet, Stück für Stück, ein Arbeitsgang nach dem anderen, Sorgfalt, Überlegung, Energie, das Ersehnte. Zauberei ist Schwerarbeit. In jeder Wohnung bemühe ich mich um höchste Perfektion, aber auf verschiedenen Ebenen. Je nach dem Geschmack des Mannes. Hugh liebt Ordnung, Luxus. Diesem Zuhause gebe ich Wärme, Behaglichkeit, Schönheit. Henry liebt Einfachheit. Ohne die Umgebung, die er braucht, zu verfälschen, habe ich es ihm so bequem und angenehm wie möglich gemacht. Bei Gonzalo konnte ich meiner Phantasie freien Lauf lassen, doch ich machte den Raum warm, angenehm für Ohr und Auge. Drei Kreationen, drei Umgebungen, die ich für den *anderen* schuf.

Die *Nanankepichu* ist wie eine Opiumhöhle, wie kein Ort auf dieser Erde – es könnte irgendwo und nirgends sein, *Hoffmans Erzählungen*.

Die Uhr der Gare d'Orsay spielt eine große Rolle in meinem Leben. Riesiges Leuchtzifferblatt, mit gewaltigen schwarzen Zeigern, die all die Stunden anzeigen. Die Stunde, zu der wir uns treffen, die Stunde, in der wir Abschied nehmen. Das Uhrwerk schlägt. Gonzalo nimmt mich, während die Stunden schlagen. Gonzalo spricht gefühlvoll, inbrünstig über Kommunismus. Ich bin wach, und er schläft jetzt. Die kleine Lampe scheint auf ein Gesicht, auf dem Haare und Wimpern mit Kohle gezeichnet sind. Gonzalo küßt mich noch im Schlaf.

Mitternacht, als wir die kleine Treppe hinuntergehen. Ein Uhr, als mich Gonzalo auszieht. Lange Viertelstunden, die in Träumerei verschwimmen. Seide in unseren Augen, Musik in unseren Ohren. Zwei Uhr, wenn wir sagen: *Wie sehr haben wir versucht, uns zu Realisten zu machen, und wir haben es nicht geschafft.* Viertel nach zwei, wenn wir still liegen, berauscht von Küssen. Im Morgengrauen wird mir kalt. Um neun Uhr, in der Helligkeit des Morgens, konfrontiert mit der Realität des Kaffeekochens in einem kalten Raum, mit meinem von zu vielen Küssen verknitterten Gesicht, möchte ich davonlaufen!

Wenn die Musik verstummt, möchte ich fort. Tageslicht. Der Ofen kalt. Asche. Wein in den Kaffeetassen. Das Wasser weit weg. Ein altes Croissant vom Abend zuvor. Diese Stille in den Ohren. Die Pausen und Sinkflüge. Ich suche immer die Musik. Immer suche ich die Musik, den Tanz. Wirklichkeit ist eine ständige Schmerzquelle. Immer eine Kollision.

Ich wünschte, ich würde mir wie Henry nichts daraus machen.

25. November 1936

Ein Zelt aus schmierigem Nebel. Eine scharfsinnige Kritik zu *Haus des Inzests* von Stuart Gilbert. Eine juwelengeschmückte Nacht mit Gonzalo, bis auf seinen Ausspruch: «Eduardo ist ein Opfer des Kapitalismus. Artaud ist ein Opfer des Kapitalismus.»

Ich denke ein bißchen anders darüber. Ich habe Sympathie für seinen Kommunismus (Haß gegen Ungerechtigkeit), weil er idealistisch und rein ist. Ich hätte für die russische Revolution sterben können, als sie rein und idealistisch war. Aber jetzt ist sie gespalten, unmoralisch, irreführend.

Die Welt zu organisieren ist eine Aufgabe für Realisten. Der Dichter und der Arbeiter werden immer Opfer von Macht und Interessen sein. Keine Welt wird je nach einer mystischen Idee geführt werden, denn sobald sie anfangen würde zu *funktionieren*, hätte sie ihren mystischen Charakter verloren. Als die katholische Kirche eine Macht, eine Organisation wurde, hörte sie auf, mystisch zu sein! Der Realist unterwirft das Poetische und das Menschliche. Der Eigennutz setzt sich durch. Die Welt wird immer von seelenlosen Menschen und Macht regiert.

Deshalb gibt es in dem Märchen einen Flecken Tageslicht. Gonzalo hat sein Verlangen nach Aufopferung durch sein Leben mit Helba befriedigt. Nun sehnt er sich nach Aufopferung und Heldentum größeren Maßstabs. Er spricht über Spanien, aber er liegt mit mir auf dem schwarzen Teppich in der sich sanft hebenden und senkenden *péniche*.

Der Nebel bedrückt mich. Am Sonntag schreibe ich wie im Fieber drei Seiten meines «Horrorfilms». Begann mit Zeitungsausschnitten und veränderte sie bis zur Unkenntlichkeit. Konnte mit der Abschrift des Tagebuchs von 1922 nicht fortfahren – es ist zu schmerzlich. Nur die Gegenwart scheint erträglich. Nur die Gegenwart erscheint mir schön, ausgenommen wenn ich wieder in meinen alten Fehler verfalle und Henry krampfhaft festhalten will, Henry, der der Öffentlichkeit gehört wie ein Filmstar! Aber gleichzeitig kann ich gemeinsam mit Henry aufregend aktiv sein, was ich vor Gonzalo verbergen muß. Henry schläft nicht mehr! Er arbeitet, schreibt, beantwortet Briefe, macht Besuche. Er setzt sich für mein Buch ein. Brachte Stuart Gilbert dazu, es zu besprechen. Er spricht über mich. Wir müssen vieles gemeinsam erledigen. Und Gonzalo behindert mich. Gonzalos Rhythmus ist frei und unbestimmt, viel Verschwendung und Trägheit (wie früher bei Henry!). Deshalb hetze ich von der *Nanankepichu* nach Hause, um mich in Aktivität zu stürzen! Briefe und Besuche und Verwandte. Ein Leben wie ein Buntglasfenster.

26. November 1936

Gonzalo gerät in Begeisterung, wenn er mit mir über meine Arbeit spricht, mein Können und daß ich mich ganz meiner Schriftstellerei widmen soll, aufhören soll, anderen zu geben, für mich leben soll – mit der gleichen Begeisterung habe ich zu Henry gesprochen. Auf Gonzalos Gesicht sehe ich das gleiche Aufopferungsfieber, das ich hatte, das gleiche Verlangen, zu entsagen, sich für das schöpferische Werk eines anderen zu opfern. Er bleibt seinem Verhaltensmuster treu. Es gibt so viele Analogien zwischen Helba und mir – das Tanzen, die Liebe zu Form und Gestalt, die Anmut des Körpers, die Intensität, die Art, wie sie über ihre Kindheit schreibt, ihre Gedichte, ihre frühen Leiden, der Verlust des Vaters, ihre scheinheilige Liebenswürdigkeit, hinter der sie ihr heftiges Wesen versteckt, ihre Lügen, ihre Kontrolle über ein düsteres Gemüt.

Gonzalo sah in dem, was Helba schuf, die «Linie», die Form, die plastische Eigenschaft. Das gleiche sieht er in meinen Bewegungen, meiner Aufmachung, meiner Kleidung, in dem, was ich schreibe. Er erkannte ihren Rhythmus, er erkennt den Rhythmus in meiner Arbeit. Er reagiert auf ihre Art zu tanzen und auf meine.

Mein Bedürfnis zu geben war ein Laster – und doch nicht völlig zerstörerisch. Vielleicht finde ich mich, indem ich mich auflöse. Egal, wieviel ich gebe, ich verliere mich nicht. Aber ich habe mich verschwendet.

Aber geben *ist* lieben – es muß sein.

Meine Situation mit Gonzalo entbehrt nicht einer gewissen Ironie. Ich kann ihm nur mich geben, sonst nichts. Ich kann Gonzalo nicht sich selbst geben, wie ich Henry sich selbst gegeben habe. Er *lebt* davon, sich selbst zu leben. Gonzalo kann ich kein Opfer bringen, höchstens seinem Kommunismus – oder indem ich ihn aufgebe. Das kann ich nicht. Und ich sehe, daß er genauso gebraucht und ausgenutzt werden möchte wie ich seinerzeit. Daß er vielleicht mehr für die Liebe und das Leben geschaffen ist als für den Krieg. Er sagt, ich halte ihn hier fest, aber vielleicht wird uns alles aus den Händen genommen – unser Schicksal. Er wartet.

Nach Spanien gehen und kämpfen oder hierbleiben ist jetzt ein permanenter Konflikt. Ich drohe Gonzalo: «Wenn du gehst, gehe ich auch – und ich werde kämpfen. Ich werde nicht Scharpie zupfen, das verspreche ich dir.» Die Verwundeten kommen zurück. Roger ist verwundet.

Ich glaube nicht an die «Sache», aber ich würde mit Gonzalo sterben. Ich könnte nicht ohne ihn leben.

Gonzalo enthüllt seine Geheimnisse erst am Ende der Nacht, nach erschöpfenden Zärtlichkeiten.

«Du weißt nicht, *chiquita*, ich habe dir nie gesagt, welche Qual es für mich war, dein Buch über deinen Vater zu lesen.»

Ihn quält die Eifersucht auf meine Vergangenheit. «Ich könnte es vergessen, *chiquita*, aber es ist alles niedergeschrieben.» Ihn verfolgt, was ich über das Hotelzimmer und Henry in Avignon geschrieben habe.

Ich erinnere mich an meine Qualen, als ich Henrys ausführliche Beschreibungen von Frauen las, die ihm gefielen – von June.

Ich war überwältigt von Mitleid mit Gonzalo. In diesem Augen-

blick hätte ich meine sämtlichen Tagebücher in den Fluß werfen
können, um Gonzalo vor Kummer zu bewahren – etwas, das Henry
nicht im Traum für mich getan hätte. Henry kann nichts aufhalten.
Er ist der Künstler. Mich hält alles auf: Gedanken an Hugh und
Henry und Gonzalo und meinen Vater.

Aus diesem Grund verzichtete ich auf die Veröffentlichung in der
Zeitschrift *Confessions*. Ungezählte Opfer für meine menschlichen
Lieben – nichts als *Schweigen*.

Objektivität des Künstlers: Henry litt, als er mein Vater-Manuskript *[Winter of Artifice]* las, aber er las es trotzdem, weil ihn meine
Arbeit interessierte; genauso habe ich das früher gemacht. Nun fällt
es mir schwerer, objektiv zu sein. Früher sagte ich mir: Ich werde
Henry verlassen, wenn er sein Buch über June schreibt. Manchmal
dachte ich, es sei dieses dunkle Gefühl, das Henry daran hinderte –
ich weiß es nicht.

---

8. Dezember 1936

Ein Tag und eine Nacht. Henry wartet um drei Uhr nachmittags im
Bett auf mich, nimmt mich, liebt mich; und hinterher können wir
nicht schlafen oder ausruhen, weil in seinem Kopf ein spannender
Film abläuft. Ich habe etwas über sein neues Buch geschrieben:
«*Schwarzer Frühling* zeigt das Leben auf allen Ebenen. Es ist ein
Orchester. Henry Miller greift das sichtbare Leben auf, das
menschliche Leben, die Regungen, Lüste, Begierden, Haßgefühle,
Instinkte, und gleichzeitig fängt er den Traum ein, den der Dichter
verfolgt...»

Henry sprang auf, stieß einen Schrei aus, sagte, jetzt müsse er sich
sofort an die Maschine setzen und schreiben!

Um sieben Uhr bin ich mit Gonzalo in der *Nanankepichu*. Es ist, als
lägen wir auf dem Grund der Seine, denn die nassen, schwarz
geteerten Wände spiegeln das Licht der Kerzen und Laternen.
Dieser Spiegel hat eine Tiefe und Dunkelheit wie kein anderer. Wir

sitzen wie Araber auf dem Teppich vor dem Ofen und essen zu Abend.

Schlaflosigkeit. Wir können nicht schlafen. Zwei Uhr. Drei Uhr. Vier Uhr. Gonzalo erzählt aus seiner Kindheit. Sie ist ziemlich ähnlich wie meine, da, wo sie gut ist – Liebe und Verehrung für andere. Als er sagt, ein Geheimnis seiner Zuneigung zu Helba sei all das, was er für sie tun mußte, der Kampf und die Arbeit für ihr Leben, die Schaffung ihres Lebens, sage ich, es sei für mich bei Henry genauso gewesen. Wenn mich seine Liebe zu Helba kränkt, weil ich ihn für mich allein haben will, verletze ich ihn, indem ich Henry erwähne. Gonzalo sagte: «Wenn wir um dich ein Dreieck zeichnen würden, Henry, Helba und ich, wärst du viel näher bei Henry als ich bei Helba, weil Helba ein geschlechtsloses Wesen ist – aber du bist extrem sinnlich, du versenkst dich in die Liebe, gibst dich hin, gibst dich selbst auf...»

«Für mich bist du mehr als andere Männer», sagte ich. «Manchmal sehe ich dich als mythologische Gestalt.»

Wir wissen nicht, was wir einander schenken sollen. Ich bin umgeben von Hughs Fürsorge, und es fehlt mir an nichts. Er ist nicht mittellos und verzichtet auf alles, was ich ihm schenken könnte, trägt seinen alten Anzug lieber als den neuen.

Deshalb versuche ich, ungeduldig und *besorgt* und mit Hellsichtigkeit begabt, wie ich bin, vorauszuschauen, um Gefahren vorzubeugen. Er sagt ruhig: «Erzwinge nichts...»

Seine Liebkosungen erregen mich so vollständig, daß ich nicht verstehe, warum ich letzten Endes nicht reagieren kann.

Turner bittet, fleht, schnauft, bettelt. Moricand wartet auf dezente Weise. Gonzalo kann ich alle meine Gefühle offenbaren, während Henry sagt, ich sei manchmal zu überschwenglich.

1921 schrieb ich, ich würde mich auf Phantasie spezialisieren.

Ich herrsche durch Verführung.

13. Dezember 1936

Bei Gonzalo leide ich nicht. Ich kann mir selbst treu sein. Um mit Henry glücklich zu sein, müßte ich härter, unbefangener sein, genauso egoistisch wie er.

Merkwürdig, das starke, heftige Unbehagen, das mich befällt, wenn ich ein Milieu, einen Raum mit Menschen betrete, in dem ich nicht bleiben kann – eine echte Angst. Orte, Menschen, bei denen ich, so wie ich bin, nicht sein kann, weil ich nicht aufhören kann zu *fühlen*, Lebemänner, *débauchés*, hartgesottene, erotische Menschen, gefühllose, zynische. Ich leide zu sehr. Mir fehlt die Brutalität, so zu leben. Ich werde zum Opfer.

Damit Henry natürlich sein durfte, ertrug ich alle seine Beichten. Aber ich konnte nicht natürlich sein. Um Gonzalo nicht zu quälen, beichte ich alles. Bei ihm muß ich Ausdruck, Analyse im Zaum halten. Es bedeutet strenge Disziplin nach der Ausplauderei bei Henry. Er will nicht, daß die Dinge ausgesprochen, ans Licht gebracht werden. Und ich will es zur Zeit auch nicht. Es gab zuviel Klarheit bei Rank, eine übernatürliche Klarheit, eine tödliche Klarheit. Ich versinke mit Gonzalo.

Der Dämon in uns, der andere, werkelt heimlich, heimtückisch. Mein Dämon demaskiert sich allmählich. Ich kann ihn besser erkennen. Ich kann mich sehen, wie ich in einen Raum voller Menschen spaziere und mir gewiß bin, daß ich jemand bezaubern werde – eine ruhige Gewißheit, die mich amüsiert.

Die Menschen brauchen Liebe, aber noch mehr die Aufhebung ihrer Einsamkeit. Das ist die eigentliche Aufgabe der Liebe. Und dann sickert durch den Spalt in dieser Einsamkeit das magische Fluidum und versklavt.

Und überall, wo ich hingehe, verführe ich.

Artaud erklärt Gonzalo, daß ich ein grünäugiges, verbrecherisches Monster bin. Er ist aus Mexiko zurück – alt, drogensüchtig. *Cela m'amuse.* Ich habe Verbrechen begangen, ohne das sündige

Prickeln zu genießen. Dieser *frision* [Schauder], den ich jetzt spüre, ist Macht – Macht, zu versklaven und zu foltern. *Je m'amuse des crimes que je pourrais commettre* [ich ergötze mich an den Verbrechen, die ich begehen könnte], den Skandalen, die ich hervorrufen könnte. *Je m'amuse de mes mystères.* Ich kann nie sagen, woher ich komme. Aber es ist nicht nötig. Weiß Henry, daß ich mein Glück aus Gonzalo schöpfe? Weiß ich, daß er sein Glück jetzt in der Macht und nicht in der Liebe findet? In seinem Aufstieg, der Anerkennung?

Wenn ich mich schlafen lege, drohen mich meine Ängste zu ersticken, die Ängste, die niemand sieht. Die Angst vor Verlust und mein ganzes Leben wie eine Fata Morgana. Immer eine kleine Atemlosigkeit, wenn ich versuche, meine Trugbilder anzufassen. Ich hefte die Augen auf den saphirblauen Ring, das saphirblaue Halsband mit den silbernen Sternen, den saphirblauen gläsernen Aschenbecher. Ich sage mir: Schönheit, Freude. Ein Raum, der stillhält, in dem ich auf schwarzen Samtkissen liege – hier bläst der Samum* nicht, die Revolution schneidet nicht ins Fleisch, Männer und Frauen quälen sich nicht gegenseitig. Blau. Ein Bad in Blau. Eine Symphonie in Blau. Blau. Kosmischer Friede und Großmut.

Was Mrs. Gilbert sagte, war richtig: Ich hätte nicht versuchen sollen, meine mystische Trance auf religiösem Weg, in der Kirche, zu finden. Es war eine kosmische, mystische Trance. Ich litt so sehr, dehnte mich so weit, gab so viel, ging bis an die Grenze, schmolz in kosmischer Ekstase, damals auf dem Krankenbett. Ein wenig weiter, und ich wäre gestorben. Ein wenig mehr Verlust und Auflösung des Ich, und ich wäre gestorben. So groß ist dieses Gefühl von Unermeßlichkeit, von Mitleid, Mitgefühl, das bis zu meinen Kranken in New York und in die Ewigkeit reicht; von einer Liebe zu all denen, die allein sind; von einem Kobold, der bei allen Tricks der Natur lacht, bei all den dummen, lustigen und tragischen Streichen der Natur.

An den äußersten Punkten des Kompasses, mit Liebe, Leidenschaft, Sinnlichkeit, schöpferischer Arbeit, Mitleid erreicht man das größere kosmische Bewußtsein – oder die Auflösung.

Ich begann mit einem leidenschaftslosen, selbstlosen, alles umfassenden Willen. Dann primitive Leidenschaft und die Vertraulichkeit mit Henry.

* Heißer sand- und staubbeladener Wüstenwind Nordafrikas

Die Astrologen sagen, Fische hätten die Fähigkeit, sich der unmittelbaren Umgebung vollkommen zu entziehen und sich nach Belieben in ein imaginäres Leben zu versetzen.

Es ist ein Zeichen für Selbstverleugnung und Distanzierung. Ich wollte immer anonym schreiben.

Zeichen des Messias oder des Ausgestoßenen.

Die endgültige Lösung von Problemen, und einige davon müssen durch Sanftmut und Bescheidenheit gelöst werden. Christus! Jesus! Ich sage das als Fluch.

[Charles E.] Carter [*Principles of Astrology*] nennt die Fische «kosmische Gnade».

Menschen dieses Sternzeichens haben etwas so Sanftes, Weiches und so Widerstandsloses an sich, daß oft ein falscher Eindruck entsteht.

Fische glauben nicht, daß es besser ist, die Wahrheit zu sagen, und deshalb, weil sie nicht verletzen wollen, setzen sie an die Stelle der Wahrheit das, was für sie eine kosmische Wahrheit ist. Die Verbindung dieses Sternzeichens mit Zauberern und Verzauberungen liegt auf der Hand.

Uneigennützigkeit, Selbstaufopferung, romantische Ideale, Inspiration und Wahrnehmung eines größeren Bewußtseins.

Aus Faulheit bin ich jetzt auf die Astrologie gekommen . . .!

---

18. Dezember 1936

Ich schreibe immer den Titel auf das Tagebuch, noch bevor es vollgeschrieben ist. Mir ist nie aufgefallen, als ich «*Nanankepichu*» und «*Vive la dynamite*» schrieb, wie unterschiedlich, wie gegensätzlich sie waren. Warum habe ich sie zusammengetan? Prophetisch. Das eine der Traum, Unwirklichkeit, Leidenschaft – das andere Realität, das Weltgeschehen, Revolution, Anarchie, Krieg.

Ich hielt Gonzalo davon ab, in Spanien zu kämpfen. Er machte ein Dutzend Zeichnungen. Er lag ruhig da – unendlich befriedigt. Wir erreichten immer tiefere Schichten der Sinnlichkeit – bis er eines Nachts vor meinen geöffneten Beinen kniete, sie hochhob, mit ungeheurer Gewalt in mich stieß – Gonzalo, der Wilde, erregt, und dieses Bild von ihm, dieses Gefühl seiner Kraft erregte mich so, daß ich wußte, jetzt würde der Spasmus kommen, den ich bei ihm noch nicht erreicht hatte. Nach dieser Nacht hatte ich wackelige Beine und einen brennenden Schoß. Immer wieder sah ich ihn vor mir knien, nackt, braun, das Haar wild zerzaust, stöhnend vor Wonne.

Aus dieser Nacht ging er als echter Löwe hervor und übernahm endgültig die Rolle als Agitator, Wortführer, Anführer von achtzig südamerikanischen Intellektuellen. Aus *Nanankepichu* ging ein visionärer Kommunistenführer hervor. Aus Träumen und Zärtlichkeiten. Er sagt: «Du warst es – und wie merkwürdig, daß ausgerechnet du, die dem allen so fern ist, dieses Bedürfnis zu handeln in mir geweckt hast. Deine Liebe hat mir die Kraft gegeben...»

Meine erste Reaktion war Schmerz, Erschrecken, daß aus unserer Liebe etwas entstehen sollte, woran ich nicht glauben konnte – diese Führerstellung, diese revolutionäre Kraft. Und ich erschrak, weil ich warm und geborgen lag, weil Gonzalo mit mir verschweißt schien, weil ich bei ihm meine Einsamkeit vergaß und weil jetzt unser Traum, unser privates Leben geopfert werden sollte. Wieder mußte ich mich dem Werk des Mannes fügen – erst Henrys Arbeit, dann Gonzalos Kommunismus.

Ich litt als Frau. Ich lag neben ihm und schluchzte. Ich empfand kein Begehren, aber ein Ziehen, eine tiefe Angst, Kapitulation. Verzicht. Er brauchte meinen Glauben. Helba war gegen ihn. Meine Liebe hatte ihm den Antrieb gegeben. Würde ich ihn jetzt zurückhalten können, nachdem ich den Funken geschlagen hatte? Ich weinte.

Aber Gonzalos politisches Engagement, seine leidenschaftlichen Reden, seine Aufrichtigkeit waren nicht ohne Wirkung geblieben. Ich war nicht vom Kommunismus überzeugt – aber von Gonzalos Kommunismus. Vor allem aber verstand ich, daß er, *weil* er so vital, so temperamentvoll, so leidenschaftlich war, Aktion und Drama brauchte. Er kann nicht nur in einem Atelier sitzen und zeichnen. Er hat zuviel Feuer. Gerade weil unsere Beziehung so vital war, wie er sagte, so lebendig, so ohne Literatur, Kunst, Intellektualität, gab ich ihm einen Lebensimpuls und nicht den Kunstimpuls.

Was ich an ihm liebe, ist genau das, was ihn in Verschwörung, Anarchie und Risiko treibt. Nach dem Schmerz des Loslassens, der ersten Angst, unseren Traum zu verlieren, unser *Nanankepichu*, dem Gefühl, geopfert zu werden – *mein* Bedürfnis seinem Bedürfnis –, sammelte ich meine Kräfte, aus Liebe, weil ich begriff, daß ich ihn gedrängt hatte, *sein* Schicksal zu erfüllen und nicht wieder Sklave einer Frau zu sein, so wie er der Sklave von Helbas Karriere war, und daß dies nun das Resultat war. Und ich begriff, daß ich diejenige war, die jeden dazu bewegte, sich zu verwirklichen, und daß meine Bedürfnisse dabei nie erfüllt werden konnten. Aus Liebe zu Gonzalo, zu einem starken Gonzalo, um seine Augen strahlen zu sehen, sein Haupt hoch erhoben, für seinen Tatendrang gab ich meinen selbstsüchtigen Wunsch auf, ihn für immer in meinen Armen, in mir und in einem Traum umfangen zu halten.

Ich erwachte wie zerschlagen, die Augen verquollen. Gonzalo war sehr zart mit mir gewesen, weil ich so litt, aber ganz verstanden hat er es nicht.

Ich eilte nach Hause. Ich setzte mich an die Maschine und adressierte 24 Umschläge für seine «Erklärungen an meine kommunistischen Freunde». Ich brachte die Umschläge zu ihm. In manchen Augenblicken war ich völlig gebrochen. Das Herz tat mir weh. Ich fühlte mich schwach und wollte weinen. Dann raffte ich meine ganze Willenskraft zusammen. Wieder einmal. *Immer* muß die Frau um der Liebe willen etwas spielen. Um der Liebe willen kann sich eine Frau nie vollkommen treu sein. Auf eine vertrackte Weise muß ich immer diese Amazone *spielen*, deren Illusion durch meine wirkliche Stärke bei anderen entsteht. Nun muß ich eine Frau sein, die Gonzalo zu einer sichtbaren und (für mich) *nicht metaphysischen* Anarchie anfeuert. Henrys Anarchie war literarisch. Er war der Satiriker. Insgeheim muß ich wohl die Bombenwerfer, die Zerstörer lieben. Ich liebe die Natur. Ich liebe Macht. Macht ist gefährlich, blind. Ich mache aus dieser Macht Schöpfung. Henry ist *wirksam* geworden, nicht nur explosiv, *schöpferisch*. Gonzalo wird keine Bomben werfen. Die Zerstörung ist schon in ihm – aber ich werde Schöpfung daraus machen.

Folglich beschrifte ich Umschläge – an Kommunisten. Und ich denke über Kommunismus nach. Ich stimme mit seinen Zielen überein. Aber ich kann mich nicht dafür begeistern. Für mich ist das ein naives europäisches Drama. Aber *jedes* Drama ist töricht. Wir leben nicht durch Weisheit. Wir leben durch das *Drama* – tragische

Lieben, falsch eingesetzte Energien, Vorurteile, Irrungen und Wirrungen. Ich halte viel von der menschlichen Eigenschaft, Irrtümer zu begehen, Illusionen zu haben. Gonzalo hat die Illusion von der Neuordnung der Welt. Ich respektiere seine Illusion. Ich werde ihm helfen. Ich stehe bereits außerhalb und jenseits von Kapitalismus und Faschismus. Gedacht habe ich schon immer wie eine Anarchistin. In politischer Hinsicht habe ich keine Illusionen. Aber ich habe Illusionen über die Liebe.

Niedergeschlagen, überfordert von meinem Konflikt, verbringe ich einen komischen, besänftigenden, witzigen, harmonischen Abend mit Henry, dem vollständigen Künstler, der jeden Tag blasser wird. Das Blut kocht nicht mehr so wild – es fließt durch die Bahnen der Phantasie und Erinnerung. Er liegt passiv im Dunkeln, wie eine Frau, und verführt mich sanft, damit ich ihn liebkose. Als er in mir ist, wird er wild durch meine Feuchtigkeit. Er erregt mich zu bestialischer Raserei . . . Wollust . . . Genuß . . . Befriedigung . . . und ich erwache stark und fröhlich.

Ich erwache stark und fröhlich. Überquellend vor Energie, Mut. Das Opfer ist gebracht. Nun bin ich voller Tatkraft. Ich werde nicht zurückblicken. Ich dränge Gonzalo, den großen Raum in der *Nanankepichu* für die Treffen zu benutzen. Mir gefällt die Vorstellung, daß sie dort eine Verschwörung planen. Wagnis. Gefahr. Ich sage: «Sperr unser Schlafzimmer zu.»

Ich liebe Gefahr. Ich mag Menschen, die die Welt umstürzen, in die Luft jagen wollen für eine Illusion, vielleicht um das Feuer zu sehen und die Schreie der Ermordeten zu hören! Es spielt keine Rolle. Die Natur ist am Werk. Es muß Hagel, Wirbelstürme, Erdbeben geben. Sie sind notwendig. Krieg ist notwendig. Tod ist notwendig. Lob und Preis dem Drama, das immer töricht ist, immer ungerecht, immer ein Ausdruck unseres menschlichen ekstatischen Bedürfnisses.

Meine männliche Seele muß ein Satiriker sein, ein Krieger, ein Held – denn das sind die Männer, die ich mir erwähle.

Mein weibliches Fleisch ist zu zart. Glücklicherweise machen es meine Tränen häufig zu Stahl und Feuer. Erstaunlich die Angst, die ich litt, die Schmerzen des Gebärens – ein Teil meines Fleischs wird genommen, weggerissen, um zu zeigen, wie gefährlich die Welt ist. Der Mann liegt in meinen Armen, schlüpft in mich hinein und ruht in meinem Schoß. Sex ist für mich nicht nur die Freude des Orgasmus, es ist dieses Halten des Mannes in meinem Schoß. Kein Mann weiß, wie einsam eine Frau sein kann – eine Frau mit leerem Schoß. Der Mann liegt nur im Schoß, um Kraft zu sammeln. Er nährt sich von der Frau. Immer wird ihm die Frau Milch und sein Blut geben. Und dann steht er auf und stürzt sich entweder in die Schlacht oder in die Schöpfung. Er *verläßt* sie. Er ist nicht einsam. Er hat die Welt, die er schafft. Die Frau ist einsam, weil sie nur den Mann hat – seine Gegenwart, seinen Körper.

Ich bin eine Frau.

Ich schreie auf, wenn er aufsteht und handelt.

Ich frage mich: Wo ist Thurema? Werde ich jetzt die schöne, starke Elena Hurtado brauchen, die ich neulich kennenlernte?

Ich nehme mein Tagebuch und gehe durch die Straßen. Ich plane mit Gonzalo. Ich sinke in Träumerei. Die Zeit zum Handeln ist gekommen, und der Mann erwacht zuerst. Ich muß mich aufraffen.

Ich könnte Thurema lieben, wenn sie hier wäre. Ich bin liebevoll zu Eduardo, der jetzt in Paris bleibt.

Der erste Riß im Märchen – bei Maxim –, einem Ort des Luxus, des Märchens für mich, dekorativ, bezaubernd. Ich sah nie die Menschen – ich lebte in meiner eigenen Welt. Erst in letzter Zeit – wegen Gonzalo – gingen mir die Augen auf, und ich *sah* die Gesichter, die Gesichter der Reichen, der Aristokraten und der Neureichen. Und es waren Gesichter von *Schweinen!* Und außer Katrine Perkins kenne ich keinen reichen Mann und keine reiche Frau, der ich einen Wert zumessen würde.

Armer Hugh. Er wird in seiner verantwortungsvollen Vaterrolle immer gesetzter, festgefahren in seiner Verteidigung des Kapitalismus. Und ich, die nur für reale Werte, für meine Unabhängigkeit gekämpft habe, die ich mein Geld nur für die ausgegeben habe, die es brauchten, und nur wenig für mich – ich würde gern auf *jeden* Komfort verzichten und mehr geben. Armer Hugh, denn im Grunde ist alles, was ich tue, eine ständige Bedrohung seines Glücks, doch nichts kann mich aufhalten.

Ihm schulde ich das meiste – er erlaubte mir, mir selbst treu zu sein.

Ich bin gespannt, ob ich die Rolle der Geliebten eines Helden, Verschwörers, Anarchisten ebenso flott und großartig spielen kann wie die Rolle von Henrys Muse.

Einstweilen wollen wir sie so dramatisch wie möglich gestalten. Der Schauplatz auf der *péniche* sehr dramatisch. In der einen Kajüte hält Gonzalo Reden, in einer anderen liegen wir berauscht von Zärtlichkeiten, und er sagt: «Du hast mich zwei Monate lang vollkommen betäubt.»

Vielleicht trage ich Dynamit in mir, das nicht nur auf dem Papier explodieren soll. Vielleicht ist es gar nicht mein Tagebuch, das ich eines Tages mit brennender Lunte unter die Leute werfen werde, die so schreckliche Angst vor der Wahrheit haben.

Als Gonzalo heute auf eine Stunde vorbeikam und ich ihn tanzend und lebendig und brennend empfing, blieb er den ganzen Nachmittag. Es war ein frühlingshafter Tag. Wir gingen spazieren und unwillkürlich zur *Nanankepichu* – und legten uns dort nieder.

Ich weiß jetzt, daß mich etwas Geheimnisvolles, ein Henryzauber, hindert, bei ihm einen Orgasmus zu haben. Als ich von ihm wegging, erregt, aufgewühlt, kaufte ich mir zwei pornographische Zeitschriften und sah mir auf der Heimfahrt im Taxi die Bilder an, und ich hatte einen so heftigen Orgasmus, einfach während ich dort saß, daß ich beinahe ohnmächtig wurde.

Habe gewaltsame Träume. Und in der Nacht, bevor Gonzalo in der Partei endgültig aktiv wurde, träumte ich, daß eine Menschenmenge, eine Menschenmasse mich hinderte, zu ihm zu gelangen. Ich kämpfte verzweifelt. Gestern nacht träumte ich, daß man Verbrecher zwang, vor ihrer Hinrichtung eine Erektion zu haben, und daß sie sich gewaltig anstrengten, sich zu erregen, aber ohne Erfolg.

Ich kann mich nicht hinlegen, ohne von erotischen Bildern, heftigen Begierden heimgesucht zu werden.

Ich bin so schrecklich erregt vom Leben – geistig, körperlich –, ich lebe so intensiv, daß ich mir auch stets meines Geschlechts bewußt bin, daß ich dort scharf bin, feucht, daß das Blut pocht und daß ich tagträume. Gonzalo sagt: «Meine Beziehung zu dir ist so vital, so vital. Bei dir habe ich meinen sexuellen Rhythmus gefunden.» Zu sehen, wie er sich freut, rührt mich tief.

Er sagt, er habe eine christliche Auffassung von Sex – den *Liebes*gedanken, wie die weibliche Auffassung. Er glaubt, ich schreibe über die Sexualität wie eine Heidin, und verglichen mit ihm bin ich heidnisch. Aber der einzige wirkliche Heide ist Henry, der jede Frau nehmen kann, nicht aus Liebe, sondern nur *pour satisfaire ses instincts.*

Erotizismus beunruhigt mich. Niemand, den ich kenne, ist erotisch, ausgenommen Hugh, den ich nicht begehre, und George Turner, den ich nicht begehre. Ich bin erotisch und pervers, aber das bleibt sowohl von meinem gesunden animalischen Leben mit Henry als auch von meinem emotionalen Leben mit Gonzalo ausgeschlossen. Vielleicht wird es unterdrückt. Gonzalo hat vieles, was ihn erotisiert. Er verehrt meine Füße, er liebt es, mich mit dem Mund zu küssen. Henry hat nichts dergleichen. Er ist unkompliziert.

21. Dezember 1936

O Gott, diese Kraftwelle war zu groß! Sie hebt mich aus extremer Schwäche in eine so kraftvolle Stimmung, daß es nahezu unerträglich ist. Ich bin wie der Vesuv, wie ich meinem Vater in einem ausgelassenen, heiteren Brief schreibe. In der einen Nacht schluchze ich in Gonzalos Armen, weil der Zephir unserer Liebkosungen, der Nebel und die Droge wieder vom Schaffensdrang bedroht sind. Am nächsten Tag erwache ich verwandelt in Stahl und Feuer – als Amazone.

Ich schreibe meinem Vater, um einen Vervielfältigungsapparat zu bekommen, den wir brauchen, um Propagandamaterial zu drucken. Ich schreibe ihm einen tollen Brief, in dem ich behaupte, ich bräuchte den Apparat, um für Spanien zu arbeiten. Natürlich denkt er, es sei für die Faschisten. Ich lache über die teuflische Idee. Bitte, Vater, gib mir Deine Kopiermaschine, damit ich für Spanien tätig werden kann. Ich will Spanien meine Kraft geben – ich schare eine Gruppe von Intellektuellen um mich, hauche ihnen Kraft ein.

Und dabei geht es um Kommunismus. Ich lache, weil dieser Dreh eine Art kosmischer Scherz ist; es ist mir so egal, für wen ich Partei ergreife; sie haben alle miteinander unrecht, wenn sie denken, sie würden für die Ideen leben und sterben. Was für ein wunderbarer Irrtum und göttlicher Scherz. Sie leben und sterben für gefühlsbedingte Irrtümer. Also arbeite ich für das republikanische Spanien, weil ich verliebt bin, und nur das zählt. Ich liebe den Anblick, wenn ein strahlender Gonzalo atemlos von seinen geheimen Zusammenkünften kommt, und er kann den Kopf an meine Brust legen und mir erzählen, was er alles tut, und wir können die große Kajüte der *Nanankepichu* für die achtzig Verschwörer vorbereiten, und meine Frauenseele lacht über all die Kategorien und Bezeichnungen der Männer, weil ich durch sie hindurch über sie hinaussehe. Es ist ihr Spiel, das sie ernst nehmen und über das ich lache, und sie lachen über *unsere* Tränen und Tragödien – die echt sind! Deshalb sage ich, Faschismus oder Kommunismus, ich ergreife die Partei der Liebe; und ich lache insgeheim über Männerideen. Ich schreibe Vater einen Brief. Ich sammle Stühle. Ich bin hellwach und fröhlich und schreibe rechte und linke Männerbriefe und lache! Gonzalo habe ich rumgekriegt, und er lacht ebenfalls, als er sagt, wir werden ein Flugblatt für die Faschisten veröffentlichen, ein einziges, für meinen Vater!

Auf diese Weise explodiert die Kraft in mir. Ich tanze possierlich für Hugh. Ich schreibe lustige Briefe. Mir ist klar, daß ich das Märchen erschaffe, nur damit alles ewig und wunderbar bleibt. Keine Illusion wird zerstört; nichts verändert sich auf der Landkarte meiner Welt, kein Krieg und keine Entwicklung stört die illusorische Beständigkeit: Mutter ist da; Joaquin ist da – wo sie waren, als ich sechzehn war –, Hugh ist da; Eduardo ist da; Liebe ist ewig, und ich gehe mitten hindurch, verhindere Erdbeben und kämpfe gegen den Tod. *Ich will nichts sterben lassen.* Das Monster, das ich jeden Tag töte, ist das Monster des Realismus. Das Ungetüm, das mich jeden Tag erfüllt, ist Zerstörung. Bei diesem Duell geschieht die Verwandlung. Ich verwandle Zerstörung in Schöpfung, immer und immer wieder.

Mir ist, als müsse ich vor Kraft zerspringen.

Als wäre die Welt wieder ein Orchester. Ich fühle mich von gewaltigen Kräften gehoben, getragen, vorangetrieben. Musik und Feuer.

Gleich neben unserer Traumecke – ein großer Raum wird Gonzalos Werk enthalten. Und ich werde ihn anfeuern, ihm Kraft geben und antreiben. Welche Berauschtheit, mein Gott! Wein ist dazu nicht nötig. Die ganze Welt dreht sich! Musik überall. Stühle für die Verschwörer, ein Ofen und Kohlen aus unserem Vorrat. Der Mann erwacht als erster zwischen Daunendecken und Sperma.

Berstend vor Kraft.

Ich singe, ich tanze, ich halte alles am Leben. Henry sagt zu Eduardo: «Alles, was ich zustande gebracht habe, verdanke ich Anaïs. In Louveciennes hat sie mich ganz gemacht.»

Brief von einem Patienten [oder einer Patientin] *aus New York:* Es war schön, Sie kennenzulernen, und mein einziger Wunsch ist, daß wir uns in nicht allzu ferner Zukunft wiedersehen. Ich danke Ihnen immer wieder aufs neue für das befreiende Gefühl, das Sie mir gaben, für die Fähigkeit, der Welt tapferer und respektloser entgegenzutreten, so daß ich nackt vor mir stehen und sagen kann: «Das bin ich, und das empfinde ich, und ich schäme mich dafür nicht.» Denn trotz Kummer und Sorgen habe ich ständig das Gefühl, mich zu erneuern, zu wachsen und zu erweitern. Welche Ekstasen können aus einer Mischung von Freud und Leid entstehen, welche Reife!

An Henry: Wenn Du mit dem Fahrrad losfährst, mache ich mir den ganzen Abend Sorgen um Dich – bist Du mir auf eine Weise gegenwärtig, die Dich freuen würde...

Meine Phantasie ist Feuer und Flamme bei dem Gedanken an ein *real existierendes* Tagebuch für Hugh. Du weißt nicht, wie gern ich es in einem Zug schreiben würde. Ich begann heute abend. Fünf Seiten, alles handschriftlich. Es könnte ein wunderbarer Bluff werden, die zwei Seiten einer Haltung, und es wird beim Schreiben so wirklich für mich, zum Beispiel meine Entschlossenheit (für Hughs Tagebuch), mich nie von Dir besitzen zu lassen, weil sich Männer am längsten an die Frauen erinnern, die sie nicht hatten, daß ich glaube, wenn Du dieses Tagebuch liest, könnte ich beinahe *Dich* davon überzeugen, daß Du nie mit mir geschlafen hast! Die Konfrontation mit beiden [Tagebüchern] könnte einen Mann ohne weiteres in den Wahnsinn treiben. Ich würde gern sterben und zusehen, wie Hugh beide liest. Ich werde den Keim jeder *Erfindung* in bezug auf unsere Geschichte erklären. Daß ich ein gewisses Hotelzimmer beschreiben konnte, weil Du mir davon erzählt hast. Ich werde die Sitzungen bei Allendy rekonstruieren, der mir rät, sorgfältig zwischen meinen *literarischen* Abenteuern (Du) und meinen rein menschlichen (Hugh!) zu unterscheiden. Ironien. Verkehrung von Situationen. Wenn Du es gelesen hast, wirst Du bedauern, mich nicht *nicht* gehabt zu haben. Du wirst nach einer Weile nicht mehr wissen, ob Du mich hattest oder ob Du mich nicht hattest. Es hängt davon ab, welches Tagebuch Du liest. Du wirst es Dir aussuchen können! Du versuchst erst einmal, Dich zu erinnern, daß das *echte* Tagebuch das *unechte* ist. Wundervoll. *Dies* ist das Tagebuch meiner wahren Gefühle. Aber welches? Der *Ton*, sagst Du, aber wenn jemand ein echter Schauspieler ist, kann Dir der Ton nichts verraten. Vermutlich sublimiere ich eine Situation, die ich tief innerlich als zu tragisch empfinde. Genieße sie intellektuell. Mache sie erträglich. Wie Du gesagt hast. Heute war ich auch in der Lage, den Humor in der Lowenfels-Constad-Legende zu sehen. Die Männer führen die Frauen in den Zirkus, und die Frauen gehen mit, um die Männer lachen zu hören! – Anaïs.

Die Subtilität des 1921-Tagebuchs – wie chinesische Lebensart. Blumen. Natur. Zartheit. Traumhaft. Perfekte *Form*.

Je suis facilement éblouie. Ich bin leicht zu betören. Aber das ist nötig, um bewundern und staunen zu können – und für die Ekstase. *Eblouissement* ist eine meiner häufigsten Stimmungen. Ich gerate leicht in eine Trance.

Ich sehe Menschen, indem ich sie absorbiere. Ich fühle mich in ihnen, verliere mich in ihnen, fühle, wie sich ihre Haut anfühlt, die Gesichtszüge, die Hände, die Stimme. Ich werde durchdrungen. Meine mystischen Trancen sind kosmisch, nicht religiös. Erweiterung versetzt mich immer in diese bestimmte Ekstase: Aufgabe des Ich. (Ich arbeite für Gonzalo. Ich glaube nicht an Kommunismus. Ich glaube nur an individuelle Erlösung.)

Brief an Vater (der in Madrid ein Haus gemietet hat): * Ich schicke Dir ein paar Seiten vom Anfang [von *Haus des Inzests*], die

---

* Im Original französisch

Moricand übersetzt hat, aber sie geben Dir keine Vorstellung von
der musikalischen Qualität, weil sich Französisch nicht zum Singen eignet. Die Hauptfiguren sind drei verschiedene Frauen, die
ineinander übergehen und gemeinsam von einer Frau dargestellt
werden. Wassergeburt, Symbolismus, das eingekerkerte Innen-
leben, die Entlassung ins Tageslicht. Ich beschreibe die einsamen
Ängste der Nacht, Träume, die dem wirklichen, menschlichen,
gesunden Leben vorangehen. *Die Tiefe der Dinge.* Unser geheimnisvolles Unterwasserleben, wo wir uns über das, was wir sind
und tagsüber tun, hinwegsetzen.
Nun, genug der Literatur. Ich wollte Dich nur kurz in das Buch
hineinsehen lassen.
Ich bin so froh, daß Ihr beide nicht zu sehr isoliert seid, daß Du
Dich lebendig fühlst, musizierst und daß genug geboten wird, um
Maruca bei Laune zu halten.
Von uns habe ich nur Gutes zu berichten. Die Atmosphäre in
Paris ist zwar ebenfalls miserabel und erstickt an Politik, aber wir
müssen noch nicht in der Métro leben wie die armen Menschen in
Madrid. Wir müssen nicht dort schlafen. Wir fahren nur damit,
um Freunde zu besuchen, können uns also nicht beklagen. Wir
müssen auch den Silvesterabend nicht mit demselben Herrn verbringen wie letztes Jahr, sondern werden bei den aristokratischen
Weißrussen feiern.
Ich habe entdeckt, wie ich die Wohnung mit etwas parfümieren
kann, das fast nichts kostet (ein wahres Wunder!) und das gut
riecht. Kennst Du Patschuli? Es war zu der Zeit in Mode, als ich
endlich beschloß, in dieser merkwürdigen Gesellschaft mein Gesicht zu zeigen. Deine Nase würde es wiedererkennen.
Eben dachte ich daran, wieviel Mühe ich aufwenden muß, um
mein Märchen vor Realismusattacken zu beschützen. Ich töte pro
Tag einen realistischen Drachen, aber leider ist das Fleisch zum
Essen zu zäh, sonst könnten wir das Geld für Koteletts sparen.
Drachenfleisch ist unmöglich – gallertartig und gleichzeitig fase-
rig, sehnig und speicheltreibend.
Nun, Culmell und ich haben eben eine Parodie auf einen spani-
schen Tanz mit schnellem Rhythmus getanzt, und ich bin so außer
Atem, daß ich meinen Brief nicht zu Ende schreiben kann.
Deshalb schreibe Du mir. Ich umarme Dich, so fest ich kann.

396

23. Dezember 1936

Die Symbolik kleiner persönlicher Eigenschaften: Ich habe beim Feuermachen eine glückliche Hand. Als Hugh und ich zum ersten Mal zusammen an den Strand gingen – ich war damals neunzehn –, wollten wir das Essen wärmen. Wir sammelten Holz und stellten fest, daß wir keine Streichhölzer hatten. Ich ging mit einer Zeitung zu einem Feuer, das andere in einiger Entfernung von uns gemacht hatten. Ich zündete die Zeitung an, die ich wie eine Fackel zusammengedreht hatte, und rannte zurück. Durch den Wind brannte meine Fackel schnell herunter, und Hugh schrie: «Laß sie fallen! Laß sie fallen! Du wirst dich verbrennen!» Die Flammen berührten schon fast meine Hand. Ich rannte weiter, und ich schaffte es, daß unser Feuer brannte.

Wenn wir in der Villa Seurat Feuer machen, sagt Henry: «Mach du es. Bei mir geht es immer aus.» Und ich mache ein wunderbares Feuer. Ich habe keine Angst vor Feuer. Ich berühre es sogar beinahe ohne Angst. Wenn ich im Ofen auf der *Nanankepichu* Feuer machen muß, ist es das gleiche. Es brennt, sobald ich es angezündet habe. Ich muß nie, wie das anderen oft passiert, noch einmal von vorne anfangen.

Merkwürdig symbolisch.

Das Schlimme ist, daß mir schon Lappalien die Laune verderben können. Wenn sich Gonzalo verspätet, wenn mich Henry aufzieht, wenn Colettes Ehemann sagt, ich sei zu ernst, wenn Helba ihre Eifersucht zeigt, wenn Henry von einem neuen Filmstar schwärmt, wenn Gonzalo zu einer Party geht und sich betrinkt und dann zwei Tage lang krank ist, wenn Henry einen bewundernden Brief von einer Frau bekommt, wenn eine Zeitschrift meine Besprechung von Henrys *Schwarzer Frühling* zurückschickt, weil sie keine Analyse des Inhalts ist.

27. Dezember 1936

Weihnachtsabend. Poisson d'Or. Kaviar und Wodka. Ein trauriger und feinfühliger Ponisowsky, seine Schwester und ihr Mann. Elena Hurtado wie eine antike römische Göttin. Hugh, Elena und ich unterhalten uns angeregt quer über die Gesprächswüste der anderen hinweg. Das hochstimmende Gefühl von Kraft. Unmittelbares Verstehen. Zigeunerlieder. Kaviar und Wodka. Wodka ist mein Getränk. Ich habe einmal eine ganze Seite darüber geschrieben, noch bevor ich ihn gekostet hatte. Und am Weihnachtsabend wurde diese Seite wahr. Ich trank Feuer. Ein weißes Feuer, das mir nichts anhaben konnte, das in meinem Kopf Funken schlug. Die ganze Nacht Musik und Feuer. Funken zwischen Elena und mir. Ich will aufstehen und tanzen. Ich will aufstehen und allein tanzen. Niemand hat den Rhythmus, in dem ich tanzen will. Russische Musik. Meine Füße tanzen. Mein Kopf tanzt. Meine Hände tanzen. Fünf Uhr morgens. Ein Russe zerschlägt ein Glas an seinem Kopf. Halb sechs, und wir sind draußen auf dem Boulevard, hellwach. Elena will zu Fuß gehen. Ponisowsky, traurig und feinfühlig, beugt sich allen unseren Wünschen. Die andere Dame blaß und fad. Wir wollen frühstücken. Wo? Elena will zu Fuß gehen. Am liebsten liefe ich mit ihr durch die ganze Stadt. Ich sage zu ihr, daß ich dankbar bin, weil sie dabei ist, sie habe den Abend für mich wunderschön gemacht. Das Vergnügen, ihr schönes Gesicht anzusehen, die Kraft in ihr zu spüren. Wir sitzen in Melodys Bar. Die argentinische Kapelle, einige Negerinnen, nur noch zwei oder drei Männer. Es ist halb sieben. Ich möchte tanzen. Ich möchte meine Freude und mein inneres Feuer tanzen. Die Kapelle spielt einen *paso doble*. Ich stehe auf und tanze, stampfe und drehe mich und schreite und stampfe. Die Schreie der Musiker feuern mich an. Die Negerinnen schreien. Welches Glücksgefühl, welche Freude.

Es ist sieben Uhr. Blaue Dämmerung. Elenas Augen sind blau. Sie steht umkränzt vom Licht der aufgehenden Sonne.

Ich schlafe ein. Ich falle in einen Schacht, einen Abgrund. Aber um halb elf bin ich immer noch voller Freude und Feuer ... tanze um das weihnachtliche Festessen herum. Im letzten Moment lade ich Gonzalo ein. Ich bin betrunken. Ich trage mein persisches Kleid mit dem weiten Rock; ich bin betrunken, betrunken. Gonzalo kommt. Wir essen und trinken vergnügt. Ich lache, lache. Eduardo ist still.

Gonzalo geht, und ich falle wieder in einen Tiefschlaf. Ich liege im Schoß der Erde. Freude.

Als ich Gonzalo gestern nachmittag traf, explodierte die Leidenschaft. «Oh, ich habe dich gestern so begehrt, *chiquita*. Wie schön du warst! Wie lebendig! Ich habe dich noch nie so deutlich – so ganz gesehen! Was für ein Gegensatz zu Hugh und Eduardo. Du warst auf so sinnliche Weise lebendig, hast alles genossen, strahlend, großartig. Ich begehre dich so!»

Wenn ich die Analyse poetisieren und ihr die magischen Elemente abringen konnte, warum gelingt mir das gleiche nicht mit Gonzalos Kommunismus? Er ist das Lebensmotiv des Augenblicks. Er ist das Drama.

Ich bin wieder auf der *Nanankepichu*. Gonzalo hat die winzigste und geheimnisvollste Lampe mitgebracht: Alles ist blau.

Ich sage zu ihm: «Mein Problem ist nicht der Konflikt zwischen Kommunismus und Faschismus oder Anarchie, sondern zwischen Traum und Wirklichkeit. Wenn es bei dem Kampf um religiöse Befreiung ginge, könnte ich dafür sterben. Wenn es um die wirtschaftliche Unabhängigkeit geht, kann ich kein mystisches oder metaphysisches Drama entdecken. Aber ich bin bei dir. Nur du machst den Traum so vollkommen. Bei dir konnte ich so vollkommen träumen, daß mir Aktivität in der Welt anfangs wie ein Tod, eine Ernüchterung vorkam.»

Das Feuer brennt wieder. Sein Orgasmus ist heftig und dauert einen langen Augenblick. Er küßt mich mit wahnsinniger Dankbarkeit für die Vollkommenheit des Rhythmus. Seine Freude macht mir riesige Freude. Das blaue Lämpchen scheint nicht mehr blau zu sein. Wundervolle Düfte steigen aus unseren Liebkosungen, berauschen uns immer und immer wieder. Begehren stirbt nicht mit dem Orgasmus.

Das Gespräch mit Henry eine Stunde zuvor war meiner Seele näher als Gonzalos leidenschaftliche Anprangerung des Kapitalismus.

Henry und ich sprachen über das Gedicht. Er sagte, bald würde er nur noch in Gedichtform schreiben, wie Dante. Bald würde er ganz und gar Dichter werden.

Bei Gonzalos Drama – Kommunismus oder Kapitalismus – darf ich mich nicht mit der äußeren Erscheinung aufhalten. Ich muß weiterhin den lebendigen Gonzalo sehen. Seinen Körper, wie er sich bewegt, auf ungestüme Weise spricht, vor Leidenschaft bebt, sich verzweifelt bemüht, jetzt in der sichtbaren Welt etwas zu schaffen. Ich will vor allem den Rhythmus darunter sehen – die Wärme des Bluts, weil nur *das* Leben ist –, den Blutrhythmus unter dem Tanz, den Kampf; wo dieser Rhythmus schlägt, dort gehe ich hin.

Ich möchte tanzen und lachen. Ich möchte tanzen. Nichts wird meine individuelle Welt zerschlagen. Kein Sturm auf dem Meer oder an Land. Die Erde dreht sich. Sie nennen es Kommunismus. Ich sage, es ist das Gedicht und der Rhythmus. Wodka. Feuer. Der kämpfende Mensch. Rhythmus aus Illusion.

---

28. Dezember 1936

30, Quai de Passy, Paris.

Ich wurde im Schlaf von einer kleinen Schlange gebissen, oben am Kopf, und sie biß fest zu, bis es weh tat. Ohne großes Entsetzen zog ich an meinem Haar und schüttelte es. Ich sah zwei kleine Schlangen auf dem Boden. Ich zertrat sie langsam und gründlich. Ich überlegte, ob ich ein Gegengift nehmen sollte.

In der Nacht zuvor sah ich kleine Vögel aus dem Mund eines Negerjungen in Fes fliegen. Die Vögel bedeckten mein Gesicht. Ich fürchtete, sie würden mir die Augen aushacken. Ich verirrte mich in Fes.

Meine Brüste schmerzen. Bin ich schwanger?

Ich sehe Elena auf meiner Couch sitzen. Ein Kopf wie eine griechische Göttin. Ein markanter Kopf. Elena sagt, sie wäre gern ein Mann, weil ein Mann alles objektiv sehen kann; er kann Philosoph sein. Als ihr eines Tages bewußt wurde, daß sie verheiratet und Mutter von zwei kleinen Mädchen war, erschrak sie fürchterlich und wurde halb wahnsinnig. Sie wußte es damals nicht, aber sie wollte keine Mutter sein – nicht die Mutter von Kindern. Sie wollte sein, was ich bin, die Mutter von Schöpfungen und Träumen. Sie litt unter Ängsten – hatte Angst vor Natur, fürchtete, vom Gebirge verschüttet, vom Wald erdrückt, vom Meer verschlungen zu werden. Sie hat einen Horror vor Tätern und Metamorphosen. Als sie erzählte, daß sie im Traum von einem Kentauren entführt wurde, konnte ich den Kentauren und ihren Kopf sehen, den Kopf einer Frau aus einem Mythos.

Wenn ich an die Olympier denke, sehe ich *große* Menschen vor mir, solche, die größer als normale Menschen sind. Elena ist groß, June war ebenfalls groß. Gonzalo erscheint mir wie eine Sagengestalt. Vielleicht vergrößere, verherrliche, vergöttliche ich sie in meiner Begeisterung. Vielleicht vergrößere ich Menschen. Ich nenne sie *Mythos*-Menschen, weil sie eine symbolische Bedeutung haben. Ich trenne die Gewöhnlichen von denen, deren Leben bedeutungsvoll, symbolisch ist, die Größe haben. In dieser Welt atme ich frei. Was mittelmäßig ist, lasse ich fallen, schaffe stets eine Welt. Ich nehme Elena und ihre vielen Träume auf, ihre Kraft und ihren Positivismus. Sie gehört zu June und Louise und Thurema. Henry und ich repräsentieren zwei gegensätzliche Haltungen. Ich verschönere, schwärme und idealisiere – aber auf einer Basis von Ehrlichkeit, von Wahrheit. Ich meine: Henry *ist* ein Genie, June *hatte* Charakter, Thurema *ist* eine Kraft, Louise *war* eine Persönlichkeit, Elena *ist* ein Schatz, Gonzalo *ist* übernatürlich. Henry desillusioniert, spottet, bagatellisiert, karikiert, ebenfalls auf einer Basis von Ehrlichkeit und Wahrheit. Die Figuren, die er sich aussucht, *sind* unheroische, mittelmäßige, dumme, obszöne Schurken. Wir verstehen uns und leben miteinander auf einer Basis von Aufrichtigkeit. Ich meine, ich kannte den Dichter in Henry und er die Realistin in mir, die Frau, die wußte, daß Wunder gemacht werden, daß sie Schöpfungen sind, die aus Wünschen, Intelligenz und mühevoller Arbeit entstehen.

Henry half mir, das Leben zu akzeptieren; ich half ihm, die Macht der Illusion anzuerkennen, an die er nicht mehr glaubte, weil Junes Illusionen reines Getue waren, nicht kreativ, unecht. Meine Illusionen sind kreativ und echt. Ich bin nicht der Zauberkünstler vom Jahrmarkt, der zwischen Pappkulissen seine Tricks vorführt. Ich

401

bin eine echte Zauberkünstlerin, die tatsächlich die Macht hat, Dinge wahr werden zu lassen. Ich versprach Henry, daß er kein Versager sein würde, daß ich die Welt zwingen würde, auf ihn zu hören, und ich hielt mein Versprechen. Vieles, was ich für mich selbst wünschte, wurde nicht wahr. Als ich mit Henry leben wollte, konnte ich es nicht – um unserer, seiner Schöpfung willen. Für Magie, für die Vision arbeite ich Tag und Nacht, mit meinen Händen, meinem Kopf, meinem Körper, meinem Willen, meiner Seele, meinen Gebeten – jeden Augenblick. Wenn ich morgens die Augen öffne, so nicht, um meine Zaubersprüche herzusagen, sondern um zu arbeiten, arbeiten, arbeiten und Opfer zu bringen.

Vermutlich endet die Zauberkraft des schaffenden Menschen am selben Tag, an dem er etwas *für sich selbst* begehrt. Ich kann jetzt nicht schreiben, weil ich in allem zu tief drinstecke, im Leben, in der Liebe, im Schaffensprozeß. *Ich brenne.* Wenn ich jetzt mit Papier in Berührung käme, würde es zu Asche zerfallen.

Die Frage ist nicht, ob man glücklich ist oder sich verwirklichen kann, sondern ob man brennt.

Ich träume, daß sich Elsa und Helba erhängen. Ich wäre froh, wenn Helba tot wäre.

Die leidenschaftliche Liebe zwischen Henry und mir ist zu Ende. Ich begehre ihn nicht. Doch die Welt, in der wir leben und die wir schufen, kann ich bei Gonzalo nicht finden. Gonzalo hat nichts Schöpferisches. Zwischen Gonzalo und Helba gab es so etwas; er konnte etwas zu ihrer Arbeit beitragen, für sie Klavier spielen, Namen für ihre Tänze erfinden, ihr Leben einhauchen. Zwischen uns gibt es jetzt seine politische Tätigkeit, die mich kaltläßt. Ich will nicht über meine Befürchtungen nachdenken. Ich leide zu sehr unter meinem Klarblick, meiner Weitsicht! Ich muß mir sagen, daß ich dank meiner Leidenschaft für Gonzalo eben allein schöpferisch sein kann. Warum allein? Weil ich fürchte, daß Henry und ich auseinandergehen werden, wenn wir uns körperlich trennen. Unsere Körper trennen sich.

1. Januar 1937

Ein großes Bett. Weicher weißer Marokkanerteppich. Die schwarze Katze liegt auf der Zeitung. Hugh liegt am anderen Ende des Betts, unrasiert, krank, in ein Buch über Handlesen vertieft. Das Radio schmachtet.

Rotes Wachs tropfte letzte Nacht auf den Boden. Rotes Wachs von den Kerzen auf dem Tisch und von den Lampions. Rotes Wachs auf dem Tisch. Leere Champagner- und Wodkaflaschen. Gestern abend am Tisch: Gonzalo, Helba, Elsa, Eduardo, Grey und ein Mädchen aus Java, Charpentier, seine Frau und Mutter. Ich nicht. Ich liege im Dunkeln, in meinem Zimmer. Den ganzen Nachmittag bereitete ich das Festessen vor, die Kerzen, die Laternen, das rote Papiertischtuch, die Gedecke, aber ich war krank. Ich war krank wie in N. Y., in Louveciennes, Avignon. Schwindel und Erbrechen. Trotzdem zog ich mich um, schminkte mich. Legte mich hin. Ging auf und ab. Gab einem Glas Wodka die Schuld, das ich tags zuvor mit Eduardo im Dôme getrunken hatte. Suchte einen tieferen Grund und fand nichts. Suchte nicht sehr lang. Gonzalo kam und begrüßte mich mit tiefer Bewunderung. Hugh kam, um nach mir zu sehen, und sagte: «Ich liebe dich. Du hast für alles gesorgt, und es läuft wunderbar.»

Ich glaube, daß man beim Berühren eines Möbelstücks denken sollte: Freu dich über diesen Stuhl. Beim Tischdecken: Laß dir das Essen schmecken. Beim Anzünden einer Kerze: Freu dich an dieser Kerze. Genieße diese Mahlzeit, diesen Wein, diesen Glanz, die orangefarbenen Wände. Erfreue dich an den anderen, an Gonzalos Schönheit, an Eduardos grünen Augen und wundervollen Zähnen, an Helbas schwerem schwarzen Haar, auch wenn sie traurig ist, an Elsas länglichen Augen, Greys Tänzerfigur, den hohen Wangenknochen des javanischen Mädchens. Genieße den Schweinebraten, den Spargel, das Ambiente.

Ich liege im Dunkeln und denke daran, was Gonzalo sagte: «Aus Weihnachten mache ich mir nichts. Das bedeutet einem Inka nichts. Aber an Neujahr bin ich abergläubisch. Da möchte ich bei dir sein.»

Wir befinden uns unter demselben Dach. Ich höre seine Stimme. Warum bin ich krank? Ich war zu glücklich. Auch Glück zerreißt mich. Ich hasse es, krank zu sein. Gonzalo verabscheut Krankheit. Er liebt Gesundheit und Leben und Kraft. Er hat sich um Helba gekümmert, aber er hat anderswo Leben gesucht. Liebendes Leben. Er liebt das Leben in mir. Ich will nicht krank sein. Ich will tanzen. Ich habe nichts, weswegen ich krank sein müßte. Das heiße Verlangen, das Henry und ich füreinander empfanden, endete bei beiden gleichzeitig. Keine Tragödie.

Es ist Mitternacht. Sie trinken Champagner und wünschen sich, jeder in seiner eigenen Sprache, ein glückliches neues Jahr. Gonzalo sagte: «*Nanankepichu.*» Ich hörte es nicht. Aber ich stand auf. Ich stand auf, und mir war nicht mehr übel. Ich kam aus dem Zimmer. Weil ich geschlafen hatte, sah ich frisch und schön aus. Mein Erscheinen rief eine ungeheure Wirkung hervor. Das javanische Mädchen und Grey, die mich noch nie gesehen hatten, schienen wie vom Donner gerührt. Ich trug mein korallenrotes Lamékleid. Mein Gesicht war sehr weiß. Ich fühlte mich schön. Laßt jemand herumgehen und sich schön fühlen, und jeder wird ihn schön finden. Ich gehe herum und fühle mich schön und mächtig. Wir tranken wieder Champagner. Helba sah schrecklich traurig aus, und ich weiß jetzt, daß sie traurig ist, weil ich ihr das Gefühl gebe, nicht schön zu sein. Seit drei Jahren ist sie krank und gleichgültig gewesen. Sie hat nie leidenschaftlich, begehrend geliebt. Sie hat sich völlig abgekapselt, hält sinnliche Liebe für widerlich. Arme Helba. Und so quält sie sich mit ihrem Haß auf Leben, Vergnügen, Liebe. Vielleicht wird sie jetzt gerettet. Aber inzwischen haßt und liebt sie mich, haßt mich und liebt mich als das Leben in Person.

Als Gonzalo sie nach Hause bringen muß, läßt er sie und Elsa unten stehen und kommt noch einmal herauf, um mich zu sehen. Wir schließen uns in der dunklen Küche ein und küssen uns.

Heute laufe ich zur *Nanankepichu*, und wir gehen ins Bett. Eine Stunde zuvor lag ich allein auf meinem Bett und begehrte ihn, begehrte ihn. Sah seinen Körper vor mir knien und wild auf mich einhämmern. Sah seinen ganzen Körper, seinen dunklen Penis, seinen stets hungrigen Mund und begehrte das Feuer in ihm. Drei Stunden zusammen, schwebend in Glückseligkeit. Aber ich lüge ihn zum ersten Mal an. Ich weiß nicht, warum. Er glaubte nicht, daß

404

mich der Wodka so krank machen konnte. Er sagte, er habe das Gefühl, es sei etwas anderes gewesen. War es etwas anderes? Ja, es war etwas anderes. Es war Gas – Gasvergiftung. Ich hatte in Henrys Wohnung Gas eingeatmet. Henry hatte das Gas angedreht. Ich war rechtzeitig genug weggegangen. Nichts war passiert. Eduardo hatte es gerochen, als er ihm eine Nachricht von mir brachte, in der ich ihm mitteilte, daß ich während der Feiertage nicht kommen kann.

Meine Übelkeit wurde also ein Drama. Schließlich wollte ich nur noch, daß mir Gonzalo meine reine Liebe glaubte, und so sagte ich, Elena Hurtado und Henry seien ein Liebespaar. Und Gonzalo sagte: «Du bist nicht eifersüchtig?» Und ich sagte: «Warum sollte ich?»

Mir kam der Gedanke, daß sich Elena in Henry verlieben könnte, weil sie sagte, er gleiche einem jungen argentinischen Dichter, den sie geliebt hatte, und ich keine Ähnlichkeit sehen konnte. Merkwürdig ist, daß ich bei der Vorstellung, daß Elena Henry liebt, nicht leide; oder vielleicht eile ich der Gegenwart voraus, um einem Schock oder einer Überraschung vorzubeugen. Henry erzählte mir, er habe eine wundervolle Frau kennengelernt. Zuerst war ich eifersüchtig, aber sie gefiel mir auf den ersten Blick, und ich nahm sie für mich ein. Wollte ich herausfinden, ob ich sie fürchten müßte? War es Angst? Sie gefiel mir, ich fand sie intelligent und phantasievoll. Wir verstanden uns. Als sie mir von dem Dichter und dessen Ähnlichkeit mit Henry erzählte, erschrak ich zu Tode. Aber inzwischen bin ich imstande, zwischen meinen Ängsten zu unterscheiden, so daß ich heute aus den Gefühlen von Lilian Lowenfels für Henry bestimmt keine Tragödie mehr machen würde. Ich stellte sie mir zusammen vor, weil sie vulgär und hart war und ich dachte, sie könnte so gut an Henrys Seite leben, könnte alles mögen, was ich nicht mochte, weil sie keinen Sinn für Schönheit hatte, liederlich und faul war, aber Intelligenz und einen urwüchsigen Humor besaß. Wenn ich daran denke, was ich mir alles eingebildet habe und was nie wahr wurde, wie kann ich glauben, was ich mir wegen Elena einbilde? Was ist der Unterschied zwischen Befürchtungen und Vorausschau?

Ich lebe zu schnell. Ich bilde mir zuviel ein. Ich stelle mir tausend Dinge vor, eine Million Dinge jeden Tag, die passieren könnten und nie passieren. Mein Instinkt sagt nein zu Elena – doch Gonzalo gegenüber behaupte ich: ja. So wie June mir Henry anvertraute, als sie das erste Mal kam. Vielleicht bin ich es, die Elena wählen würde, weil Elena, die schön, aber von zu schwerem und maskulinem und mütterlichem Körperbau ist, nicht Leidenschaft erregt, sondern eine Art intellektuelle Bewunderung. Vielleicht denke ich, ich sollte bestraft werden, weil ich Henry mit Gonzalo betrogen habe, doch ich fühle mich merkwürdig unschuldig.

Ich habe das Gefühl, daß Henry für mich nicht mehr das Leben verkörpert, seit er schöpferisch zu arbeiten begann – Künstler ja, aber nicht Leben. Bei Gonzalo ist alles Leben. Das ist alles, was ihn interessiert. Er liest sehr wenig. Er ist zum Beispiel mit Artaud befreundet – eine Freundschaft, die auf Gesprächen beruht, auf ihrer früheren gemeinsamen Tätigkeit am Theater, aber seine Bücher hat er nicht gelesen.

Gonzalo steht auf und sagt: «Jetzt bin ich glücklich. Das ist ein schöner Jahresanfang.»

Alles, was ich fühle, ist Dankbarkeit. Und Henry überschüttet mich mit stiller, tiefer Dankbarkeit. Er läßt mich spüren, daß alles, was er heute genießt, von mir kommt und daß er es weiß, und wir sind uns zärtlich zugetan. Ich bedaure mit einer gewissen Wehmut, daß ich nicht alles bekommen habe, was ich wollte – ein Leben mit Henry –, aber manchmal sage ich mir: Bei einem Leben mit Henry hätte ich nur gelitten. Durch den Abstand zwischen uns habe ich Objektivität gewonnen und Leben in der Zeit zwischen meinen Besuchen bei ihm.

An Lawrence Durrell: War so beeindruckt von der Lektüre Ihres «Christmas Carol»*, daß es mir schwerfällt, darüber zu schreiben. Doch ich möchte Ihnen sagen, daß Sie etwas Erstaunliches getan haben, eine so subtile, schon fast verschwindende Welt erreichten, eine so flüchtige Atmosphäre einfingen, das Märchen, den Traum, das Leben unmittelbar durch die Sinne, den Duft reiner Phantasie, den hellsichtigen Ausdruck, jenseits von allem, was Worte, Musik und Rhythmus vermögen. Jenseits von Schwerkraft, Chaos und dem Getöse unsichtbarer Zufallsereig-

---

* Manuskript eines Prosagedichts, das später unter dem Titel «Asylum in the Snow» gedruckt wurde. Ein Freund der Guilers, Barclay Hudson, hatte Durrell auf Korfu eine Ausgabe von *Wendekreis des Krebses* gegeben, was zu dem ausgedehnten Briefwechsel zwischen Henry Miller und dem jungen britischen Autor führte, der in einem seiner ersten Briefe, im Dezember 1935, fragte: «Wer ist Anaïs Nin?»

nisse. Eine Sprache, die schattig ist und nachhallt. Magische Sätze wie die in den Beschwörungen. Das *Geheimnis*. Sie schrieben aus dem *Inneren* des Geheimnisses, nicht von außen. Sie schrieben mit geschlossenen Augen, verstopften Ohren, im Inneren der Muschel. Erfaßten das Wesentliche, dieses Etwas, das wir nachts im Traum verfolgen und das sich uns entzieht, das Ereignis, das sich verflüchtigt, wenn wir erwachen – Sie haben es festgehalten.

Wenn Sie *Haus des Inzests* bekommen, werden Sie sehen, daß ich versucht habe, dorthin zu gelangen. Sie werden sehen, daß uns einige mehr oder minder gleiche Empfindungen beunruhigten. Irgendwann werde ich nach dem ersten Chaos, das Ihr Rhythmus angerichtet hat, stillsitzen und Ihnen von den für mich so tiefen und bedeutungsvollen Sätzen berichten.

Ich muß noch etwas beichten. Ich habe Ihren Brief an Henry gelesen; von daher kenne ich Sie. Als ich «Christmas Carol» las, hätte ich mein *Haus des Inzests* am liebsten in die Seine geworfen. Zu schwer – viel zu schwer. Durrell reiste schneller und leichter. Er tanzte auf einem Echo.

---

3. *Januar 1937*

Das Geheimnis meines verführerischen Zaubers ist das Teuflische in mir, das sich in nichts von dem, was ich tue, verrät und das die Männer dennoch spüren – das Geheimnis ist meine Intelligenz und mein schauspielerisches Talent und was ich daraus mache. Das Rätsel ist die Lüge. Die Lüge, die ich Gonzalo auftischte, um ihn zu beruhigen («Sieh her, ich gebe Henry völlig auf»), wurde zu einem Drama, weil er nur noch denken konnte, daß mich Henrys Selbstmordversuch körperlich und seelisch zusammenbrechen ließ. Er konnte nur daran denken, wie sehr mich dieser Vorfall mitgenommen hatte. Dann hörte er zufällig, daß Henry einen Tag nach dem Selbstmordversuch tüchtig gegessen hatte, und schloß daraus, daß Henry mit meinen Gefühlen spielte, um mich zurückzugewinnen. Er spürte die ganze Zeit, daß hier etwas unaufrichtig und falsch war, konnte aber nicht sagen, was es war. Seit er von Henrys gutem

Appetit erfahren hatte, litt er bis gestern abend elf Uhr, als ich ihn traf, die schlimmsten Eifersuchtsqualen. Er schlug mit dem Kopf gegen die Wand, blind vor Wut und verwirrt über diese dunkle Ecke in mir, in die er nie vordringen konnte. Nun bin ich den ganzen Nachmittag bei Henry gewesen, der mich leidenschaftlich und zärtlich empfing. Ich habe nicht auf Henry reagiert, aber ich gab mich ihm hin. Insofern sind Gonzalos Ängste und Zweifel berechtigt, daß Henry immer noch Macht über mich hat – aber nicht sexuell, sondern *kreativ*. Mit Henry betrete ich eine magische Schöpferwelt. Wir arbeiten immer noch zusammen. Wir wollen beide, daß die Arbeiten des anderen veröffentlicht werden. Wenn ich Gonzalo treffe und er redet mit mir über Politik, läßt mich das kalt. Es ist die Poesie, die ich mit Henry lebe.

Welche Ironie. Gonzalo bittet und fleht: «O *chiquita*, ich liebe dich zu sehr. Ich will dich ganz für mich.» Das Merkwürdige ist, daß ich so tief verzweifelt bin über Gonzalos Argwohn, verzweifelt, weil er deswegen leidet, verzweifelt, wenn ich sehe, wie er sich in sich zurückzieht und quält, daß ich wirklich tief mit ihm leide, und wir komplizieren alles mit unnützen Worten und chaotischen Emotionen, alles nebulös und wahnsinnig, und dann reißt mir plötzlich die Geduld, und ich sage sehr heftig: «O Gonzalo, wie können solche Kleinigkeiten deinen Glauben an unsere Liebe erschüttern!»
«Welche Kleinigkeiten?»
«Ein paar Schwindelgefühle!» sage ich schnell, und wir prusten los und lachen über meinen diabolischen Humor, wie er ihn nennt.
Aber tief innerlich bin ich traurig; ich bin so traurig, als wäre ich Gonzalo treu, und dennoch würde er an meiner Treue zweifeln. Tief innerlich fühle ich mich unschuldig. Mir ist, als könnte ich Menschen nicht treu sein, nur dem kosmischen Leben – nur den Lieben, die über Menschen und Individuen hinausreichen. Ich lebe in einer geheimnisvollen Welt, in der die Treue nicht Platz hat. Ich bin lebendig, das ist alles, was ich weiß – ich bin lebendig und spüre Gonzalo –, lebendig in einem anderen Traum bei Henry.
Ich konnte nicht schlafen. Ich dachte an Henrys und meine Veröffentlichungspläne, an unsere Freude über das, was Durrell schrieb, an unser Festmahl der Ideen und Erfindungen. Und ich dachte an Gonzalos Politik und haßte sie.
«Fühlst du nicht, daß ich ganz dir gehöre, wenn ich bei dir bin?»

«Ja, *chiquita*, aber sobald du die kleine Treppe hinaufsteigst und das Boot verläßt, gehst du in eine andere Welt.»

Von einer Welt in die andere zu gehen, mich jeder ganz zu geben, warum ist das Verrat? Man kann nur verraten, was *existiert*. Was in Gonzalo oder zwischen Gonzalo und mir ist, verrate ich nicht. Ich gebe Henry nicht die Gefühle, die ich Gonzalo gebe – nicht einmal die gleichen Liebkosungen. Ich nehme Henry nichts weg, weil ich seinem Schaffen, seinem Leben gegenüber loyal bin und voller Liebe und Fürsorge.

Ich bin es, die mit dem Kopf gegen die Wand rennen könnte, während ich dieses *Absolute im Raum* zusammenbastle, das ich in keinem einzigen Menschen gefunden habe.

Ich bin ziemlich kaputt. Niemand glaubt mir oder versteht mich.

Abend: Ich bezeuge das Wunder des Lebens, das alles übertrifft, was ich je gelesen habe.

Das Chaos von Gonzalos Eifersucht war anstrengend und besorgniserregend; seither fühle ich in mir einen Konflikt – oder eigentlich zwei. Erstens: Wie kann ich verhindern, daß Gonzalo leidet? Zweitens: Wie kann ich Politik polemisieren? Denn hier liegt das Problem: *Für mich ist das Leben ein Traum.* Ich beherrschte seinen Mechanismus, beugte es dem Willen des Traums. Ich überwand Nebensächlichkeiten, um den Traum möglicher zu machen. Mit Hammer und Nägeln, Farbe, Seife, Geld, Schreibmaschine, Kochbüchern, Duschvorhängen schuf ich einen Traum. Deshalb lehne ich Gewalt und Tragödie ab. Wirklichkeit. Ich machte aus Wissenschaft Poesie. Ich nahm die Psychoanalyse und machte daraus einen Mythos. Für den Traum kam ich mit Armut und Einschränkungen zurecht; lebte geschickt, intelligent, kritisch. Ich log für den Traum. Ich nähte und flickte für den Traum, diente dem Traum. Ich nahm alle Elemente des modernen Lebens und nutzte sie für den Traum. Ich stellte New York in den Dienst des Traums. Und jetzt ist alles wieder eine Frage von Traum kontra Wirklichkeit. Im Traum stirbt niemand, im Traum leidet niemand, ist niemand krank, verläßt keiner den anderen.

Nun ist da plötzlich die Politik. Soll Gonzalo meinen Namen auf die Liste setzen? Es macht ihn stolz. Ich bin bei ihm. Er hat mich meiner Welt abgewonnen, der Tradition entrissen, mich aufgeweckt. Illusion. Der Traum. Soll er meinen Namen doch auf die

Liste setzen, sage ich mir. Schleier. Illusion. Ich werde das Gedicht schaffen. Ich kann das Gedicht aus Lumpensammlern machen. Aber weder Hugh noch mein Vater dürfen etwas davon erfahren. Natürlich ist Elena eine «Faschistin». Die höchst intelligente Elena glaubt, was ich glaube – jenseits von Politik. Der Traum. Elenas Freundin ist Delia del Carril. Delia ist mit meinem Vater und mit Maruca befreundet. Delia ist «rot»! Delia ist bei den Verschwörern.

Gonzalo fragte mich, ob ich am Mittwoch abend kommen könnte. Ich sagte ja. Aber ich glaube nicht. Ich glaube an Liebe, Illusion und an den Traum. Ich bin in die Welt der Psychoanalytiker gegangen, oder nicht? Mit meinen sieben Schleiern. Die Männer, die alles reduzieren – alle bis auf Rank –, die tollen Illusionenstürmer, die großen Realisten, die Männer, die den Phallus gleich ansehen wie ein Lammkotelett. Ich betrat ihre Welt, sah sie kommen und gehen, las ihre Bücher, fand Rank unter ihnen, den Mystiker, lebte ein Gedicht, kam unversehrt heraus – frei, eine Poetin. Sämtliche Steine, die an meinem analysierten Hals hängen, können die Poetin nicht ersäufen. Ich lache. Für mich ist das Leben ein Tanz, ein großer, fröhlicher, geheimnisvoller, symbolischer, seelenvoller Tanz. Aber es ist ein Tanz. Ich gehe mit meinem wehenden Traum über die Marktplätze, durch die Hurenhäuser, Schlachthöfe, Metzgerläden, die wissenschaftlichen Labors, die Krankenhäuser, den Montparnasse und verliere mich in meinen Labyrinthen, und der ausgebreitete Traum trägt mich. Illusion. Politik. Auch hier muß ich meinen eigenen Rhythmus tanzen. Ich werde mein weißes Gesicht mitbringen, meinen Glauben (meinen ungeheuer großen Glauben), meinen Atem und meine Leidenschaft. Ich bin unerträglich, abgrundtief, unglaublich allein, allein, allein mitten im Feuer der Liebe, unter hervorragenden Freunden, in der wundervollsten Erregung, im unerschöpflichen Reichtum. Weil meine Vision individuell ist, sehe und höre nur ich auf diese Weise. Es ist mein Traum, an dem ich festhalte. Besteht das Verbrechen darin, zu lieben, lieben, lieben und dem Mann in seine wahnsinnigen Abenteuer zu folgen, das Berühren von Mündern und Körpern, Mündern und Haaren zu lieben, zu bewundern, zu lachen, wie ich gestern abend gelacht habe, als ich sagte: «Ein paar Schwindelgefühle!»?

Ich habe so viel. Und ich darf nicht an allem festhalten. Weil ich beharrlich an meinem Traum festhalte, bin ich allein, wenn ich zu meiner Opiumpfeife greife und mich hinlege und sage: Politik, Psychoanalyse – sie haben mir nie das bedeutet, was sie anderen bedeuten. Auch nicht in New York. Oder Nachtclubs. Oder jemand in meiner Umgebung. Oder der Montparnasse. *Nur* Rank wußte. Er weiß. Es ist wie ein Geheimnis. Es ist mein Geheimnis. Sie wollen immer, daß ich ernst werde. Glühend und leidenschaftlich bin ich nur für den Traum, das Gedicht. Ob ich mich mit den Analytikern zusammentue, um festzustellen, daß ich keine Analytikerin bin, oder mit den Kommunisten, um zu entdecken, daß ich darüber hinaus bin, spielt keine Rolle. Ich spüre meine Einsamkeit im selben Moment, wenn ich engsten Kontakt mit Menschen, mit der Welt aufnehme, wo ich einen Ehemann habe, zwei Liebhaber, Kinder, Brüder, Eltern, Freunde, einen um mich kreisenden Menschenstrom; wenn ich in Bewegung bin, lebendig und warm; wenn ich das Maximum an Liebe erreicht habe!

Quand on danse, on danse seule. Wenn man zaubert, tut man es allein. Man interviewt den Teufel allein. Man ist skrupellos allein. Man ist der Liebende allein. Der Geliebte allein. Und wenn man sehr tief mit jemandem verbunden ist durch Blut, Sex, Seele, fühlt man sich trotzdem allein. *Ce qui m'amuse, ce sont les complications.* Was mich amüsiert, sind die Komplikationen. Ich lache allein. Hier geschieht etwas, das ich nicht fürchte. Es ist nicht Irrsinn, sondern Schaffen in Raum und Einsamkeit. Es ist nicht Schizophrenie, es ist eine Vision, eine am Himmel schwebende Stadt, ein Rhythmus, der Einsamkeit fordert. Schöpfung entsteht einzeln. Der Tonklumpen wird in Scheiben geschnitten, das Gemälde mit einzelnen Farbtupfern begonnen. Vision bedeutet Getrenntsein. Liebe bedeutet Einheit, Ganzheit.

Musik bläht meine Segel. Die *Nanankepichu* treibt dahin mit wehender Feuerfahne, befleckt von Blut, das Gonzalo so liebt.

Ich bin hysterisch, am Rand von Ekstase und Wahnsinn. Mein Körper bebt vor Entzücken und Verzweiflung.

4. Januar 1937

Gestern nacht, nachdem ich das geschrieben hatte, wartete ich, bis
Hugh eingeschlafen war, und schlich hinaus zur *Nanankepichu*.
Auch Gonzalo war erschöpft. Nach unserer Emotionsorgie sehnten
wir uns nach Milde und Heiterkeit. Es ist merkwürdig, eine Krankheit zu beobachten, an der man nicht selbst leidet. Ich sehe Gonzalo
genauso leiden, wie ich bei Henry gelitten habe. Weil ich sein
ganzes Glück bin, hat er schreckliche Angst, mich zu verlieren.
Auch seine Freude, wenn er sich nach seiner sinnlichen Befriedigung zurücklegt und sagt: «Du kannst dir nicht vorstellen, welche
Vollkommenheit ich fühle! Alles ist wundervoll!»

Alle Freuden und Ängste, die ich mit Henry erlebte, scheine ich
noch einmal zu erleben, ihre Tiefe, den Alptraum und die Ekstase.

Ich bin glücklich. Nach der Vereinigung, die für mich immer
unvollständig ist, fühle ich mich glücklich. Die Freude, die Gonzalo
empfindet, geht durch meinen Körper. Ich lebe in seinem Körper.

Notwendig für den Rhythmus – wie beim Beischlaf. *Einer* kann
aktiv sein, und das zwingt den anderen zur Passivität. Es ist keine
Tragödie, aber es macht den einen zum Liebenden und den anderen
zum Geliebten. Ich war Henrys Liebhaberin. Auch June war seine
Liebhaberin. Und in meinem aktiven sexuellen Part gelangte ich
zum Orgasmus. Als die Passive erlebe ich Glück, aber keinen
Orgasmus. Aber ich bin glücklich, glücklich, und ich sehne mich
nach Gonzalo. Ich begehre ihn. Wenn ich ihn bei anderen Leuten
sehe und ihn nicht küssen kann, bin ich verzweifelt.

Ich gehe zu Henry, der kühl und in sich gekehrt ist, wenn er kein
sinnliches Verlangen verspürt. Aber heute verspürt er es. Wir gehen ins Bett. Unwillkürlich werde ich erregt, so erregt – dann fühle
ich das Entzücken und *éblouissement*, wie Gonzalo gestern nacht.
Ich rauche genüßlich meine Zigarette. Ich liege in einem Traum,
und ich träume von Gonzalo, Gonzalo. Als ich hereinkam, war ich
heiter, überschwenglich, gesprächig. Ich erklärte Henry, daß ich
glücklich bin. Ich hatte einen Brief von Rebecca West erhalten, die
mein Vater-Manuskript einem Londoner Verleger gegeben hatte.
Dem ersten Leser wurde übel. Es berührte ihn wie etwas Tödliches.

Dem zweiten erging es nicht besser! Der Verleger – und auch der andere Partner – sagte, es sei ein Meisterstück. Aber es bleibt ungewiß – aus puritanischen Gründen.

Henry, ich weiß jetzt genau, was ich tun muß. Im Tagebuch bin ich natürlich, aufrichtig. Ich muß beim Tagebuch bleiben. Im Roman bin ich künstlich. Ich muß mir jeden Band einzeln vornehmen und verbessern, ergänzen, vervollständigen. Das muß ich tun.

Eduardo sagt mir am Telefon: «Nachdem ich Gonzalo, Elena gesehen habe – du kannst nicht mehr steigern, du hast das Beste. Mit meinen Freunden bleibe ich hinter dir zurück.»

Ich fühle mich stark. Ich habe die Kraft, zu verführen, zu arbeiten, zu lieben und geliebt zu werden! Kraft. Kraft.

Während ich Henry gegenübersaß, dachte ich daran, daß ich ihn erst in der Nacht zuvor imaginativ [an eine andere Frau] abgetreten hatte, und war verblüfft, als ich jetzt sah, wie wir uns unterhalten und miteinander schlafen konnten. Schöpfung. Sex. Keine Eifersucht. Sind es meine *Gefühle*, die ich aus meinem Leben mit Henry herausgenommen habe, meine Seele, meine Emotionen, die unsere Beziehung unerträglich machten? Sind es meine Seele und meine Gefühle, die ich über Gonzalo ausgegossen habe wie ein Feuer, das er für Liebe hält? Ist es Liebe? Ich weiß es nicht. Ich will nicht darüber nachdenken. All meine Gefühle drängen zu Gonzalo, reagieren auf ihn. Ein ungenierter sexueller Austausch, eine kreative Harmonie, eine Bindung an Henry – sie bleiben bestehen.

Wer hat den besseren Teil? Wenn ich Gonzalo wäre, würde ich die Gefühle vorziehen. Es ist eine Frage der Zeit, wie er sagt. Ich fühle jetzt, daß ich erst dann, wenn ich Henry aufgebe, den Orgasmus mit Gonzalo erleben werde, der unseren Rhythmus vollkommen machen wird. Geheimnis – wie richtig seine Eifersucht ist, sein Instinkt. Welche Macht Henry über mich hat! Wie viele Männer haben versucht, sie zu brechen! Wie sehr habe ich versucht, sie zu brechen! Manchmal habe ich das Gefühl, als wären alle meine anderen Lieben Narkotika, die ich nehme, um mein Leben mit Henry zu ertragen, weil ich den Schmerz nicht ertragen könnte.

Das Geheimnis akzeptieren und versuchen, mit meinem schrecklichen Wissen *nicht zu schnell zu leben*, mich im Augenblick verlieren, jeden Tag alles geben, was ich habe, mich erschöpfen, und nachts tief zu schlafen: So lebe ich ohne Sorge oder Nervosität, mit weniger Angst vor diesem Leben, das mich so tief verwundet hat, mit mehr Vertrauen. Ein Tag der Beruhigung, der Gewißheiten um den Preis so großer Anstrengungen. Wunderbar das Gefühl, daß keine einzige meiner Zellen schläft, das ganze Ich brennt. Ich fühle, daß meine Intelligenz tanzt. Gonzalo redet manchmal, als wäre ich diejenige, die alle Fäden unserer Schicksale ziehen würde. Weil ich so weit *sehe*, vorausahne? Oder weil ich gern Gott spiele? Oder bringe ich rings um mich so viel Blut in Wallung, weil ich es vorziehe, mein Leben, ein *aktives* Leben, selbst zu gestalten?

Ich bestreite jede Berechnung, jede skrupellose Vorsätzlichkeit. Aber ich habe diesen merkwürdigen Stolz und das Gefühl, daß ich das alles gemacht habe. Ich habe die Freunde erobert. Ich habe gewonnen mit Liebe, Aufopferung und mit Vorstellungsvermögen. Ich habe mit meiner Hellsichtigkcit tatsächlich mein Leben und das Leben anderer in meiner Umgebung geformt. Ja, eine Macht, die versklaven kann, aber nicht versklaven muß; die bewirkt, daß andere Erfüllung finden.

Warum sehe ich so klar, so genau, wie boshaft, schändlich, verlogen ich handle, um das wahrste und leidenschaftlichste aller Schicksale zu verwirklichen? Wenn ich die Wohnung verlasse, wo Hugh und Eduardo sitzen, um Gonzalo zu treffen. Wenn ich sehe, daß mich Eduardo von seinem Platz aus beobachten kann, wie ich das Haus verlasse, und ich nicht nur winke, sondern ihm auch noch die Flasche Wein zeige, die ich für Gonzalo mitnehme, so daß Eduardo errötet und mich vielleicht zynisch nennt! Ich fühle mich nicht zynisch, sondern humorvoll.

10. Januar 1937

Mein Leben ist nur im Hinblick auf meine unrealistische Vorstellung vom Leben tragisch, wegen meiner Sehnsucht nach einem Paradies – einem künstlichen Paradies. Von Henry lernte ich ganz gut, wie man menschliches Leben, so wie es ist, akzeptieren kann – Passivität. Ich lernte, glücklich zu sein, zu genießen. Aber trotzdem schuf ich mir weiterhin, was ich ein Absolutes im Raum nenne, ein in der Luft schwebendes Paradies aus verschiedenen Elementen, wobei ich Treue ausklammerte. Ich nahm Henrys Elemente, schöpferische Arbeit und Sinnlichkeit, Gonzalos Seele und Gemüt, Leidenschaft, Liebe. Deshalb spreche ich nie über Treulosigkeit. Ich gab Henry eine vollständige Liebe, aber ich litt unter dem menschlichen Leben mit seinen Beschränkungen, Unvollkommenheiten, Tragödien. Dann fand ich meinen Traum bei Gonzalo. Nun fordert das menschliche Leben Entscheidungen – erneut Absolutes. Wenn Gonzalo wegen meiner Untreue leidet, stehe ich vor einem Dilemma. Ich möchte nicht, daß jemand wegen mir leidet. Schreckliche, nicht zu erfüllende Sehnsüchte, Wünsche stoßen mich aus dem menschlichen Leben. Schrecklich wirkliche Ängste, wirklicher Hunger und Durst. Dann mischt sich das menschliche Leben ein. Möglicherweise verliere ich einen von ihnen, entsprechend den menschlichen Gesetzen, weil ich mich nach Glück sehne und alles Absolute tragisch ist.

Leide schrecklich angesichts einer möglichen Trennung von Henry, fühle, daß ich es wahrscheinlich verdiene, sehe Elenas glühende Begeisterung für ihn, höre Elena sagen: «Er ist so gut, so gewinnend. Er gleicht dem Mann, den ich so geliebt habe.»

Seltsames Gespräch. Henry ist eben aufgewacht. Ich erzähle ihm, daß ich das gesamte Tagebuch ihm vermacht habe, weil wir darüber gesprochen hatten, wem ich es vermachen würde, und Henry dachte, ich könnte es wegen meiner Betrügereien nicht ihm hinterlassen; aber ich sage zu ihm: «Ich hinterlasse es dir.» Ich brauche mich wegen nichts zu schämen. Ich habe Henry geliebt, sogar während ich mit anderen Männern schlief. Ich bin Henry nie untreu gewesen. Es würde mir nichts ausmachen, wenn er mein ganzes Tagebuch lesen würde.

Dann erklärte er mir wieder, ich sollte das Tagebuch an den Nagel hängen und einen Roman schreiben.

Ich bin nur im Tagebuch natürlich. Das Tagebuch ist meine Form. Ich kann nicht objektiv schreiben. Ich kann nur schreiben, solange die Dinge *warm* sind und geschehen. Wenn ich später schreibe, werde ich künstlich. Ich stilisiere. Ich werde unnatürlich. Ich habe genug gegen meine Neurose gekämpft. Ich bin nicht mehr neurotisch. Ich weiß, was ich bin. Ich bin wie der Chinese. Ich werde schmale Büchlein schreiben – neben dem Tagebuch. Großartig leben und nur ein Gedicht verfassen. Ich fühle mich wohl in meiner Haut. Ich muß das Natürliche perfektionieren.

«Wenn du es von einer so hohen Warte aus siehst, habe ich nichts zu sagen. Das Tagebuch ist eine Droge, ein Betäubungsmittel», sagt Henry.

«Hast du etwas gegen das Opium des Chinesen? Hat er nicht das Recht dazu?»

«Ja, es gibt nichts dazu zu sagen. Aber bist du zufrieden? Warum scheinst du dann das, was *ich* tue, mehr zu schätzen?»

«Natürlich schätze ich das, was du tust, mehr – dynamische, objektive, künstlerische, kreative Arbeit. Aber allein die Tatsache, daß ich es so bewundere, beweist vielleicht, daß ich nicht dazu fähig bin. Ich akzeptiere, was ich in mir habe. Ich bin weit von Neurose entfernt. Ich habe Wirklichkeit gelebt, ich bin ihr entgegengetreten; ich kenne Wirklichkeit – ich habe mich nicht ausgeklinkt, ich habe keine Angst, keine Befürchtungen –, aber mir ist der Traum lieber. *La vida es sueño.* Ich glaube nicht an Gewalt, weil ich mich für den Traum entschieden habe. Meine Natur, mein Temperament.»

Ich sage das ruhig und selbstsicher, meine Hände beschreiben einen sanften Fatalismus. Henry kann mir nicht mehr vorwerfen, ich würde mich beim Schreiben nicht genug *anstrengen*. Ich mache alle meine Anstrengungen im Leben; meine ganze Dynamik dient dem Leben. Schreibend bin ich passiv, fließend, abgehoben, ja, nicht weil ich keinen Kontakt mit der Realität herstellen kann, sondern weil ich sie bewußt hasse.

In meiner letzten Nacht mit Gonzalo, nachdem ich Henry im Geist aufgegeben hatte, reagierte ich zum ersten Mal sexuell auf ihn – aber es geschieht alles mit dem Wunsch, Henry nicht zu lieben. Es ist alles mit oder gegen Henry. So wie ich Henry dazu diente, von June loszukommen! Wie ironisch!

Henry soll das alles ruhig lesen. Denn es ist ja auch Junes Geschichte.

Ich wollte ins Leben hinein. Ich bin so tief hineingeraten, daß ich nicht mehr rauskomme. Die Überarbeitung der alten Tagebücher ist qualvoll, weil ich die Vergangenheit so warm und lebendig beschrieben habe, daß sie noch immer schmerzt! Nirgends Objektivität. Keine Kraft, umzuformen! Henry ist mit sich selbst völlig im reinen, während er sein Leben mit June künstlerisch umsetzt – *wie* er es erzählen soll, ist seine Obsession. Ich stecke mitten darin, mit Gonzalo, der im Leben ist. Ich kann mit Gonzalo nicht über schöpferische Arbeit sprechen, weil er persönlich, emotional ist. Deshalb können wir eine gemeinsame Gefühlswelt haben, die mich glücklich macht.

Komisch. Als ich Henry kennenlernte, war ich objektiv. Erst dann wurde ich persönlich und emotional. Elena ist jetzt objektiv und hat Abstand. Ich weiß, was ihr bevorsteht!

Gonzalo leidet, weil er ein Manuskript von mir gelesen hat; er macht sich nichts daraus, wie es geschrieben ist – ihn interessiert nur, daß *ich*, seine Liebe, geküßt oder geliebt wurde oder daß ich küßte und liebte. Dafür gibt mir Gonzalo das Gefühl von Zwei-Sein – allein und isoliert mitten im Leben, inmitten von Menschenmassen, Kriegen, Freunden, Popularität –, Henry gab mir selten dieses Gefühl, eigentlich nur in Louveciennes und in New York, als er mich für eine Weile verlor.

Die Arbeit am Tagebuch ist dem Leben zu ähnlich. Ich berühre echtes Fleisch, echte Tränen; ich höre gesprochene Worte. Es ist unerträglich. Ist es lesbar? Es ist warm, feucht, es windet sich, es verströmt Gerüche wie echtes Fleisch. Zu nah, zu nah. Deshalb finde ich Henrys Welt kalt, Gonzalos Welt *warm*! Keine Sinnlichkeit, kein schöpferisches Werk kann die gleiche Wärme schaffen wie das momentane Gefühl, eine jetzt liebende Seele, ein in diesem Augenblick liebender Körper. Henry liebt im Raum, in der Zeit, in der Phantasie. Henry ist entgegen allem äußeren Anschein nicht *im* Leben, nicht innen drin. *Il subit la vie*. Er erduldet das Leben. Passiv. Handelt nie, aber danach stürzt er sich in seine schriftstellerische Arbeit.

Pas si vite! Ich hetze völlig aufgelöst durch den Himmel meiner Erfindungen. Nichts ist passiert. Stets ahne ich Dämonen unter der stillen Oberfläche des Lebens! Unter dem Nebel und dem Parfüm des Traums ahne ich die unerbittliche Zerstörung und Trennung gemeinsamen Lebens, gegen die ich aufbegehre – gegen die zeitliche Entwicklung, als ich mich schneller entwickelte als alle übrigen, als ich mich aus Henrys Leben hinauskatapultierte –, und doch kann ich Endgültigkeit nicht akzeptieren. Was für eine Verrenkung! Deshalb halte ich hier alles so genau fest, den Atem und den Geruch, um alles am Leben zu erhalten; deshalb bekamen wir den Tod, weil wir gefühlsmäßig nicht so viel ertragen können; wir zerbrechen. Teile von uns müssen sterben, müssen sterben, um uns zu befreien, zu erleichtern. Wie gut Teile in Henry sterben, weil er Zerstörungstalent besitzt. Ich kann nur Leben zusammentragen, bis es untragbar wird, das Zuviel, die Intensität; und ich explodiere in Hysterie, in eine Million Bruchstücke, zuviel Leben! Zuviel Gefühl für Leben. Im Leben sein. Es ist eine Tortur, so viel zu hören und zu sehen, so vieles zu wissen, weder Abstand noch Schutz, noch Zuflucht zu haben angesichts der Tatsache, daß man lebendig ist! Jemand sollte mich bewußtlos machen! Mich töten. Mich gefühllos, teilnahmslos machen. Teile von mir sollten sterben, aber wie gut habe ich sie am Sterben gehindert. Das Tagebuch wimmelt von lebendigen Dingen, ächzt unter der Realität, explodiert vor Hitze!

Kunst. Wo ist die Kunst, die uns vom Wahnsinn abhält?

Als Gonzalo glaubt, daß er von seiner Mutter Geld bekommen wird, sagt er: «Als erstes werde ich die *Nanankepichu* kaufen.» Wenn wir über seine Zeitschrift sprechen, die Druckerpresse, die er braucht, die Veröffentlichung meiner Arbeit und der Arbeit der Gruppe, befürchtet er eine Invasion und den Verlust unserer Privatsphäre. Er möchte ein kleineres Boot haben, wo er ganz allein mit mir sein kann und wir nur von Wasser umgeben sind. Ihn stört sogar Renés Anwesenheit auf der *péniche*. Ich schlage vor, daß wir im Bug Zuflucht nehmen, in einem kleinen gestrichenen Raum mit zwei winzigen viereckigen Fenstern. Wir könnten ihn von dem Raum, den wir jetzt haben, abtrennen und durch eine Falltür von oben einsteigen. Absolute Verborgenheit. Die Zweisamkeit bleibt gewahrt.

---

12. Januar 1937

Nach dem Gespräch mit Elena begann ich zu leiden – im Inneren meines Körpers. Ein körperlicher, fleischlicher Schmerz bei dem schrecklichen Gedanken, mich von Henry zu trennen, als würde er aus meinem Körper gerissen werden. Zwei Tage lang Schmerzen; dazwischen rannte ich los, um Gonzalo für eine Stunde zu sehen, mich in seine ungeheure, schützende Güte zu werfen, eine liebende Kraft, die ich in ihm fühle, obgleich auch er mein Kind ist – eine andere Art Kind. Gonzalo, halte mich. Ich werde wieder wahnsinnig. Ich erschaffe ein künstliches Paradies, ein unwirkliches Glück, und das menschliche Leben zerstört es, ist einfach dagegen.

Ich reagiere zum zweiten Mal auf seinen Liebesakt. Welche Freude für mich, als ich zum ersten Mal in seinen Armen zum Orgasmus kam, als ich mich vollkommen aufgab. Ich zweifle nicht an seiner Liebe. Sein Körper ist immer da, sein Mund, seine Zärtlichkeiten.

Aber der Schmerz, der Schmerz, mich von Henry zu trennen. Ich fühle mich schuldig, weil ich das Glück außerhalb von Henry suche und denke, daß ich ihn deshalb verlieren werde.

Am Montag stehe ich auf. Ich eile zu Henry. Er begrüßt mich mit einem innigen Kuß. Er ist fröhlich, sanft, wie ein Topf voll Honig. Wir essen zusammen zu Mittag. Danach hat er es eilig, ins Bett zu kommen. Er nimmt mich genüßlich und läßt sich Zeit. Ich reagiere bestialisch. Er stößt bestialische Worte aus. Wir schlafen. Alles scheint unverändert. Ich habe Arbeit mitgebracht. Auch er arbeitet, bis ich gehe.

Ich gehe, um Gonzalo auf der *Nanankepichu* zu treffen, wo die erste politische Zusammenkunft stattfindet. *Comité Ibérien pour la Défense de la République Espagnole*. Der große Raum wird von einer einzigen Lampe erhellt. Die Männer treffen ein – Mexikaner mit langem schwarzen Haar, goldenen Ringen, bunten Hemden; Chilenen, Nicaraguaner, teigige Kubaner, Dichter, Medizinstudenten, Jurastudenten. Der Versammlungsort gefällt ihnen. Er ist romantisch, furchteinflößend. Zu furchteinflößend. Er macht besonders denen angst, die keine ordentlichen Papiere haben. Der Polizist, der immer oben an der Treppe steht, die zum Anlegeplatz hinunterführt, jagt [Pablo] Neruda, dem trägen und kränklichen Dichter, einen solchen Schrecken ein, daß er umkehrt, um Gonzalo zu informieren, der an der Station Quai d'Orsay auf weitere Kameraden wartet. Gonzalo erschrickt ebenfalls: «Mein Gott, Anaïs steckt in Schwierigkeiten, ich habe sie in Schwierigkeiten gebracht.» Er läuft zurück und findet eine friedliche Versammlung von Rauchern vor. Ich wurde vorgestellt: «Eine neue *Kameradin*, Anaïs Nin.» Wir müssen die *Nanankepichu* verlassen. Sie haben alle Angst. Wir gehen zu einem Café. Gonzalo hebt sich von all den anderen ab, ist körperlich größer und insgesamt ganz anders. Er ist der einzige hier, der aktiv, feurig, *ganz* ist. Die anderen blaß, nichtssagend, prosaisch. Wichtigstes Gesprächsthema ist, wie man den Tod eines mexikanischen Dichters, der in Spanien für die Sache starb, am besten nutzen, ausschlachten kann. Ein Pamphlet soll verfaßt werden. Einige seiner Gedichte sollen veröffentlicht werden. Wieviel Geld ist in der Kasse? Vierzig Francs. Halt. Wie bekommt man das Geld? Neruda reibt die weichen weißen Politikerhände. Gonzalo sieht aus wie ein Mann von einem anderen Stern. Die Art, wie sich sein Haar nach hinten wellt, läßt an Idealismus und Heldentum denken. Seine hohe Stirn kündet von glühendem Mystizismus. Sein Mund ist der eines Kindes. Bereit, zu zittern. Sein Blick ist warm, zärtlich, magnetisch. Das Kinn kräftig. Seine Hände sind stark und zum tatkräftigen Handeln gemacht. Er ist nervös wie ein Rennpferd. Er sollte sich nicht mit Politik befassen. Er ist ein Idealist, ein Kämpfer. Wie kann er seinen feurigen, vitalen Körper nutzen?

Ich betrachte seinen Hals, seinen großartigen Hals, wie der einer Statue, massiv, knochenlos. Ein Tier, geschlagen mit einer Seele. Der dunkle Indianer in ihm, gestraft mit einer Seele.

Ich gebe ihm meine Augen, Einsicht, Weisheit, feure ihn an, allein zu handeln. Ich sage, er verschwendet seine Kraft, um die anderen mitzuziehen. Aber Politik *ist*, andere mitzuziehen. Es ist Arbeit mit den Massen.

Gestern abend spürte ich die Schönheit in der Politik. Ich wußte, ich gehörte nicht dorthin. Aber ich will auf Gonzalos Seite stehen, loyal zu ihm sein. *Malaise* unter diesen Menschen, wie immer in gewissen Milieus – wie sich ein Känguruh zwischen einer Herde Elefanten fühlen würde.

Als er über die Rolle des Künstlers bei der Veränderung der Welt spricht, antworte ich sehr lieb und sanft: «Das dachte ich, als ich sechzehn war. Danach erkannte ich, wie vergeblich es ist, und arbeitete hartnäckig, um mir eine *auf mich zugeschnittene perfekte Welt* zu bauen. Ich habe es außerhalb getan, getrennt von der Wirklichkeit.»

«Aber jetzt ist ein Augenblick gekommen, wo diese perfekte individuelle Welt von der Außenwelt blockiert wird. Du kommst nicht weiter. Man hindert dich daran. Deine Arbeit kann nicht veröffentlicht werden, weil sie gegen die bürgerlichen Ideale verstößt. Du kannst kein eigenes Leben führen, weil so viele von dir abhängig sind.»

Das ist wahr. Irgendwo, an einem gewissen Punkt, stößt meine individuelle Welt an die Mauern der Realität. Ich werde mit äußeren Katastrophen konfrontiert – Kriege, Revolutionen, verheerende Wirtschaftslage, Niedergang, verkommene Gesellschaft.

Henry zerstört, was faul ist, und hört dort auf.

Und ich? Ich habe ungeachtet der Fäulnis eine Welt gebaut. Aber tief in meinem Innern weiß ich, daß keine äußere Veränderung den inneren Mechanismus des Menschen ändern kann. Ich weiß zu gut, daß es Psychologie, Schuld, Angst sind, die uns motivieren oder hindern.

Gonzalo ist so aufrichtig, daß ich ihn respektieren muß. Die beste Zeit ist die, wenn wir uns küssen, wenn sich unsere Körper vermischen. Wenn er sich zurücklegt und sagt: «O Gott, wie glücklich du mich machst...»

Ein Buchdrucker, der nicht über den Verlust seiner Frau hinwegkam, setzte ihren Namen in Bleilettern und verschluckte ihn.

Ein Gangster, der einen Mann überfiel, um ihn auszurauben, nagelte dessen Hand an eine Sitzbank, um ihn zu fesseln.

Ein Mann vergewaltigte seine vierzehnjährige Tochter vor den Augen der Mutter.

Ein Stierkampf in Spanien – aber anstelle des Stiers ein Mann, der mit explosiven *banderillas* gespickt wurde.
Dynamit in den Unterleib von Frauen.
Bett in der schwimmenden *Nanankepichu.*

Ehrlichkeit gegenüber Elena. Dränge sie, keinen Mann zu heiraten, den sie nicht liebt. Denke aufrichtig an ihr Glück, während wir miteinander sprechen; bedaure sie wegen ihres leeren, einsamen Lebens. Spreche dennoch über meine Harmonie mit Henry und hoffe, sie wird spüren, wie nah wir uns sind, und nicht an ihn denken. Eduardo versichert mir: «Elena ist eine zu starke Persönlichkeit. Henry wird sich einen solchen Kampf nicht wieder antun wollen. Er will entweder dich oder hin und wieder einen sexuellen Zeitvertreib.»
Elena stark, emphatisch, positiv, unnachgiebig. Sie könnte ihm nur die gleiche Urteilskraft und Auffassungsgabe bieten, die er bei mir fand. Nicht mehr.
Mit all dem im Kopf arbeitete ich an den alten Tagebüchern für Clairouin, die viel dazu beitrugen, mein Traumglück mit Henry wiederaufleben zu lassen – die Vollkommenheit unserer Beziehung, wenn wir allein waren, abgeschottet von der Welt. Es ist der Henry draußen in der Welt, der mich kränkt, weil er so feminin, nachgiebig, verführbar ist. Doch ich erkenne, daß Henry trotz dieser *scheinbar* leichten Kontaktaufnahme mit vielen Menschen nur mit sehr wenigen eine tiefere Bindung eingeht. Nur, *er* weiß, wie man einen lockeren Kontakt herstellt, während ich entweder nur zu einer tiefen Beziehung oder zu gar keiner fähig bin.
Elena sagte etwas sehr Wahres: Sie sagte, *in* der Bedeutung leben, nicht außerhalb. Was meiner diesjährigen Erfahrung entspricht, weg von der Analyse, innen zu leben, bewußt und gleichzeitig ausgedrückt in der *Tat.*
Sehe meinen Vater zum ersten Mal als ein Kind – gänzlich als ein Kind –, dem natürlich jeder Beschützerinstinkt fehlt.
Keine Erinnerungen mehr an Donald Friede. Verflüchtigt. So müssen Männer empfinden, wenn sie an Frauen denken, die sie nicht liebten.

16. Januar 1937

Müde und entmutigt. Ich muß gegen Gonzalos Masochismus kämpfen. Er ist ein weiteres vollkommenes Lebewesen, das der Katholizismus verdorben und verkrüppelt hat. Er hat einen Leidenskult. Und er [Gonzalo] kommt, wenn ich ausgelitten habe. Warum muß ich immer Lasten hinter mir herschleppen? Wird kein Mann jemals vor mir gehen und mich ziehen?

Ich bemühe mich, ihn davon abzuhalten, den Ofen anzuzünden, bitte René, es zu tun. Aber er tut es selbst, und an unserem letzten gemeinsamen Abend war er vom Regen völlig durchnäßt, und daß er aufgestanden war, tat das übrige. Er bekommt eine schreckliche Grippe. Am nächsten Morgen laufe ich zu ihm nach Hause; er hat Schüttelfrost, und ich hacke Holz, um Feuer zu machen, während Helba und Elsa schlafen. Ich biete ihm an, Holz zu besorgen. Er lehnt es ab. Er bereitet sich absichtlich endlose Schwierigkeiten, stellt sich überflüssige Aufgaben, tut alles auf möglichst umständliche Weise, schadet sich, fügt sich Schmerzen zu. Ich bringe ihm Zigaretten und Rum. Er arbeitet den ganzen Tag für seine Politik. Ich verbringe den Tag bei Henry, arbeite an meinen Tagebüchern. Um sechs Uhr treibt es mich zu Gonzalo. Ich bringe ihm wieder Rum und Zigaretten, aber er will ausgehen, obwohl er krank ist, zu einem Treffen mit Gide, Malraux und seinen *camarades*. Ich gehe, sehr müde und traurig. Henry und ich gehen ins Kino.

Seit dem ersten Tag des Monats plagt und schwächt mich eine Darmgrippe, der ich keine Beachtung schenkte. Jeden Morgen dreht sich alles. Bleibe nur einen Tag im Bett. Hugh bringt eine streunende Katze mit.

17. Januar 1937

Wie man sich verändert – nicht indem man lebt, sondern indem man dem Leben *zusieht* (manchmal nach einem Schock, einem tragischen Erlebnis, Scheidung, Distanz, meinen Mädchenjahren), indem man *für* andere, *durch* andere oder *wie* andere lebt.

Ich bin nicht berechnend. Ich behaupte, es ist mein Instinkt. Ich habe mehrere stark triebhafte Instinkte: begehrende und beschützende. Ich begehre, liebe, entbrenne – gleichzeitig beschütze ich. Ich beschütze Gonzalo vor meiner für ihn schmerzlichen Vergangenheit. Weil ich so gut weiß, was ich gerne hören würde, was mir helfen würde, zu leben, zu glauben, mich hinzugeben, kann ich zu Gonzalo das sagen, was ihm guttut: Ich imitiere perfekt die Worte und Handlungen ungeteilter Liebe (wie für Rank). Ich verstehe andere Menschen, ihre Ängste, Wünsche, Schmerzen; ich weiß *genau*, was ich zu sagen und zu tun habe. Ein natürliches Gebertalent hilft mir. Gonzalos Instinkt verrät ihm, daß ich nicht ganz die seine bin. Ich muß diesen Instinkt beruhigen. Sein Wunsch inspiriert mich zu den subtilsten Worten und Handlungen. Als ich heute bei Gonzalo lag, sagte ich zu ihm: «Wenn ich dich nicht hätte, würde ich jetzt nach Spanien gehen, nicht nach Amerika. Amerika, das angelsächsische Leben, ist für mich *passé*.»

«Sind Länder für dich mit Menschen verbunden?»

«Ja, ich glaube schon.»

Ich wußte, daß er Amerika mit Henry verbinden würde, deshalb ließ ich mich noch weiter über diese geistige Trennung von Amerika aus, von dem nur zwei Dinge in mich übergegangen sind: die Sprache (nicht der Geist) und der Jazz (Rhythmus). Ich sagte: «Es muß an dir liegen, Gonzalo.»

Das ist nicht gelogen. Ich fing an, etwas daherzulügen, und stieß auf eine Wahrheit! Das passiert mir oft – daß ich lüge und dabei eine tiefe Wahrheit ausdrücke.

Gonzalo sagt, er habe das Gefühl, daß dieses Jahr für uns alle große Veränderungen bringen wird.

Mein Glaube an unbewußte Nachahmung, an die Übernahme

von Rollen, bevor wirklich gelebt wird, ist so groß, daß ich Elena meinen Roman nicht gezeigt habe aus Angst, sie könnte in der June-Anaïs-Geschichte eine Möglichkeit für sich sehen. Eine *robustere* Frau (und Elena ist eine Walküre) könnte mit Henry glücklich sein!

Ich sage, daß ich die Analyse hasse, und dann benutze ich sie als philosophisches System. Um den Schmerz aufzuhalten. Das Tagebuch geht im Müßiggang. Ich sollte mehr erzählen. Wie ich im Dunkeln mit Gonzalo spreche, gegen seinen Masochismus kämpfe, über das Gleichgewicht zwischen aufopfern und für das eigene Leben leben – alles nur wegen Schuldgefühlen, christlicher Reue. Ich erkläre ihm, daß er für das Glück, das er empfängt, viel zu große Opfer bringt. Ich sage es humorvoll, zärtlich. Ich sage: «Gonzalo, vergiß nicht, wenn du dir in den Finger schneidest, schneidest du auch in *meinen* Finger; wenn du dich verbrennst, wenn du dich zu etwas zwingst, selbst wenn du krank bist, tust du meinem Körper weh. Willst du mich mißhandeln?»

«Ich bessere mich. Heute bin ich der glücklichste Mann auf der Welt.»

*Innen*leben, man wird verrückt.

Sexuelle Harmonie mit Gonzalo jetzt vollkommen.

Verdammt. Entweder ist die Analyse zum Verrücktwerden oder das Leben. Beide führen in Sackgassen, vor Festungsmauern, wo sich der Himmel über dir ständig über dich lustig macht und ein Flügelpaar an der Brustwehr hängt wie die Rettungsringe an einem Boot, mit Gebrauchsanweisung! Aber der Himmel, der lacht, ist all das *Ungelebte und Unbekannte* – flüsternd, atmend, schwingend, wie eine Serpentinenstraße fern von Gleichgewicht und Emotionen. New York ist ein *pantin*, eine tanzende Marionette. Die Musik ist draußen, die Musik ist wundervoll. Aber die Hampelmänner sind aufgeregt, und der Wind pfeift durch das Stroh und womit sie sonst noch ausgestopft sind – ich kann sie nicht retten. Ich entdeckte es, als ich sie analysierte. Man kann eine Seele *retten*. Man kann keine Seele *schaffen* oder einimpfen. In Spanien fließt Blut. Die Bestie in Spanien, das grausame Tier, der Sensualist, der selbstmörderische Fanatiker – lebt nur im Fleisch und stirbt an Fleischwunden. Ich sehe dort keine Vision, ich sehe tanzendes Blut und vergossenes Blut, entweder Sperma oder Wut, das afrikanische Tier, tanzend und sterbend. In New York tanzte ich, unbefleckt, sexuell und doch nicht sinnlich, parfümiert, rhythmisch. In Spanien möchte ich sterben, fühlen, wie lebendig Fleisch ist, wenn es zerfetzt wird oder verbrennt. Ich liege in der *Nanankepichu*, wo Fleisch gekostet wird wie die Hostienoblate, Hochzeit von Himmel und Hölle. Aber die Rede ist davon, was auf den Straßen geschieht, zu nah, zu wirklich; die Rede ist von diesem Drama in Spanien, nach dem sich das Blut sehnt und teilnehmen möchte, und vom Opfer. Ich kämpfe wieder gegen den Tod, immer kämpfe ich gegen den Tod und gegen meine Schwindelanfälle, mein Taumeln in Richtung Tod. Auftrieb und Lebensinstinkt sind stärker, stärker ist auch die bittere Erkenntnis, daß jeder Himmel Krieg und Kampf erfordert.

Weniger und weniger. Weniger kämpfen. Ich bin viel weniger beladen. Heuer werde ich vielleicht kein Kreuz tragen, das Kreuz, das mir fromme Christenhände auftätowieren.

Sogar die Eifersucht, sogar sie besiege ich mit Liebe. Mit Liebe zu Elena bekämpfe ich dieses Gift und diese widerliche Bestechlichkeit, die die Eifersucht bewirkt. Henry mein Tagebuch zu geben würde bedeuten, ihm alles zu geben, was er über June wissen wollte. Hier ist das Geheimnis gelüftet!

Der desillusionierende Effekt des chinesischen Theaters findet sich auch in Henrys Schriftstellerei.

Er blockiert sich mit einer wahllosen Anhäufung von Ideen und Schwärmereien.

19. Januar 1937

Tag und Nacht: Schließe meinen Schrank mit den parfümierten Kleidern und den Tagebüchern ab. Hinaus auf die Straße, mit den Bänden 35 bis 37 unter dem Arm, um für Stuart Gilbert die Namen einzufügen. Komme zu Henry, der mich herzlich und vergnügt begrüßt: «Du hast ja dein hübsches Käppchen auf.» (Dasselbe, das ihm eine Woche zuvor nicht gefiel.) Mittagessen und summen und schnurren. Henry genießt die Bewunderung, die ihm widerfährt, sogar von Schulmädchen! Henry möchte nach Dänemark gehen. Henry schneidet ein Bild von Mae West aus, weil sie in Brooklyn geboren wurde. Henry wartet auf den Klempner. Henry sagt: «Alles ist bestens. Der Ofen brennt. Ich habe aus Dänemark einen netten Brief bekommen, einen blöden aus England» (die Kunst in der Rolle des *Sterilisators*, sagt ein Engländer). Er schlägt ein Schläfchen vor und nimmt mich so vollständig und absolut, in jedem Winkel meines Körpers, daß ich das herrliche Gefühl einer von Geistern reingefegten Welt habe, die sich festgefügt um ihre Achse dreht mit einem runden, verschmitzt lächelnden Gesicht; ein Karneval, ein Tanz. Wir lachen, während wir uns lieben, necken uns und scherzen, und ich sage: «Nun brennt sowohl dein Ofen als auch deine Frau.» Lachen. Schlafen. Der Klempner kommt. Henry muß noch eine Arbeit beenden. Ich gehe einen Häuserblock weiter zur Cité Universitaire und besuche Eduardo, dem es nicht gutging. Er begleitet mich. Wir trinken Tee im Dôme, wo jeder schmutzig, verkommen, abgezehrt aussieht. Ich gehe zu Henry zurück, der immer noch schnurrt. Ich erzähle ihm, Moricand habe gesagt, ich sei die «schwarze Sonne», die nach innen und im verborgenen scheint. Er sagt, er beneide mich um meine Verrücktheit, wenn ich solche Dinge wie meinen «Film» schreibe – daß ich mich so von der Wirklichkeit lösen kann; er dagegen bleibe darin verwurzelt.

Um halb acht bin ich bei Elena, weil sie mir schrieb, sie habe einen Todestraum gehabt, und ihr Brief endete: *«Te quiero tanto.»* Ich liebe Dich so sehr – wie ein Hilfeschrei. Ich kann so schnell laufen, wie ich will, immer höre ich die von Ängsten und Skrupeln und Konventionen erstickten Stimmen von denen, die hinter mir sind. Ich dachte, sie wäre mir voraus. Und so bin ich es, die Elena aus der Dunkelheit holt, sie befreit. Sie sagt, jemand habe ihr Henry vorgestellt und gemeint, er würde sich in sie verlieben.

«Glaubst du, er ist der Typ Mann, den du brauchst?»

«Nein, ich will keinen Intellektuellen. Dazu bin ich zu egoistisch. Ich will keinem Werk geopfert werden.»

Ich erzähle ihr ein wenig von unserem Leben. Ich komme mir vor, als legte ich meinen Kopf an ihre stattliche Brust und sagte: «Nimm mir Henry nicht weg.»

Wie gut wir uns unterhalten! Auch sie genießt *Bewußtheit* – sie kann sich nicht fallenlassen, unbewußt werden. Sie ist ebenfalls zu männlich in ihrem Gefühl für Form und Synthese. Auch sie lebt zu schnell – hellseherisch. Unsere Augen strahlen vor Klarheit, während wir miteinander sprechen. Ich verspreche, ihr zu helfen, sich mit ihrem Ich zu versöhnen. Ich spüre, daß sie voller Ängste und Befürchtungen ist. Wir lachen über die Zeiten, als wir versuchten, unterzugehen, *déchoir*, aufzugeben; und daß wir, wie Rettungsringe, stets oben blieben. Wie Schwestern. Ich sehe sie auch als *atlantide*. Mir gefällt ihre Schlagfertigkeit, ihr Scharfsinn und ihre Ehrlichkeit. Wir unterhalten uns mit einem seltsamen Vergnügen; begeistert.

Um halb elf bin ich auf der *Nanankepichu*. Gonzalo erzählt mir, die spanische *legación* habe sich ihnen angeschlossen und freue sich über diese Verbindung mit Südamerika. Sie werden Geld, Briefmarken, Papier, Kopiergeräte beschaffen. Gonzalo hat das erste Manifest geschrieben. Er ist heiter. Ich stelle Fragen, ich höre zu. Ich versuche, mich nicht zu langweilen. Es ist nicht viel anders, als wenn Hugh mir etwas über Aktien, die Bank oder Wirtschaftspolitik erzählt. Ich bemühe mich verzweifelt, nicht teilnahmslos zu werden. Wo ist das interessante Leben, das ich den ganzen Tag über führte? Wo bleiben die spannenden Erfindungen, Entdeckungen, Gespräche, Reisen, das Wechselspiel, das sich mit Henry und Elena ergab?

Als er haßerfüllt sagt: «Die kapitalistische Welt hat den Künstler in mir getötet», wird mir klar, daß der Künstler nicht sehr stark war; und Gonzalos Weltbild ist auch nicht sehr durchdacht. Er sieht alles, was von innen kommt, von außen. Grenzen und Schranken sind innen, nicht außen. Ich weiß, daß ich für meine Beschränktheiten selbst verantwortlich bin: Mitleid, Schwäche. Gonzalo ist außerdem gefühlvoll – das ist es, was den Künstler in ihm zerstörte, ihn zum selbstlosen Gehilfen eines anderen Künstlers machte. Aber noch kann ich Gonzalos Sicht nicht erweitern. Wir können nicht miteinander reden. Sobald ich Elena erwähne, fährt er wütend auf und macht aus Eifersucht alles an ihr schlecht. Ich verteidige sie nicht, ich sehe die Eifersucht. Am Schluß sagt er: «Ich will, daß du außer mir niemanden liebst, keinen Mann und keine Frau!»

Diese Art von Eifersucht – die den anderen niedermacht, nur weil er lebt oder an dem geliebten Menschen Gefallen findet – habe ich mir nie gestattet, selbst wenn ich sie empfunden hätte. Mein Wunsch, Leben zu *geben*, war stärker. Ich war traurig.

428

Nur unsere Liebkosungen waren süß.

Ich konnte nicht schlafen – ich war so wach – und fürchtete doch, ganz zu erwachen und mit Gonzalo zu *sprechen*. Morgen. Erschöpfung und Entmutigung.

---

20. Januar 1937

Elena wurde sehr krank – vergiftet, erstickt vor *angoisse*. Ging zu ihr, um nur kurz zu bleiben, und blieb vier Stunden, holte sie aus der Dunkelheit heraus, erhellte das Dunkel, verscheuchte die bösen Geister auf poetische, humorvolle, liebevolle Weise. Ich, die weise Frau, las die Hieroglyphen ihrer Obsessionen. So schnell ich auch laufe, die Geister der anderen laufen mir nach; es ist mein Schicksal, immer wieder die gleichen Worte zu hören: «Ich habe nie jemand gefunden, bei dem ich mich anlehnen konnte, der mich verstanden hat – außer dir. Welche Kraft du mir gibst! Jetzt geht es mir gut.»

Elena sitzt zwischen ihren Horoskopen, und dunkle Sterne scheinen auf sie, dunkle Sterne bohren spitze Strahlen in ihr Fleisch, das sonnenfarbene Fleisch. Elena träumt von einem großen Mann ohne Kopf, der wie eine Blume atmet, dessen Bauch beim Einatmen anschwillt.

Elena sagt, sie will mich als Daphne malen, wie sie zur Pflanze wird.

Elena sagt genau wie ich: «Es gibt so viele Menschen, die etwas sagen, was ich nicht höre oder behalte.»

Sie sagt so vieles, was ich auch sage, daß ich einmal am liebsten gesagt hätte: «Weißt du, es ist sehr komisch, aber wenn Henry dich hören könnte, müßte er sagen: ‹Das habe ich alles schon mal gehört . . .›»

21. Januar 1937

Henry hat den Band gelesen, der von ihm und June handelt, Clairouin hat von Band 31 bis 41 gelesen (ohne «Inzest»), und jetzt ist der einzige, der sie geduldig und vollständig liest, Stuart Gilbert, und er ist überwältigt:

«Etwas Ähnliches habe ich noch nicht gelesen. Die *Luzidität* ist erstaunlich. Sie gehen aus sich heraus, und gleichzeitig sehen Sie sich selbst. Es ist *dédoublement*. Sie sind die heißblütigste Person, die ich kenne, und die kälteste! Manchmal sind Sie absolut grausam!»

Der wahrhafte Dämon in mir ist dieses bewußte Ich, das mir das Gefühl gibt, *alle Fäden in der Hand zu halten.*

Ich habe selten die Orientierung verloren. Im chaotischsten Leben fühle ich mich wie ein Dämon, der die Fäden hält. Manchmal fühle ich mich wie ein Schöpfer, ein Gott, eine Schicksalsgöttin für andere, für Henry, June, Elena, Hugh, Eduardo. Ich bin es, die den Anstoß gibt, die Dinge geschehen läßt. Ein Ich, das Intrigen spinnt, ohne zu intrigieren, eine treibende Kraft in mir, von der ich weiß und die mich mein Leben auf instinktive Weise leben und gestalten läßt. Es gibt da einen Willen. Ich fühle ihn. Es gibt den Dämon. Ich fühle ihn. Ich bin mir nicht immer bewußt, was der Dämon vorhat. Aber das geheimnisvolle Wirken geht weiter: mein Leben. Dieser Dämon hat grüne Augen und *große Wünsche* und große Ängste und enorme Möglichkeiten, sich zu wehren, große Illusionen und große Skrupellosigkeit. Ich hätte gern engeren Kontakt mit dem Dämon. Ich sehe mich, wie ich ruhig dasitze und schreibe. Unschuldsgesicht. Ein Instinkt, der sich wie die Natur holt, was er braucht, wonach ihn gelüstet, ist menschlich, erbärmlich, grausam wie die Natur. Aber ein Geist, der die Natur *lenkt*, der das Chaos beherrscht...

Stuart Gilbert hat schon recht.

Solche Unschuld und Liebe gestern nacht, in *Nanankepichu* [«kein Wohnort»]. Gonzalo spricht über seine Kindheit. Ich kann ihn sehen. Die schöne Jesuitenschule inmitten von Gärten und Wäldern, in einer Kette von Vulkanen. Gonzalo mit vierzehn, sexuell noch nicht erwacht, während seine Kameraden schon mit Mägden und Prostituierten schliefen. Schüchtern bei Frauen. Als er sechzehn ist, schickt ihm ein Mädchen ein paar Zeilen, er soll in den Park kommen, wo sie spazierengeht. Er geht hin, aber als er sie sieht, flieht er wie ein scheues Reh. Während er spricht, sehe ich auf seinem Gesicht den Ausdruck der sanftesten Tiere – Hirschkuh, Kitz, Katze –, weich und tierhaft, ein Tier mit einer alten Seele, so rein. Ich fühle mich so rein. Auch ich war ein sexueller Spätentwickler. Erst mit neunzehn. Der Dämon und der Engel schlafen Seite an Seite.

Ich höre Gonzalo gern zu. Wenn er über Kommunismus spricht, zittert er vor Leidenschaft. Wenn er über die Indianer spricht – daß sie sich gegen die weiße Tyrannei wehren sollen –, schlägt mein Herz höher, und ich sage es ihm. Die Indianer – *rein*. Ungerechtigkeit gegenüber den Reinen. Aber für die Verkommenheit des Europäers – das verfaulte Europa – kann mein Herz nicht schlagen. Ich würde Europa lieber verbrennen als retten. Feuer. Die reinigende Kraft. Ich würde Europa lieber brennen sehen, weil es stinkt. Ich würde lieber die Indianer retten.

22. Januar 1937

Ich spreche mit Elena. Ich gehe mit Elena spazieren. Elena sagt: «Ich werde berauscht von dir. *¡Qué borrachera!*» Und ich sage später: «Bei dir möchte ich über Eifersucht erhaben sein.»

«Anaïs, weil ich so stark aussehe, kommt niemand auf die Idee, daß ich Hilfe brauche. Du bist die einzige, die erkannt hat...»

Heute wird sie kommen und zusehen, wie mir die Friseuse eine neue Frisur macht. Auch ich war berauscht bei unseren Gesprächen über Leben, Lüge und Wahrheit.

An Politik kann ich mich nicht berauschen. Ich kann mich berauschen an Gonzalos Körper, an seiner Liebe. Nachdem ich mit Elena durch halb Paris gelaufen bin, treffe ich Gonzalo, und ich lasse mich in Sinnlichkeit fallen beim Anblick seiner sinnlichen Nase, suche blind mein Vergnügen.

Henry bringt zwei Leute mit, die er kennengelernt hat und die ihm gefallen: den jüdischen Maler [Abraham] Rattner und seine Frau. Unglaublich mittelmäßig, absolut uninteressant und gewöhnlich, häßlich. Ich bemühe mich sehr, fröhlich zu bleiben, aber allmählich werde ich traurig, traurig, traurig.

Glücklich macht mich die Entdeckung, daß Henry Angst hat, mich zu verlieren, daß er sich an mich klammert, daß er eifersüchtig ist und sagt: «Wenn ich nach Dänemark gehe, möchte ich, daß du hier ruhig sitzen bleibst und auf mich wartest.» Aber inzwischen erwartet er, daß ich für diese unmöglichen Rattners eine Mahlzeit koche!

Ich suche Trunkenheit!

24. Januar 1937

Eine Nacht lang Alpträume und Schlaflosigkeit, gepeinigt von der Vorstellung, daß Henry und Elena zusammen sind – weil ich, um den Zweifeln und Ängsten ein Ende zu machen, Moricand fragte, und er schrieb, daß zwischen den zwei Horoskopen eine Anziehung besteht, aber keine wirklich tiefgehende. Wie eine abergläubische Frau aus dem Mittelalter befragte ich die Sterne. Ich sagte mir: Wenn ich Gonzalo habe, sollte ich Henry eigentlich Elena lassen. Henry hat unterdessen versucht, Elena zu sehen. Der Unterschied ist nur, daß Henry nichts weiß und nicht leidet, wohingegen ich es unbedingt wissen will.

Nachdem ich die Talsohle meines Leidens erreicht hatte, trieb ich wieder nach oben, indem ich mich an mein Glück mit Gonzalo klammerte, seine Liebe und Seelengröße und Empfindsamkeit, mich an ihn klammerte und ihn zu mir rief. Und nur einen Tag zuvor hatte ich Helba besucht und gesehen, wie schrecklich eifersüchtig sie auf mich ist. Als ich gegangen war, hatte sie Streit mit Gonzalo. Bitteres Schicksal. Ich fand aus meiner Verbitterung heraus, überwand sie so gut, daß ich Elena heute besuchen konnte, meine Bewunderung für sie war echt. Sie sagt, Menschen fühlten sich heftig von ihr angezogen, aber nie für längere Zeit.

Wie kann uns der Schmerz nur so zu Sklaven machen! Auch Helba liebt mich.

Das alles regt mich schrecklich auf. Und Gonzalos Leid, all das Chaos und der Schmerz, das Feuer und daß alles so bitter ist! Ich haßte es.

Sah Gonzalo heute für eine kleine Weile. Biß auf seine Lippe, bis er eine Schwiele hatte. Der Ölofen fing Feuer. Ich hielt ihn gewaltsam davon ab, näher heranzugehen, aus Angst, der Ofen würde explodieren. Er sagte, er habe das Gefühl, Dinge in Brand zu stecken; es sei ihm schon einmal mit einer Zigarette passiert. Momente von Leidenschaft, von Leben. Er sagte: «Du bist mein Leben. Helba liebe ich wie eine Schwester, aber du bist mein Leben, bist alles für mich.» Und ich weiß, daß es wahr ist.

Welche Traurigkeit, welches Gift! Ich kämpfe. Ich kämpfe mich nach oben. Ich arbeite an Band 41: die erste Begegnung mit meinem Vater, und was ich geschrieben habe, finde ich gut, packend. Ich lese *Procession enchaînée* von Carlo Suares, das einzige wirklich wahnsinnige, wirklich schizophrene Buch, das ich gelesen habe.

Wende mich meiner Kälte zu: Locke sie, umwerbe sie. Ich suche kalte Gedanken, grausame Gedanken. Ich möchte lieber andere quälen als mich. Ich fühle mich wie eine wütende Löwin, nicht mehr wie ein christliches Lamm, das sich bereitwillig opfern oder versklaven läßt! Ich sage, zum Teufel, zum Teufel mit tiefer Liebe, Wurzeln, Sex, Seele und allem!

Während der Taxifahrt denke ich daran, was Elena über die Seele sagt. *Sie ist immer da*, aber manchmal ist sie vom Körper getrennt, außerstande, sich zu offenbaren, abgeschaltet. Es gefällt mir, weil es meiner Überzeugung entspricht, meine Suche nach der Seele erklärt, meine labyrinthische Suche nach der Seele meines Vaters, warum sie so schwer zu fassen ist, Schizophrenie, Tod, alles, was ich über die zerbrechliche japanische Brücke schrieb, die ich zu überqueren versuchte. Elena hat recht. Sie sagt das gleiche wie ich: «Ich weiß nie, wie alt jemand in Wirklichkeit ist.» Sie läuft hinter mir, ein paar Schritte hinter mir. Sie sieht in mir – wie June – den Inbegriff ihres Wesens (das bei ihr in einem kräftigeren Körper steckt). Ich bin das Parfüm. Und ich beneide sie um ihren Renoir-Körper, ihre großen Hände und Füße und Ohren, ihren Stiernacken. Sie sagt: «Ich sehe aus wie der Mond.»

Brief an Durrell: Ich danke Ihnen, daß Sie Henry als ein *Ganzes* sehen. Das tun nur wenige. Die meisten kritteln an ihm herum. Ihr Brief an ihn und über ihn war der einzige, der mir wirklich gefiel. Er war überzeugend.

Alles, was Sie über *Haus des Inzests* sagen, ist wahr, aber nur für *H. d. I.* Ich schreibe nicht immer mit dieser Distanz. Das hier ist das gesammelte schwarze Gift aus der *größten Liebe* – zu Menschen, Wahrheit, Wirklichkeit, wenn man sie ohne Vision sieht (wir haben Tage ohne Vision, selbst wenn man innerhalb der Bedeutung lebt), und diese andere Seite, das Gegenteil von *H. d. I.*, ist ein fünfzigbändiges Tagebuch! Die Wurzeln, der moorige Boden, das Wasser, Blut und Fleisch, das Gestammel und die rein menschlichen Verstimmungen überragen das Wesentliche, ohne zu siegen. Deshalb glaube ich an die Umgestaltung der allgemeinen Wirklichkeit. Ich denke wie Sie. Aber was Sie in *H. d. I.* zu lesen bekamen, war der Rauch (Henry nennt es «das neurotische Wetterleuchten»).

Ja, auch ich möchte den Titel ändern. Mich mit einem Titel abzufinden ist mir so gut wie unmöglich. Ich empfinde Leben und kreatives Schaffen als ein Orchester, eine Konstellation. Ein Titel ist etwas Absolutes. Er erschreckt mich, weil ich das Absolute verehre. Ich spiele auf vielen Saiten, aber ich habe Angst vor Vorzeichen. Es hat etwas mit Magie zu tun. Beschwören oder nicht beschwören. Ich lebe, fühle, schreibe Musik. Ein Titel ist ein Wort – *das* Wort. Es kann die bösen Geister vertreiben, und es kann sie auch allzu wirklich machen. Meine Titel werden immer schlecht sein, vielleicht weil ich keine Schriftstellerin bin. Henry ist der wirkliche Schriftsteller. Ich atme nur. Ich atme mit Kiemen, Antennen. Wie ich Worte benützen kann – präzise Ausdrücke –, obwohl mein Element flüssig ist, weiß ich nicht. Ein Titel, der endgültige Katalysator, ist ein Ereignis. Er erinnert mich daran, daß meine Verbindung mit Vergangenheit, Gegenwart und Zukunft so lebendig ist, daß ich nie anfangen oder enden kann. Ich kann mich nie an Daten, Jahreszahlen erinnern. Sie sind die Titel. Sobald ich etwas bin oder etwas schreibe, sehe ich die Metamorphose so schnell, daß der Titel verschwindet. Das *ist* ein Meer. Oder ein Traum. Ein Titel ist ein Gewaltakt und Positivismus. Kennen Sie Calderóns *Das Leben ist Traum*? Vielleicht haben Sie Lust, sich irgendwann zu einem ungelösten

Problem zu äußern, dem einzigen, bei dem Henry und ich unterschiedlicher Meinung sind – und das permanent. Ich gehe vom menschlichen, gefühlvollen, echten, aus dem Stegreif geschriebenen Tagebuch über in die Stratosphäre oder ins Irrenhaus – vom völlig Ungekünstelten ins Künstliche. Ich benütze eine rostige Schere. Ich schneide die gemalten Alraunen aus. Dualität. Henry sagt: Klapp das Tagebuch zu, die Umformung wird innerlich stattfinden – aber ich sage: Meine nicht umgeformte Arbeit ist besser. Sie behindern sich gegenseitig. Das Unmittelbare zerstört das andere – und was herauskommt, ist Rauch. Warum ich Sie darum bitte, weiß ich nicht. Vielleicht, weil ich das Gefühl hatte, daß Ihnen die Schere ein Fragment geliefert hat.

Ihre «heraldische» Welt gefiel mir von Anfang an. Ich fühlte dahinter Glaube, Symbol, die Bedeutung. Das Gegenteil von Narzißmus, weil jeder er selbst plus das Symbol sein muß – ein größeres Selbst. Das Gegenteil von Neurose, weil jeder seine Rolle innerhalb eines Ganzen sehen und daran glauben muß. Adel, der das Wort [Heraldik] mit einer Aureole umgibt, verstehe ich als eine integrierte Qualität. Ein Löwe ganz Löwe, wie Lawrence sagen würde. Nichts Zwitterhaftes. Qualität. Intaktheit. Begabung. Ihre Heraldik (ich analysiere nur, wie der Begriff auf mich wirkt – ich habe Ihre Definition nicht gelesen) scheint sich nach einem Gesetz der geistigen Schwerkraft zu richten; und ihre Spiralen im Raum sind kosmisch, nicht in der Arena. Habe ich recht? Jedenfalls ist es ein Wort mit einem Zauber, einem geheimnisvollen Glanz.

Während ich an den Tagebüchern arbeite, ist mir, als durchquerte ich einen langen dunklen Tunnel, als kämpfte ich gegen Tod und Ersticken. Erst als June Henry verließ, begann ich zu atmen. Mehr und mehr Luft. Die Begegnung mit meinem Vater war keine Erlösung, sondern eine Prüfung, eine Qual. Mehr und mehr Licht, Luft, Bewegungsfreiheit und Gefühl, bis zu diesem Jahr, das ein Tanz war.

Doch sogar heute hasse ich die Métro!

29. Januar 1937

Henry nahm mich zu Hans Reichel mit. Seine Bilder sind schön, zart und voller Geheimnis. Auf dem Heimweg sagte Henry zu mir: «Nun wirst du alles heimlich, still und leise in dein Tagebuch schreiben. Danach mußt du es mir aber vorlesen, damit ich eine Anregung bekomme. Laß mich einige dieser exakten Definitionen hören.»

Ich sagte: «Du bist zu bescheiden. Du weißt doch, daß niemand so schreiben kann wie du.»

Aber nie wurde mir so deutlich bewußt, daß ich Henry befruchte – wie bei einem Geschlechtsakt. Zuerst ging er allein zu Reichel, lachend, seufzend, schnurrend, stotternd, schwärmend wie eine geile Frau. Dann nahm er mich mit, und ich war es, die die Augen sah, die von Metamorphose, Kommunion, Vermählung sprach, die alles sagte, was Reichel hören wollte, die vom Schoß sprach. Zurück in der Villa Seurat setzten wir uns beide hin, um zu schreiben. Ich schrieb ein bißchen etwas, und dann, als mir Henry vorlas, was er geschrieben hatte und was phantastisch war, ließ ich mich von dem großen, klangvollen, erweiterten, gesteigerten Eindruck überfluten. Aber ich habe den *Samen* gelegt: Ich bin in seinen chaotischen Enthusiasmus eingedrungen, und *er* ist die Gebärerin! «Du bringst mich auf Ideen», sagt er.

Eine merkwürdig vollkommene Nacht. Wenn ich meine starke Phantasie in ihn stecke, wie einen feurigen Phallus in ihm bewege, sein Blut errege, das Sperma meiner geballten kreativen Ladung pflanze, scheint es, daß Henry erregt wird, und dann begehrt er mich körperlich, möchte seinen Penis in mich stecken und mein Blut erregen. Der Kreis ist geschlossen; wir erwachen erneuert, befruchtet, bereichert.

Wir sind so wunderbar glücklich, wenn wir eine Begeisterung *teilen* können, sie im anderen vertiefen, uns gegenseitig die Augen öffnen, gemeinsam Feuer fangen. Das Thermometer steigt bis zum höchstmöglichen Punkt.

Unglücklich sind wir, wenn er wegen seiner ständigen Neugier und Liebe zum Leben zu weit außerhalb von mir liebt und ich eifersüchtig oder einsam werde. Oder wenn er wegen mir ähnlich empfindet, weil ich auch diese Neugier, diese Begeisterung und diesen Drang nach Erweiterung habe.

Gonzalo tötet meine Begeisterung, weil er sie nicht teilen kann. Ich kann sie nicht teilen. Ich kann seine Leidenschaft für Politik nicht teilen. Gonzalo und ich sind nur miteinander glücklich, wenn es *dunkel* ist.

Bei Reichel gab es eine Glocke, die lachte, ein Blütenblatt mit einem Ohr – und einen Mann in Verzweiflung. Er besitzt einen Tigeraugenstein, ein Stück Sandelholz, Muscheln, alte Kleider; und er hat Hunger. Henry beweist jetzt gegenüber anderen Schriftstellern, Malern sein ganzes Mitgefühl und seine Großzügigkeit. Er hilft, regt an, ermutigt.

Ich fühle eine solche Überfülle an Liebe, in die Gonzalo mit eingeschlossen ist – aber Henry bleibt im Zentrum. Ich schreibe einen Liebesbrief an Thurema. Ich küsse Elena zum Abschied und schicke sie zu [C. G.] Jung.

Nachdem Henry mich genommen hat, bleiben immer noch zahllose nicht gegebene Zärtlichkeiten, ungesagte Worte – das Feuer brennt weiter.

Ich muß mein Leben nach unerklärlichen Gesetzen leben, aber ich möchte jedem Mann die Illusion geben, die er braucht, die Illusion von Treue, Ausschließlichkeit. Ich arbeite ruhig, um Gonzalo Vertrauen zu geben – ihm, der so viele Zweifel hat. Ich sage und tue all die Dinge, die absoluter Liebe gleichkommen. Das Bedürfnis, die Illusion zu vermitteln, ist größer als das Bedürfnis, mir selbst treu zu sein, nach außen hin. Gonzalo bittet mich zum Beispiel so leidenschaftlich und verzweifelt, Hughs Zärtlichkeiten nicht zu erwidern, daß ich ihm sage, ich täte es nicht. Ich erfinde die Szene und den Verlauf des Abbruchs [der Beziehung]. Ich gebe vor, nicht mehr im selben Bett zu schlafen. Das ist für Gonzalo ein großer Liebesbeweis. Tatsächlich ist es so, daß mir Hughs Liebkosungen äußerst zuwider sind, und deshalb habe ich nicht das Gefühl, wenn ich mich ihm hingebe, um ihn glücklich zu machen, daß ich dabei mir oder sonst jemand schade. Ich habe immer das Gefühl, daß ich ein Leben führe, das niemand verstehen würde, oder daß ich großes Leid verursachen würde, wenn sie *wüßten*. Wenn Henry und Gonzalo beide um ungefähr dieselbe Zeit zu mir kommen wollen, erfinde ich für einen eine Ausrede und sage lachend zu Eduardo: «Was bin ich doch für ein Aas!» Eduardo sagt, man könne mir alles verzeihen wegen der Art, wie ich es tue. Manchmal lache ich über meine Tricks (weil ich niemandem weh tue, kann ich darüber lachen). Ich genieße es, dieses Tagebuch wie Dynamit mit mir herumzutragen – in Reichweite von Hugh, Henry oder Gonzalo.

Immer nach dem Märchen zu greifen wirkt sich auf menschliche Konventionen verheerend aus.

2. Februar 1937

Nach der Nacht mit Henry und der Besichtigung von Reichels Bildern schrieb ich endlich die Geburt-Geschichte, die mir keine Ruhe ließ – fünfzehn Seiten nackte, wilde Wahrheit –, um sie, als Teil des Tagebuchs, in das Tagebuch einzufügen.

Die Geschichte beherrschte mich den ganzen Tag. Vollmond und Fieber.

Abend. *Nanankepichu.* Gonzalo leidenschaftlich, aber dann gibt er sich meinen hypnotischen Küssen hin, wie er sie nennt, und schläft ein wie ein Kind, erschöpft von der Nacht zuvor, als ihn der betrunkene Neruda und seine Freunde um vier Uhr morgens aus dem Bett holten, um sich mit ihm den Rest der Nacht um die Ohren zu schlagen. Ich stand auf und setzte mich auf den Teppich vor dem Ofen. Vollmond. Alles in der Kajüte war deutlich umrissen, aber in Mondlichttönen, Schwarz, verschiedenen Grau- und Silbertönen, Elefantengrau, Perlgrau, Bleigrau und Pechschwarz. Gonzalo schlief wie betäubt und schnarchte. Ich denke, daß ich zu den Göttern beten könnte: «Ich bin in höchstem Maße glücklich, ich kann mich auf jede Weise glücklich preisen, aber könntet ihr mir einen Geliebten gewähren, der nicht schnarcht?»

Aber die Nacht, der Vollmond und meine Überfülle bereiten mir Schmerzen. Zu groß, zu viel. Zu wach. Verletzt und gequält von der Wildheit dessen, was ich tagsüber geschrieben habe, Unbehagen, weil ich das Gefühl habe, daß etwas fehlt – weil sich noch keine Bedeutung zeigt. Verletzt, weil Gonzalo so viele betrunkene Freunde hat, verletzt von nichts, wütend auf Gonzalos Freunde und weil er ihnen so leicht nachgibt. Der Vollmond und die Angst vor dem Alleinsein. Konnte nicht schlafen. Konnte nicht lesen. Konnte nicht schreiben. Beschloß, zu gehen, nach Hause zu gehen, nur um Gonzalo zu kränken. Beugte mich über ihn, bevor ich ging, und er erwachte, so überrascht von meiner Grausamkeit, schlug die Augen auf, um mich zu liebkosen; aber als sein Kopf auf meiner Brust lag, schlief er wieder ein, in völligem Vertrauen und Frieden. Ich versuchte zu schlafen. Träumte von der *Nanankepichu* in drei Teilen. Ich stand am Bug und kämpfte gegen riesige Wogen. Fiebrige rastlose Nacht. Schwarzsaurer Morgen. Kam heim und schrieb die fehlenden Seiten, daß ich das Kind nicht herauspressen wollte – wie ein Gift. Besuchte Maggy und sah ein kleines Mädchen, ein süßes kleines Mädchen, ein schmerzlicher Anblick für mich, ein lebendes Bild von dem, was ich getötet habe. Ging ins Dôme und traf Dr. Endler! Wie einer von Bretons Zufällen, die keine Zufälle sind, sondern die magnetischen Anziehungskräfte unserer Gedanken. Erschöpfung. Depression. Gonzalos sehnliches Verlangen am Telefon: «Ich habe den ganzen Nachmittag auf deinen Anruf gewartet, *chiquita!*» und eine halbe Stunde mit ihm im Regen gaben mir wieder Wärme und Leben. Schöpferisch sein ist das Werk des Teufels. Gott mißbilligt es – wie wir die mißbilligen, die uns ins Leben rufen.

Am Sonntag Kino-Orgie mit Hugh und Eduardo. Kommunistentreffen mit Gonzalo. Und seine Leidenschaft gestern nacht, lebhaftes Begehren, nach einem wunderschönen Nachmittag mit Henry, vollkommen. Mit Gonzalo keine sexuelle Erfüllung mehr, aber eine mystische Freude, eine personifizierte körperliche Sinnlichkeit. *Du* bist es, Gonzalo, *du*, der mich zermalmt. Welche Ekstase! Du bist es, deine Dunkelheit, dein revolutionärer Dämon, deine Leidenschaft und deine Güte. Du bist es, mit deinem Mut, deinen Beinen aus Stahl, deinem Duft nach Sandelholz, deinen unfertigen Gedanken, deinem gestörten Gemüt.

Man kann nie wirklich untreu sein, und wenn wir noch so viele Umwege machen. Ich verließ Spanien. Ich fand angelsächsisches und deutsches Gedankengut. Ich fand Spanien wieder und bin davon abgeschnitten durch den *Intellekt* – die innere Welt. Ich finde Spanien, spanische Literatur und die Spanier gefühlvoll, redegewandt und farbig – aber ich finde keine Bedeutung. Religiös und seelenvoll, aber nicht transzendental. So ist Gonzalo für mich. Wie bei June gibt es Augenblicke, da versteht er alles, aber es ist ein animalisches Verstehen, es ist keine Welt. Es ist ein Blitz. Ich habe herausgefunden, daß ich versuchte, den Kopf zu verlieren, und es nicht konnte. Was ich in Amerika entdeckte, war nicht nur Englisch, es war der Inhalt meines germanischen Kopfes. Spanische Poesie hat für mich jetzt einen fruchtigen oder blutigen Beigeschmack, aber keine Bedeutung. Bei Tageslicht, in der bewußten Welt, kann ich mich von Gonzalo trennen. Die Sätze, die ihn vibrieren lassen (Rafael Albertis Gedichte), sind für mich nur Farbe. Ein buntes Glasfenster, Schwulst, romantische Schwärmerei, nicht die kleine erleuchtende Flamme des Heiligen Geistes.

Wenn ich über die schwankende *passerelle* der *Nanankepichu* an *Land* gehe, betrete ich mit Henry eine Tageslichtwelt von solcher Tiefe, daß mir die tiefe Tierseele, die unformulierte Seele von Gonzalo wie das Wissen einer Frau vorkommt. Ich habe eine Welt. Er hat so etwas nicht. Er hat einen Körper – einen so schönen Körper, daß es mir den Atem verschlägt. Er hat eine Seele, eine Seele so tief wie ein Hymnus. Aber hinter der Stirn, der edlen Stirn mit ihren Schläfen, die so stark ausgeprägt sind wie bei einer griechischen Statue, hinter der Stirn leuchten Sehnsucht, Intuition, Zartheit, aber keine Welt, keine Welt mit einem eigenen Himmel, Säulen, Fenstern, Lichtern, Stürmen, errichtet, erschaffen, geordnet. Das Geheimnis scheint wie die Hostie im goldenen Tabernakel, umgeben von zartem Weihrauchduft, die Seele, das Ich, aber es ist wie das Mysterium der Hostie immer das gleiche. Dies ist das Brot, dies ist der Wein. Mein Fleisch und mein Blut. Jeder Tag ist Fleisch und Blut. Kommunion.

Eduardo macht sich immer noch verrückt, windet und verknotet sich wie ein Rosenkranz oder eine Baumwurzel. Ich liebe die Unkomplizierten!

Über Politik: Alle diese Worte, die ich höre – lyrische Reden, romantische Floskeln, sentimentale Loblieder, Gebete und poetische Klagen (alle künstlerisch miserabel) –, ärgern mich. Ich verstehe unter Revolution eine ernste Angelegenheit, bei der es um Leben und Tod geht, einen Kampf, auf den man sich unmittelbar und leidenschaftlich einlassen muß. Intellekt und Unwirklichkeit sind mir dabei unerträglich. Eine Revolution ist eine Sache auf Leben und Tod. Warum reden diese Spanier soviel? Warum müssen sie Gedichte zitieren? Gonzalo erklärt mir, in der spanischen Poesie sei vieles heroisch, vom Krieg inspiriert, revolutionär. Zu dumm, daß Gonzalo die schönen Körpereigenschaften des Helden hat, die Leidenschaft und den Mut. Rührend ist, daß er selbst von den Männern, mit denen er arbeiten muß, enttäuscht ist. Ihre Eitelkeit und vage Haltung verbittern ihn. Er wird traurig und spricht davon, nach Spanien zu gehen und zu kämpfen, während sie sich ihre mittelmäßigen Gedichte vorlesen.

4. Februar 1937

Die Zweiteilung, die Dualität tritt in dem Augenblick ein, wenn *ich mir beim Leben zusehe*. In Form einer Phantasiegestalt. Ich stelle mir jemand vor, der mich beobachtet. Ich spiele jemand anderen, der mich wie Gott überall sehen kann und deshalb meine personifizierte Schuld sein muß – nicht in bezug auf mich, nur auf den, den ich im Augenblick betrüge. Als ich das erste Mal in der Villa Seurat bei Henry blieb, stellte ich mir vor, Hugh würde hinter der Tür unsere Zärtlichkeiten belauschen. Jetzt ist es Gonzalo, den ich mir hinter einem Fenster der Villa Seurat vorstelle, wo er mich heimlich beobachtet, wenn ich einkaufen gehe, in Henrys Wohnung komme. Gonzalo geht in de Maigrets Wohnung. (Ich tat einmal das gleiche mit einem Freund: Kurz nachdem de Maigret eingezogen war, ging ich in meiner Neugier, ihn zu sehen, auf die Terrasse von Henrys Atelier, die mit der von de Maigret verbunden ist. Es war ein Sommertag. De Maigrets Fenster stand offen. Wir schauten hinein. Er war nicht da, aber wir lachten, als wir sein ungemachtes Bett sahen.) Gonzalo könnte de Maigret besuchen, denn er kennt ihn; er könnte auf die Terrasse hinausgehen und in Henrys Atelier schauen, was de Maigrets Freunde oft während einer Party getan haben. Er würde mich zu Strawinskys *Feuervogel* tanzen sehen mit gefalteten Händen, wie zum Gebet, und den Körperbewegungen balinesischer Tänzerinnen oder wie auf ägyptischen Reliefs – eine Erschütterung. Gonzalo würde sehen, wie ich den Tisch decke und Henry auf der Couch liegt und mir über Reichel vorliest. Während ich die Suppe umrühre, tritt Henry hinter mich und legt die Hände auf meine Hüften. Wir beugen uns lachend und redend über einen Brief von Durrell. Stelle ich mir Gonzalos Schwanz vor? Macht mir das Spaß? Ich wechsle von dieser detaillierten Vorstellung zu einer anderen: Henry folgt mir, als ich die Seine-Quais entlanggehe, sieht mich die Treppe zur *Nanankepichu* hinuntersteigen. Henry sieht mich mit Gonzalo im Restaurant. Gonzalo hat den Arm um meine Schultern gelegt.

Ich fürchte, Gonzalo ist, was Beziehungen betrifft, so empfindsam, daß er sich an jede *étape*, jede Szene und jedes Wort erinnert. Ein paarmal hat er mich durch seinen plötzlichen Übergang von einem Kuß zu einer Idee erschreckt. Er hat die gleiche Zerstreutheit wie Henry, die Augen auf die Außenwelt gerichtet, die Schwierigkeit, sich zu konzentrieren (wie Henrys Beschreibung einer schizophrenen Stimmung, von allem, was ihm durch den Kopf geht, wenn er eine Frau küßt). Aber Gonzalo hat die Fähigkeit, wie eine Frau in die Liebe zu sinken – mit wenigen Ausnahmen, gewöhnlich bei Tageslicht –, als wären seine bewußten und unbewußten Welten scharf voneinander getrennt. Er sagte: «Manchmal kann ich das Tageslicht nicht aussperren. Das passierte dreimal.»
Diese präzise Angabe erstaunte mich. Er ist sich bewußt, daß es dreimal geschah. Henry ist unbewußt und würde es nie bemerken. Mir passiert so etwas nie. Ich kann völlig versinken, wie blind. Ich kann mich ganz leicht von der Wirklichkeit loslösen. Sowohl Gonzalo als auch Henry sind große Realisten – Henry als Deutscher, Gonzalo als Spanier. Ich liebe das an ihnen, auch wenn ich deswegen manchmal in meiner Kommunion und Ekstase allein bleibe.

Alle schlafen nach der Liebe vertrauensvoll ein. In diesen Augenblicken, wenn ich neben ihnen liege, träume ich und denke über den Mann nach. Leidenschaft macht mich wach. Ich kann nicht schlafen. Ich liege da, neben dem schlafenden Henry oder dem schlafenden Gonzalo, und wundere mich über mein Glück, über dieses weibliche Bedürfnis, den Mann in sich zu haben. Die ekstatischsten Augenblicke meines Lebens sind die, wenn der Penis des Geliebten in mir ist oder sein Kopf auf meiner Brust liegt. *In meinen Armen –* wach, leidenschaftlich oder zärtlich und vertrauensvoll und schlafend – *aber in meinen Armen.* Dann fühle ich mich erfüllt. Der Orgasmus ist nicht notwendig. Meine Freude finde ich in der Kommunion.

6. Februar 1937

Es war immer meine Liebe zu Henry, die ich mit allen meinen Erfahrungen, meinen anderen Beziehungen verband. Die Liebe zu Henry breitet sich über mein ganzes Leben wie der Himmel über die Erde. Sie blickte auf mich nieder; sie war der Hintergrund, das Schicksal, *la voûte*, das Himmelsgewölbe, zu dem man immer aufblickt und von dem man sich beobachtet fühlt, das alles umfassende Firmament, die Strahlen und Farben seiner Stimmungen, seiner Veränderungen, die wie Licht und Schatten vom Himmel fallen. Zwischen jedem Atemzug, jedem Zucken des Augenlids war es Henry, den ich sah. Als Rank mich liebte, war mein eigentliches tiefes Erlebnis, zu sehen, wie er mir meine Liebe zu Henry vor Augen führte. Nicht die Beziehung mit Rank war die Ursache für meine Qualen, sondern die Identifizierung und die Vergleiche, die Ungewißheit und Zweifel waren schuld. Liebte mich Henry, oder liebte er mich nicht so, wie Rank mich liebte? June für Rank zu sein bedeutete für mich, June für Henry *zu werden*, dieses neue Ich, das nur die leidenschaftliche Liebe Ranks möglich gemacht hatte, in den Strom unserer Liebe zu werfen. Auch in meiner Liebe zu Gonzalo sehe ich den Widerschein meiner Liebe zu Henry. Wenn ich sehe, wie Gonzalo leidet, wenn er liest, was ich schreibe, sehe ich mich leiden wegen dem, was Henry schreibt. Wenn sich Gonzalo krampfhaft bemüht, zu erkennen, was dramatisiert und was wirklich geschehen ist, wenn er die Knäuel sortiert, um mein wirkliches Ich zu finden, sage ich heimlich zu mir: So dramatisiert Henry

seine Liebe zu June, die nie wirklich explodierte oder sich so deutlich manifestierte, die nie in einem solchen Ton oder mit solcher
Intensität gelebt wurde. Sofort ist die Assoziation Henry. Henry.
Überall suche ich eine Entlastung von meiner Liebe zu ihm, nach
einer Erlösung von meiner Obsession, die *Tod* bedeutet. Jede
Obsession ist Tod. Leben gibt es nur im Fließenden, und Fließen
bedeutet Veränderung. Deshalb habe ich gelernt, um Henry herum
und von Henry fortzufließen, aber trotzdem ist er der Himmel, der
alle seine Farben über meine Schritte, Worte, Küsse gießt. Henry,
seine Stimmungen, seine Verfinsterungen, seine Stürme, seine
Gleichgültigkeit, seine Sanftheit. Die Beziehungen mit anderen
münden wie Nebenflüsse in diesen alles überflutenden Himmel. Es
ist immer der Himmel und Henry am Himmel, durch welches Land
ich auch reise, wohin ich mich flüchte, in berauschende Fernen,
Amnesien, Sedative, Drogen. Eine kurze Ruhepause, ein Atemho-
len, und ich fließe zurück zu diesem ewigen Himmel ohne Grenzen,
ohne Horizont.

7. Februar 1937

Les plus grandes causes de mes souffrances sind mein zu schneller
Rhythmus und auch, daß ich zu schnell *sehe*. Wenn Henry zu sehr
ausufert, Zeit vergeudet, ausdünnt, sehe ich es. Henry sieht es erst
lange danach. Wenn Fraenkel schlecht für Henry ist, weiß ich es.
Erst viel später trennt sich Henry von ihm. Gewöhnlich sage ich
nichts, aber ich leide. Dieses Erkennen eines Irrweges, dieser Vorsprung und Ungeduld lassen mich innerlich schnell wachsen, aber es
ist schmerzlich und macht einsam. Ich werde in die Führerrolle
gezwungen.

Mit Eduardo im Dôme sitzend, wird mir schrecklich bewußt, daß ich
etwas anderes will, und ich *suche etwas anderes*, verzweifelt. Anderen Menschen genügt es, sich etwas zu wünschen, passiv zu bleiben.
Ich sah einen auf sinnliche Weise attraktiven Mann, der wie ein
Hindu aussah, ein Freund von Gonzalo. Als ich vorüberging, rief

er: «*¡Allí va una española!*» Ich drehte mich rasch um, lächelte und nickte. Ich wollte Gonzalo quälen. Warum? Fühle mich desillusioniert, spüre, wie die Berauschtheit verfliegt. Wurde irgend etwas Dauerhaftes geschaffen? Er gleitet ab, rinnt aus, so wie June. Kann in die gewöhnlichste Welt absacken, und wenn er gewöhnlich ist, liebe ich ihn nicht, weil der einzige, den ich auf menschliche Weise liebe, Henry ist. Die anderen müssen *wunderbar* sein – oder was sind sie sonst, wenn sie weder in mein Schaffen noch in mein sinnliches Wesen eindringen? Kalte Gedanken. Zorn und Bitterkeit. Deshalb lächle ich Gonzalos Freund zu. Rache für Desillusionierung.

In der Untergrundbahn korrigiere ich, was ich über Henry und den Himmel schrieb und eilig in die Maschine tippte, bevor ich mich auf den Weg zum Friseur machte.

Eines Nachts las ich Gonzalo die Geburt-Geschichte vor, und er fühlte sich gegen seinen Willen, weil ihn der Realismus anfangs schockierte, von der Vitalität der Geschichte gepackt. Er mußte sich vor einem allmächtigen Dokument verneigen.

Kurz bevor ich Gonzalo dies vorlas, hielt ich ihn in den Armen und war gerührt bis zur Selbstauflösung – nahezu atemlos vor Auflösung – und fragte mich, ob sich so die Liebe vertiefen würde.

Angst vor Trugbildern. Die Arbeit an den Tagebüchern läßt auf erschreckende Weise das Trugbild Rank erkennen, die Illusion Allendy, Vater, Artaud. Angst. Jeder Tag ist für mich so voll erschreckender Metamorphosen. Ich kann aufwachen und niemanden lieben. Ich kann stark, erfüllt aufwachen mit dem Gefühl, ich könnte über alles hervorragend schreiben. Ich kann aufwachen wie Alice im Wunderland, in einer Welt von Musik und Wunderdingen. Ich kann aufwachen und mir wie Alice winzig vorkommen in einer riesigen Welt – oder riesig in einer Miniaturwelt. Oder wie ein Dämon, eine Frau ohne Illusionen, voller Vertrauen und Illusionen und Ekstasen. Meine Ekstasen tragen mich weit fort.

Gonzalo gab mir, mehr als jeder andere, den Traum. Doch er läßt mich so im Stich, mit der Politik, den Leuten, mit denen er sich trifft, seinen menschlichen Interessen, seinem Mangel an Kreativität. Er versteckt, was er schreibt. Seine Zeichnungen liegen in einer Schublade (ich bat ihn, sie mir zu zeigen, mir zu erlauben, sie anzuschauen, mich daran zu erfreuen). Er fängt Übersetzungen an und läßt sie liegen. Redet. Wirft alles hin. June. June. June. Gonzalo, du bist meine June – mit all deinen Drogen und Drinks und dem Gerede. Still! Still! Regen. Flüsse treten über die Ufer. Du hast meine Träume beflügelt, wilde Hoffnungen geweckt, wilde Illusionen.

Ich begann eine Skizze von Moricand, der über seine vielen Nöte klagte, und legte sie wieder weg. Ich war bestürzt, daß ich mich über sein Unglück lustig machen konnte, daß ich kein Mitleid empfand. Jetzt begreife ich. Er ist ein *voyant*, ein Seher. Seine Augen sehen über uns hinaus. Er wittert das Wesentliche. Er ist nicht menschlich. Sein Körper kann nicht warmblütig sein. Er ist in einer Trance. Er schaudert nur bei perversen Erinnerungen. Er erinnert sich. Er geht über das Sinnliche hinaus. Er spricht. Aber die Gegenwart berührt ihn nicht. Er ist der Seher. Keine Wände. Keine Türen. Kein Gespräch. Monologe.

Die *Trugbilder* erweisen sich – für mich – als wichtige und menschliche Bedürfnisse bei den anderen: Rank, Artaud. Sie waren menschlich gefangen.

Niemand ist mit seiner äußeren Hülle zufrieden. Wenn ich wie der Mond aussehe und in mir eine Wildheit, eine Sinnlichkeit verspüre, eine Kraft, die sich nicht in meinem Körper ausdrückt, sieht Gonzalo wie ein Primitiver aus und ist Katholik. Elena und June sehen wie Wikingerinnen aus und würden so gern wie ich aussehen, weil die Zartheit in ihnen nicht augenfällig ist.

Ich verdanke es Rank, daß die *déchets*, das Entbehrliche, aus dem Tagebuch verschwanden.

8. Februar 1937

Als ich am Montag zu Henry kam, beugte er sich sofort über mich und fing an, mich zu küssen und zu streicheln. Er schloß mich mit einer bei ihm seltenen Heftigkeit in die Arme, hielt mich fest und ergoß sein ganzes Sein in mich. Ich spürte die ganze Kraft seiner versteckten Liebe. Schlief ein. Erwachte. Sprachen über «Horror-film». Rauchte.

Um sieben Uhr traf ich Gonzalo auf der *Nanankepichu*. Ich hatte mir eine Lüge zurechtgelegt. Weil er immer sagt: «Wenn ich dich mit Henry sehe, gehe ich nach Spanien» und weil ich befürchtete, daß er mich mit ihm sehen könnte, dachte ich, ich erzähle ihm, daß ich mit Henry verheiratet sei – um zu erklären, warum ich nicht einfach brutal Schluß machen konnte. Wir müssen Verschiedenes regeln für eine Scheidung. Ich bin immer noch verpflichtet, für ihn *zu sorgen*. Ich kann meinen *alten* Ehemann nicht hinauswerfen. Es ist nicht Liebe, sondern Achtung vor der Vergangenheit. Hugh hat sich von mir scheiden lassen, als ich nach New York ging (im Geist ist es wahr). Dort heiratete ich Henry (genauso wahr – er kaufte die indianischen Liebesringe). Ich versuchte, mit ihm zu leben (habe ich getan) und war nicht glücklich. Ich konnte mit Henry nicht glücklich zusammenleben (im übertragenen Sinn wahr). Als Hugh krank zurückkam, kehrte ich zu ihm zurück (im übertragenen Sinn wahr).

Gonzalo war schockiert und gekränkt. Er sprach aufgeregt davon, nach Spanien zu gehen.

«Henry war die größte Liebe deines Lebens.»

«Nicht die größte.»

Sein Gerede über Spanien ließ mich völlig die Nerven verlieren. Wir konnten kaum unsere Mahlzeit essen. Liefen zurück zur *Nanankepichu*, stürzten uns in die Arme, brannten vor Leidenschaft. Er war voll ungestümen Verlangens. Wir küßten und liebten uns mehrere Stunden lang. Er sagte: «Wer ist dein Ehemann?»

«Du, Gonzalo.»

Später in der Nacht sprachen wir so freundlich, sanft, tief. Er sah sogar die heitere Seite – die Art, wie ich vorging, um andere glücklich zu machen. «Komische Veranlagung», sagte er. Er sagte romantische Sachen, er hätte mich vor jedem anderen Mann haben wollen und fragte sich oft, wie ich wohl als kleines Mädchen aussah. Ich sagte, die ganze Vergangenheit habe dazu beigetragen, daß ich ihn mehr liebe. Eine tiefere, reichere Liebe. Er erklärte mir, er sei in gewisser Hinsicht wie eine Frau, weil er Sexualität nur dann voll genießen kann, wenn er wirklich liebt.

Wir redeten, bis es fast schon wieder hell wurde. In solchen Stunden, in der Nacht, scheint Gonzalo alles zu verstehen – und später wirbelt das Chaos in ihm wieder alles durcheinander. Immer blickt er zurück auf seine Jugend.

Mit seiner feurigen Liebe und Henrys unterirdischer Liebe war ich glücklich. Es stimmt, daß ich wegen meiner Zweifel und Ängste *nur an Feuer glaube*. Es stimmt, daß ich noch nicht wußte, was ich heute weiß, als ich das Wort «Feuer» auf diesen Band schrieb, daß alles, was ich über June geschrieben habe, die nur an das Feuer glaubte, auf mich zutrifft. Daß dies die Geschichte meiner Feuerneurose ist! *Ich glaube nur an Feuer.* Meine ganze Quälerei mit Henry verdanke ich dem Zweifel. Es ist der Zweifel, vor dem ich weglaufe.

Aber nun nimmt diese Illusion von Gonzalo eine wärmere, schönere Gestalt an als andere Trugbilder. Sein Körper und seine verführerischen Reize sind wunderbar. Sein Charme. Seine kind- und tierhaften Gesten. Die Art, sich wie eine Katze von oben nach unten übers Gesicht zu streichen. Wie sich seine Augen schließen, wie bei einer Katze, Ober- und Unterlid gleiten zusammen. Seine ungeheure Zärtlichkeit, seine Sehnsucht nach Liebe. Ich liebe es, wenn er leidet, weil ich weiß, daß ich ihn übermenschlich glücklich machen kann.

Elena kommt zurück und weckt meine Angst von neuem.

11. Februar 1937

Abend mit Henry, der mich zu Freunden von ihm mitnimmt, weil
«wir ein gutes Essen bekommen werden». Sobald ich eintrete, fühle
ich mich von der Atmosphäre erstickt – trostlos. Ich kann nicht über
meinen Schatten springen und reden und lachen. Ich möchte rebellieren. Ich sehe diese gewöhnlichen Menschen an und sage: «Warum, warum, warum?» Er macht Zugeständnisse. Er akzeptiert. Er
ißt und trinkt und ist selig. Ich bin wütend, nicht auf die Leute,
sondern auf Henry, weil er akzeptiert und genießt. Ich werde unruhig, nervös, abwesend. Ich zittere vor Empörung über seine Passivität. Ich wäre lieber allein. Ich sage: «Warum kannst du nie allein sein,
warum diese Sucht nach Menschen wie nach schlechten Filmen?»

Oben im Atelier lege ich los. Chaos. Henry emotional. Plötzlich
platzt er heraus: «Ich will nicht verrückt werden. Ich will nicht wie
Nietzsche werden. Ich will akzeptieren und mich meines Lebens
freuen. Ich habe sogar mehr verlangt als du. Ich bin nicht wirklich
glücklich, aber ich möchte glücklich sein, also nehme ich, was ich
kriegen kann, und freue mich darüber. Du verlangst zuviel. Ich
nehme es, wie's kommt.»

«Es ist wie ein schlechter Film.»

«Ja.»

Wir verlegen unseren Streit auf eine höhere Ebene – einen gegensätzlichen Standpunkt. Er ist Chinese. Er sagt: «Wenn sich die Lage
in Frankreich verschlechtert, gehe ich nach Holland. *Finito.* Ich
verschwinde. Am allerwenigsten halte ich vom Kämpfen.»

Als wir über Freunde sprechen, behauptet er: «Die Wahrheit ist,
die tatsächliche Wahrheit, daß ich viele Freunde habe, die mich
lieben, aber ich liebe keinen einzigen. Wenn sie nur wüßten, wie
wenig sie mich interessieren.»

Er scheint sich zu interessieren. Er wird sanft, weich, sentimental. Jeder fällt darauf rein. Er schafft eine Illusion von Herzlichkeit.
Aber wenn einer von ihnen mit einem echten Bedürfnis käme,
würde die Wirklichkeit anders aussehen.

Ich scheine nicht Anteil zu nehmen. Ich wirke distanziert. Aber
wenn jemand etwas wirklich braucht, entdecken sie, daß ich liebe.

An jenem Nachmittag hatte Elena gesagt: «Henry war ein Zufall – eigens für mich geschaffen, um dich kennenzulernen. Du hast mir das Leben gegeben, das ich brauchte. Ich weiß, Henry hätte mir nicht das geben können, was du mir gegeben hast.»

Sogar gestern abend, als ich gelangweilt und nervös war und mit Henry auf dem Kriegsfuß stand, weil er anscheinend jeden umarmen und lieben muß, war ich es, die mit unserer introvertiert und traurig wirkenden Gastgeberin Betty Mitleid empfand. Henry, den sie für einen Freund hält, sagte: «Wenn sie aus dem Fenster springen und sich umbringen würde, ginge es mich nichts an.»

Weil er sich nichts aus den Menschen macht, kann er sie die ganze Zeit ertragen. Weil ich mir etwas aus ihnen mache, kann ich das nicht.

Er sagte selbst: «Wie ein Weichtier. Ich möchte wie ein Weichtier leben.»

Schuld an unserem ganzen Ärger ist der Rhythmus von passiv und aktiv. Dieses Weichtier irritiert mich, sobald wir gemeinsam unter die Leute gehen. Den Henry-in-der-Welt hasse ich: seine Sentimentalität, sein Sichausschütten, seine dumme Begeisterung für alles und jedes, seine Selbstauflösung, seine passive, abgestumpfte, dumme Art, seine verdauungsfördernden Glücksgefühle, seine Falschheit, Eitelkeit, Taktlosigkeit und Habgier, wie er die Menschen ausnützt. In der Welt ist er falsch und eine Hure.

Ich sehnte mich so verzweifelt nach Gonzalo.

Jean Carteret: groß, mit magischen Augen. Als ich die Tür öffnete, blitzten seine Augen fast übernatürlich auf. Er *sah* mich sofort, sah durch mich hindurch. Ich sah einen Mann mit Augen. Ich war es, die sichtbar wurde. Sein Blick war noch schneller als meiner. Er sah, und er sagte: «Sie sind eine Person aus einem Mythos; Sie leben im Mythos. Ich sehe Sie als einen kostbaren, makellosen Spiegel. Einen reinen, reinen Spiegel. Der Spiegel ist wichtig für Sie. Der Tag, an dem Ihnen ein großer Spiegel geliefert wird, den Sie geschenkt bekommen, wird ein Glückstag sein. Wenn ein Spiegel bricht, werden Sie unglücklich sein. Sie tragen ein Armband am linken Arm: Sie sind von Ihren Zuneigungen abhängig. Aber Türen und Mauern existieren nicht für Sie. Sie sind im Grunde unabhängig.»

Spannungsgeladen. Versuche, seine Begabung in der Astrologie oder Psychologie seiner Natur unterzubringen. Dynamisch. Sinnlicher Mund. Vulgäre untere Gesichtshälfte. Obere Hälfte beseelt. Kinn und untere Wangen pockennarbig. Nicht un-menschlich wie Moricand, der depersonalisiert. Nein.

12. Februar 1937

Am Vormittag arbeite ich an Band 44, erweitere die Kind-Geschichte, die danach folgenden Ereignisse, den Einzug in die Villa Seurat mit Henry, meine Freude über Ranks Leidenschaft, das wundervolle mystische Erlebnis, mit dem alles wieder neu begann, Fleisch und Blut, die mich zu Gott brachten, wie das Symbol der Kommunion.

Elena kommt und erzählt mir von ihrem Gespräch mit meinem Vater. Er rauft sich die Haare wegen des Titels «Haus des Inzests». Und was noch schlimmer ist – er kann nicht lesen, was drinsteht. Ich schrieb ihm, was es bedeuten soll. Elena erklärt es ihm. Er sagt: «Anaïs lebt in der Unwirklichkeit. Ich will Logik und Ordnung.»

«Anaïs lebt in einer anderen Wirklichkeit», sagt Elena. «Sie braucht keine Logik und Ordnung, weil sie ihren eigenen Kern hat. *Sie* sind der Romantische und möglicherweise der Chaotische, und Sie klammern sich an die äußere Ordnung. Ihr Leben ist eine Art Spiel.»

Mir macht der *Inzest*-Titel großen Spaß, weil ich weiß, daß er meinem Vater Angstschauder über den Rücken jagen wird, seiner großen Scheinheiligkeit zum Trotz und als heimliche Strafe für sein verschlossenes Wesen. Denn ich pflege jetzt einen Kult der offenen Naturen – Menschen, die nicht verschämt verstecken, was sie getan haben, die nicht wie die Katzen ihren Kot verscharren. Wenn ich könnte, wie ich wollte, wenn ich niemand verletzen würde, ich würde das alles offen zeigen. Mein Vater zeigt sich nicht einmal sich selbst. Ich schrieb also in Großbuchstaben auf den Umschlag eines Buchs: *Haus des Inzests*. Und ich lache. So wie ich lache, als ich mein Vorwort zu *Wendekreis des Krebses* schrieb. Ich liebe es, Bomben zu werfen.

Mit Elena erlebe ich eine perverse Beziehung voll köstlicher Qualen und Liebe. Ich liebte sie genug, um ihr Leben zu retten, ihr Begeisterung, Appetit, den Glauben an sich wiederzugeben. Doch manchmal höre ich ihr zu und beobachte sie, als würde ich ihre mögliche Beziehung mit Henry *leben*. Ich sehe sie an, wie Henry sie ansehen könnte. Wenn sie sagt: «Ich habe einen ausgeprägten Sinn für das Komische», fühle ich einen kleinen Stich, denn ich sage mir, daß sie und Henry vieles gemeinsam hätten. Ihm würde gefallen, wie gern sie ißt, ihre Robustheit und daß sie, wie er, mehr Begeisterung als Liebe aufbringt, mehr an der Oberfläche und mehr auf der Erde lebt.

Während ich ihr aus der Krankheit heraushelfe, sehe ich den Dämon in ihr, die spöttische, sinnliche, selbstsüchtige Frau.

Henry, das Weichtier, bewegt sich nicht. Er liebt seine Ruhe. Als sie in die Schweiz fuhr, sagte ich es ihm. Ich sagte nichts, als sie wieder zurückkam. Ihr erzählte ich, daß Henry vorhabe, nach Dänemark zu gehen (er fährt in einer Woche). Ich habe das Gefühl, daß ich Zeit gewinnen muß, daß sie inzwischen vielleicht *den* Mann findet und ihre sexuelle Pirsch zu Ende ist. Ich spüre meine Macht über sie, daß sie mich braucht, und ich genieße ihre geistreiche und phantasievolle Art. Wir wirken wie Elektrizität aufeinander. Was ich, mit meiner inneren Aufrichtigkeit, an ihr bewundere, was ich in ihr erkenne – das ist es, weshalb ich sie fürchte. Merkwürdige Unterströmungen von Liebe, Neid, Eifersucht. Sie beneidet mich ungeheuer um meinen Körper, genau wie June.

Während ich diese imaginäre Beziehung auf den Höhepunkt treibe, lande ich bei ihrer Selbstsucht wie an einer Endstation, und ich denke mir, hier wird auch Henry ankommen – und aussteigen.

---

14. Februar 1937

Nach wilden Liebesspielen in der *Nanankepichu* schläft Gonzalo ein; dann wacht er um drei Uhr morgens auf, und wir liegen im Dunkeln und erzählen uns etwas. Er spricht gern über seine Kindheit. Seine Abenteuer. Die katholische Erziehung. Die Jesuitenschule. Ein Spanien des 16. Jahrhunderts.

Er wird so weich, spricht so sanft. Es ist der Primitive in ihm, den ich liebe, den Körper, das Blut, die Emotionen. Ich erklärte ihm, meine Liebe zu ihm sei eine spanische Liebe des 16. Jahrhunderts. Nach einer Nacht mit ihm bleibe ich hungrig zurück. Begehren ein echtes Hungergefühl. Mit tut alles weh, vergehe vor Verlangen. Wenn ich wählen muß, entscheide ich mich für Gonzalo, weil ich mit ihm glücklicher bin.

Als ich heute Tarzan im Kino sah, fand ich, er sei wie Gonzalo. Der schöne Körper, die *pudeur* und *sauvagerie*, gepaart mit Sensibilität. Natur. Er ist Natur für mich, gut und wild und grausam. Aber dem, der ihn zähmt, bleibt er treu, liebt ihn. Ich habe wirklich das Gefühl, als hätte ich einen Löwen gefangen. Der Dämon in ihm ist ein revolutionärer Dämon. Wie kann ich ihm helfen, diesen Dämon auszuleben?

Wir können so miteinander lachen – uns verrückte Sachen vorstellen. Wir haben unseren besonderen Humor, er und ich. Was wir gemeinsam haben, ist unsere alte Rasse. Die alte Rasse in uns ist es, die uns beide das Kino hassen läßt, während Henry und Hugh Kino lieben. Wir brauchen subtilere, perversere Unterhaltung. Wir sind nicht einfach. Ich sehe Henry mehr und mehr als einen einfachen Mann in seinem alltäglichen Leben.

Ich gehe schon auch ins Kino. Einer von zehn Filmen gefällt mir sogar. Kino ist für mich die minderwertigste aller Drogen. Jede Droge, nur nicht Kino. Dann lieber keine Droge.

18. Februar 1937

Nanankepichu. Es ist das zweite Mal, daß ich dich hierherbringe. Einmal, in der einsamen Nacht, nachdem ich die Kind-Geschichte geschrieben hatte, schrieb ich hier, während Gonzalo schlief. Heute, weil mir so trostlos zumute ist und mir niemand helfen kann. Ich bin ein betrunkener Matrose in einer griechischen Amphore. Ich bin ein Rebell. Ich habe kein Talent zur Resignation.

Die Schlüsselworte zu Inspirationen entspringen meistens den gewöhnlichsten Gesprächen.

453

Ich möchte eine Geschichte schreiben aus dem, was ich in Spiegeln gesehen habe. Nur Szenen in Spiegeln. *Trugbilder.*

Meine Schulden bei verschiedenen Leuten belaufen sich auf viertausend Francs. Ich habe nur ein Paar Schuhe. Kein einziges Paar heile Strümpfe.

20. Februar 1937

Henry schreibt über die Episode, die sich während seiner Londonreise, nach dem Bruch mit June, zugetragen hat, und gibt ihr eine völlig andere Wendung. Statt das Opfer von Junes Wut zu sein, sitzt er fröhlich trinkend mit ihr an einem Tisch und gibt ihr in einem Anfall von Sentimentalität das Geld. Das alles ist auf eine harte, blecherne Art geschrieben. Dies und der Satz: «Ich hätte nur ein Wort sagen müssen, und sie wäre zurückgekommen und bei mir geblieben» ließen mir keine Ruhe. Es war einfach nicht wahr. Mir schien plötzlich, daß sein Brief damals an mich eine Lüge und dies hier die Wahrheit war. Mir schien, daß Henrys ganze Zärtlichkeit gelogen war und seine harte, zynische Art zu schreiben seinem wirklichen Wesen entsprach. Meine Welt erbebte unter der alten Angst. Ich war wieder inmitten von Grausamkeit und Lüge.

Henry sagte: «Es soll doch nur eine Geschichte werden.» Aber es klingt so sehr wie die Geschichten, die ich Hugh erzähle, daß ich fast hysterisch lachen mußte. Ich sollte den Abend mit Henry verbringen, und plötzlich, nachdem ich die Geschichte gelesen hatte, konnte ich das nicht mehr. Ich wurde hysterisch. Ich sehnte mich verzweifelt nach Gonzalo und seiner Menschlichkeit. Ich saß in einem Labyrinth aus Zweifeln und Lügen. Henry sagte leise: «Du zahlst die Strafe für deine Lügen. Es wird alles unwirklich.» Er war sanft und liebevoll, aber ich sehnte mich nach Gonzalos tiefer Menschlichkeit. Ich ging und rief Gonzalo an.

Ich aß mit Henry zu Abend und beschwor eine Fröhlichkeit herauf, die ich aus einer Art Schmerzberauschtheit schöpfte. Immer schob sich das Bild eines harten Henry über den zärtlichen Henry – und ein Entsetzen vor dem grausamen, dem brutalen

Henry. Betrunken und hysterisch vor Zweifel und Schmerz, erzähle ich Henry von meiner neuen Geschichte von den Spiegeln – eine Geschichte von allem, was ich in Spiegeln gesehen habe, gebrochenes Leben, die Bilder, die parallel zum Leben laufen, eine Parallele von Reflexionen, Dissoziation, *dédoublement*. Henry bewundert die Idee. Wir gehen zurück zu seiner Wohnung. Er erzählt mir lachend von Reichels Geschichten. Henry will gar nicht so genau wissen, was ich fühle. Es würde seine Ruhe, seine Gesundheit stören.

Um halb elf gehe ich. Ich gehe eine halbe Stunde zu spät, weil Gonzalo immer zu spät kommt – wie alle Spanier. Ich ließ mir also eine halbe Stunde Zeit. Aber ich fand ihn in heller Aufregung: «Ich war um zehn Uhr hier, *chiquita*, und seit einer halben Stunde quält mich die Eifersucht, und ich frage mich, wo du bleibst, wer mit dir flirtet. Ich konnte nicht mehr ruhig bleiben vor Eifersucht.»

Er hatte seine Freunde allein gelassen, um zu mir zu kommen. Wir gingen ins Bett, liebten uns wild, tief. Ich verlor mich in seinem Körper, vergrub mich in seinem Haar, seinem Mund, seiner Größe. «Was für ein Kampf, dich ganz für mich zu haben», sagte er. «Ein Kampf, den du gewonnen hast.»

Er ist mein Glück. Im Morgengrauen wachte er auf, blinzelte mich gutgelaunt an, halb schlafend, lachend, liebkosend, leise lachend. Keine Dämonen. Keine Geister. Aber er leidet. Welche Ironie, was für eine traurige Komödie. Er leidet, weil er so menschlich ist, so voller Gefühl, so sentimental. *Meine* Vergangenheit schmerzt ihn.

Mein ganzes Sein wandte sich ihm zu, gab sich ihm, löste sich von der Unmenschlichkeit meines Lebens mit Henry. Ich hatte zu Henry gesagt: «Es ist nicht deine Vergangenheit, die schmerzt, sondern die Zweifel an der Gegenwart, die diese Vergangenheit hervorruft.» Ich bin zu menschlich, um weiterhin mit Henry zu leben. Er braucht eine kalte, harte Frau. Gonzalo und ich haben die gleiche Zartheit. Ich liebe ihn. Ich liebe ihn. Allmählich werde ich von ihm besessen anstelle von Henry. *L'image de Henry s'efface.*

Ich will mich nicht mehr quälen.

28. Februar 1937

Nachdem ich das am Sonntag geschrieben hatte, kam ich am Montag in die Villa Seurat zu einem grippekranken Henry. Zwei Tage lang hatte sich niemand um ihn gekümmert. Ich wurde wieder weich und kurierte ihn, fütterte ihn, pflegte ihn – bettete ihn in Zärtlichkeit.

Als ich Gonzalo nachts aufsuche, ist er verzweifelt. Nicht er, sondern René führt das kleine Boot, mit dem wir zur *Nanankepichu* fahren müssen, weil die Seine den Kai überflutet hat. Es stört ihn, daß René und nicht er den Ofen für mich anmacht.

Es ist Gonzalos Art zu lieben. Als ich gegen Morgen ging, war er im Halbschlaf besorgt um mich, weil ich die lange Leiter vom Kai zur Straße hinaufsteigen mußte. Das ist die Sprache seiner Liebe. Ironie.

Zurück in die Villa Seurat. Besorgungen für Henry. Abendessen mit ihm. Es ist sein Abend. Wir unterhalten uns über Surrealismus, das Thema, über das er gerade schreibt. Ich sage, das vom Verstand künstlich hergestellte Chaos, eine absurde Geometrie oder ein Schirm auf dem Operationstisch (Breton), sei nicht schöpferisch produktiv. Das einzige fruchtbare Chaos ist das der Emotionen, Empfindungen, der Natur. Henry ist ein echter Surrealist, weil sein *Chaos* nicht aus dem Unbewußten kommt. Absurdität produziert weder Poesie, noch beweist sie Phantasie. Wir sprechen über Psychoanalyse, und ich sage: «Es mußte ein Jude sein, der ein *System* zur Integration erfand – das Leben konnte uns nicht integrieren.» Aber dieses System heilt nur jene, die *glauben*. Wer nicht glaubt, kann nicht geheilt werden. *Glauben* verschreiben können wir noch nicht.

Meine zwischen Henry und Gonzalo hin und her schwingenden Gefühle und meine Unfähigkeit, mich von Henry zu trennen, äußern sich in meinem sexuellen Drama. Ich kann mit Gonzalo keinen Orgasmus bekommen, obwohl er ein perfekter Liebhaber ist.

Wenn ich innig mit Gonzalo zusammen war, kann ich ihn auch nicht mit Henry haben, weil ich zu sehr von Gonzalo erfüllt bin.

Aber das macht Gonzalo für mich um so verlockender. Ich empfinde ihn sinnlicher, schärfer als Henry. Unsere Liebkosungen sind so wollüstig, so nachhaltig, so subtil, so rührend und umhüllend, daß sie mich am ganzen Körper, von den Haarenden bis zu den Zehenspitzen, erregen. Ich denke an seinen Hals, seine Zunge, das tiefschwarze Haar über seinem Geschlecht, und ich begehre ihn wild. Der Mund, den ich anfangs nicht mochte, weil er zu klein war im Verhältnis zum übrigen Gesicht und weil er seine Schwäche verriet, dieser Mund ist unendlich rührend geworden. Ich sehe, wie empfindsam er ist, wie er zittert, unsicher ist. Ich sehe seine weibliche Zartheit und das Kind. Ich spüre, wie er streicheln und schmeicheln kann. Er kann stundenlang küssen. Er erregt mich bis zum Wahnsinn. Sein langes Haar, seine Gefühlstiefe, seine Lüsternheit, von der eine Frau träumt und die sie gewöhnlich nur in der Frau findet. Wenn er seine Zunge zeigt, sage ich: «*C'est le chant pour appeler la pluie.*» Das ist das Regenmacherlied, weil er mich wegen meiner Nässe neckt. Henry stillt sein Verlangen, ein gieriges Verlangen, aber Gonzalo hat einen liebevoll schmeckenden, verehrend bewundernden, leidenschaftlichen Sinn.

Als wir im Café sitzen, küßt er mich impulsiv, weil ich über Bettys Schriftstellerei spreche. Er sagt: «Ich liebe deine Begeisterung.» Er selbst traut sich nichts zu. Wenn wir im Café mit 25 Centimes am Spielautomaten spielen, stellt er sich mit dem Rücken zum Apparat, um das Ergebnis abzuwarten. Wenn er gewinnt, kann er es kaum glauben. Ich mache ihn darauf aufmerksam und schaffe auf humorvolle Weise neues Vertrauen. Es macht mich schrecklich traurig, wenn die Eifersucht auf Henry sein Vertrauen untergräbt.

Elenas Zauber nützt sich ab. Ich weiß nicht, warum. Meinen «Hof» langweilt sie bereits – Hugh, Eduardo, Allendy, Carteret, Moricand. Sie spüren den Vampir in ihr.

3. März 1937

Morgendämmerung. *Nanankepichu.* Das Licht, das sich auf der wirbelnden, Hochwasser führenden Seine spiegelt, scheint zu hell. Also ist es Morgen, und ich bin halb wach. Ich blicke auf Gonzalos Haar, kohlschwarz, wirr, auf dem Kissen. Das Geld für seine Miete, für Lebensmittel und Helbas Medizin habe ich in seine ausgefransten Taschen gestopft. Hugh gab mir vor drei Tagen alles, was er mir geben konnte, und es ist nichts mehr übrig. Gestern bezahlte ich Henrys Zahnarzt. Ich habe sieben Francs in der Tasche. Ich habe zwei Paar gestopfte Strümpfe, die mir Betty schenkte, zwei Paar abgenutzte Schuhe, zwei abgetragene Hosen. Ich schulde meiner Mutter Geld, Eduardo, unserem Hausarzt, unserem Zahnarzt, der Putzfrau und der Telefongesellschaft. Ich muß noch dreihundert Francs für die *Nanankepichu* bezahlen, dann Henrys Miete und bis zum 15. März leben. Meine Coldcreme, mein Gesichtspuder sind alle; ich bin beim Friseur etwas schuldig geblieben, mein Schmuck ist im Pfandhaus. Ich schulde Thurema Geld für die Medikamente, die sie schickte. Es ist kein Wein mehr in dem kleinen Faß für Gonzalo, keine Knabberkekse mehr für die Nacht. Henry braucht Unterwäsche und Hemden und Socken. Gonzalos Hemden sind voller Löcher. Beide brauchen Kohlen, weil es kalt ist. Henry hat keine richtig warme Decke.

Un tourbillon. Ein schwindelnder Wirbel.

Von dem Licht und dem Thema Geld werde ich vollends wach. Ich habe den Kopf in den Sand gesteckt. Trotzdem fühle ich mich so froh, so unwiderstehlich heiter; ein bißchen nervös, aber heiter. Der Raum ist in kaltes Sonnenlicht getaucht, das die schwarzen Teppiche und schwarz geteerten Wände rauchfarben aussehen läßt.

Ich muß aufstehen.

Gonzalo seufzt. Ich küsse ihn.

Um neun Uhr bringt mich René mit dem kleinen Boot zur Leiter. Ich springe über die Mauer und laufe, weil sich müßige Fußgänger über das Brückengeländer beugen, auf die Seine blicken, René bei seinen Kapriolen mit dem kleinen Boot zuschauen und mir, wie ich die Leiter hinaufklettere und oben über die Mauer springe. Ich laufe im kalten Wintersonnenschein mit zehn Francs, die ich mir aus Gonzalos Tasche genommen habe. Ich nehme die Untergrundbahn bis zur Avenue des Champs-Elysées, wo ich mir einen *café* und ein *croissant* leiste. Ich nehme den Zucker, der in der Untertasse übrigbleibt, für Gonzalo mit, weil er französischen Kaffee nie süß genug findet und immer Zuckerstückchen in seiner Jackentasche hat. In jedem Café, in das ich gehe, stehle ich für Gonzalo die Zuckerpäckchen. «So kannst du meinen Spuren folgen und wissen, wo ich gewesen bin», sage ich lachend. Der Kaffee ist wundervoll, das *croissant* köstlich und warm. Die Champs-Elysées sehen immer festlich und geschmückt und einmalig aus. Um halb zehn wird Hugh in der Bank sein. Ich gehe in sein Büro. Niemand sieht mich hereinkommen. Ich setze mich an seinen Schreibtisch und stehle einen Löscher und einige Büroklammern. Ich rufe Hugh an: «Ich bin's – an deinem Schreibtisch. Ich habe schon alle Knöpfe gedrückt und nichts mehr zu tun. Wann fängst du an zu arbeiten? Ich sitze schon in meinem Büro.»

Während ich auf Hugh warte, schreibe ich an Henry Mann, den Kommunisten, auf einem Briefbogen der Bank, erzähle ihm von Gonzalos Gruppenarbeit und bitte ihn, mir ein wenig von dem zu schicken, was er mir für meine Analyse schuldet.

Hugh kommt. Mit viel Charme, Verführungskunst, echtem Gefühl und Ernst nötige ich ihm die hundert Francs für Helbas Miete ab, die er mir verweigert hatte und die ich Gonzalo bereits gegeben habe! Sehr erfreut über die Lösung meines unmittelbarsten Geldproblems, ziehe ich los, um mich mit Betty zu treffen, der ich versprochen habe, ihr beim Einkaufen zu helfen. Betty und ich waren zwei Stunden lang unterwegs, entschieden uns für ein Samtkostüm, planten ihre Garderobe.

Um ein Uhr war ich zu Hause zum Mittagessen mit Hugh. Nach dem Essen schlief ich eine halbe Stunde tief und fest, und dann besuchte ich Allendy, der mich gebeten hatte zu kommen, damit er mich erneut bitten konnte, mit ihm zu schlafen. Unterhielt mich eine Stunde mit Allendy und ging zu Elena, weil mich ihre *concierge* besorgt angerufen hatte und sagte, Elena sei vergangene Nacht nicht nach Hause gekommen. Gonzalo sagte am Telefon: «Mach dir keine Sorgen um Elena. Wahrscheinlich hat sie mit jemand geschlafen.»

«Ich mache mir aber Sorgen, weil sie keinen hat, um mit ihm zu schlafen. Wenn es so wäre, würde ich mir keine Sorgen machen.»

Ich treffe Elena an; sie ist unausgeglichen nach zwei schlaflosen Nächten, Spaziergängen. Sie sagt: «Ich habe das Gefühl, als würde ich die Leute abstoßen, als würden sie mich als Monster sehen. Alle außer dir und Hugh. Ich fühle mich überall unwillkommen.»

Gonzalo hatte mich gebeten, ihn gegen fünf Uhr anzurufen. Aber um die Zeit sprach ich gerade mit Elena über ihre Ängste, und ich konnte Gonzalo nicht in ihrer Gegenwart anrufen, weil sie schon Verdacht geschöpft haben könnte, als mein Vater sie in der Schweiz fragte: «Wer ist Gonzalo?», und sollte sie unbewußt an Henry interessiert sein, käme es ihr sehr gelegen zu wissen, daß ich Henry betrüge; wogegen ich gerade besonders raffiniert versuche, ihr die Vorstellung einer großen Einmütigkeit zwischen Henry und mir zu suggerieren, um ihre Gedanken von ihm abzulenken.

Als ich von Elena weggehe und Gonzalo anrufe, ist er ausgegangen. Und Henry erwartet mich zum Abendessen. Wenn Gonzalo bei mir anruft, wird ihm das Mädchen sagen: *«Madame est sortie pour la soirée. Téléphonez demain matin.»* Und eigentlich sollte ich bei Hugh sein, weil Hugh morgen nach London fährt.

Während ich für Henry einkaufe, rufe ich wieder bei Gonzalo an. Ich habe ein ungutes Gefühl. Soll all unser Glück der vergangenen Nacht wieder null und nichtig werden? Ich bin so gut aufgelegt, so unsagbar, unwiderstehlich fröhlich – es kann nicht sein. Dieser Tag kann keine Tragödie werden.

Ich koche das Abendessen für Henry, aber ich bin nervös. Henry kommt vom Zahnarzt, froh über ein Essen am heimischen Herd. Um acht Uhr sage ich, ich müsse Hugh etwas ausrichten. Ich gehe in de Maigrets Wohnung und rufe Gonzalo an. Er hat am Quai de Passy angerufen. Janine bat ihn, morgen wieder anzurufen! Und, noch schlimmer, Hugh sagte zu ihm: «Ich weiß nicht, wo Anaïs ist. Ich müßte ihr sagen, daß ich morgen schon um acht Uhr fahren muß, also früher, als ich dachte. Wenn du sie siehst, sage ihr, sie soll mich anrufen.» Noch schlimmer, Hugh rief *chez Colette* an, wo ich angeblich bin, und das Mädchen sagte, sie wisse nicht, wer ich bin.

Colette lag im American Hospital und hatte am Sonntag ein Baby bekommen. Montag nacht, als ich bei Gonzalo schlief, war ich angeblich bei Colette in der Wohnung. Ich rufe Hugh an. Er klingt nicht beunruhigt, nur überrascht. Ich verspreche ihm, bis Mitternacht zu Hause zu sein. Ich erzähle Henry, daß Hugh morgen abreist. Ich kann das Montagnacht-Problem nicht erklären, weil ich

Freitagnacht bei Henry schlief und Colette da noch kein Baby hatte. Um meine offensichtliche Nervosität zu erklären, schildere ich Henry ausführlich, wie die Auskunft von Colettes Mädchen, sie kenne meinen Namen nicht, auf Hugh gewirkt haben könnte. Ich bin schrecklich beunruhigt, weil ich denke, daß Gonzalo wieder zweifeln und fragen wird, wo ich nun wirklich war. Vom Café aus rufe ich Gonzalo an und sage ihm dies. «Wenn du willst, treffe ich dich um halb zwölf in unserem üblichen Café.»

«Ja, *chiquita.*»

Henry und ich gehen ins Kino und sehen ein verschlungenes, unvollständiges und wahnsinniges Pirandello-Stück: *L'Homme de nulle part.* Ich sage, er ist der Mann, der uns zappeln läßt, indem er ganz nah an das wirkliche Chaos herangeht, ohne es zu betreten, und nur außen herumgeht wie der Wahnsinnige oder der Neurotiker. Mir gefiel es. Sprach mit Henry leidenschaftlich und angeregt. Verließ ihn. Traf Gonzalo. Trank mit ihm. Er hatte nicht gelitten. Wir gingen zum Quai de Passy. Ich war zum Umfallen müde. An einem Tag das Glück von drei Männern aufrechtzuerhalten war wirklich eine schwierige Aufgabe! Um ein Uhr, als ich an Hughs Tür miaute, damit ich ihn guter Dinge und zufrieden nach London fahren lassen konnte, war ich erledigt. Fiel ins Bett.

Glatt wie ein Aal winde ich mich aus jeder Situation heraus.

Aber ich schenke Leben. Ich habe selten Macht über den Tod. Aber ich habe die Macht, zu zerstören.

Leben. Feuer. Solange ich brenne, entfache ich andere. Niemals Tod. Feuer und Leben. *Le jeu.*

Biographische Anmerkungen

Alberti, Rafael: Spanischer Dichter, geboren 1902, trat 1931 in die Kommunistische Partei ein und sagte sich von seinem früheren «bourgeoisen» Werk los. Während des Spanischen Bürgerkriegs schrieb er politische Gedichte für die republikanische Seite. 1939, nach dem Sieg Francos, ging er mit seiner Frau Maria Teresa Leon nach Südamerika ins Exil.

Allendy, Dr. René Félix (1889–1942): Französischer Psychoanalytiker, Schriftsteller und – zusammen mit Sigmund Freuds Schützling Fürstin Marie Bonaparte – 1926 Mitbegründer der Pariser Psychoanalytischen Gesellschaft. Anaïs Nin wurde 1932 seine Patientin und romantische Liebe. Als Entgelt für die Sitzungen forschte sie für Allendy auf dem Gebiet der Alchimie und Mystik. Im März 1933 machte er die Guilers mit seinem Patienten Antonin Artaud bekannt, dem drogenabhängigen Dichter und Theatererneuerer. Er analysierte auch Anaïs Nins Cousin Eduardo Sanchez sowie ihren Mann, Hugh Guiler, bei dem er das Interesse an der Astrologie weckte.

Bel Geddes, Norman (1893–1958): Bühnenbildner und Industriedesigner, Bühnenautor. In den 1920er Jahren wurde der aus Adrian, Michigan, stammende Bel Geddes bekannt als das *enfant terrible* des amerikanischen Theaters. Nachdem er schon früh beim Stummfilm mitgearbeitet hatte, entwarf er zahlreiche Theaterinszenierungen, auch für Max Reinhardts *The Miracle* im Jahr 1923 und die *Ziegfield Follies* 1925. Im selben Jahr sorgte er in Paris für Aufsehen mit einer eindrucksvollen Inszenierung von Mercedes de Acostas *Jeanne d'Arc* mit Eva Le Gallienne in der *Jeanne*-Hauptrolle. Nach der Wiederverheiratung 1933 mit Frances Resor Waite hatte er fast während der ganzen 1930er Jahre in der East 37th Street in Manhattan eine Wohnung. 1935 inszenierte und produzierte er das Stück *Dead End* und 1936 *The Eternal Road*.

Brancusi, Constantin (1876–1957): Rumänischer Bildhauer, seit 1904 in Paris. Er arbeitete 1907 kurz bei Auguste Rodin und entwickelte seinen besonderen und umstrittenen «organischen» Stil, mit dem er das Wesentliche in seinen Materialien zu zeigen suchte; so zu sehen in seinen berühmten Werken *Der Kuß* und *Vogel im Raum*. In seinem beinahe völlig weißen Atelier in Paris empfing der von Natur aus kleine, gesellige Brancusi zahlreiche Gäste und Besucher. «Er kochte *shish-kebab* auf seinem offenen Herd», erinnerte sich Anaïs Nin, «und servierte dazu Rotwein aus großen Flaschen.» Auch June Miller und Jean Kronski besuchten ihn 1928 während ihres Aufenthalts in Paris.

Carpentier, Alejo (1904–1980): Romanschriftsteller, Musikwissenschaftler und Journalist, geboren in Kuba als Sohn französischer und russischer Eltern. Wegen seines Widerstands gegen das diktatorische Regime in Havanna wurde er inhaftiert und ging nach seiner Entlassung 1927 nach Frankreich, wo er in Surrealisten- und Musikerkreisen verkehrte.

Clairouin, Denise: In England geborene französische Literaturagentin, die Verleger in New York und Paris für Anaïs Nins frühe, auf französisch verfaßte Tagebücher zu interessieren suchte sowie für die späteren Bände, in denen Namen und Orte leicht verändert waren. Anaïs Nin schrieb über ihre Erscheinung: «...ein griechischer Kopf auf dem Körper eines dicklichen Kindes» mit «einem Unschuldsgesicht und hellem Verstand. Sie hat etwas Mystisches oder Fanatisches an sich».

Delteil, Joseph: Französischer Schriftsteller, geboren 1894, Biographien über Jeanne d'Arc und Franz von Assisi. Verheiratet mit Dorothy Dudleys Tochter Caroline. Henry Miller war ein Bewunderer seiner schriftstellerischen Arbeit.

De Maigret, Arnaud: Ein junger französischer Fotograf, der in der Villa Seurat Nr. 18 auf derselben Etage wohnte, auf der Henry Miller sein Atelier und Anaïs Nin ihr «Büro» hatten.

De Vilmorin, Louise (1902–1970): Französische Schriftstellerin aus einer alten Aristokratenfamilie, die Anaïs Nin 1931 kennenlernte. Obwohl mehrmals verheiratet, blieb sie ihren Brüdern André und Roger eng verbunden. Sie inspirierte Anaïs Nin zu der Figur der «Jeanne» in *Haus des Inzests* und zu der Geschichte «Under a Glass Bell». Nach ihrer Scheidung von Henri Hunt 1935 mieteten die Guilers für kurze Zeit ihre Pariser Wohnung. Obwohl sie für ihren Witz, ihre Kultiviertheit und als «Sprachgenie» gepriesen wurde, erlangte ihr Werk nur in den fünfziger und sechziger Jahren breite Anerkennung.

Dudley, Dorothy (Mrs. Harry Harvey): Amerikanische Journalistin und Kritikerin, geb. 1884. In den 1930er Jahren schrieb sie in mehreren amerikanischen Zeitschriften, u. a. *The Nation* und *American Magazine of Art*, über die französische Kunst- und Literaturszene. Ihre Biographie über Theodore Dreiser erschien 1932.

Elsa: Gonzalo Morés Nichte, die bei ihm und seiner Frau Helba in deren Pariser Atelier wohnte.

Erskine, John (1879–1951): Amerikanischer Literaturhistoriker, Pianist und Bestsellerautor (*Das Privatleben der schönen Helena*, dt. 1927). Ende des zweiten Jahrzehnts war er Hugh Guilers bewunderter Englischprofessor an der Columbia University. Er freundete sich mit Guiler und seiner jungen Frau Anaïs Nin an und besuchte die beiden 1928 in Paris. Der Professor war Ehemann, Vater zweier Kinder und anscheinend der Geliebte zahlreicher Damen. Als sich Anaïs in ihn verliebte, kam es zur ersten größeren Krise in ihrer Ehe, obwohl die Beziehung nie richtig zustande kam und enttäuschend endete; in ihrem «John»-Roman, den sie schließlich aufgab, versuchte sie, das Erlebnis zu verarbeiten. (S. *The Early Diary of Anaïs Nin, 1927–1931*.)

«Feri»: Ein junger ungarischer Homosexueller, der in verschiedenen Pariser Cafés auf Kundenfang ging. Eduardo Sanchez versuchte, eine feste Beziehung mit ihm aufzubauen.

Fles, Barthold: Aus Österreich stammender New Yorker Literaturagent, der sich weigerte, Henry Miller zu vertreten, und kurze Zeit erfolglos für Anaïs Nin arbeitete.

Fraenkel, Michael (1896–1957): In Litauen geborener amerikanischer Buchhändler und Herausgeber, der sich in den 1920er Jahren in Frankreich niederließ, um ein literarisches Leben zu führen. Aufgrund eigenen Kapitals konnte er unter dem Imprint «Carrefour» einige seiner Arbeiten selbst veröffentlichen – *Werther's Younger Brother, Bastard Death* – sowie andere Titel, darunter die seines amerikanischen Dichterfreundes Walter Lowenfels. Fraenkel gehörte das Haus Nr. 18 in der Villa Seurat, wo er Henry Miller 1930, als dieser völlig mittellos war, Unterkunft gewährte. Anaïs Nin mietete schließlich das Atelier dieses Hauses, das zwischen 1934 und 1939 Millers erste feste Adresse in Paris war. Fraenkel beteiligte sich kurze Zeit an den Veröffentlichungen des Villa-Seurat-Kreises, der Siana Press, und ließ 1936 Anaïs Nins *Haus des Inzests* drucken. Sein kurzes Verhältnis zu Joyce, einem Revuegirl aus New York, inspirierte ihn zu dem Essay «The Day Face and the Night Face», das schließlich als «ein autobiographisches Fragment» in *The Booster* erschien.

Frank, Waldo David (1889–1969): Amerikanischer Schriftsteller und Kritiker, am bekanntesten durch seine Bücher über Spanien und Lateinamerika, bes. *Virgin Spain* (1926). Er besuchte die DeWitt Clinton High School in New York, eine Privatschule in Lausanne und graduierte 1911 an der Yale University. Nach einem Parisaufenthalt 1913 heiratete er 1916 Margaret Naumberg, die Gründerin der Walden School. Sein erster Roman, die psychologische Studie eines Außenseiters, *The Unwelcome Man*, erschien 1917, doch erst mit *Rahab* (1922), einer seltsamen Geschichte von einer gefallenen Frau, die auf geheimnisvolle Weise von jedem Schuldgefühl befreit wird, machte er sich als Romanautor einen Namen. Im Jahr 1936 arbeitete er an *The Bridegroom Cometh*, einem von mehreren lyrischen Romanen, die seine zweite, 1927 geschlossene Ehe mit Alma Magoon zum Thema hatten, und angeblich nahm er bei diesem Roman nach seiner Begegnung mit Anaïs Nin beträchtliche Änderungen vor. Im Juni 1935 besuchte er als engagierter Vertreter der Linken und Leiter der League of American Writers den in Paris stattfindenden, von Kommunisten beherrschten Internationalen Schriftstellerkongreß zur Verteidigung der Kultur.

Friede, Donald: Amerikanischer Verleger, geboren 1901, der sich in den dreißiger Jahren mit dem Chicagoer Buchhändler Pascal Covici zusammentat und in New York den Verlag Covici-Friede gründete. Anfang der vierziger Jahre wechselte er vom Verlagsgeschäft zur Myron Selznick Agency in Hollywood, wo ihn Henry Miller kennenlernte und als «Cagliostroverschnitt» beschrieb, «ganz nett und angenehm auf den ersten Blick. Absolut egozentrisch ebenfalls.» Friede erinnerte sich in einer 1948 erschienenen Autobiographie, *The Mechanical Angel*, an seine Abenteuer in den zwanziger Jahren.

Gilbert, Stuart: Amerikanischer Essayist und Übersetzer, der den größten Teil seines Lebens in Paris verbrachte und einen Teil des Zweiten Weltkriegs in Vichy überlebte. Er war mit James Joyce befreundet, übersetzte und erläuterte dessen *Ulysses* auf französisch, schrieb Einführungen in zahlreiche Werke anderer Autoren und übersetzte mehrere der großen französischen Schriftsteller ins Englische, darunter Roger Martin du Gard, der 1937 den Nobelpreis für Literatur erhielt.

Guiler, Hugh («Hugo») Parker (1898–1985): Er wurde in Boston geboren. Als er sechs Jahre alt war, schickten ihn die schottischen Eltern zusammen mit dem jüngeren Bruder auf ein Internat in Schottland. Nach einer Kindheit im tropischen

Paradies einer Zuckerplantage in Puerto Rico (wo sein Vater als Bauingenieur arbeitete) wirkte die nahezu asketische Welt von Ayr in Halloway und später an der Edinburgh Academy traumatisch. In den 1920er Jahren graduierte er an der Columbia University in Literatur und Wissenschaft und ging als Praktikant zur National City Bank. Die 18jährige Anaïs Nin lernte er 1921 bei einem Ball in seinem Elternhaus in Forest Hills, New York, kennen. Im März 1923 heiratete er schließlich in Havanna gegen den Willen seiner Familie «die katholische Tochter eines Musikers». Im Dezember 1924 zogen die Guilers nach Frankreich, wo Hugh in der Pariser Zweigstelle der Bank arbeitete, und sie blieben dort, bis sie 1939 bei Ausbruch des Zweiten Weltkriegs in die USA zurückkehrten. Ermutigt von seiner Frau, die ihn den «Dichterbankier» nannte, pflegte Hugh Guiler sein Interesse an Musik, Tanz, graphischer Kunst und Astrologie, doch seine Arbeit, die häufigen Reisen und längeren Aufenthalte in London, wo er die Abteilung Vermögensverwaltung aufbaute, ließen ihm nicht viel Zeit dazu. «Unzufriedenheit mit meinem Leben ergab sich zum größten Teil aus einer inneren Anspannung, wenn es mich in zwei Richtungen zog», schrieb er rückblickend über den Konflikt zwischen seinen künstlerischen Ambitionen und der Notwendigkeit, Geld zu verdienen. Anfang der dreißiger Jahre wurde er Patient von Dr. Allendy und später von Dr. Otto Rank. Die Geschichte seiner jungen Liebe und ersten Ehejahre in Paris wird ausführlich in den drei Bänden der frühen Tagebücher von Anaïs Nin aus der Zeit von 1920 bis 1931 geschildert.

Hiler, Hilaire (1889–1974): Amerikanischer Künstler, Farbentheoretiker, Musiker, witziger Erzähler und kurze Zeit Manager und Mitbesitzer der Jockey Bar in Paris. Anaïs Nin lernte er im Sommer 1934 kennen auf Dr. Ranks psychiatrischem Seminar für amerikanische Sozialarbeiter am «Psychologischen Zentrum» der Cité Universitaire, das er nach der Lektüre von Ranks *Art and Artist* besuchte. In seinem Atelier in der Rue Broca gab er Henry Miller Malunterricht.

Huara, Helba: Peruanische Tänzerin, die Gonzalo Moré in Lima kennenlernte, als er sie nach einer Vorstellung für die Zeitung seines Bruders interviewte. Obwohl sie verheiratet war – seit ihrem vierzehnten Lebensjahr –, ging sie mit Gonzalo nach New York. Ende der zwanziger Jahre trat sie am Broadway in *A Night in Spain* und anderen exotischen Shows des Guild und Schubert Theater auf. In Paris wurde sie als «die tanzende Inka» bekannt, und Anaïs Nin sah sie Anfang der dreißiger Jahre im Théâtre de la Gaieté den «Tanz der Frau ohne Arme» tanzen. Mit Gonzalo als Klavierbegleiter unternahm sie 1933 eine Tour durch Deutschland. Nach ihrer Erkrankung mußte sie das Tanzen aufgeben. Ein Zeitungskolumnist beschrieb ihre Auftritte und kunstvollen Kostüme als eine Mischung aus «Wildheit und Seele».

Hudson, Barclay: Englischer Schriftsteller und Freund der Guilers. Während eines Aufenthalts auf Korfu 1935 schenkte er Lawrence Durrell ein Exemplar von *Wendekreis des Krebses*; daraus ergab sich der Briefwechsel und die spätere Freundschaft zwischen Durrell und Henry Miller beziehungsweise Anaïs Nin.

Hunt, Henri: Französischer Geschäftsmann, verheiratet mit Louise de Vilmorin. Nach dem Bruch dieser Ehe blieb er mit den Guilers befreundet, die seine Pariser Wohnung für kurze Zeit mieteten.

Hurtado, Elena: Hoffnungsvolle Malerin aus Südamerika und Mutter zweier Kinder. Sie lernte Henry Miller in der Villa Seurat kennen, und er machte sie mit Anaïs bekannt.

Kahane, Jack (1887–1939): In England geborener Schriftsteller und Verleger. In den zwanziger Jahren verließ er Manchester und die Textilfirma der Familie und ging nach Paris, wo er eine reiche Französin heiratete und 1930 den Verlag Obelisk Press gründete, um seine eigenen «unanständigen» Romane unter Pseudonym herauszubringen sowie andere Autoren, die wegen der Zensur in England oder den USA nicht veröffentlicht werden durften. Seine Autobiographie, *Memoirs of a Bootlegger*, in der er besonders auf seine Beziehungen mit Autoren wie Frank Harris, Cyril Conolly, Lawrence Durrell und Henry Miller eingeht, erschien in London wenige Monate vor seinem plötzlichen Tod im September 1939.

Klein, Roger: Französischer Linksintellektueller, der als Freiwilliger auf republikanischer Seite im spanischen Bürgerkrieg kämpfte. Er, seine griechische Freundin Maggy sowie sein Bruder Jacques waren Freunde von Anaïs Nin, die gelegentlich sein Atelier im 13. Arrondissement nahe der Villa Seurat benützte, um sich mit Gonzalo Moré zu treffen, den sie auf einer Party bei Roger zum ersten Mal gesehen hatte. Nach einer Verwundung kehrte er Anfang 1936 nach Paris zurück, wo er nachts beim wöchentlich erscheinenden *Paris-Paris* arbeitete.

Lowenfels, Walter (1897–1980): Amerikanischer Dichter und Schriftsteller. Verbrachte den größten Teil der zwanziger und frühen dreißiger Jahre in Paris. Zurück in den USA wurde er Redakteur des kommunistischen *Daily Worker*. Er und seine Frau Lilian empfingen Henry Miller häufig bei sich zu Hause, und er kommt als «Jabberwhorl Cronstadt» in Millers *Wendekreis des Krebses* vor. Seine *Elegy for D. H. Lawrence* (1932), *The Suicide* (1934) und einige andere Titel erschienen in kleinen Auflagen in Michael Fraenkels Imprintverlag Carrefour.

Miller, Henry (1891–1980): In Brooklyn geborener amerikanischer Schriftsteller. Nach mehreren Jobs und einer etwas längeren Tätigkeit in der Personalabteilung der Western Union Telegraph Company in New York gab er seinen letzten bezahlten Job auf, um «ernsthaft» zu schreiben. Nach sechs frustrierenden Jahren in New York, in denen seine zweite Frau June Edith Smith, ein ehemaliges Taxigirl, den größten Teil des Lebensunterhalts bestritt, ging Miller auf Junes Drängen 1930 nach Europa. Sein Überlebenskampf in Paris, ohne Geld, ohne Wohnung und oft ohne etwas zu essen, lieferte den Stoff für *Wendekreis des Krebses*, 1934 bei Obelisk Press erschienen, nachdem Anaïs Nin mit geborgtem Geld die Veröffentlichung mitfinanzierte. Miller lernte die Guilers im Dezember 1931 kennen und kehrte nach einem kurzen Zwischenspiel in Dijon, wo ihm Hugh Guiler eine Stelle als Lehrer besorgt hatte, nach Paris zurück. Aus der literarischen Freundschaft mit Anaïs Nin entwickelte sich ein reger Briefwechsel (s. *Letters to Anaïs Nin*), und im März 1932 begannen die beiden eine leidenschaftliche und viele Jahre dauernde Liebesbeziehung, die in ihren Einzelheiten erst 1986 mit der Veröffentlichung von *Henry and June: The Unexpurgated Diary of Anaïs Nin, 1931–1932*, bekannt wurde (dt.: *Henry, June und ich*, Scherz Verlag, Bern, München, Wien, 1987). June, die 1932 zweimal kurz in Paris zu Besuch war, ließ sich von Miller 1934 in Mexiko scheiden.

Moré, Gonzalo (1897–1966): Peruanischer Künstler und Revolutionär mit schottischen, spanischen und indianischen Vorfahren. Nach der Jesuitenschule in seiner Heimatstadt Punto am Titicacasee schickte ihn sein Vater, ein wohlhabender Grundbesitzer, auf die Universität von Lima. Dort schrieb Moré auch für die Zeitung seines Bruders über Sport und Theater und versuchte sich als Amateurboxer. Als er sich in die junge, verheiratete Tänzerin Helba Huara verliebte, floh das Paar in die Vereinigten Staaten. Nach einem kurzen Aufenthalt in Südamerika ließen sie sich in Paris nieder, wo zwei Moré-Brüder – der Schriftsteller Ernesto und der Künstler Carlos – bereits in den zwanziger Jahren einige Zeit gelebt hatten. Als Verfechter der Interessen der Andenindianer trat Gonzalo Moré in die Peruanische Kommunistische Partei ein und gründete in Paris im Dezember 1928 mit seinem engsten Freund, dem zum Teil indianischen Dichter Cesar Vallejo (1892–1938), eine «*cellula marxista-leninista-peruana*». Eine Weile wohnten Vallejo, seine französische Frau Georgette und gelegentlich auch Gonzalos Bruder Ernesto zusammen mit den Morés in den drei Ecken eines großen Ateliers in der Rue Froidevaux. Auf einer ihrer letzten Tanztourneen strandeten Helba und Gonzalo 1933 in Berlin, als die Nazis ihrem jüdischen Manager Schwierigkeiten machten; aber es gelang ihnen, nach Paris zurückzukehren. Als gelegentlicher Kunststudent stellte Gonzalo einige seiner Arbeiten in Paris aus, aber als der Spanische Bürgerkrieg ausbrach, engagierte er sich zunehmend für den Kampf gegen den Faschismus. Gemeinsam mit Pablo Neruda, Vallejo, dem kubanischen Dichter Nicolas Guillen und anderen gründete er zahlreiche Komitees zur Verteidigung der Spanischen Republik. In der generell armen, aber trinkfesten südamerikanischen Künstlerkolonie genoß Gonzalo nach den Worten seines Bruders Ernesto «eine auf dem Montparnasse beispiellose Beliebtheit, zweifellos dank seiner vornehmen Gesinnung, die er täglich aufs neue bewies».

Moricand, Conrad (1887–1954): Französischer Astrologe, Okkultist, der unter dem Pseudonym «Claude Valence» veröffentlichte. Sein *Miroir d'astrologie* (1928) wurde von den Guilers besonders geschätzt. Da er nach dem Verlust seines Familienvermögens völlig verarmt war, versuchte ihm Anaïs Nin zu helfen, indem sie ihre Freunde bat, bei ihm Horoskope zu bestellen. Henry Miller beschrieb Moricand als «einen unverbesserlichen Dandy, der das Leben eines Bettlers führte».

Nin-Culmell, Joaquin: Pianist und Komponist, geboren 1908 in Berlin. Anaïs Nins Bruder, der mit ihr, ihrem älteren Bruder Thorvald und ihrer Mutter 1914 ins «Exil» nach New York ging, nachdem der Vater die Familie verlassen hatte. In den zwanziger Jahren kehrte er nach Frankreich zurück und wohnte mit der Mutter für einige Zeit bei den Guilers in Louveciennes. Er studierte an der Schola Cantorum und am Pariser Konservatorium, unter anderem bei Alfred Cortot, Richard Viñez und Manuel de Falla. Sein Debüt gab er 1936 in New York.

Nin Y Castellanos, Joaquin J. (1879–1949): In Kuba geborener, spanischer Pianist, Komponist, Musikwissenschaftler. Heiratete 1902 die Tochter des dänischen Konsuls in Havanna und zog mit ihr nach Paris. Die Tochter Anaïs wurde 1903 geboren; 1905 und 1907 folgten die Söhne Thorvald und Joaquin. 1913 verließ er Frau und Kinder und heiratete später eine seiner Schülerinnen, Maria Luisa Rodriguez, eine kubanische «Tabak-Erbin». Als er seine Tochter nach fast zwanzigjähriger Trennung wiedersah, kam es zu einer inzestuösen Beziehung, über die Anaïs Nin in ihrem 1922 erschienenen ungekürzten Tagebuch *Incest: From «A Journal of Love»* berichtet.

Perlès, Alfred (1897–1991): Österreichischer Schriftsteller und Journalist, der für die Pariser Ausgabe der *Chicago Tribune* arbeitete, bis das Blatt 1934 eingestellt wurde. Henry Miller lernte er 1928 kennen, als Miller und seine Frau June Paris besuchten. Von März 1932 bis Ende 1933 teilte er sich mit Miller eine Wohnung in Clichy sowie viele andere Aspekte ihres finanziell stets unsicheren Lebens. In einem seiner Bücher, den «novel-souvenirs» *Sentiments limitrophes*, schilderte er Anaïs Nin als «Pietà». Nach dem Verlust seines Zeitungsjobs arbeitete er freiberuflich als Rechercheur und Ghostwriter für einen französischen Politiker.

Rank, Dr. Otto (1884–1939): (eigtl. Otto Rosenfeld). Österreichischer Psychoanalytiker und Autor. Er gehörte fast zwanzig Jahre zum inneren Kreis der psychoanalytischen Bewegung, bis er 1924 mit der Veröffentlichung seiner Arbeit *Das Trauma der Geburt* einen Bruch mit Sigmund Freud und seinen eher orthodoxen Anhängern herbeiführte. Rank zog 1926 mit seiner Frau und der kleinen Tochter nach Paris. Ende 1934 ging er in die USA, nachdem sich seine wirtschaftliche Lage in Frankreich verschlechtert hatte. Seine Bücher *Art and Artist*, *Don Juan et son double* sowie *Das Inzestmotiv in Dichtung und Sage* hatten großen Einfluß auf Anaïs Nin. Sie wurde 1933 seine Patientin. Im November 1934, nachdem sich zwischen ihr und Rank ein Liebesverhältnis entwickelt hatte, folgte sie ihm nach New York.

Sanchez, Eduardo (1904–1990): In Kuba geborener Privatgelehrter, Astrologe, ehemals Schauspieler. Er kam 1930 nach Paris und wohnte zeitweise bei den Guilers in deren gemietetem Haus in Louveciennes. Er war Anaïs Nins geliebter Cousin (s. *The Early Diary of Anaïs Nin, 1920–1923; 1927–1931*) und spielte eine wichtige Rolle in ihrem Leben. Nachdem er 1938 in New York mit Hilfe eines Schülers von Dr. Rank gelernt hatte, mit seiner Homosexualität umzugehen, machte er Anaïs Nin mit der Psychoanalyse bekannt und ermutigte sie zu schreiben, besonders ihre Studie über D. H. Lawrence (s. auch *Anaïs: An International Journal*, Band 9, 1991).

Schnellock, Emil (1891–1959): Amerikanischer Graphiker, der 1905 zusammen mit Henry Miller seinen Abschluß an der Staatlichen Schule in Brooklyn machte. Henry Miller nannte ihn seinen «ältesten Freund». Während Millers Aufenthalt in Europa war Schnellock für ihn die wichtigste Verbindung zu seiner Vergangenheit und der einzige Kontakt zu seiner von ihm getrennt lebenden Frau June (s. Henry Miller, *Letters to Emil*).

Sokol, Thurema: Südamerikanische Harfenistin. Sie studierte am Konservatorium in Mexico City und trat als Solistin und mit verschiedenen Orchestern auf. Zur Zeit ihrer Freundschaft mit Anaïs Nin lebte sie mit ihrem Mann Andrew und ihrem Sohn John auf Long Island.

Supervielle, Jules (1884–1960): Französischer Dichter, geboren in Uruguay; wurde vorwiegend wegen seiner Gedichte und phantasievoll-heiteren Fabeln bekannt; schrieb aber auch Romane (*Der Kinderdieb*, dt. 1949), Erzählungen (*Die Arche Noah*, dt. 1951) und Dramen (*Ritter Blaubarts letzte Liebe*, Komödie, dt. 1951).

Turner, George: Amerikanischer Geschäftsmann, der mit Hugh Guiler verkehrte und Anaïs Nin viele Jahre in Paris und New York den Hof machte.

West, Rebecca, Pseudonym für Cicily Isabel Fairfield (1892–1983): Englische Schriftstellerin und Journalistin. Nach einem kurzen Besuch der Academy of Dramatic Arts in Edinburgh gab sie die Schauspielerei auf und wurde eine eifrige Frauenrechtlerin (ihr Pseudonym ist der Name von Ibsens Heldin in dem Stück *Rosmersholm*). Nach einem zehnjährigen außerehelichen Verhältnis mit dem Schriftsteller H. G. Wells, von dem sie 1914 einen Sohn bekam, heiratete sie 1930 den Bankier Henry Maxwell Andrews. Ihre Biographie, *St. Augustine*, erschien

1933. Sie war eine bedeutende Essayistin und Reiseschriftstellerin und verfaßte Romane zeitkritischen oder psychoanalytischen Inhalts, u. a. *The Return of the Soldier* (1918), *The Thinking Reed* (1936) und *Der Brunnen fließt über* (dt. 1958).

Register

Abelard 273
Aguilera, Anita (Pseudonym Anaïs Nins) 17
Alberti, Rafael 440
Aline's Choice (Nin) 165
Allendy, Dr. René Félix 111, 153, 198, 206, 277, 342
  Briefe von Anaïs Nin 204 f.
  Drogen 198 ff.
  Anaïs Nin und 44, 90, 129, 142, 148, 167, 186, 261, 395, 445, 457, 459
Aller Retour New York (Miller) 137, 145, 159, 190, 201, 207
«Alraune» (frühe Version von *Haus des Inzests*) 110, 147
  Kritiken 122, 131, 136, 141, 160, 188
  Schreiben an 40, 53, 57, 61, 63, 65, 70, 83 f., 86, 155
American Ballett 16 f.
Amiel, Henri Frédéric 332
Andrews, Henry Maxwell (Ehemann von Rebecca West) 138
Artaud, Antonin 111, 129, 142, 147, 167, 178, 188, 272, 379, 384, 446

Bastard Death (Fraenkel) 197
Bel Geddes, Frances 221, 223, 234
Bel Geddes, Norman 122, 147, 167, 170, 220–224, 232, 234, 236–243, 245, 259, 261
Betty (Freundin Henry Millers) 450, 457, 459
Bori, Lucrezia 25
«Boris» *siehe* Fraenkel, Michael
Boussinesq, Hélène 227
Boyd, James 210
Boyle, Kay 201
Bradley, William Aspenwall 111
Brancusi, Constantin 131, 133, 140, 164
Brassaï (Fotograf) 16, 124, 163
Breton, André 147, 439, 456
Brico, Antonia 244 f.

Briefe der Leidenschaft (Nin) 16
Bruckner, Ferdinand 13
Buzby, George 69, 71, 97, 122, 129, 170 f., 241

Calderón de la Barca, Pedro 434
Carril, Delia del 410
Cantor, Eddie 221 f.
Cape, Jonathan 193 f., 271
Carpentier, Alejo 403
Carter, Charles E. 386
Carteret, Jean 450, 457
Cendrars, Blaise 38, 135, 308, 323
Chaotica (Nin) 57, 63, 67 f., 70
Charpentier, John 191, 198, 215, 270, 304, 317
Cheremetieff, Oberst 376
«Chiquito» *siehe* «Feri»
«Christmas Carol» (Durrell) 406
Clairouin, Denise 308, 330, 422, 430
Cocteau, Jean 320
Comité Ibérien pour la Défense de la République Espagnole 419
Conason, Emil 72, 217, 243, 307
Connolly, Cyril 199
Crowley, Aleister 167, 171

Dalí, Salvador 191
D'Annunzio, Gabriele 130
Dante Alighieri 400
«The Day Face and the Night Face» (Fraenkel) 137
Defoe, Daniel 103
Delta (Zeitschrift) 137
Delteil, Joseph 138, 206
Django (Zigeuner) 330
«Djuna» (Entwurf einer Novelle über Henry u. June) 40, 86, 122, 135, 183 f., 191, 199, 246 f.
«The Double» (Nin) 35
Dreiser, Theodore 25, 31, 72, 171
Duchamp, Marcel 163 f.

Dudley, Dorothy (Mrs. Harry Harvey)
151, 155, 161, 164, 169
Duhamel, Georges 158
Durrell, Lawrence 406f., 434f., 442

Eliot, T.S. 135
Elsa (Nichte von Gonzalo Moré) 352,
366, 368, 402ff., 423
Emerson, Ralph Waldo 265f.
Emilia (Hausmädchen) 113, 151f., 162
Encyclopedia Britannica 161
Endler, Dr. 109, 439
Epstein, Jacob 101
Erskine, John 5, 222, 235
Anaïs Nins Erinnerungen 15, 76, 93,
183, 212
Werbung um Anaïs Nin 21, 39f.,
147ff.
Erskine, Pauline 40
L'Eubage (Cendrars) 308
Evreinoff (russischer Schauspieler) 376

«Feri» («Chiquito», ungar. Strichjunge)
170, 172–175, 177, 179, 183, 186, 189,
198, 206, 208, 212f., 231, 271, 363, 365
Ferrant, Mr. und Mrs. 191
Finley, Dr. 70f.
Fles, Barthold 218f., 248, 313f.
Fraenkel, Michael 113–122, 130f., 133,
137, 147, 163, 168, 170, 177, 185, 248,
361
Henry Millers Texte über 129, 169, 172
Henry Miller und 124–128, 139,
141–146, 158, 161, 167, 187, 190f.,
195f., 199, 204, 207, 209, 213, 231,
243, 254, 271, 444
Anaïs Nin und 143, 146f., 153, 161,
178, 202, 212, 271
Eduardo Sánchez und 154, 159
Schriftstellertätigkeit 137, 197, 209
Rebecca West über 157
Frank, Waldo David 223–228, 232, 234,
241, 243, 246–250, 261
Frankreich 249, 316, 449 *siehe auch*
Louveciennes, Paris
«Fred» (*Le Monocle*-Bekanntschaft)
206f.
Freud, Sigmund 54
Friede, Donald 122, 170, 237, 241f.,
245f., 257–261, 422
Fujita Tsuguji 133

Garman, Kathleen 101
Gide, André 423
Gilbert und Sullivan 15
Gilbert, Mrs. 385
Gilbert, Stuart 184, 379f., 430
The Good Fairy (Film) 37
Gotham Book Mart (New York) 308
Goya, Francisco 314
Greene, Anne 191, 215
Grey, Mr. 403
Grosz, George 314
Guicciardi, Graf Horace 111, 177
Guiler, Ethel (Hugh Guilers Schwester)
27, 29, 66
Guiler, Familie 23f., 26, 29, 32, 37, 62,
66, 111
Guiler, Hugh Parker (Ehemann Anaïs
Nins) 6, 90, 140, 169, 423
Analytiker von Helba Huara 322, 357,
365f.
Astrologie 45, 147, 183, 341, 375f.
Bankier 58, 428, 459
Besuch von Rebecca West 106, 150
Briefe an Anaïs Nin 76, 161, 231, 235,
249f.
Briefe von Anaïs Nin 16f., 61, 91,
252f.
Charakterisierung 73, 118, 263, 373f.
Chiromantie 403
finanzielle Probleme 179
finanzieller Status 146, 185, 204, 375,
458
Henry Millers Abneigung 146
Anaïs Nin und
– Beziehung zu Anaïs Nin 177, 197,
214, 346
– Ermöglicher der Freiheit 56f., 169,
175, 185, 447
– gemeinsame Rückkehr nach Frankreich 110, 122
– Gesellschaftsleben 123, 135, 138,
149, 155, 170, 172, 231, 279, 317, 324,
329, 335, 350, 398, 439
– Liebesgefühle für Anaïs Nin 53
– Loyalität gegenüber Anaïs Nin
17, 36, 39, 57, 127, 158, 169, 173,
176, 184f., 189, 192, 198, 200,
210–214, 250, 252f., 267, 304f.,
348, 352, 383, 390, 397, 457
– Mißtrauen gegenüber Anaïs Nin 110,
131f., 159, 375, 460

– neue Leidenschaft 100–102
– Anaïs Nins Angst, ihn zu verletzen
  21, 54, 121, 251, 382
– Anaïs Nins Angst, ihn zu verlieren
  86, 242, 306
– Anaïs Nins emotionale Bindung an
  153, 303, 306, 308, 369
– Anaïs Nins Erinnerungen in Louveciennes 110
– Anaïs Nins Lügen über 25 f., 30–34,
  42, 66, 89, 285, 302
– Anaïs Nins Tagebucheintragungen
  161, 209, 214, 346 f., 382
– Anaïs Nins Träume von 35
– Anaïs Nins Untreue 26, 40, 85, 143,
  161, 200, 215, 285, 288, 295, 299, 306,
  322 f., 335, 339, 341, 349, 359, 375,
  390 f., 412, 414
– Anais Nins Zweifel an der Echtheit
  der Gefühle 104
– sexuelle Beziehung mit Anaïs 78, 83,
  87, 89, 100, 102, 131 f., 150, 207, 211,
  264, 323, 335, 350 f., 370, 372, 391 f.,
  437
– Versöhnung mit Anaïs Nin 94
– Werbung um Anaïs Nin 21, 161, 210
Politik 390, 409
Reisen von 100 f., 104, 109, 113, 153,
  205, 321, 355, 460

Hamlet (Miller und Fraenkel) 187, 195 f.,
  205, 207, 254
Hamsun, Knut 21, 169
«Hans and Johanna» (Nin) 40
Harvey, Anne 164
Harvey, Harry 160 f. *siehe auch* Dudley,
  Dorothy
Das Haus des Inzests (Nin) *siehe auch*
  «Alraune» 40, 61, 76, 84, 270, 272,
  278, 286, 294, 308, 395 f., 407
  Kritiken zu 325, 379, 434, 451
Havanna 21, 164, 187, 210
Hemingway, Ernest 61, 71, 72
«Henry and June» (Novelle) *siehe*
  «Djuna»
Hiler, Hilaire 256, 311, 325
Hoffman, William 61 f., 66, 122, 162 f.,
  224 f., 243, 246, 373
Hopkins, Miriam 238
Huara, Helba 278 f., 285, 288, 302, 314,
  349

Analysandin bei Hugh Guiler 322, 357,
  365 f.
Eifersucht 295, 397, 432
Gonzalo Moré und 300, 346, 379, 383,
  388, 402, 423, 432 f.
Krankheit 366, 375
Anaïs Nin und 272, 305 f., 308, 369,
  380 f., 402
«Huck» *siehe* Rank, Dr. Otto
Huckleberry Finn (Twain) 12
Hudson, Barclay 162, 215, 406
Hudson, Mrs. Barclay 162, 215
Hume, Harriet 150
Hunt, Henri 162, 179, 183, 277
Hunt, Mrs. 239
Hurtado, Elena 398, 400, 405, 410, 413,
  415, 417, 419, 422, 425, 427, 429, 431,
  433, 437, 446–450, 452, 457
Anaïs Nins Vater und 451, 460
Huston, John 221 ff.
Huxley, Aldous 71

Jacobson, Dr. 199
Janine (Hausmädchen) 329
Joyce (Fraenkels Geliebte) 118 f., 130,
  132
Jung, C.G. 437

Kabbala 323
Kahane, Jack 67, 135, 161, 173, 177, 184,
  191, 193, 199, 204, 210, 215, 350
Keyserling, Graf Hermann von 158
Kind-Tagebuch (Nin) 52, 57, 61, 68, 70,
  141
Klein, Geneviève 215
Klein, Jacques 215
Klein, Roger 111, 113, 124, 130 f., 163,
  183, 210, 215, 271 f., 291, 302, 309,
  314, 318, 345, 381
«Kronski, Jean» 34, 132

Lalou, René 191
Lantelme, Madame 215
Lantelme, Monsieur 199, 210, 231
Lawrence, D.H. 68, 92, 117, 157 f., 199,
  202, 227
  Henry Millers Buch über 124, 141, 148,
  190, 195 f.
  Anaïs Nins Buch über 70 f., 109, 141,
  191, 223, 313
Lawrence, Frieda 200

473

Le Gallienne, Eva 238
Le Verrier, Monsieur 191f., 198
Das Leben ist ein Traum (Calderón de la Barca) 434
Lilith (John Erskines Freundin) 40
«Lilith» (Anaïs Nins Vater-Buch) 35, 135f., 151, 155f., 159f., 164f., 173, 181f., 186f., 190f., 199, 334
Reaktionen auf 205, 209, 271, 382, 412
Living on Velvet (Film) 90
London 172ff., 194
Hugh Guiler in 100f., 113, 153, 321, 460
Louveciennes 109, 112–115, 120, 124, 127–129, 138, 158f., 167, 169, 174, 176
Besucher 113, 143f., 151f., 170, 177, 271, 283
Erinnerungen 162, 165, 318, 375f.
Verkauf 375f.
Lowenfels, Lilian 405
Lowenfels, Walter 35, 115, 122, 142, 190, 207

Maggy (Roger Kleins Geliebte) 113, 124, 129f., 131, 198, 215, 439
Maigret, Arnaud de 198, 206, 208, 277, 441, 460
Mallorca 21, 61, 303, 311
Malraux, André 423
Mann, Henry 264, 459
Marokko (Fes) 268ff., 278, 312
«Maruca» (Maria Luisa Rodriguez, Joaquin Nins zweite Frau) 66, 122, 206, 396, 410
Massey, Raymond 221
Max and the White Phagocites (Miller) 159, 169
«Max» (Rudolf Bachman; deutscher Flüchtling) 159, 163
Maynard, Lorraine 67
Maynard, Richard 40, 45, 60f., 64, 66, 155
Maynard, Sylvia 131
McCoward, James 161
The Mikado (Gilbert und Sullivan) 17
Miller, Barbara (Henry Millers Tochter) 178, 236f., 245, 349
Miller, Henry 23, 29f., 382 *siehe auch* Miller, June; Werktitel

Alkohol 38f., 174, 219f., 245, 250
Analytiker 213, 229, 233, 243, 245, 262
Angst vor Krieg in Frankreich 249, 316, 449
Astrologie 305, 312, 329
Beschäftigung mit Malerei 77, 84, 222, 231
Beschäftigung mit Musik 231
Charakterisierung 50, 59, 72–74, 83, 87, 91, 106f., 124ff., 131, 135f., 141, 143, 153, 158, 167–169, 171, 201, 207, 215f., 235, 251f., 262, 300, 382, 388, 392, 401
Dänemark-Pläne 452
Durrell und 406, 408
Fraenkel und 124–128, 139, 141–146, 158, 161, 167, 187, 190f., 195f., 199, 204, 207, 209, 213, 231, 243, 254, 271, 444
Frauen über Henry Miller als Schriftsteller 152, 422
in Louveciennes 113–130, 375
Anaïs Nin und
– Beziehung 18–34, 36–47, 51, 53, 56–59, 62f., 65, 68f., 72–77, 81–83, 86, 89–93, 95, 98, 110, 115–136, 139–148, 155, 158, 160–163, 167–178, 182–209, 211, 219, 225–239, 243, 249–255, 257, 261–269, 272–277, 281, 287, 289, 292–297, 302f., 306, 310, 317, 319, 337ff., 346f., 349, 353f., 366f., 372, 382, 397, 399f., 402, 407, 412, 415, 423, 427, 432, 436, 440, 447, 453–458, 461
– Briefe von Anaïs Nin 16, 26, 394f.
– eheähnliches Zusammenleben 54, 75, 90, 103, 447
– Eifersucht 24, 33, 38, 40, 66, 124, 127, 129, 143, 157, 161, 175, 192, 194, 198, 200, 205, 225, 234, 256, 293, 372, 432, 442
– Kritiken zu Anaïs Nin als Schriftstellerin 84, 88, 142, 196, 251, 262, 332f., 351, 415f., 426, 434, 436
– Anais Nins Lügen über Henry Miller 42
– Anaïs Nin über Miller als Schriftsteller 68, 71f., 129, 159, 169, 181, 207, 251, 272f., 301, 306, 340, 382, 397, 426, 451

- Rückkehr nach New York 202, 208, 214f., 218f.
- sexuelle Beziehung 15, 23, 26, 34, 36, 61, 77, 109, 127, 145, 155, 160, 172, 174, 176, 192, 194, 196, 207, 214, 217f., 224f., 232, 236f., 242, 252, 264, 266, 268, 275, 281, 284, 288, 292, 296, 308, 310f., 313, 321, 334, 339, 345, 356, 363f., 370, 372, 382, 412, 419f., 427, 436
- emotionale und finanzielle Unterstützung 63, 65, 74, 76, 89, 92, 98, 103, 124f., 148, 153, 169, 171f., 196f., 199, 204, 209f., 212, 215f., 228, 243, 251–254, 270, 272, 290, 294, 303, 306, 308f., 347, 352, 369, 394, 406, 436, 456, 458
- Unterstützung für Anaïs schriftstellerische Arbeit 53, 68, 84, 380
- Untreue Anaïs Nins 66, 73, 85, 89, 236, 242, 249, 255, 257, 359
Politik 94f.
Rank und 64, 140, 195, 197, 205
Schriftstellertätigkeit 23, 37, 40, 56, 61, 63, 113, 120, 130, 148, 157, 195, 235, 303, 314, 331, 337, 344, 357, 373, 380, 434 *siehe auch* Werktitel
Buch über D.H. Lawrence 124, 140, 148, 190, 195f.
Buch über June 131f., 272f., 275, 301, 348, 382, 417, 454
«Max»-Story 159, 169
Schwarzer Frühling 39, 68f., 72, 84, 91, 103, 175f.
Wendekreis des Steinbocks 127, 219f., 317
Miller, June Edith (Henry Millers zweite Frau) 157, 177, 193, 443, 446 *siehe auch* «Djuna»
Charakteristik 168, 184, 186, 265, 277, 370, 401, 446
Feuerphantasien 448
Henry Miller und 19, 23, 32, 38, 132, 171, 219, 287, 294, 346, 357, 365, 382, 412, 417
Anaïs Nins Gefühle für 19, 23, 25, 29, 32, 36, 58, 74f., 86, 110, 129, 163, 167f., 171, 179, 237, 240, 249, 256, 258
Anaïs Nin und 38, 40, 69, 220, 244, 298, 366, 405f., 426, 435, 440, 448, 452
Minotaure (Zeitschrift) 147, 160, 323

Le Miroir astrologique (Moricand) 308
Modernes (Seurat) 148
Moll Flanders (Defoe) 103
Montreal 91, 98–102, 104
Moré, Gonzalo 6, 309, 445
Alkohol 288, 290, 303, 309ff., 316, 340, 397, 446
Drogen 446
Anaïs Nin und
- Bewunderung für Anaïs Nin als Schriftstellerin 351, 380
- Beziehung 272, 276–302, 334–372, 377, 387–393, 395, 398f., 401, 412, 428, 437, 445–448, 450, 453–461
- Briefe an Anaïs Nin 312
- Briefe von Anaïs Nin 319
- Eifersucht 296, 299, 309, 314, 335f., 340–342, 349, 353, 355, 363, 367, 372, 377, 381, 407ff., 413, 415, 417, 428, 455
- finanzielle Unterstützung von Anaïs Nin 458, 365
- Untreue Anaïs Nins 281, 301, 358, 424, 437
Politik 296f., 301f., 304, 315, 319, 326–328, 376, 378, 386–389, 391, 399, 408, 419ff., 423, 428, 431, 437, 439, 441, 445
Moricand, Conrad 297, 305, 307, 312, 325, 329, 376, 383, 396, 427, 446, 451, 457

Neruda, Pablo 420, 438
New York City 91f., 126, 148
Adams (Hotel) 15, 31, 34f., 37, 42, 47
Art Worker's Club 67
Barbizon Plaza (Hotel) 15, 21, 30, 32, 36–38, 44, 54, 57, 62, 66, 69, 217
Broadway 13f., 149
Elizabeth Arden's Kosmetiksalon 71, 155, 239
Empire State Building 12, 112, 267
Gotham Book Mart 308
Harlem 15, 61, 149, 212, 221, 232, 234, 238f.
Henry Millers Appartement 33f.
Anaïs Nin und New York 254f.
- Appartement in der Park Avenue 94, 96, 102
- Heimkehr nach Frankreich 260f., 267, 270

- Rückkehr nach New York 202, 208 f., 215
- Sehnsucht nach New York 110 ff., 118 ff., 123, 128 f., 148, 156 f., 168, 170, 173, 178 f., 183 f., 188 f., 212

Pennsylvania Station 12, 73

New Yorker (Magazin) 20, 108

Nietzsche, Friedrich 273, 334, 449

Nin, Anaïs *siehe auch* Guiler, Hugh Parker; Miller, Henry; Miller, June Edith; Moré, Gonzalo; Rank, Dr. Otto

Abtreibung 151, 183, 248, 438 f.

Alkohol 69, 72, 149, 151, 163, 219, 234, 239, 243, 256, 340, 398 f., 403

Analysandin 88, 113, 122, 133, 135, 166, 202, 409 ff., 425, 456

Analytikerin 21, 25, 33, 39, 45, 55 f., 60 ff., 67, 70, 85, 92 f., 103, 108 f., 122, 141, 153, 169, 172 f., 176, 179, 199, 209 f., 217, 220–223, 227–230, 232, 235, 239, 245, 264, 270, 294, 322 f., 329, 394, 459

Angst vor Tragödien 16, 29, 36, 50, 53

Angst vor Wahnsinn 324, 332, 334, 336, 352

Anonymität als Schriftstellerin 386

Astrologie 117, 119 f., 205 f., 312, 329, 386

Ausnutzen von anderen 167

Buch über D. H. Lawrence 109, 141, 191, 223, 313

Doppelleben 23

Drehbuch «Horrorfilm» 380, 427, 447

Drogen 151, 184, 198 ff., 205, 219, 256

Druckerpresse 113, 115–118, 127, 141

Eifersucht 115 f., 118, 124, 126, 129, 131, 157, 190, 192, 194, 198 f., 202, 272 f., 340 f., 349, 362, 366, 377, 381, 405, 419, 422, 426 f., 431 f., 436 f.

Einsamkeit 45, 80, 88, 106 f., 111, 115, 119, 121, 128, 174, 182, 187, 190, 194, 202, 214, 226, 260, 308, 390, 411

Feuerphantasien 203, 267, 289 f., 292 f., 306, 311„ 313 f., 324, 370, 397, 402, 405, 411, 431, 433, 436, 448, 461

finanzielle Unterstützung von Henry Miller 204

Förderin von Schriftstellern 113, 183, 199 *siehe auch* Miller, Henry

Frankreich 212 ff., 310

Gespräche mit Männern 242

Hausboot («*Nanankepichu*») 343–348, 351 f., 359 f., 372, 374, 377 f., 382, 386, 393, 399, 411, 418 f., 428, 430, 438, 447, 452 f., 456

Homosexuelle 186, 208, 244

Hurenphantasien 163 f., 240 f., 243, 245 f., 263, 277 f., 282

Illusionen versus Realität 53, 64, 87 f., 90, 93, 98, 102 f., 107, 129, 136, 277 f., 379, 401 f., 409

Krankheit 22, 37 f., 88, 91, 123, 165, 173, 192, 202 f., 246, 270, 403, 407, 423

Kriegsbefürchtungen 242

Lügen 21–44, 47–50, 52 f., 55, 58, 62, 66, 70, 72 f., 85, 89, 93, 99, 153, 215, 236, 248, 251, 267, 338, 358, 386, 407, 424, 454

Männerkleidung 170, 189, 271

Menstruation («Mondsturm») 119, 141, 167, 184, 198 f., 203, 228, 250 f., 319, 356, 373

Modell 164 f., 211

Muse 133, 152, 157, 170, 208, 212, 217, 290, 293, 303, 345 f., 354, 373, 388, 390, 401

Paris 120, 126, 169, 173

Politik 94 f., 298, 300, 302 f., 310 f., 314 f., 319, 326, 376 f., 379, 386, 392 f., 396, 440

Pornographie 257, 343, 391

Pseudonyme 16, 126 f.

Schriftstellerin 142, 146 ff., 162, 173, 308, 312, 325, 351, 454 *siehe auch* Tagebuch; Werktitel

- Buch über D. H. Lawrence 70 f.
- Geburts-Geschichte 438, 445, 451
- «Lumpensammler» (Kurzge-schichte) 350 f.
- Henry Miller in Anaïs Nins Werk 148, 156
- Qualität der Texte 76, 122, 124, 130 f., 158
- Vorwort zu *Wendekreis des Krebses* 152, 451

Schwangerschaftsbefürchtung 49 f., 59, 66, 70 f., 75, 78, 147, 400

Selbstanalyse 202

Suche nach der perfekten Liebe, 5, 95, 103 f., 108, 113, 120, 123, 130, 134, 147, 164, 172, 182, 191, 203, 235, 259, 272, 289, 302, 315, 444

476

Surrealismus 201, 285, 337, 376, 456
Tagebuch 57, 60 f., 65, 128, 146, 316,
  394, 453
– Abschrift 128, 147, 152, 159, 330,
  341, 380, 417, 422 f., 426, 433, 435, 445
– Anonymität 159, 161
– Definition als Hauptwerk 63
– Ergänzungen 128, 147, 211, 451
– Kind-Tagebuch 52, 57, 61, 68, 70, 141
– Henry Miller und 262, 332, 416, 426,
  430, 434 f.
– Unterbrechung des Schreibens
  267–269
– Vergleich mit anderen Texten 117,
  332–334, 413, 416, 425, 434
– Verstecke 57, 159, 208, 214, 438
Tanz 13 f., 35, 61, 156, 171, 191, 267,
  272, 380, 398, 442
Träume 35, 105, 111, 137, 211, 222,
  249, 306, 311, 371 f., 391, 400, 402, 439
Überfahrt auf der SS Champlain 122
Überfahrt nach New York 11, 56, 111
Verführung 192, 383 f., 407, 413
Vergleiche mit June Miller 19, 21, 23,
  29, 32, 36, 58, 74 f., 86, 110, 129, 163,
  167 f., 171, 179, 237, 240, 248 f., 256,
  258
weibliche Identität 16, 95
Wirkung auf Frauen 150 f., 155, 206 f.,
  231, 233, 237 f., 243 f., 248 f., 255,
  257–260
Zerrissenheit 35
Nin y Castellanos, Joaquin J. (Vater) 22,
  29, 54, 66, 91, 96, 110, 113, 124, 212,
  249, 276, 297, 422, 460 siehe auch
  «Lilith»
Begegnung mit Anaïs Nin 435
Besuche 120 f., 126, 208, 269, 338 f.
Briefe an Anaïs Nin 57, 67, 113
Briefe von Anaïs Nin 61, 80, 82, 108,
  113, 255, 392 f., 395 f.
inzestuöse Beziehung zu Anaïs Nin 39,
  59, 76, 105, 121, 129, 151, 236, 248,
  289, 292, 338 f., 370, 445, 451
Krankheit 112, 249
Anaïs Nins Gefühle für 50, 57, 61, 90,
  122, 128, 166, 170, 183, 214, 248, 289,
  336, 339
Anaïs Nins Sorge um 161, 303
Anaïs Nins Träume von 222
Politik 392, 410

Trennung von der Familie 47, 53, 82,
  117
Nin, Rosa Culmell de (Mutter) 21, 50,
  58, 61, 72, 82, 110, 206, 231, 341, 458
Besuche 109, 186, 218, 326, 403
Briefe an Anaïs Nin 93, 210, 231
Briefe von Anaïs Nin 108, 285 f., 308,
  311
Anaïs Nins emotionale Bindung 117,
  308, 339
Anaïs Nins Sorgen um 51, 54, 121, 161,
  303, 311, 369
Reisen nach New York 183, 197
Nin, Thorvald (Bruder) 210
Nin-Culmell, Joaquin (Bruder) 25, 54,
  61, 248 f., 282, 292
Besuche 109, 218, 314, 322, 326
Beziehung zur Mutter 66, 232, 339
Briefe an Anaïs Nin 231
Briefe von Anaïs Nin 21, 108, 308, 311
Musiker 112, 208, 210, 217
Anaïs Nins Gefühle für 91, 101, 128,
  289
Anaïs Nins Sorgen um 51, 54, 121, 161,
  303, 308, 311, 369
Rank und 64
Reisen nach New York 183, 197

O'Regan, Joe 86, 89
Obelisk Press (Paris) 135, 137
Orloff, Chana 133 f., 139
Osborn, Richard 61

Paderewski, Ignacy Jan 235
Paris 120, 126, 169, 173, 255, 325 f., 390
  siehe auch Frankreich
Anaïs Nins Rückkehr nach 267, 270
Anaïs Nins Umzug nach 178 f.
Anaïs Nins Wohnung 270
Notre Dame 284 f.
Parker, Frank 170
La Passionara (Kommunistin) 326 f.
Pepys, Samuel 332
Perkins, Katrine 25, 62, 68, 102, 107, 156,
  161, 170, 210, 390
Analysandin bei Anaïs Nin 223, 239
Perlés, Alfred 86, 113 f., 119, 127 f.,
  142 f., 163, 167, 185, 190, 193
Herausgeber 136
Kritiken zu Anaïs Nin als Schriftstel-
  lerin 124, 131, 136, 158

Henry Millers Texte und 129, 137, 145,
167f., 171
Anaïs Nins Unterstützung 183, 199
Personal Recollections of Joan of Arc
(Twain) 195
Philadelphia 52f., 55, 59, 63, 66, 72f., 76
Pita 288, 297
Ponisowsky 398
Pound, Ezra 135
Prague (lit. Gestalt bei Dostojewski) 366,
368
La Procession enchaînée (Suares) 433
The Prodigal Virgin 257
Proust, Marcel 38, 155, 182, 333

«Rag Time» (Nin) 351
Rahab (Frank) 227
Rank, Beata (Ehefrau Otto Ranks) 17,
111, 186
Rank, Dr. Otto («Huck») 6, 54, 93, 105,
110, 136, 138f., 153, 155, 167, 198,
210, 212, 240, 261, 303, 315
Analytiker 17, 35, 74f., 85, 229, 249,
410f.
– Frauen als Analysandinnen 16, 34
– Anaïs Nin als Analysandin 50, 57, 61,
68, 75f., 83, 87, 93f., 113, 119, 124, 256
– Thurema Sokol als Analysandin 270
Charakteristik 25, 37, 41, 64, 72, 87,
90, 95ff., 115, 138, 146f., 180, 201,
263f., 271, 350, 361, 384
Einfühlungsvermögen in Frauen 68,
74, 94
Kritiken zu Anaïs Nin als Schriftstel-
lerin 59, 65, 68, 76, 141, 200, 446
Henry Miller und 22, 28, 37, 64, 140,
143, 197
Anaïs Nin und
– Besuche 261, 265
– Beziehung zu 11–25, 27–31, 35–37,
41, 54, 55–58, 61–67, 71–83, 86–88,
90, 96, 120, 123, 129, 142, 168, 170,
177, 179f., 194, 207, 248, 250–255,
267, 289, 307, 364, 443, 445, 451
– Briefe an Anaïs Nin 47, 61, 67, 102,
149
– Briefe von Anaïs Nin 46–49, 79f.,
98–100, 107f., 140, 265f.
– Eifersucht 28–31, 38, 53
– Anaïs Nin über Rank 147, 200
– Anaïs Nins Sehnsucht nach 100, 102,

106ff., 111, 115–117, 119, 123, 125,
128, 131, 134, 139, 148, 157, 159, 170,
172, 178, 187, 189, 192f., 206, 217,
222, 234, 252, 265, 371
– Anaïs Nins Theaterstück über Rank
377
– Anaïs Nins Untreue 25, 28–38, 40,
42f., 50f., 66, 73, 85, 99, 150
– Rollenspiele 12–15, 18, 20, 97, 99,
189
– Tagebucheintragungen über 146
– Umzug nach New York 96
– Vorwort für Anaïs Nins Buch 52f.,
57, 68, 70
Schriftstellertätigkeit 61, 70, 76, 139,
201
Zwillingstagebuch mit Anaïs Nin 69,
93f., 103
Rattner, Abraham 432f.
Read, Herbert 207
Reichel, Hans 436f., 442, 455
Reinhardt, Max 221, 238
Roberts, Colette 177, 191, 194, 198, 215,
299, 349, 460
Roberts, Robert 215, 349

Sachs, Hanns Dr. 231, 233
Sachs, Maurice 342–345
Saint Catherine Press (Brügge) 137
Salmi, Sylvia 38
Sánchez, Eduardo (Cousin) 61, 147, 166,
235, 240, 272, 364, 394, 405, 440, 457
Astrologie 109, 117, 120, 159f.
Briefe an Anaïs Nin 70, 231
Briefe von Anaïs Nin 33, 108, 253, 282,
336
Fraenkel und 154, 158f.
Gesellschaftsleben 123, 135, 149,
151f., 155, 158, 162, 173, 183, 206,
399, 403, 427, 439, 444
Kritiken zu Anaïs Nin als Schriftstel-
lerin 131
Louveciennes 110, 114, 143, 177
Anaïs Nins Gefühle für 159f., 163f.,
170, 198, 363, 365
Anaïs Nins Tagebucheintragungen 333
Anaïs Nins vertraute Beziehung zu
118f., 127f., 153, 167, 179, 189, 201,
210, 212f., 253, 303, 318, 363, 369,
413, 422, 438
Paris 186, 390

Sexualität 370
Scenario (Miller) 137, 157, 184
Schiff, Frances 61, 66, 109
Schnellock, Emil 26, 33, 77, 86, 94, 137, 330
Schwarzer Frühling (Miller) 32, 63, 92, 115, 176, 195, 254, 300, 365, 382
   Anaïs Nins Rezension 397
   Schreiben an 39, 68f., 72, 84, 91, 103, 175f.
Seurat, Denis 148
«Siana» 127, 137, 159
Sokol, Thurema 232, 237, 240, 243–250, 252f., 260f., 267, 270, 329, 390, 401, 437, 458
Soler, Señor 61
Spanien 164, 297, 301, 304, 310, 315, 320, 323, 340, 379, 381, 392, 420, 425, 439, 447
Spengler, Oswald 125, 133, 195
Suares, Carlo 433
Supervielle, Jules 201, 215, 312
Svalberg, Marguerite 271–277

Thoma, Mrs. 221f.
Thoma, Richard 133, 160
Thurema *siehe* Sokol, Thurema
«Tommy» (Rebecca Wests Liebhaber) 138, 150f.
Transsibérien (Cendrars) 308
Truth and Reality (Rank) 65, 76
Turner, George 25, 31, 36, 112, 149, 250, 270f., 274f., 289, 295, 311, 322, 324, 329, 362, 370, 373, 383, 392
Twain, Mark 12, 195, 201

«Vater-Geschichte» (Nin) *siehe*
Villa Seurat 116, 124f., 132–135, 137, 146, 154, 156, 159, 161, 163, 167, 174, 176, 194, 212f., 270, 281, 294, 299, 373
Vilmorin, Louise de 12, 111, 167, 178, 184, 186, 188–191, 210, 240, 254, 370, 401
Virgin Spain (Frank) 224
Vogue (Magazin) 178
«The Voice» (Nin) 58, 135

«Waste of Timelessness» (Nin) 136, 351
Wells, H.G. 138
Wendekreis des Krebses (Miller) 65, 92, 135, 154, 202f., 251, 314, 348
   Einsatz von Anaïs Nin 210, 215
   Kritiken zu 406
   Vorwort von Anaïs Nin 152, 451
Wendekreis des Steinbocks (Miller) 127, 218ff., 317
Werther's Younger Brother (Fraenkel) 115, 161
West, Rebecca 106, 109, 146, 148f., 153f., 167, 223, 240, 254, 412
   Analysandin bei Anaïs Nin 151
   Besuche 106, 137f., 150, 327
   Briefe von Anaïs Nin 140f.
   Kritiken zu Fraenkels und Millers Buch 157
«What Are You Going to Do About Alf?» (Miller) 168, 171f., 190
Williams, Roger 150
Williams, William Carlos 103
The Winter of Artifice (Nin) 35, 40, 58, 135

Zadkine, Ossip 198, 215